따라하며 배우는

파이썬과 데이터 과학

개정판

천인국 · 박동규 · 강영민 지음

생능출판

따라하며 배우는 파이썬과 데이터 과학

초판발행 2020년 12월 28일
제2판3쇄 2026년 1월 23일

지은이 천인국, 박동규, 강영민
펴낸이 김승기, 김민수
펴낸곳 (주)생능출판사 / **주소** 경기도 파주시 광인사길 143
출판사 등록일 2005년 1월 21일 / **신고번호** 제406-2005-000002호
대표전화 (031)955-0761 / **팩스** (031)955-0768
홈페이지 www.booksr.co.kr

책임편집 신성민 / **편집** 이종무, 최동진 / **디자인** 유준범, 노유안
마케팅 최복락, 심수경, 차종필, 백수정, 송성환, 최태웅, 명하나, 김민정
인쇄 새한문화사 / **제본** 일진제책사

ISBN 979-11-92932-34-7 93000
정가 29,000원

개정판 머리말

이 책은 파이썬 언어를 빠르게 익히고자 하는 독자들을 위한 책이다. 또한 파이썬을 이용하여 데이터 분석과 기계학습, 딥러닝까지 폭넓게 알아보고자 하는 독자들을 위하여 집필되었다.

파이썬은 간결한 코드로도 엄청나게 많은 일을 할 수 있으며, 이것이 지금의 영예를 누릴 수 있게 된 가장 중요한 이유이다. 특히 최근의 컴퓨터 과학 분야에서 가장 중요한 영역이라 할 데이터 과학에 최적인 언어이면서, 기계학습과 인공지능 분야의 소프트웨어 개발을 가장 효율적으로 해낼 수 있는 언어이다.

저자들은 독자들에게 파이썬의 문법을 설명하는 일 이상을 하고 싶었다. 그러한 이유로 파이썬의 강력한 능력을 드러내어, 더 깊고 풍부한 프로그래밍의 세계로 독자를 안내하기 위해 이 책을 기획하였다. 독자들에게 파이썬 언어의 핵심을 전달하는 일과 함께 수치 데이터, 텍스트와 이미지 데이터를 전문가처럼 다룰 수 있도록 돕는 것이 이 책의 목적이다. 또한 파이썬의 큰 특징인 객체지향 프로그래밍 기법을 이해할 수 있도록 틈틈이 예제 코드와 설명도 추가하였다.

이 책은 초판에서 많은 독자들의 사랑을 받았다. 이러한 큰 성원에 힘을 얻어 다음과 같은 점을 특징으로 하는 개정판을 출간하게 되었다.

개정판의 특징은 다음과 같다.

- 파이썬을 처음 익히는 독자들을 위한 친절하고 상세한 설명과 많은 예시 그림이 있다.
- 각 장은 핵심주제에 맞는 짧은 절로 나뉘어져 있어 간결하게 핵심을 파악할 수 있다.
- 초판에서 부족했던 데이터 시각화를 위하여 시본 라이브러리를 익힐 수 있는 장을 추가하였다.
- 독자들이 이해한 내용을 스스로 연습하고 확인해 볼 수 있는 LAB과 도전문제들이 있다.
- 파이썬의 기초부터 시작하지만 실무에 활용 가능한 데이터 처리, 시각화 기술을 다루고 있다.
- 기계학습과 인공지능 분야의 기초를 독자들이 쉽게 이해할 수 있도록 하였다.
- 기계학습의 주요 라이브러리인 sckit-learn과 최신 버전의 텐서플로 2.0을 사용하였다.

독자분들의 관심과 사랑에 다시 한 번 진심으로 감사드린다.

2023년 10월
천인국, 박동규, 강영민

이 책의 구성과 특징

1) 각 장이 시작할 때마다 그 장에서 독자가 알아야 할 핵심 내용을 알려 준다.

이 장에서 배울 것들

- 반복문의 필요성을 알아봅시다.
- while 문과 조건식을 사용하여 반복적으로 명령을 실행시켜보도록 하자.
- while 문과 반복 블록의 사용법을 익혀 봅시다.
- for 문을 사용하여 정해진 횟수만큼 반복하는 방법을 학습해 봅시다.
- 반복문을 사용하여 다양한 문제를 해결해 봅시다.
- 많은 횟수의 동작을 수행하는 프로그램도 작성해 봅시다.
- 오랫동안 동작하며 사용자와 상호작용하는 프로그램을 작성해 봅시다.

2) 각 장은 1-2 페이지의 작은 절로 구성되어 있으며, 절의 제목을 통해서 핵심 주제를 알 수 있다.

5.1 왜 반복문이 중요한가

반복문은 어떤 단계를 반복하게 하는 것으로 반복 구조를 사용하면 프로그램이 간결해지게 된다. 예를 들어서 동일한 작업을 반복하기 위하여 똑같은 문장을 복사하여 붙여넣기 하는 것보다 반복 구조를 사용하는 편이 프로그램을 간결하게 만든다. 또 프로그래밍에 필요한 시간도 단축할 수 있다.

3) **도전문제**를 통해서 독자들은 배운 내용을 한 번 더 복습할 수 있으며, 문제를 해결하는 즐거움을 누릴 수 있다.

도전문제 5.1

for - in range():를 이용하여 '####################'를 5줄에 걸쳐 출력하여라.

```
####################
####################
####################
####################
####################
```

4) **잠깐** 칼럼은 잠시 쉬어가는 곳으로 데이터 과학과 관련하여 독자 여러분이 알아두면 좋을 풍부한 시사, 상식 정보를 담고 있다.

잠깐 – 데이터 과학자들의 놀이터 캐글

오늘날 인터넷과 소셜 미디어, 사물인터넷으로부터 생성되는 많은 데이터는 이 책의 예제에서와 같이 단순하지 않으며 정형, 비정형의 다양한 형태를 가지고 있다. 캐글(kaggle.com)은 2010년에 설립된 데이터 예측 모델과 분석을 위한 플랫폼이다. 이 기업 및 단체에서는 자신들의 데이터와 함께 해결 과제를 등록할 수 있고, 데이터 과학자들은 이 데이터를 가지고 문제를 해결하기 위하여 서로 경쟁하고 협력하며 모델을 개발한다. 이러한 협업 플랫폼을 통해서 새로운 데이터 분석, 인공지능 모델이 나타나며 좋은 성능을 보여주는 기술은 곧바로 전 세계의 인공지능 개발자들에게 공유된다.

5) **LAB**은 각 절에서 학습한 내용을 연습해 볼 수 있는 문제를 담고 있다. 문제뿐만 아니라 힌트와 해답 코드가 주어져 있으므로 자신의 풀이와 해답 코드를 비교하며 코딩 실력을 향상시킬 수 있다.

LAB 10-5 2차원 배열에서 특정 조건을 만족하는 행만 추출하기

실습 시간

선수들의 키와 몸무게가 하나의 리스트를 구성하고 있으며, 또 이들의 리스트로 이루어진 데이터 player가 있다.

```
players = [[170, 76.4],
           [183, 86.2],
           [181, 78.5],
           [176, 80.1]]
```

이것을 바탕으로 넘파이 2차원 배열을 만들어 보고, 선수들 가운데 몸무게가 80을 넘는 선수들만 골라서 정보를 출력해 보자. 또 키가 180 이상인 선수들의 정보도 추출해 보자.

6) **핵심 정리**를 통해서 각 장의 핵심을 살펴볼 수 있다.

핵심 정리 SUMMARY

- 넘파이는 리스트가 아니라 배열로 다차원 데이터를 다룬다.
- 배열은 동일한 자료형을 연속해서 가진 데이터 구조로 읽고 쓰는 일을 빠르게 할 수 있다.
- 리스트와 달리 넘파이 배열들을 서로 연산하면 벡터와 행렬처럼 다루어진다.
- 넘파이 배열도 리스트와 다른 반복가능 객체처럼 슬라이싱을 적용할 수 있다.
- 넘파이는 넘파이만의 스타일로 슬라이싱을 할 수 있으며, 리스트 등과 다른 방식의 결과가 나온다.
- 슬라이싱과 별개로 논리적 조건을 부여하여 항목을 가져오는 일도 가능하다.

7) **주관식 문제**를 통해서 각 장의 중요한 내용을 한 번 더 익히며 복습할 수 있다.

주관식 문제

다음 괄호 안에 들어갈 알맞은 단어를 적어라.

10.1 (　　　) (은)는 대용량의 배열과 행렬연산을 빠르게 수행하며, 고차원적인 수학 연산자와 함수를 포함하고 있는 파이썬 라이브러리이다.

10.2 (　　　) (은)는 차원이 같은 두 벡터의 원소들끼리 덧셈을 하는 것을 말한다.

8) **심화문제**는 각 장에서 익힌 내용을 깊이 있게 한 번 더 확인하는 데 도움이 될 다양한 문제를 풀어 볼 수 있는 곳이다. 깊이 있는 코딩 문제가 많이 있으니 꼭 풀어보도록 하자.

심화문제

EXERCISE

14.1 다음은 P 자동차 회사의 차종과 마력, 그리고 평균연비(단위: km/l)를 나타내는 표이다.

	A	B	C	D	E	F	G
마력	130	250	190	300	210	220	170
연비	16.3	10.2	11.1	7.1	12.1	13.2	14.2

이 책의 코드와 테스트용 이미지, csv 파일 다운받기

본문에 있는 이미지 파일과 예시용 텍스트 파일, 그리고 csv 파일은 저자의 github.com 사이트에서 다운받을 수 있다. github는 프로그램 개발자들이 소프트웨어의 버전을 관리하고 소스코드를 공유하는 협업서비스이다. 저자의 github 사이트는 다음과 같다.

https://github.com/dongupak/DataSciPy

github의 사용법에 익숙한 독자라면 포크 기능을 사용해서 코드를 자신의 github에 복사하는 방법이 있으나, github의 사용법에 익숙하지 않다면 아래 그림과 같이 초록색 Code 메뉴를 선택한 후 펼쳐지는 팝업 메뉴에서 **Download ZIP** 메뉴를 선택하여 코드를 다운받을 수 있다.

자신의 컴퓨터로 파일을 다운받은 후, 압축을 풀면 data 폴더 아래에 본문에서 사용된 예시 텍스트 파일과 이미지 파일, csv 파일 등이 있다. 이 파일을 원하는 폴더에 두고, 본문의 코드에 나타난 것과 같이 사용하면 될 것이다.

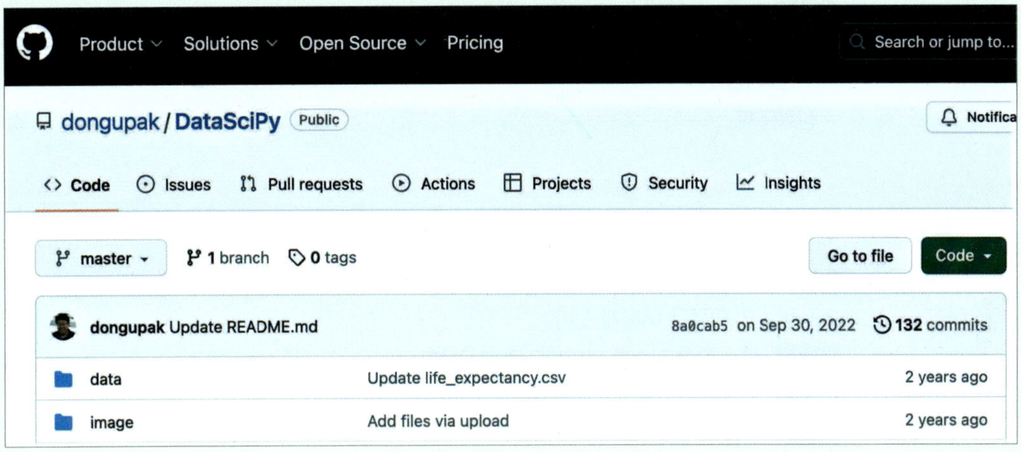

차례

PART 1 파이썬 기초체력 다지기

CHAPTER 01 데이터 과학과 파이썬의 세계로

CHAPTER 02 값을 담아 다루어 보자

CHAPTER 03 연산자로 계산을 해 보자

CHAPTER 04 조건을 따져 실행해보자

CHAPTER 05 여러 번 반복하는 일을 하자

PART 1

파이썬 기초체력 다지기

PART 1

chapter

01 데이터 과학과 파이썬의 세계로

이 장에서 배울 것들

- 데이터와 데이터 과학에 대해 알아봅시다.
- 프로그램과 프로그래머, 프로그래밍이라는 용어를 자세히 알아봅시다.
- 파이썬 프로그래밍 언어의 역사와 특징을 살펴봅시다.
- 파이썬이 데이터 과학 분야에서 엄청난 인기를 얻고 있는 이유를 살펴봅시다.
- 파이썬 프로그램을 만들고 실행하기 위해 필요한 것들을 살펴봅시다.
- 간단한 코드를 통해 파이썬 프로그래머가 되기 위한 준비운동을 해 봅시다.

1.1 데이터에 숨겨진 보물 찾기 : 데이터 과학의 세계로 출발

우리가 살아가는 오늘날의 세상은 인터넷과 스마트폰, 다양한 센서들이 만들어내는 데이터로 가득하다. 인구 통계, 교통 정보, 날씨 정보, 회사의 매출 자료, 인터넷 검색 기록, 메신저 대화 기록, 페이스북 댓글, 블로그의 사진, 그리고 곳곳의 CCTV가 찍어낸 영상 자료가 우리 주위에 널려 있다. 이 데이터를 어떻게 가공해야 의미 있는 정보를 추출할 수 있을까? 우리는 다음과 같은 질문을 생각할 수 있다.

- "카드 결제 데이터나 택배의 송장 데이터를 이용하여 장사가 잘 되는 지역을 찾을 수 있을까?"
- "산악 기상 데이터나 등산로, 등산객 수와 같은 정보를 이용하여 산림 재해를 예측할 수 있을까?"
- "CCTV가 적게 설치된 곳에서 실제로 범죄가 많이 일어날까?"
- "20-30대가 많이 사는 지역의 커피 가게는 그렇지 않은 지역에 비해 더 많은 매출을 올리고 있을까?"
- "지하철 승하차가 가장 많이 발생하는 역은 어떤 역일까?"
- "올해 5월달에는 비가 잘 내리지 않는데 예년에도 그랬을까?"
- "1년 중에서 일교차가 가장 심했던 달은 어떤 달이었을까?"
- "치킨집의 가장 인기있는 메뉴와 두 번째 인기있는 메뉴는 어떤 상관관계가 있을까?"

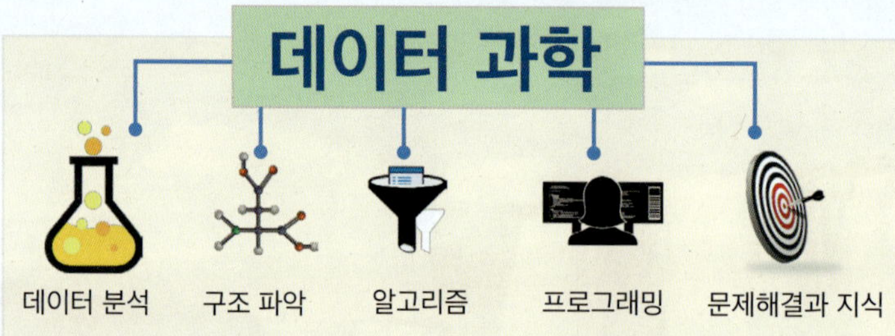

데이터 과학data science은 데이터에서 과학적 방법으로 정보나 지식을 추출하는 학문이다. 이를 위해서는 통계학, 컴퓨터 과학, 그리고 데이터가 발생하는 영역과 관련된 학문 분야의 이론과 기술을 융합적으로 사용하여야 한다. 따라서 데이터 과학은 대표적인 **학제**inter-disciplinary 연구 분야라고 할 수 있다.

이 책은 데이터 과학자와 데이터 과학 분야의 일을 하고자 하는 이들을 위한 책으로, 특히 입문자를 위한 파이썬 프로그래밍부터 설명할 것이다. 파이썬 언어를 잘 모르거나 처음 접하는 독자들을 위해 파이썬의 문법과 실무적인 작업을 하는데 필요한 기초적인 데이터 처리 예제까지 제공한다.

잠깐 – 과학의 네 번째 패러다임: 데이터 과학

1998년도 튜링 상 수상자인 **짐 그레이**Jim Gray 박사는 뉴턴 이후로 실험 과학과 이론 과학이 주류 과학의 두 축이었는데, 최근 수십년 동안은 컴퓨터를 이용한 계산 과학이 과학 연구의 방법론으로 자리를 잡았다고 분석했다. 그리고 그는 **과학의 네 번째 패러다임**으로 **데이터 중심의 과학**data-intensive science이 등장하고 있다고 보았다. 컴퓨터 과학이 축적한 기술을 바탕으로 여러 분야의 어려운 문제를 해결하는 새로운 변화를 데이터 과학이 만들어 낼 수 있다는 것이 그의 생각이었다.

데이터를 바탕으로 서울시 심야버스 노선 조정하다

데이터를 다루는 이유와 분석사례를 살펴보자. 2010년대 후반부터 서울시는 심야버스 노선을 새로 조정하기 위해 택시 승하차 정보와 이동 통신사의 통화량 데이터를 사용하였다고 한다. 이런 데이터를 분석하면 심야 시간에 시민들이 어떻게 이동하는지 파악할 수 있다는 것이다. 서울시는 분석한 자료를 바탕으로 심야버스 노선을 조정하여 시범 운행한 뒤에, 이 자료를 바탕으로 노선을 최종적으로 확정하였다.

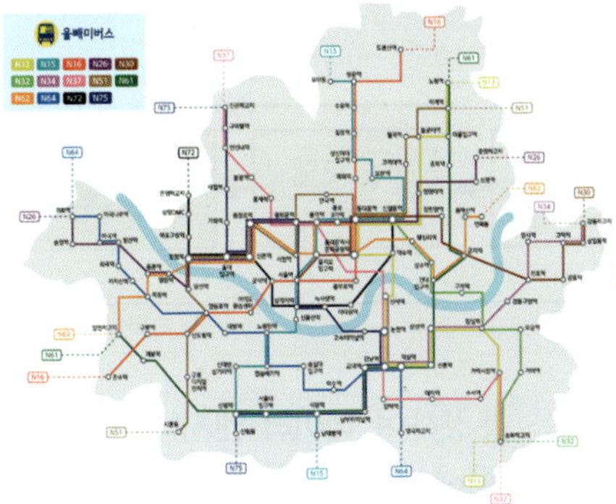

서울시 심야 버스 노선도

새로운 버스 노선은 서울 도심과 강남을 중심으로 시내를 가로지르는 방사 형태를 하고 있다. 또한 지역별 균형을 맞춘 7개의 새 노선은 **빅데이터를 분석하고 시민들의 실제 수요를 예측한 결과를 통해 개설**하였다. 이러한 노선 설계를 위해 사용된 데이터는 2018년 3월 한 달 동안 자정부터 새벽 5시까지 이동통신사 KT의 서비스를 이용한 통화량 데이터 30억 건이라고 한다.

서울시는 빅데이터 분석을 통해 심야시간 유동인구가 강남, 홍대, 동대문, 신림, 종로 등에 집중된 것을 파악했으며, 이를 근거로 당초 계획했던 6개 노선의 일부 구간을 조정하기도 하였다. 예를 들어 '남부순환로' 및 '동일로'를 경유하는 것으로 계획했던 N61번은 심야시간대에 남부터미널역, 건대입구역 인근인 '효령로' 및 '능동로'에 유동인구가 많아지는 것을 반영하여 노선을 변경하였고, '장충단로'를 지나기로 했던 N13번도 비슷한 분석을 통해 '동호로'를 경유하도록 조정했다. N30번은 당초 상일동길·천호대로를 지나가는 노선에서 고덕로·양재대로(고덕역·굽은다리역)로 변경되었고, N40번은 신반포로에서 사평대로로 노선을 변경해 고속터미널역 접근성을 강화했다고 한다.

잠깐 – 빅데이터를 활용한 공공 정책 결정의 예

2018년 국토교통부는 중앙부처와 지자체의 정책 지원을 위한 빅데이터 분석과제를 완료했다고 발표하였다. 이 분석 과제들은 아래와 같다.

① **(전주시)** 교통카드 DB를 활용한 대중 교통 현황 빅데이터 분석
② **(부산광역시)** 역세권 토지 이용 구상을 위한 빅데이터 활용
③ **(국토부, LH)** 개발 공장과 계획 입지 간의 상관성 분석
④ **(소방청)** 빅데이터를 활용한 화재 대응 취약 지역 분석
⑤ **(식품의약품 안전처)** HACCP 인증과 식품 안전 사고 상관 분석
⑥ **(국민건강 보험공단)** 건강 보험 의료 이용 지도 구축

1.2 데이터 처리 과정과 프로그램

데이터 과학은 데이터를 확보하여 응용 분야에 사용할 수 있는 정보로 만들기 위해 다양한 과정을 수행한다. 이러한 과정을 구분하면 아래와 같은 다섯 가지 단계로 구분할 수 있다. 이 단계는 1) 데이터 수집, 2) 데이터 정제, 3) 탐구와 분석, 4) 학습 모델 구축, 5) 모델 배포 단계이다. 그리고 각 단계마다 전문성을 가지고 해당 업무에 종사하는 사람들이 존재한다.

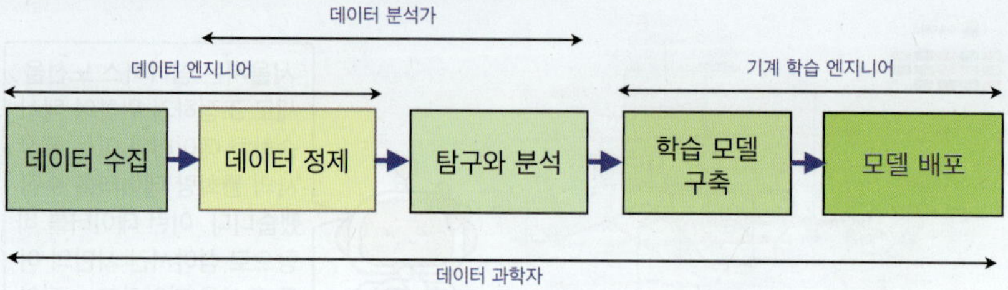

데이터 수집과 정제에 전문적 역량을 가진 사람들을 통칭하여 **데이터 엔지니어**라고 할 수 있다. 그리고 전통적으로 데이터의 정제 작업부터 분석까지의 작업에 종사하는 이들을 **데이터 분석가**라고 한다. 데이터 분석은 예전부터 존재했지만, 요즘은 대규모 데이터를 전문적으로 수집하고 가공하는 데이터 엔지니어의 도움을 필요로 한다. 최근에는 데이터를 이용하여 기계를 학습시키는 인공지능 기술이 더욱 각광을 받고 있다. 이를 위한 학습 모델을 구축하고 데이터를 기반으로 모델을 훈련시킨 뒤에 학습된 모델을 배포하는 일을 전문적으로 하는 사람들을 **기계 학습 엔지니어**라고 부를 수 있다.

데이터 과학은 **컴퓨터를 이용한 계산 과학의 진보를 바탕으로 데이터의 수집과 분석, 그리고 활용과 관련된 모든 이론과 기술을 종합적으로 다루는 분야**이다. 따라서 데이터 과학자는 데이터 엔지니어, 데이터 분석가, 그리고 기계학습 엔지니어의 역량을 모두 갖추고 다양한 문제를 해결해야 한다.

또한 컴퓨터 하드웨어와 소프트웨어 관련 기술의 급속한 발달에 예전에는 다루기 힘들었던 거대한 규모의 데이터도 빠르게 처리할 수 있게 되었다. 이러한 이유로 현재의 데이터 과학에서는 모든 단계에서 컴퓨터의 활용이 중요하다. 컴퓨터를 잘 다룰 수 있다면 데이터를 처리하고 분석하는 일도 더욱 쉽고 효율적으로 바뀔 것이다. 특히 내가 원하는 문제에 맞춰 소프트웨어를 개발할 수 있는 프로그래밍 실력은 이제 데이터 과학의 모든 단계에서 반드시 필요한 능력이 되고 있다.

데이터 과학의 모든 단계에서 반드시 필요한 능력인 프로그래밍에 대해 알아보자. 우선 **프로그램**program이란 **컴퓨터가 해야 할 일을 미리 기록해 놓은 작업 지시서** 같은 것이다. 우리가 많이 사용하는 파워포인트나 카카오톡과 같은 것들이 모두 프로그램이다. 프로그램 안에는 무엇이 들어 있을까? 프로그램 안에는 "무엇을 어떤 식으로 해라"와 같은 형태의 **명령어**instruction들이 있다. 프로그램을 작성하는 일을 프로그래밍이라고 하고, 이 일을 하는 사람을 **프로그래머**programmer라고 부른다.

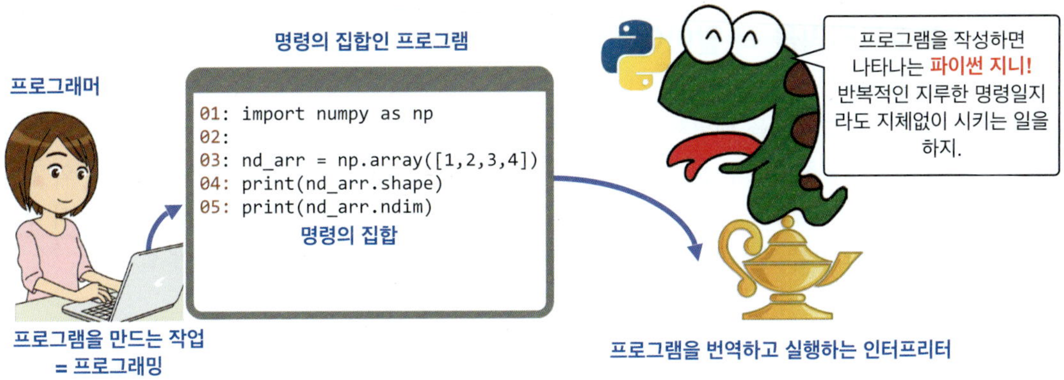

프로그램은 어떻게 만들까? 전기 신호에 의해서 동작하는 컴퓨터는 0(OFF)과 1(ON)의 **이진**binary 값만을 이해한다. 따라서 컴퓨터가 수행하는 명령은 000010010001111...과 같은 이진수 값으로 된 명령이다. 이렇게 기계가 곧바로 이해할 수 있는 명령을 **기계어**machine language라고 한다. 이 명령을 잘 만들어 컴퓨터에 입력하면 컴퓨터를 제어할 수 있다.

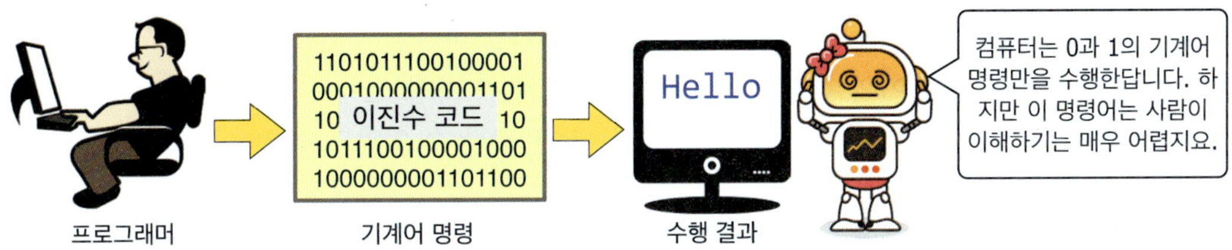

기계어 명령은 기계가 바로 실행할 수 있다는 장점이 있으나 사람이 이해하기에는 매우 어렵다. 그래서 실제로 개발을 할 때에는 사람이 이해할 수 있는 언어를 이용하여 명령을 표현하고, 이것을 기계어로 번역하여 프로그램을 만든다. 이렇게 프로그램을 작성하기 위해 사람이 이해하기 쉽게 만든 언어를 **프로그래밍 언어**programming language라고 하며, 이 언어를 이용해 프로그래머가 원하는 일들을 작성한 것을 **소스 코드**source code라 한다.

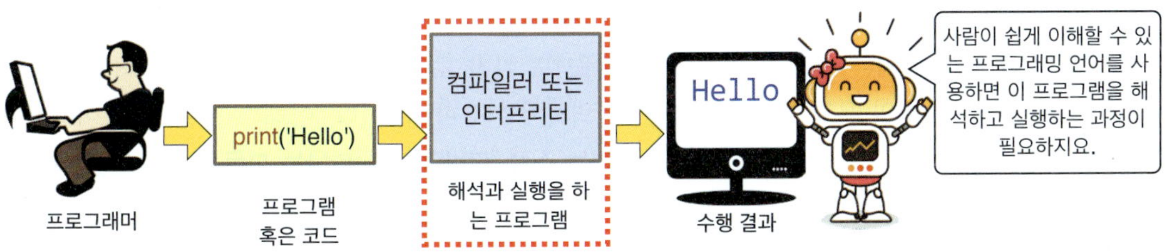

프로그래밍 언어는 컴퓨터가 이해할 수 있는 기계어로 번역될 수 있는 언어이다. 이를 위해서는 **엄격하게 약속된 규칙**을 지켜야 한다. 컴퓨터는 우리가 사용하는 언어인 '한국어'나 영국, 미국 등의 나라에서 쓰는 '영어'를 이해할 수 없다. 프로그램을 작성하려면 **프로그래밍 언어**를 사용하여 컴퓨터에게 작업을 지시하는 문서를 만들어야 한다.

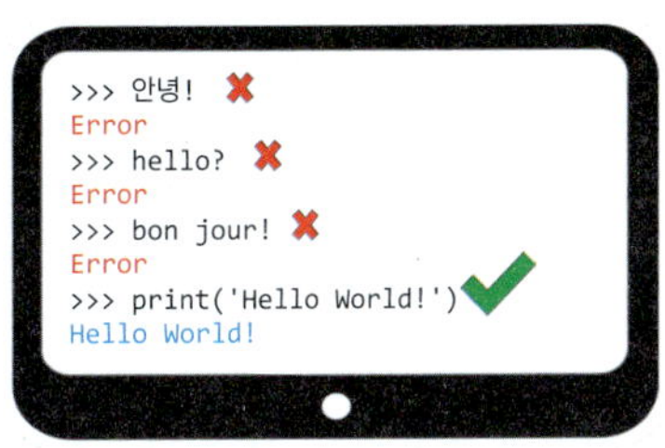

1.3 프로그래밍을 꼭 알아야 하나

사람들마다 각자 프로그래밍을 배워서 프로그램을 작성하는 이유가 다르다. 어떤 사람은 다른 사람이 필요한 프로그램을 개발하여서 돈을 버는 것이 직업일 수 있다. 다른 어떤 사람은 자신의 업무와 관련된 자료 분석을 직접 하려고 프로그램을 만든다. 또 어떤 사람은 프로그래밍 자체가 재미있어서 취미로 프로그램을 만들고 오픈 소스로 공개한다. 우리는 왜 프로그래밍에 대하여 알아야 할까?

우리가 어떤 일을 하든지 상관없이 프로그래밍은 필수적인 기술이 되었다. 자연과학이나 공학분야의 학문과 직업에 종사하는 사람들은 컴퓨터를 도구로 활용하는 일이 일반화되어 이를 당연히 받아들일 것이다. 그런데 인문사회계열 역시 이제 **컴퓨터 소프트웨어의 활용과 맞춤형 소프트웨어 개발 능력이 필수적인 시대**로 바뀌고 있다.

하나의 예를 들어보자. 최근에 각 기업에서는 "보고서 쓰는 인공지능 로봇"을 도입하고 있다고 한다. 어떤 직원의 임무가 해외 생산 법인의 재고를 파악하고 이를 정리한 보고서를 쓰는 것이라고 하자. 사람이 이 일을 하려면 한 달에 12시간 정도가 소요되었다고 한다. 하지만 어떤 사원은 "ChatGPT와 같은 인공지능 문서작성기"를 자신의 업무에 맞춰 조정하여 활용했더니 업무를 효율적으로 완료할 수 있었고 지루하고 고된 작업에서 벗어날 수 있었다는 사례가 있다.

컴퓨터와 사람은 잘하는 분야가 아주 딴판이다. 사람들이 아주 재미없고 지루하다고 생각하는 작업을 컴퓨터는 아주 잘한다. 따라서 지루하고 반복적인 작업은 컴퓨터에게 맡기고 사람은 더욱 창의적인 일에 집중하는 것이 생산성을 높일 수 있다. 프로그래밍을 통해 자신의 생산성을 높이는 일은 스스로의 가치를 높이는 일이다.

100페이지 분량의 파일에서 단어 출현 횟수를 계산하는 작업을 생각해보자. 사람은 텍스트 파일을 읽어서 그 내용을 이해하는 것은 잘한다. 하지만 소설의 내용처럼 긴 텍스트 파일에서 각 단어들의 출현 횟수를 세는 일은 사람이 즐겁고 가볍게 할만한 일이 아니다.

컴퓨터는 사람과 다르다. 소설을 읽고 이해하는 것은 컴퓨터가 잘하는 일이 아니지만, 소설 파일에서 단어의 출현 횟수를 세는 일은 초보적인 일 중에서도 가장 초보적인 일이다. 예를 들어서 파이썬에서는 다음과 같은 몇 개의 문장으로 이 작업을 완벽하게 완료할 수 있다. 아래 코드는 당장 이해하지 않아도 된다. 아래의 **4줄 가량의 코딩을 통해서 우리는 소설 "모비딕"에 나타나는 모든 단어의 출현 횟수**를 금방 계산할 수 있다는 것만 이해하자.

```
from collections import Counter

f = open("d:/mobydick.txt", encoding="utf-8")
count = Counter(f.read().split())
print("단어 출현 횟수 :", count)
```

인간과 컴퓨터는 상호 보완적인 특징을 가지고 있다. 따라서 인간의 부족한 점을 컴퓨터가 메울 수 있다. 지루하고 반복되는 일을 컴퓨터한테 시키려면 우리가 컴퓨터 언어를 배워서 컴퓨터와 대화할 수 있어야 한다. 컴퓨터와 대화할 수 있어야 컴퓨터에게 힘든 일을 시키고 인간은 보다 창의적인 작업을 할 수 있을 것이다.

왜 파이썬을 사용할까

사람마다 취향에 따라 다른 화장품을 쓰고, 다른 옷을 사듯이 프로그래밍 언어도 많은 종류가 있고 프로그래머들은 각자에게 맞는 언어를 골라 사용한다. 대표적인 프로그래밍 언어로는 '파이썬', '자바', 'C', 'C++', 'JavaScript' 같은 것들이다. 이 프로그래밍 언어들은 각각 고유한 문법 체계를 가지고 있다. 다음의 표는 2023년 가장 인기있는 프로그래밍 언어의 순위이다.

Feb 2023	Feb 2022	Change	Programming Language	Ratings	Change
1	1		Python	15.49%	+0.16%
2	2		C	15.39%	+1.31%
3	4	^	C++	13.94%	+5.93%
4	3	v	Java	13.21%	+1.07%
5	5		C#	6.38%	+1.01%
6	6		Visual Basic	4.14%	-1.09%
7	7		JavaScript	2.52%	+0.70%

2023년 가장 인기있는 프로그래밍 언어, 자료출처: TIOBE

파이썬Python은 **귀도 반 로섬**Guido van Rossum이 1991년에 개발한 대화형 프로그래밍 언어로 최근 많은 인기를 얻고 있다. 반 로섬은 취미로 파이썬을 만들었지만 파이썬은 아주 인기 있는 범용 프로그래밍 언어가 되었다. 파이썬이 최근 전 세계적으로 각광을 받는 이유는 무엇일까? 가장 큰 이유는 파이썬의 생산성이 뛰어나기 때문이다. 파이썬을 이용하면 간결하면서도 효율적인 프로그램을 빠르게 작성할 수 있다. 파이썬은 오픈 소스여서 무료이고 패키지들이 계속 추가되고 있어서 매일 진화하는 언어이기도 하다. 예를 들어서 회사의 매출을 세련된 차트로 만들고 싶다면 **맷플롯립**matplotlib 모듈을 가져다가 사용하면 된다.

파이썬은 무엇보다도 초보자의 프로그래밍 입문에 적합한 언어이다. 그 이유는 파이썬이 **인터프리터 언어**interpreted language이기 때문이다. 파이썬에서는 프로그래머가 한 줄의 문장을 입력하고 엔터키를 치면 명령 해석기인 **인터프리터**interpreter가 이것을 바로 실행한다. 다른 많은 언어는 실행하기 전에 코드를 컴퓨터가 이해할 수 있는 기계어로 번역하는 컴파일 과정이 필요한 경우가 많다. 그러나 파이썬 프로그래머는 자신이 작성한 문장을 입력하는 즉시 통합 개발환경에서 그 결과를 볼 수 있다. 따라서 **입문자도 쉽게 코딩을 익힐 수 있다.**

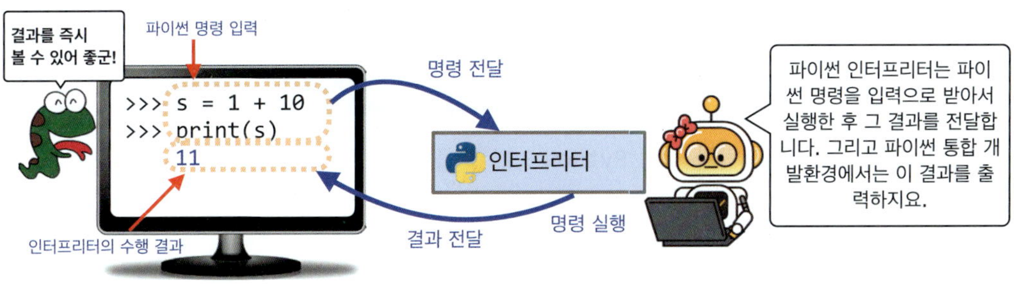

1.4 파이썬 개발 도구 설치하기

이제 파이썬을 통해 컴퓨터에 명령을 내리고 이 명령을 수행할 수 있도록 해 보자. 이를 위해서는 파이썬 인터프리터와 기본 라이브러리, 그리고 개발도구를 설치해야만 한다. 이 프로그램들은 **파이썬 소프트웨어 재단**Python Software Foundation에서 관리하고 있으며, 홈페이지는 http://www.python.org/이다.

이제 이 재단의 홈페이지에 접속하여 Download 메뉴를 선택해 보자. 가장 먼저 Windows, Mac OS X과 같은 파이썬을 설치할 컴퓨터의 운영체제를 선택해야 한다.

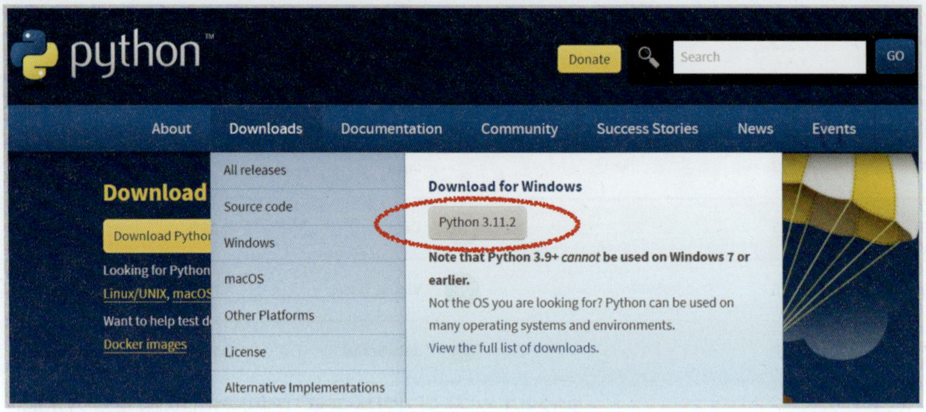

이 예시에서 다운받은 파이썬의 버전은 3.11.2이다. 아마 여러분이 이 사이트에 접속을 하게 되면 이보다 더 상위 버전의 파이썬이 제공될 수도 있다. 위의 경우 파일은 **python-3-11-x.exe**와 같은 이름으로 저장되며 이를 실행하게 되면 다음과 같이 설치가 진행된다.

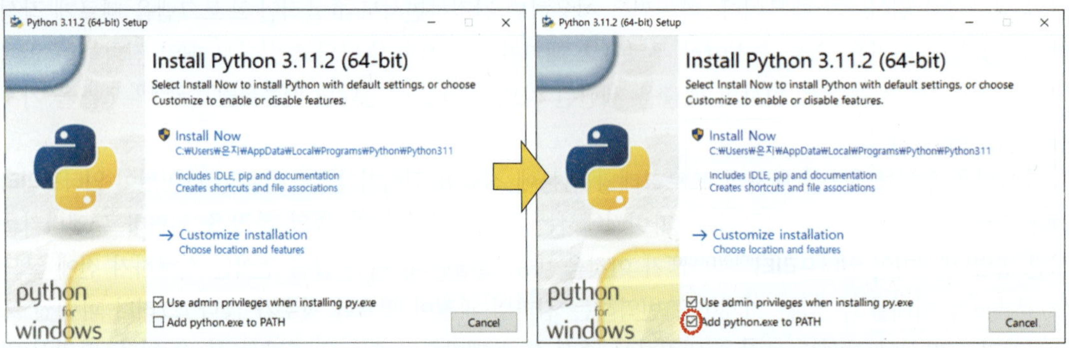

설치할 적에 그림의 사각형으로 된 Install launcher for all users(recommended)와 Add Python 3.11 to Path의 체크 상자를 선택하게 되면 이 컴퓨터를 사용하는 모든 사용자가 파이썬을 윈도우 명령행에서 실행해서 사용할 수 있으니 이를 선택하도록 하자. 아무런 오류가 없이 파이썬이 설치되었다면 그림과 같이 Python 3.11 그룹이 생기고 IDLE, Python 3.11 등의 프로그램들이 나타날 것이다.

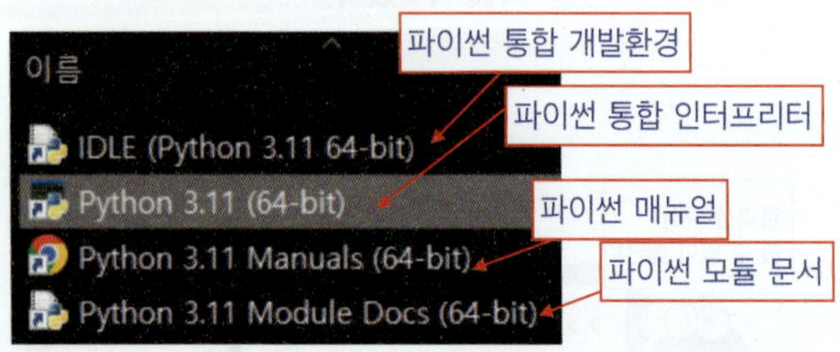

파이썬 인터프리터를 사용해 보기

이제 파이썬이 일을 할 준비가 되었는지 확인할 때이다. 이 책에서는 독자 여러분이 마이크로소프트사의 윈도우 환경을 사용한다고 가정하고 사용법을 알려줄 것이다. 파이썬 개발 도구 설치를 마치고 아래와 같은 윈도우의 검색 기능을 이용하여 python을 검색할 수 있다.

검색을 하면 아래 그림의 왼쪽과 같이 설치한 파이썬이 나타날 것이다. 여기서 설치한 파이썬을 선택하여 실행하면 오른쪽과 같은 창이 나타날 것이다. 이것이 바로 파이썬 **인터프리터**interpreter이다.

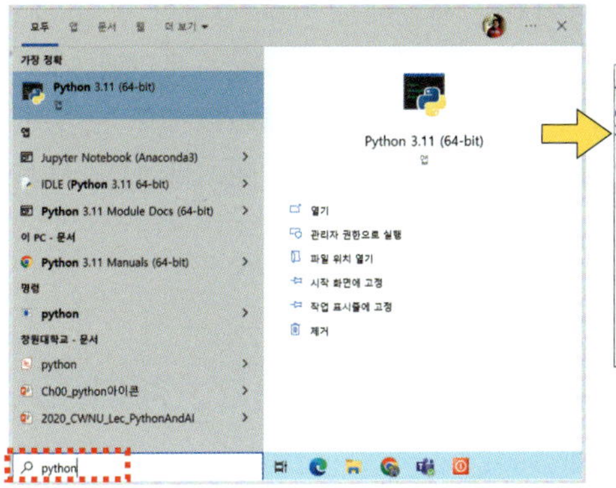

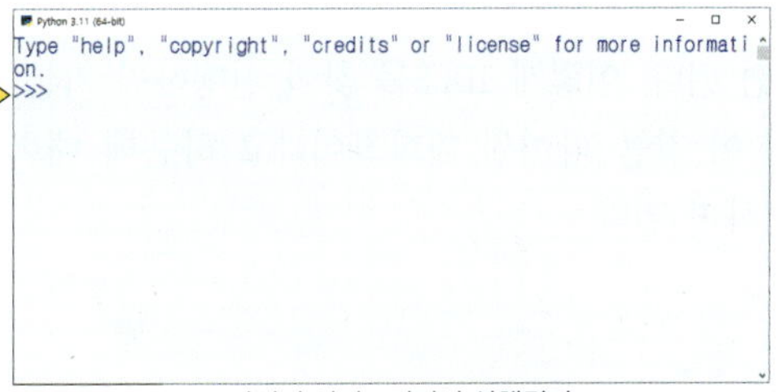

파이썬 인터프리터의 실행결과

파이썬 인터프리터는 처음 자신을 소개한다. 화면 첫 줄에는 자신의 **버전**version 등의 정보를 보여주고 있다. 그리고 다음 줄에는 더 많은 정보를 원할 경우 입력할 수 있는 명령들을 보여 주고 있다. 그리고 >>>라는 문자들과 함께 키보드 입력을 받을 수 있도록 되어있다. 이렇게 나타난 화면을 대화창, 인터프리터 창이라고 하고, 키보드 입력을 받으려고 대기하고 있는 곳을 **프롬프트**prompt라고 한다. 파이썬에게 원하는 일을 시키고 싶을 때에는 이 프롬프트에 명령어를 입력한다.

인터프리터를 사용하여 처음으로 파이썬을 사용해보기 위해 print('Hello Python!!')을 입력해 보도록 하자. 명령을 입력하고 나서, 키보드의 엔터 키(↵)를 누르면 된다. 입력된 명령이 인터프리터에 전달되고, 인터프리터는 이를 해석해서 실행할 것이다. 다음 대화창 실습은 그 결과를 보이고 있다. 명령을 입력한 프롬프트 아래에 Hello Python!!이라는 문자의 모음이 출력된다. 이런 문자의 모음을 컴퓨터 프로그래밍에서는 **문자열**string이라고 한다. print()는 파이썬의 **내장함수**built-in function로 괄호 안의 값을 화면에 출력하는 역할을 한다.

```
>>> print('Hello Python!!')
    Hello Python!!
```

인터프리터에서 간단한 계산을 할 수도 있다. 그 값을 저장해 놓았다가 출력을 할 수도 있다. 무엇인가 재미있는 일을 할 수 있을 것 같지 않은가?

```
>>> 5 + 6
    11
>>> 반지름 = 4
>>> 면적 = 3.14 * 반지름 * 반지름
>>> print(면적)
    50.24
```

1.5 파이썬 개발도구에서 'Hello World'를 출력해보자

파이썬 인터프리터로 코딩을 하는 것은 간단하기는 하지만 몇 가지 문제가 있다. 우선 한 번 입력하면 그것으로 끝이기 때문에 잘못 입력한 경우 수정하기가 힘들다. 또 다른 문제는 한 번 일을 시키고 나면, 이 일을 다음에 다시 시키기 어렵다. 이런 문제를 해결하는 방법은 파이썬에 입력할 명령어들을 모아 하나의 파일로 저장해 두는 것이다. 이렇게 지시할 내용을 모아서 기록해 둔 것을 **소스 코드**source code라고 한다. 소스 코드의 작성과 관리를 돕는 도구를 **통합 개발 도구**integrated development environment 혹은 IDE라고 한다. 파이썬을 설치하면 간단한 IDE가 제공되는데, 이 도구의 이름은 IDE와 비슷한 IDLE라고 한다. IDLE는 Integrated Development and Learning Environment의 약자로 **"통합적 개발과 학습 환경"**이라는 뜻을 가지고 있다. 이것은 파이썬이 제공하는 아주 간단한 통합 개발환경이라고 할 수 있다. IDLE를 사용하기 위해서는 아래와 같이 시작 메뉴의 "모든 프로그램"에서 IDLE를 검색하면 된다. 이렇게 IDLE를 찾아 실행하면 기본적으로 파이썬 인터프리터와 동일한 모습의 창이 나타난다. 이 창을 파이썬 대화창이라고 하는데 대화창의 >>> 프롬프트 앞의 커서가 있는 부분에 명령을 입력하면 된다.

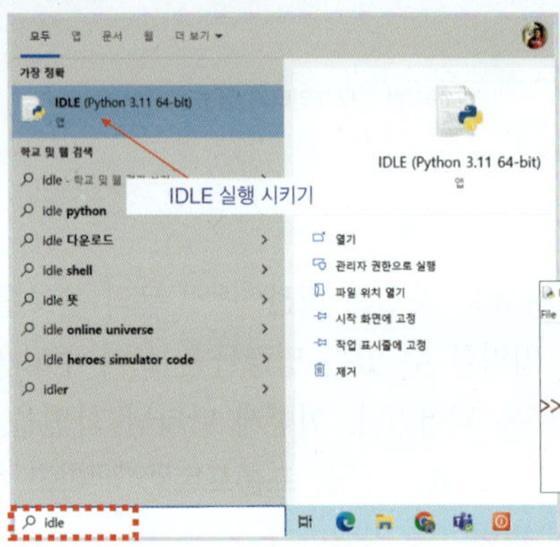

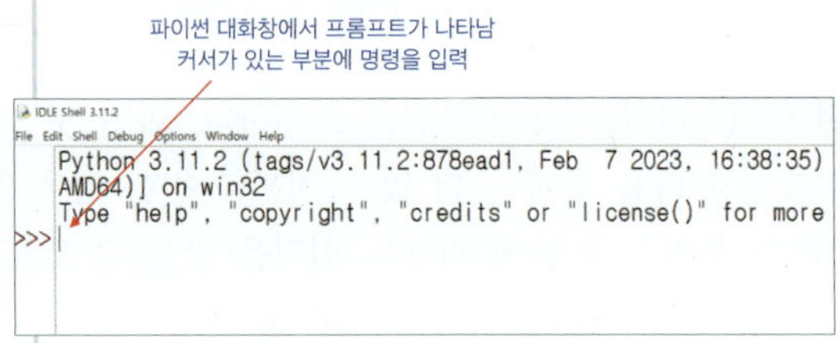

파이썬 IDLE의 실행 후 나타나는 대화창

이 파이썬 IDLE 프로그램의 "File" 메뉴를 이용하여 "New File"을 선택할 수 있다. 그러면 새로운 파일이 생성되고 편집이 가능한 상태가 된다. 이 창에 아래 그림처럼 문자열을 출력하라는 명령을 입력하고, 반지름이 5, 원주율 π 값을 PI라는 이름의 변수에 임시로 저장하고, 면적을 구한 뒤 면적의 값을 출력하도록 해 보자. 실행을 시키는 방법은 "Run" 메뉴 아래에 있는 "Run Module"을 선택하면 된다. 여러분이 편집한 파일이 저장되지 않았다면 아래 그림의 오른쪽과 같이 먼저 저장하라는 메시지가 뜰 것이다. 이 파일의 이름을 hello_radius.py라고 하고 C:\workspace나 C:\KIM과 같은 적절한 위치의 폴더에 저장한다.

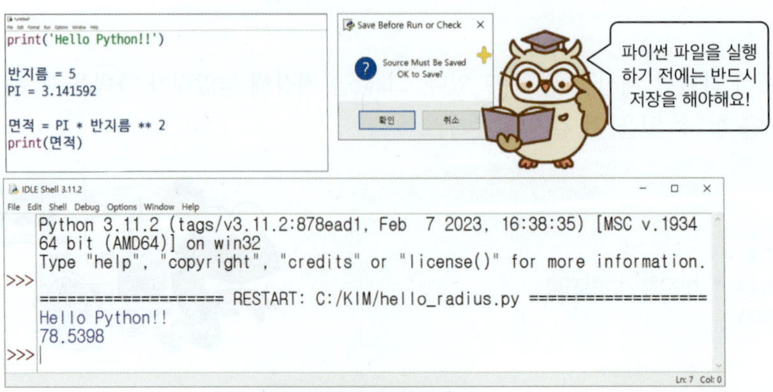

위의 코드를 저장하여 실행한 결과

파이썬 파일은 다른 말로 **스크립트 파일**이라고도 한다. 파일 저장이 끝나고 에러 없이 수행되면, 파이썬 인터프리터 창에는 여러분이 작성한 코드의 실행 결과가 나타난다. 저장된 코드는 "File" 메뉴의 "Open" 메뉴를 이용하여 다시 불러서 편집하는 것도 가능하다.

주석으로 이해하기 쉬운 코드를 만들기

주석comment은 소스 코드에 붙이는 설명글과 같은 것이다. 주석은 프로그램이 하는 일을 설명하는 목적으로 주로 사용된다. 주석은 프로그램의 실행 결과에 영향을 끼치지 않는다. 따라서 주석이 없더라도 프로그램의 실행 결과는 같다. 파이썬 인터프리터는 주석을 무시하며 주석에 대한 기계어 코드를 전혀 생성하지 않는다. 파이썬에서는 #으로 시작하면 줄의 끝까지 주석으로 취급한다(이 책에서는 주석의 색을 코드와 다른 색으로 표시한다).

```
# 다음 코드는 반지름을 이용하여 원의 면적을 출력하는 코드이다
반지름 = 4                        # 반지름의 값을 저장한다. 이 때 공백이 들어가면 안된다
면적 = 3.14 * 반지름 * 반지름      # 반지름의 값을 이용하여 원의 면적을 구한다
print(면적)                       # 면적을 화면에 출력한다
```

주석은 컴퓨터를 위한 것이 아니고 프로그램을 읽는 사람을 위한 것이다. 도대체 누가 프로그램 코드를 읽을까? 프로그램은 완성된 후에도 유지 보수를 계속해야 한다. 따라서 여러분이나 여러분의 일을 물려 받은 후임 개발자가 소스 코드를 수정하거나 보완하려고 다시 읽을 수 있다. 만약 코드가 복잡하고 오래 전에 만들었다면, 코드를 만든 사람조차도 잘 이해되지 않을 수 있다. 다른 사람이 작성한 코드를 읽는 것은 더욱 어려운 일이다. 따라서 개발자는 자신의 프로그램이 무엇을 하려고 하는지 주석으로 만들어서 코드에 붙일 필요가 있는 것이다.

간단한 주석은 한 줄로도 충분하지만 여러 줄에 걸쳐 상세하게 설명을 해야 할 때도 있다. 이럴 때는 다음과 같이 #(해시 기호)를 여러 줄에 쓰는 방법도 있을 것이다.

```
# 여러 줄의 주석을 사용할 때
# 해시 표시를 문장의 첫 줄에 넣어서 주석을 사용할 수 있다
```

그러나 파이썬에서는 작은따옴표나 큰따옴표 3개를 연속으로 입력하여 여러 줄을 주석처리하는 방법도 있다. 사용방법은 다음 예시와 같이 '''로 시작하여 여러 줄의 주석을 입력한 후 '''로 주석문을 종료하는 방식이다. 이때 """ ... """ 와 같이 큰따옴표를 사용해도 된다.

```
'''
작은따옴표를 이용하여 여러 줄 주석을 만드는 방법이다
이 방식으로 주석을 만들면
여러 줄에 걸친 주석을 남길 수 있다
'''
```

```
"""
혹은 이와 같이 큰따옴표를 이용할 수도 있다
큰따옴표를 사용해도 작은따옴표를 사용하는 것과 동일하다
"""
```

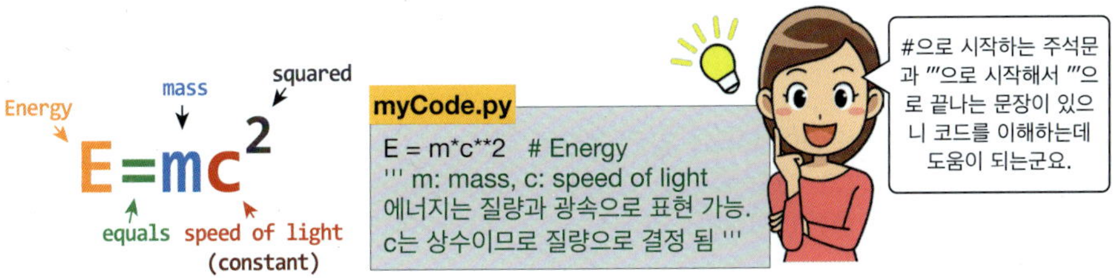

1.6 무작정 계산부터 해보자

이제 설치된 파이썬으로 무엇을 하면 좋을까? 컴퓨터는 기본적으로 계산하는 기계이다. 얼마나 계산을 잘 하는지 궁금하지 않은가? 덧셈, 뺄셈, 곱셈, 나눗셈을 컴퓨터에게 시켜보자. 암산으로도 가능한 계산을 연습 삼아 한 줄씩 입력하고 실행해보자. 인터프리터의 프롬프트에서 2 + 3과 print(2 + 3)의 결과는 같다.

```
>>> 2 + 3
    5
>>> print(2 + 3)
    5
>>> print(2 - 3)
    -1
>>> print(2 * 3)
    6
>>> print(2 / 3)
    0.6666666666666666
```

파이썬에서 곱셈을 나타내는 기호는 *이다. 이렇게 프롬프트에 명령을 한 줄씩 입력한 후에 엔터키를 눌러서 실행하는 모드는 초보자에게 아주 편리하다. 이번에는 좀 어려운 계산을 해 보자.

```
>>> print(2345 * 9876 - 5678)
    23153542
```

물론 위의 수식은 계산기로 계산할 수 있다. 그렇다면 아래의 수식은 계산할 수 있을까? 여러분들도 알다시피 컴퓨터에게 이 정도는 아무것도 아니다. 컴퓨터는 정말 큰 수도 계산을 잘 한다.

```
>>> print(123456789123456789 * 123456789123456789)
    15241578780673678515622620750190521
```

잠깐 – 인터프리터 모드(쉘 모드)에서의 값 출력

파이썬 대화창에서 계산 결과를 출력할 때 2 + 3만 입력하고 엔터키를 눌러도 된다. 다음의 두 가지 문장은 같은 결과를 보여줄 것이다.

```
>>> 2 + 3
>>> print(2 + 3)
```

도전문제 1.1

파이썬의 인터프리터 모드를 이용하여 다음과 같은 계산을 해보자.

(1) 4*3*2*1 (2) 1/2 (3) 300 - 100
(4) 423 + 1234 (5) (1/100) * 1234 (6) 3.141592 * 12.0 * 12.0

print() 함수로 원하는 메시지 출력해 보기

이번에는 숫자 계산 말고 다른 것도 해보려고 한다. 다음과 같은 코드를 입력하고 실행해보자. 따옴표 '로 시작하여 같은 따옴표 '로 끝나는 **문자열**을 프롬프트에 입력하면 그 상태 그대로 나타난다. 데이터가 문자열이라는 것을 보여주는 표시이다. 'Hello'와 "Hello"는 서로 다른 표기를 사용하지만 파이썬은 모두 동일한 문자열로 취급한다. 하지만 print() 함수 안에 문자열이 있을 경우 따옴표는 나타나지 않는 것에 유의하자. 이때는 print() 함수에 넘겨진 문자열을 출력하라는 명령을 수행한 결과를 보여주는 것이다.

```
>>> 'Hello'                # 문자열 'Hello'
    'Hello'
>>> "Hello"                # 문자열 "Hello"는 'Hello'와 동일하다
    'Hello'
>>> print('Hello')         # print() 함수안에 문자열이 있을 경우 따옴표는 나타나지 않음
    Hello
>>> print("즐거운 " + "파이썬 익히기")      # 두 텍스트 데이터를 연결하여 출력함
    즐거운 파이썬 익히기
```

파이썬에서 큰따옴표("...")나 작은따옴표('...')로 둘러싸이면 텍스트 정보를 담은 문자열이 된다. 위의 코드에서 "즐거운"은 문자열이며 이 텍스트에 + 연산자를 이용하여 다른 문자열을 덧붙이면, 두 문자열이 연결된다. 파이썬 문자열에는 다음과 같이 곱셈 기호를 사용하는 것도 가능하다.

```
>>> print('반가워요 ' * 10)         # '반가워요'를 10회 반복 출력함
    반가워요 반가워요 반가워요 반가워요 반가워요 반가워요 반가워요 반가워요 반가워요 반가워요
```

위의 코드에서는 '반가워요'를 10번 반복하여 하고 있다. 텍스트 뒤에 *가 붙고 숫자가 있으면 그 숫자만큼 텍스트를 반복한다. 컴퓨터는 **계산도 잘하지만 어떤 것을 반복하는 것에도 소질이 있다**.

프로그래밍 세계에서는 텍스트 데이터를 **문자열**string이라고 부른다. 우리는 문자열과 숫자를 구별하여야 한다. 예를 들어서 "100"은 문자열이고 100은 숫자이다. "100" + "200"을 실행하면 "100200"이 출력된다. 다음과 같이 100 + 200과 "100" + "200"의 결과가 다르다는 것에 각별히 유의하자.

```
>>> print("100" + "200")     # 문자열 '100', '200'을 연결한다
    100200
>>> print(100 + 200)         # 숫자 두 개의 합을 구한다
    300
```

우리는 문자열과 숫자를 사용하여 많은 프로그램들을 지금부터 작성해볼 것이다. 컴퓨터는 "숫자 계산"이나 "문자열 처리" 말고 또 무엇을 할 수 있을까? 컴퓨터는 화면에 그림을 그리거나 큰 파일을 분석하는 등 다재다능한 일을 할 수 있다. 다음 절에서 이러한 일들을 하기 위해 필요한 것을 살펴보자.

잠깐 – 따옴표의 사용법과 여러 줄에 걸친 문자열

문자열을 표현할 때 작은따옴표와 큰따옴표 중 아무것이나 사용해도 된다. 딱 한 가지 지켜야 할 것은 큰따옴표로 시작한 문자열은 큰따옴표로, 작은 따옴표로 시작한 문자열은 작은따옴표로 끝내야 한다는 약속이다. 줄바꿈을 포함하여 여러 줄에 걸친 문자열을 표현하고 싶을 때도 있다. 이때는 **작은따옴표나 큰따옴표 세 개로 문자열을 시작하고 같은 방식으로 닫으면 된다.**

```
>>> multiline_string = """This is a multiline string
    with "newline" characters
    within the string"""
>>> print(multiline_string)
    This is a multiline string
    with "newline" characters
    within the string
```

1.7 대화식 모드와 스크립트 모드를 알아보자

이 절에서는 파이썬 코드를 실행하는 두 가지 방법에 대해서 알아볼 것이다. 이 두가지 방법은 각각 대화식 모드와 스크립트 모드라고 한다. **대화식 모드**는 파이썬 번역기를 실행한 후 >>>라는 프롬프트에서 커서가 깜박일 때 파이썬 명령을 입력하고 엔터키를 치면 번역기가 한 줄 또는 그 이상의 코드를 실행한다. 반면 **스크립트 모드**는 새로운 파일을 하나 생성하고 파이썬 명령을 입력하고나서 이 명령으로 이루어진 코드를 저장해야 한다. 이 때 파일 이름이 file_name.py라고 하면 IDLE에서 "Run"이라는 메뉴를 선택해서 이 코드를 실행시킬 수 있다.

두 가지 방법의 예시와 실행 방법, 그리고 장단점은 다음의 표에 상세히 나타나 있다.

	대화식 모드	스크립트 모드(file_name.py 예시)

예시	`>>> print('당신의 이름은 :')`
	`당신의 이름은 :`
	`>>> name = '홍길동'`
	`>>> print(name)`
	`홍길동`
		`print('당신의 이름은 :')`
		`name = '홍길동'`
		`print(name)`

실행	파이썬 명령어를 입력하고 엔터키를 입력하면 번역기가 코드를 실행함.	1. 파일을 만들고 저장하여 IDLE에서 "Run" 메뉴를 선택함. 2. python file_name.py 명령을 내림.
장단점	간단한 코드와 문장을 테스트하기에 편리함. 작성한 명령어를 저장할 수 없음.	비교적 긴 파이썬 명령어를 파일로 저장하고 필요할 경우 불러내어 실행함. 짧은 코드를 테스트하기 위해서 번거로운 파일 생성 작업을 해야 함.

여러분은 앞서 살펴본 것과 같은 파이썬 대화형 모드를 볼 수 있다. 이와 같은 파이썬 대화창을 **파이썬 쉘**python shell 혹은 **파이썬 대화식 쉘**python interactive shell이라고 한다.

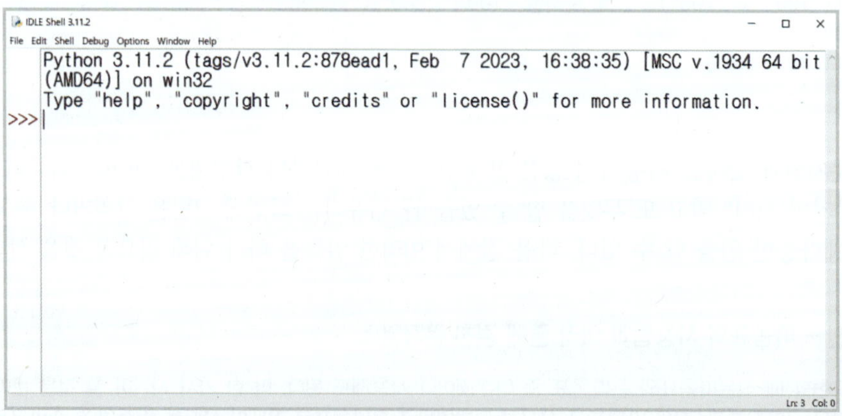

이 화면을 통해 앞서 작업한 바와 같이 대화식으로 코딩하는 것도 가능하지만 위 그림의 상단에 나타나 있는 "File" 메뉴를 이용하여 "New"를 선택할 수 있다. 그러면 다음 그림과 같이 새로운 파일이 생성되고 편집이 가능한 상태가 된다.

편집기 내에 print("Hello Python")과 같은 간단한 코드만을 가진 프로그램을 만들고 아래 그림과 같이 이미 만들어둔 C:\workspace 폴더에 "welcome.py"라는 이름으로 파일을 저장해 보자.

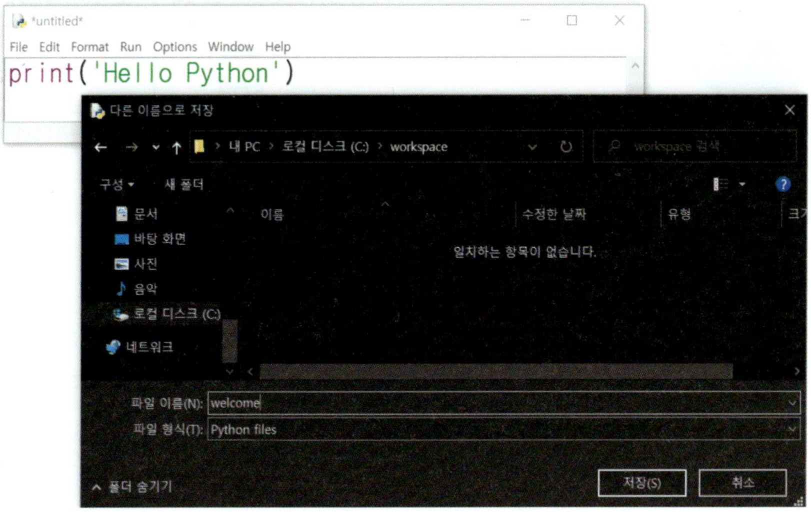

이제 그림과 같이 Run 메뉴의 "Run Module" 메뉴를 실행하거나 단축 키 F5를 입력하면 welcome.py 프로그램이 실행되는 것을 확인해 볼 수 있다.

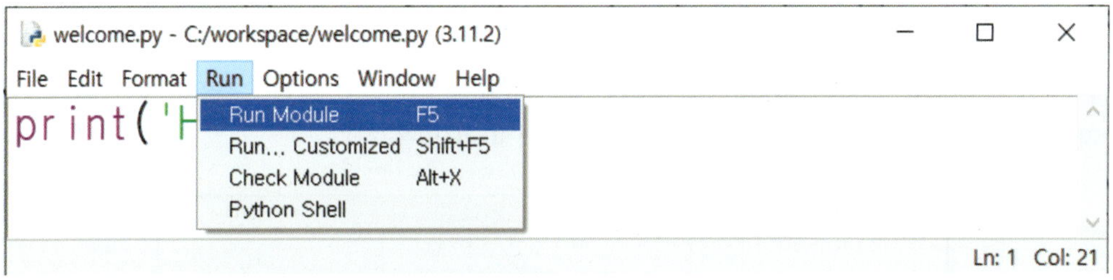

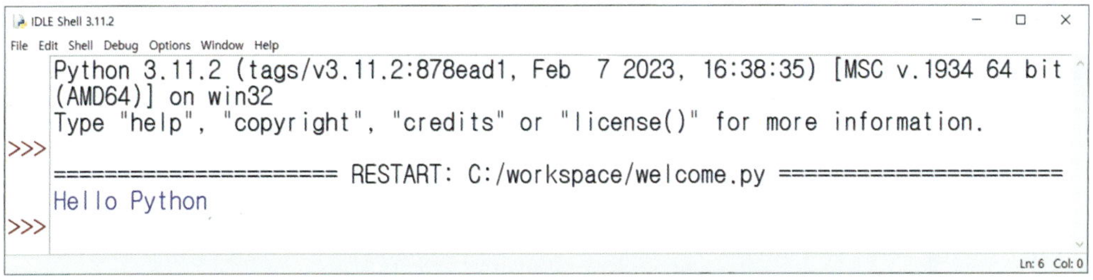

이 책에서는 위의 두 가지 방법을 적절하게 사용하여 코딩을 하고 결과를 보여줄 것이다.

1.8 터틀 그래픽으로 눈에 보이는 결과를 만들어 보자

파이썬은 프로그램을 처음 익히는 초보자를 위한 재미있는 그림 그리기 기능을 제공한다. 이 기능이 바로 **터틀 그래픽**turtle graphic이다. 터틀 그래픽은 2차원 화면에 로봇 거북이가 있다고 가정하고 이 거북이에게 명령을 내려서 그림을 그릴 수 있다. 화면상의 거북이는 가상의 펜을 가지고 있고 우리가 화면에서 거북이를 움직이면 이 움직임에 따라 그림이 그려진다.

터틀 그래픽은 다음과 같이 동작한다.

1. 터틀 그래픽을 시작하면 화면의 한 가운데 거북이가 나타난다.
2. 거북이에게 명령을 내리면 거북이가 움직인다. 예를 들어서 "앞으로 나아가기", "뒤로 가기", "왼쪽으로 방향 전환" 등의 수십 가지 명령을 사용할 수 있다.
3. 거북이가 움직이면서 화면 위에 그림이 그려진다. 거북이가 펜을 가지고 움직인다고 생각하면 된다.

파이썬 프롬프트에서 다음과 같이 입력하여 보자.

```
>>> import turtle                  # turtle 모듈을 사용하기 위해 준비한다
>>> t = turtle.Turtle()            # turtle 모듈에 있는 Turtle 클래스 객체를 t로 생성한다
>>> t.shape('turtle')              # Turtle 클래스 객체인 t의 모양을 거북이 모양으로 설정한다
```

위의 3개의 문장을 입력하면 화면에 "Python Turtle Graphics"라는 이름의 캔버스가 나타난다. 이 캔버스에서 명령을 받아서 수행하는 주체가 되는 사물을 객체라고 한다. 그리고 이 객체의 이름을 t로 지칭한 후 명령을 내리면 거북이 객체가 그 명령에 따라 일을 한다.

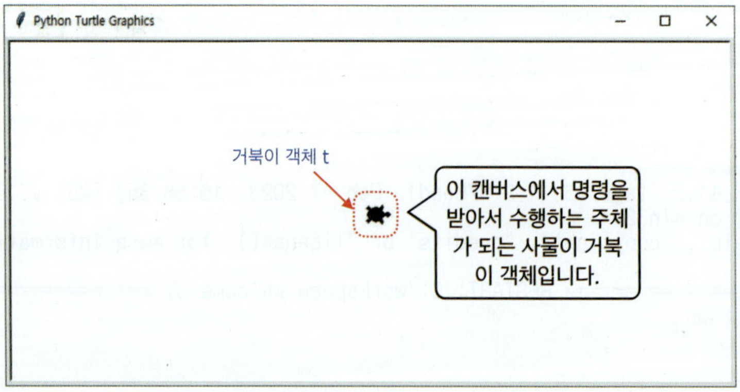

지금부터 거북이를 움직이면 캔버스에 그림이 그려진다. 다음과 같은 명령어를 이용하여 거북이를 앞으로 전진시켜보자.

```
>>> t.forward(100)    # 거북이를 전진(forward)시키는 명령어로 100픽셀 만큼 이동
```

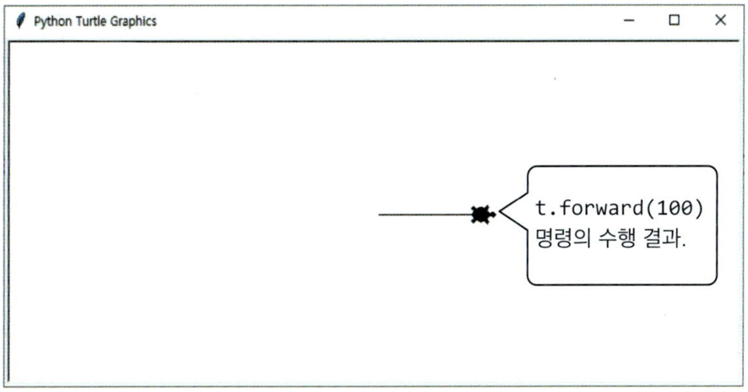

거북이가 움직이면서 직선이 그려지는 것을 볼 수 있다. 여기서 **100**은 **100** 픽셀을 의미한다. 즉 거북이가 앞으로 **100** 픽셀(**pixel**)을 움직이면서 직선을 그리게 된다.

이번에는 거북이를 왼쪽으로 회전시킨 후에 전진시켜보자.

```
>>> t.left(90)       # 거북이를 왼쪽으로(left) 90도 회전시키는 명령어
>>> t.forward(50)
```

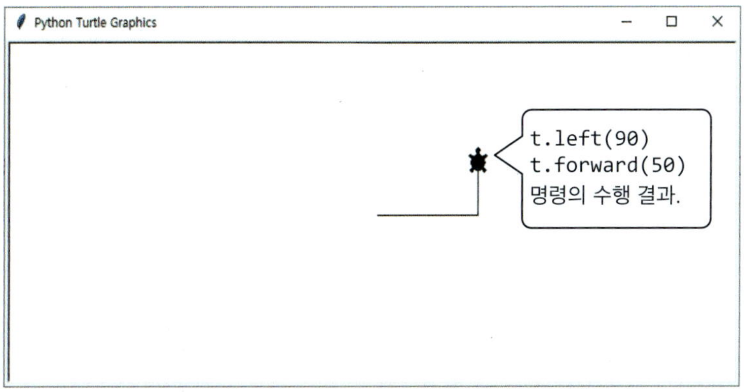

잠깐 – 픽셀이란 무엇일까

픽셀pixel은 컴퓨터 이미지를 이루는 가장 작은 단위의 점을 뜻한다. 픽셀은 **그림**picture의 **원소**element라는 의미를 가진다. 한자어로는 **화소**畵素라고 부른다.

도전문제 1.2

forward()와 left() 기능을 사용하여 한 변의 길이가 100 픽셀인 도형을 그려보자.

(1) 거북이를 움직여서 정삼각형을 그려보자(힌트: 왼쪽으로 120도 회전하도록 하자).
(2) 거북이를 움직여서 정사각형을 그려보자.
(3) 거북이를 움직여서 한 변의 길이가 50 픽셀인 정육각형을 그려보자. 회전하는 각도를 몇 도로 하여야 하는가?
(4) 거북이를 10회 이상 회전시키고 이동시켜서 임의의 도형을 자유롭게 그려보자.

1.9 파이썬이 정말로 편리한 이유 : 모듈 설치하기

파이썬 함수나 변수 또는 클래스들은 별도의 스크립트 파일로 저장하여 불러서 사용하는 것이 편리한데 이렇게 만든 **스크립트 파일**을 **모듈**module이라고 부른다. 파이썬은 설치할 때에 이미 방대한 양의 모듈을 함께 제공하는데, 파이썬 설치시에 함께 제공되는 모듈을 파이썬 **표준 라이브러리**standard library라고 부른다.

파이썬으로 다양한 문제를 해결하기 위해서는 이 표준 라이브러리의 기본적인 기능뿐만 아니라 여러 프로그래머와 기관에서 만들어 놓은 프로그램 코드를 가져다가 활용할 필요가 있다. 이러한 라이브러리 중에서 **파이썬 커뮤니티에서 공식적으로 인정한 검증된 좋은 라이브러리들**을 우리는 사용할 것이다. 이 라이브러리는 흔히 **패키지**package라고도 한다. 외부 패키지를 사용하기 위해서는 1) 파이썬 시스템에 **pip라는 프로그램을 이용하여 패키지를 설치**하는 작업 2) **설치된 패키지를 활용을 위해 불러들이는 작업**이 필요하다.

우선 설치하기를 살펴보겠다. pip는 파이썬의 패키지 관리 소프트웨어로 파이썬 표준 라이브러리에 포함되지 않은 외부 라이브러리를 설치하도록 도와주는 도구이다. pip를 이용하여 설치할 때는 윈도우 컴퓨터의 명령행에서 다음과 같은 명령을 입력한다. 윈도우 운영체제의 프롬프트는 C:\>와 같은 형태이다.

```
C:\> pip install package-name
```

예를 들어 numpy라는 패키지를 설치하기 위해서는 아래와 같이 콘솔 명령창에 pip install numpy만 입력하면 된다. 아래 화면은 사용자의 맥 운영체제에서 입력한 결과이다.

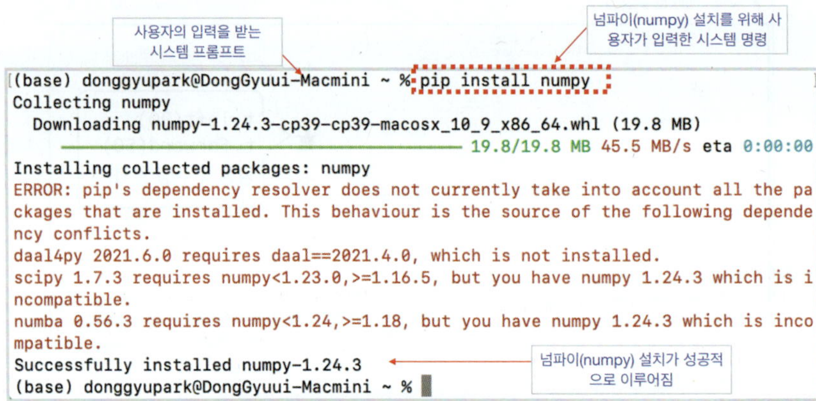

우리는 이 책에서 다루는 여러 문제를 해결하는 데에 도움을 줄 수 있는 여러 패키지를 사용할 것이다. 우리가 이 책에서 사용할 패키지는 다음과 같다. 이외에도 중간 중간 필요한 패키지가 있을 수 있다.

numpy, pandas, matplotlib, scikit-learn, seaborn, wikipedia, wordcloud, textblob

위에서 다룬 모듈을 설치하기 위해서는 다음과 같이 pip를 이용하여 모듈 설치를 하기만 하면 된다. 이 때 쉼표는 사용하지 않는다.

```
C:\> pip install numpy matplotlib pandas scikit-learn seaborn wikipedia wordcloud
```

미리 만들어진 모듈이 설치된 상태라면 이제 사용하기 위해 불러오는 것이 필요하다. 이를 위해서는 'import'와 함께 모듈 이름을 써 주면 되고, 사용할 때에는 모듈 이름에 점(.)을 찍은 후 모듈 안의 구성요소를 호출해주면 된다. 다음은 현재 스크립트나 대화창에서 모듈을 불러와서 이 모듈에 있는 func라는 이름의 기능을 사용하는 방법이다.

```
import module-name
module-name.func()
```

오류가 발생할 수 있다

프로그래밍 언어를 비교할 때, 파이썬이 무척 관대하고 참을성이 많다고 할 수 있다. 그렇다고 개발자가 아무렇게나 입력하면 안 된다. 컴퓨터는 인간과 달라서 상식이 전혀 없고 사정을 봐주지 않는다. 프로그래머는 프로그래밍 언어의 문법을 **엄격히** 지켜야 한다. 우리가 외국인과 영어로 이야기할 때에 문법을 지키지 않으면 의사소통이 "어려운" 정도이지만, 프로그래밍 언어에서 문법을 지키지 않으면 의사소통이 "불가능"하다. 예를 들어서 다음과 같이 입력해보자.

```
>>> PRINT("Hello World")
    Traceback (most recent call last):
    File "<ipython-input-2-ab351b16d57b>", line 1, in <module>
    PRINT("Hello World")
    NameError: name 'PRINT' is not defined
```

컴퓨터는 위와 같은 문장을 입력하면 빨간색으로 **오류**Error를 출력한다. 문법을 지키라는 이야기이다.

오류 메시지를 보면 파이썬이 이해할 수 없는 명령을 입력했다고 말하고 있다. print라고 해야 할 것을 PRINT라고 입력한 것이다. 파이썬은 대소문자를 구별하기 때문에 PRINT라고 하면 이것을 어떻게 처리해야 되는지 알지 못한다.

텍스트를 출력할 때도 따옴표를 생략하면 오류가 발생한다. 이 때 다음과 같이 ^로 오류의 위치와 오류의 원인을 알려준다.

```
>>> print(Good Bye)
    File "<ipython-input-4-0389bd3941f5>", line 1
    print(Good Bye)
    ^
     SyntaxError: invalid syntax
```

잠깐 – 오류 메시지에는 유용한 정보가 있다

오류 메시지를 만나면 당황하지 말고 침착하게 읽어 보자. 오류 메시지는 여러분이 실수한 부분을 찾아 고칠 수 있도록 **유용한 정보를 제공**해 준다. 오류 메시지는 잘못을 지적하는 것이 아니라 여러분을 도와주는 친절한 도우미라고 생각하자. **오류 메시지를 꼼꼼히 읽고** 오류의 유형들에 익숙해지면 여러분의 코딩 실력도 부쩍 늘게 될 것이다.

잠깐 – 대표적인 오류 메시지만 알아도 당신은 파이썬 고수

`SyntaxError: invalid syntax` - 파이썬 언어의 약속된 문법 규칙을 지키지 않은 표현이 나타남
`IndentationError: expected an indented block` - 필요한 들여쓰기를 하지 않은 오류
`IndentationError: unexpected indent` - 들여쓰기를 하지 않아야 할 곳에서 글을 들여쓴 오류
`NameError: name x is not defined` - 무언가 가리키는 이름이 사용되었는데 뭔지 알 수 없을 때
`TypeError: Can't convert ...` - 데이터의 종류가 다른 것들이 서로 값을 주고 받을 때

LAB 1-1 자주 사용하게 될 print() 함수를 연습해 보자

실습 시간

print() 함수를 사용하여 다음과 같이 출력하는 소스를 대화형 모드로 작성해보자. 곱하기 결과를 출력할 때는 실제로 파이썬으로 9*8 연산을 하여서 9*8의 결과를 알려주는 출력을 만들어 보라.

원하는 결과

```
>>> ____________________
안녕하세요? 여러분
>>> ____________________
저는 파이썬을 무척 좋아합니다.
>>> ____________________
9*8은 72 입니다.
>>> ____________________
안녕히 계세요.
```

힌트

파이썬의 대화형 모드를 사용하여 출력문을 작성하여 실행해본다. 문제에서 요구하는 세 번째 결과는 하나의 문자열이 아니라, 문자열과 계산 결과값 등 여러 개의 대상을 출력하는 문제이다. 화면에 여러 가지 값을 출력할 때는 쉼표로 값들을 분리하여 print() 함수로 전달하면 된다. 곱하기 연산을 하려면 9*8과 같이 적어준다. 세 번째 문제는 다음과 같은 방식으로 해결할 수 있을 것이다.

```
>>> print("9*8은", 9*8, "입니다.")
9*8은 72 입니다.
```

해답 코드

```
>>> print("안녕하세요? 여러분")
안녕하세요? 여러분

>>> print("저는 파이썬을 무척 좋아합니다.")
저는 파이썬을 무척 좋아합니다.

>>> print("9*8은", 9*8, "입니다.")
9*8은 72 입니다.

>>> print("안녕히 계세요.")
안녕히 계세요.
```

도전문제 1.3

살펴본 바와 같이 print('1 + 1 = ', 1 + 1)과 같이 출력문과 연산을 사용하면 화면에 1 + 1 = 2가 출력된다. 50과 30 두 값이 있을 경우, 이 값에 대한 사칙 연산을 다음과 같은 결과를 출력하는 프로그램을 작성하여라.

```
50 + 30 = 80
50 - 30 = 20
50 * 30 = 1500
50 / 30 = 1.6666666666666667
```

LAB 1-2 터틀 그래픽으로 삼각형을 그려 보자

실습 시간

터틀 그래픽을 이용하여 삼각형을 그려보자. 삼각형의 좌표는 신경 쓰지 말고 모습이 정삼각형이 되도록 거북이를 움직여 보자. 이때 한 변의 길이는 100픽셀로 만들어라.

원하는 결과

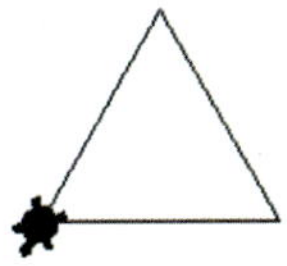

힌트

삼각형을 그리는데 필요한 명령은 전부 입력하여 실행시키는 것으로 하자. 터틀 그래픽을 사용하려면 다음과 같이 터틀 그래픽 모듈을 불러들여야 한다.

```
>>> import turtle
```

터틀 그래픽을 사용하여서 화면에 그림을 그리려면 캔버스가 필요하다. 캔버스는 다음과 같이 펜을 생성하여야 나타난다.

```
>>> t = turtle.Turtle()
```

거북이를 움직이면 그림이 그려진다.

```
>>> t.forward(100)
```

거북이를 회전시키는 명령은 left()와 right()이다. left()와 right()는 입력받은 각도만큼 거북이를 회전시킨다. 삼각형을 그려야 하므로 t.left의 괄호 안에 들어갈 각도는 120도로 하면 될 것이다.

```
>>> t.left(120)
```

해답 코드

```
>>> import turtle
>>> t = turtle.Turtle()
>>> t.shape("turtle")
>>> t.forward(100)
>>> t.left(120)
>>> t.forward(100)
>>> t.left(120)
>>> t.forward(100)
```

잠깐 – 스크립트 모드에서 터틀 그래픽을 사용할 때는 한 줄 더 추가해야 한다.

이 실습은 대화창 모드에서 입력하는 것을 기준으로 해답이 제시되었다. 스크립트 모드에서 터틀 그래픽을 사용할 경우에는 스크립트를 다 작성하고 마지막에 터틀 모듈의 done() 함수를 불러 화면이 사라지지 않게 유지해야 한다. 즉 스크립트 모드의 해답은 다음과 같다.

```
import turtle
t = turtle.Turtle()
t.shape("turtle")
t.forward(100)
t.left(120)
t.forward(100)
t.left(120)
t.forward(100)
turtle.done()  # 주의 : t.done()이 아님
```

핵심 정리

SUMMARY

- 프로그램은 컴퓨터에 내리는 명령으로 이루어지는 작업지시서이다.
- 프로그래밍 언어는 컴퓨터가 이해할 수 있는 언어이다.
- 다양한 종류의 프로그래밍 언어가 있고 파이썬도 프로그래밍 언어의 일종이다.
- Python 콘솔에서는 프롬프트 다음에 코드를 입력하고 엔터키를 누르면 코드가 실행된다.
- 산술 계산을 하는 파이썬 연산자에는 +, −, *, /가 있다.
- print()는 화면에 문자열이나 계산 결과를 출력할 수 있다.
- 스크립트 모드를 사용하면 코드를 파일에 저장하였다가 필요한 경우에 실행할 수 있다.

파이썬은 많이 사용되는 언어인가요?
그리고 파이썬은 초보자용인가요? 고급 프로그래머도 사용하나요?

그럼요. 파이썬은 요즘 정말 가장 핫한 언어에요!
특히 데이터과학, 빅 데이터 처리, 인공지능 기술처럼 최근에 급속히 세상을 바꾸는 기술들이 이 파이썬을 활용하는 경우가 많아요.
그런데 초보자가 쉽게 시작할 수 있는 언어이기도 해요.

프로그래밍을 할 때는 한 글자만 틀려도 오류 메시지가 나오면서 아무런 결과를 얻을 수 없네요. 조금 틀려도 그 뜻을 이해하고 컴퓨터가 스스로 고쳐서 실행할 순 없나요?

프로그래밍은 아주 논리적으로 엄밀해야 한답니다. 컴퓨터는 프로그래머의 마음을 읽을 수 없기 때문에 약속에 어긋난 것은 프로그래머가 정확하게 고쳐야 확실히 프로그래머가 의도한 동작을 수행한답니다.
요즘은 인공지능이 급속히 발전해서 사람이 대략의 지시만 하면, 이 지시를 수행할 수 있는 프로그램 코드를 만들어 내는 기술이 나오기도 했어요. 하지만 이러한 방식으로 매우 중요한 코드를 작성할 수 있는 단계에 도달하지는 않았어요.

주관식 문제

다음 괄호 안에 들어갈 알맞은 단어를 적어라.

1.1 (   )은(는) 데이터에서 과학적 방법으로 정보나 지식을 추출하는 학문이다. 이를 위해서는 통계학, 컴퓨터 과학, 그리고 데이터가 발생하는 영역과 관련된 학문 분야의 이론과 기술을 융합적으로 사용하여야 한다.

1.2 튜링 상 수상자인 짐 그레이 박사는 뉴턴 이후로 실험 과학과 이론 과학이 주류 과학의 두 축이었다고 주장하였는데, 최근 수십년 동안은 컴퓨터를 이용한 계산 과학이 과학 연구의 방법론으로 자리를 잡았다고 분석했다. 그리고 그는 과학의 네 번째 패러다임으로 (   )이 등장하고 있다고 보았다.

1.3 데이터 수집과 정제에 전문적 역량을 가진 사람들을 통칭하여 (   ) (이)라고 할 수 있다.

1.4 최근에는 데이터를 이용하여 기계를 학습시키는 인공지능 기술이 더욱 각광을 받고 있다. 이를 위한 학습 모델을 구축하고 데이터를 기반으로 모델을 훈련시킨 뒤에 학습된 모델을 배포하는 일을 전문적으로 하는 사람들을 (   ) (이)라고 부를 수 있다.

1.5 컴퓨터에서 사용하는 용어인 (   )이란 컴퓨터가 해야 할 일을 미리 기록해 놓은 작업 지시서 같은 것이다. 우리가 많이 사용하는 파워포인트나 카카오톡과 같은 것들이 모두 (   )이다.

1.6 컴퓨터가 수행하는 명령은 000010010001111...과 같은 이진수 값으로 된 명령이다. 이렇게 기계가 곧바로 이해할 수 있는 명령을 (   ) (이)라고 한다.

1.7 프로그램을 작성하기 위해 사람이 이해하기 쉽게 만든 언어를 (   ) (이)라고 하며, 이 언어를 이용해 프로그래머가 원하는 일들을 작성한 것을 소스 코드라 한다.

1.8 파이썬은 (   )이 1991년에 개발한 대화형 프로그래밍 언어로 최근 많은 인기를 얻고 있다. 그는 취미로 파이썬을 만들었지만 파이썬은 아주 인기 있는 범용 프로그래밍 언어가 되었다.

1.9 파이썬에서는 프로그래머가 한 줄의 명령어 문장을 입력하고 엔터키를 치면 명령 해석기가 이 명령을 실행한다. 이와 같이 명령을 해석하고 실행하는 프로그램을 파이썬 (   ) (이)라고 한다.

1.10 파이썬이나 C 언어와 같은 컴퓨터 프로그래밍에서 문자의 모음을 (   ) (이)라고 한다.

1.11 (   )는 파이썬의 대표적인 내장함수로 괄호 안의 값을 화면에 출력하는 역할을 한다.

1.12 (   )은(는) 소스 코드에 붙이는 설명글과 같은 것이다. (   )은(는) 프로그램이 하는 일을 설명하는 목적으로 주로 사용되며 실행에는 영향을 미치지 않는다.

1.13 파이썬은 프로그램을 처음 익히는 초보자를 위한 재미있는 그림 그리기 기능을 제공한다. 이 기능을 수행하는 대표적인 것이 바로 (   )이다.

심화문제

EXERCISE

1.1 다음은 프로그래밍을 위해서 우리가 반드시 알아야 할 용어들이다. 이 용어에 대하여 인터넷 검색을 통해서 조사하고 그 내용을 2문장 이내로 요약하라.

(1) 프로그래밍
(2) 인터프리터
(3) 컴파일러
(4) 통합개발환경
(5) 프롬프트
(6) 라이브러리
(7) 문자열
(8) 표현식

1.2 파이썬 IDLE 사용시 키보드의 단축키를 이용하면 매우 빠르게 프로그램을 작성할 수 있다. IDLE의 기능을 자세히 살펴보고, 다음 기능을 담당하는 단축키가 무엇인가 조사하라.

(1) 새로운 파이썬 스크립트 모듈 만들기: ________
(2) 파이썬 스크립트 모듈을 실행하기: ________
(3) 파이썬 스크립트 코드를 불러오기: ________
(4) 파이썬 쉘에서 이전에 실행한 코드 불러오기: ________
(5) 파이썬 쉘에서 파이썬 개발을 위한 스크립트 코드 불러오기: ________

1.3 다음 파이썬 코드의 출력결과는 무엇인가? 직접 코드를 수행한 후 그 결과를 적어라.

```
( 1) print(100)
( 2) print(100 + 200)
( 3) print('100 + 200')
( 4) print(100, 200)
( 5) print('100', '200')
( 6) print('100''200')
( 7) print('Hello Python!')
( 8) print('Hello', 'Python', '!')
( 9) print('Hello' + 'Python' + '!')
(10) print('Hello''Python''!')        # 따옴표 개수에 유의하세요
(11) print('********************')
(12) print('*' * 20)
```

1.4 다음 코드들은 어떤 오류를 출력하는가? 실행 시 나타나는 오류를 적고 이 오류를 수정한 후 수행해보자.

```
(1) print("Hello Python!")
(2) print('*' 20)
(3) print(Life is short learn Python!)
(4) print(100 + '200')             # 숫자 100과 200의 합 300을 출력하라
```

1.5 'I love Python!!'을 5줄에 걸쳐 모두 5번 출력하는 코드를 만들어 보자. 이 코드를 포함한 파일을 welcome5.py라고 정하고 이 코드를 파이썬 인터프리터에서 수행시켜 보자.

```
I love Python!!
I love Python!!
I love Python!!
I love Python!!
I love Python!!
```

1.6 print() 함수를 여러 번 사용하여 다음과 같은 출력이 되도록 하여라. 이를 위하여 triangle.py라는 프로그램을 작성한 후 수행시켜 보자.

```
*
**
***
****
*****
******
```

1.7 다음 그림 1), 2)를 터틀 그래픽을 사용하여 그리도록 하자.

1) 밑변과 높이가 각각 100인 직각 이등변 삼각형(힌트: 한 변이 1인 직각이등변 삼각형의 대각선의 길이는 약 1.414이다.)

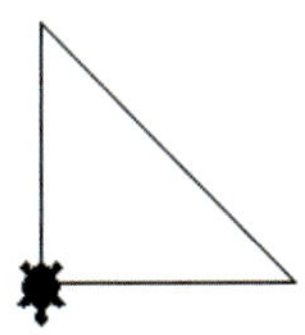

2) 두 개의 겹쳐진 정삼각형(힌트: LAB 1-2의 코드에서 거북이의 이동 경로 마지막에 거북이가 오른쪽으로 갈 수 있도록 t.right(120)을 추가한 후 t.forward(100)을 입력해 보자.)

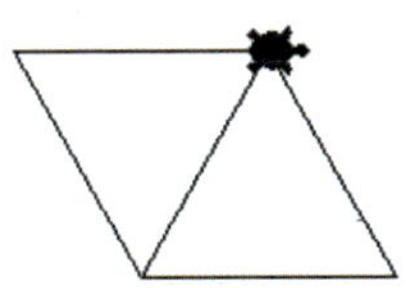

1.8 파이썬 대화창을 이용하여 다음과 같은 수식 계산을 해 보도록 하자. 이 계산의 결과 값은 무엇인가?

```
(1) 100 + 100
(2) 100 + 200
(3) 200 - 100
(4) 100 - 200
(5) 100 * 2
(6) 100 / 2
```

1.9 파이썬 대화창을 이용하여 다음과 같은 수식 계산을 해 보도록 하자. 이 계산의 결과 값은 무엇인가?

```
(1) 400 - 200 + 100
(2) 409 * 200 - 100
(3) 6 * 3 / 9
(4) 9 ** 3
(5) 9 / 3
(6) 9 // 3
```

1.10 파이썬 대화창을 이용하여 다음과 같은 수식 계산을 해 보도록 하자. 이 수식을 화면에 출력하도록 하자.

(1) 1에서 10까지 정수의 합
(2) 반지름의 길이가 5인 원의 둘레(이때 원주율 파이는 3.14로 두고 계산할 것)
(3) 한 변의 길이가 20인 정사각형의 둘레
(4) 한 변의 길이가 20인 정사각형의 면적
(5) 높이가 10이고 밑변이 30인 직사각형의 둘레
(6) 높이가 10이고 밑변이 30인 직사각형의 면적
(7) 높이가 20이고 밑변이 30인 이등변 삼각형의 면적

1.11 파이썬 대화창을 이용하여 3!, 4!, 5!, 6!, 7!을 구하여 출력해 보자(힌트: 3!은 3 * 2 * 1을 입력하면 된다).

```
>>> ____________________  # 3!
6
>>> ____________________  # 4!
24
>>> ____________________  # 5!
120
>>> ____________________  # 6!
720
>>> ____________________  # 7!
5040
```

1.12 fact_print.py라는 이름의 파이썬 스크립트 파일을 만들어서 3!, 4!, 5!, 6!, 7!을 구하여 화면에 출력해 보자. 위의 1.11번 문제에서 사용한 코드를 활용하도록 하자.

```
3! = 6
4! = 24
5! = 120
6! = 720
7! = 5040
```

chapter

02 값을 담아 다루어 보자

이 장에서 배울 것들

- 데이터를 저장하기 위해서 사용하는 변수에 대하여 알아봅시다.
- 변수 이름을 만드는 규칙과 변수를 사용하면 얻게 되는 이점을 알아봅시다.
- 다양한 자료형과 그것들의 차이를 알아봅시다.
- 입력과 출력의 방법을 알아봅시다.
- 간단한 계산 프로그램을 작성해 봅시다.
- 간단한 기사작성 프로그램을 작성해 봅시다.
- print()와 input() 함수의 사용법을 자세히 살펴봅시다.

2.1 데이터를 저장하는 공간 : 변수

이번 장에서는 변수에 대하여 살펴볼 것이다. **변수**는 컴퓨터의 **메모리**memory 공간에 이름을 붙이는 것으로 우리는 여기에 정수, 실수, 문자열 등의 자료값을 저장할 수 있다. 만일 변수에 저장된 자료값을 꺼내려면 변수의 이름을 적어주면 된다. 변수는 아래 그림과 같이 상자와 그 상자에 들어있는 물건으로 비유할 수 있다. 그림과 같이 상자에 저장된 값은 수시로 바뀔 수 있다. 그래서 변수(변하는 수)라는 이름이 붙은 것이다. 이 때 사용된 '수'는 수치값이라는 의미가 아닌 **데이터**data로 이해하는 것이 더 정확하다.

예를 들어서 자신의 몸무게를 weight라는 이름의 변수에 저장한다고 하자. 이를 위해서는 다음과 같은 방법을 사용한다.

```
>>> weight = 78.2
```

우리가 콘솔에서 위와 같이 입력하고 엔터키를 누르면 파이썬 내부에 weight라는 이름의 변수가 생성되고 여기에 78.2가 저장된다. 위의 코드에 있는 '=' 기호는 '같다'는 등호의 의미가 아니라 **'오른쪽의 값을 왼쪽의 weight라는 이름의 변수에 저장하라'**는 의미이다. 이 연산자 =를 **할당연산자** 혹은 **대입연산자라**고 한다.

변수는 값을 저장하는 기능이 있으므로 다음과 같이 변수의 값을 출력하여 보자. 우리가 저장하였던 78.2가 출력되는 것을 알 수 있다. 이와 같이 변수에 값을 저장하면 필요할 때마다 불러내어 사용할 수 있다!

```
>>> weight
    78.2
```

파이썬의 대화창 콘솔에서는 이와 같이 변수의 이름만 써주어도 변수의 값이 출력되지만 다음과 같은 스크립트 파일(xxx.py 파일을 말함)에서는 반드시 print(weight) 함수를 사용하여야 변수의 값을 출력할 수 있다. 실행 결과는 스크립트 내용 아래에 나타나 있다.

```
weight = 78.2
print(weight)
```

```
78.2
```

내용을 얼마든지 바꿀 수 있는 변수

우리는 언제든지 변수에 들어 있는 값을 다른 값으로 바꿀 수 있다. 체중이 78.2kg이던 사람이 다이어트를 통하여 76.9kg으로 체중을 줄였다고 가정하자. 이 경우 다음과 같이 체중을 나타내는 변수의 값을 76.9로 바꿀 수 있다.

```
>>> weight = 78.2     # weight 변수의 최소값
>>> weight = 76.9     # 변수가 가지고 있는 값은 변경할 수 있다
>>> weight
    76.9
```

또한 변수는 필요에 따라서 얼마든지 많이 만들 수 있다. 2개의 변수 x와 y를 생성하고 여기에 100과 200을 저장해보자. x, y를 다음과 같이 한 행에 쉼표로 입력하면 (100, 200) 형태의 묶음으로 출력된다.

```
>>> x = 100
>>> y = 200
>>> x, y
    (100, 200)
```

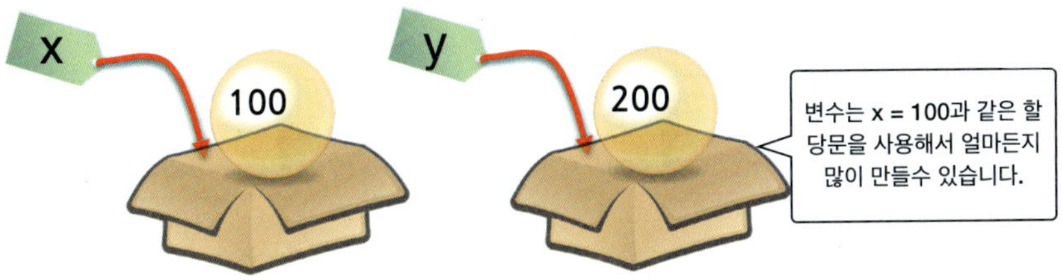

그리고 x, y = 100, 200과 같이 **한 줄에 여러 개의 변수를 선언**하고 이 변수에 **값을 동시에 할당**할 수도 있는데, 이를 **동시 할당문**이라 한다. 그런 다음 이 변수에 대해서 덧셈이나 뺄셈 연산을 할 수 있다. x + y 연산을 하여 그 결과 값을 변수 result에 저장하고 이 값을 출력해보자. 변수 x, y에 있는 값을 꺼내어 덧셈 연산을 하므로 그 결과가 300이 되고 이 결과값이 저장되어 출력되는 것을 확인할 수 있다.

```
>>> x, y = 100, 200   # x에 100, y에 200을 각각 할당하는 동시 할당문
>>> result = x + y
>>> result
    300
```

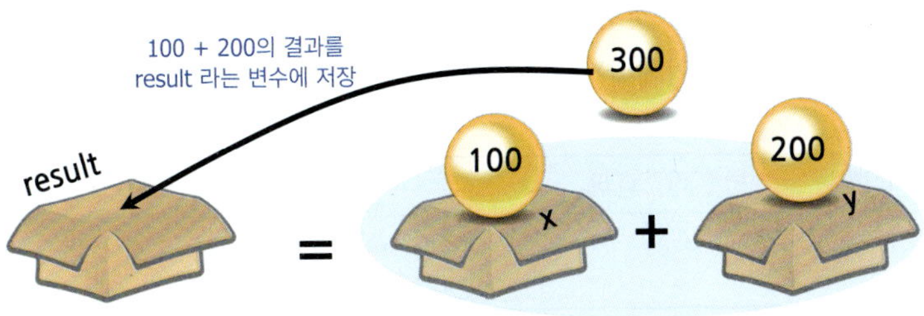

잠깐 – 파이썬에서 = 기호는 "같다"라는 뜻이 아니다

입문자들이 가장 많이 오해하는 것 중의 하나가 = 연산자를 '양변이 같다'고 해석하는 것이다. 파이썬에서 = 기호는 "변수에 값을 저장하라"라는 의미이다. = 기호의 오른쪽에 있는 값을 왼쪽의 변수가 가리키는 공간에 담으라는 것이다. 이를 **할당 연산자**assignment operator라고 한다. 따라서 3 = result 같이 **데이터를 담을 수 없는 값이 = 기호의 왼쪽에 오면 문법 오류가 된다.** 파이썬에서 양쪽 값을 비교할 때는 = 기호를 두 개 이어서 사용한 ==를 사용한다.

2.2 변수의 이름은 어떻게 짓나

변수의 이름은 프로그래머가 몇 가지의 규칙 아래에서 자유롭게 지을 수 있다. 변수의 이름은 **식별자** identifier의 일종이다. "홍길동", "김철수" 등의 이름이 사람을 구별하듯이 식별자는 변수와 변수들을 구별하는 역할을 한다.

식별자는 다음과 같은 규칙에 따라 만들어야 한다.

- 식별자는 문자와 숫자, 밑줄 문자(_)로 이루어지며 밑줄 문자 이외의 특수 문자를 사용할 수 없다.
- 식별자의 첫 글자는 숫자로 시작할 수 없다. 또한 중간에 공백을 가질 수 없다.
- 대문자와 소문자는 구별된다. 따라서 변수 **index와 INDEX은 서로 다른 변수**이다.
- 파이썬의 예약어(키워드)는 식별자로 사용할 수 없다.

우리는 변수의 이름을 마음대로 지을 수 있지만 파이썬이 내부적으로 사용하는 **예약어는 변수의 이름으로 사용할 수 없다**. 예약어를 사용하여 변수를 생성하면 오류가 발생한다. 파이썬의 예약어는 다음과 같다. 이 책에서는 예약어를 굵은 글꼴로 나타내고 있다.

False	class	return	is	finally	None
if	for	lambda	continue	True	def
from	while	nonlocal	and	del	global
not	with	as	elif	try	or
yield	assert	else	import	pass	break
except	in	raise			

변수의 이름을 지을 때는 변수의 역할을 가장 잘 설명하는 이름을 지어야 한다. 좋은 변수 이름은 전체 프로그램을 읽기 쉽게 만든다. 하지만 반대로 고민없이 즉흥적으로 지은 이름만 사용하게 되면 나중에 프로그램을 다시 읽기가 아주 힘들어진다. 예를 들면 체중과 키를 x1, x2라고 하는 것보다 weight와 height라고 하는 편이 이해하기 쉬울 것이다.

체중과 키를 저장하는 나쁜 변수 이름의 예	체중과 키를 저장하는 좋은 변수 이름의 예
`>>> x1 = 78.2` `>>> x2 = 180.0`	`>>> weight = 78.2` `>>> height = 180.0`

변수에는 문자열도 저장할 수 있다

우리는 지금까지 변수에 주로 정수나 실수 데이터를 저장하였다. 하지만 **문자로 이루어진 텍스트 데이터**도 변수에 저장할 수 있다. 프로그래밍 세계에서는 이러한 텍스트 데이터를 **문자열**string이라고 부른다. 문자열은 큰따옴표("...")나 작은따옴표('...')를 이용하여 만들 수 있다. "Hello World!"도 문자열이고 'Hello World!'도 같은 문자열이다.

```
>>> s1 = 'Hello World!'      # s1 = "Hello World!"과 동일하다
>>> s1
    'Hello World!'
```

파이썬에서는 위와 같은 문자열 데이터나 수치형 데이터들을 '객체'라는 용어로 부르며, 변수 s1은 이 객체를 지칭하는 꼬리표로 본다. 이 관계를 "s1이 문자열 객체를 참조한다"라고 한다. 객체에 대해서는 추후에 상세히 설명할 것이다.

또한 파이썬은 개발자들이 편리하게 호출하여 사용할 수 있는 미리 정의된 기능을 **함수**function라는 형태로 제공하고 있는데, s1 문자열의 길이는 문자열에 len() 함수를 적용하면 알 수 있다.

```
>>> len(s1)              # s1 문자열의 길이를 알려준다
    12
```

문자열은 다음과 같이 덧셈 연산자를 사용할 수 있는데, 2개의 문자열을 서로 합하려면 다음과 같이 + 연산을 사용한다.

```
>>> s1 = "Hello"
>>> s2 = "World!"
>>> s1 + s2         # s1 문자열과 s2 문자열을 결합한 결과를 반환
    'HelloWorld!'
>>> n1 = '100'
>>> n2 = '200'
>>> n1 + n2         # 문자열에 대한 덧셈 연산자는 문자열 이어 붙이기만 수행
    '100200'
```

잠깐 – 메인 메모리와 주소 그리고 변수

컴퓨터의 데이터는 오른쪽 그림에 나타난 것과 같은 컴퓨터의 핵심적인 부품인 **메인 메모리**main memory에 저장한다. 이렇게 메모리에 데이터를 저장한 곳의 위치를 **메모리 주소**memory address라고 한다. 이 주소는 보통 0x12FF06이라는 형식의 16진수로 표현한다. 컴퓨터의 입장에서는 0x12FF06라는 주소를 이해하는 것이 전혀 어려운 일이 아니지만, 사람의 입장에서는 그 뜻을 이해하기 힘들고, 다른 주소와 구별도 어렵다. 이 메모리 공간 0x12FF06의 위치에 사람이 인지하기 쉬운 'radius'라는 이름을 붙여보자. 반지름을 의미하는 이 이름을 붙여주면 이 공간에 무엇을 저장해야 하는지, 그리고 읽은 값이 무엇을 의미하는지 다루기가 훨씬 편리하다. 이것이 변수가 사용되는 이유이다.

LAB 2-1 신체 질량 지수를 파이썬으로 계산하기

실습 시간

자신의 키와 몸무게를 변수에 저장하고 이들 변수들을 이용하여 BMI를 계산해보자. BMI는 신체 질량 지수로서 신장과 체중을 이용하여 계산할 수도 있다. BMI는 사람의 체지방량과 상관관계가 크다고 증명된 바 있다. BMI 지수는 킬로그램 단위로 측정한 체중을 w, 미터 단위로 측정한 키가 h라고 할 때 다음과 같이 구할 수 있다.

$$BMI = \frac{w}{h^2}$$

원하는 결과

체중(kg), 키(m)를 입력하면 자동으로 BMI 값이 계산되어 변수 bmi에 저장되고, 그 값을 다음과 같이 출력하도록 해보자.

```
>>> bmi
    24.1358024691358
```

힌트

BMI를 계산하기 위해 키와 몸무게를 담을 변수에 값을 지정한다. BMI 계산식에서 키는 미터 단위를 사용하므로 180cm는 1.80과 같은 방식으로 입력하자.

```
>>> height = 1.80     # 180cm는 1.8m 이다
>>> weight = 78.2     # 몸무게는 kg 단위이다
```

우리는 변수를 사용하지 않고 1.80과 78.2를 사용하여 BMI를 계산할 수도 있다. 파이썬에서 n-제곱 값을 계산하는 연산자는 **이다. 즉 1.80을 2 제곱하고 싶으면 1.80**2와 같은 수식을 쓰면 된다. 따라서 아래와 같이 BMI를 구할 수 있다.

```
>>> 78.2 / 1.80 ** 2  # 표현할 수식
    24.1358024691358
```

그러나, 변수를 사용하지 않으면 융통성이 없고 이해하기 어렵다. 값을 담아 둔 변수를 이용하여 다음과 같이 이해하기 쉽고, 고치기도 편리한 코드를 작성하자.

```
>>> weight / height**2  # 변수로 나타낸 BMI 수식
    24.1358024691358
```

우리가 수식에 파이썬 변수를 적으면 파이썬은 변수의 실제 값으로 바꾸어서 계산한다. 파이썬에서는 계산 결과를 다른 변수로 저장할 수 있다.

해답 코드

```
>>> height = 1.80     # 180cm는 1.8m 이다
>>> weight = 78.2     # 몸무게는 kg 단위이다
>>> bmi = weight / height**2    # 변수로 나타낸 BMI 수식
>>> bmi
    24.1358024691358
```

LAB 2-2 피자의 면적을 계산해보자

실습 시간

다음과 같이 피자의 면적을 계산하는 스크립트가 있다고 하자. 피자의 반지름은 변수 radius에 저장된다.

```
radius = 10
area = 3.14 * radius**2    # radius ** 2는 radius의 거듭제곱
print('피자 면적은', area)
```

스크립트를 수행한 결과는 다음과 같이 나타날 것이다.

```
피자 면적은 314.0
```

갑자기 피자의 반지름을 20으로 변경되어서 피자의 면적을 다시 계산하여야 한다면 어떨까? 피자의 반지름이 변수로 표현되었기 때문에 쉽게 구할 수 있을 것이다. 다음과 같은 결과가 나오도록 변수를 수정해 보자.

원하는 결과

```
피자 면적은 1256.0
```

힌트

그렇게 특별할 것은 없다. 반지름을 나타내는 변수의 값만 변경하면 된다. 이후의 동작은 반지름을 나타내는 숫자가 아니라, 그 숫자값을 담은 변수를 이용하여 동작을 하므로 고쳐야 할 것이 전혀 없다.

해답 코드

```
radius = 20
area = 3.14 * radius**2    # radius ** 2는 radius의 거듭제곱
print('피자 면적은', area)
```

도전문제 2.1

(1) 피자의 반지름을 30으로 하고 면적과 둘레를 동시에 계산해 보자.
(2) 피자의 반지름을 42로 하고 면적과 둘레를 동시에 계산해 보자.

잠깐 – 변수를 사용하면 좋은 이유 1

변수는 수학에서 유래한 개념이다. 수학에서 변수는 변할 수 있는 양을 표현하기 위해 사용되는 기호이다. 이 기호는 하나의 특정한 값이 아니라 허용되는 모든 값을 표현하기 위해 사용된다. 이와 상대되는 개념이 상수이다. **상수**constant는 값이 고정되어 있는 수이다. 예를 들어 원의 넓이를 구하는 잘 알려진 수식 πr^2에서 π는 원주율 3.141592...를 의미하는 상수로 다른 값을 가질 수 없다. 그러나 이 수식에서 사용된 r은 반지름을 의미한다. 이 때 사용된 r은 특정한 값이 아니라 실수인 모든 수를 나타낸다.

프로그래밍에서 사용하는 변수 개념도 수학과 유사한 점이 있다. 그런데 프로그래밍에서 사용하는 변수가 수학의 변수와 다른 점도 분명히 있다. 대표적인 것은 프로그래밍의 변수는 데이터를 저장하는 기억장치에서의 위치를 가진다는 점이다. 이 기억장치에서의 위치와 짝을 이루는 이름을 프로그래밍에서는 변수라고 부른다. 이 변수를 이용하여 해당 메모리 위치에 기록된 값을 읽거나, 새로운 값을 기록할 수 있다.

LAB 2-3 터틀 그래픽으로 피자그리기

실습 시간

앞에서 반지름이 주어지면 피자의 면적을 계산하였다. 이번에는 반지름에 따라서 터틀 그래픽으로 피자를 그려보자. 반지름이 2배가 되면 피자의 면적이 얼마나 커질지 가상 체험해보자. 터틀 그래픽의 circle(반지름) 명령을 사용하여 반지름이 100, 200인 원을 각각 그려보자.

원하는 결과

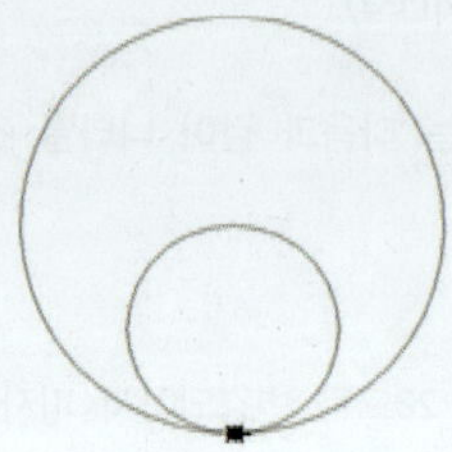

힌트

원을 그리는 터틀 그래픽의 명령어가 t.circle(반지름)라는 것을 알면 될 것이다. 우리는 여기에서 반지름을 나타내는 변수의 값만 변경하면 된다. 이후의 동작은 반지름을 나타내는 숫자가 아니라, 그 숫자값을 담은 변수를 이용하여 동작을 하므로 고쳐야 할 것이 전혀 없다.

해답 코드

```
import turtle

t = turtle.Turtle()
t.shape('turtle')

radius = 100
t.circle(radius)            # 반지름이 100인 원을 그린다.

radius = 200
t.circle(radius)            # 반지름이 200인 원을 그린다.
```

도전문제 2.2

(1) 원의 반지름이 50인 또 하나의 원을 그려보자.
(2) t.left(90)을 사용하여 거북이가 90도 왼쪽으로 향하도록 한 후 동일한 명령을 실행하여 **그림과 같이** 6개의 원을 그려보자. 이때 원의 반지름은 50보다 더 커지도록 한다.
(3) (2) 코드를 조금 더 수정하여 위/아래/좌/우의 네 방향으로 동일한 패턴의 원이 나타나도록 시도해 보자.

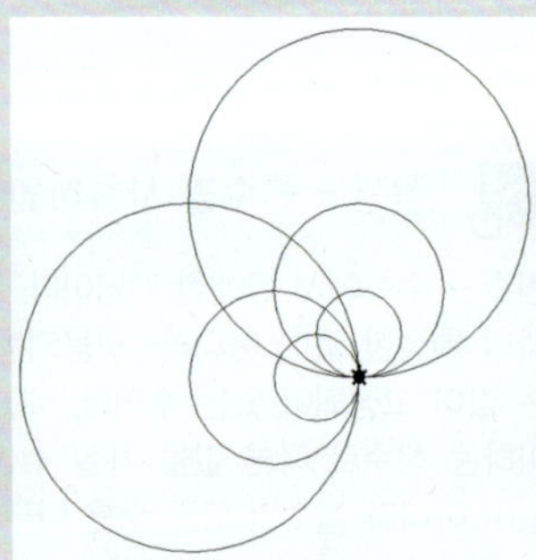

LAB 2-4 복리 이자 계산하기

실습 시간

다음은 연 3%의 복리 이자를 주는 금융 상품에 1000만원을 저축하였을 때 5년 후에 얻게 되는 돈의 총액을 계산하는 수식이다.

$$10,000,000 \times (1 + 0.03)^5$$

이것을 파이썬 문법에 맞춰 표현하면 다음과 같다.

```
>>> 10000000 * (1.0 + 0.03) ** 5
    11592740.743
```

이 수식에 나타나는 값들을 변수로 변경해서 다시 작성해보자. 그러면 원금과 이율을 바꾸어 가며 복리 계산을 할 수 있을 것이다.

원하는 결과

```
원금:     10000000
이율:     0.03
기간:     5
수령금액:   11592740.743
```

힌트

바뀔 수 있는 값은 원금, 이율, 기간이다. 각각을 principal, interest_rate, years라는 변수로 다루면 될 것이다. 그리고 이 변수를 이용하여 최종적으로 얻게 되는 돈이 얼마인지를 저장할 변수 money도 준비하자.

해답 코드

```
principal = 10000000
years = 5
interest_rate = 0.03
money = principal * (1.0 + interest_rate) ** years

print('원금:   ', principal)
print('이율:   ', interest_rate)
print('기간:   ', years)
print('수령금액: ', money)
```

도전문제 2.3

원금을 1000만원 대신 1억원으로 수정하여 위의 프로그램을 실행하고 그 결과를 출력하여라.

2.3 변수를 사용해서 좋은 점이 뭘까

우리는 체중과 키를 이용하여 bmi를 계산하는 스크립트를 가지고 있다고 가정하자.

```
>>> height = 1.80
>>> weight = 78.2
>>> bmi = weight / height**2
>>> bmi
    24.1358024691358
```

예를 들어서 여러분의 체중이 78.2kg에서 72.8kg으로 줄었다고 하자. 위의 스크립트가 이미 저장되어 있다면 여러분은 **weight** 변수의 값만 72.8로 변경하여 스크립트를 다시 실행하면 새로운 BMI 값을 계산할 수 있다.

```
>>> height = 1.80
>>> weight = 72.8
>>> bmi = weight / height**2
>>> bmi
    22.469135802469133
```

이렇게 변수를 사용하지 않고 값을 바로 써서 프로그램을 작성하면 여러 가지 문제가 생길 수 있다. 값이 바뀌면 일일이 찾아서 고쳐야 하며, 고쳐야 할 곳을 잘 찾지 못 할 수도 있다.

변수를 사용할 경우에 얻는 좋은 점은 프로그램 코드의 가독성이 높아진다는 것이다. 아래의 코드는 무엇인가를 계산하고 있지만, 작성한 사람이 아니라면 무엇을 계산하는지 알기가 어려운 코드일 것이다.

```
>>> print(3.141592 * (10 ** 2) * 20)
    6283.184
```

하지만 다음과 같은 코드는 명확하게 원기둥의 부피를 계산하는 데에 필요한 정보를 이용하여 부피를 계산하는 코드라는 것을 쉽게 파악할 수 있다.

```
>>> pi = 3.141592
>>> radius = 10
>>> height = 20
>>> volume_of_cylinder = pi * (radius ** 2) * height    # 원기둥의 부피 계산식
>>> print(volume_of_cylinder)                           # 원기둥의 부피를 출력
    6283.184
```

잠깐 – 변수를 사용하면 좋은 이유 2

변수를 사용하면 데이터를 저장하는 곳의 주소를 외우거나 하지 않아도 되는 장점이 있다고 이미 설명했다. 또 한 가지 중요한 장점은 데이터가 변경되어도 일의 방법은 바꿀 필요가 없다는 것이다. 위의 실습에서 몸무게가 바뀌었지만, 신체 질량 지수를 계산하는 방법이 바뀌는 것은 아니다. 따라서 몸무게 변수에 할당되는 값만 바꾸고, 프로그램의 다른 부분은 전혀 손대지 않아도 원하는 결과를 얻을 수 있다.

도전문제 2.4

(1) 키가 172cm이고, 몸무게가 78.8kg인 홍길동씨의 BMI를 계산하여 출력하는 bmi_hong.py 스크립트 코드를 작성하고 홍길동씨의 BMI 값을 출력하여라.
(2) 자신의 키와 몸무게를 입력하고 BMI를 구한 후 그 값을 출력하여라.

자료형을 알아야 연산을 할 수 있다

프로그램에서 사용할 수 있는 데이터의 종류를 **자료형**data type이라고 한다. 파이썬에서 사용할 수 있는 가장 단순한 기본 자료형은 4가지 종류가 있다. 첫 번째는 1이나 2와 같은 **정수**integer이다. 두 번째는 3.14와 같은 **실수**floating-point이다. 세 번째는 'Hello'와 같은 **문자열**string이다. 마지막으로 네 번째는 참과 거짓을 나타내는 **부울**boolean형이다. 이 밖에도 데이터들을 묶어서 나열하거나 짝을 맺어 사용하는 리스트, 튜플, 딕셔너리, 집합 등의 자료형이 있는데, 이것들은 나중에 살펴볼 것이다.

자료형	예
정수형(int)	…, -3, -2, -1, 0, 1, 2, 3, ...
실수형(float)	3.14, 4.28, 0.01, 123.432
문자열(str)	'Hello World', '123', "Hi"
부울형(bool)	True, False
리스트(list)	['ABC', 'DEF'], [3, 4, 5, 6]

파이썬에서는 변수에 여러 가지 종류의 데이터를 저장할 수 있다. 그리고 다음과 같이 동일한 변수에 정수 데이터를 저장하였다가 나중에 실수 데이터를 저장하여도 된다. 반면 C와 같은 프로그래밍 언어는 int x = 10;과 같이 변수를 생성할 때 자료형 int를 반드시 선언해야 하며 한번 선언한 자료형은 변경이 불가능하다.

```
>>> x = 10          # 정수 10을 변수 x가 저장하게 됨(정수형)
>>> x
    10
>>> x = 3.14        # 실수 3.14를 변수 x가 저장하게 됨(실수형)
>>> x
    3.14
>>> x = 'Hello'     # 변수 x가 저장하는 값이 'Hello'라는 문자열 자료형으로 바뀐다
>>> x
    'Hello'
```

잠깐 – 파이썬의 변수에 어떤 자료형이든 저장할 수 있는 이유

위의 코드에서 x = 10이라고 하면, x는 정수형 데이터를 담게 될 것이다. 그런데 x = 3.14라는 코드가 그 다음에 이어지면, 이제 x는 실수형 변수로 변신하게 된다. 정수와 실수뿐만 아니라 x = 'hello'라고 하면 순식간에 x는 문자열을 담는 변수로 바뀌게 된다. 어떤 변수가 담을 수 있는 자료형이 번역할 때 고정되어 버리면 **정적 형결정**static typing이라고 하고, 프로그램이 동작하면 변수에 값을 넣을 때 정해지는 것을 **동적 형결정**dynamic typing이라고 한다. **파이썬은 동적 형결정을 사용한다.** 동적 형결정은 미리 변수의 자료형을 정해두고 선언할 필요가 없는 장점이 있지만, 해당 자료형에 허용되지 않는 연산을 할 경우 자료형 오류가 프로그램 동작 중에 발생할 수도 있다. 이 경우 프로그램이 이미 시작되었는데 제대로 동작을 마무리하지 못하고 중단되게 된다. 이러한 부분에 주의해야 한다.

2.4 변수의 자료형을 알려면 : type() 함수

파이썬에서 변수의 자료형을 알려면 변수의 이름에 `type()` 함수를 적용하면 된다. 예를 들어서 변수 `weight`의 자료형을 알려면 다음과 같이 한다. 출력시에 나타나는 `class`는 프로그래밍 언어 분야의 객체 지향 프로그래밍에서 사용되는 용어이다.

```
>>> weight = 78.2
>>> type(weight)
    <class 'float'>
```

위의 결과를 보면 'float'라고 나온 것을 알 수 있다. 'float' 타입은 파이썬에서 실수를 의미한다. 이번에는 정수 변수를 만들어서 `type()`을 호출해보자.

```
>>> salary = 250
>>> type(salary)
    <class 'int'>
```

이번에는 문자열 변수를 만들어서 `type()` 함수를 호출해보자.

```
>>> name = '홍길동'
>>> address = '부산시 광안해변로 1'
>>> type(name)
    <class 'str'>
>>> type(address)
    <class 'str'>
```

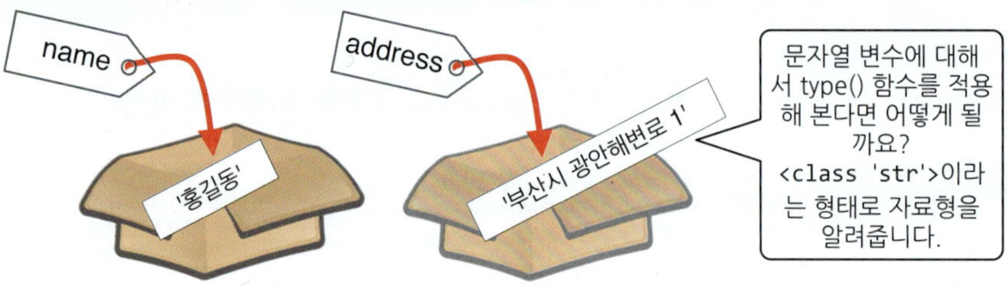

컴퓨터 프로그래밍에서 매우 중요한 **부울**bool형이 있다. 부울형은 참이나 거짓을 나타낸다.

```
>>> b = True
>>> type(b)
    <class 'bool'>
```

부울형은 조건문이나 반복문에서 어떤 조건을 검사할 때 유용하다. 조건에 따라 프로그램의 흐름을 제어하고, 비슷한 일을 반복하는 일은 나중에 더욱 깊이 학습할 예정이다.

잠깐 – 파이썬의 클래스

클래스란 **특정한 객체를 정의하기 위해서 사용되는 틀**이다. 위의 코드를 살펴보면 '홍길동'과 같은 문자열 객체가 있는데, 이 문자열 객체가 수행할 수 있는 기능인 메소드를 미리 정의해 두어야만 한다. 이러한 일을 하는 틀이 바로 클래스인 것이다.

왜 자료형에 신경써야 할까 : 자료형과 연산

왜 우리는 자료형에 신경 써야 할까? 파이썬에서 자료형에 따라서 각종 연산의 의미가 달라지기 때문이다. 즉 변수에 정수가 저장되어 있는 경우와 변수에 문자열에 저장된 경우에 덧셈 연산의 의미가 달라진다.

```
>>> x = 10
>>> y = 10
>>> x + y            # 두 숫자의 합을 구한다
20
>>> x = 'good'
>>> y = 'morning!'
>>> x + y             # 두 문자열을 연결시킨다
'goodmorning!'
```

파이썬에서 따옴표가 있으면 문자열이고 따옴표가 없으면 숫자이다. 아래의 코드를 잘 구별하여야 한다. 차이점을 알 수 있는가?

```
>>> '23' + '56'     # 문자열에 대한 + 연산은 문자열을 합치는 기능
'2356'
>>> 23 + 56         # 정수에 대한 + 연산은 두 정수의 합을 구하는 기능
79
```

'23'과 '56'은 모두 따옴표가 있기 때문에 파이썬은 문자열로 보았다. 따라서 + 연산자에 의하여 문자열은 서로 합쳐진다. 하지만 23과 56은 따옴표가 없으므로 23 + 56은 2개의 정수를 합하라는 수식이 되어서 파이썬은 여러분에게 두 정수의 합을 출력한다.

자 결론을 내려보자. 파이썬에서의 연산은 자료형에 따라서 그 의미가 달라진다. 항상 명심하도록 하자.

도전문제 2.5

무엇이 출력될지 생각해 보고, 그 결과를 파이썬 인터프리터를 통해 확인해보자.

(1)
```
>>> x = 7
>>> y = 6
>>> x + y
```
______

(2)
```
>>> x = '7'
>>> y = '6'
>>> x + y + x
```
______

(3)
```
>>> x = '7'
>>> y = '6'
>>> x + y
```
______

(4)
```
>>> x = 7
>>> y = 6
>>> x + y + x + y
```
______

2.5 컴퓨터 수치 표현의 한계, 그리고 컴퓨터의 한계

컴퓨터를 이용하여 수를 다룰 때 문제가 될 수 있는 수치오류에 대해 알아보도록 하자. 다음의 질문들에 대한 답을 생각해보자. 1/3은 소수로 표현하면 어떻게 표현할 수 있을까? 우리는 쉽게 0.333333…으로 시작하는 무한 소수라고 쉽게 대답할 수 있다. 그렇다면 이러한 무한히 계속되는 소수를 컴퓨터로는 어떻게 표현할까? 우리가 알다시피 컴퓨터의 저장공간은 유한하므로 **컴퓨터는 무한을 표현할 수 없다.** 그러면 무한히 반복되는 무한 소수를 컴퓨터는 어떻게 표현해야 할까? 이 질문에 대한 컴퓨터의 해답은 다음과 같다. 실제 답에 매우 가깝긴 하지만 오차를 가지는 **근사치로 수를 표현한다.** 예를 들어 1/3의 답은 무한히 표현할 수는 없으니 0.3333333333333까지만 표현하는 것이다. 컴퓨터는 실수 값을 표현할 때 다음과 같이 $(-1)^s \times M \times 2^E$ 로 표현하고, 부호비트 s, 유효숫자 M, 지수 E를 각각 정수로 저장한다. 만일 부호 비트가 1이면 -1을 유효숫자에 곱하기 때문에 음수가 되고 부호 비트가 0이면 1을 유효숫자에 곱하기 때문에 양수가 된다.

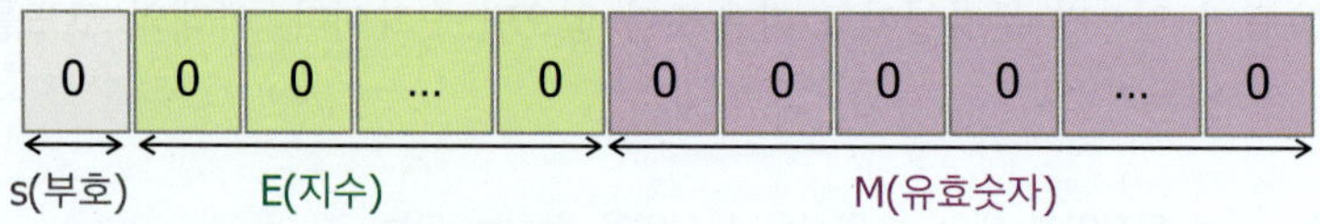

따라서 **컴퓨터에서 수치오류는 불가피한 것**이다. 이러한 불가피한 수치오류는 다음과 같은 상황을 만든다. (여기서 아직 배우지 않은 연산자 ==는 두 값을 비교하여, 같으면 True, 서로 다르면 False를 반환한다.)

```
>>> 0.1 + 0.1 == 0.2
    True
>>> 0.1 + 0.1 + 0.1 == 0.3  # 수치오류로 인해 우리가 생각한 True가 나오지 않음
    False
```

수학적으로 0.1 + 0.1 + 0.1은 0.3과 같지만, 위의 코드에서는 서로 다른 것으로 나왔다. 이것은 실수를 표현하는 컴퓨터의 능력에 한계가 있기 때문이다. 이러한 수치 오류가 발생할 수 있음을 언제나 염두에 두고 프로그램을 작성해야 한다.

0.1 + 0.1 + 0.1이 어떤 값으로 저장되어 있는지를 확인해 보면 더 잘 이해할 수 있을 것이다. 매우 작은 차이지만 0.3과는 다른 값으로 저장되어 있을 것이다.

```
>>> 0.1 + 0.1 + 0.1     # 0.3이 아닌 미세한 수치오류를 가진 근사값
    0.30000000000000004
```

실수와 마찬가지로 프로그래밍 언어의 정수 역시 그 범위가 정해져 있다. 그러나 파이썬은 매우 강력한 정수 표현을 제공한다. 다음의 실습을 보자. 이처럼 **시스템의 메모리가 허용하는 한도 내**에서 매우 큰 수를 표현할 수 있다는 점이 파이썬의 큰 장점이다. 아래 코드에 나타나는 ** 기호는 다음 장에서 배울 것이지만 지수 연산자이다. 즉 아래 코드는 10의 100승을 계산하는 것이다.

```
>>> 10 ** 100  # 10의 100승
    100000000000000000000000000000000000000000000000000000000000000000000000000000000
00000000000000000000
```

문자들의 연속된 모음을 문자열이라고 한다

우리는 앞에서 숫자를 처리하는 파이썬 프로그램을 살펴보았다. 컴퓨터에게는 숫자가 중요하지만 인간은 주로 **텍스트**text를 사용하여 정보를 표현하고 받아들이기 때문에, **프로그래밍에서 텍스트의 처리도 무척 중요**하다.

파이썬은 이러한 텍스트를 다루기 위한 자료형으로 문자열을 사용한다. **문자열**string은 **문자들의 나열** sequence of characters이다. 문자열은 우리가 흔히 **텍스트**text라고 부르는 것이다. 프로그래밍에서는 전문적인 용어를 사용해야만 혼동이 없기 때문이다. 문자열에 대응하는 영어 단어 string은 끈이라는 의미이다. 우리는 글자들이 끈으로 묶여 있는 모습을 상상하면 되겠다.

파이썬은 이 문자열을 다루는 매우 강력한 기능들을 제공하고 있다. 예를 들어서 이메일 주소를 표현하는 텍스트 데이터 "aaa@google.com"에서 '@' 문자를 중심으로 아이디와 도메인을 분리하는 문제를 생각해보라. 많은 프로그래밍 언어에서는 문자열을 처리하는 작업이 상당히 복잡하다. 하지만 파이썬은 문자열을 처리하는 작업이 놀랄 정도로 간단하고 직관적이다.

이 책에 있는 모든 글자들도 문자열이 될 수 있다. 우리가 일상적으로 사용하는 단어, 문장들도 문자열이 된다. 우리들의 이름이나 회사의 이름도 문자열이 될 수 있다. 주의할 점은 **따옴표 내의 공백 문자 역시 문자열의 일부로 간주된다**는 점이다. 그리고 화면에 표시되지 않는 탭 문자, 줄바꿈 문자 등도 문자열의 일부이다. 탭 문자는 \t로, 줄바꿈 문자는 \n으로 나타낼 수 있다. \는 역슬래시 문자로 \와 동일하며, 한글 코드에서 아스키 문사 \를 바꾼 것이다.

또한 문자열 객체는 여러 가지 일을 쉽게 처리할 수 있는데 이를 위하여 *문자열 객체 + . + 명령()*과 같은 형식으로 명령을 내릴 수 있다. 예를 들어 다음과 같이 "Hello"라는 문자열을 대문자로 만들거나 소문자로 만들기 위해서는 upper(), lower()와 같은 기능을 호출할 수 있다. 이와 같이 *객체 + . + 명령()* 형식의 구조에서 객체가 . 연산자로 구분된 명령을 내릴 때 이 명령을 **메소드**method라고 부른다. 함수와 메소드는 프로그래밍에서 매우 중요한 개념으로 이 책에서 추후에 상세히 설명할 것이다.

```
>>> print("Hello\tWorld!")      # \t는 띄어쓰기를 위한 탭문자이다
Hello    World!
>>> "Hello".upper()     # .upper()는 문자열을 대문자로 만드는 기능이 있다
'HELLO'
>>> "Hello".lower()     # .lower()는 문자열을 소문자로 만드는 기능이 있다
'hello'
```

2.6 문자열을 만드는 방법

파이썬에서는 텍스트를 큰따옴표("...")나 작은따옴표('...')로 감싸면 문자열이 된다. 예를 들어서 다음의 "Hello Python"은 공백문자를 포함한 하나의 문자열이다. 그리고 큰따옴표로 감싼 문자는 특별한 이유가 없을 경우 아래와 같이 작은따옴표로 표기된다.

```
>>> "Hello Python"
    'Hello Python'
```

문자열은 변수에 저장될 수 있다. 그리고 변수에 저장된 문자열을 print() 함수를 이용하여 출력할 수 있다. 아니면 그냥 변수 이름만 입력하고 엔터키를 눌러도 된다.

```
>>> msg = "Hello"        # 변수를 이용해서 문자열을 저장한다
>>> msg                  # 문자열을 출력하면 기본적으로 작은 따옴표내에 문자가 나타남
    'Hello'
>>> print(msg)           # print()로 문자열을 출력하면 따옴표는 나타나지 않음
    Hello
```

문자열을 만들때는 다음과 같이 작은따옴표('...')를 사용해도 된다(**이 방법을 권장한다**).

```
>>> msg = 'Hello'
```

하지만 큰따옴표(")로 시작했다가 작은따옴표(')로 끝내면 문법적인 오류이다.

```
>>> msg = "Hello'
    SyntaxError: EOL while scanning string literal
```

또 따옴표로 시작했는데 단어의 끝에 따옴표가 없어도 문법적인 오류가 된다.

```
>>> msg = "Hello
    SyntaxError: EOL while scanning string literal
```

잠깐 – 문자열을 만들다가 문법오류Syntax Error가 발생하는 경우

문법(syntax)이라는 것은 컴퓨터에서는 **프로그램의 문장을 바르게 구성하기 위한 규칙**을 의미한다. 만약 우리가 영어 문장을 작성하는데 주어와 동사의 수를 일치시키지 않는다면 문법적인 오류이듯이 프로그래밍 언어에서도 문장을 작성하는데 지켜야할 규칙이 있는 것이다.

파이썬에서 문법 오류가 발생하면 "SyntaxError: ..."라는 경고 메시지가 표시된다. 앞선 예시의 오류메시지에서 **EOL이라는 것은 "End Of Line" 즉 줄의 끝을 만났다는 의미**이다. 문자열이기 때문에 문자열을 끝내는 큰따옴표 혹은 작은따옴표가 있을 것으로 기대하였는데 줄의 끝을 만날 때까지 발견하지 못했다는 의미가 된다.

왜 큰따옴표와 작은따옴표를 동시에 사용할까

텍스트 데이터를 처리하기 위해 따옴표를 쓰는데, 이 따옴표가 없으면 일반적으로 다음과 같은 오류가 나타난다.

```
>>> msg = Hello
    ...
    NameError: name 'Hello' is not defined
```

이 오류 메시지를 우리말로 번역하면 Hello라는 이름이 정의되지 않았다는 의미이다. 파이썬은 따옴표가 없이 주어진 단어는 약속된 단어가 아니라면 변수로 취급한다. 위의 코드에서 Hello라는 변수를 만들어 값을 넣은 일이 없으므로 파이썬은 알지 못하는 변수를 사용했다고 오류를 발생시키는 것이다.

그러면 왜 파이썬에서는 문자열을 나타내는데 큰따옴표와 작은따옴표를 동시에 사용할까? 이것에도 이유가 있다. 문자열 안에 따옴표가 들어가는 경우를 처리하기 위해서이다. 예를 들어서 "철수가 "안녕"이라고 말했습니다."라는 문장을 문자열 안에 저장할 수 있을까? "..." 형태의 문자열 안에 "..." 형태의 문자열을 포함해 파이썬 인터프리터에게 넘겨주면 아래와 같이 문법 오류가 발생할 것이다.

```
>>> message = "철수가 "안녕"이라고 말했습니다."
    SyntaxError: invalid syntax
```

파이썬은 따옴표가 시작된 뒤에 따옴표를 다시 만나면 문자열이 끝난 것으로 파악한다. 따라서 아래 그림과 같이 빨간색으로 표시된 두 개의 영역을 문자열로 해석하고 그 사이는 알 수 없는 명령어나 변수로 해석한다.

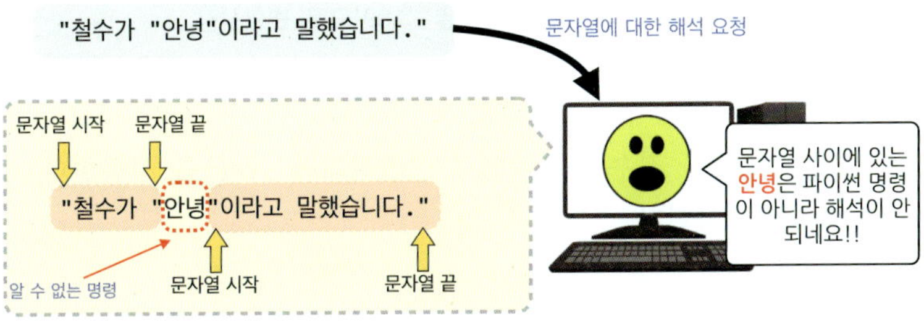

이제 문자열을 작은따옴표로 시작해 보자. 그러면 작은따옴표를 다시 만날 때까지 문자열이 이어진다. 그러면 "안녕"과 같이 큰 따옴표는 문자열 내에 포함된 문자들로 취급될 것이다. 파이썬이 이것을 잘 해석하여 출력도 이루어지는 걸 확인할 수 있다.

```
>>> message = '철수가 "안녕"이라고 말했습니다.'
>>> message
    '철수가 "안녕"이라고 말했습니다.'
>>> print(message)
    철수가 "안녕"이라고 말했습니다.
```

문자열을 시작한 따옴표와 같은 모양의 따옴표를 출력해야 한다면 다음과 같이 \'을 이용하여 작은따옴표안에 작은 따옴표를 써 줄 수도 있는데 역슬래시는 이와 특수한 문자를 표기하는데 사용된다. \n은 줄바꿈, \t는 탭 문자를 표시한다. 역슬래시를 출력하고자 한다면 역슬래시를 2개 연속하여 사용하면 된다.

```
>>> print('철수가 \'안녕\'이라고 말했습니다.')
    철수가 '안녕'이라고 말했습니다.
>>> print('안녕\n우리 다시 만나~~')
    안녕
    우리 다시 만나~~
>>> print('안녕\t우리 다시 만나~~')
    안녕      우리 다시 만나~~
```

2.7 왜 오류가 발생할까 : 자료형의 변환

우리는 100 뒤에 문자열 '원'을 붙여서 출력하려고 다음과 같이 파이썬 인터프리터에 입력하려고 할 수 있다. 하지만 이렇게 입력하면 오류가 발생한다. 왜 다음과 같은 코드에서는 오류가 발생할까?

```
>>> 100 + '원'
    Traceback (most recent call last):
    File "<ipython-input-3-1b3ddc5be148>", line 1, in <module>
    100+'원'
    TypeError: unsupported operand type(s) for +: 'int' and 'str'
```

이 오류는 자료형과 깊은 관련이 있다. 100의 자료형은 정수이다. '원'의 자료형은 문자열이다. 우리는 정수를 문자열과 합하라고 명령하고 있다. 하지만 파이썬은 어떻게 합하는지 알지 못 한다. 만약 정수+정수라면 2개의 정수를 덧셈하면 된다. 만약 문자열+문자열이라면 2개의 문자열을 연결하면 된다. 하지만 위의 코드에서는 정수+문자열이기 때문에 파이썬은 무엇을 해야 할지 모르는 것이다.

이때는 자료형을 통일시켜야 한다. 즉 우리가 하고자 하는 작업에서 100을 문자열 '100'으로 변환하고 이 문자열에 '원'과 같은 문자열을 붙이는 것이었다. 따라서 우리는 우선 100을 문자열 '100'으로 변환하여야 하는데, 파이썬에서는 str() 함수가 이 일을 한다. 함수에 대해서는 6장에서 상세히 다룰 것이다.

```
>>> str(100) + '원'    # str() 함수는 100을 문자열 '100'으로 변환시킴
    '100원'
```

이것을 좀 더 자세히 살펴보자. 정수를 문자열로 변환하려면 str()을 사용한다. 반대로 문자열을 정수로 변환하려면 int()를 사용한다.

```
>>> str(100)
    '100'
>>> int("100")
    100
```

마찬가지로 실수 데이터를 문자열로 변환할 때에도 str()을 사용한다. 반대로 문자열을 실수로 변환하려면 float()를 사용한다.

```
>>> str(3.14)
    '3.14'
>>> float("3.14")
    3.14
```

다음은 이 관계를 설명하는 그림이다.

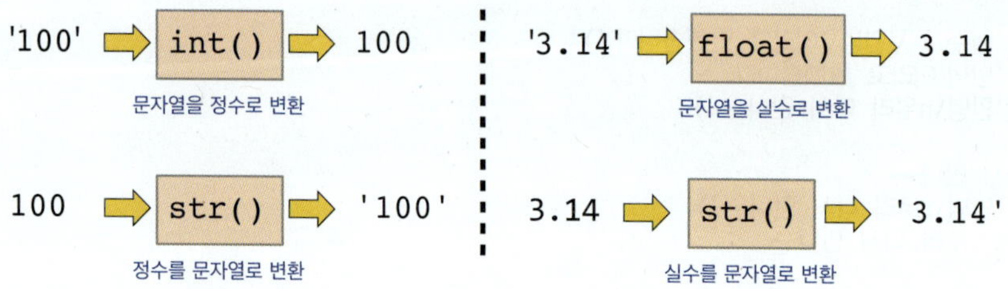

사용자로부터 문자열 입력받기 : input() 함수

우리는 앞에서 변수에 들어 있는 값들을 이용하여 BMI를 계산하거나 정수의 합을 계산한 바 있다. 하지만 이 값들을 사용자로부터 직접 받을 수 있다면 더 유용할 것이다. 파이썬에서 사용자로부터 무엇인가를 입력받으려면 input() 함수를 사용한다. input() 함수는 사용자의 입력을 무조건 문자열 형태로 우리에게 반환한다. 사용하는 방법은 아래와 같다.

```
input_var = input(output_string)
```

위와 같은 코드가 사용되면 화면에 output_string에 담긴 문자열이 출력된다. 그리고 사용자의 입력을 기다리는 상태가 된다. 사용자가 키보드를 이용하여 입력을 하고 엔터키를 누르면 input() 함수는 그때까지 입력한 문자들을 모두 하나로 묶어 문자열을 만들어 반환한다. 따라서 입력의 내용은 input_var라는 변수에 저장된다.

input() 함수를 사용하는 실제 예를 통해 사용법을 익혀보자. 사용자의 이름을 입력받는 코드는 다음과 같이 구현할 수 있다. 음영으로 처리된 홍길동 부분이 사용자가 입력한 부분이다.

```
>>> name = input("이름을 입력하시오: ")
    이름을 입력하시오: 홍길동
```

위의 코드가 실행되면 파이썬 내부에는 name이라는 변수가 생성되었고 여기에는 '홍길동'이라는 문자열이 저장되었다. 파이썬의 **변수는 이와 같이 컴퓨터에서 사용할 수 있는 자료값을 저장**할 수 있다.

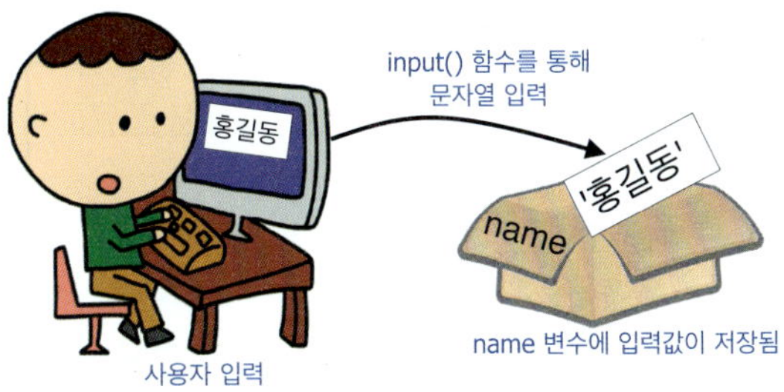

변수 name에는 사용자의 이름이 저장되어 있다. 이 변수를 이용하여 다음과 같이 출력하는 코드를 작성해보자.

```
이름을 입력하시오: 홍길동
홍길동 씨, 안녕하세요?
파이썬 프로그래밍의 세계에 오신 것을 환영합니다.
```

완전한 코드는 다음과 같다.

```
name = input("이름을 입력하시오: ")
print(name, "씨, 안녕하세요?")
print("파이썬 프로그래밍의 세계에 오신 것을 환영합니다.")
```

2.8 사용자로부터 정수 입력받기

앞에서 우리는 덧셈 프로그램을 작성한 적이 있는데 항상 100+200의 결과만을 출력한다. 만약 우리가 사용자로부터 정수 2개를 받아서 덧셈을 한 후에 결과를 출력한다면 좀 더 유용한 프로그램이 될 것이다.

```
첫 번째 정수를 입력하시오: 300
두 번째 정수를 입력하시오: 400
300 과 400 의 합은 700 입니다.
```

우리는 input() 함수를 이용하여 정수를 받을 수 있다. 하지만 input() 함수는 사용자의 입력을 무조건 문자열 형태로 우리에게 반환한다. 따라서 "300"이라는 문자열이 우리에게 반환된다. 이것을 정수 300으로 변환하려면 input() 함수의 반환값을 int()로 감싸야 한다. int() 함수는 문자열을 정수로 변환한다.

```
x = int(input("첫 번째 정수를 입력하시오: "))
y = int(input("두 번째 정수를 입력하시오: "))
s = x + y
print(x, "과", y, "의 합은", s, "입니다.")
```

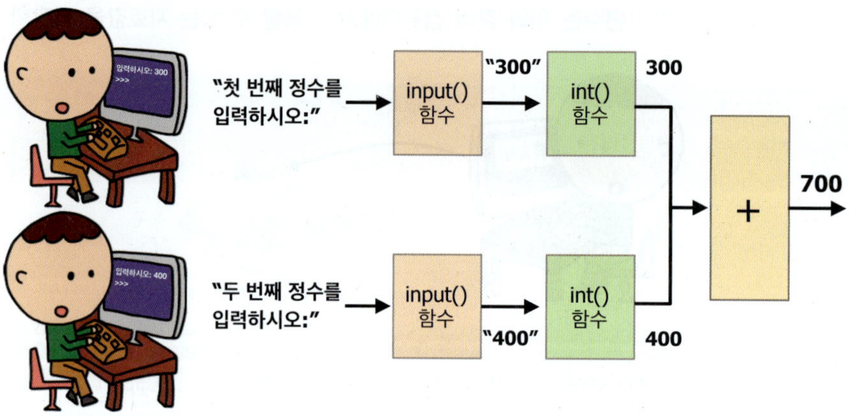

만일 정수가 아닌 실수를 입력받고자 한다면 다음과 같이 input() 함수의 반환 값을 float()로 감싸면 된다.

```
x = float(input("첫 번째 실수를 입력하시오: "))
y = float(input("두 번째 정수를 입력하시오: "))
```

도전문제 2.6

(1) 사용자로부터 체중과 신장을 입력하도록 하여, 입력된 값에 따라 BMI를 계산하는 스크립트를 작성하라. 앞에서 이미 만들어 본 스크립트를 참조할 수 있을 것이다.
(2) 사용자로부터 두 수를 입력받아 두 수의 합과 평균을 출력하는 프로그램을 작성하여라.
(3) 사용자로부터 세 수를 입력받아 세 수의 합과 평균을 출력하는 프로그램을 작성하여라.

LAB 2-5 로봇 기자가 야구기사를 쓰다

실습 시간

야구 기사를 보면 거의 비슷한 기사가 되풀이된다. 이긴 팀이나 진 팀, 점수, 경기장, 우수 선수 등의 핵심 요소를 제외한 나머지 부분은 크게 바뀌지 않는다. 기사의 틀을 만들어두고 핵심 요소는 변수로 만들면 자동으로 기사를 작성할 수 있다. 이것을 프로그램을 만들어보자. 사용자에게 경기장, 점수, 이긴 팀과 진 팀, 우수 선수를 질문하고 변수에 저장한다. 이들 문자열에 문장을 붙여서 기사를 작성한다.

원하는 결과

```
경기장은 어디입니까? 강릉
이긴 팀은 어디입니까? 드림즈
진 팀은 어디입니까? 비룡스
우수선수는 누구입니까? 강두기
스코어는 몇대몇입니까? 9:7

=====================================================
오늘 강릉 에서 야구 경기가 열렸습니다.
드림즈 과 비룡스 은 치열한 공방전을 펼쳤습니다.
강두기 의 맹활약으로  드림즈 가 비룡스 를  9:7 로 이겼습니다.
=====================================================
```

힌트

입력을 받아야 할 것은 경기장, 이긴 팀, 진 팀, 우수선수, 스코어이다. 5개의 변수를 준비하고 input 함수를 이용하여 이 변수들에 저장할 문자열을 입력받는다. 기사 내용을 print() 함수를 이용하여 출력하다가 변수가 담고 있는 내용을 출력해야 할 때에 쉼표로 문장을 중단하고, 변수 내용을 출력하면 될 것이다.

해답 코드

```python
# 사용자의 대답을 변수에 저장한다.
stadium = input("경기장은 어디입니까? ")
winner = input("이긴 팀은 어디입니까? ")
loser = input("진 팀은 어디입니까? ")
vip = input("우수선수는 누구입니까? ")
score = input("스코어는 몇대몇입니까? ")

# 사용자의 입력을 바탕으로 기사를 작성한다.
print("")
print("=============================================")
print("오늘", stadium, "에서 야구 경기가 열렸습니다.")
print(winner, "과", loser, "은 치열한 공방전을 펼쳤습니다.")
print(vip, "의 맹활약으로 ", winner,"가", loser,"를 ", score,"로 이겼습니다.")
print("=============================================")
```

도전문제 2.7

축구나 테니스 등 자신이 좋아하는 경기로 바꾸어 로봇 기자가 다양한 기사를 작성할 수 있도록 해 보라. 스포츠 경기뿐만 아니라 주식 시황을 알려주는 기사도 작성해 보라.

2.9 객체와 메소드 그리고 함수

앞에서 살펴본 거북이 그래픽 프로그램을 통해서 객체의 개념을 익혀보자.

```
import turtle
t = turtle.Turtle()      # 거북이 객체를 생성함
t.shape("turtle")
t.forward(100)
```

이 프로그램에서 turtle.Turtle() 명령은 turtle 모듈안에 있는 거북이 객체를 만드는 명령 Turtle()을 호출하는 것이다. 따라서 이 코드로 인해서 화면에는 거북이 그래픽을 그릴 수 있는 무엇인가가 만들어지는데 이것을 프로그래밍에서는 **객체**object라고 지칭한다. t = turtle.Turtle() 명령은 t라는 변수를 이용하여 이 거북이 객체에 명령을 내리기 위해서 필요하다. 생성된 거북이 객체에 명령을 내리기 위해서는 foward(), left()와 같은 거북이 그래픽에서 정의된 기능이 필요하다. 이 명령은 거북이 객체에 내리는 명령으로 이를 **메소드**method라고 한다. 메소드를 사용하기 위해서는 반드시 *객체.메소드()*와 같은 방식으로 .(점 연산자)를 사용해야만 한다. 이 명령 다음에 s라는 새로운 거북이 객체를 생성하고 그 모양을 사각형(square)로 만들어서 뒤쪽으로 100 픽셀 이동하는 코드를 작성해 보자.

```
import turtle
t = turtle.Turtle()      # 거북이 객체를 생성함, t라는 변수로 참조함
t.shape("turtle")        # 거북이 객체 t에 내리는 명령 shape()은 메소드라고 함
t.forward(100)           # 거북이 객체 t에 내리는 명령 forward() 역시 메소드라고 함
s = turtle.Turtle()      # 새로운 거북이 객체를 생성함, s라는 변수로 참조함
s.shape("square")
s.backward(100)
turtle.done()
```

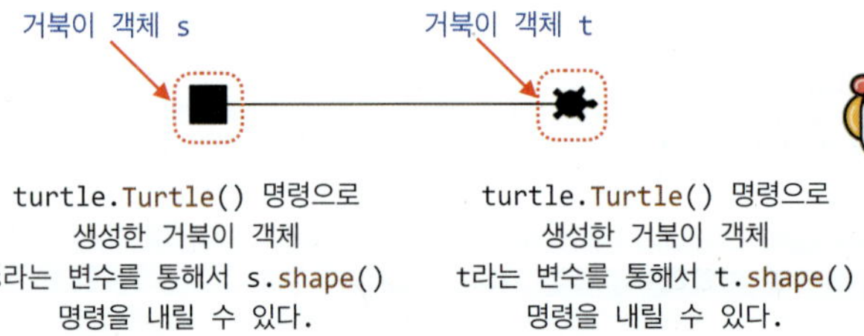

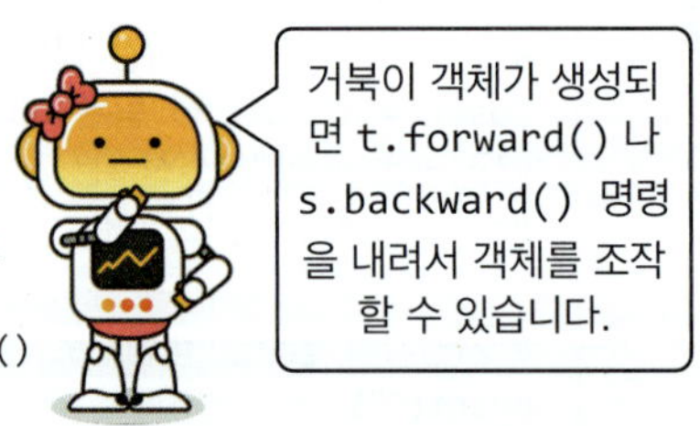

반면 print('Hello World!')와 같은 명령은 특정한 객체에 내리는 명령이 아니며 'Hello World!'라는 문자열을 화면에 출력하기 위한 명령이다. 만일 'Hello World!' 대신 'I love Python!'을 print 명령의 괄호 안에 넣게 되면 I love Python!이 화면에 출력된다. 이와 같이 **문자열 객체나 숫자 객체를 괄호 안에 넣어서 명령을 내리는 것**을 **함수**function라고 부른다. 함수는 객체가 없더라도 일을 할 수 있으나 **메소드**는 반드시 객체가 있어야 일을 한다. 함수와 매개변수에 대한 상세한 설명은 6장에서 할 것이다.

함수	메소드
함수는 여러 개의 매개변수를 가질 수 있고 이 매개변수를 통해서 일을 한다.	메소드 역시 매개변수를 가질 수 있다.
객체가 없더라도 일을 할 수 있다.	클래스의 일부로 메소드가 존재하며, 객체가 있어야 일을 한다.
function() 와 같이 단독으로 사용할 수 있다.	**객체.method()** 와 객체와 같이 사용해야 한다.

함수와 메소드의 차이

LAB 2-6 부동산 광고 만들기에 도전하자

실습 시간

이번 실습에서는 부동산에 관한 여러 가지 사항을 변수에 저장한다. 예를 들어서 부동산의 주소는 문자열 형태로 street 변수에 저장될 수 있다. 부동산의 가격은 정수 형태의 변수 price에 저장될 수 있다. 방의 수도 number_of_rooms라는 변수에 저장될 수 있다. 부동산 타입도 문자열 변수 st에 저장될 수 있다.

```
street = "서울시 종로구"
st = "아파트"
number_of_rooms = 3
price = 100000000
```

이들 변수들을 사용하여 다음과 같은 부동산 광고를 화면에 출력하여 보자.

원하는 결과

```
##################################
#                                #
# 부동산 매물 광고                #
#                                #
##################################

서울시 종로구 에 위치한 아주 좋은 아파트 가 매물로 나왔습니다. 이 아파트 는 3 개의 방을
가지고 있으며 가격은 100000000 입니다.
```

힌트

앞의 실습과 큰 차이가 없을 것이다. 이번에는 사용자의 입력을 받지 않고 변수에 값을 할당하는 방식으로 작성해 보자.

해답 코드

```
street = "서울시 종로구"
st = "아파트"
number_of_rooms = 3
price = 100000000

print("##################################")
print("#                                #")
print("# 부동산 매물 광고                #")
print("#                                #")
print("##################################")
print("")
print(street, "에 위치한 아주 좋은 ", st, "가 매물로 나왔습니다. 이 ",
st, "는 ", number_of_rooms, "개의 방을 가지고 있으며 가격은",
price, "입니다.")
```

핵심 정리

SUMMARY

- 컴퓨터에서는 변수를 사용하여 자료값을 컴퓨터 메모리 안에 저장할 수 있다.
- 변수들은 이름을 가지고 있다. 이러한 이름을 통해서 메모리에 있는 값에 접근하는 것이 가능하다.
- 변수들은 숫자뿐만 아니라 문자열도 저장할 수 있다. 파이썬은 다양한 자료형이 있다.
- `input()` 함수를 사용해서 사용자로부터 문자열을 입력받을 수 있다.
- `int()` 함수를 사용해서 문자열을 정수값으로 변환할 수 있다.

이번 장에서는 변수를 배웠네요. 잘 이해되었나요?
혹시 궁금한 게 있나요?

수학에도 변수라는 게 있는데,
프로그래밍에서 이야기하는 변수가 수학의 변수와 같은 의미인가요?
아니면 완전히 다른 것인가요?

음. 비슷한 점도 있지만 같지 않습니다. 수학에서는 메모리 공간이라는 개념은 없고,
단지 변할 수 있는 값을 기호로 표시한 것이지요.
프로그래밍에서는 데이터에 꼬리표를 붙인 것이라는 개념과 함께
변수가 메모리 공간의 한 부분을 나타낸다는 개념이 더 있답니다.

왜 텍스트 데이터를 문자열이라고 부르나요?
그냥 텍스트라고 부르면 안 되나요?

프로그래밍에서는 전문적인 용어를 사용해야 헷갈리지 않기 때문이죠.
텍스트에는 수많은 의미가 있어서 문자열이라는 용어를 만들고,
그 뜻을 엄격히 정해서 사용하는 것이지요.

주관식 문제

다음 괄호 안에 들어갈 알맞은 단어를 적어라.

2.1 (   )은(는) 컴퓨터의 메모리 공간에 이름을 붙이는 것으로 여기에 정수, 실수, 문자열 등의 자료값을 저장할 수 있다.

2.2 파이썬의 = 연산자는 '같다'는 등호의 의미가 아니라 '= 연산자 오른쪽의 값을 왼쪽의 변수에 저장하라'는 의미이다. 이 연산자 = 를 (   ) 혹은 (   ) (이)라고 한다.

2.3 파이썬에서는 x, y = 100, 200과 같이 한 줄에 여러 개의 변수를 선언하고 이 변수에 값을 동시에 할당할 수도 있는데, 이를 (   ) (이)라 한다.

2.4 변수의 이름은 (   )의 일종이다. "홍길동", "김철수" 등의 이름이 사람을 구별하듯이 (   )는 변수와 변수들을 구별하는 역할을 한다.

2.5 파이썬은 미리 기능을 정의해 둔 코드를 필요에 따라 편리하게 호출하여 사용할 수 있다. 이와 같이 프로그래밍 언어에서 미리 정의한 기능을 (   ) (이)라고 한다.

2.6 컴퓨터의 데이터는 그림과 같이 컴퓨터에 있는 핵심적인 부품인 메인 메모리에 저장된다. 이렇게 메모리에 데이터를 저장한 곳의 위치를 (   ) (이)라고 한다.

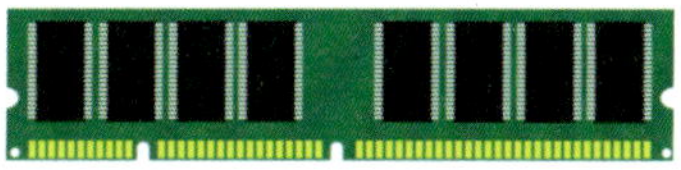

2.7 프로그램에서 사용할 수 있는 데이터의 종류를 (   ) (이)라고 한다.

2.8 파이썬에서 사용할 수 있는 가장 단순한 기본 자료형은 4가지 종류가 있다. 첫 번째는 1이나 2와 같은 (   )이다. 두 번째는 3.14와 같은 (   )이다. 세 번째는 'Hello'와 같은 (   )이다. 마지막으로 네 번째는 참과 거짓을 나타내는 (   )형이다.

2.9 파이썬에서 변수의 자료형을 알려면 변수의 이름에 (   ) 함수를 적용하면 된다.

2.10 객체 + . + 명령() 형식의 구조에서 객체가 . 연산자로 구분된 명령을 내릴 때 이 명령을 (   ) (이)라고 부른다.

2.11 변수는 수학에서 유래한 개념이다. 수학에서 변수는 변할 수 있는 양을 표현하기 위해 사용되는 기호이다. 이 기호는 하나의 특정한 값이 아니라 허용되는 모든 값을 표현하기 위해 사용된다. 이와 상대되는 개념이 (   )이다. (   ) (은)는 값이 고정되어 있는 수이다.

심화문제

EXERCISE

2.1 연습문제의 첫 줄에는 100과 200의 합을 출력하기 위한 방법을 보여주고 있다. print() 함수와 + 연산을 이용하여 200, 300, 400의 합을 결과와 같이 화면에 출력해보자. 이때 print() 함수 내부에 들어갈 알맞은 값을 적어라.

```
>>> print( 100,'+', 200 ,'=', 100 + 200 )
    100 + 200 = 300
>>> print( ____ ,'+', ____ ,'+', ____ ,'=', ________________ )
    200 + 300 + 400 = 900
```

2.2 밑줄 친 부분에 알맞은 대입문을 사용하여 width(너비) 변수에는 30, height(높이) 변수에는 60 값이 출력되도록 하라.

```
>>> ________________
>>> ________________
>>> print(width)
    30
>>> print(height)
    60
```

2.3 위의 코드에서 width와 height 변수를 두개의 줄에 걸쳐 선언하지 말고 한 줄에 할당하는 동시 할당문을 사용하여 width(너비) 변수에는 30, height(높이) 변수에는 60 값이 출력되도록 하라.

```
>>> ________________
>>> print(width)
    30
>>> print(height)
    60
```

2.4 width와 height라는 변수에 각각 40, 20 값을 할당한 후 이 두 변수를 이용하여 곱셈 연산자를 적용한 후 다음과 같이 삼각형의 면적(area)을 구하는 프로그램을 작성하라.

```
삼각형의 면적 : 400.0
```

1) 이 프로그램을 get_triangle_area.py 이름의 코드로 작성한 후 수행시켜라.

2) 이 프로그램을 대화창에서 작성하여 수행시켜라.

3) width와 height 변수를 동시 할당문으로 40, 20을 할당하는 프로그램을 작성하라.

2.5 정사각형의 면적을 구하기 위하여 사용자로부터 밑변의 길이를 정수로 입력받아서 다음과 같이 출력하라(힌트: 정수값 입력을 받기 위하여 int(input('정사각형의 밑변을 입력하시오 : '))를 사용한다).

```
정사각형의 밑변을 입력하시오 : 40
정사각형의 면적 : 1600
```

2.6 print() 함수와 + 연산을 9개 사용하여 1에서 10까지 정수의 합을 다음과 같이 출력해보자.

```
>>> ______________________________________________
    1에서 10까지의 합 : 55
```

2.7 print() 함수와 * 연산을 9개 사용하여 10!을 다음과 같이 출력해보자.

```
>>> ______________________________________________
    10! = 3628800
```

2.8 섭씨온도(celsius)를 화씨온도(fahrenheit)로 변환하는 식은 다음과 같다.

```
fahrenheit = (9/5) * celsius + 32
```

이 식을 바탕으로 섭씨온도를 0도에서 50도까지 10도 단위로 증가시키면서 이에 해당하는 화씨온도를 다음과 같이 출력하는 프로그램 cel2fah.py를 작성하라.

```
섭씨 화씨
0     32.0
10    50.0
20    68.0
30    86.0
40   104.0
50   122.0
```

2.9 앞서 다룬 섭씨온도를 화씨온도로 변환하는 식을 바탕으로 사용자로부터 섭씨온도를 입력받아서 다음과 같이 화씨온도로 출력하라(힌트: int(input('섭씨온도를 입력하세요 : '))를 사용한다).

```
섭씨온도를 입력하세요 : 30
섭씨 30 도는 화씨 86.0 도 입니다.
```

2.10 사용자로부터 반지름 값을 입력받아서, 이 반지름을 가진 원의 둘레와 면적을 다음과 같이 출력하라. 이 값을 구하기 위하여 PI = 3.141592라는 변수를 사용하라.

```
원의 반지름을 입력하세요 : 11
원의 둘레 = 69.115024, 원의 면적 = 380.13263200000006
```

2.11 print() 함수를 사용하여 다음과 같은 내용을 출력하라(힌트: 역슬래시(\)를 출력하기 위해서는 \\를 사용해야 한다).

```
It's really hot!
I said "Hello!" to him.
He said "What's there?"
Newline character is \n, Tab character is \t.
Working directory is C:\workspace\mywork.
```

chapter

03 연산자로 계산을 해 보자

이 장에서 배울 것들

- 연산이 무엇인지 이해해 봅시다.
- 더하기, 빼기, 곱하기, 나누기 등의 산술 연산자에 대하여 학습해 봅시다.
- 나머지, 지수 연산자에 대하여 익혀 봅시다.
- 할당 연산자와 복합 연산자를 활용할 수 있게 될 것입니다.
- 프로그램을 이해하는데 꼭 필요한 주석의 개념을 이해해 봅시다.
- 우선순위의 개념을 익히고 활용해 봅시다.
- 산술 연산과 관련된 응용 프로그램을 만들어 봅시다.

3.1 수식은 어디에나 있다

우리가 즐겨보는 영화의 컴퓨터 그래픽 장면들이 컴퓨터의 계산 기능을 통하여 이루어진다는 것은 아주 흥미롭다. 예를 들어서 다음 그림처럼 천의 움직임을 컴퓨터로 합성해 내는 일은 천의 동작을 수학적으로 모델링하는 수식 없이는 불가능하다.

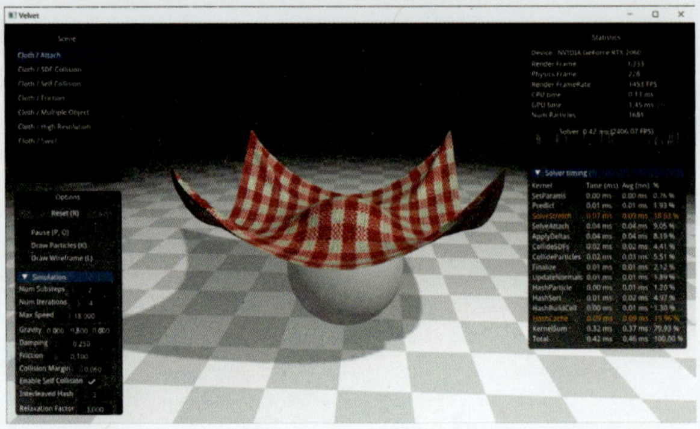

많은 사람들은 까다로운 수학 문제 풀기를 두려워하기도 한다. 수학 문제 풀기를 좋아하는 사람이라 할지라도 큰 수의 덧셈과 뺄셈, 곱셈과 같은 단순한 연산 과정에서 실수를 하기도 한다. 이번 장에서는 우리는 직접 큰 수를 계산하는 것이 아니라, 컴퓨터가 수행해야할 수식을 작성하여 일을 시키는 방법을 알아볼 것이다. 컴퓨터는 반복적인 수식 연산을 지겨워하지도 않으며 매우 빠른 속도로 정확하게 계산을 하여 결과를 알려줄 것이다. 다음의 그림을 살펴보면 옷감을 시뮬레이션하기 위한 수식을 만들고 이 수식과 계산에 필요한 값을 입력하여 옷감을 시뮬레이션한 결과가 나타나는 것을 볼 수 있다.

$$\mathbf{K}_{ij} = \frac{\partial \mathbf{f}_i}{\partial \mathbf{x}_j} = -k\left(\frac{\partial \mathbf{C}(\mathbf{x})}{\partial \mathbf{x}_i}\frac{\partial \mathbf{C}(\mathbf{x})}{\partial \mathbf{x}_j}^T + \frac{\partial^2 \mathbf{C}(\mathbf{x})}{\partial \mathbf{x}_i \partial \mathbf{x}_j}\mathbf{C}(\mathbf{x})\right)$$

옷감을 시뮬레이션하기 위한 수식

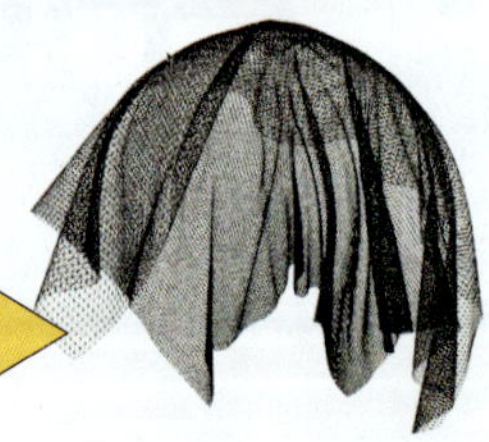

많은 연산을 통해 시뮬레이션된 옷감

컴퓨터에게 일을 시키기 위해서는 올바르게 수식을 이해하고 이 수식을 컴퓨터가 이해할 수 있도록 하는 코드를 작성해야한다. 이런 일을 위해 다양한 연산자를 이해해야 하며, 연산자가 적용되는 순서도 알아야 하고, 평소에 잘 사용하지 않던 연산자도 익혀야만 한다.

잠깐 – 수학의 수식과 프로그래밍의 수식은 다른 개념이다

수학의 수식mathematical expression은 수학적 표기법과 기호를 이용하여 수학적 개념을 표현하는 것이다. 수식을 통해 우리는 수식 내의 기호들이 표현하는 수학적 대상들의 관계를 파악할 수 있다.

컴퓨터 과학분야의 프로그래밍에서 사용하는 **수식**expression은 수학적 관계를 나타내는 것이 아니라 하나의 값으로 **평가**evaluation될 수 있는 표현을 의미한다. 예를 들어 7 * 7 + 1이라는 표현은 50이라는 값으로 평가될 수 있는 수식이다.

우리는 이미 연산자 하나를 사용하고 있었다. 바로 **할당 연산자**assignment operator이다. 변수에 값을 할당할 때 사용하였던 = 기호가 바로 할당 연산자인데 **대입 연산자**라고 부르기도 한다. 이것은 "같다"라는 의미가 아니고, 변수에 값을 저장하는 연산자이다. = 연산자의 **왼쪽은 반드시 값을 저장할 수 있는 변수**이어야 하고, 오른쪽은 값을 표현하는 숫자나 변수, 혹은 **수식**expression이 와야 한다.

```
>>> x = 100 + 200    # x에 100 + 200의 결과를 할당
>>> x
300
```

등호의 왼쪽에 값을 저장하는 일을 하는 변수가 아니라면 어떻게 될까? 다음과 같은 코드는 문법 오류를 발생시킨다.

```
>>> x = 20
>>> y = 10
>>> 100 = x + y     # 등호의 왼쪽에는 반드시 변수 이름이 와야 한다
File "<stdin>", line 1
SyntaxError: cannot assign to literal
```

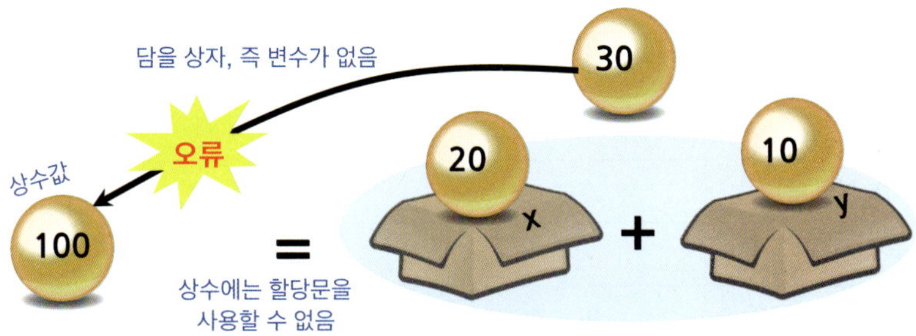

파이썬에서는 다음과 같이 **여러 개의 변수에 동일한 값**을 저장하는 것도 가능하다. 즉 아래 x = y = 100과 같이 할 경우 x, y의 값이 모두 100으로 할당되며 이를 **다중 할당문**multiple assignment이라 한다. 그리고 n1, n2 = 100, 200과 같이 여러 변수에 **한꺼번에 여러 값을 할당**할 수도 있는데 이를 **동시 할당문**이라 한다. 이 경우 n1에는 100이 n2에는 200이 각각 할당된다.

```
>>> x = y = 100            # 여러 변수에 동일한 값을 할당하는 다중 할당문
>>> x, y
(100, 100)
>>> n1, n2 = 100, 200      # 여러 변수에 한꺼번에 여러 값을 할당하는 동시 할당문
>>> n1, n2
(100, 200)
```

잠깐 – 할당 연산자와 변수의 선언

전통적으로 프로그래밍에서 어떤 변수를 사용하려고 하면, 변수의 이름과 자료형을 밝히고 앞으로 이 변수를 사용하겠다는 **선언**declaration을 해야 한다. 그런데 파이썬은 변수를 선언하지 않고 바로 사용할 수 있다. 우리도 지금까지 변수를 선언한 적이 없다. 하지만 내부적으로는 변수를 선언하는 일이 이루어지는데, 어떤 변수에 할당 연산자가 처음으로 적용되는 순간 우리에게 보이지 않는 방식으로 선언이 이루어진다. 이때 파이썬은 할당 연산자의 오른쪽 수식이 나타내는 값에 따라 변수의 자료형을 결정하게 된다.

3.2 수식과 연산자는 어떻게 쓰는 걸까

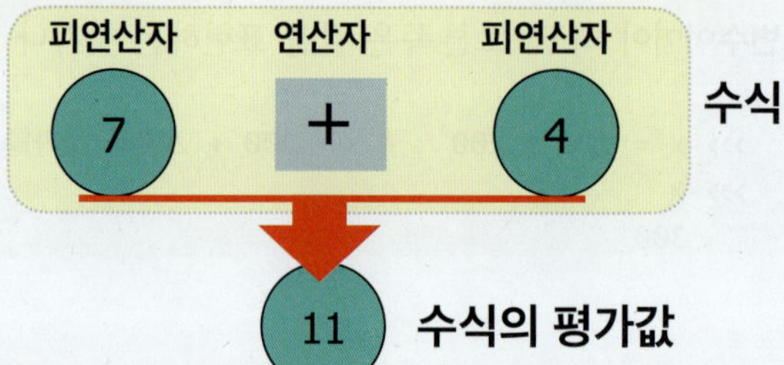

수식expression이란 피연산자들과 연산자의 조합이라고 할 수 있다. 이때 **연산자**operator는 어떤 연산을 나타내는 기호를 의미하며, **피연산자**operand는 연산의 대상이 되는 숫자나 변수를 의미한다. 아래의 수식 7 + 4에서 7과 4는 피연산자이고 덧셈을 의미하는 +는 연산자이다. 이때 연산자와 피연산자 사이에 공백을 삽입하는 것이 파이썬의 코딩 관습에 더 적합한 방식이다. **즉 a+b보다 a + b로 코딩하는 것이 좋다.**

산술 연산자는 덧셈, 뺄셈, 곱셈, 나눗셈과 나머지 연산을 실행하는 여러 가지 연산자이다. 아래 표에 산술 연산자들과 그 사용 예, 그리고 결과값을 정리하였다.

연산자	기호	사용 예	결과값
덧셈	+	7 + 4	11
뺄셈	−	7 − 4	3
곱셈	*	7 * 4	28
지수	**	7 ** 2	$7^2 = 49$
나눗셈(정수 나눗셈의 몫)	//	7 // 4	1
나눗셈(실수 나눗셈)	/	7 / 4	1.75
나머지	%	7 % 4	3

덧셈, 뺄셈, 곱셈은 결과를 이해하는 데에 큰 어려움이 없을 것이다. 나눗셈 연산시 주의할 점이 있는데, 파이썬에서 나눗셈 연산 /은 항상 실수로 계산된다는 점이다.

```
>>> 7 / 4          # 나눗셈은 항상 실수로 계산된다
1.75
>>> 8 / 4          # 나눗셈이기 때문에 정수 2가 아닌 실수 2.0이 출력
2.0
```

하지만 경우에 따라서는 나눗셈의 몫을 정수로 계산하고 싶은 경우가 있을 것이다. 이때는 //을 사용한다. //을 사용하여 나눗셈을 하면 소수점 이하는 없어지고 정수 부분만 남는다.

```
>>> 7 // 4         # //을 사용해서 나누면 정수 몫만 나온다.
1
>>> 8 // 4         # //을 사용해서 나누면 정수 몫만 나온다.
2
>>> 9 // 4         # //을 사용해서 나누면 정수 몫만 나온다.
2
```

컴퓨터과학에서 아주 중요한 나머지 연산자 : %

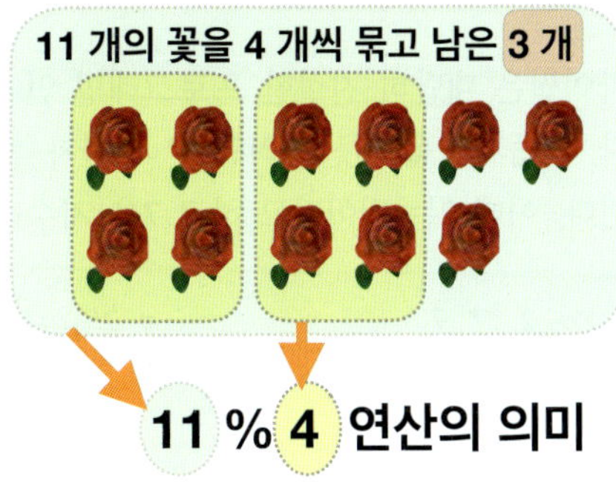

프로그래밍에서 놀라울 정도로 많이 사용되는 연산자가 **나머지 연산자(%)**이다. x % y는 x를 y로 나누어서 남은 나머지를 반환한다. 예를 들어 11 % 4은 3이다. 다음 그림을 보면 11 송이의 꽃이 있는데, 이것을 4 송이씩 묶으면 두 묶음이 되고 나머지로 3 송이가 남게 된다. 따라서 11 % 4 연산의 결과는 3이 된다.

몫은 // 연산자가 계산할 수 있고 나머지는 % 연산자로 계산할 수 있다. 예를 들어서 11 / 4 연산에서 몫과 나머지를 계산하는 코드는 다음과 같다. 결과를 살펴보면 나눗셈의 몫은 2, 나눗셈의 나머지 값은 3이 됨을 볼 수 있다.

```
p = int(input("분자를 입력하시오: "))      # 실수를 입력받을 때 int() 대신 float() 사용
q = int(input("분모를 입력하시오: "))      # 실수를 입력받을 때 int() 대신 float() 사용
print("나눗셈의 몫 =", p // q)
print("나눗셈의 나머지 =", p % q)
```

```
분자를 입력하시오: 11
분모를 입력하시오: 4
나눗셈의 몫 = 2
나눗셈의 나머지 = 3
```

나머지 연산자의 응용 사례를 알아보자. 나머지 연산자를 이용하면 다음과 같이 짝수와 홀수를 쉽게 구분할 수 있다. 즉 어떤 수 x를 2로 나누어서 나머지가 0이면 짝수이다. 아래 코드를 작성하여 실행해 보자. 이 코드는 정수를 하나 입력하도록 요구하고, 입력된 정수가 짝수이면 0, 홀수이면 1을 출력할 것이다.

```
number = int(input("정수를 입력하시오: "))
print(number % 2)     # 나머지로 연산의 결과가 0이면 짝수, 1이면 홀수이다
```

```
정수를 입력하시오: 28
0
```

도전문제 3.1

사용자가 시간을 초를 입력하면 입력된 초가 몇 시간 몇 분 몇 초에 해당하는지 다음과 같이 출력하는 코드를 몫과 나머지 연산을 이용해 구현해 보아라.

```
초를 입력하세요: 2323423
입력한 시간은 645 시간 23 분 43 초입니다.
```

3.3 거듭제곱 연산자 : **

파이썬은 대단히 친절한 프로그래밍 언어이다. 우리에게 익숙한 **거듭제곱**power 계산도 연산자로 제공한다. 거듭제곱을 계산하려면 ** 연산자를 사용한다. 예를 들어서 27을 계산하는 파이썬 수식은 2 ** 7 이다. 이때 2는 밑이라고 하고 7을 지수라고 한다.

```
>>> 2 ** 7                  # 2의 7제곱이 계산되며 2*2*2*2*2*2*2와 동일함
128
```

수학에서처럼 거듭제곱 연산자는 다른 연산자들보다 높은 우선순위를 가진다. 예를 들어서 10*2**7은 20^7이 아니라 10*(2**7)로 처리되어 10×2^7으로 계산되며, 그 최종 값은 1280이다. 다른 연산자와 달리 거듭제곱 연산자들은 오른쪽에서 왼쪽으로 계산된다. 예를 들어서 2**2**3은 (2**2)**3가 아니라 2**(2**3)로 계산되어 2**8과 같은 256이다.

원리금 합계를 복리로 계산하는 식을 파이썬으로 만들어 보자. 원금이 a, 이자율이 r일 경우, n년 후의 원리금 합계는 $a(1+r)^n$이 된다. 이것을 파이썬 코드를 작성하여 계산하면 다음과 같다.

```
a = 1000
r = 0.05
n = 10
print(a * (1 + r) ** n)
```

```
1628.894626777442
```

지수 연산자를 이용하면 제곱근이나 세제곱근도 쉽게 계산할 수 있다. 제곱근은 지수가 1/2인 값이기 때문이다. 예를 들어 다음과 같은 직각삼각형이 있다고 생각해 보자.

Pythagoras (Πυθαγόρας)
기원전 570년–기원전 495년

피타고라스 정리에 의해 직각삼각형의 빗변의 길이 c의 제곱은 밑변 길이 a의 제곱과 높이 b의 제곱을 더한 것과 같다. 그러면 밑변과 높이를 입력하여 빗변을 계산하는 프로그램을 작성하려면 어떻게 해야 할까? 식을 조금만 변경하면 다음과 같다는 것을 알 수 있다.

$$c = \sqrt{a^2 + b^2} = (a^2 + b^2)^{\frac{1}{2}}$$

위의 식을 바탕으로 밑변과 높이를 입력으로 받아서 빗변의 길이를 구하는 프로그램을 작성해 보자.

```
bottom = float(input('직각삼각형의 밑변의 길이를 입력하시오: '))
height = float(input('직각삼각형의 높이를 입력하시오: '))
hypotenuse = (bottom ** 2 + height ** 2) ** 0.5
print('빗변은', hypotenuse, '입니다')
```

```
직각삼각형의 밑변의 길이를 입력하시오: 3
직각삼각형의 높이를 입력하시오: 4
빗변은 5.0 입니다
```

LAB 3-1 화씨온도를 섭씨온도로 변환하기

실습 시간

우리나라에서는 온도를 나타낼 때 섭씨온도를 사용하지만 미국에서는 **화씨온도**fahrenheit를 사용한다. 화씨온도를 받아서 섭씨온도로 바꾸는 프로그램을 작성해보자. 화씨온도를 F라고 하면 섭씨온도 C로 바꾸는 식은 다음과 같다.

$$C = (F - 32) \times \frac{5}{9}$$

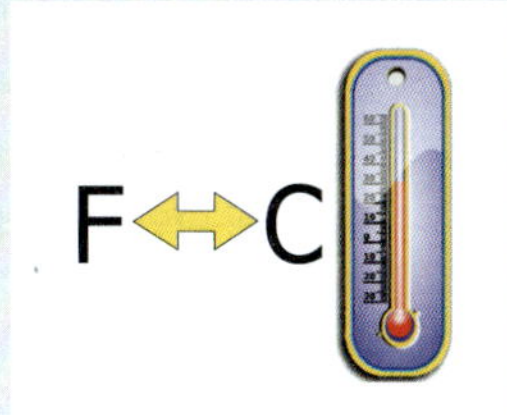

원하는 결과

```
화씨온도: 100
섭씨온도: 37.77777777777778
```

힌트

수식을 그대로 옮겨 파이썬 코드로 만들면 큰 어려움이 없을 것이다. 사용자의 입력은 input() 함수를 이용하여 받은 후, 이를 정수나 실수로 바꾸기 위해서는 int() 혹은 float() 함수를 사용하여야 한다. 화씨 온도 값을 섭씨온도로 변환하기 위해서는 (fahrenheit - 32) * 5 / 9와 같이 괄호와 적절한 연산자를 사용해야 한다.

해답 코드

```
fahrenheit = int(input("화씨온도: "))
celsius = (fahrenheit - 32) * 5 / 9
print("섭씨온도:", celsius)
```

혹은 아래와 같이 실수로 처리해도 된다. 위의 코드가 제대로 동작한 이유는 나눗셈이 사용되면 무조건 실수로 바뀌게 되고, 정수와 실수의 곱도 실수로 간주되게 때문에 최종적으로 실수 값이 나오게 된다.

```
fahrenheit = float(input("화씨온도: "))
celsius = (fahrenheit - 32.0) * 5.0 / 9.0
print("섭씨온도:", celsius)
```

LAB$^{3-2}$ 몸무게와 키를 입력받아 BMI 계산하기

실습 시간

BMI^Body Mass Index^는 체중(kg)을 신장(m)의 제곱으로 나눈 값으로 체지방 축적을 잘 반영하기 때문에 비만도 판정에 많이 사용한다. 앞 장에서도 BMI 계산을 해보았지만, 변수에 값을 바로 지정해서 결과를 얻었다. 이번에는 사용자의 입력을 받아 처리하도록 개선해 보자. BMI 지수는 킬로그램 단위로 측정한 체중을 w, 미터 단위로 측정한 키가 h라고 할 때 다음과 같이 구할 수 있다.

$$BMI = \frac{w}{h^2}$$

원하는 결과

```
몸무게를 kg 단위로 입력하시오: 95
키를 미터 단위로 입력하시오: 1.82
당신의 BMI= 28.680111097693512
```

힌트

이번에도 역시 사용자의 입력은 input() 함수를 이용하여 얻을 수 있는데, 이때 반환되는 값은 문자열임에 주의해라. 이를 실수로 바꾸기 위해서는 float() 함수를 사용하여야 한다.

해답 코드

```
weight = float(input("몸무게를 kg 단위로 입력하시오: "))
height = float(input("키를 미터 단위로 입력하시오: "))
bmi = (weight / (height ** 2))
print("당신의 BMI=", bmi)
```

도전문제 3.2

BMI는 비만도를 추정하는 데에 가장 흔히 사용되는 지수이지만, 정확도에 한계가 있다는 비판이 많다. BMI처럼 간단하면서 비만도 계산의 정확도가 높은 것으로 알려진 새로운 지수가 있다. **상대적 지방 질량**relative fat mass 지수로 간단히 줄여서 RFM이라고 한다. 남자와 여자에 적용되는 수식이 다르다.

여성을 위한 공식: 76 - (20 × (신장/허리둘레))
남성을 위한 공식: 64 - (20 × (신장/허리둘레))

여러 논문을 통해 오른쪽 그림처럼 RFM 지수가 BMI 지수보다 실제 체지방 비율과 더 잘 일치한다고 보고되었다.
남녀 모두를 위한 공식은 성별에 여성은 1, 남성은 0을 적용하여 다음과 같이 구할 수 있다.

RFM = 64 − (20 × (신장 / 허리둘레)) + 12 × 성별

RFM을 계산하는 프로그램을 다음과 같은 방식으로 동작하게 만들어 보라.

```
여성이면 1, 남성이면 0을 입력하세요: 0
당신의 키는 얼마입니까? 181
당신의 허리 둘레는 얼마입니까? 94
당신의 RFM은  25.48936170212766
```

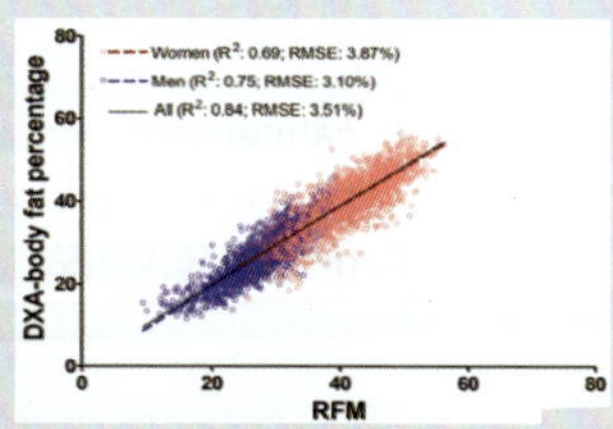

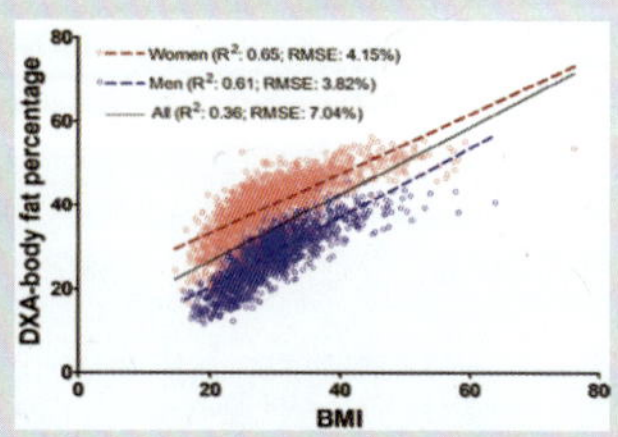

출처: Woolcott OO, Bergman RN (2018) Relative fat mass (RFM) as a new estimator of whole-body fat percentage horizontal line – A cross-sectional study in American adult individuals. Scientific Reports 8(1): 1-11, 2018.

LAB3-3 자동 판매기 프로그램을 만들어 보자

실습 시간

자동 판매기를 시뮬레이션하는 프로그램을 작성해보자. 자동 판매기는 사용자로부터 투입한 돈과 물건값을 입력받는다. 물건값은 100원 단위라고 가정한다. 프로그램은 잔돈을 계산하여 출력한다. 자판기는 동전 500원, 100원짜리만 가지고 있다고 가정하자. 투입한 금액과 물건값을 입력으로 받아 거스름돈으로 500원 동전 몇 개와 100원 동전 몇 개를 내어 보내면 되는지 계산하는 프로그램을 작성하라.

원하는 결과

```
투입한 돈: 5000
물건값: 2600
거스름돈: 2400
500원 동전의 개수: 4
100원 동전의 개수: 4
```

힌트

동전은 정수로만 내어 줄 수 있기 때문에 정수 나눗셈 몫을 사용해야 하는 문제이다. // 연산자를 사용하면 될 것이다. 그리고 500원 동전으로 거스름돈을 주고 남은 나머지 거스름돈을 구하는 것은 나머지 연산 %을 사용하여 구할 수 있을 것이다.

해답 코드

```
money = int(input("투입한 돈: "))
price = int(input("물건값: "))

change = money - price
print("거스름돈: ", change)
coin500s = change // 500          # 500으로 나누어서 몫이 500원 동전의 개수
change = change % 500             # 500으로 나눈 나머지를 계산한다.
coin100s = change // 100          # 100으로 나누어서 몫이 100원짜리의 개수

print("500원 동전의 개수:", coin500s)
print("100원 동전의 개수:", coin100s)
```

3.4 복합 할당 연산자라는 편리한 연산자

산술 연산자와 할당 연산자를 결합하여 조금 간략하게 표현하는 방법이 있다. 만일 특정한 산술 연산자를 @라고 하면 복합 할당 연산자는 @= 모양이 되면서 다음과 같은 동작을 한다.

$$a @= b \iff a = a @ b$$

파이썬은 다음과 같은 다양한 복합 할당 연산자를 지원한다. 이러한 방식의 복합 할당 연산자를 모른다고 하여도 원래의 산술 연산자와 할당 연산자를 이용하여 아무런 문제 없이 코딩을 할 수 있다. 하지만, 프로그래머들이 흔히 쓰는 이러한 복합 할당 연산자를 전혀 모른다면 다른 사람의 코드를 읽는 데에 문제가 있을 수 있으므로 잘 이해해 놓도록 하자.

연산자	사용 방법	의미
+=	i += 10	i = i + 10
-=	i -= 10	i = i - 10
*=	i *= 10	i = i * 10
/=	i /= 10	i = i / 10
//=	i //= 10	i = i // 10
%=	i %= 10	i = i % 10
**=	i **= 10	i = i ** 10

복합 할당 연산자의 동작을 이해하기 위해 아래와 같이 인터프리터에서 다양한 복합 할당 연산자를 연습해 보면 어렵지 않게 이해할 수 있을 것이다.

```
>>> num = 200
>>> num += 100          # 200 + 100 연산을 수행하여 그 결과를 num에 할당
>>> num
    300
>>> num -= 100          # 300 - 100 연산을 수행하여 그 결과를 num에 할당
>>> num
    200
>>> num *= 20           # 200 * 20 연산을 수행하여 그 결과를 num에 할당
>>> num
    4000
>>> num /= 2            # 4000 / 2 연산을 수행하여 그 결과를 num에 할당
>>> num
    2000.0
>>> num //= 2           # 2000.0 / 2 연산을 수행하여 그 결과를 num에 할당
>>> num
    1000.0
>>> num %= 300          # 1000.0 % 300 연산을 수행하여 그 결과를 num에 할당
>>> num
    100.0
```

두 값의 크기를 비교하는 비교 연산자

다음은 **비교 연산자**comparison operator에 대해 알아보자. '크다' 혹은 '작다'와 같은 비교 연산은 수치 데이터를 담고 있는 두 개의 피연산자를 대상으로 크기 관계를 살펴본다. 그리고 그 결과인 True 혹은 False를 반환한다. 이렇게 True나 False의 값을 갖는 자료형을 **부울형**bool 형이라고 한다. 파이썬은 아래와 같은 비교 연산자를 제공하고 있다. 가장 오른쪽 열에는 a와 b의 값이 각각 100과 200이라고 가정하고, 해당 비교 연산자가 적용되었을 때 얻게 되는 부울형 값을 보이고 있다.

연산자	설명	a = 100 b = 200
==	두 피연산자의 값이 같으면 True를 반환	a == b는 False
!=	두 피연산자의 값이 다르면 True를 반환	a != b는 True
>	왼쪽 피연산자가 오른쪽 피연산자보다 클 때 True를 반환	a > b는 False
<	왼쪽 피연산자가 오른쪽 피연산자보다 작을 때 True를 반환	a < b는 True
>=	왼쪽 피연산자가 오른쪽 피연산자보다 크거나 같을 때 True 반환	a >= b는 False
<=	왼쪽 피연산자가 오른쪽 피연산자보다 작거나 같을 때 True 반환	a <= b는 True

== 연산자는 값이 동일할 때만 True를 반환한다. 예시를 보면 a == b문에서 변수 a는 100, b는 200으로 값이 같지 않다. 따라서 False를 반환한다. 두 번째 비교 연산자(!=)는 값이 동일하지 않을 때만 True를 반환한다. 따라서 예시를 보면 변수 a와 b는 100과 200으로 같지 않다. 따라서 a != b는 결과로 True를 반환한다. 이처럼 비교 연산자는 크다, 작다, 크거나 같다, 작거나 같다 등 값의 비교를 할 수 있도록 해준다. 실습으로 확인해 보자.

```
>>> a, b = 100, 200      # a에는 100, b에는 200을 할당하는 동시할당문
>>> a == b
    False
>>> a != b
    True
>>> a > b
    False
>>> a < b
    True
>>> a >= b
    False
>>> a > = b              # 두 개의 기호로 표현된 비교 연산자는 띄어쓰면 안 된다 : ERROR
    ....
    a > = b
    ^
    SyntaxError: invalid syntax
>>> a => b               # 두 개 기호로 표현된 비교 연산자의 순서를 뒤집어도 안 된다 : ERROR
    ....
    a => b
    ^
    SyntaxError: invalid syntax
```

잠깐 – 두 개의 문자로 된 비교 연산자는 그 묶음 그대로가 하나의 연산자이다

비교 연산자 중에는 != 혹은 >=와 같이 두 개의 문자가 사용되는 경우가 있다. 이 연산자들은 띄어쓰거나 순서를 바꾸면 안 된다. !=에서 !와 = 사이에 공백을 넣으면 안되며, >= 연산에서도 >와 = 사이에 공백을 넣으면 안 된다. 그리고 =>과 같이 등호와 > 연산자의 순서가 바뀌어도 에러가 뜬다.

3.5 AND, OR, NOT도 연산자로 사용가능하다 : 논리 연산자

파이썬은 and, or, not 연산자를 지원하는데 이러한 연산자를 **논리 연산자**logical operator라고 한다. 이 연산은 논리 and, or, not 연산을 통해 True나 False 중 하나의 값을 가지는 **부울**bool 값을 반환한다.

부울 자료형은 True와 False 값을 가지는 자료형인데, 원래 부울 값이 아닌 자료형의 데이터도 부울형으로 변환될 수 있다. 먼저 숫자 0을 bool 형으로 변환하면 False가 되고, 0을 제외한 모든 수를 bool 형으로 변환하면 True가 된다. 그렇다면 문자열은 어떨까? 빈 문자열은 False, 빈 문자열을 제외한 모든 문자열은 True로 간주되어 논리 연산에 활용될 수 있다. 이러한 내용을 다음과 같이 인터프리터에 입력해 확인해 보자.

```
>>> 10 > 20          # 10은 20보다 작으므로 10 > 20은 False가 됨
    False
>>> 10 < 20          # 10은 20보다 작으므로 10 < 20은 True가 됨
    True
>>> bool(9)          # 9는 0이 아니므로 True가 됨
    True
>>> bool(0)          # 숫자 값중에서는 유일하게 0의 값만 False가 됨
    False
>>> bool(None)       # None은 값이 없음을 표현함, 따라서 False가 됨
    False
>>> bool('')         # 빈 문자열이므로 False가 됨
    False
>>> bool('hello')    # 문자열 값이 있으므로 True가 됨
    True
```

위의 실습 결과를 보면 9는 True, 0은 False로 간주되는 것을 볼 수 있다. None이나 공백 또한 False로 간주되는 것을 살펴볼 수 있다. 여기서 None이란 값이 없는 것을 표현하는 파이썬의 키워드이다. **0이나 비어 있는 것은 False, 0이 아닌 값이나 무엇인가 들어있는 것은 True로 간주된다는 것을 잘 확인해 두자.**

이러한 부울값을 가진 데이터에 대해서 적용할 수 있는 연산이 논리 연산이다. 논리 연산은 부울형 자료의 값을 조합하여 새로운 부울값을 만들어 내는 것이다. 파이썬의 논리 연산자는 다음과 같이 or, and, not이 있다.

연산자	의미
x or y	x나 y중에서 하나라도 참이면 참이 되며, 모두 거짓일 때만 거짓이 된다.
x and y	x와 y중 거짓(False)이 하나라도 있으면 거짓이 되며 모두 참(True)인 경우에만 참이다.
not x	x가 참이면 거짓, x가 거짓이면 참이 된다.

x와 y가 가진 값에 따라 논리 연산자가 반환하는 값을 정리한 결과는 표와 같다. 다음 표의 0은 False, 1은 True와 동일하다. 오른쪽 진리표의 값을 확인하는 코드를 아래와 같이 만들어 보자.

X or Y

X	Y	출력
0	0	0
0	1	1
1	0	1
1	1	1

X and Y

X	Y	출력
0	0	0
0	1	0
1	0	0
1	1	1

not X

X	출력
0	1
1	0

```
>>> False or False, False or True, True or False, True or True
    (False, True, True, True)
>>> False and False, False and True, True and False, True and True
    (False, False, False, True)
>>> not False, not True
    (True, False)
```

LAB 3-4 평균 구하기 - 연산자 우선순위

실습 시간

수식을 프로그램으로 구현하는 경우에는 연산자의 우선순위에 주의할 필요가 있다. 사용자로부터 3개의 수를 입력받아서 평균값을 계산하여 출력하는 프로그램을 살펴보자. 이것을 다음과 같이 코딩하면 안 된다.

```
x = int(input("첫 번째 수를 입력하시오: "))
y = int(input("두 번째 수를 입력하시오: "))
z = int(input("세 번째 수를 입력하시오: "))

avg = x + y + z / 3     # 잘못된 코딩
print("평균 =", avg)
```

이렇게 코딩을 하면 10, 20, 30을 입력했을 때에 평균이 옳은 값인 20이 나오지 않고 40으로 잘못 계산되어 나온다. 우리가 원하는 결과는 아래와 같다. 어디를 고쳐야 할지 생각해 보고 수정해서 결과를 확인하라.

원하는 결과

```
첫 번째 수를 입력하시오: 10
두 번째 수를 입력하시오: 20
세 번째 수를 입력하시오: 30
평균 = 20.0
```

힌트

무엇이 문제인가? 올바르게 수정해 보자. 연산자 /가 +보다 우선순위가 높아서 x + y + z 식의 계산보다 z/3이 먼저 계산되기 때문에 전체 계산이 잘못된다. 따라서 다음과 같이 괄호를 사용하여야 한다.

해답 코드

```
x = int(input("첫 번째 수를 입력하시오: "))
y = int(input("두 번째 수를 입력하시오: "))
z = int(input("세 번째 수를 입력하시오: "))

avg = (x + y + z) / 3   # 올바르게 고쳐진 계산
print("평균 =", avg)
```

잠깐 - 사용자로부터 여러 개의 수를 입력받자

사용자로부터 개별적인 수를 여러 줄에 걸쳐 입력받을 수도 있으나 다음과 같은 코드를 사용하면 한 줄에 3개의 정수를 한꺼번에 입력받을 수 있다.

```
>>> x, y, z = map(int, input('세 정수를 입력하시오: ').split())
세 정수를 입력하시오: 10 20 30
>>> x, y, z
(10, 20, 30)
```

split() 메소드는 입력된 문자열을 공백단위로 나누어서 '10' 과 '20', '30'의 세 문자열로 나누어 주며 이를 map() 함수가 int형으로 바꾸어 주는 일을 한다.

3.6 이진수를 잘 다루는 컴퓨터에 최적화된 연산자 : 비트 연산자

사칙연산과 같은 산술 연산자와 비교 연산과 같은 논리 연산자처럼 연산의 대상이 되는 데이터의 값을 가지고 처리하는 연산자가 있는가 하면, 저장된 정보의 각 **비트**bit 단위로 처리가 이루어지는 연산도 있다.

컴퓨터는 정보를 0과 1로 구성된 2진수를 사용하며, 한 자리의 이진수를 **비트**bit라고 한다. 정수 데이터형에 대하여 비트 단위의 조작이 가능한데 이 조작을 위한 연산자가 **비트 연산자**bit operator이다. 비트 연산자는 다른 말로 **비트 단위 연산자**bitwise operator라고도 한다. 비트 단위 연산자는 정수형의 피연산자에만 적용할 수 있다. 사용 가능한 비트 연산자는 다음과 같은 것들이 있다.

연산자	의미	설명
&	비트 단위 AND	두 개의 피연산자의 해당 비트가 모두 1이면 1, 아니면 0
|	비트 단위 OR	두 피연산자의 해당 비트 중 하나라도 1이면 1, 아니면 0
^	비트 단위 XOR	두 개의 피연산자의 해당 비트의 값이 같으면 0, 아니면 1
~	비트 단위 NOT	0은 1로 만들고, 1은 0으로 만든다.
<<	비트 단위 왼쪽으로 이동	지정된 개수만큼 모든 비트를 왼쪽으로 이동시킨다.
>>	비트 단위 오른쪽으로 이동	지정된 개수만큼 모든 비트를 오른쪽을 이동시킨다.

연산자 &는 두 개의 피연산자가 가진 비트들을 하나씩 짝을 지어 각각에 대해 연산을 적용한다. 짝이 되는 비트가 모두 1이면 1, 아니면 0을 반환한다. 1을 True, 0을 False로 생각할 때 이 연산자는 각 비트에 대해 and 연산자와 비슷한 일을 수행한다. 마찬가지로 연산자 |는 비트 단위로 OR 연산을 수행하고, ~ 연산자는 비트 단위로 NOT 연산을 수행한다. 어떤 정수의 이진수 값을 확인하고 싶으면 bin() 함수를 사용하면 된다. 이를 이용해서 비트 연산자의 동작을 확인해 보자.

```
>>> bin(9)       # 2진수 형식 출력 (00001001)
    '0b1001'
>>> bin(10)      # 2진수 형식 출력 (00001010)
    '0b1010'
>>> bin(9 & 10) # 9와 10을 2진수로 표현했을 때 모두 1인 위치만 1 나머지는 0이 된다
    '0b1000'
>>> bin(9 | 10) # 9와 10을 2진수로 표현했을 때 하나로도 1이 나타나는 자리는 1이 된다
    '0b1011'
>>> bin(~9)      # 9의 모든 비트를 바꾸면 음수 10이 된다. 이것은 아래에 설명한다
    '-0b1010'
```

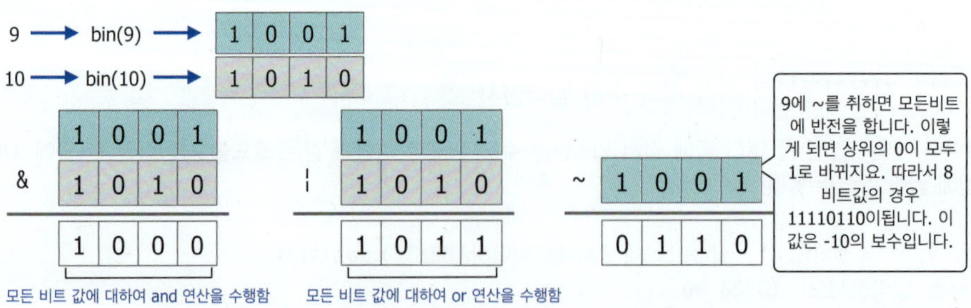

숫자 9에 비트 단위 NOT 연산(~)을 적용하면, 9에 해당하는 이진수 00001001이 11110110으로 바뀌므로 최상위 부호가 1로 변한다. 그리고 그림의 오른쪽 숫자는 십진수 10을 2의 보수로 표현한 것(10000 - 1010 = 0110)과 같은 값이 된다. 따라서 bin(~9)의 최종 결과는 -10인 -b1010이 되는 것이다. 만일 이 값이 저장된 곳이 8비트라고 가정하면 실제 저장된 비트는 11110110이다. 이진수의 보

수에 대한 상세한 설명은 생략한다.

^ 연산자는 해당 비트의 값이 같으면 0, 아니면 1을 반환하는 XOR 연산을 비트 단위로 수행한다. 지금 당장은 XOR를 데이터에 활용하는 방법에 익숙하지 않겠지만, XOR 연산은 데이터를 교환하거나, 특정 부분을 제거하는 일들을 할 때 유용하게 사용된다. 숫자 9와 10에 대해 비트 단위 XOR 연산을 수행하면 비교하는 두 개의 비트 중에 값이 서로 다른 경우에만 1이 된다. 따라서 9 ^ 10의 결과는 2진수 11이 되고, 10진수로는 3이 된다.

```
>>> bin(9)          # 이진수 00001001
    '0b1001'
>>> bin(10)         # 이진수 00001010
    '0b1010'
>>> 9 ^ 10          # 결과는 00000011 = 십진수 3
    3
>>> bin(9 ^ 10)     # 앞 부분의 0은 모두 사라지고 1이 나타나는 곳부터 출력된다.
    '0b11'
```

<< 연산자는 지정된 수만큼 모든 비트를 왼쪽을 이동시키는 연산자이고, >> 연산자는 반대로 지정된 수만큼 모든 비트를 오른쪽으로 이동시키는 연산자이다. 비트가 한칸 왼쪽으로 이동하면 정수는 2배의 값을 가지게 되고, 한 칸 오른쪽으로 이동하면 //2 연산을 한 결과가 될 것이다. 이런 연산은 **시프트**shift 연산이라고 한다.

```
>>> 4 << 1       # 00100을 한 비트 왼쪽으로 이동하여 01000(10진수 8)을 만든다.
    8
>>> 4 << 2       # 00100을 두 비트 왼쪽으로 이동하여 10000(10진수 16)을 만든다.
    16
```

앞서 다룬 복합 할당 연산자는 비트 단위 연산자에도 적용할 수 있다. 따라서 다음과 같은 비트 단위 복합 할당 연산자도 사용할 수 있다.

연산자	사용 예시	의미
&=	i &= 10	i = i & 10
|=	i |= 10	i = i | 10
^=	i ^= 10	i = i ^ 10
<<=	i <<= 10	i = i << 10
>>=	i >>= 10	i = i >> 10

2의 거듭제곱수를 계속해서 만들어 보는 일은 다음과 같은 코드로 가능할 것이다. 마지막으로 정수 8에 >>= 1 연산을 적용하면 그 결과는 4가 되는 것도 확인 할 수 있다.

```
>>> num = 2      # 정수 2는 이진수 10(2)으로 표현됨
>>> num <<= 1    # 정수 2를 1비트 왼쪽 이동시키면 100(4)가 됨
>>> num
    4
>>> num <<= 1    # 정수 4를 1비트 더 왼쪽 이동시키면 1000(8)이 됨
>>> num
    8
>>> num >>= 1    # 정수 8를 1비트 오른쪽 이동시키면 100(4)가 됨
>>> num
    4
>>> num >>= 2    # 정수 4를 2비트 오른쪽 이동시키면 001(1)이 됨
>>> num
    1
```

3.7 연산자 사이에도 먼저 처리하는 것이 있다

만약 아래와 같이 하나의 수식이 2개 이상의 연산자를 가지고 있는 경우에는 어떤 연산자가 먼저 수행될 것인가? 예를 들면 다음과 같은 문장에서 가장 먼저 수행되는 연산은 무엇인가?

$$\underbrace{x + \underbrace{y * z}_{①}}_{②}$$

우리가 수학 시간에 배웠듯이 곱셈과 나눗셈이 덧셈과 뺄셈보다 먼저 수행되어야 한다. 이를 결정하는 것이 **우선순위**precedence이다. 이것은 많은 연산들 중에서 어떤 연산을 먼저 수행할지를 결정하는 규칙이다. 파이썬에서 사용하는 모든 연산자들은 서열이 매겨져 있다. 즉 곱셈과 나눗셈은 덧셈이나 뺄셈보다 우선순위가 높다. 산술 연산자들의 우선순위를 높은 것부터 나열하면 다음 그림과 같다.

만약 사용자가 이러한 우선순위대로 연산을 하지 않고 다른 순서로 하고 싶은 경우는 어떻게 하면 되는가? 수학 시간에 사용한 수식처럼 이 경우에는 괄호를 사용하면 된다.

$$\underbrace{x + \underbrace{y * z}_{①}}_{②} \qquad \underbrace{\underbrace{(x + y)}_{①} * z}_{②}$$

파이썬에서 사용되는 중요한 연산자에 대하여 우선순위가 높은 것부터 아래 표에 정리하였다.

연산자	설명
()	괄호 연산자로 가장 높은 우선 순위 연산자
**	지수 연산자
~ , + , -	단항 연산자(예: -10, +20)
* , / , % , //	곱셈, 나눗셈, 나머지 연산자
+ , -	덧셈, 뺄셈
>> , <<	비트 이동 연산자
&	비트 AND 연산자
^ , |	비트 XOR 연산자, 비트 OR 연산자
<= , < , > , >=	비교 연산자
== , !=	동등 연산자
= , %= , /= , //= , -= , += , *= , **=	할당 연산자, 복합 할당 연산자
is , is not	아이덴티티 연산자
in , not in	소속 연산자
not , or , and	논리 연산자

위의 표에서 같은 칸에 있는 연산자들의 우선순위는 같다. 우선순위를 모두 암기하기는 상당히 어렵기 때문에 우선 순위를 기억할 수 없으면 먼저 계산되어야 되는 부분을 괄호로 감싸는 것도 좋은 방법이다.

```
( (a + b) * (c - d) ) / (e + f)
```

3.8 random 모듈과 math 모듈로 다양한 기능을 사용해보자

파이썬은 개발자들이 손쉽게 프로그램을 작성할 수 있도록 다양한 내장함수를 제공하는데 print(), input(), len(), sum(), min(), max(), int(), str() 등 70여 가지 이상을 제공하고 있다. 뿐만 아니라 표준 라이브러리라는 이름으로 터틀 그래픽, 난수 생성기와 다양한 수학 함수 등을 제공하고 있다. 이 표준 라이브러리 역시 워낙 방대하기 때문에 여기에서는 난수와 관련한 함수를 제공하는 random 모듈과 수학 함수를 제공하는 math 모듈에 대하여 간단하게 설명한다.

random 모듈은 임의의 수를 생성하거나, 리스트나 튜플 내의 요소를 무작위로 섞거나, 선택하는 함수를 포함하고 있다. random 모듈에 포함되어 있는 대표적인 함수 몇 가지를 함께 알아보자.

```
>>> import random
>>> random.random()                # 0 이상 1 미만의 임의의 실수를 반환
    0.19452357419514088
>>> random.random()                # 이 함수는 매번 다른 실수를 반환
    0.6947454047320903
>>> random.randint(1, 7)           # 1이상 7이하(7을 포함)의 임의의 정수를 반환
    3
>>> random.randrange(7)            # 0이상 7미만(7을 포함하지 않음)의 임의의 정수를 반환
    3
>>> random.randrange(1, 7)         # 1이상 7미만(7을 포함하지 않음)의 임의의 정수를 반환
    6
>>> random.randrange(0, 10, 2)  # 0, 2, 4, 6, 8 중(10은 포함 안함) 하나를 반환함
    2
>>> lst = [10, 20, 30, 40, 50]  # 여러 개의 값을 가지는 리스트를 생성함
>>> random.shuffle(lst)            # lst 리스트의 순서를 무작위로 섞음
>>> lst
    [40, 50, 10, 20, 30]
>>> random.choice(lst)             # lst 리스트의 원소 중 무작위로 하나를 고름
    30
```

math 모듈은 원주율 π, 자연상수 e 등의 상수 값과 실수의 절대값 fabs(), ceil(), floor(), log(), sin(), cos() 등의 **다양한 수학 함수를 포함**하고 있으며 다음과 같이 사용할 수 있다.

```
>>> import math
>>> math.pow(3, 3)                 # 3의 3 제곱
    27.0
>>> math.fabs(-99)                 # -99의 실수 절대값
    99.0
>>> math.log(2.71828)
    0.999999327347282
>>> math.log(100, 10)              # 로그 10을 밑으로 하는 100 값
    2
>>> math.pi                        # 원주율 pi
    3.141592653589793
>>> math.sin(math.pi / 2.0)        # sin() 함수의 인자로 PI/2.0를 넣어보자
    1.0
```

이러한 상수와 함수들은 향후 다양한 문제 풀이에 요긴하게 사용될 수 있을 것이다.

핵심 정리

SUMMARY

- 파이썬의 수식은 연산자와 피연산자로 이루어진다.
- 덧셈, 뺄셈, 곱셈, 나눗셈을 위하여 +, -, *, / 기호를 사용하며, 지수 연산자는 **이다.
- 나눗셈에서 몫을 계산하려면 // 연산자를 사용한다.
- 나눗셈에서 나머지를 계산하려면 % 연산자를 사용한다.
- 복합 연산자는 할당 연산자와 각종 산술 연산자를 합쳐 놓은 것이다.
- 우선순위가 높은 연산자가 먼저 계산되며, 연산자의 우선 순서를 변경하려면 괄호를 사용한다.
- 비트단위의 값을 조작하는 비트연산자를 제공한다.
- 단항 연산자들은 이항 연산자보다 우선순위가 높다.
- 파이썬은 `random`, `math` 모듈과 같은 모듈을 `import`하여 다양한 함수를 이용할 수 있다.

사칙 연산자들은 우리가 일상생활에서 늘 사용하는 것과 비슷하죠?
나눗셈과 관련해서는 조금 특별한 연산자들이 나타났는데 기억이 나나요?

정수 몫을 구하는 // 연산자와 나누고 남은 나머지를 구하는 % 연산이 특별했어요.
일상생활에서는 자주 쓰지 않는 연산자인데 이걸 많이 사용하나요?

컴퓨터 프로그래밍에서는 놀라울 정도로 나머지 연산을 많이 사용한답니다.
홀수와 짝수를 판별한다든지, 일을 순차적으로 몇 개의 그룹으로 나눈다든지 할 때도 유용하고요.

연산자의 우선순위는 모두 외워야 하는 것인가요?
자꾸 헷갈려요.

익숙해져서 잘 외운다면 참 좋겠지만, 프로그래밍은 모두 외워서 하는 일이 아니랍니다.
우선 순위 테이블을 참조해 보면 되는 것이고, 다른 모든 것도 참고 문서를 옆에 두고 필요할 때마다 확인하며 하면 된답니다.
우선 순위만 본다면 미심쩍은 부분은 괄호를 사용해서 강제로 우선 순위를 지정해 주면 되겠죠?

주관식 문제

다음 괄호 안에 들어갈 알맞은 단어를 적어라.

3.1 컴퓨터 과학분야의 프로그래밍에서 사용하는 수식은 수학적 관계를 나타내는 것이 아니라 하나의 값으로 (   )될 수 있는 표현을 의미한다.

3.2 파이썬 연산자 중의 하나인 (   ) 연산자에서는 이 연산자 왼쪽에 값을 저장할 수 있는 변수가 와야 한다. 그리고 오른쪽에는 값을 표현하는 숫자나 변수, 혹은 수식이 와야 한다.

3.3 수식이란 피연산자들과 연산자의 조합이라고 할 수 있다. 이때 (연산자)(은)는 어떤 연산을 나타내는 기호를 의미하며, (   ) (은)는 연산의 대상이 되는 숫자나 변수를 의미한다.

3.4 n1, n2 = 100, 200과 같이 여러 변수에 한꺼번에 값을 할당할 수도 있는데 이를 (   )이라 한다.

3.5 파이썬에서 나눗셈 연산 (   ) (은)는 항상 실수로 계산된다. 나눗셈의 몫을 정수로 계산하고 싶을 경우에는 (   )을 (를) 사용한다.

3.6 파이썬에서 거듭제곱을 계산하려면 (   ) 연산자를 사용한다. 예를 들어서 27을 계산하는 파이썬 수식은 (   )이다.

3.7 파이썬에서 두 값의 크기를 비교하는 연산자를 (   ) (이)라고 한다.

3.8 파이썬에서 != 연산자는 두 피연산자의 값이 다르면 (   )을(를) 반환한다.

3.9 파이썬은 and, or, not 연산자를 지원하는데 이러한 연산자를 (   ) (이)라고 한다. 이 연산은 논리 and, or, not 연산을 통해 True나 False 중 하나의 값을 가지는 (   ) 값을 반환한다.

3.10 컴퓨터는 정보를 0과 1로 구성된 2진수를 사용하며, 한 자리의 이진수를 (   ) (이)라고 한다.

3.11 정수 데이터형에 대하여 비트 단위의 조작이 가능한데 이 조작을 위한 연산자가 (   )이다. 이는 다른 말로 (   ) (이)라고도 한다.

3.12 << 연산자는 지정된 수만큼 모든 비트를 왼쪽을 이동시키는 연산자이고, >> 연산자는 반대로 지정된 수만큼 모든 비트를 오른쪽으로 이동시키는 연산자이다. 비트가 한 칸 왼쪽으로 이동하면 정수는 2배의 값을 가지게 되고, 한 칸 오른쪽으로 이동하면 //2 연산을 한 결과가 될 것이다. 이런 연산을 (   ) 연산이라고 한다.

3.13 파이썬의 여러 모듈 중에서 (   ) 모듈은 임의의 수를 생성하거나, 리스트나 튜플 내의 요소를 무작위로 섞거나, 선택하는 함수를 포함하고 있다.

3.14 파이썬의 여러 모듈 중에서 (   ) 모듈은 원주율 π, 자연상수 e 등의 상수 값과 실수의 절대값 fabs(), ceil(), floor(), log(), sin(), cos() 등의 다양한 수학 함수를 포함하고 있다.

심화문제

EXERCISE

3.1 다음과 같이 2에서 6까지의 제곱 값을 표로 출력하는 프로그램 square_table.py를 작성하라. 아래 결과와 같이 a는 2에서 6까지 증가되는 수가 있으며, n은 2의 값을 가진다. 그리고 a ** n에 해당하는 부분은 실제 값을 넣어서 2 ** 2와 같은 수식의 결과가 출력되도록 하자(힌트: a와 n에 각각 2를 할당한 후 print(a, '   ', n , '   ', a ** n)을 출력해 보고, 무엇을 바꾸면 될지 생각해 보자).

```
a        n        a ** n
2        2        4
3        2        9
4        2        16
5        2        25
6        2        36
```

3.2 거듭제곱 연산자(**)을 이용하여 어떤 수의 제곱근을 구할 수 있다. 1부터 10까지 수의 제곱근을 구해서 다음과 같이 출력하는 sqrt_table.py라는 프로그램을 작성하라(힌트: 2의 제곱근은 2 ** 0.5 로 구할 수 있다).

```
2의 제곱근 = 1.4142135623730951
3의 제곱근 = 1.7320508075688772
4의 제곱근 = 2.0
5의 제곱근 = 2.23606797749979
6의 제곱근 = 2.449489742783178
7의 제곱근 = 2.6457513110645907
8의 제곱근 = 2.8284271247461903
9의 제곱근 = 3.0
10의 제곱근 = 3.1622776601683795
```

3.3 비트 이동 연산자를 이용하여 2의 거듭제곱 수 10개를 다음과 같이 표시하라(힌트: 2 << 1의 결과는 4이다).

```
2 4 8 16 32 64 128 256 512 1024
```

3.4 사용자로부터 입력받은 정수 값 n이 0에서 100의 범위 안에 있는 짝수인지 그렇지 않은지를 판단하는 코드를 작성하여 다음과 같은 결과가 나타나도록 하라.

```
정수를 입력하세요 : 120
입력된 정수는 0에서 100의 범위 안에 있는 짝수인가요? False
정수를 입력하세요 : 88
입력된 정수는 0에서 100의 범위 안에 있는 짝수인가요? True
```

3.5 정수 5를 이진수로 표현하면 0b101이며 6은 0b110이며 이 값은 다음과 같이 출력할 수 있다.

```
>>> print(bin(5))
0b101
>>> print(bin(6))
0b110
```

이 두 정수의 비트 단위 AND, OR, XOR 연산을 수행한 후 다음과 같이 결과를 출력하라.

```
0b101 & 0b110 = 0b100
0b101 | 0b110 = 0b111
0b101 ^ 0b110 = 0b11
```

3.6 사용자로부터 2개의 정수 a와 b를 입력으로 받은 다음 a를 b로 나눈 몫과 나머지를 다음과 같이 출력하라.

```
정수 a를 입력하시오 : 202
정수 b를 입력하시오 : 50
a / b의 몫 : 4
a / b의 나머지 : 2
```

3.7 사용자로부터 세 자리 정수를 입력으로 받아라. 이때 입력받은 정수 n에 대한 백의 자리, 십의 자리, 일의 자리 십진수 값을 다음과 같이 출력하라(힌트: // 연산자와 % 연산자를 사용하라. 예를 들어 백의 자리는 n // 100을 통해서 구할 수 있다).

```
세 자리 정수를 입력하시오 : 349
백의 자리 : 3
십의 자리 : 4
일의 자리 : 9
```

3.8 1) 사용자로부터 세 자리 정수를 입력으로 받아라. 이때 입력받은 정수를 다음과 같이 역순으로 출력하라(힌트: // 연산자와 % 연산자를 사용하라).

```
세 자리 정수를 입력하시오 : 349
9
4
3
```

2) 문제 1)의 결과를 참고하여 사용자로부터 입력받은 3자리 숫자를 거꾸로 만든 3자리 숫자를 출력하라.

```
세 자리 정수를 입력하시오 : 349
943
```

3.9 이동 거리 구하기: 평균 시속과 이동 시간을 입력으로 받아 다음과 같이 이동 시간은 시간, 분, 초 단위로 출력하고, 이동한 거리를 계산하여 출력하라(힌트: 1.0시간이 60분이므로 0.342h는 약 20분이 된다. 또한 1.0분은 60초이다).

```
평균 시속(km/h)을 입력하세요 : 46.5
이동 시간(h)을 입력하세요 : 12.342
평균 시속 :  46.5 km/h
이동 시간 :  12 시간 20 분 31 초
이동 거리 : 573.903 km
```

3.10 다음과 같이 사용자로부터 두 점의 좌표 (x1, y1), (x2, y2)를 입력받아 두 점 사이의 거리를 출력하라.

```
x1 좌표를 입력하시오 : 0
y1 좌표를 입력하시오 : 0
x2 좌표를 입력하시오 : 3
y2 좌표를 입력하시오 : 4
두 점의 거리: 5.0
```

3.11 3.10의 일부 코드를 참고하여 직각삼각형의 빗변을 이루는 선분의 양 끝점을 나타내는 두 좌표 (x1, y1), (x2, y2)를 입력받아 직각삼각형의 면적을 구하는 프로그램을 작성하라(참고: 직각삼각형의 면적은 (밑변*높이)/2 로 구할 수 있다. 입력되는 좌표는 x2가 x1보다 크고, y2가 y1보다 크다). 위 문제의 결과는 다음과 같이 나타난다.

```
x1 좌표를 입력하시오 : 0
y1 좌표를 입력하시오 : 0
x2 좌표를 입력하시오 : 3
y2 좌표를 입력하시오 : 4
직각삼각형의 면적은 : 6.0
```

3.12 다음과 같은 공식을 참고하여 입체도형의 부피를 구하여 출력하라. 원주율 π는 3.14로 두고 원뿔, 구, 원기둥 부피의 근사값을 구하라.

입체도형	입체도형의 부피	입력 값
정육면체	s^3	s : 모서리의 길이
직육면체	lwh	w : 가로, h : 세로, l : 깊이
원뿔	$\frac{1}{3}\pi r^2 h$	r : 원뿔의 반지름, h : 원뿔의 높이
구	$\frac{4}{3}\pi r^3$	r : 구의 반지름
원기둥	$\pi r^2 h$	r : 원기둥의 반지름, h : 원기둥의 높이

1) 모서리의 길이가 13인 정육면체

2) 모서리의 길이가 22인 정육면체

3) 가로, 세로, 깊이가 각각 17, 25,16인 직육면체

4) 반지름과 높이가 각각 10, 15인 원뿔

5) 반지름이 25인 구

6) 반지름과 높이가 각각 10, 15인 원기둥

7) import math를 이용하여 math.pi 값을 가져와서 (4), (5), (6)번 문제를 다시 풀어보라. math.pi는 원주율 값을 가지고 있는 상수이다.

chapter 04

조건을 따져 실행해보자

이 장에서 배울 것들

- 순차적 실행이 아닌 조건에 따라 수행되는 제어문에 대하여 이해해 봅시다.
- if-else 문을 이해하고 사용하는 방법을 익혀 봅시다.
- 관계연산자와 논리연산자를 학습해 봅시다.
- 블록의 개념을 이해하고 활용하는 방법을 익혀 봅시다.
- 중첩 if-else 문을 학습해 봅시다.
- 조건에 따라 다르게 동작하는 프로그램을 작성해 봅시다.
- 좀 더 동적으로 동작하는 프로그램을 작성하는 방법을 익혀보자.

4.1 프로그램의 기본 제어 구조는 크게 세 가지가 있다

우리가 프로그램을 작성할 때, 사용할 수 있는 세 가지의 기본적인 제어 구조가 있다.

- **순차 구조**sequence – 여러 명령이 순차적으로 실행되는 구조이다.
- **선택 구조**selection – 여러 개 중 하나의 명령문을 선택하여 실행하는 구조이다.
- **반복 구조**iteration – 동일한 명령이 반복되면서 실행되는 구조이다.

아래 그림은 순차 구조, 선택 구조, 반복 구조를 **순서도**flowchart로 나타낸 것이다.

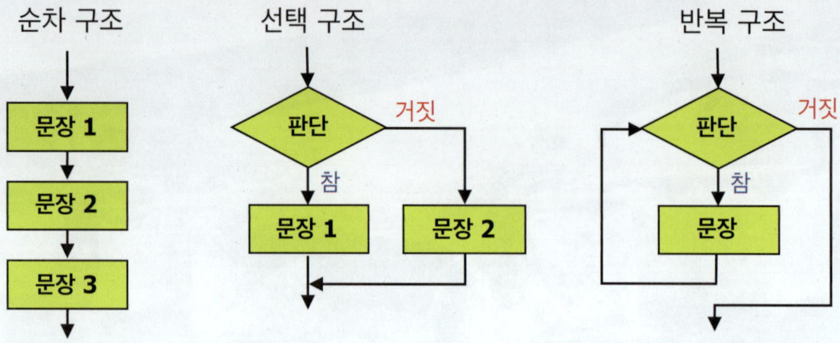

이것들은 레고의 기본 블록과 유사하다. 레고의 거의 모든 작품은 기본 블록 몇 가지만을 이용하여 만들어진다. 프로그램도 마찬가지이다. 어떠한 프로그램이라도 3가지의 기본 블록만 있으면 만들 수 있다. 프로그램의 기본 블록을 쉽게 이해하려면 이것을 그림과 같이 자동차가 주행하는 도로로 생각하면 된다.

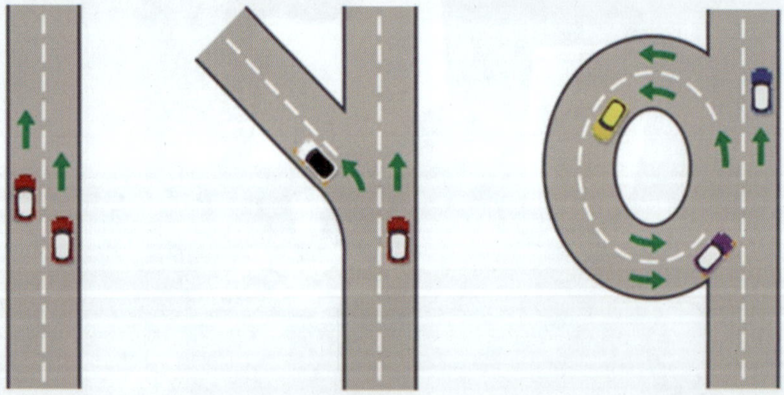

순차 구조 선택 구조 반복 구조
예 : if, if ~ else 문 예 : for, while 문

순차 구조는 자동차가 직진하는 도로라고 생각할 수 있다. 선택 구조는 중간 그림과 같이 자동차가 여러 가지의 길 중에서 하나를 선택하여 주행하는 교차로이다. 선택을 위한 명령으로는 `if`, `if ~ else` 명령이 있다. 반복 구조는 자동차가 회전하면서 주행하는 회전 교차로라고 할 수 있다. 반복을 위한 명령으로는 `for`, `while` 명령이 있다. 프로그램은 이들 기본적인 구조를 서로 연결하여서 작성된다. 이번 장에서는 주로 선택 구조에 집중하여 학습하자.

왜 선택 구조가 필요한가

우리는 현실에서 수업이 많은 선택을 하여야 한다. 아침에 알람 소리를 듣고 곧바로 일어날지, 10분 더 잠을 청하고 일어날지, 학교를 가기 위해서 버스를 탈지 지하철을 탈지, 택시를 탈지...

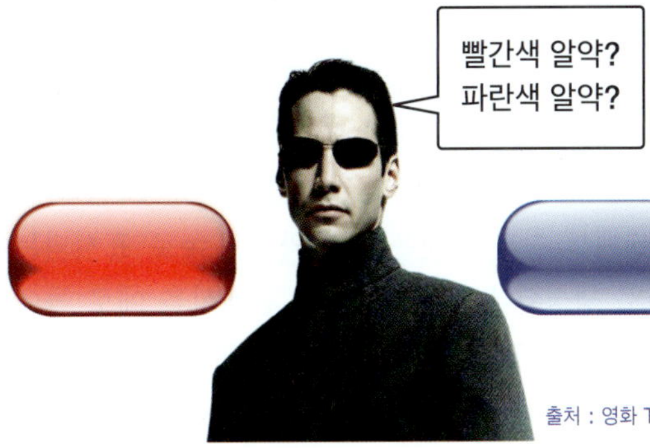

출처 : 영화 The Matrix

널리 알려진 영화 **매트릭스**The Matrix의 주인공 네오는 파란색 알약과 빨간색 알약 중에서 자신의 삶을 거는 선택을 하게 되고 이 선택 이후에 이루어지는 일은 확연히 달라진다.

우리가 사용하는 프로그램에도 수많은 선택 구조가 존재한다. 프로그램의 어떤 단계에서는 진행할 수 있는 경로가 하나 이상인 경우가 있는데, 이때 우리는 어떤 경로를 선택할 것인지를 결정하여야 한다.

만약 선택 구조가 없다면 프로그램은 항상 동일한 동작만을 되풀이할 것이다. 프로그램이 항상 동일한 동작만 한다면 언제나 정해진 결론에 도달할 것이다. 상황에 따라 반응하는 유연한 프로그램을 만들 수가 없다. 이렇게 답답한 일꾼은 현실에서 별로 쓸모가 없을 것이다. 자율 주행 자동차 프로그램이 신호등이나 전방 장애물에 따라서 동작을 다르게 하지 않는다면 큰일이 날 것이다.

실생활에서 선택이 필요한 상황(자율 주행 차의 예)

프로그램에서 선택 구조가 필요한 경우의 예를 들면 다음과 같다.

- 수험생의 성적이 60점 이상이면 합격, 60점 미만이면 불합격이다.
- 미성년자가 아니라면 영화 "오징어게임"을 시청할 수 있다.
- 게임에서 철수가 정답을 맞혔으면 철수의 점수를 1만큼 증가시킨다.
- 게임 사용자가 외계인 우주선을 맞추었으면 폭발 사운드를 출력한다.
- 파일이 하드 디스크에 없으면 오류 메시지를 출력한다.
- 11:59분이 지나면 수강신청을 할 수 있다(특정 시간에 따른 실행).

어떤 수험생의 성적이 60점 이상이면 '합격입니다'를 출력하고, 60점 미만이면 '불합격입니다'를 출력한다고 하자. 이 기능을 구현하려면 성적이라는 자료값이 60점 이상인지 그렇지 않은지를 판단해야 한다. 이렇게 어떤 **조건**condition을 만족하는지 그렇지 않은지를 판정하는 식을 **조건식**condition expression이라고 한다. 그리고 이 조건식은 참(**True**) 또는 거짓(**False**)의 값을 갖는 **부울**bool형으로 평가된다.

4.2 조건이 맞을 때만 실행되는 if 문

조건식으로 이용될 수 있는 수식은 어떤 것이 있을까? 이전 장에서 배운 **관계 연산자**relational operator는 두 개의 피연산자를 비교하는데 사용되는데, 관계 연산자의 결과는 **참**True 아니면 **거짓**False으로 나타난다. 따라서 이것은 참과 거짓의 값을 갖는 조건식이 될 수 있다.

파이썬에서 참과 거짓은 `True`와 `False`로 표시되는데, `True` 또는 `False`는 관계 연산 또는 관계식의 결과로 생성된다. `100 > 1`라는 관계식을 예로 들어보자. `100`이 `1`보다 크기 때문에 이 관계식은 참을 의미하는 값 `True`를 생성한다. 반면 `1 > 100` 수식은 거짓이므로 `False` 값이 생성된다. 조건식은 이렇게 참과 거짓의 값을 가질 수 있는 수식을 의미한다.

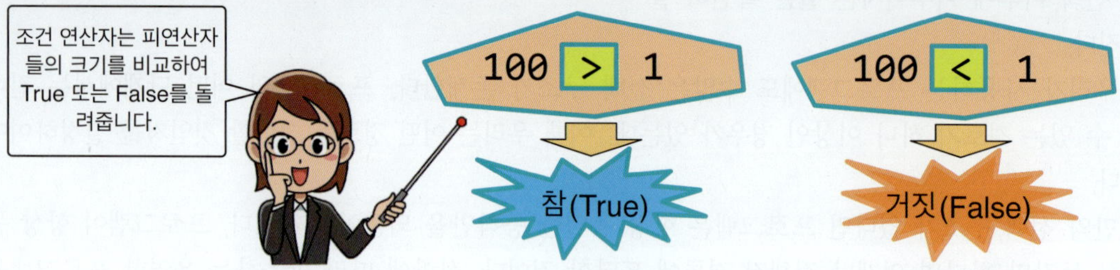

조건식에는 논리 연산자를 사용할 수도 있다. 논리 연산자는 여러 개의 부울형 데이터를 논리적으로 연산하여 최종적으로 참 또는 거짓의 값을 갖는 수식을 만들 수 있다. 이 논리 연산을 이용하여 하나의 관계 연산자가 사용된 단순한 조건식이 아니라 여러 개의 관계 연산자가 사용된 복합 조건식을 만들 수 있다.

`if`를 이용한 간단한 선택 구조를 만들어 보자. `if` 문은 다음과 같은 문법구조를 갖는다. 아래 문법에 나타나 있는 조건식이란 `True`, `False`를 가질 수 있는 식을 말한다.

```
if 조건식 :
    실행할 내용
```

위의 방식대로 코딩을 하면 조건식을 평가한 결과가 `True`이면 실행할 내용이 실제로 실행이 되고, 그렇지 않으면 실행할 내용을 선택하지 않고 건너뛰어 버린다.

실제 코드로 확인해 보자. 다음과 같이 변수 `x`에 `100`을 넣어준 후 아래와 같이 `if` 문을 작성해 보자. 이 경우 조건식에 해당하는 `x > 1`이 `True`를 반환하므로 실행할 내용이 선택되어 실행된다. 따라서 화면에는 '**x는 1보다 큽니다.**'가 출력되는 것을 볼 수 있다. 이 때 `:`(콜론) 아래의 줄은 **반드시 들여쓰기**를 해야만 한다.

```
x = 100
if x > 1:
    print("x는 1보다 큽니다.")
```

```
x는 1보다 큽니다.
```

잠깐 - 대입 연산자 =와 관계 연산자 ==는 다른 연산자이다

반복적으로 언급하는 내용이지만, 코딩을 처음 시작하는 사람들이 자주 실수하는 부분이다. = 연산자는 오른쪽의 값을 왼쪽 변수에 담는 연산이고, == 연산자는 좌우의 값이 같은지를 보고 **참**True과 **거짓**False 중 하나를 반환하는 연산자이다.

들여쓰기가 아주 중요한 파이썬 : 블록은 들여쓰기로 완성

만약 조건이 참인 경우에 여러 개의 문장이 실행되어야 한다면 어떻게 하여야 하는가? 즉 예를 들어서 성적이 60점 이상이면 합격과 동시에 장학금도 받을 수 있다고 출력하려면 어떻게 해야 할까? 이런 경우에는 다음과 같이 들여쓰기를 이용하여서 문장들을 묶을 수 있다.

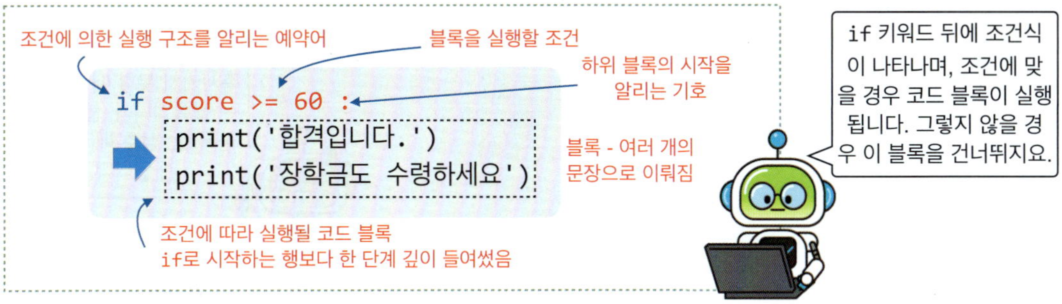

위의 코드에서 score의 값이 60 이상이면 print()를 호출하는 2개의 문장이 모두 실행된다. 이들 문장들이 동일한 수의 공백을 가지고 있다는 것에 유의하라. 이와 같이 코드 **블록**block은 **특정한 동작을 위해서 코드가 모여있는 상태**를 뜻하는데 파이썬은 들여쓰기를 기준으로 코드 블록을 구성한다. 하나의 블록에 속하는 문장들은 특정 조건이 참일때 모두 같이 실행된다. 블록에 있는 문장들은 그 위에 있는 문장들과 비교할 때, 앞에 4칸의 들여쓰기 공백을 두고 있다. 이 공백들을 □로 표시해보면 다음과 같다.

```
score = int(input("점수를 입력하시오: "))
if score >= 60 :            # 조건이 참일 경우 들여쓰기 블록이 모두 실행됨
□□□□print("축하합니다.")
□□□□print("합격입니다.")
□□□□print("장학금도 받을 수 있습니다.")
```

파이썬에서 문장 앞에 동일한 수의 공백이 있으면 이들 문장들은 하나의 블록에 속하게 된다. 만약 동일한 블록에 속해야 하는데 실수로 공백을 더 많이 추가하였다면 오류가 발생한다. 예를 들어서 다음과 같은 코드에서는 들여쓰기 오류(Indentation Error)가 발생한다.

```
score = int(input("점수를 입력하시오: "))
if score >= 90 :            # 주의 : 들여쓰기의 공백 수가 다를 경우 오류가 출력됨
□print("축하합니다.")
□□print("합격입니다.")
□□□print("장학금도 받을 수 있습니다.")
```

```
IndentationError: unexpected indent
```

도전문제 4.1

어린이 보호구역내의 과속 단속 카메라로부터 다음과 같이 자동차의 속도를 km/h 값으로 입력 받아라. 이 값이 30 이상이면 다음과 같이 "과속입니다. 속도를 줄이세요."를 출력하여라.

```
속도를 입력하세요 : 33
과속입니다. 속도를 줄이세요.
```

4.3 배타적 조건에 따라 실행하는 if-else 문

파이썬에서는 선택 구조를 위하여 if-else 문을 제공한다. 예를 들어 성적이 60점 이상이면 합격으로, 60점 미만이면 불합격으로 처리해야 한다고 하자. 파이썬으로 다음과 같이 작성할 수 있다.

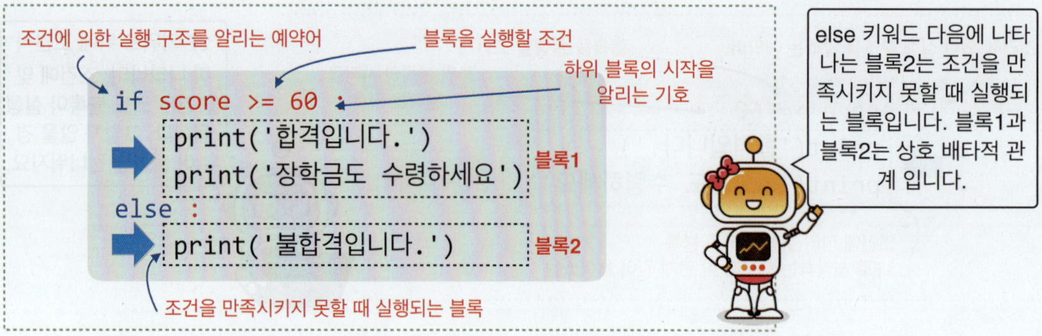

if-else 문장은 "만약 조건이 참이면 이것을 실행하고, 조건이 참이 아니라면 저것을 실행해!"라고 말하는 것과 같다. if-else 문에서는 조건을 수식으로 표현하며, 그 수식을 바로 '조건식'이라고 한다. 일반적으로 조건식에는 연산의 결과값이 참이나 거짓으로 생성되는 수식이 사용된다. 조건식은 일반적으로 score >= 60과 같은 수식이 된다.

조건식 뒤에는 반드시 콜론(:)이 와야 한다. 콜론(:)은 파이썬 인터프리터에게 "아직 전체 문장을 끝나지 않았으니 잠시 해석을 미뤄달라. 이 다음에는 이 문장에 딸린 코드 블록이 나타날 것이다."라고 요청하는 기호이다. if-else 문은 주어진 조건식을 계산하여 조건식이 참(True)으로 계산되면 if 아래에 있는 문장을 실행한다. 만약 거짓(False)이면 else 아래에 있는 문장을 실행한다.

```
if score >= 60:
    print("합격입니다.")
else:
    print("불합격입니다.")
```

또 다른 예시로 24시 체계의 시간정보를 입력받아 12보다 작으면 '오전입니다.' 12 이상이면 '오후입니다.'를 출력하는 시계가 있다고 가정하자. 0에서 23까지의 시간이 입력될 경우 오전이면서 동시에 오후가 될 수 없으므로 이 조건은 **배타적 조건**exclusive condition이 되어 다음과 같은 if-else 문으로 표현 가능하다.

```
hour = 10

if hour < 12:
    print('오전입니다.')
else:
    print('오후입니다.')
```

도전문제 4.2

어린이 보호구역내의 과속단속 카메라로부터 다음과 같이 자동차의 속도를 km/h 단위로 입력 받아라. 이 값이 30 이상이면 "과속입니다. 속도를 줄이세요."를 출력하고, 그렇지 않을 경우 "안전운전하세요."를 출력하여라.

```
속도를 입력하세요 : 28
안전운전하세요.
```

if-else 문으로 다양한 코드를 작성해보자

사용자로부터 성적을 입력받아서 합격 여부를 판단해 보자. 아래 코드처럼 사용자의 성적을 입력받는다. 입력된 값이 60 이상이면 프로그램은 '합격입니다.'를 출력하고, 그렇지 않으면 '불합격입니다.'를 출력한다.

```
score = int(input("성적을 입력하시오: "))
if score >= 60:
    print("합격입니다.")
else:
    print("불합격입니다.")
```

```
성적을 입력하시오: 80
합격입니다.
```

사용자로부터 정수를 입력받아서 짝수인지 홀수인지를 검사하는 프로그램을 작성해보자.

```
num = int(input("양의 정수를 입력하시오: "))
if num % 2 == 0 :
    print("짝수입니다.")
else:
    print("홀수입니다.")
```

```
양의 정수를 입력하시오: 10
짝수입니다.
```

만일 임의의 정수를 입력받은 후 이 검사를 0 이상인 수에 대해서만 하고 음수인 경우에 대해서는 '음수입니다'를 출력하는 **좀 더 복잡한 조건을 설정**하려면 어떻게 할까? 이 경우에는 다음처럼 if-else문 내에 또다시 if-else 조건을 달아서 해결할 수 있다. 이러한 경우 조건문 내의 조건문을 내부 조건문이라고 한다.

```
num = int(input("정수를 입력하시오: "))

if num < 0 :
    print("음수입니다.")
else:
    print("양수입니다.")
    if num % 2 == 0 :
        print("짝수입니다.")
    else:
        print("홀수입니다.")
```

```
정수를 입력하시오: 10
양수입니다.
짝수입니다.
```

도전문제 4.3

(1) 사용자로부터 정수를 입력받아 0보다 작으면 '음수입니다.'를 출력하고 그렇지 않을 경우 '음수가 아닙니다.'를 출력하는 프로그램을 작성하라.
(2) 게임 사용자의 게임 점수(game_score)을 입력받아서 10000점 이상이면 '고수입니다.'를 출력하고, 10000점 미만이면 '입문자입니다.'를 출력하는 프로그램을 if-else 문을 이용하여 작성하라.
(3) 두 정수를 입력받아 같을 경우 '두 값이 일치합니다.'를 출력하고 값이 다르면 '두 값이 일치하지 않습니다.'를 출력하는 프로그램을 if 문을 이용하여 작성하라. 두 정수에 각각 100과 200이 할당되어 있는 경우와 300과 300이 할당되어 있는 경우의 출력문을 확인하라.

4.4 다양한 터틀 그래픽 명령어

이 절에서는 터틀 그래픽에 대해서 상세하게 알아보도록 하자. 그리고 다음 절에서 이 기능을 이용한 문제 풀이를 해보도록 하자. 우선 터틀 그래픽 윈도를 실행하고 간단한 패턴을 만드는 코드를 통해서 그 원리를 알아보자. 이를 위해 다음 코드와 같은 스크립트를 입력하고 실행시켜보자.

```
import turtle # turtle 모듈을 가져온다

turtle.setup(width = 400, height = 400) # 윈도의 가로(width), 세로(height) 크기 지정

myTurtle = turtle.Turtle()      # 거북이 객체를 생성함
for i in range(200):            # 다음 블록을 200번 반복 수행하는 반복문
    myTurtle.forward(i)         # 거북이 객체를 i만큼 전진시킴, i는 점점 커진다
    myTurtle.left(93)           # 거북이 객체를 93도 회전시킴

turtle.done()
```

터틀 그래픽을 사용하기 위해서는 터틀 그래픽을 위한 turtle이라는 모듈을 이 코드 안으로 가져와야 한다. 이 역할을 하는 코드가 바로 import turtle이다. 그리고 이 모듈 안에 있는 setup() 이라는 함수는 윈도(또는 **터틀 스크린**이라고도 함)의 크기와 제목을 설정하는 기능을 할 수 있다. 그리고 done()이라는 함수는 이벤트 루프를 구동시키는 일을 하는데 이벤트 루프란 사용자의 입력을 받고 처리하는 기능이 있다. 따라서 turtle.setup(), turtle.done()과 같은 방식으로 코드를 호출해야 한다.

다음으로 나타난 코드 turtle.Turtle()은 거북이 그래픽을 수행할 수 있는 객체를 생성하는 기능을 하며 이 객체는 myTurtle이라는 변수가 가리키게 된다. 이 myTurtle이라는 객체에 forward(), left() 명령을 내리게 되면 터틀 그래픽이 명령을 수행한다. 이 프로그램의 수행결과는 그림과 같이 200개의 직선이 사각형 패턴을 그리며 나타난다. 이것은 **for** i **in** range(200):이라는 반복문을 통해서 반복적으로 수행되는데 반복문은 다음 장에서 자세히 살펴볼 것이다.

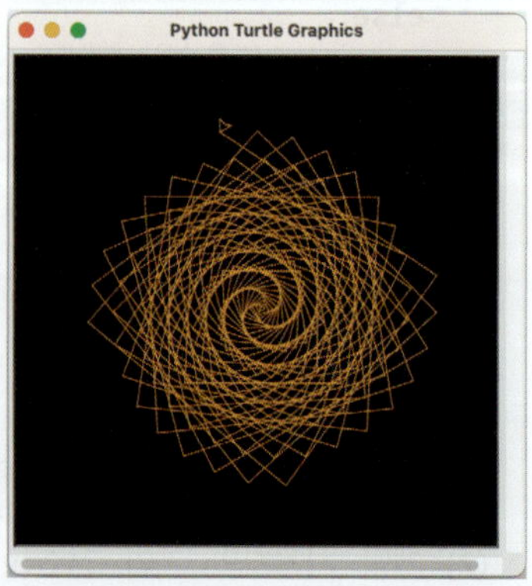

for 반복문에 의하여 200번의 반복문 실행이 완료되면 프로그램은 정지된다. 그리고 화면과 같이 종료 버튼을 클릭하면 프로그램이 종료되는 전형적인 윈도 기반의 프로그램이 나타난다.

이 프로그램에 대해서 다음과 같이 색상을 입히는 코드를 넣어보자. turtle.bgcolor('black')은 배경 색을 검은 색으로 만들어준다. 그리고 turtle.speed(0)은 선을 그리는 속도를 가장 빠르게 설정한다. 마지막으로 turtle.pencolor('orange')는 펜의 색상을 주황색으로 만든다.

turtle.function()는 turtle 모듈이 제공하는 일반적인 기능이라고 할 수 있고, myTurtle.method()는 터틀 환경에서 생성한 특정한 객체 myTurtle이 수행하는 일이라고 할 수 있다.

잠깐 – 여러 가지 터틀 그래픽 명령어 치트 시트

지금까지 우리는 간단한 터틀 그래픽 명령어인 `forward()`, `left()`, `right()` 등을 알아보았다. 터틀 그래픽은 이것보다 훨씬 많은 다양한 기능이 있다. 아래 표는 터틀 그래픽에서 사용할 수 있는 명령어와 하는 일이다.

명령	하는 일

`begin_fill()`
`...`
`end_fill()`
	begin_fill()과 end_fill() 사이의 코드에 나타난 부분을 색칠한다. ... 으로 표시된 부분에는 터틀의 좌표나 모양을 기술할 수 있다.

`color(c)`	터틀의 색깔을 변경한다. c 값으로 'red', 'green', 'blue', 'black', 'gray', 'pink' 등의 여러 가지 색상을 선택할 수 있다.
`shape(s)`	터틀의 모양을 변경한다. s 값으로는 'arrow', 'turtle', 'circle', 'square', 'triangle', 'classic' 등이 있다.
`shapesize(w, h, o)` `turtlesize(w, h, o)`	터틀의 크기를 변경한다. w는 원래 터틀의 크기에서 확대된 가로 크기, h는 확대된 세로 크기, o는 외곽선 두께를 나타낸다.
`pos(), position()`	터틀의 현재 위치를 구한다.
`xcor()`	터틀의 x 좌표를 구한다.
`ycor()`	터틀의 y 좌표를 구한다.
`heading()`	터틀이 현재 바라보는 각도를 구한다.
`distance(x, y)`	현재 터틀이 있는 위치에서 특정 위치까지의 거리를 구한다.
`penup(), pu(), up()`	펜을 올린다(그림을 그릴 수 없는 상태로 만든다).
`pendown() , pd(), down()`	펜을 내린다(그릴 수 있는 상태로 만든다).
`pensize(w), width(w)`	펜 굵기를 변경한다.
`circle(r)`	현재 위치에서 지정된 r 값 반지름 크기를 가지는 원을 그린다.
`goto(x, y), setpos(x,y),` `setposition(x,y)`	커서를 특정 위치(좌표)로 보낸다. 이때 penup() 상태이면 선이 그려지지 않으며, pendown() 상태이면 선이 그려진다.
`stamp()`	현재 커서의 위치에 지정된 크기와 색상, 모양의 터틀을 표시한다.
`home()`	터틀의 위치와 방향을 초기화한다.
`speed()`	터틀 그래픽을 그리는 속도를 제어한다. 0부터 10까지의 정수가 인자로 들어가는데 1이 가장 느리며, 숫자가 커질수록 빠르게 그린다. 0은 최대 속도로 그림을 그린다.

물론 이 명령어 이외에도 수 십개 이상의 명령어들이 있어서 다양한 종류의 그림을 쉽게 그릴 수 있다.

4.5 터틀 객체와 스크린 객체

터틀 그래픽에는 4.4절의 명령을 수행하는 주체가 되는 터틀 객체를 만들 수 있는 기능이 제공된다. 또한 터틀 객체가 표시될 스크린 객체를 제공하는데 이 스크린 객체에 명령을 내려서 화면의 크기를 제어하거나, 사용자 입력을 받을 수도 있다. 우선 스크린에 그림을 그리는 방법을 알아보자. 터틀 그래픽에서 그림을 그리기 위한 객체는 다음과 같이 생성하며, 이 객체를 가리키기 위한 변수명으로 tur1이 사용되었다.

```
import turtle                  # turtle 모듈을 가져온다

tur1 = turtle.Turtle()         # 터틀 객체를 생성함
```

이 tur1 객체는 shapesize()와 forward() 명령을 통해서 지정된 크기로 변경되고 이동한다.

```
import turtle                  # turtle 모듈을 가져온다

tur1 = turtle.Turtle()         # 터틀 객체를 생성함
tur1.shapesize(5, 3)           # 가로 크기가 원래 크기의 5배, 세로 크기가 원래 크기의 3배로 커짐
tur1.forward(100)
```

이 코드를 받아서 tur1 객체가 명령을 수행하면 다음 그림과 같은 결과를 얻을 수 있다.

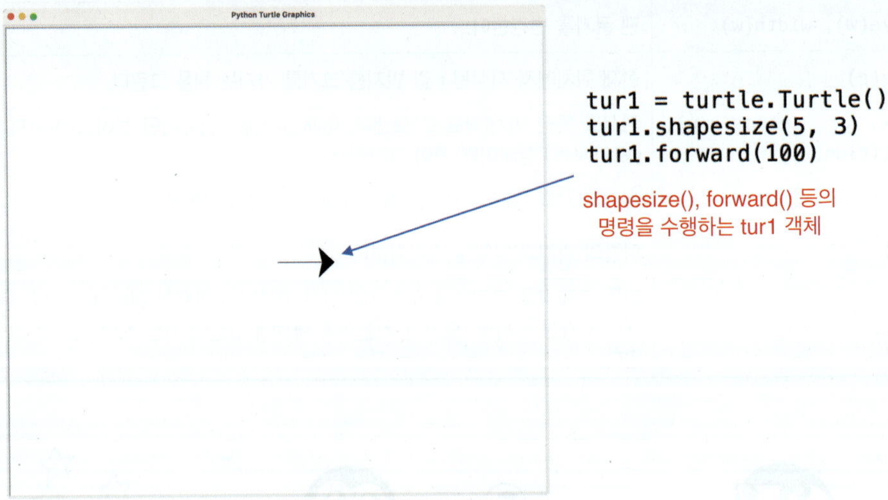

이 코드의 아래에 다음과 같이 tur2라는 객체를 만들고 다른 명령을 내려보자. 이제 tur2 객체는 커서의 모양이 다르게 나타나며 위치도 다른 곳에 그려지게 된다.

```
...
tur2 = turtle.Turtle()         # tur2 객체를 생성함
tur2.shapesize(4, 6)           # 원래 크기에서 가로 크기가 4배, 세로 크기가 6배만큼 늘어난 형태
tur2.shape('square')           # 터틀의 형상을 사각형으로 바꾼다
tur2.left(90)                  # 터틀을 왼쪽으로 회전시킨다
tur2.forward(200)              # 현재 방향에서 200 픽셀 전진시킨다
```

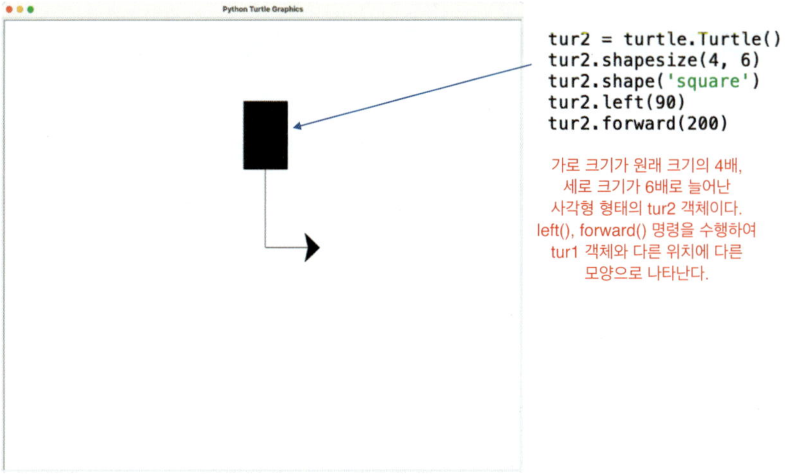

이렇게 터틀 객체를 제어하는 명령과 함께 터틀 객체를 그려주는 윈도를 제어하는 기능도 제공된다. 위의 코드의 앞 부분에 다음과 같은 코드를 추가해 보자.

```
import turtle

screen = turtle.Screen()        # 터틀 스크린 객체를 생성함
screen.setup(500, 550)          # 터틀 스크린 객체의 크기를 조정함
```

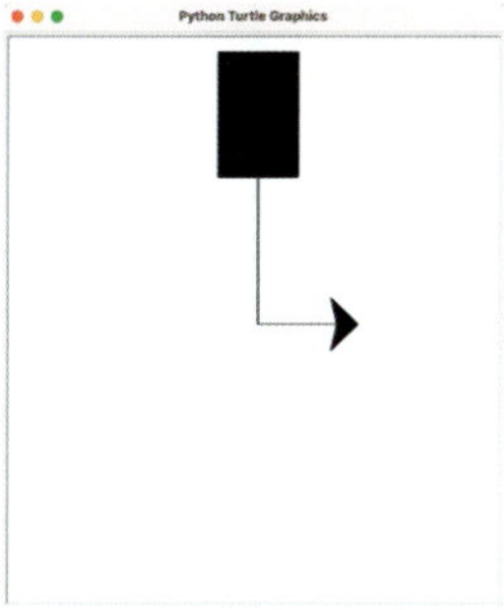

이 코드의 수행 결과는 오른쪽 그림과 같다. 이전의 코드와는 달리 터틀 스크린의 크기가 너비 500 픽셀, 높이 550 픽셀로 줄어든다. 이와 같이 **터틀 스크린 객체에 내릴 수 있는 명령**은 다음과 같은 것이 있다.

textinput()	텍스트 입력을 받는 대화창을 표시하고 이 창에서 문자열을 입력받는다.
setup()	윈도의 너비, 높이, 시작 위치를 나타낼 수 있다.
mainloop(), done()	이벤트 루프를 시작한다. 이벤트 루프란 사용자의 명령을 받아 이 명령을 수행하는 반복적인 작업을 일컫는다.
bgcolor()	윈도의 배경 색상을 변경한다.

많은 터틀 그래픽 프로그램에서 turtle.Turle(), turtle.Screen() 명령을 통해 객체를 만들지 않고 turtle.forward(), turtle.setup(), turtle.mainloop(), turtle.done()을 사용하는 경우가 있다. 이와 같은 경우에는 turtle 모듈에서 **기본적으로 제공되는 터틀 객체와 스크린 객체가 명령을 수행**하게 된다. 이 방법은 간편한 방법이기는 하지만 터틀 객체를 제어하는 경우 객체를 만들고 이 객체에 직접 명령을 내리는 것이 더 바람직하다. **터틀 객체는 여러 개 만들 수 있으나 스크린 객체는 하나의 윈도에 대해서 하나의 스크린 객체만 이용할 수 있기 때문**에 turtle.Screen()으로 screen 객체를 만들어서 screen.setup()을 호출하는 방법은 많이 이용되지 않는다. 그 대신 터틀 모듈에 있는 turtle.setup()을 바로 호출하는 방법을 더 많이 사용한다. turtle.done()은 **터틀 그래픽이 사용자의 입력을 받아서 동작하도록 하는 일**을 하며 일반적으로 터틀 그래픽 코드의 가장 아래쪽에 넣어 준다.

잠깐 – 파일의 이름은 매우 신중하게 짓도록 하자

참고로 파이썬 turtle 모듈의 파일 이름이 turtle.py이므로 여러분이 만든 프로그램의 이름을 turtle.py로 하면 안 된다. 만일 여러분의 파일 이름이 turtle.py일 경우 import turtle 명령은 **터틀 그래픽 시스템이 아닌 여러분의 파일을 가져오게 되고, 터틀 그래픽 시스템이 작동하지 않는다.** 파이썬의 모듈 이름과 동일한 파일 이름은 피하도록 하자.

LAB 4-1 입력 숫자에 따라 터틀 그래픽을 제어해보자

실습 시간

사용자로부터 정수를 받아서 정수의 부호에 따라서 거북이를 (100, 100), (100, 0), (100, -100)으로 움직이는 프로그램을 작성해보자.

원하는 결과

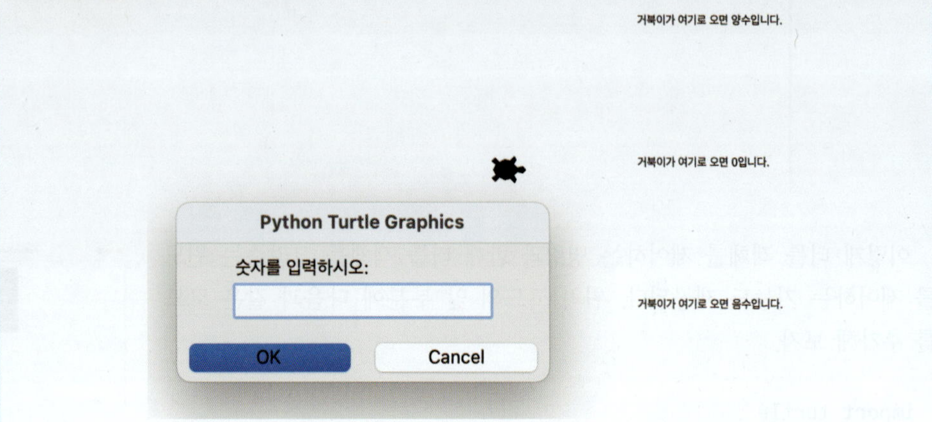

위 그림과 같이 사용자가 숫자를 입력할 수 있는 창이 뜬다. 그리고 사용자가 입력한 수의 부호에 따라 양수이면 상단, 음수이면 하단, 0이면 중간으로 이동한다.

힌트

터틀 그래픽에서 penup()을 호출하고 거북이를 움직이면 그림이 그려지지 않는다. 그림을 그리기 위해서는 펜을 캔버스에 내려야 하는데 이를 위하여 pendown()을 사용한다. 또한 거북이를 특정한 좌표로 움직이는 함수는 goto()이다. 예를 들어서 펜을 들어서 (100, 100) 좌표로 거북이를 이동하는 문장은 다음과 같다.

```
t.penup()
t.goto(100, 100)
```

그리고 화면에 글씨를 쓰는 함수는 다음과 같다.

```
t.write("거북이가 여기로 오면 양수입니다.")
```

사용자로부터 숫자를 받을 때는 다음과 같은 문장을 사용해보자. 이 함수에서 첫 번째 인자는 대화창의 제목이며, 두 번째 인자는 텍스트를 입력받는 텍스트 필드 앞에 나타나는 문구이다.

```
s = turtle.textinput("", "숫자를 입력하시오: ") # turtle 모듈의 textinput()함수
```

해답 코드

```
import turtle

t = turtle.Turtle()      # 터틀 객체를 생성하고 t라는 변수로 이를 참조함
t.shape("turtle")

t.penup()                # 펜을 올려서 그림이 그려지지 않게 한다.
```

```
t.goto(100, 100)        # 거북이를 (100, 100)으로 이동시킨다.
t.write("거북이가 여기로 오면 양수입니다.")
t.goto(100, 0)
t.write("거북이가 여기로 오면 0입니다.")
t.goto(100, -100)
t.write("거북이가 여기로 오면 음수입니다.")

t.goto(0, 0)        # (0, 0) 위치로 거북이를 이동시킨다.
t.pendown()         # 펜을 내려서 그림이 그려지게 한다.

s = turtle.textinput("", "숫자를 입력하시오: ") # turtle 모듈의 textinput()함수
n = int(s)

if n > 0 :
    t.goto(100, 100)
if n == 0 :
    t.goto(100, 0)
if n < 0 :
    t.goto(100, -100)

turtle.done()       # t.done()이 아닌 터틀 스크린의 done() 함수 호출임
```

도전문제 4.4

사용자로부터 2개의 정수를 연속하여 입력받도록 위의 코드를 수정하여라.
이 때 두 정수는 모두 0이 아니라고 가정하자. 두 정수를 각각 x, y라 할 때 두 정수의 부호가 모두 양수이면 1사분면 (100, 100) 좌표로, x가 음수이고 y가 양수이면 2사분면 (-100, 100) 좌표로, 두 수 모두 음수이면 3사분면 (-100, -100) 좌표로, x가 양수이고 y가 음수이면 4사분면 (100, -100) 좌표로 거북이를 이동시키는 프로그램을 작성해 보자(힌트: turtle.textinput() 함수를 두 번 사용하여 정수 두 개를 입력받고 이 정수 값에 대하여 각각 if 문을 사용하도록 하자).

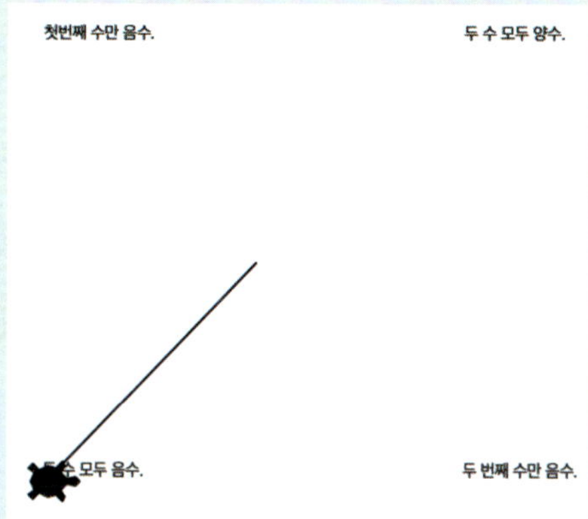

도전문제 4.5

사용자로부터 2개의 정수를 입력받도록 위의 코드를 수정하여라. 두 정수를 각각 x, y라 할때 두 정수를 비교하여 x가 크면 오른쪽으로, y가 크면 왼쪽으로 움직이고, 두 값이 같은 값이면 위로 움직이도록 하는 프로그램을 작성하라.

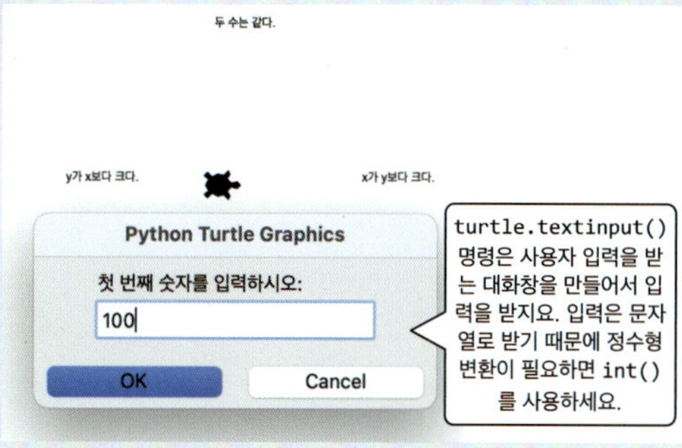

LAB4-2 영화를 볼 수 있는 나이 제한 검사를 하자

실습 시간

15세 이상만 볼 수 있는 영화가 있다고 하자. 사용자의 나이를 물어보면 영화를 볼 수 있는지 없는지 여부를 화면에 출력하는 프로그램을 작성해 보자.

원하는 결과

```
나이를 입력하시오: 19
본 영화를 보실 수 있습니다.

나이를 입력하시오: 14
본 영화를 보실 수 없습니다.
```

힌트

사용자로부터 나이를 입력받은 후 if-else 문을 사용하도록 하자. 15세를 기준으로 영화를 볼 수 있는 나이와 그렇지 않은 나이에 대해 다른 내용을 출력하도록 하면 된다.

해답 코드

```python
age = int(input("나이를 입력하시오: "))
if age >= 15:
    print("본 영화를 보실 수 있습니다.")
else:
    print("본 영화를 보실 수 없습니다.")
```

도전문제 4.6

(1) 15세 이상이면 "본 영화를 보실 수 있습니다." 메시지를 출력한 후 그 다음 줄에 "영화의 가격은 10000원입니다."를 출력해보자. 만약 15세 미만이면 "영화를 보실 수 없습니다." 메시지에 추가로 "다른 영화를 보시겠어요?"를 출력해보자.

(2) 교통 카드의 종류로 '청소년', '성인' 카드가 있다고 하자. 사용자에게 카드의 종류를 입력받아 청소년이면 '청소년입니다'를 출력하고 '성인'이면 '승인되었습니다'를 출력하는 if-else 조건문을 만들어서 출력해 보자.

LAB4-3 거북이 제어하기

실습 시간

다음 수행 결과와 같이 거북이를 제어하는 프로그램을 만들어 보자. 프로그램이 실행되면 윈도우와 거북이가 나타난다. 그리고 파이썬 쉘에서는 사용자의 입력을 받을 수 있는 프롬프트가 나타난다.

이 프롬프트에서 left를 의미하는 "l"을 입력하면 거북이가 왼쪽으로 100픽셀 이동하고 right를 의미하는 "r"을 입력하면 거북이가 오른쪽으로 100픽셀 이동하는 프로그램을 작성하여 보자.

원하는 결과

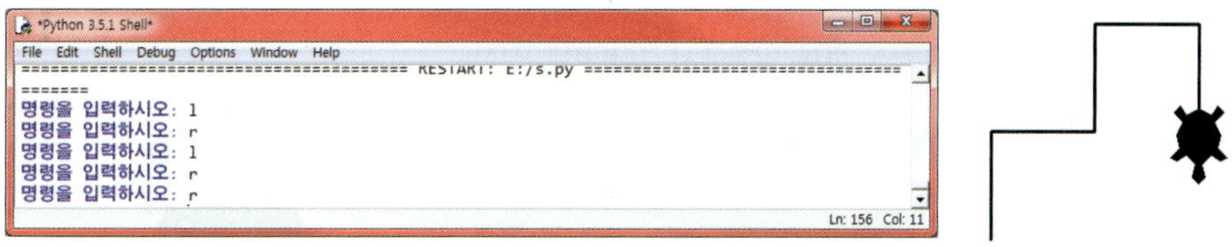

터틀 그래픽 제어 명령과 수행 결과

힌트

거북이를 크게 하려면 shapesize() 함수를 호출한다. 예를 들어서 가로, 세로로 각각 3배 확대하려면 다음과 같이 적어준다.

```
t.shapesize(3, 3) # 거북이의 크기를 가로 세로로 3배 확대
```

이러한 프로그램에서는 반복이 무한히 반복되는 것이 바람직하다. 이때는 다음과 같은 무한 루프 구조를 사용한다(아직 학습하지 않았지만). 이 프로그램은 특수한 키 Ctrl+C를 누르면 중지된다.

```
while True:      # 무한히 반복하는 문장으로 5장에서 상세히 다룬다
    ...
    ...
```

앞서 배운 if 문을 여러 개 사용하고 특정 조건을 만족할 경우 t.left(90) 혹은 t.right(90) 기능을 호출하도록 하자.

해답 코드

```
import turtle

t = turtle.Turtle()
# 커서의 모양을 거북이로 한다.
t.shape("turtle")

# 거북이가 그리는 선의 두께를 3으로 한다.
t.width(3)
# 거북이를 3배 확대한다.
t.shapesize(3, 3)

# 무한 루프로 진입한다. 이 루프는 Ctrl+C를 입력받아 종료된다.
while True:
```

```
command = input("명령을 입력하시오: ")
if command == "l":              # 사용자가 "l"을 입력하였으면
    t.left(90)                  # 왼쪽으로 90도 회전
    t.forward(100)
if command == "r":              # 사용자가 "r"을 입력하였으면
    t.right(90)                 # 오른쪽으로 90도 회전
    t.forward(100)
```

도전문제 4.7

(1) 사용자가 'f'를 입력하면 현재 방향에서 100픽셀 전진하도록 소스를 약간 변경해보자.
(2) 사용자가 'h'를 입력하면 **헐크 모드**가 되어 오른쪽 그림과 같이 크기가 가로 세로로 10배 커지도록 하자. 반대로 'n'을 입력하면 원래의 크기인 가로, 세로로 3배 커진 상태가 되도록 하자.
(3) 정수 1에서 9 사이의 값을 입력으로 받아서 입력값에 따라서 거북이의 크기가 원래 크기의 1에서 9배 사이로 커지도록 하자.

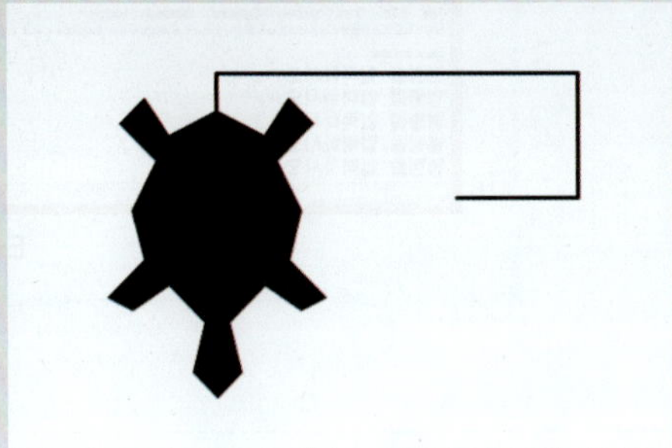

도전문제 4.8

random.randrange(2)를 이용하여 10개의 난수를 생성하도록 하자. random 모듈의 randrange(2) 함수는 0과 1 중에서 하나의 정수를 생성한다. if-else문을 10개 사용하여 0이 나타날 경우 right로 50픽셀 이동하고 1이 나타날 경우 left로 50픽셀을 이동하도록 하여라. 이와 같이 자유롭게 10회 이동한 후 거북이 그래픽이 그리는 그림을 다음과 같이 보여라.

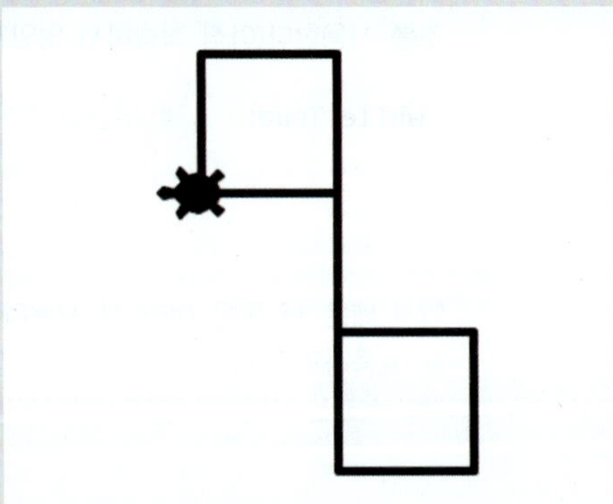

LAB4-4 윤년 판단은 어떻게 하지

실습 시간

달력은 기본적으로 지구가 태양을 공전하는 시간을 기준으로 작성된다. 하지만 실제로 측정하여 보니 지구가 태양을 완전히 한 바퀴 도는데 걸리는 시간은 365일보다 약 1/4 만큼 더 걸린다. 따라서 매 4년마다 하루 정도 오차가 생기는 셈이다. 이것을 조정하기 위하여 윤년이 생겼다. 입력된 연도가 윤년인지 아닌지를 판단하는 프로그램을 만들어보자. 사용자로부터 연도를 입력받아서 다음과 같은 조건을 검사한다. 윤년은 다음의 조건을 만족해야 한다.

1. 연도가 4로 나누어 떨어지면 윤년이다.
2. 연수가 4로 나누어 떨어져도, 100으로는 나누어 떨어지지 않아야 한다.
3. 연수가 400으로 나누어 떨어지는 해는 무조건 윤년으로 한다.

원하는 결과

```
연도를 입력하시오: 2012
2012 년은 윤년입니다.
```

힌트

사용자로부터 연도를 받아서 윤년을 판단하는 프로그램을 작성하여 보자. 앞의 윤년 조건을 자세히 분석하여 보면 윤년이 되기 위해서는 다음과 같은 조건 중에서 하나라도 만족하면 윤년이 된다. 이 두 조건을 논리 연산자 or로 연결하면 될 것이다.

- 연도가 4로 나누어지지만 100으로는 나누어 떨어지지 않는 연도 (조건 1)
- 연도가 400으로 나누어 떨어지는 연도 (조건 2).

이것을 수식으로 표현하면 다음과 같다.

조건 1: ((year % 4 == 0) and (year % 100 != 0))
조건 2: (year % 400 == 0)

전체 조건식은 다음과 같다.

((year % 4 == 0) and (year % 100 != 0)) or (year % 400 == 0)

해답 코드

```python
year = int(input("연도를 입력하시오: "))
if (year % 4 ==0 and year % 100 != 0) or year % 400 == 0:
    print(year, "년은 윤년입니다.")
else :
    print(year, "년은 윤년이 아닙니다.")
```

LAB4-5 랜덤 함수로 동전 던지기 게임을 만들자

실습 시간

이 예제에서는 동전 던지기 게임을 작성해보자. 동전을 던지는 것은 난수를 생성하면 된다. 파이썬에서는 import random한 후에 random.randrange(2)과 같이 하면 0이나 1을 랜덤하게 생성할 수 있다. 아래의 코드에서 빈칸을 채워보자.

```
import random

print("동전 던지기 게임을 시작합니다.")
coin = random.randrange(2)
if ________________:
    print("앞면입니다.")
______________:
    print("뒷면입니다.")
print("게임이 종료되었습니다.")
```

원하는 결과

```
동전 던지기 게임을 시작합니다.
뒷면입니다.
게임이 종료되었습니다.
```

힌트

random 모듈의 randrange(n) 함수는 0에 n-1 사이의 정수 중의 임의의 정수를 반환한다.

해답 코드

```
import random

print("동전 던지기 게임을 시작합니다.")
coin = random.randrange(2)    # randrange(2)는 0 또는 1을 반환함
if coin == 0 :
    print("앞면입니다.")
else :
    print("뒷면입니다.")
print("게임이 종료되었습니다.")
```

도전문제 4.9

주사위 던지기 게임으로 변환해보자. random.randint(1, 6)을 사용하면 1에서 6까지의 정수를 랜덤하게 생성할 수 있다. 입력으로 '홍길동', '홍길순'과 같은 사용자의 이름을 받아서 홍길동의 주사위 번호, 홍길순의 주사위 번호를 출력한 후 이들을 비교하여 다음과 같이 출력하여라. 결과는 '홍길동이 이겼습니다', '홍길순이 이겼습니다', 혹은 '비겼습니다' 가운데 하나가 나타나도록 하여라.

```
Player1의 이름 : 홍길동
Player2의 이름 : 홍길순
......주사위를 굴립니다......
홍길동의 주사위 번호는 3
홍길순의 주사위 번호는 4
홍길순이 이겼습니다.
```

LAB4-6 원의 내부에 있는 점일까 외부에 있는 점일까

실습 시간

중심이 원점 (0,0)에 있고 반지름이 5인 원이 있다고 가정하자. 사용자로부터 x와 y좌표를 입력받은 후, 입력받은 점의 좌표 (x, y)가 원의 내부에 있으면 '원의 내부에 있음', 원의 외부에 있으면 '원의 외부에 있음'을 출력하는 다음과 같은 프로그램을 작성하라(힌트: 어떤 점이 원점과의 거리가 5보다 클 경우 원의 외부에 있으며, 5보다 작거나 같을 경우 원의 내부에 있다고 판단할 수 있다. 점 (x, y)와 원점과의 거리는 sqrt(x*x + y*y)이다).

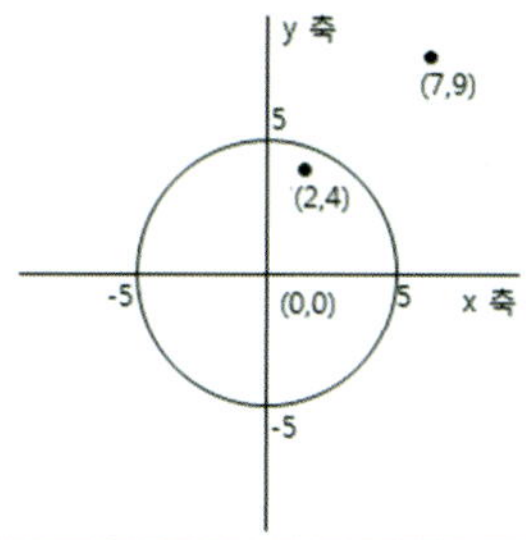

원하는 결과

```
점의 좌표 x, y를 입력하시오 : 2 4
원의 내부에 있음
점의 좌표 x, y를 입력하시오 : 7 9
원의 외부에 있음
점의 좌표 x, y를 입력하시오 : 3 6
원의 외부에 있음
```

힌트

여러 개의 입력을 공백으로 구분하여 받고 싶을 때는 다음과 같이 input() 문으로 입력을 받아 split()으로 구분한 후 각각을 float()로 변환할 수 있다.

```
x, y = input('점의 좌표 x, y를 입력하시오 : ').split()
x, y = float(x), float(y)
```

하지만 앞 장에서 배운 map() 함수를 사용할 경우 더욱 간단하게 코드를 만들 수 있다.

```
x, y = map(float, input('점의 좌표 x, y를 입력하시오 : ').split())
```

sqrt를 사용하지 않고 문제를 해결할 수 있는 방법은 거리의 제곱인 x*x + y*y을 반지름 5의 제곱과 비교하는 것이다.

해답 코드

```
x, y = map(float, input('점의 좌표 x, y를 입력하시오 : ').split())
if x*x + y*y > 5*5 :
    print('원의 외부에 있음')
else :
    print('원의 내부에 있음')
```

도전문제 4.10

위의 LAB은 원의 중심이 원점에 있는 경우를 가정하였다. 이제 원의 중심이 (3, 4)이고 원의 반지름이 10인 경우에 대하여 고려해보자. 다음과 같이 사용자로부터 x와 y좌표를 입력받은 후, 입력받은 점의 좌표 (x, y)가 원의 내부에 있으면 '원의 내부에 있음', 원의 외부에 있으면 '원의 외부에 있음'을 출력하는 다음과 같은 프로그램을 작성하라.

```
점의 좌표 x, y를 입력하시오 : -9 9
원의 외부에 있음
```

4.6 조건이 거짓일 때 연속하여 다른 조건을 검사

if-else 문에서 조건이 거짓일 때 다른 조건을 검사할 수 있다. 이때는 elif 키워드를 사용하면 된다. elif는 "else if"를 합친 것이다.

사용자로부터 정수 num를 입력받아서 이 값을 보고 "양수입니다.", "0입니다.", "음수입니다."를 출력하는 프로그램을 고려해보자. 이것을 그림으로 그리면 다음과 같다. 우리가 첫 번째 조건문에서 True라는 값이 나올 경우 이를 실행하고 조건문에서 빠져나오게 되며, 그렇지 않을 경우(False)인 경우 두 번째 조건식을 검사한 후 이 조건에 따라서 결정을 내려야 하는 것이다.

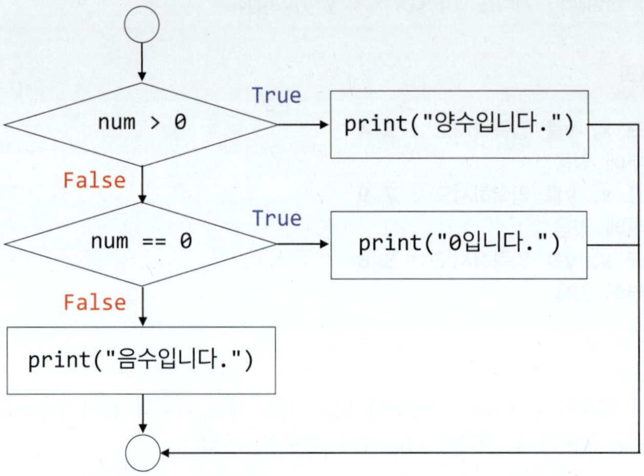

연속하여 조건을 검사하는 if ~ elif ~ else 문의 흐름도

이와 같은 구조의 프로그램은 if-elif-else를 사용하여 다음과 같이 구현할 수 있다.

```
num = int(input("정수를 입력하시오: "))     # 사용자의 입력을 받아서 정수값으로 변환함

if num > 0:                          # 첫 번째 조건을 만족하면 두번째 elif 문의 조건을 검사하지 않음
    print("양수입니다.")
elif num == 0:                       # 첫 번째 조건을 만족하지 못할 경우 조건 검사를 수행함
    print("0입니다.")
else:                                # 위의 두 조건을 모두 만족시키지 못한 경우 수행되는 문장
    print("음수입니다.")
```

```
정수를 입력하시오: 0
0입니다.

정수를 입력하시오: 10
양수입니다.

정수를 입력하시오: -10
음수입니다.
```

if-else 문 안에 if-else 문 넣기

필요에 따라 if 문 안에 또 다른 if 문이 들어갈 수도 있는데, 이것을 내부 if 블록, 또는 중첩 if 블록이라고 한다. 이것은 다음과 같이 특정한 상황에서 True라는 조건이 나왔을 경우, 이 상황에 대해서 또 다른 세부적인 조건을 검사하는 상황에서 발생할 수 있다.

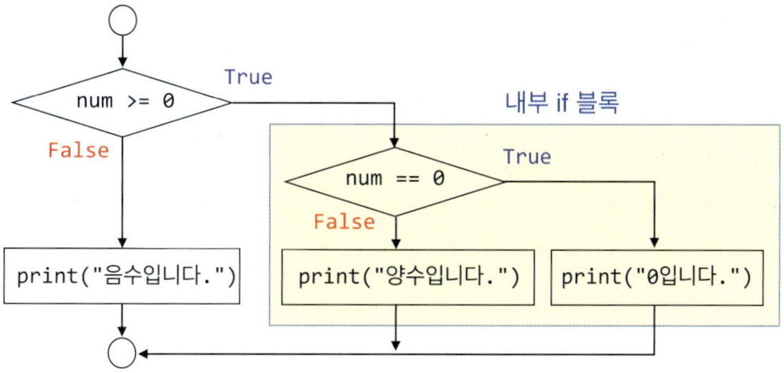

if 문과 내부 if 블록을 사용하여 조건을 검사하는 프로그램의 흐름도

이 예제에서는 사용자로부터 num을 입력받은 후 이 값이 num >= 0일 경우 num이 0인지 아닌지 또 다른 조건 검사를 하여 이에 따라 "0입니다."와 "양수입니다."를 출력한다.

이제 다음과 같이 사용자에게서 정수를 받아서 양수인지, 0인지, 음수인지를 구별하여 화면에 출력하여 보자.

```
num = int(input("정수를 입력하시오: "))
if num >= 0:                    # if 문으로 조건을 검사하고 반드시 들여쓰기를 하여 블록을 생성
    if num == 0:                # 블록 내에서 세부적인 조건을 한 번 더 검사
        print("0입니다.")       # 또 다시 들여쓰기를 할 것
    else:
        print("양수입니다.")
else:
    print("음수입니다.")
```

```
정수를 입력하시오: 0
0입니다.
정수를 입력하시오: 10
양수입니다.
정수를 입력하시오: -10
음수입니다.
```

이와 같은 방법으로 if-elif-else 문과 동일한 기능을 하는 프로그램을 구현할 수 있으며 효율성과 가독성을 고려하여 개발자는 두 가지 문장 중에서 적절한 문장을 선택할 수 있다.

잠깐 – 지나친 들여쓰기는 코드를 읽기 어렵게 만든다

코드를 예쁘게 만드는 것은 매우 중요하다. 프로그래머는 단순히 미적인 이유로 인해 코드를 예쁘게 만들어야 하는 것만은 아니다. 코드의 기능도 중요하지만 들여쓰기의 크기를 2칸이나 4칸으로 일관성 있게 하는 것도 **추후에 이 코드를 관리하는 입장에서 매우 중요**하다.

따라서 if-elif-else 문과 중첩 if 문 중에서 한가지를 선택할 수 있다면 **들여쓰기가 적은 if-elif-else 문으로 작성된 코드를 선택하는 것이 더 나을 것이다.**

LAB 4-7 로그인 처리하기

실습 시간

사용자로부터 아이디를 받아서 프로그램에 저장된 아이디 'ilovepython'과 일치하는지 여부를 출력하는 프로그램을 작성해보자.

원하는 결과

```
아이디를 입력하시오: ilovepython
환영합니다.
아이디를 입력하시오: iloveruby
아이디를 찾을 수 없습니다.
```

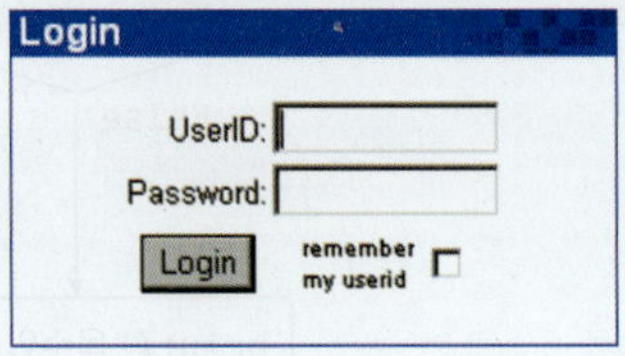

힌트

input() 함수를 이용하여 문자열을 입력받는다. 다음으로 입력받은 문자열이 'ilovepython'과 같은지 여부를 관계 연산자 ==로 검사한다. 관계연산자의 결과가 True이면 '환영합니다'를 출력한다.

해답 코드

```python
id = "ilovepython"
s = input("아이디를 입력하시오: ")
if s == id:
    print("환영합니다.")
else:
    print("아이디를 찾을 수 없습니다.")
```

도전문제 4.11

아이디 검사가 종료되면 바로 패스워드 검사를 하여 보자. 즉 다음과 같은 출력을 가지는 프로그램을 작성하며, 저장된 패스워드는 mypass1234라고 하자. 두 가지가 모두 맞을 경우 아래와 같이 "환영합니다."를 출력하도록 하고 그렇지 않을 경우 "아이디를 찾을 수 없습니다." 혹은 "비밀번호가 틀렸습니다."를 출력하도록 하자.

```
아이디를 입력하시오: ilovepython
패스워드를 입력하시오: mypass1234
환영합니다.
```

LAB4-8 컴퓨터와 승부차기 게임을 만들어보자

실습 시간

난수를 이용하여 간단한 축구 게임을 작성하여 보자. **사용자가 컴퓨터를 상대로 페널티킥을 시도**한다고 생각하자. 사용자는 다음의 '왼쪽', '중앙', '오른쪽'의 3가지 영역 중에서 하나를 선택하여 페널티킥을 한다. 컴퓨터도 난수를 생성하여 3개의 영역 중에서 하나를 수비한다. 출력은 다음과 같이 나타나도록 하자.

원하는 결과

```
어디를 공격하시겠어요?(왼쪽, 중앙, 오른쪽) : 왼쪽
축하합니다!! 공격에 성공하였습니다.
컴퓨터의 수비위치 : 오른쪽
```

힌트

3장에서 살펴본 랜덤 모듈의 n = random.randint(1, 3)을 이용해서 1, 2, 3 중 하나의 값을 생성하여 n에 넣자. 다음으로 if-elif-else 문을 이용하여 컴퓨터의 수비 위치를 정하자.

random 함수에 의해서 생성된 n 값이 0이면 '왼쪽', 1이면 '중앙', 2이면 '오른쪽'이 되도록 값을 할당하자. 다음으로 사용자의 입력을 받아서 사용자의 입력값과 비교하여 그 결과가 일치하면 사용자가 공격에 실패한 것이고 그렇지 않으면 공격에 성공한 것이다.

해답 코드

```python
import random

n = random.randint(1, 3)  # 랜덤하게 1, 2, 3 중 하나의 값을 생성
if n == 1:
    computer_choice = '왼쪽'
elif n == 2:
    computer_choice = '중앙'
else:
    computer_choice = '오른쪽'

user_choice = input('어디를 공격하시겠어요?(왼쪽, 중앙, 오른쪽) : ')
if computer_choice == user_choice:
    print('공격에 실패하셨습니다.')
else :
    print('축하합니다!! 공격에 성공하였습니다.')
print('컴퓨터의 수비위치 :', computer_choice)
```

도전문제 4.12

이 문제를 풀기 위해 options=['왼쪽', '중앙', '오른쪽'] 리스트를 생성하자. 다음으로 random 모듈을 사용하여 computer_choice = random.choice(options)와 같이하여 리스트에서 임의의 문자열을 추출하는 방식으로 다시 작성해 보자. 리스트에 대한 상세한 설명은 6장에서 다룰 것이다.

LAB 4-9 입력을 받아서 도형 그리기를 해보자

실습 시간

터틀 그래픽을 이용하여 사용자가 선택하는 도형을 화면에 그리는 프로그램을 작성해보자. 도형은 '사각형', '삼각형', '원' 중의 하나이다. 각 도형의 치수는 사용자에게 물어보도록 하자. 만일 사용자가 사각형을 입력하면 다음과 같이 가로, 세로를 물어보고 사각형을 그리며, 원을 선택할 경우 반지름을 물어보고 원을 그리도록 하자.

원하는 결과

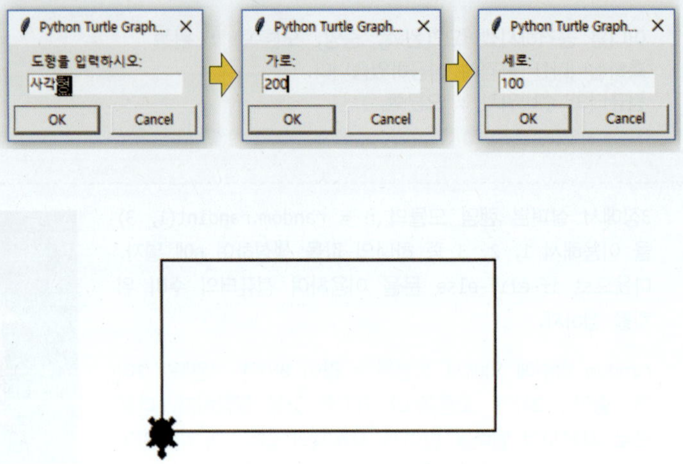

힌트

앞에서 학습한 다음과 같은 문장을 사용하라. 터틀 그래픽에서 사용자로부터 문자열을 입력받을 수 있는 문장이다.

```
s = turtle.textinput("", "도형을 입력하시오: ")
```

해답 코드

```
import turtle
t = turtle.Turtle()
t.shape("turtle")

s = turtle.textinput("", "도형을 입력하시오: ")
if s == "사각형" :   # 사용자가 사각형을 입력한 경우 가로, 세로를 물어본다
    s = turtle.textinput("", "가로: ")
    w = int(s)
    s = turtle.textinput("", "세로: ")
    h = int(s)
    t.forward(w)
    t.left(90)
    t.forward(h)
    t.left(90)
    t.forward(w)
    t.left(90)
    t.forward(h)
# 나머지 부분은 여러분이 완성해 보세요.
turtle.done()
```

도전문제 4.13

해답 코드를 수정하여 삼각형과 원에 대해서도 처리가 가능하도록 개선해 보라. 이때 입력이 원일 경우 반지름을 입력받도록 하자.

핵심 정리

SUMMARY

- 제어문이란 프로그램의 순차적 흐름이 아닌 조건에 맞는 실행과 반복을 하는 명령문이다. 조건문은 제어문의 한 종류이다.
- 조건문이란 프로그래머가 명시한 특정 조건을 만족할 때에만 특정 코드 블록이 실행되도록 하는 문법이다.
- 조건문의 키워드인 `if`, `elif`의 다음에는 조건식이 나타나고 바로 이어서 실행문 블록이 시작되기 전에 콜론(:)을 표시한다. 그리고 실행문 블록은 조건문의 키워드보다 들여쓰기를 해서 작성한다.
- 조건식은 부울형인 참(`True`)과 거짓(`False`)의 값을 가질 수 있다.
- 블록은 같은 실행 흐름에서 순서대로 실행되는 코드의 집합을 의미한다.
- 조건문에서 실행문 블록은 반드시 들여쓰기를 해주어야 한다.
- `if-elif-else` 문에서 `if` 문의 조건식을 제일 먼저 조사하고, `if` 문의 조건식이 참이 아닐 때, `elif` 조건식을 검사하고, `elif` 문의 조건식도 참이 아닐 때에는 마지막으로 `else` 문의 블록을 실행한다.

조건문을 만드는 것이 어렵지는 않았나요?
쉬운 것 같지만, 조금이라도 실수를 하면 프로그램은 전혀 다른 동작을 하게 되어요.

실습을 통해 연습을 하니 조금씩 익숙해지는 것 같아요.
and, or, not과 같은 논리 연산자는 영어이긴 하지만, 일상 생활에서 쓰는 언어와 유사해서 조금만 고민하면 조건식을 만드는 게 어렵지 않을 것 같아요.

그럼 값이 100보다 크고 짝수인 조건을 조건식으로 나타내 보세요.

value > 100 and value % 2 == 0
이렇게 만들면 되죠?

잘 했어요.
value % 2 == 0 이라고 잘 표현했어요. "같다"라는 표현 때문에 "=="이 아니라 "="를 쓰는 실수가 흔히 일어난답니다. 주의가 필요하지요.

주관식 문제

다음 괄호 안에 들어갈 알맞은 단어를 적어라.

4.1 여러 명령이 순차적으로 실행되는 구조를 ( ) (이)라 한다.

4.2 여러 개 중 하나의 명령문이 조건에 따라 선택적으로 실행되는 구조를 ( ) (이)라 한다.

4.3 동일한 명령이 반복되면서 실행되는 구조를 ( ) (이)라 한다.

4.4 어떤 조건을 만족하는지 그렇지 않은지를 판정하는 식을 ( ) (이)라고 한다. 그리고 이 조건식은 참(True) 또는 거짓(False)의 값을 갖는 ( )형으로 평가된다.

4.5 관계 연산자는 두 개의 피연산자를 비교하는데 사용되는데, 관계 연산자의 결과는 ( ) 아니면 ( ) (으)로 나타난다.

4.6 대입 연산자 ( ) (은)는 오른쪽의 값을 왼쪽 변수에 담는 연산이고, 관계 연산자 ( ) (은)는 좌우의 값이 같은지를 보고 참과 거짓 중 하나를 반환하는 연산자이다.

4.7 파이썬에서는 선택 구조를 위하여 if 문과, if-else 문, 그리고 ( ) 문을 제공한다.

4.8 파이썬의 조건식 뒤에는 반드시 특수기호인 ( )이 와야 한다. 이는 파이썬 인터프리터에게 "아직 전체 문장을 끝나지 않았으니 잠시 해석을 미뤄달라. 이 다음에는 이 문장에 딸린 코드 블록이 나타날 것이다."라고 요청하는 기호이다.

4.9 if-else 문은 주어진 조건식을 계산하여 조건식이 참(True)으로 계산되면 ( ) 아래에 있는 문장을 실행한다. 만약 거짓(False)이면 ( ) 아래에 있는 문장을 실행한다.

4.10 if-else 문에서 조건이 거짓일 때 다른 조건을 검사할 수 있다. 이때는 ( ) 키워드를 사용하면 된다.

4.11 필요에 따라 if 문 안에 또 다른 if 문이 들어갈 수도 있는데, 이것을 ( ) 또는 ( ) (이)라고 한다.

4.12 터틀 그래픽을 사용하기 위해서는 터틀 그래픽을 위한 turtle이라는 모듈을 이 코드 안으로 가져와야 한다. 이 역할을 하는 코드는 ( )이다.

심화문제

EXERCISE

4.1 사용자로부터 a에서 z까지의 알파벳 문자 하나를 입력 받아서 a, e, i, o, u일 경우 다음과 같이 '모음입니다.'를 출력하고, 이외의 문자일 경우 '자음입니다.'를 출력하라.

```
알파벳을 입력하시오 : i
i (은)는 모음입니다.
```

```
알파벳을 입력하시오 : t
t (은)는 자음입니다.
```

4.2 다음과 같이 사용자로부터 임의의 정수 3개를 입력으로 받아서 가장 큰 수부터 작은 수까지 나열하는 프로그램을 if-else 문을 사용하여 작성하라(힌트: 공백 단위로 구분되어 입력받은 숫자를 분리할 때 split() 메소드를 사용하여라).

```
세 정수를 입력하시오 : 9 122 4
122 9 4
```

```
세 정수를 입력하시오 : 9 4 122
122 9 4
```

4.3 다음과 같이 사용자로부터 나이를 입력받아 20살 이상이면 "Adult", 10살 이상 20살 미만이면 "Youth", 10살 미만이면 "Kid"를 출력하는 프로그램을 if-elif-else 문을 사용하여 작성하라.

```
나이를 입력하시오 : 23
Adult
```

```
나이를 입력하시오 : 3
Kid
```

4.4 하나의 정수를 입력으로 받아서 이 정수가 2로 나누어지는지, 3으로 나누어지는지, 혹은 두 정수 모두로도 나누어지는 알려주는 프로그램을 다음과 같이 작성하라. 예를 들어 15와 같은 수가 입력되면 다음 출력결과와 같은 화면이 나타나면 된다.

```
정수를 입력하시오 : 15
15는(은) 2(으)로 나누어지지 않습니다.
15는(은) 3(으)로 나누어집니다.
15는(은) 2와(과) 3 모두로 나누어지지 않습니다.
```

4.5 random.randint(0, 9)를 사용하여 0에서 9사이의 복권번호 3개를 생성하도록 하자. 이들 중에서 3개의 숫자를 모두 맞히면 '1억원', 2개를 맞히면 '1천만원', 1개를 맞히면 '1만원', 모두 틀리면 '다음 기회에...'을 출력하는 복권 시스템이 있다고 가정하자. 사용자로부터 3개의 정수를 받은 다음 상금을 알려주는 프로그램을 다음과 같이 작성하라(여기에서는, 랜덤하게 생성한 복권 당첨 번호가 2, 3, 9라고 가정하자).

```
세 복권번호를 입력하시오 : 1 5 7
다음 기회에...
```

```
세 복권번호를 입력하시오 : 1 2 9
상금 1천만원
```

4.6 철수는 최근 식당을 오픈하여 자신의 식당 메뉴 주문 프로그램을 직접 개발하고자 한다. 이를 위하여 사용자에게 다음과 같은 메뉴를 보여주고 알파벳 b, c, p 중에서 하나를 선택하도록 하자. 이때 메뉴에 없는 알파벳이 입력되면 "선택한 메뉴가 없습니다"가 출력되도록 하여라.

```
우리식당에 오신것을 환영합니다. 메뉴는 다음과 같습니다.
- 햄버거(입력 b)
- 치킨(입력 c)
- 피자(입력 p)
메뉴를 선택하세요(알파벳 b, c, p 입력) : c
치킨을 선택하였습니다.
```

4.7 파이썬의 random.randint(1, 100)을 이용하여 1에서 100사이의 임의의 난수 2개를 생성하여라. 다음으로 두 수의 합을 묻는 질문을 사용자에게 던지도록 하자. 만일 사용자가 두 수의 합을 맞추면 '잘했어요!!'를 출력하여라. 만일 틀릴 경우 '정답은 000입니다.' 를 출력하여라.

```
9 + 48 = 57
잘했어요!!
```

```
91 + 31 = 121
정답은 122 입니다.
```

4.8 덧셈, 뺄셈, 곱셈, 나눗셈을 수행해주는 프로그램을 작성하려 한다. 원하는 연산의 번호(1:덧셈, 2:뺄셈, 3:곱셈, 4:나눗셈)을 입력 후, 두 개의 양의 정수를 입력하면 연산 결과를 출력해준다. 이때 연산의 번호에서 1,2,3,4가 아닌 다른 값이 입력되면 '잘못 입력하였습니다.'를 출력한다. 또한, 각 연산에 배정된 숫자가 아닌, 다른 숫자를 입력하면 잘못 입력하였다는 정보를 출력하여야 한다.

```
1)덧셈 2)뺄셈 3)곱셈 4)나눗셈
어떤 연산을 원하는지 번호를 입력하세요: 4
연산을 원하는 숫자 두개를 입력하세요 : 3 4
3 / 4 = 0.75
```

4.9 사용자로부터 사각형의 왼쪽 하단 모서리의 좌표와 오른쪽 상단 모서리의 좌표를 입력받아서 사각형을 생성하도록 하자. 다음으로 임의의 점의 x, y 값을 입력받아 이 점이 사각형의 내부에 있을 경우 다음과 같이 '점은 사각형의 내부에 있습니다'를 출력하고 그렇지 않을 경우 '점은 사각형의 외부에 있습니다'를 출력하는 프로그램을 작성하도록 하자(힌트: turtle.textinput("", "왼쪽 하단 모서리 좌표 x, y : ")와 같은 textinput() 기능을 호출하도록 하자. 출력시 점은 그림과 같이 동그라미로 표시하자. 그리고 입력시 왼쪽 하단 모서리의 x, y 값은 오른쪽 상단 모서리의 x, y 값보다 작다고 가정하자).

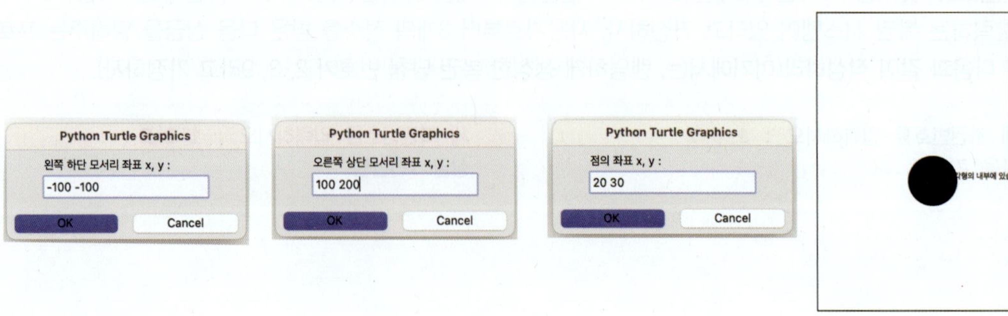

chapter

05 여러 번 반복하는 일을 하자

이 장에서 배울 것들

- 반복문의 필요성을 알아봅시다.
- while 문과 조건식을 사용하여 반복적으로 명령을 실행시켜보도록 하자.
- while 문과 반복 블록의 사용법을 익혀 봅시다.
- for 문을 사용하여 정해진 횟수만큼 반복하는 방법을 학습해 봅시다.
- 반복문을 사용하여 다양한 문제를 해결해 봅시다.
- 많은 횟수의 동작을 수행하는 프로그램도 작성해 봅시다.
- 오랫동안 동작하며 사용자와 상호작용하는 프로그램을 작성해 봅시다.

5.1 왜 반복문이 중요한가

반복문은 어떤 단계를 반복하게 하는 것으로 반복 구조를 사용하면 프로그램이 간결해지게 된다. 예를 들어서 동일한 작업을 반복하기 위하여 똑같은 문장을 복사하여 붙여넣기 하는 것보다 반복 구조를 사용하는 편이 프로그램을 간결하게 만든다. 또 프로그래밍에 필요한 시간도 단축할 수 있다.

하나의 예로 화면에 회사에 중요한 손님이 오셔서 대형 전광판에 다음과 같이 환영인사를 5번 출력한다고 하자.

```
파이썬 주식회사의 방문을 환영합니다!
파이썬 주식회사의 방문을 환영합니다!
파이썬 주식회사의 방문을 환영합니다!
파이썬 주식회사의 방문을 환영합니다!
파이썬 주식회사의 방문을 환영합니다!
```

반복 구조를 사용하지 않는다면 다음과 같이 동일한 문장을 복사한 후에 붙여넣기를 하여야 한다.

```python
print("파이썬 주식회사의 방문을 환영합니다!")
print("파이썬 주식회사의 방문을 환영합니다!")
print("파이썬 주식회사의 방문을 환영합니다!")
print("파이썬 주식회사의 방문을 환영합니다!")
print("파이썬 주식회사의 방문을 환영합니다!")
```

물론 반복 횟수가 몇 번 안 되는 경우에는 위와 같이 "복사해서 붙여넣기" 하여도 된다. 하지만 100번 반복해야 한다면 어떻게 할 것인가? 이런 경우에 for 문을 사용한다면 다음과 같이 간단하게 작성할 수 있다.

```python
for i in range(100):
    print("파이썬 주식회사의 방문을 환영합니다!")
```

이와 같이 반복문은 인간이 **반복적으로 수행하는 번거로운 작업을 손쉽게 해결**해 줄 수 있으므로 매우 중요한 제어문으로 널리 사용되고 있다. 이 장에서는 반복문의 문법과 그 활용 방법에 대해 깊이 다루어 볼 것이다.

도전문제 5.1

for - in range():를 이용하여 '####################'를 5줄에 걸쳐 출력하여라.

```
####################
####################
####################
####################
####################
```

반복의 종류

파이썬에서 특정한 문장을 반복해서 실행시키기 위해 사용되는 반복문은 다음과 같은 2 가지 종류가 있다.

1. 횟수 제어 반복(**for 문**): for 문은 보통 반복하는 횟수를 지정하여 반복한다.
2. 조건 제어 반복(**while 문**): while 문은 특정한 조건이 만족되면 계속 반복한다.

횟수 제어 반복은 반복을 시작하기 전에 반복의 횟수를 미리 아는 경우에 사용한다. 예를 들어서 "환영합니다" 문장을 5번 반복하여 출력한다면 for 문을 사용하면 자연스럽다. 파이썬에서는 항목들을 모아 놓은 시퀀스라는 객체가 있고 여기에서 항목을 하나씩 가져와서 반복할 때도 for 문이 적합하다. 시퀀스에 항목이 더 이상 없으면 반복이 종료된다.

1) for 문

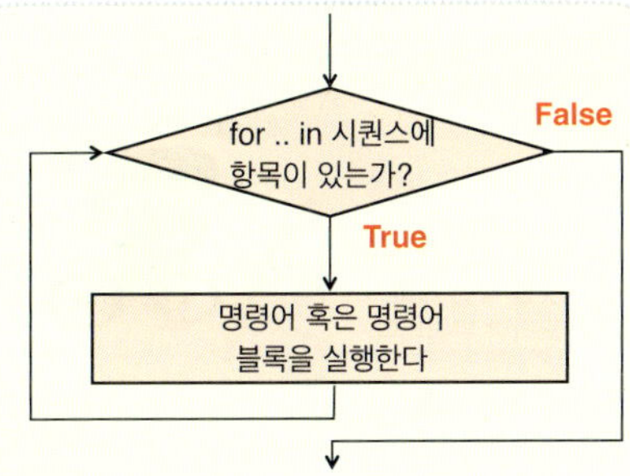

예시

```
for i in range(5):
    print('환영합니다')
```

2) while 문

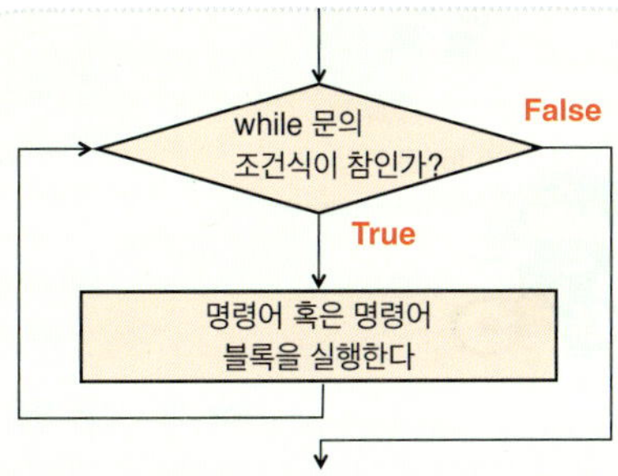

예시

```
i = 0
while i < 5:
    print('환영합니다')
    i = i + 1
```

왼쪽의 그림에서 range(5)라는 함수는 0, 1, 2, 3, 4의 숫자 시퀀스를 자동으로 생성하는 함수이다. 따라서 이 문장은 0에서 4까지의 숫자를 반환하는 작업을 끝낼 때까지 반복 실행된다. 반면 오른쪽의 while문은 i < 5의 조건이 참일 경우 '환영합니다'를 출력하고 i 값을 1 증가킨다. 최초의 i 값이 0이므로 이 반복문 역시 5회 반복 수행하게 된다. 이와 같이 파이썬의 조건 제어 반복은 특정한 조건이 만족되는 동안 계속 반복한다.

잠깐 – 루프loop

프로그래밍에서 반복은 흔히 올가미 같은 동그란 고리를 의미하는 **루프**loop라고 한다. 왜냐하면 프로그램이 반복할 때 이전 단계로 되돌아가는데 이것이 동그라미를 그리는 것처럼 보이기 때문이다. 이 고리를 빠져나오지 않고 계속해서 반복을 하는 경우를 **무한루프**infinite loop라고 한다.

도전문제 5.2

(1) for t in range(10):를 이용하여 블록 내부에서 print() 함수를 사용하여 t 값을 출력해 보자.
(2) for t in range(1, 10):를 이용하여 블록 내부에서 print() 함수를 사용하여 t 값을 출력해 보자.
(3) for t in range(2, 10):를 이용하여 블록 내부에서 print() 함수를 사용하여 t 값을 출력해 보자.
(4) for t in range(2, 10, 2):를 이용하여 블록 내부에서 print() 함수를 사용하여 t 값을 출력해 보자.
(5) for t in range(2, 10, 3):를 이용하여 블록 내부에서 print() 함수를 사용하여 t 값을 출력해 보자.

5.2 횟수를 정해놓고 반복시키자

파이썬에서 횟수 제어 반복은 for 루프를 이용하는 것이 가장 간편하다. for 루프는 반복할 횟수를 정해 두고, 이 횟수가 만족될 때까지 같은 동작을 반복하도록 하는 일을 쉽게 표현할 수 있다. 이 동작은 다음 그림과 같이 루프를 도는 사이클 선수의 동작에 비유할 수 있다. 이 선수는 한 바퀴를 돌 때마다 깃발을 하나씩 챙겨갈 수 있으며 깃발 다섯 개가 모이면 이 루프를 빠져나갈 수 있다.

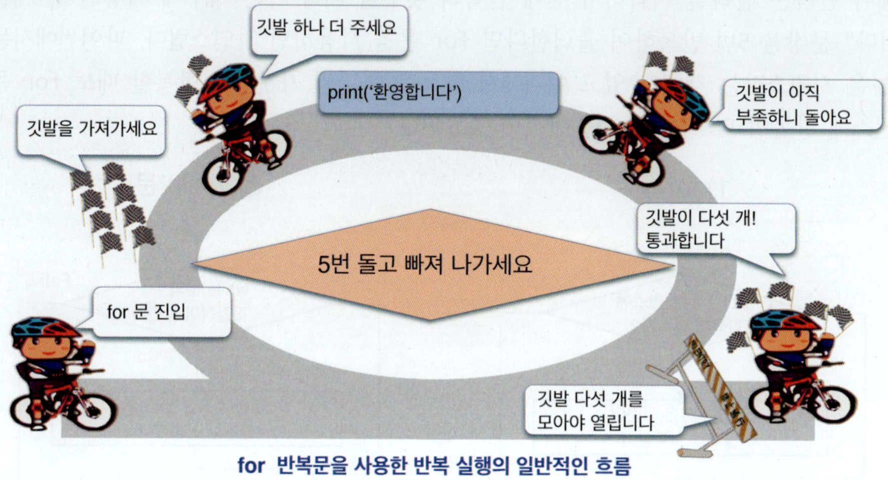

for 반복문을 사용한 반복 실행의 일반적인 흐름

이러한 동작은 for 루프를 사용하여 구현할 수 있다. 우선 다음과 같이 리스트를 이용하여 반복 동작을 수행하는 작업을 먼저 연습해 보자. 여기서 [...]은 **리스트**list이다. 이것은 7장에서 더욱 자세히 다룰 것인데, 여러 개의 값들을 담을 수 있는 장바구니와 같은 개념으로 이해하면 된다. 리스트 [1, 2, 3, 4, 5] 안에는 정수 1, 2, 3, 4, 5의 원소가 담겨있다.

```
for i in [1, 2, 3, 4, 5]:          # 반복문의 끝에 :이 있어야 함
    print("방문을 환영합니다!")    # if 문과 마찬가지로 들여쓰기를 하여야 함
```

반복해서 실행될 문장은 반드시 들여쓰기를 하여야 한다. 이 들여쓰기 문장을 for 문에 담긴 **블록**block이라고 한다. 위의 코드를 실행하면 다음과 같은 출력을 얻을 수 있다.

```
방문을 환영합니다!
방문을 환영합니다!
방문을 환영합니다!
방문을 환영합니다!
방문을 환영합니다!
```

위의 두 코드에서 print(...) 문장은 리스트에 있는 숫자들의 개수만큼 반복된다. 매번 반복될 때마다 변수 i는 리스트의 원소의 값이 차례로 대입된다.

- 첫 번째 반복에서 변수 i의 값은 리스트의 첫 번째 숫자인 1이 되고 print(...) 문장이 실행된다.
- 두 번째 반복에서 변수 i의 값은 리스트의 두 번째 숫자인 2가 되고 print(...) 문장이 실행된다.
- 세 번째 반복에서 변수 i의 값은 리스트의 세 번째 숫자인 3이 되고 print(...) 문장이 실행된다.
- 네 번째 반복에서 변수 i의 값은 리스트의 네 번째 숫자인 4가 되고 print(...) 문장이 실행된다.
- 다섯 번째 반복에서 변수 i의 값은 리스트의 다섯 번째 숫자인 5가 되고 print(...) 문장이 실행된다.

for – in 다음에는 리스트나 문자열도 올 수 있다

앞 페이지에서는 변수 i의 값을 전혀 이용하지 않았다! 이번에는 반복하면서 print() 함수를 이용해서 변수 i의 값을 출력하여 보자.

```
for i in [1, 2, 3, 4, 5]:        # in 뒤에 리스트를 넣고 끝에 :을 넣자
    print("i =", i)              # i 값을 출력해보자
```

위의 코드를 실행하면 다음과 같이 출력된다.

```
i = 1
i = 2
i = 3
i = 4
i = 5
```

이 문장은 다음과 같은 문자열에 대해서도 적용할 수 있다. 문자열은 여러 개의 문자로 이루어진 자료형으로 리스트와 유사한 구조인 **시퀀스**sequence 형이다.

```
for i in "Hello":        # 끝에 :이 있어야 함
    print("i =", i)      # i 값을 출력해보자
```

위의 코드를 실행하면 다음과 같이 출력된다.

```
i = H
i = e
i = l
i = l
i = o
```

이번에는 이러한 출력 방식을 조금 더 개선해서 다음과 같이 구구단 9단 중의 일부를 for 루프를 이용하여 출력하여 보자.

```
for i in [1, 2, 3, 4, 5]:              # 1에서 5까지의 리스트
    print("9 *", i, "=", 9 * i )       # 9*i 값을 출력해보자
```

위의 코드를 실행하면 다음과 같이 출력된다.

```
9 * 1 = 9
9 * 2 = 18
9 * 3 = 27
9 * 4 = 36
9 * 5 = 45
```

도전문제 5.3

bts = ['V', 'J-Hope', 'RM', 'Jungkook', 'Jin', 'Jimin', 'Suga']라는 리스트를 선언한 후 이 리스트 내부의 모든 항목을 출력하는 코드를 작성하여라.

5.3 for 문과 찰떡 궁합인 range() 함수

앞에서는 리스트에 정수들을 저장해두고 하나씩 꺼내서 반복하였다. 하지만 반복 횟수가 1000번이라면 이 방법이 불가능하다. 반복해야 하는 횟수가 큰 경우를 대비하여 range() 함수를 사용하는 방법이 준비되어 있다. range() 함수로 반복 횟수를 전달하면 range() 함수가 자동으로 정수들을 생성해준다. for - in range() 문의 전체적인 구조는 다음과 같다.

예를 들어서 '파이썬 주식회사의'와 '방문을 환영합니다!'를 3번 출력하는 문장을 for 문으로 작성하면 다음과 같다.

```
for i in range(3):                # (1)
    print('파이썬 주식회사의')      # (2)
    print('방문을 환영합니다!')     # (2)
```

```
파이썬 주식회사의
방문을 환영합니다!
파이썬 주식회사의
방문을 환영합니다!
파이썬 주식회사의
방문을 환영합니다!
```

1) range(3) 함수는 0, 1, 2까지의 **숫자열**sequence을 반환한다. 반복할 때마다 변수 i에 이 값들을 대입하면서 문장을 반복한다. 즉 첫 번째 반복에서는 i는 0이고 되고 두 번째 반복에서는 1이 된다. 마지막 반복에서 i는 2가 된다.
2) 하나 이상의 반복되는 문장이 올 수 있는데, 반복되는 문장은 if 문과 같이 **반드시 동일한 간격의 들여쓰기를 해야 한다**. 이 때 들여쓰기가 있는 문장들만이 반복된다.

파이썬 쉘에서 range() 함수에 list() 함수를 적용시키면 range() 함수가 생성하는 정수들을 볼 수 있다. 이와 같이 range() 함수는 연속적인 값들을 생성하는 일을 한다.

```
>>> list(range(10))
[0, 1, 2, 3, 4, 5, 6, 7, 8, 9]
```

잠깐 - range() 함수가 반환하는 값은 range 형이다

파이썬의 range() 함수는 range 형의 자료형을 반환한다. range 형의 자료형은 호출이 발생할 때마다 매번 연속된 값을 생성하여 반환하는 특별한 일을 한다. 따라서 주로 for 문과 함께 사용된다.

range() 함수는 숫자를 생산하는 공장이다

range() 함수는 숫자들을 생산하는 공장으로 생각하면 된다. 그림과 같이 range(5)은 5개의 정수를 생성한다. 0, 1, 2, 3, 4가 바로 그것이다. 그리고 for 루프는 이 시퀀스의 수만큼 반복 수행한다. 아래와 같은 코드 **for i in** range(5):에서 i는 **제어 변수**라고도 하며 시퀀스가 생성한 값을 담는 공간이다.

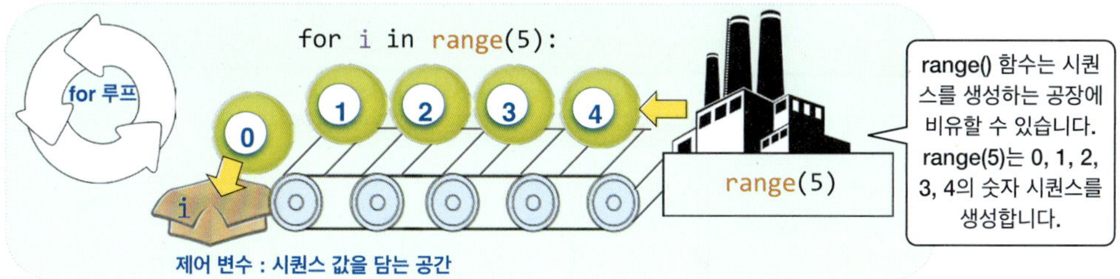

range() 함수는 여러 개의 인자를 이용하여 좀 더 다양한 정수 시퀀스를 생성할 수 있으며, 일반적인 형식은 다음과 같다. range(start, stop, step)이라고 호출하면 start에서 시작하여 stop 미만의 값까지 step 간격으로 정수들이 생성된다. 여기서 start와 step은 생략될 수 있는데, 이 경우 start는 0으로 간주되고 step은 1로 간주된다. 하지만 **stop 값은 반드시 지정해야만 루프가 수행된다.**

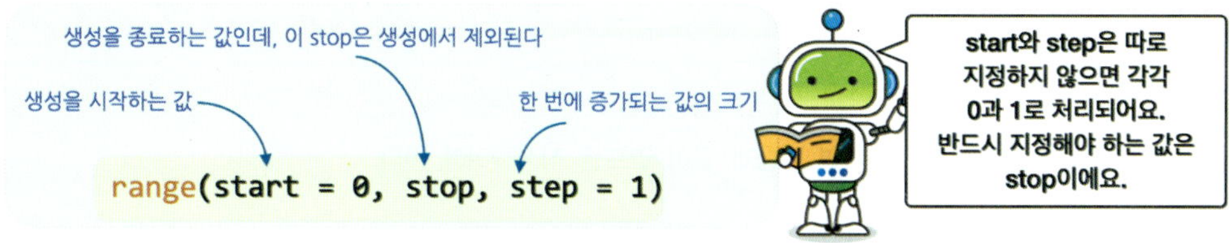

예를 들어서 range(0, 5, 1)이라고 하면 0, 1, 2, 3, 4까지의 정수가 반환된다. range(5)이라고 하면 start와 step은 생략된 것으로 range(0, 5, 1)와 같다. 만약 0이 아닌 1부터 시작하여서 5까지 반복하고 싶다면 어떻게 하면 될까? range(1, 6, 1)을 사용하면 될 것이다. 반복하면서 변수 i의 값을 출력하여 보자. 다음과 같이 end = " "을 입력하면 숫자를 출력한 후 줄바꿈을 하지 않고 한 칸의 공백을 출력하게 된다.

```
for i in range(1, 6, 1):
    print(i, end = " ")      # end = " "로 지정하면 줄바꿈을 하지 않고 공백으로 나열한다.
```

```
1 2 3 4 5
```

만약 10부터 시작하여서 1까지 1씩 감소하며 반복하고 싶다면 어떻게 하면 될까? range(10, 0, -1)을 사용하면 될 것이다. 반복하면서 변수 i의 값을 출력하여 보자.

```
for i in range(10, 0, -1):
    print(i, end = " ")
```

```
10 9 8 7 6 5 4 3 2 1
```

잠깐 – range(n)은 range(0, n, 1)과 같다

range(10) 함수를 사용할 때 가장 혼동하는 부분이 1에서 10까지의 정수가 생성되는 것으로 생각하는 것이다. 반복 횟수 측면으로만 보면 1부터 10까지나 0부터 9까지나 모두 10회 반복된다. 어느 쪽이 더 나은 방법인가는 컴퓨팅의 오랜 논쟁거리였다. 그러나 컴퓨터 회로의 특성상 시작하는 값은 0부터 시작하는 것이 더 효율적이므로 range(10) 함수를 사용하면 생성되는 정수는 0부터 9까지이다. 만약 1부터 10까지의 정수가 필요하면 range(1, 11)로 하면 된다.

LAB5-1 터틀 그래픽으로 여러 개의 원을 그려 보자

실습 시간

이번에는 터틀 그래픽을 사용하여 반복을 설명해보자. 예를 들어서 터틀을 60도만큼 회전시키면서 화면에 6개의 원을 그린다고 가정하자.

원하는 결과

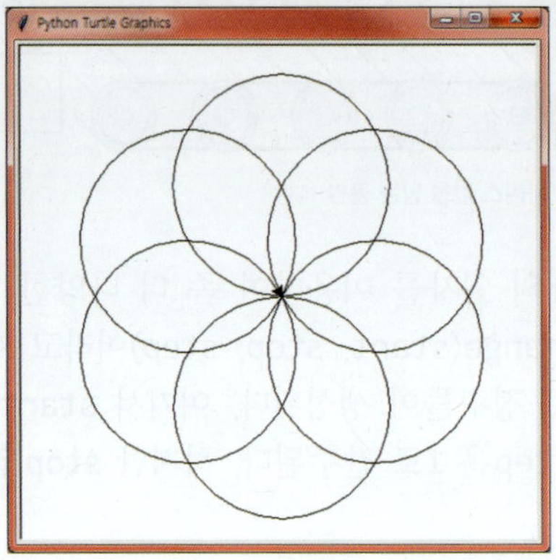

힌트

반복을 사용하지 않는다면 다음과 같이 코드를 작성하여야 한다.

```
import turtle
t = turtle.Turtle()

t.circle(100)   # 반지름이 100인 원을 그린다.
t.left(60)      # 60도 만큼 터틀을 왼쪽으로 회전시킨다.
t.circle(100)   # 위의 코드를 모두 6회 나타난다.
t.left(60)
t.circle(100)
t.left(60)
t.circle(100)
t.left(60)
t.circle(100)
t.left(60)
t.circle(100)
```

물론 이렇게 그려도 되지만 상당히 많은 양의 코드가 반복되어 있다. 따라서 이런 경우에는 반복을 사용하는 것이 좋다. 어떻게 하면 좋을까? 위의 코드를 분석해보면 60도 회전하고 원을 그리는 문장이 6번 반복된다. 따라서 for 루프를 이용하여 작성해보자.

이 코드는 같은 기능을 6번 반복해야 하므로 range(6)을 호출하여서 6개의 숫자열을 생성하였다. 각 반복에서는 반지름이 100인 원을 그리고, 터틀을 60도만큼 회전시키고 있다. 이때 t.circle()과 t.left()는 **동일한 크기**만큼 들여쓰기를 해야한다.

해답 코드

```
import turtle
t = turtle.Turtle()

for i in range(6):          # 6회 반복하는 코드
    t.circle(100)
    t.left(360/6)
```

LAB 5-2 반복을 사용하여 도형을 그리자

실습 시간

터틀 그래픽에서도 반복을 사용할 수 있다. 정삼각형과 정사각형을 반복을 이용하여 화면에 그려보자. for 문을 사용하면 같은 문장을 반복해서 적을 필요가 없다.

원하는 결과

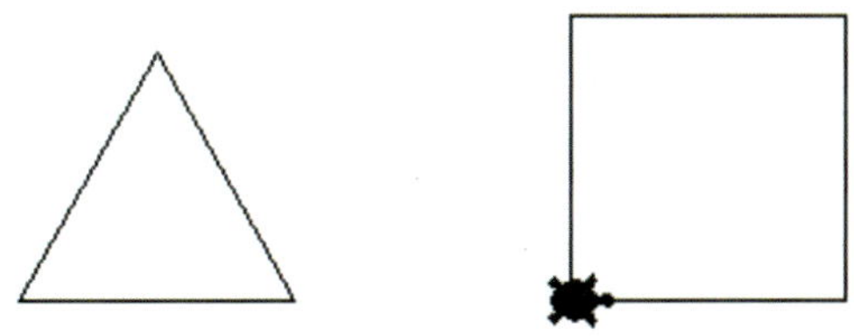

힌트

삼각형은 직선 그리기를 세 번 반복하면 되고, 사각형은 직선 그리기를 네 번 반복하면 된다. 반복하기 전에 그리는 방향을 삼각형은 120도, 사각형은 90도 바꾸면 될 것이다.

해답 코드

```
import turtle
t = turtle.Turtle()
t.shape("turtle")

# 정삼각형 그리기
for i in range(3):
    t.forward(100)
    t.left(360/3)    # 360/3을 통해 120도 왼쪽으로 틀기

# 정사각형을 그리기 위하여 터틀을 이동하기
t.penup()        # 펜 자국이 남지 않도록 펜을 들어서 이동한다
t.goto(200, 0)
t.pendown()      # 이동을 마치면 펜은 내리도록 한다

# 정사각형 그리기
for i in range(4):
    t.forward(100)
    t.left(360/4)    # 360/4를 통해 90도 왼쪽으로 틀기
```

도전문제 5.4

(1) 위의 코드를 일부 수정하여 정육각형을 그려보자. 반드시 반복을 사용해서 화면에 그려보자.
(2) 위의 코드를 일부 수정하여 정팔각형을 그려보자. 반드시 반복을 사용해서 화면에 그려보자.

LAB 5-3 N-각형 그리기

실습 시간

우리는 앞에서 반복을 이용하여 정삼각형과 정사각형을 그려보았다. 사용자로부터 정수 n을 받아서 n-각형을 그리는 프로그램을 작성할 수 있는가? text_input()을 이용하여 사용자로부터 정수를 입력받자.

원하는 결과

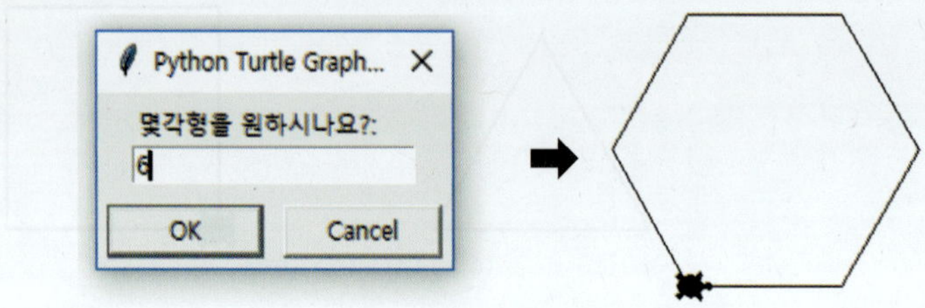

힌트

s = turtle.textinput("", "몇각형을 원하시나요?")라는 명령어를 통해 사용자로부터 입력을 받도록 한다. turtle 모듈의 textinput() 함수는 사용자 입력을 받는 대화창을 화면에 보여주고 입력받은 값을 문자열로 반환하는 일을 한다..

해답 코드

```
import turtle
t = turtle.Turtle()
t.shape("turtle")

s = turtle.textinput("", "몇각형을 원하시나요?:")
n = int(s)

for i in range(n):
    t.forward(100)
    t.left(360/n)
```

도전문제 5.5

n-각형의 한 변의 길이도 사용자로부터 받아보자. 사용자로부터 임의의 값 length를 입력으로 받아서 forward(100)이 아니고 forward(length)가 되도록 하라.

LAB5-4 반복을 이용하여 팩토리얼을 계산하기

실습 시간

사용자로부터 임의의 정수 n을 입력받은 뒤에 for 문을 이용하여서 팩토리얼을 계산해보자. 팩토리얼 n!은 1부터 n까지의 정수를 모두 곱한 것을 의미한다. 즉, n! = 1×2×3×.....×(n-1)×n이다.

원하는 결과

```
정수를 입력하시오: 10
10 !은 3628800 이다.
```

힌트

팩토리얼 값은 생각보다 아주 커질 수 있다. 여기서 최종 결과를 저장할 fact라는 변수를 사용할 것인데, fact의 초기값은 아래와 같이 반드시 1이어야 하며 0으로 초기화하면 안된다. 왜냐하면 팩토리얼은 정수를 전부 곱해서 계산하는 것이므로 초기값이 0이면 결과는 0이 되어 버린다.

만일 n!의 n 값이 5라고 하면 아래 표와 같이 반복이 진행된다.

	i의 값	반복여부	fact의 값
1번째 반복	1	반복	1*1
2번째 반복	2	반복	1*1*2
3번째 반복	3	반복	1*1*2*3
4번째 반복	4	반복	1*1*2*3*4
5번째 반복	5	반복	1*1*2*3*4*5

이를 for 루프를 이용하여 코딩해 보자. 여기에서는 사용자로부터 정수 n을 입력받은 다음 range(1, n+1) 함수를 사용해서 1부터 n까지의 정수를 생성하는 작업을 반복하자. 그리고 매 반복시마다 생성된 값을 fact에 누적하여 곱해보자. 이 때 fact = 1로 초기화 한다는 점에 유의하도록 하자.

해답 코드

```
n = int(input("정수를 입력하시오: "))
fact = 1
for i in range(1, n+1):
    fact = fact * i

print(n, "!은", fact, "이다.")
```

5.4 조건에 따라 반복해서 실행하는 while 문

조건 제어 반복은 어떤 조건이 만족되는 동안 반복하기 때문에 붙여진 이름이다. 예를 들어서 자전거를 타고 가는데 앞에서 공사가 벌어져서 진행할 수가 없다. 공사가 진행중인 동안은 같은 구간을 계속해서 반복하는 것이다. 이 자전거는 한 바퀴 돌 때마다 공사가 끝났는지 확인을 한다. 공사중인 상태이면 반복을 지속하고 공사가 끝나면 탈출하는 것이다. 이런 경우에 조건 제어 반복을 사용한다. 조건 제어 반복은 while 반복문을 사용하는 것이 편리하다.

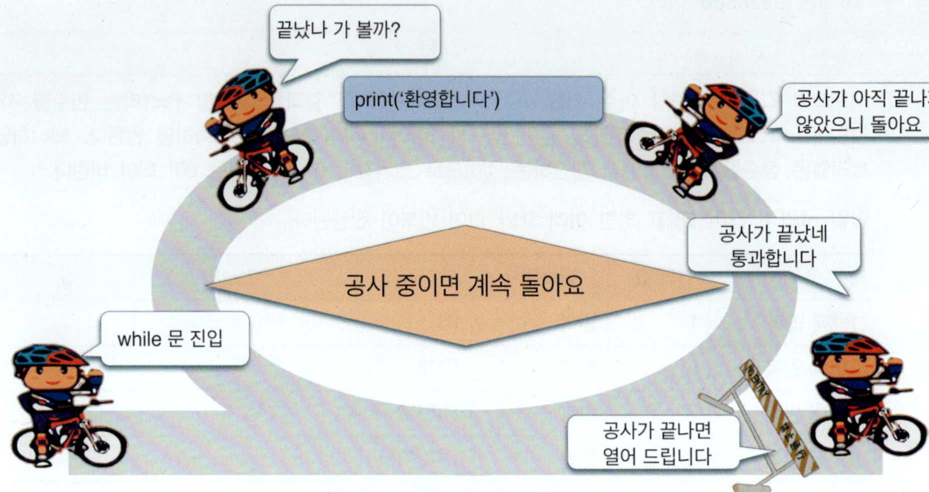

while 반복문을 사용한 반복 실행의 일반적인 흐름

while 반복문은 다음 그림과 같은 구조를 갖는다.

위의 예를 프로그램으로 작성해보면 다음과 같다.

```
under_construction = True
while under_construction:
    response = input("공사가 완료 되었습니까?")
    if response == "예" :
        under_construction = False

print("루프를 탈출했습니다.")
```

위의 코드는 under_construction이라는 변수의 값이 True이면 while 문의 내부 문장이 반복해서 실행되는 코드이다. 이 때 response 값이 "예"일 경우 under_construction이라는 변수의 값이 False가 되어 while 문은 중지된다.

LAB 5-5 사용자로부터 암호를 받아 로그인하기

실습 시간

어떤 경우에 반복되는 횟수를 알 수 없을까? 가장 대표적인 경우가 사용자로부터 어떤 값을 받아서 처리할 때이다. 사용자가 입력하는 값을 예측하기 힘들기 때문이다. 예를 들어서 사용자가 암호를 입력하고 프로그램에서 암호가 맞는지 체크한다고 하자.

우리가 작성할 코드는 사용자가 바른 암호를 입력할 때까지 질문을 계속한다. 암호가 "pythonisfun"이라고 가정하고 간단한 알고리즘을 생각해 보자. 다음과 같이 틀린 암호를 하나 생성해 두고, 사용자의 입력으로 대체한다. 그리고 이것이 옳은 암호인지를 체크해서 아닌 경우에는 이 일을 반복한다. 반복을 빠져나가면 로그인 성공을 표시해 준다.

```
1. 암호=""
2. 암호가 "pythonisfun"이 아니면 다음을 반복한다.
        - 사용자로부터 암호를 입력받는다.
3. "로그인 성공"을 출력한다.
```

원하는 결과

```
암호를 입력하시오: idontknow
암호를 입력하시오: 12345678
암호를 입력하시오: pythonisfun
** 로그인 성공 **
```

힌트

이 알고리즘은 암호가 올바르게 입력될 때까지 반복한다. 사용자가 몇 번 만에 올바른 암호를 입력할 지를 미리 알 수 없기 때문에 조건 제어 루프가 사용되었다. 이 알고리즘을 파이썬으로 구현하면 다음과 같다.

해답 코드

```
password = ""
while password != "pythonisfun":
    password = input("암호를 입력하시오: ")
print("** 로그인 성공 **")
```

잠깐 – 내 패스워드가 뭐였지?

인스타그램, 카카오톡, 페이스북, 이메일 등 전자 기기를 이용한 인터넷 서비스는 삶의 필수적인 부분이 되었다. 하지만 많은 서비스를 이용하는 만큼 인증을 위한 패스워드 역시 서비스의 종류만큼 많이 필요하게 되었다. 이러한 패스워드를 기억하지 못해서 혼란에 빠지는 증상이나 스트레스를 "**패스워드 증후군**"이라 한다. 쉽고 기억하기 쉬우면서도 해커가 깨뜨리기 어려운 패스워드를 만들기 위해서는 자신이 좋아하는 단어를 하나 고르고 앞뒤로 특수문자와 숫자를 삽입하는 것이 좋다. 예를 들어 자신이 Daisy(민들레)를 좋아한다고 가정하고 축구 선수 손흥민의 등번호 7을 좋아한다고 하자. 이 경우 **[Daisy^^7]** 이라는 암호를 사용한다면 나름 기억하기 좋고 강력한 암호가 될 것이다. 이 경우 대문자를 조합하는 것이 더 좋기 때문에 첫 글자를 대문자로 사용했으나 **[daiSY^^7]**과 같이 한다면 더욱 더 강력한 암호가 될 것이다. 혹은 one+three==4과 같은 자신이 좋아하는 두 수를 이용한 계산식을 사용하는 것도 기억하기 좋으면서 강력한 암호일 것이다.

5.5 일정한 횟수 반복에 while 사용하기

반복의 횟수를 미리 알 수 없는 경우에만 while 루프를 사용할 수 있는 것은 아니다. 횟수를 알고 있는 경우에도 while 루프를 사용할 수 있다.

예를 들어서 1부터 10까지의 합을 계산하는 코드를 while 루프로 작성해보자. 이를 위하여 1부터 10까지 증가하는 변수 count를 1로 초기화하여 만들자. 그리고 이 값들을 저장할 변수 s를 선언하고 0으로 초기화하자. 이 count에 s를 누적해서 더하는 코드를 다음과 같이 작성할 수 있을 것이다.

```
count = 1
s = 0        # s는 누적하여 더한 값을 담을 변수로 0으로 초기화 함
while count <= 10 :
    s = s + count         # 매번 count 값을 s에 더함
    count = count + 1     # 매번 count 값을 1씩 증가시킴
print("합계는", s)
```

```
합계는 55
```

이 코드의 count와 s 값의 변화 그리고 count <= 10 조건문의 반환값은 다음과 같다.

count	s	count <= 10	반복 여부
1	1	True	반복
2	1+2	True	반복
3	1+2+3	True	반복
4	1+2+3+4	True	반복
5	1+2+3+4+5	True	반복
6	1+2+3+4+5+6	True	반복
7	1+2+3+4+5+6+7	True	반복
8	1+2+3+4+5+6+7+8	True	반복
9	1+2+3+4+5+6+7+8+9	True	반복
10	1+2+3+4+5+6+7+8+9+10	True	반복
11	1+2+3+4+5+6+7+8+9+10	False	반복중단!

while 루프를 이용하여서 화면에 사각형을 그리는 코드를 작성해보자. 변수 i가 루프를 제어한다. i의 초기값은 0이고 반복할 때마다 1씩 증가하여서 4가 되면 반복은 종료된다. 변수 i가 0 → 1 → 2 → 3과 같이 증가되면서 반복이 실행되기 때문에 4번 반복한다. 한 번 반복할 때마다 터틀은 100 픽셀 전진하고 오른쪽으로 90도 회전한다. 따라서 사각형이 화면에 그려진다.

```
import turtle

t = turtle.Turtle()
i = 0
while i < 4:
    t.forward(100)
    t.right(90)
    i = i + 1
```

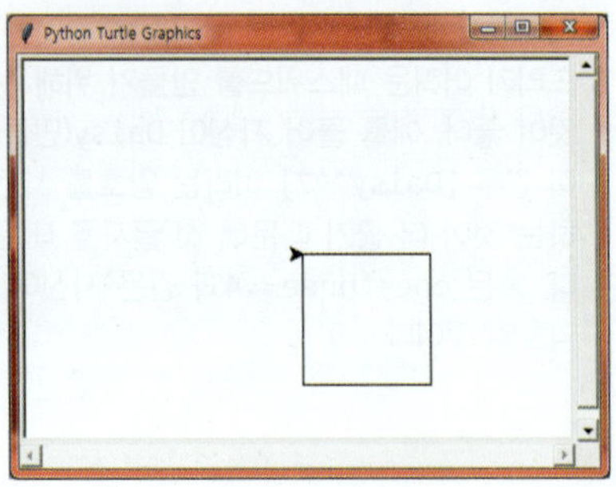

LAB 5-6 입력받은 수를 사용하는 구구단 출력

실습 시간

사용자로부터 특정한 수를 입력받아 구구단의 특정 단을 while 반복문을 이용하여 출력하여 보자. 예를 들어 다음과 같이 9를 입력받을 경우 9*1, 9*2, 9*3, ..., 9*9까지 9번 반복시켜 출력하면 될 것이다.

원하는 결과

```
원하는 단은: 9
9*1=9
9*2=18
9*3=27
9*4=36
9*5=45
9*6=54
9*7=63
9*8=72
9*9=81
```

힌트

while 반복문을 사용할 때 변수 i의 초기 값은 0이 아니라 1로 설정하는 것이 편리하다. 입력받은 수 n에 i의 값을 곱하여 구구단을 출력한다. 매번 반복할 때마다 이 변수를 증가시킨다.

해답 코드

```
dan = int(input("원하는 단은: "))
i = 1

while i <= 9:
    print("%s*%s=%s" % (dan, i, dan*i))
    i = i + 1
```

도전문제 5.6

구구단의 1단부터 9단까지를 모두 출력하도록 위의 프로그램을 수정해보자.

잠깐 – for와 while

모든 for 문은 while 문으로 고쳐 쓸 수 있고, 모든 while 문 역시 for 문으로 고쳐 쓸 수 있다. 하지만, for 문의 형식은 횟수가 정해져 있는 반복에 적합하고, while은 횟수를 정해 놓지 않고 변화하는 조건을 체크하며 반복하는 일에 적합하다.

LAB 5-7 while 문으로 별 그리기를 해보자

실습 시간

여러분이 앞의 예제를 이해하고 실행해보았다면 아마 다음 문제도 쉽게 해결할 수 있을 것이다. 반복문을 사용하여 다음과 같은 별 모양 그림을 그려보자. 이 별 그림의 선분 길이는 50으로 하여라.

원하는 결과

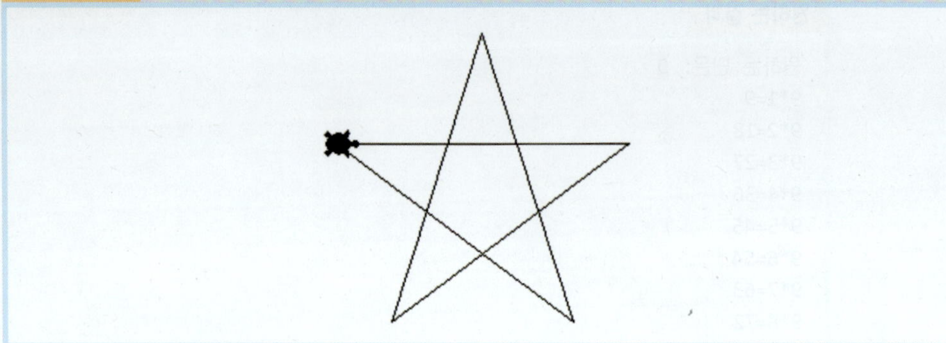

힌트

5개의 선분을 그리기 위해서 루프를 5번 반복하도록 하자. 루프를 반복할 때마다 거북이를 50 픽셀만큼 전진시키고 오른쪽으로 144도 회전하면 별이 그려진다. 만일 꼭지점에서 360도를 5등분한 72도 회전하는 작업을 5번 반복한다면 정오각형이 그려질 것이며, 그 두 배인 144도를 회전하면 별모양의 그림이 나타나게 될 것이다.

해답 코드

```
import turtle
t = turtle.Turtle()
t.shape("turtle")
i = 0
while i < 5:          # 5개의 선분을 그리기 위하여 5회 반복
    t.forward(50)     # 50 픽셀 길이의 선분을 그린다
    t.right(144)      # 144도 거북을 회전시킨다
    i = i + 1         # 변수 i를 1만큼 증가시킨다
```

도전문제 5.7

(1) 위의 해답 코드에서 가장 마지막 문장을 삭제하고 실행시켜보자. 어떤 일이 발생하는가? 이것을 **무한 루프** infinite loop라고 한다. 거북이는 프로그램이 강제로 종료되기 전까지 일을 할 것이다.

(2) 거북이의 이동거리를 150으로 수정한 후, 회전 각도를 140도로 변경하도록 하자. 이 경우 왼쪽 그림과 같은 선분을 볼 수 있다. while 문을 수정하여 몇 도로 회전해야 가운데 그림과 같은 그림이 나타날까?

(3) 그림의 가장 오른쪽과 같은 별모양을 그려보아라. 어떤 트릭을 사용해야 할까?

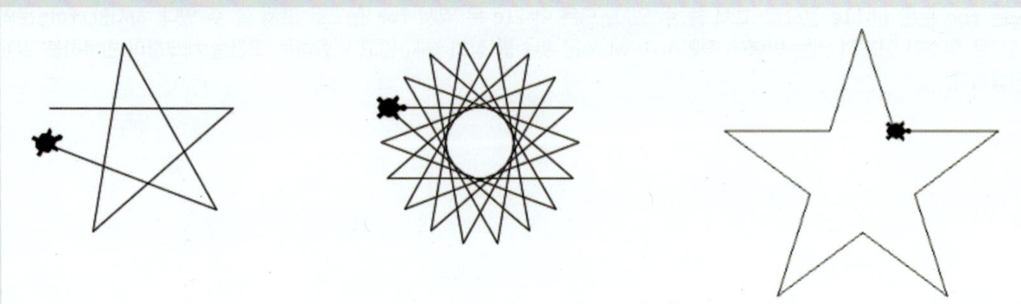

LAB5-8 간단한 코드로 멋진 나선형 도형 그려보기

실습 시간

반복문과 터틀 그래픽을 결합하면 상당히 복잡한 형상을 쉽게 그릴 수 있다. 예를 들어서 다음과 같은 그림을 그릴 수 있다. 화면에 사각형을 그리는 것이지만 한번 반복할 때마다 각도가 90도로 회전하는 것이 아니고 89도로 하면 약간씩 회전되는 사각형을 그리는 것이 가능하다. 많은 사각형을 반복해서 그리면 위와 같은 그림이 얻어진다. 이와 같은 패턴을 만드는 그림을 그리는 프로그램을 작성해 보자. 이 때 가장 짧은 선분의 길이는 10으로 하고, 가장 긴 것은 500보다 작게 하자.

원하는 결과

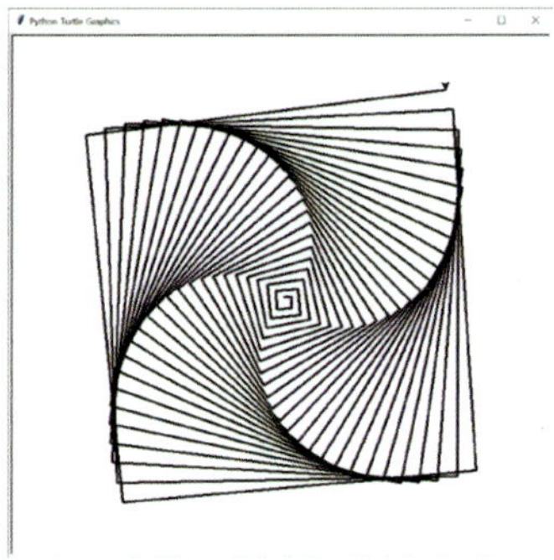

힌트

거북이의 속도는 speed() 함수를 사용하여 지정할 수 있으며, 선의 두께는 width() 함수를 사용할 수 있다. 인자로 들어가는 값은 0에서 9까지 지정할 수 있다. 1이 가장 느리며 2, 3으로 갈수록 그리기 속도가 빨라지고 0으로 설정하면 최대 속도가 된다.

```
t.speed(0)
```

거북이가 그리는 선의 두께는 width()를 호출하면 된다.

```
t.width(3)
```

해답 코드

```
import turtle

t = turtle.Turtle()
# 거북이의 속도는 0으로 설정하면 최대가 된다.
t.speed(0)
t.width(3)

length = 10    # 초기 선의 길이는 10으로 한다.
# while 반복문이다. 선의 길이가 500보다 작으면 반복한다.
while length < 500:
    t.forward(length)          # length만큼 전진한다.
    t.right(89)                # 89도 오른쪽으로 회전한다.
    length += 5                # 선의 길이를 5만큼 증가시킨다.
```

도전문제 5.8

각 반복에서 거북이가 회전하는 각도를 약간 다르게 해서 결과가 어떻게 달라지는지 본다.

LAB 5-9 무한 반복문으로 숫자 맞추기 게임을 만들자

실습 시간

사용자가 답을 제시하면 프로그램은 자신이 저장한 정수와 비교하여 제시된 정수가 더 높은지 낮은지 만을 알려준다. 정수의 범위를 1부터 100까지로 한정하면 최대 7번이면 누구나 알아맞힐 수 있다. 정수의 범위를 1부터 1,000,000까지 확대하더라도 최대 20번이면 맞출 수 있다. 왜 그럴까? 이진 탐색의 원리 때문이다. 중간값과 한 번씩 비교할 때마다 탐색의 범위는 1/2로 대폭 줄어든다. 게임이 끝나면 몇 번 만에 맞추었는지도 함께 출력한다. 다음의 경우 87이 정답이지만 매번 임의로 생성된 수가 정답이 될 수 있음에 유의하자.

원하는 결과

```
1부터 100 사이의 숫자를 맞추시오
숫자를 입력하시오: 50
낮음!
숫자를 입력하시오: 86
낮음!
숫자를 입력하시오: 87
축하합니다. 총 시도횟수 = 3
```

힌트

프로그램은 반복 루프를 사용하여 사용자가 정확하게 정수를 알아맞힐 때까지 반복한다. 반복 루프 중에서 while 루프가 적당한데 반복 횟수를 미리 알 수 없기 때문이다. 사용자가 정답을 알아맞히면 몇 번 만에 알아맞혔는지를 화면에 출력한다. 사용자가 제시한 정수와 정답을 비교하는데 if 문이 사용된다.

해답 코드

```python
import random

tries = 0
guess = 0
answer = random.randint(1, 100)
print("1부터 100 사이의 숫자를 맞추시오")
while guess != answer:
    guess = int(input("숫자를 입력하시오: "))
    tries = tries + 1
    if guess < answer:
        print("낮음!")
    elif guess > answer:
        print("높음!")

print("축하합니다. 총 시도횟수=", tries)
```

도전문제 5.9

시도 횟수를 최대 10번으로 제한하려면 위의 프로그램을 어떻게 변경하여야 하는가?

LAB 5-10 암산 문제를 만들어보자

실습 시간

초등학생들을 위하여 산수 문제를 발생시키는 프로그램을 작성해 보자. 질문은 다음과 같이 1에서 100 사이의 무작위적인 두 수가 나타나고 사용자가 두 수의 합을 입력하도록 되어 있다. 이때 정답을 맞힐 경우 '잘했어요'를 출력하고 그렇지 않을 경우 '정답은 oo입니다. 다음 번에는 잘할 수 있죠?'를 출력하여라. 이 프로그램은 Ctrl+C를 입력하여 사용자가 종료하기 전까지 멈추지 않는다.

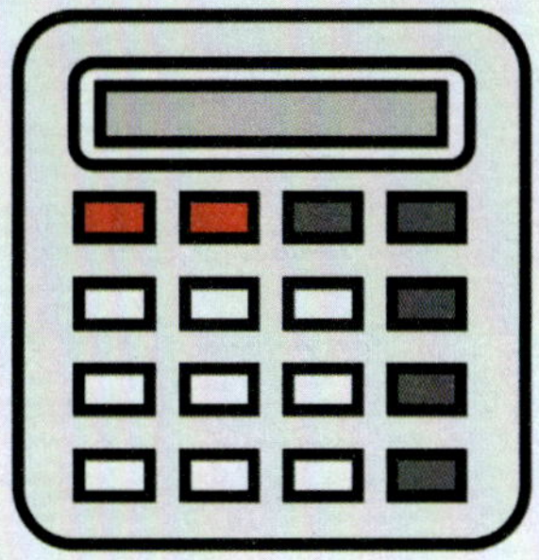

원하는 결과

```
9 + 48 = 57
잘했어요!!
65 + 11 = 76
잘했어요!!
91 + 31 = 121
정답은 122 입니다. 다음 번에는 잘할 수 있죠?
38 + 4 =
```

힌트

이 문제를 위해서는 난수가 필요하다. 파이썬에서 난수는 다음과 같이 생성이 가능하다. 아래 코드는 1부터 100 사이의 난수를 발생한다.

```
import random
number = random.randint(1, 100)
```

while True:와 같은 무한 루프를 사용하면 사용자가 Ctrl+C를 누를 때 프로그램은 종료한다.

해답 코드

```
import random

while True:
    x = random.randint(1, 100)
    y = random.randint(1, 100)
    print(x, '+', y, '=', end = ' ')
    answer = int(input())
    if answer == x + y:
        print('잘했어요!!')
    else:
        print('정답은',x+y,'입니다. 다음 번에는 잘할 수 있죠?')
```

도전문제 5.10

덧셈뿐만 아니라 무작위적으로 뺄셈 문제도 출제할 수 있도록 위의 프로그램을 수정하라.

```
23 - 21 = 2
잘했어요!!
38 - 89  = 2
정답은 -51 입니다. 다음 번에는 잘할 수 있죠?
```

5.6 무한 루프와 break로 빠져나가기

조건 제어 루프에서 가끔은 프로그램이 무한히 반복하는 일이 발생한다. 이것은 **무한 루프**infinite loop라고 한다. 무한 반복이 발생하면 프로그램은 빠져나올 수 없기 때문에 문제가 된다. 하지만 가끔은 무한 루프가 꼭 필요한 경우가 있다. 예를 들면 신호등 제어 프로그램은 초록색, 노란색, 빨간색이 무한 반복하는 기능이 필요할 것이다. 무한 반복 루프는 다음과 같은 형태를 가진다.

위의 while 루프의 조건에 True가 있다. 따라서 조건이 항상 참이므로 무한히 반복된다. 하지만 무한 루프라고 하더라도 어떤 조건이 성립하면 무한 루프를 빠져나와야 하는 경우도 많다. 이런 경우는 if 문장을 사용하여서 루프를 빠져나오게 된다. break 문장은 루프를 강제적으로 빠져나올 때 사용하는 문장이다. 간단한 예제를 작성해보면 다음과 같다.

```
while True:
    light = input('신호등 색상을 입력하시오:')
    if light == 'green':
        break

print('녹색 신호입니다. 전진하세요!')
```

위의 코드에서는 화면에 '신호등 색상을 입력하시오:'을 출력하고 사용자의 입력을 기다린다. while True:로 되어 있으므로 무한 루프이다. 사용자가 'green'를 입력하면 break 문장을 실행하여서 무한 루프를 빠져나간다. 사용자가 입력한 색상이 'green'이 아니면 이 루프는 계속 반복한다.

```
신호등 색상을 입력하시오: red
신호등 색상을 입력하시오: yellow
신호등 색상을 입력하시오: green
녹색 신호입니다. 전진하세요!
```

도전문제 5.11

사용자로부터 하나의 단어를 입력받은 다음 이 단어에서 모음이 나타나기 전까지의 모든 자음을 출력하는 프로그램을 작성하여라. 예를 들어 다음과 같이 'programming'이 입력되면 'o'가 나타나기 이전인 pr만 출력하도록 하여라.

```
단어를 입력하세요 : programming
pr
```

루프를 제어하는 고급 기법 : continue와 break

루프를 제어하는 첫 번째 방법은 break 문으로, 이 문장을 만나면 가장 가까운 블럭을 즉시 빠져나오게 된다. 그렇다면 continue는 어떻게 수행될까? 이 키워드는 루프를 빠져나오지 않고 continue 아래의 문장만을 건너뛰는 역할을 한다. 즉 반복문이 종료되는 것은 조건이 거짓일 때에만 해당한다. continue를 사용하는 예제코드가 아래에 있다.

이 코드는 출력을 위한 문자열 'I love Python programming'을 가지고 있다. 이 문자열을 참조하는 st 변수를 for 문에 넣어서 순환시켜보자. 이 때 for ch in st:와 같은 명령으로 st 내의 모든 문자값을 하나 하나 얻어 ch에 넣을 수 있다. 다음으로 if ch in [...] 문장을 통해서 ch 값이 모음인가를 검사한다. 이 루프를 돌면서 ch 값이 모음일 경우에는 continue를 수행한다. continue는 루프를 빠져나오지 않고 continue 아래의 문장만을 건너뛰는 역할을 하므로 print(ch, end='')를 수행하지 않는다. 따라서 이 프로그램은 st 내의 모든 모음을 제외하고 자음과 공백만을 출력한다.

```
st = 'I love Python Programming'   # 출력을 위한 문자열
for ch in st:
    if ch in ['a','e','i','o','u',  'A','E','I','O','U']:
        continue        # 모음일 경우 아래 출력을 건너뛴다
    print(ch, end='')
```

```
lv Pythn Prgrmmng
```

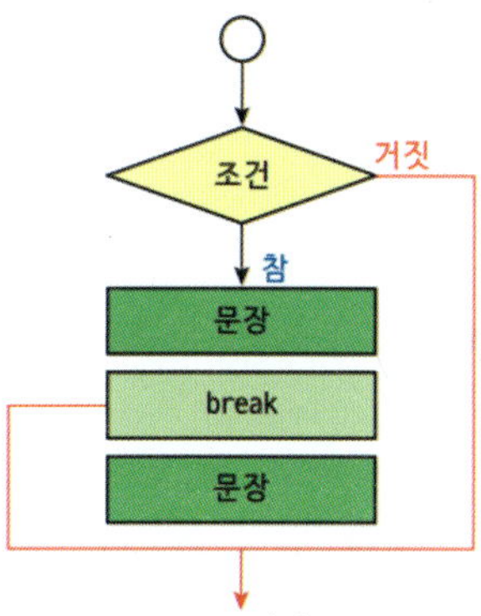

break를 표현한 흐름도

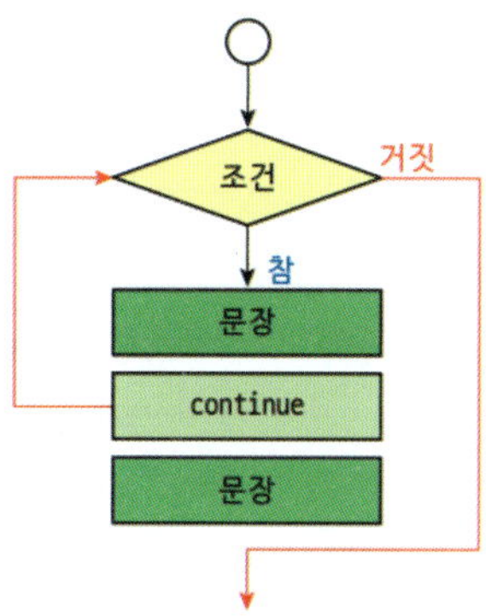

continue를 표현한 흐름도

잠깐 - continue와 break를 너무 많이 쓰면 코드를 읽기 어려워진다

break와 continue는 프로그램의 제어를 효율적으로 하는데 편리하게 사용할 수 있다. 하지만, break와 continue 문이 너무 많이 사용되는 경우 제어의 흐름에 일관성이 없어 프로그램을 이해하는 것이 어려워진다. 따라서 continue와 break는 필요한 경우에만 제한적으로 사용하는 것이 좋다.

5.7 출력을 예쁘게 만드는 포매팅

지금까지 print()를 이용하여 다양한 출력을 해 보았다. 그런데 출력을 다듬는 일을 하지 않아 출력 메시지의 간격이 들쭉날쭉하였다. 문자열을 가지런히 출력하는 출력 방법에 대해 상세하게 알아보자. 문자열을 출력할 적에 매우 유용한 메소드가 바로 format() 메소드인데 다음과 같은 플레이스홀더를 이용하여 원하는 문자나 숫자를 적절한 포맷으로 출력할 수 있다. 여기서 나타나는 {}는 플레이스홀더로 format() 메소드의 인자로 들어오는 값이 출력되는 위치를 지정하는 역할을 한다.

```
>>> '{} Python!'.format('Hello')
    Hello Python!
>>> 'I like {} and {}'.format('Python', 'Java')
    'I like Python and Java'
```

그리고 format() 메소드의 인자에 대해 0, 1, 2와 같은 인덱스를 이용하여 인자값을 지정할 수 있다.

```
>>> 'I like {0} and {1}'.format('Python', 'Java')
    'I like Python and Java'
>>> 'I like {1} and {0}'.format('Python', 'Java')
    'I like Java and Python'
>>> 'I like {0}, {0}, {0}'.format('Python', 'Java')
    'I like Python, Python, Python'
```

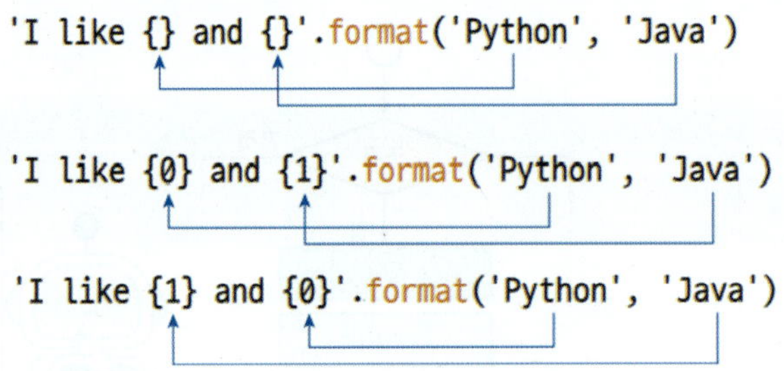

다음으로 {0:.2f}와 같이 소수점 아래 둘째자리 숫자를 출력하도록 할 수 있다. 만일 소수점 아래 셋째 자리까지 출력을 하려면 {0:.3f}와 같이 지정할 수 있다. 여기서 f는 **부동소수**floating point를 의미한다. 이때, {0:5.2f}나 {0:6.2f}와 같이 마침표 앞에 전체 필드의 폭을 지정할 수도 있다.

```
>>> '소수점 아래 두자리 정밀도 : {0:.2f}, 세자리 정밀도 {0:.3f}'.format(1/3)
    소수점 아래 두자리 정밀도 : 0.33, 세자리 정밀도 0.333
>>> '전체 10칸을 차지하는 실수 : {0:10.3f}, {0:10.4f}'.format(3.1415926)
    전체 10칸을 차지하는 실수 :      3.142,     3.1416
```

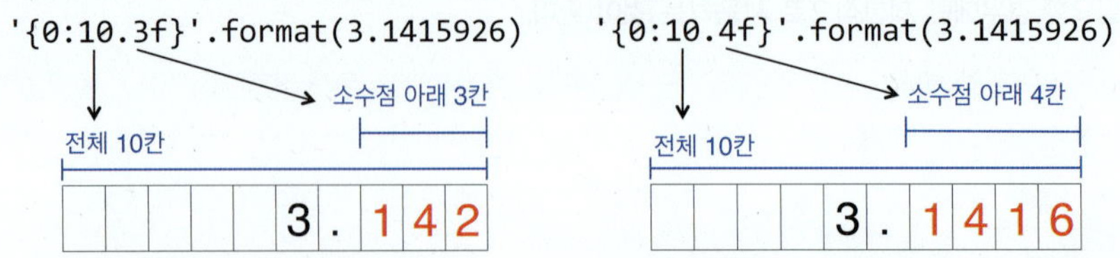

또한 정수 출력을 위해서는 {1:3d}, {1:4d}, {1:5d}와 같이 출력시에 차지할 칸의 수를 지정할 수 있다. 세 개의 인자에 대해 각각 3칸, 4칸, 5칸의 공간을 차지하도록 하여 세 개의 정수를 출력하도록 하는 코드를 만들어 보자. 아래와 같이 가지런하고 보기 좋은 출력을 만들 수 있다.

```
>>> for i in range(2, 11, 2):
...     print('{0:3d} {1:4d} {2:5d}'.format(i, i*i, i*i*i))
...
  2    4     8
  4   16    64
  6   36   216
  8   64   512
 10  100  1000
```

플레이스홀더에 출력을 할 때는 key=value와 같이 키와 값을 인자로 넘겨주고 이 키를 이용한 출력도 가능하다. 우리나라의 도시인 부산시의 위도 35.17N와 경도 129.07E를 출력하는 경우를 생각해보자. 이 도시의 위도와 경도를 출력하기 위해서 첫 번째 출력 예제 와 같이 {0}, {1} 형식의 인덱스 번호를 플레이스홀더 내에 넣어서 출력할 수도 있지만, {0}과 {1}의 의미가 모호하기 때문에 문제가 발생할 가능성이 있다.

따라서 아래와 같이 플레이스홀더를 만든 후 위도가 출력될 곳의 플레이스홀더에 {lat}와 같은 키 이름을 주고, 경 도가 출력될 부분에는 {long}과 같은 키 이름을 준다면 착오 없는 출력이 가능할 것이다. 이렇게 출력 위치에 키를 할당한 후 format() 함수에서 lat='35.17N', long='129.07E'와 같이 값을 할당한다면 오류를 줄일 수 있을 것이다. 이 때 long='129.07E', lat='35.17N'와 같이 입력해도 그 결과는 동일하다. 즉 순서에 상관없이 키와 값 형식으로 입력된 정보가 유지되기만 하면 정상적인 출력을 얻을 수 있다. 이 방법은 뒷 장에서 배울 함수의 키워드 인자를 사용하는 방식이다.

```
>>> print('위도 : {0}, 경도: {1}'.format('35.17N', '129.07E'))
위도 : 35.17N, 경도: 129.07E
>>> print('위도 : {lat}, 경도: {long}'.format(lat='35.17N', long='129.07E'))
위도 : 35.17N, 경도: 129.07E
>>> print('위도 : {lat}, 경도: {long}'.format(long='129.07E', lat='35.17N'))
위도 : 35.17N, 경도: 129.07E
```

또한 1234567890라는 큰 수를 출력하는 경우 1000 단위 쉼표를 주어서 1,234,567,890와 같이 출력한다면 더욱 읽기에 편할 것이다. 파이썬은 이와 같은 1000 단위 쉼표 출력을 {:,}와 같이 할 수 있다.

```
>>> print('{:,}'.format(1234567890))  # 1000 단위 쉼표 출력
1,234,567,890
```

이밖에도 다양한 출력방법이 있으니 더운 자세한 내용은 파이썬 도큐멘테이션 페이지를 참조하도록 하자. 파이썬 도큐먼트가 제공되는 웹페이지는 다음과 같다. https://docs.python.org/3/

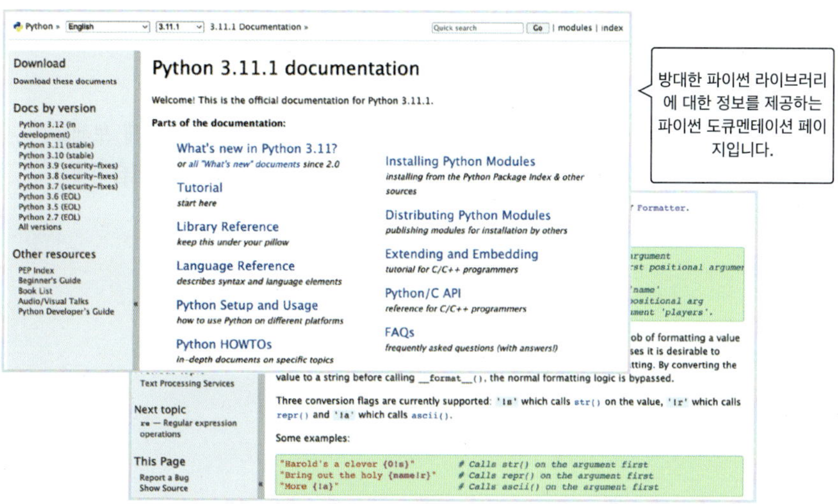

핵심 정리

SUMMARY

- 문장들을 반복해서 실행하려면 for나 while을 사용한다.
- 반복문에서 반복 실행되는 문장들은 들여쓰기를 하여야 한다.
- for 문은 반복 횟수가 정해져 있을 때 적합하다.
- while 문은 반복 조건이 정해져 있을 때 유용하다.
- while 반복문은 문장의 초입에서 조건식이 검사된다.
- continue와 break는 루프 제어를 위한 고급 기능을 제공한다.

반복은 매우 중요한 프로그래밍 도구랍니다.
100번 반복하는 일은 어떻게 할 수 있을까요?

```
for i in range(100) :
```
으로 시작하고 반복할 내용을 블록으로 넣으면 되겠죠?

잘 했어요.
횟수가 정해지면 for 문을 사용하면 편리해요. while은 보통 횟수보다는 조건이 만족될 때까지 반복하는 일에 적합해도. 그렇지만 while로도 조금 전과 같은 일을 할 수 있을까요?

```
i = 0
while i < 100:
    반복할 일은 여기에 적고요...
    i += 1
```
이런 방식으로 하면 되지 않을까요?

잘 했어요. 이렇게도 반복문을 구현할 수 있으니 다양하게 연습해 보세요.
그리고 반복문 안에 반복문을 넣는 중첩 반복도 잘 연습하세요.

주관식 문제

다음 괄호 안에 들어갈 알맞은 단어를 적어라.

파이썬에서 특정한 문장을 반복해서 실행시키기 위해 사용되는 반복문은 2가지 종류가 있다.

5.1 횟수 제어 반복: (   )은(는) 보통 반복하는 횟수를 지정하여 반복한다.

5.2 조건 제어 반복: (   )은(는) 특정한 조건이 만족되면 계속 반복한다.

5.3 프로그래밍에서 반복은 흔히 올가미 같은 동그란 고리를 의미하는 (   ) (이)라고 한다.

5.4 반복해서 실행될 문장은 반드시 들여쓰기를 하여야 한다. 이 들여쓰기 문장을 for 문이나 while 문에 담긴 (   ) (이)라고 한다.

5.5 반복해서 실행될 문장은 반드시 들여쓰기를 하여야 한다. 이때 들여쓰기 하위 블록을 시작하기 위해서는 특수문자인 (   ) (을)를 사용한다.

5.6 for 반복문에서 주로 사용되는 파이썬 함수는 (   )이다. 이 함수는 연속적인 숫자의 시퀀스를 생성한다.

5.7 조건 제어 루프에서 가끔 프로그램이 무한히 반복하며 종료되지 않는 일이 발생하기도 한다. 이것을 (   ) (이)라고 한다.

5.8 while 문의 조건이 (   )이면 조건문 다음의 블록이 반복적으로 실행된다.

5.9 반복문의 루프를 빠져나와야 하는 경우에는 (   )을(를) 사용해서 루프를 빠져 나오도록 한다. (   ) (은)는 루프를 강제적으로 빠져 나올 때 사용하는 문장이다.

5.10 반복문의 루프를 빠져나와야 하는 경우에 사용될 수 있는 (   ) (은)는 루프를 빠져나가지 않고 아래쪽 문장을 건너뛰기만 한다.

5.11 파이썬 문자열의 (   ) 메소드는 플레이스홀더를 이용하여 원하는 문자나 숫자를 적절한 포맷으로 출력할 수 있다.

5.12 파이썬 문자열의 플레이스홀더에 {0:.2f}와 같이 구체적인 포매팅을 하면 소수점 아래 둘째자리 숫자를 출력한다. 만일 소수점 아래 셋째 자리까지 출력을 하려면 {0:.3f}와 같이 지정할 수 있다. 여기서 f는 (   ) (을)를 의미한다.

심화문제

EXERCISE

5.1 for 반복문을 이해하기 위해 다음과 같이 여러 수에서 특정한 수를 뽑아 내어 보자.

1) for 반복문과 range()를 이용하여 1에서 100까지의 수 중에서 홀수를 아래와 같이 출력하는 프로그램을 작성하여라.

```
1에서 100까지의 수 중에서 홀수는 :
1 3 5 7 9 11 13 15 17 19 21 23 25 27 29 31 33 35 37 39 41 43 45 47 49 51 53 55 57 59
61 63 65 67 69 71 73 75 77 79 81 83 85 87 89 91 93 95 97 99
```

2) while 반복문을 사용하여 1에서 100까지의 수 중에서 홀수를 출력하는 프로그램을 작성하여라.

3) 앞에서 만들어 본 1), 2)의 코드를 변형하여 for 반복문과 while 반복문을 사용하여 1에서 100사이의 수 중에서 짝수를 출력하는 프로그램을 각각 작성하여라.

```
1에서 100까지의 수 중에서 짝수는 :
2 4 6 8 10 12 14 16 18 20 22 24 26 28 30 32 34 36 38 40 42 44 46 48 50 52 54 56 58
60 62 64 66 68 70 72 74 76 78 80 82 84 86 88 90 92 94 96 98 100
```

5.2 반복문을 활용하여 특정 구간의 수의 합을 구할 수 있다.

1) for 반복문과 while 반복문을 사용하여 1에서 100까지의 정수 중에서 홀수의 합을 출력하는 프로그램을 작성하여라.

```
1에서 100까지의 수 중에서 홀수의 합 : 2500
```

2) for 반복문과 while 반복문을 사용하여 1에서 100까지의 정수 중에서 짝수의 합을 출력하는 프로그램을 작성하여라.

```
1에서 100까지의 수 중에서 짝수의 합 : 2550
```

3) 사용자로부터 시작 정수와 끝 정수를 입력으로 받은 다음 시작 정수 값에서 끝 값까지의 합을 구하여 다음과 같이 출력하는 프로그램을 작성하여라.

```
시작 정수를 입력하세요 : 2
끝 정수를 입력하세요 : 6
2 에서 6 까지 정수의 합 : 20
```

5.3 맛나 식당의 메뉴 주문 프로그램을 개발하고자 한다. 이를 위하여 사용자에게 다음과 같은 1), 2), 3)의 메뉴를 보여주고 이 중에서 하나를 선택하도록 하자. 이때 아래 보기와 같이 메뉴에 없는 5, 6, 0과 같은 숫자가 입력되면 '메뉴를 다시 입력하세요: '가 출력되도록 한 후 다시 입력을 받도록 하자.

```
맛나 식당에 오신 것을 환영합니다. 메뉴는 다음과 같습니다.
1) 햄버거
2) 치킨
3) 피자
1에서 3까지의 메뉴를 선택하세요 : 5
메뉴를 다시 입력하세요: 6
메뉴를 다시 입력하세요: 0
메뉴를 다시 입력하세요: 2
치킨을 선택하였습니다.
```

5.4 사용자로 부터 정수를 입력받아 다음과 같은 삼각형을 출력하는 프로그램을 작성하여라. 이때 숫자 5가 입력되면 높이가 5이고 제일 마지막 줄의 별이 5개가 삼각형 형태로 나타나도록 하여라.

```
숫자를 입력하세요 : 5
    *
   **
  ***
 ****
*****
```

5.5 깊이가 30 미터인 우물이 있다. 이 우물에 사는 달팽이는 하루 종일 기어서 올라가면 7미터를 올라갈 수 있다. 그러나 밤이 되어 휴식을 취하는 동안 5 미터를 미끄러져 내려간다. 이 우물을 벗어나는데 며칠의 시간이 걸릴까? while 문을 이용하여 매일 저녁 달팽이의 위치를 다음과 같이 구하라(주의: 하루에 7 – 5 = 2 미터를 올라갈 것이라고 단순 계산하면 안된다. 이 경우 15일 되는 날 탈출하는 것으로 계산되지만 실제로는 13일이면 된다). 출력시 format() 메소드를 사용하여 숫자들이 오른쪽 정렬되도록 하자.

```
day :  1 달팽이의 위치 :  7 미터
day :  2 달팽이의 위치 :  9 미터
day :  3 달팽이의 위치 : 11 미터
day :  4 달팽이의 위치 : 13 미터
day :  5 달팽이의 위치 : 15 미터
day :  6 달팽이의 위치 : 17 미터
day :  7 달팽이의 위치 : 19 미터
day :  8 달팽이의 위치 : 21 미터
day :  9 달팽이의 위치 : 23 미터
day : 10 달팽이의 위치 : 25 미터
day : 11 달팽이의 위치 : 27 미터
day : 12 달팽이의 위치 : 29 미터
day : 13 달팽이의 위치 : 31 미터
축하합니다. 우물을 탈출하였습니다.
우물을 탈출하는 데 걸린 날은 13일 입니다.
```

5.6 다음과 같이 자동차의 연료 탱크 프로그램을 시뮬레이션하여 보자. 초기 연료의 양은 500으로 두자. 사용자가 주행을 하면 연료가 줄어들고 충전을 하면 연료가 증가한다. 이 때 연료의 사용과 충전은 –/+ 기호와 함께 입력하도록 한다. 반복문을 사용하여 사용자로부터 충전 또는 사용한 연료를 입력받아서 현재 남아있는 양을 계속 출력하고, 연료 탱크에 남아 있는 연료가 10% 미만이면 경고를 출력하고 프로그램 수행을 마친다.

```
충전 또는 사용한 연료를 +/- 기호와 함께 입력하시오: +60
현재 탱크양은 560 입니다.
충전 또는 사용한 연료를 +/- 기호와 함께 입력하시오: -300
현재 탱크양은 260 입니다.
충전 또는 사용한 연료를 +/- 기호와 함께 입력하시오: -220
현재 탱크양은 40 입니다.
경고 : 연료가 10% 미만이니 충전하세요!
```

5.7 암스트롱 수란 xyz로 표시되는 세 자리의 정수 중에서 각 자리의 수를 세제곱한 수의 합과 자신이 같은 수를 말하며 다음과 같은 조건을 만족한다.

$$x*100 + y*10 + z = x^3+y^3+z^3$$

구체적인 예를 들면 153은 1 + 125 + 27의 합으로 구성될 수 있는데 이러한 수가 암스트롱 수이다. 세 자리 정수들 중에서 모든 암스트롱 수를 구하여 다음과 같이 출력하여라.

```
세 자리의 암스트롱 수 : 153 370 371 407
```

5.8 거꾸로 정수는 1210이나 3443와 같이 거꾸로 나열해도 그 값이 원래의 값과 같은 정수를 말한다. 사용자로부터 임의의 양의 정수를 입력받아 이 수가 거꾸로 정수인지 아닌지를 판단하는 다음과 같은 프로그램을 작성하여라. 입력받을 때 –99가 들어올 경우 더 이상 입력을 받지 않는다.

```
정수를 입력하시오 : 3443
3443은(는) 거꾸로 정수입니다.
정수를 입력하시오 : 324
324은(는) 거꾸로 정수가 아닙니다.
정수를 입력하시오 : -99
프로그램을 종료합니다.
```

5.9 사용자로부터 임의의 양의 정수를 입력받아 다음과 같이 입력된 정수의 개수와, 가장 큰 값, 가장 작은 값을 출력하도록 하자. 입력을 받을 때 –99가 들어올 경우 더 이상 입력을 받지 않는다.

```
정수를 입력하시오 : 34
정수를 입력하시오 : 920
정수를 입력하시오 : 320
정수를 입력하시오 : 30
정수를 입력하시오 : -99
4개의 유효한 정수중 가장 큰 정수는 920 이고, 가장 작은 정수는 30 입니다.
```

5.10 4장의 도전문제를 개선하여 다음과 같은 랜덤한 패턴의 그림을 그리는 터틀 그래픽 프로그램을 작성하여라. 거북이는 모두 30회 이동한다 이때 random 모듈의 randrange(2) 함수를 사용하여 0과 1중에서 임의의 한 값을 생성하여라. 이때 0이 나타나면 왼쪽으로 90도 꺽어서 50 픽셀 이동하고, 1이 나타나면 오른쪽으로 90도 꺾어서 50 픽셀 이동하도록 하여라. 이 코드를 for 문을 사용하여 구현하고, 다음으로 while 문을 사용하여 각각 구현하여라.

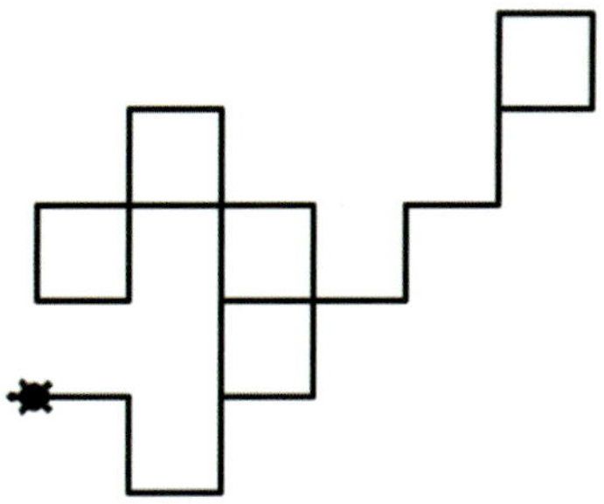

chapter

06 함수로 일처리를 짜임새있게 하자

이 장에서 배울 것들

- 함수의 개념을 익혀 봅시다.
- 함수를 작성하는 방법을 익혀서 활용해 봅시다.
- 함수를 호출하여 사용하여 방법을 학습해 봅시다.
- 함수가 그 결과를 반환하는 return 문에 대하여 알아 봅시다.
- 함수에 일을 시키기 위해서 넘겨주는 인자와 매개변수의 차이점을 알아 봅시다.
- 효율적인 프로그래밍을 위한 모듈의 개념을 학습해 봅시다.
- 모듈을 만들고 활용하는 연습도 함께 해 봅시다.

6.1 짜임새 있는 기능을 만드는 멋진 기능 : 함수

우리가 사용하는 프로그램은 그 기능이 다양해질수록 점점 더 커지고 복잡해지고 있다. 따라서 프로그램을 이해하기 쉽고 관리하기 쉽도록 작은 조각으로 나누어서 조직화할 필요가 있다.

파이썬에서는 프로그램을 쪼개는 3가지의 방법이 있다. **함수**function는 우리가 반복적으로 사용하는 코드를 묶은 것으로 코드의 덩어리와 같다. **객체**object는 코드 중에서 독립적인 단위로 분리할 수 있는 조각이다. **모듈**module은 프로그램의 일부를 가지고 있는 독립적인 파일이다. 이 장에서는 **함수를 중심으로 설명**할 것이다.

함수는 일을 수행하는 코드의 덩어리이며, 더 큰 프로그램을 구축하는 데 사용할 수 있는 작은 조각이다. 함수는 그림과 같이 레고 블록의 기본 블록에 비유할 수 있다. 레고 블록에서는 하나의 블록을 다른 블록과 연결할 수 있으며, 이러한 조합을 통해 원하는 모양을 만들 수 있다. 이와 유사하게 개발자들은 함수를 결합하여 필요한 소프트웨어를 빠르게 만들 수 있다.

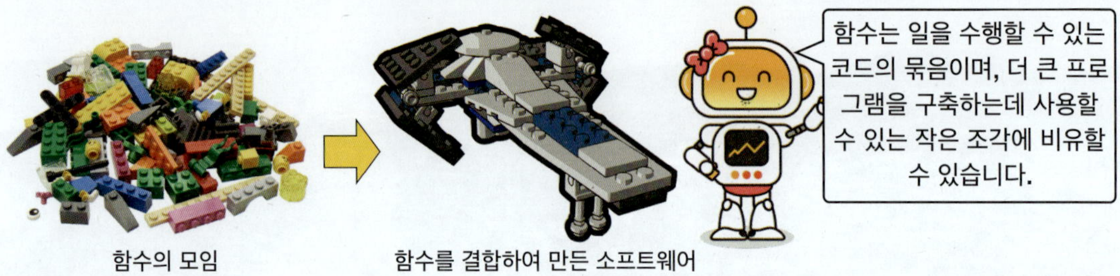

또한 함수는 그림과 같이 입력을 받아서 출력을 내보내는 블랙박스로 생각할 수 있다. 아래 그림은 과일을 갈아서 음료로 만드는 기능을 가진 블랙박스이다. 이때 오렌지 주스를 만들기 위해서는 오렌지를 입력으로 전달하면 되고, 사과 주스를 만들기 위해서는 사과를 입력으로 전달하면 된다. 즉 이 블랙박스의 이용자는 주스를 만들기 위하여 블랙박스를 교체하지 않고 전달하는 과일만 바꾸면 되는 것이다.

우리는 파이썬의 def 키워드를 이용하여 함수를 정의할 수 있다. 함수가 정의되면 우리는 함수를 사용할 수 있다. 이것을 함수를 호출한다고 한다. 간단한 예제부터 시작하자.

def 예약어를 이용하여 함수를 작성하고 호출하기

다음의 코드는 함수를 정의하는 코드이다. 이 함수는 다음과 같이 간단하게 화면에 본인의 주소를 출력하는 print() 문으로 이루어져 있다.

첫째 줄 def print_address():에서 def 키워드를 이용하여 함수를 정의하고 있다. 이어서 함수의 이름을 적은 후에 소괄호 ()와 콜론 :을 붙인다. 여기서 콜론 :은 코드 블록이 이어서 등장한다는 것을 의미한다. 이것은 이전 장에서 배운 if, for, while의 경우와 마찬가지이다.

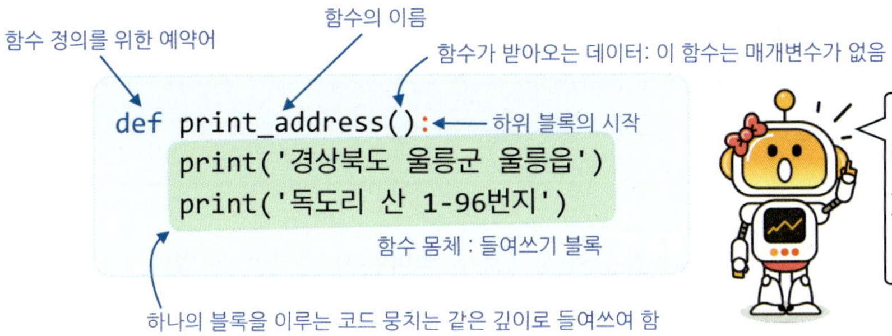

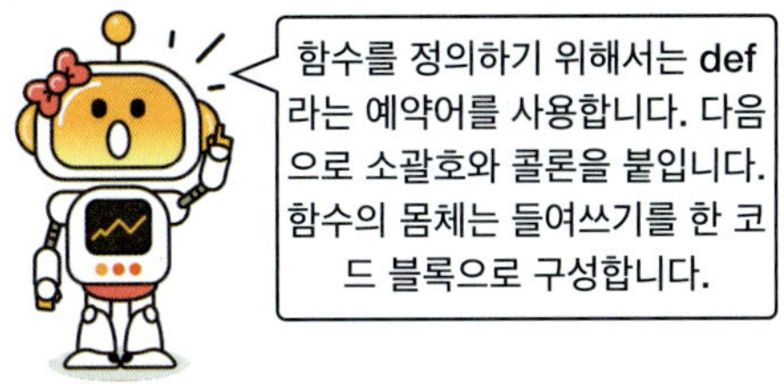

두 번째 줄부터 네 번째 줄까지는 함수를 구성하는 문장들이 들어간다. 함수를 구성하는 문장들은 반드시 들여쓰기를 해야한다. 이 덩어리를 블록이라고 하고, 함수는 이 블록을 실행한다.

함수 안에 있는 코드들은 자동으로 실행되지 않으며, 함수가 호출되어야 함수 안의 코드가 실행된다. 함수 **호출**function call이란 다음과 같이 함수 이름을 적어주는 것이다. 위의 코드에 다음과 같은 1줄만 추가하면 print_address() 함수가 실행되고 오른쪽과 같이 실행 결과가 표시된다.

```
def print_address() :
    print('경상북도 울릉군 울릉읍')
    print('독도이사부길 63')

print_address()   # 정의한 함수를 호출
```

```
경상북도 울릉군 울릉읍
독도이사부길 63
```

함수 print_address()를 호출하는 호출문을 제일 아래 줄과 같이 사용하면 된다. 함수를 호출하면 프로그램의 제어는 함수의 첫 번째 줄로 점프하여 함수의 내용이 차례대로 실행된다. 함수의 수행이 완료되면 프로그램의 제어는 함수를 호출한 명령으로 다시 돌아간다. 그리고 그 명령 다음의 코드를 차례로 실행하기 시작한다.

도전문제 6.1

(1) 자신의 학교 혹은 직장 주소와 대표 전화번호를 출력하는 함수 print_company_address() 함수를 정의하여라 그리고 이 함수를 호출한 후 그 결과를 출력하여라.

```
서울시 강남구 신사동 11-11
파이썬 컴퍼니
전화 : 02-333-3333
```

(2) 20개의 별표기호(*)를 한 줄에 출력하는 print_star() 함수를 생성하여라. 다음과 같이 이 함수를 호출하고 그 결과를 출력하여라.

```
print_star()
print_star()
print_star()
print_star()
print_star()
```

```
********************
********************
********************
********************
********************
```

6.2 함수를 만들고 불러서 일을 시켜보자

우리가 함수를 정의하더라도 함수를 호출하지 않으면 함수 안의 코드는 실행되지 않는다. 함수를 호출하려면 함수 이름과 소괄호를 이용한다. 앞의 프로그램을 실행하면 다음과 같은 결과를 볼 수 있다.

```
경상북도 울릉군 울릉읍
독도이사부길 63
```

그런데 생각해보면 위와 같은 출력은 다음과 같은 문장으로도 얼마든지 출력할 수 있다.

```
print('경상북도 울릉군 울릉읍')
print('독도이사부길 63')
```

힘들게 함수를 정의하지 않아도 위와 같은 문장을 출력할 수 있는 것이다. 왜 우리는 일을 더 복잡하게 하고 있는 함수를 사용하는가?

함수를 사용하는 주된 이유는 우리가 한 번만 함수를 정의하면 언제든지 필요할 때면 함수를 불러서 일을 시킬 수 있기 때문이다. 예를 들어서 이 주소를 3번 인쇄하여 출력하고자 하는 경우를 생각해 보자. 함수가 정의된 상태라면 우리는 다음과 같이 이 작업을 수행할 수 있다.

```
print_address()
print_address()
print_address()
```

```
경상북도 울릉군 울릉읍
독도이사부길 63
경상북도 울릉군 울릉읍
독도이사부길 63
경상북도 울릉군 울릉읍
독도이사부길 63
```

잠깐 – 함수와 루프loop는 뭐가 다른가요?

위의 출력을 보면 흡사 반복 루프를 사용한 것 같다. 그렇다면 반복 루프와 함수는 어떻게 다를까? 만약 주소를 3번 출력하는 작업이 한 곳에서만 일어난다면 반복 루프와 함수는 흡사하다. 하지만 함수를 사용하면 프로그램의 여러 곳에서 동일한 작업을 시킬 수 있다. 반복 루프는 이것이 불가능하다. 그리고 함수에는 입력을 전달하여서 호출할 때마다 서로 다르게 실행하게 할 수 있다.

함수에 값을 넘겨주고 일을 시키자

우리는 함수 외부에서 함수 안으로 값(정보)을 전달할 수 있다. 이 값을 **전달 인자** 혹은 **인자**argument라고 한다. 다음 그림을 살펴보면 호출자가 함수에 공을 주고 이 공을 받은 함수는 자신의 역할(공을 골대에 넣는 일)을 수행하는 것을 볼 수 있다. 이와 같이 함수에 일을 시키는 것이 호출자이며 호출자가 함수에 넘겨주는 값이 인자이다. 그리고 이 인자를 함수 내부에서 받기 위해서 사용하는 변수를 **매개변수**parameter라고 한다.

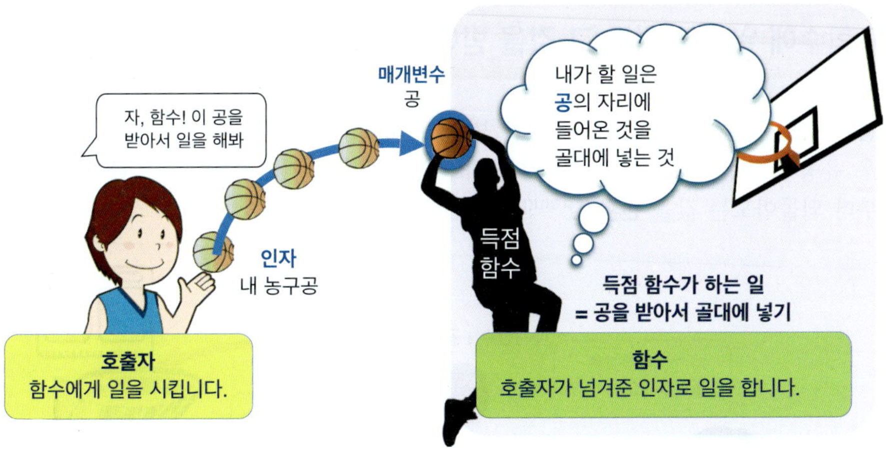

예를 들어서 앞의 주소를 인쇄하는 print_address() 함수에서 수신자의 이름은 외부에서 전달받는 것으로 해보자. 수신자의 이름을 변경할 수 있으면 같은 회사에서 근무하는 사람들도 사용할 수 있을 것이다.

```
def print_address(name):
    print("서울 특별시 종로구 1번지")
    print("파이썬 빌딩 7층")
    print("수신 :", name)

print_address("홍길동")  # "홍길동" 대신 다른 이름을 넣을 수 있다
print_address("널널한 교수")
```

함수를 정의한 부분을 살펴보면 이전과 달리 함수 이름 뒤의 소괄호 안에 변수 name이 있다. 이 변수 name을 통하여 함수로 값이 전달된다. 메인 프로그램에서 print_address()를 호출할 때 "홍길동"이라는 문자열을 괄호 안에 넣어 주었는데, 이것이 함수 내부의 name 변수로 전달되는 것이다.

앞에서 함수 호출시 전달되는 실제 값을 **인자**라고 하고, 함수 내부에서 전달받는 변수를 **매개변수**라고 설명하였다. 따라서 위의 코드에서 print_address()를 호출할 때 전달되는 값 "홍길동"이 인자이며, print_address()에서 이 값을 전달받는 변수 name은 매개변수가 된다.

도전문제 6.2

(1) print_address2(name, address)와 같이 2개의 매개변수를 가지는 함수를 정의하여라. 이 함수를 호출할 때 print_address("홍길순", "부산광역시 남구 광안로 10번길 1-1")라고 호출하면 다음과 같은 출력이 나타나도록 함수 몸체를 작성하여라.

```
이름 : 홍길순
주소 : 부산광역시 남구 광안로 10번길 1-1
```

(2) add(n1, n2, n3)와 같이 3개의 매개변수를 가지는 함수를 정의하여라. 이 함수에 add(25, 35, 11)을 인자로 주고 호출하면 그 합 71을 출력하도록 함수 몸체를 구현하고 다음과 같은 출력이 나타나도록 하여라.

```
n1 = 25, n2 = 35, n3 = 11
n1 + n2 + n3 = 71
```

6.3 함수에 일을 시키고 그 값을 받아오도록 하자

지금까지 살펴본 함수는 사용자가 주는 값을 받아서 이 값을 이용해서 일을 하는 함수였다. 그러나 함수가 매우 유용한 것은 함수가 주어진 일을 하고 우리에게 뭔가를 보낼 수 있다는 점이다. 이와 같이 함수로부터 되돌아오는 값을 **반환 값**return value이라고 한다.

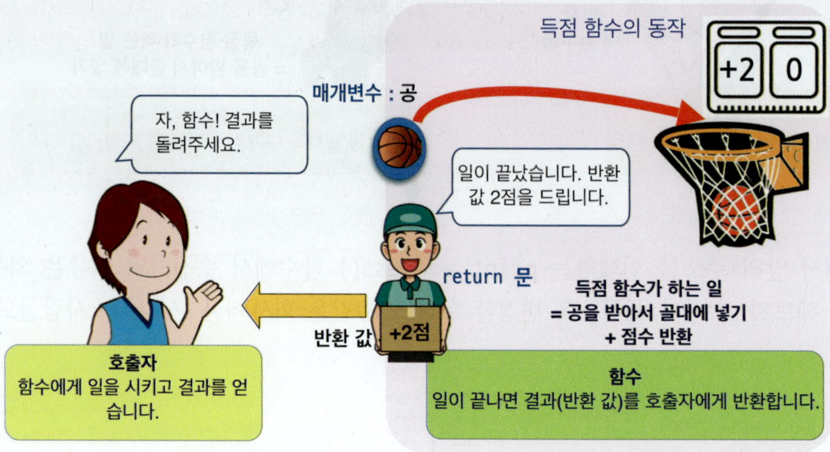

함수가 내부의 값을 외부에 보낼 때는 return 키워드를 사용하면 된다. 원의 반지름(radius)을 매개변수로 받아서 원의 면적을 계산해서 반환하는 함수를 작성해보자.

```
def calculate_area(radius):
    area = 3.14 * radius**2     # 원의 면적을 구하는 근사식
    return area                 # 이전 줄에서 구한 area 값을 호출문에 돌려준다
```

위의 코드에서 정의한 calculate_area() 함수는 area라는 변수 값을 calculate_area() 함수를 호출한 곳으로 돌려보내는 기능이 있다. 이 값은 다음과 같이 함수를 호출한 코드로 전달된다.

```
c_area = calculate_area(5.0)    # calculate_are() 함수가 계산한 값을 c_area에 저장
```

위의 코드를 살펴보면 calculate_area(5.0) 함수는 내부에서 원의 면적 값을 계산한 후 이를 반환하며 이 값은 함수 호출문의 할당연산자에 의해서 변수 c_area에 저장된다.

우리는 다음과 같이 print() 함수를 사용하여 이 값을 출력할 수도 있고, 또 두 개의 함수를 한 줄에서 호출하여 각각의 함수가 수행한 결과를 더하는 연산을 수행할 수도 있다.

```
>>> print(calculate_area(5.0))
    78.5
>>> area_sum = calculate_area(5.0) + calculate_area(10.0)
>>> print(area_sum)
    392.5
```

함수가 반드시 return 문을 가져야 하는 것은 아니며, return을 통해서 반환을 하더라도 반환값을 사용하지 않아도 된다. 아래 코드에서 함수는 원의 면적을 계산하지만, 우리는 그 결과를 사용하지 않는 경우이다.

```
>>> calculate_area(10.0)    # 함수를 호출만 하고 그 반환값을 사용안함
    314.0
```

함수에 여러 개의 값을 넘겨주는 고급 기능

다음으로 함수로 여러 개의 값을 전달하는 방법을 살펴보자. 2개의 정수 start와 end를 받아서 start에서 end까지의 합을 계산하는 함수 get_sum()을 작성하자. 다음으로 get_sum(1, 10)을 이용하여 1과 10을 인자로 넘겨주고 이 함수에게 일을 시키자. 이 함수는 return s 문으로 1에서 10까지의 정수 합 55를 반환한다.

```
def get_sum(start, end):                 # start, end를 매개변수로하여 인자 값을 받는다
    s = 0
    for i in range(start, end+1):        # start부터 end까지 정수의 합을 구함
        s += i
    return s                             # start부터 end까지 수의 합을 반환한다

x = get_sum(1, 10)                       # 인자 1, 10을 넘겨주며 함수 get_sum()을 호출함
print('1에서 10까지의 합 :', x)           # 1에서 10까지의 정수의 합 55를 출력한다
```

```
1에서 10까지의 합 : 55
```

인자와 매개변수는 함수 호출 시에 데이터를 주고받기 위하여 필요하다. 그리고 함수가 호출될 때마다 인자 값은 함수의 매개변수로 전달된다. 일반적으로 전달 인자의 수만큼 매개변수가 필요하다.

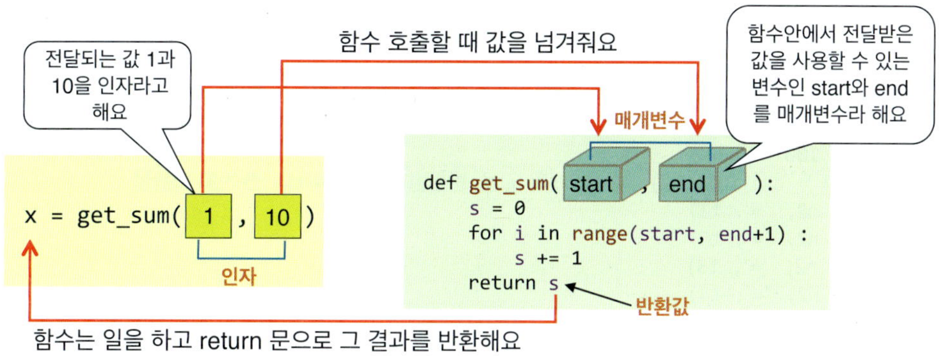

함수가 호출될 때마다 인자는 달라질 수 있으며, 이 인자에 의해 함수가 반환하는 값이 달라질 수 있다. 함수는 일을 하고 그 결과값을 앞서 살펴본 return 문으로 반환할 수 있다. 따라서 get_sum(1, 10)은 55를, get_sum(1, 20)은 210을 각각 반환하는 것이다.

```
y = get_sum(1, 20)              # 1과 20이 인자가 된다. y는 1에서 20까지의 합을 반환받는다.
print('1에서 20까지의 합 :', y)
```

```
1에서 20까지의 합 : 210
```

여기서 **주의할 점은 매개변수의 개수와 넘어가는 인자의 개수가 정확히 일치하여야 한다는 점**이다. 즉 매개 변수가 두 개이면 인자도 두 개를 전달하여야 한다. 매개변수의 개수와 인자의 개수가 일치하지 않으면 오류가 발생하게 된다.

6.4 여러 개의 값을 넘겨주고 여러 개의 값을 돌려받자

지금까지 함수가 호출될 때 맡은 일을 수행하고 수행을 마치거나, 수행을 마칠 때 하나의 값을 반환하는 일을 하는 것을 살펴보았다. 파이썬의 큰 특징 중 하나는 함수가 여러 개의 값을 반환할 수 있다는 것으로, 다음과 같은 형식을 사용한다.

```
def sort_num(n1, n2):            # 2개의 값을 받아오는 함수
    if n1 < n2:
        return n1, n2            # n1이 더 작으면 n1, n2 순서로 반환
    else:
        return n2, n1            # n2가 더 작으면 n2, n1 순서로 반환

print(sort_num(110, 210))        # 110과 210을 함수의 인자로 전달하고 반환되는 값을 출력
print(sort_num(2100, 80))
```

```
(110, 210)
(80, 2100)
```

이 코드를 살펴보면 sort_num() 함수는 두 개의 인자를 받은 후, 이 두 값을 비교하여 이들 값 중에서 작은 값과 큰 값을 순서대로 반환하는 함수임을 알 수 있다. 이 때 반환되는 2개 이상의 자료값들의 묶음이 바로 튜플 자료형인데 이에 관해서는 다음 장에서 상세히 다룰 것이다. 이 기능을 응용하면 다음과 같이 2개의 수를 인자로 받아서 사칙연산을 수행하고 그 값을 출력하는 프로그램도 쉽게 작성할 수 있다. 이 코드의 경우 4개의 결과값을 반환하므로 이 값을 담기 위한 변수로 t1, t2, t3, t4가 필요하다.

```
def calc(n1, n2):
    return n1 + n2, n1 - n2, n1 * n2, n1 / n2  # 덧셈, 뺄셈, 곱셈, 나눗셈 결과를 반환

n1, n2 = 200, 100
t1, t2, t3, t4 = calc(n1, n2)  # 네 개의 값을 반환받기 위해 4개의 변수를 사용함
print(n1, '+', n2, '=', t1)
print(n1, '-', n2, '=', t2)
print(n1, '*', n2, '=', t3)
print(n1, '/', n2, '=', t4)
```

```
200 + 100 = 300
200 - 100 = 100
200 * 100 = 20000
200 / 100 = 2.0
```

도전문제 6.3

a, b, c의 세 인자를 받아서 이 세 수의 제곱을 반환하는 함수 get_square(a, b, c)를 작성하여라. 그리고 이 함수가 반환하는 세 개의 결과 a_sq, b_sq, c_sq를 출력하도록 하여라.

```
a, b, c = 1, 2, 3
a_sq, b_sq, c_sq = get_square(a, b, c)
print(a, '제곱 :', a_sq, ', ', b,'제곱 :', b_sq,', ',c,'제곱 :',c_sq)
```

```
1 제곱 : 1 ,  2 제곱 : 4 ,  3 제곱 : 9
```

LAB6-1 사각형을 그리는 함수 만들어보기

실습 시간

터틀 그래픽에서는 원을 그리는 함수는 제공하지만 정사각형을 그리는 함수는 제공하지 않는다. 정사각형을 그리는 함수를 우리가 직접 만들어서 사용하자. 이때 함수의 이름은 square()라고 하자. 터틀 그래픽에서는 어떻게 정사각형을 그릴 수 있을까? 거북이를 주어진 길이만큼 전진시키고 90도 방향을 전환하는 작업을 4번 반복하면 된다. 이제 사각형을 그리는 함수를 만들어 보자. 이 함수의 매개변수는 한 변의 길이가 되도록 하자. 다음으로 이 함수를 이용하여 한 변이 100, 200, 300인 사각형을 다음과 같이 그려보자.

원하는 결과

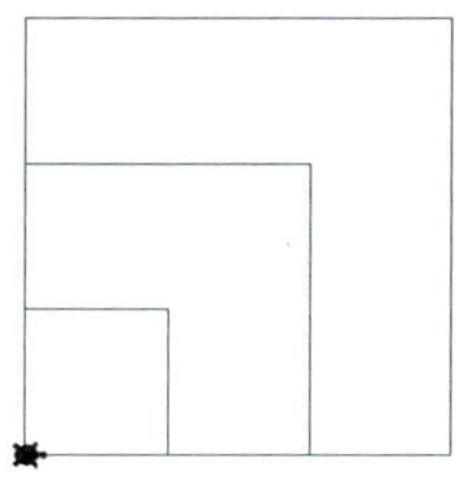

힌트

정사각형을 그리는 동작을 묶어서 다음과 같이 함수를 만들면 된다. 함수의 매개변수는 한 변의 길이가 된다.

```
def square(length):        # length는 한 변의 길이
    for i in range(4):
        t.forward(length)
        t.left(90)
```

이 함수를 구현한 후 square(100), square(200), square(300)과 같이 원하는 만큼 불러서 사용하면 될 것이다.

해답 코드

```
import turtle

t = turtle.Turtle()
t.shape("turtle")

def square(length):        # length는 한 변의 길이
    for i in range(4):
        t.forward(length)
        t.left(90)

square(100)       # square() 함수를 호출한다.
square(200)       # 호출시 인자값을 100, 200, 300으로 다르게 한다
square(300)
turtle.done()
```

6.5 변수의 범위는 어디까지인가

이제 변수의 사용 범위를 함수와 관련해 깊이 있게 다루어 보려 한다. 다음 코드를 작성하고 수행해 보라.

```
def print_counter():
    print('counter =', counter)  # 함수 내부의 counter 값

counter = 100
print_counter()
print('counter =', counter)      # 함수 외부의 counter 값
```

```
counter = 100
counter = 100
```

counter라는 변수를 함수 외부에서 생성한 후 100이라는 값을 할당하자. 그리고 함수 내부에서 이 변수를 출력하면 100이 출력된다. 당연히 함수 외부에서도 이 출력값은 100이 될 것이다.

이제 다음과 같이 함수 내부에서 counter = 200과 같이 counter에 새로운 값을 할당해 보도록 하자. 함수 외부와 내부 모두 200이 출력될까?

```
def print_counter():
    counter = 200
    print('counter =', counter)  # 함수 내부의 counter 값

counter = 100
print_counter()
print('counter =', counter)      # 함수 외부의 counter 값
```

```
counter = 200
counter = 100
```

실행결과는 우리의 예상과는 달리 함수 내부에서는 200이 출력되지만 함수 외부의 값은 여전히 100이다. 위의 코드에서 함수 내부에서 할당이 이루어지고 사용된 변수 counter는 함수 print_counter() 안에서만 사용이 가능하다. 함수 안에서 할당이 이루어질 때 이 변수는 함수 안에서 새로 선언되고 생성된다. 이와 같이 함수 안에서 생성되는 변수를 **지역변수**local variable라고 한다. 이 지역변수 counter가 참조하는 값 200은 전역변수가 참조하는 값 100과 별개의 메모리에 있으며, 지역변수는 함수가 종료되면 사라진다. 따라서 counter 변수를 함수의 외부에서 출력할 경우 200이 아닌 100이 출력된다.

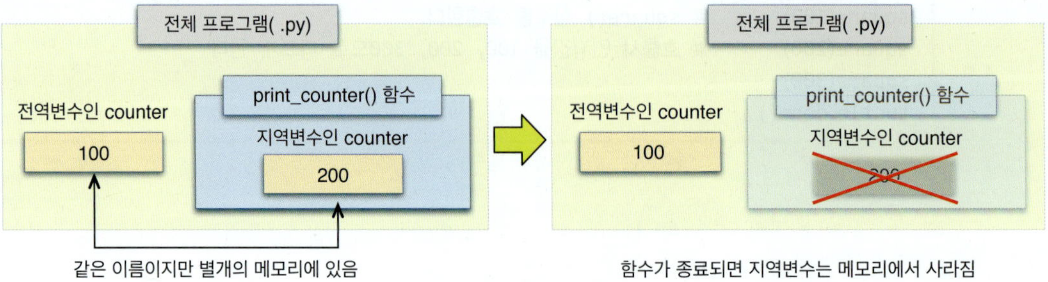

함수 안에서 전역변수 사용하기 : global 키워드

만일 함수 내부에서 새로 변수를 만들지 않고 전역변수인 counter를 불러서 사용하려면 어떻게 해야 할까? 이 경우에는 아래와 같이 global이라는 키워드를 사용한다. printer_counter() 함수 내부에서 사용한 global counter는 함수 외부의 전역변수 counter를 사용하겠다는 선언이다.

```
def print_counter():
    global counter                    # 함수 외부의 전역변수 counter를 사용하겠다는 선언
    counter = 200
    print('counter =', counter)       # 함수 내부의 counter 값

counter = 100
print_counter()
print('counter =', counter)           # 함수 외부의 counter 값
```

```
counter = 200
counter = 200
```

이와 같은 선언을 할 경우 아래의 그림과 같이 print_counter() 내부에 있는 counter는 외부의 전역변수 counter를 사용하므로 counter = 200을 적용하면 전역변수의 값이 200으로 변경된다.

함수 내부에서 global로 선언된 변수는 외부의 전역변수를 참조함

다음은 또 다른 예제인데, calculate_area() 안에서 area 변수를 전역변수로 사용하기 위하여 global이라는 키워드를 이용한 예제이다. 앞서 살펴본 바와 같이 area는 전역변수이므로 함수 내부에서 원의 면적을 계산할 경우 이 값을 외부에서 자유롭게 가져와서 사용할 수 있다.

```
def calculate_area(radius):
    global area               # 전역변수 area를 사용함
    area = 3.14 * radius**2
    return                    # 반환하는 값이 없음

area = 0
r = float(input("원의 반지름을 입력하세요 : "))
calculate_area(r)
print(area)
```

```
원의 반지름을 입력하세요 : 5.0
78.5
```

이번에는 전역변수 area를 통하여 원의 면적이 올바르게 전달되었다. 그러나 전역변수를 많이 사용할 경우 프로그램에서 어느 부분에서 오류가 발생하였는가를 추적하는 것이 매우 어렵다. 따라서 **전역변수의 사용은 최소로 하는 것이 바람직하다.**

6.6 함수에 쉽게 일을 시키는 디폴트 인자

파이썬에서는 함수의 매개변수가 기본값을 가질 수 있다. 이것을 **디폴트 인자**default argument라고 한다. 예를 들어 보자. 다음과 같이 햄버거 주문 함수 order()가 있다고 하자. order()는 항상 3개의 인자를 받아야 한다. 첫 번째 인자는 햄버거의 수, 두 번째는 피클 포함 여부, 세 번째는 양파 포함 여부이다.

```
def order(num, pickle, onion) :
    print('햄버거 {0} 개 - 피클 {1}, 양파 {2}'.format(num, pickle, onion))

order(1, False, True)
```

```
햄버거 1 개 - 피클 False, 양파 True
```

만약 우리가 order() 함수에 3개의 인자를 전달하지 않으면 오류가 발생한다.

```
>>> order(1)     # 인자를 1개만 전달하여 order()을 호출함
...
TypeError: order1() missing 2 required positional arguments: 'pickle' and 'onion'
```

이와 같이 인자가 부족한 경우에 기본값을 넣어주는 메커니즘이 있다면 편리할 것이다. 바로 이러한 목적으로 사용하는 것이 디폴트 인자이다.

```
def order(num, pickle = True, onion = True) :
    print('햄버거 {0} 개 - 피클 {1}, 양파 {2}'.format(num, pickle, onion))

order(1, pickle = False, onion = True)
order(2)      # 햄버거 2개를 주문, 디폴트로 pickle, onion 값은 True임
```

```
햄버거 1 개 - 피클 False, 양파 True
햄버거 2 개 - 피클 True, 양파 True
```

위의 코드를 살펴보면 pickle과 onion 매개변수에 True라는 디폴트 인자를 넣어 주었다. 따라서 order(2)와 같이 호출해도 프로그램은 오류없이 잘 수행된다. 반면 이 프로그램에서는 num에 대한 디폴트 값을 주지 않았으며 따라서 order()과 같은 방식으로 함수를 호출하면 프로그램은 오류를 출력할 것이다.

디폴트 값이 있는 매개변수는 다음과 같이 순서를 바꾸어 인자를 넣을 수도 있다.

```
>>> order(3, onion = False, pickle = True)     # 인자의 순서를 바꾸었다.
햄버거 3 개 - 피클 True, 양파 False
```

키워드 인자로 더욱더 고급지게 함수 활용하기

파이썬에서 대부분의 인자들은 함수 호출 시 위치에 의하여 그 호출값이 구별된다. 예를 들어서 아래와 같이 구현한 함수가 있을 경우, power(2, 10)은 power(10, 2)과는 다르다. 아래의 함수 호출시 power(2, 10)은 **밑**base이 2이고 **지수**exponent가 10인 2^{10}을 계산할 것이고 power(10, 2)은 10^2을 계산할 것이다.

```
def power(base, exponent):
    return base**exponent    # base가 밑이고, exponent가 지수값이다.
```

이 함수는 지금까지 사용한 바와 같이 다음처럼 호출할 수 있다.

```
>>> power(2, 10)  # 2의 10승을 반환한다
    1024
>>> power(10, 2)  # 10의 2승을 반환한다
    100
```

하지만 인자가 아주 많을 경우 인자가 가지는 의미를 명확하게 파악하기 어려운 경우도 있을 수 있다. 예를 들어서 다음과 같이 power() 함수가 있다고 하자.

위의 코드를 다시 설명하면 power(2, 10)과 같이 인자가 들어가면, 2는 base에 전달되고, 10은 매개변수 exponent로 전달된다. 반면 power(10, 2)와 같을 경우 10이 base에, 2가 exponent에 전달되어 그 결과는 서로 다르다. 이와 같은 인자 전달 방식을 **위치 인자**positional argument에 의한 전달 방식이라고 한다. 하지만 우리는 다음과 같이 매개 변수의 이름에 값을 직접 대입하여서도 전달할 수 있다. 이 방식의 경우 이전의 방식보다 더 명확하며 오류를 줄일 수 있다. 이와 같은 인자 전달 방식을 **키워드 인자**keyword argument에 의한 전달 방식이라고 한다. 키워드 인자는 함수를 호출할 때 인자의 이름을 =를 이용하여 명시적으로 지정해서 전달하는 방법이다. 키워드 인자는 power() 함수를 호출할 때, 아래와 같이 base=2, power=10을 이용해서 2와 10이 어떤 매개 변수에 해당하는가를 알려줄 수 있다. 이 때문에 위치에 무관하게 사용할 수 있다.

```
>>> power(base=2, exponent=10)    # 2의 10승을 반환한다
    1024
>>> power(exponent=10, base=2)    # 2의 10승을 반환한다
    1024
```

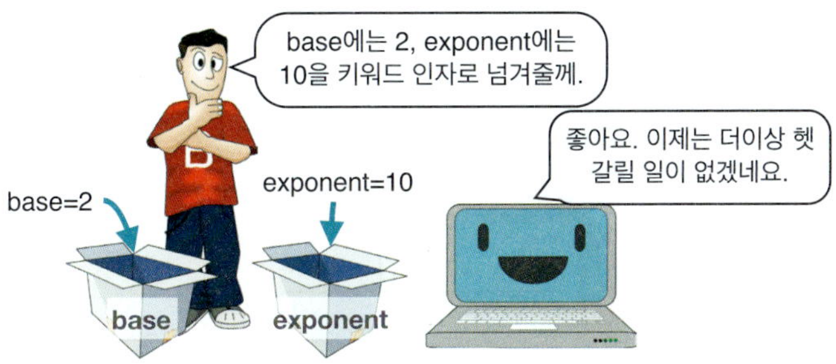

하지만 다음과 같이 첫 인자에 키워드 인자를 넣고 두 번째로 위치 인자로 넣게 되면 오류가 발생한다. 이와 같이 할 경우 두번째 인자인 2의 의미가 명확하지 않기 때문이다. 인자의 순서는 **언제나 위치 인자가 먼저 나오고 키워드 인자가 나타나야**만 한다.

```
>>> power(base = 10, 2)    # 문법 오류
SyntaxError: positional argument follows keyword argument
```

LAB6-2 주급 계산 프로그램

실습 시간

주단위로 봉급을 받는 아르바이트생이 있다고 하자. 현재의 시급과 일한 시간을 입력하면 주급을 계산하여 반환하는 함수 weeklyPay(rate, hour)를 만들자. 그리고 이 함수를 호출하여 주급을 출력하는 프로그램을 작성해보자.

단 주당 30시간이 넘는 근무 시간에 대해서는 시급의 1.5배를 지급한다고 하자. 이 함수에 전달할 값은 rate와 hour인데 이 값은 사용자로부터 입력받은 값 r과 h를 각각 사용하도록 한다. 이 때 키워드 인자로 함수 weeklyPay()를 호출하는 프로그램을 작성하여라.

원하는 결과

```
시급을 입력하시오: 10000
근무 시간을 입력하시오: 38
주급은 420000.0
```

힌트

시급과 근무시간을 r과 h라는 변수를 통해 입력받는다. 이 값은 주급 계산 함수에 인자로 전달된다. 입력을 받는 것은 float(input("시급을 입력하시오:"))와 같은 함수를 이용하면 된다. input() 함수는 문자열로 입력을 받기 때문에 이를 정수나 실수로 변환해야 한다.

다음으로 weeklyPay() 함수를 구현하도록 하자. weeklyPay() 함수를 호출할 때 rate=r, hour=h로 입력받은 값을 전달해 주도록 하자.

해답 코드

```python
def weeklyPay(rate, hour):
    if (hour > 30):
        money = rate*30 + 1.5*rate*(hour-30)
    else:
        money = rate*hour
    return money

r = int(input("시급을 입력하시오: "))        # 시급입력받기
h = int(input("근무 시간을 입력하시오: "))    # 근무시간 입력받기
print("주급은 " + str(weeklyPay(rate = r, hour = h))) # 키워드 인자 사용
```

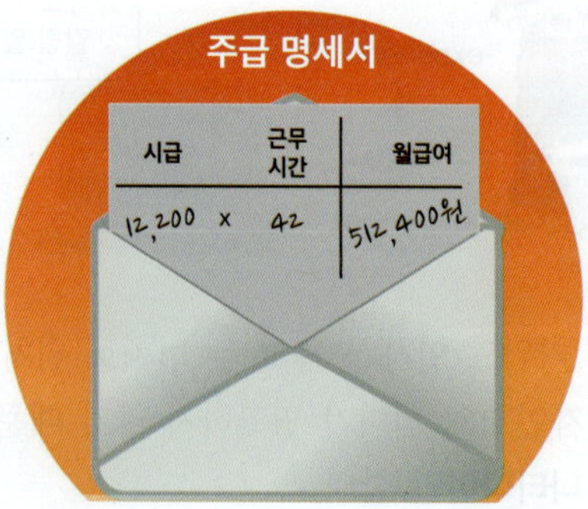

LAB6-3 n-각형을 그리는 함수 만들어보기

실습 시간

n-각형을 그리는 함수를 작성하여 사용해보자. 함수의 이름은 n_polygon(n, length)라고 하자. 터틀 그래픽에서는 어떻게 n-각형을 그릴 수 있을까? 거북이를 주어진 길이만큼 전진시키고 (360/n) 각도로 방향을 전환하는 작업을 n번 반복하면 된다. n-각형을 그리는 함수를 작성하고 이 함수를 호출하여서 다음과 같은 그림을 그려보자.

원하는 결과

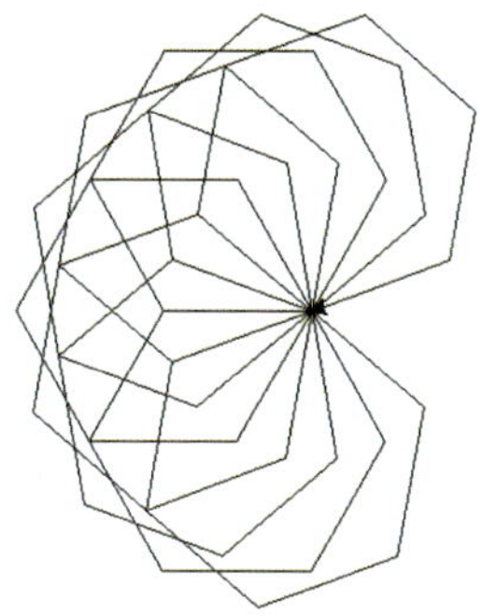

힌트

n-각형을 그리는 동작을 묶어서 함수를 만들면 다음과 같다. 여기서 매개변수는 n과 length가 되면 n은 다각형의 변의 개수, length는 한 변의 길이가 된다.

```
def n_polygon(n, length):
    for i in range(n):
        t.forward(length)
        t.left(360//n)        # 정수 나눗셈은 //으로 한다.
```

이 함수를 원하는 만큼 불러서 사용하면 될 것이다. 위의 그림은 정 6각형을 10개 그려본 것이므로 이에 적합한 반복문을 사용하도록 하여라.

해답 코드

```
import turtle
t = turtle.Turtle()

# n-각형을 그리는 함수를 정의한다.
def n_polygon(n, length):
    for i in range(n):
        t.forward(length)
        t.left(360//n)        # 정수 나눗셈은 //으로 한다.

for i in range(10):
    t.left(20)
    n_polygon(6, 100)
```

LAB6-4 리스트에서 최대/최소값을 찾는 함수

실습 시간

[82, 27, 90, 30, 87, 56]와 같은 리스트에서 최대값이나 최소값을 찾는 getMinMax() 함수를 만드려고 한다. 이 함수는 리스트를 첫 번째 매개변수로 하고, 두 번째 매개변수는 method라는 이름을 가지는 키워드 인자를 받는다고 하자. 이 method 매개변수에 주어지는 인자가 'max'이면 최대값, 'min'이면 최소값을 찾아 반환하도록 구현하자.

원하는 결과

```
[82, 27, 90, 30, 87, 56]
최대값을 원하면 max, 최소값을 원하면 min을 입력하시오: max
90
[82, 27, 90, 30, 87, 56]
최대값을 원하면 max, 최소값을 원하면 min을 입력하시오: min
27
[82, 27, 90, 30, 87, 56]
최대값을 원하면 max, 최소값을 원하면 min을 입력하시오: nothing
Error : 잘못된 명령입니다.
```

힌트

일단 초기값으로 리스트의 첫 값으로 할당한다. 최대값 찾기를 요구하면 리스트에서 하나씩 값을 꺼내서 이 최대값(max_value)과 비교한다. 리스트의 값이 최대값보다 크면 리스트의 값을 최대값으로 만든다. 이 과정을 리스트에 저장된 모든 값에 대하여 되풀이하기 위하여 for 문을 사용한다. 최소값 찾기를 원하면 준비된 최소값(min_value)과 리스트의 각 항목을 차례로 비교하면서 최소값보다 작은 값이 나타나면 최소값을 그 값으로 바꾸면 된다.

찾기의 방법을 결정할 때 키워드 매개변수를 사용할 수 있다.

해답 코드

```python
def getMinMax(mylist, method):
    min_value = mylist[0]     # 리스트의 첫 번째 값을 min_value로 두자
    max_value = mylist[0]     # 리스트의 첫 번째 값을 max_value로 두자

    if method == 'max' :
        for value in mylist:
            if value > max_value:
                max_value = value
        return max_value
    elif method == 'min' :
        for value in mylist:
            if value < min_value:
                min_value = value
        return min_value
    else :
        return 'Error : 잘못된 명령입니다.'

list_data = [82, 27, 90, 30, 87, 56]    # 데이터를 여러 개 담는 리스트 자료구조
print(list_data)
s = input('최대값을 원하면 max, 최소값을 원하면 min을 입력하시오: ')
print(getMinMax(mylist = list_data, method = s))
```

LAB6-5 리스트에서 최대/최소값을 찾아서 두 개를 반환하는 함수

실습 시간

[82, 27, 90, 30, 87, 56]와 같은 리스트에서 최대값과 최소값을 찾는 getMinAndMax()를 만들어 보자. 이 함수는 리스트를 유일한 매개변수로 한다. 이 함수는 매개변수를 통해서 전달받은 리스트에서 모든 원소를 조사하여 최대값과 최소값 두 개의 값을 반환한다. 우리는 이 값을 받아서 다음과 같이 출력할 것이다.

원하는 결과

```
리스트의 원소 :
[82, 27, 90, 30, 87, 56]

최대값 : 90
최소값 : 27
```

힌트

일단 함수 내부에서 max_value, min_value라는 변수를 이용하여 최대값과 최소값을 담을 것이다. 이 초기값으로 리스트의 첫 번째 원소를 사용하도록 하자. 최대값 찾기를 하는 알고리즘은 리스트에서 하나씩 값을 꺼내서 최대값과 비교한다. 리스트의 값이 최대값보다 크면 리스트의 값을 최대값으로 만든다. 이 과정을 리스트에 저장된 모든 값에 대하여 되풀이하기 위하여 for 문을 사용한다. 최소값 찾기를 원하면 준비된 최소값과 리스트의 각 항목을 차례로 비교하면서 최소값보다 작은 값이 나타나면 최소값을 그 값으로 바꾸면 된다.

반환문은 return을 사용하고 max_value와 min_value 두 개를 반환하도록 하자.

해답 코드

```python
def getMinAndMax(mylist):
    min_value = mylist[0]     # 리스트의 첫 번째 값을 min_value로 두자
    max_value = mylist[0]     # 리스트의 첫 번째 값을 max_value로 두자

    for value in mylist:
        if value > max_value:
            max_value = value
        if value < min_value:
            min_value = value
    return max_value, min_value  # 두 개의 값을 반환함

list_data = [82, 27, 90, 30, 87, 56]    # 데이터를 여러 개 담는 리스트 자료구조
# getMinAndMax() 함수가 두 개의 값을 반환하므로 두 개의 변수에 이를 담는다
max_v, min_v = getMinAndMax(list_data)

print('리스트의 원소 :')
print(list_data)
print('최대값 :', max_v)
print('최소값 :', min_v)
```

6.7 자신을 호출하는 재귀함수

재귀함수recursion란 함수 내부에서 자기 자신을 호출하는 함수를 말한다. 재귀는 매우 유용한 문제해결 기법으로 처리 단계를 모두 기술하기 어려운 문제를 직관적이고 간단하게 해결할 수 있다. 우선 다음과 같은 팩토리얼 식과 정의를 다시 한번 살펴보자.

```
1! = 1
2! = 2 * 1
3! = 3 * 2 * 1
...
n! = n * (n-1) * (n-2) * ... * 2 * 1
```

이 정의를 바탕으로 팩토리얼은 1! = 1일 때 n! = n*(n-1)!로 정의할 수 있다. 이를 코드로 구현하면 다음과 같이 나타낼 수 있다.

```python
def factorial(n):                      # n!의 재귀적 구현
    if n <= 1 :                        # 종료 조건이 반드시 필요하다
        return 1
    else :
        return n * factorial(n-1)      # n * (n-1)! 정의에 따른 구현

print('4! = ', factorial(4))           # 인자로 4를 넣어 호출
```

재귀함수에서 중요한 점은 이 프로그램이 언제 종료되는가인데 정의에 의하여 1! = 1인 경우는 그 값이 정의되지만 1 이하의 값에 대해서는 팩토리얼을 정의할 필요가 없으므로 if 문에서 n이 1 이하가 되면 1을 반환하면 된다. 이 조건문이 없으면 프로그램은 무한루프에 빠지게 된다. 만일 factorial(4)가 호출되면 factorial() 함수 내부에서 else 조건절이 실행될 것이다. 따라서 4 * factorial(3)을 호출하는 상황이 된다. 다음으로 factorial(3)이 호출되면 이 함수의 내부에서 else 조건절이 실행되어 3*factorial(2)가 호출된다.

이러한 과정을 거쳐서 내부의 n 값이 1이 되면 1이 반환되고, factorial(2)는 결과값으로 2*1을 반환하게 될 것이다. 이를 받은 factorial(3)은 계속해서 3*2*1이 반환되어 마침내 factorial(4)가 4*3*2*1을 반환되고 최종 결과가 된다.

잠깐 – 재귀호출과 분할 정복

재귀호출은 함수가 자신을 호출하는데 문제의 규모가 n일 때, n보다 작은 규모의 문제로 쪼개어 호출하는 것이 일반적이다. 이러한 풀이 방식은 **분할 정복**divide and conquer 알고리즘과 관련이 깊다.

분할 정복 알고리즘은 **여러 갈래 재귀호출**multi-branch recursion이라고 할 수 있는데, 앞에서 본 팩토리얼 예제는 재귀호출이 한 번만 이루어지는 한 갈래 재귀호출이라 분할 정복 알고리즘이라고 할 수 없다. 문제의 크기가 n일 때, 문제를 $n/2$ 크기로 둘로 나누어 각각을 재귀호출의 인자로 넘겨주면 전형적인 분할 정복 알고리즘이 될 것이다. 이렇게 반으로 쪼개는 것뿐만 아니고 두 개보다 더 많은 수의 작은 문제로 쪼개어 재귀호출을 적용하는 방법들도 모두 분할 정복 알고리즘이다. 쪼개어진 문제를 모두 합했을 때 원래 문제보다 많이 커지면 안 된다.

이 알고리즘의 이름은 고대부터 존재한 정치적 사회적 전략에 뿌리를 두고 있다. 라틴어로 divide et impera라고도 한다.

LAB 6-6 피보나치 함수 계산하기

실습 시간

피보나치 수열이란 앞의 두 항을 더해 다음 항을 만드는 수들의 열이다. 피보나치 수열의 첫 번째 항과 두 번째 항은 0, 1로 설정한다. 이 수열에 속한 수를 피보나치 수라고 한다.

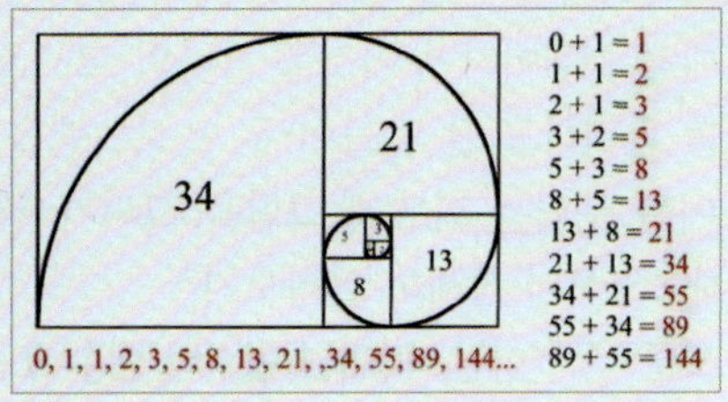

이 수열을 앞에서부터 일부만 나열해 보자.

0, 1, 1, 2, 3, 5, 8, 13, 21, 34, 55, ...

이 실습에서는 피보나치 수열의 n번째 항을 계산하여 반환하는 함수 fibonacci(n)를 재귀적으로 작성해보자. 예를 들어 0, 1부터 시작하는 피보나치 수열의 9번째 수는 다음과 같이 21이다.

원하는 결과

```
몇 번째 항을 구할까요: 9
21
```

힌트

재귀호출은 피보나치 수열과 같이 **점화식**recurrence formula으로 표현되는 수열의 특정 항을 구하는 데에 적합하다. 즉 피보나치 수열의 n번째 항 f_n은 $f_{n-1} + f_{n-2}$이므로, 피보나치 수열의 항을 구하는 함수는 대략 다음과 같은 방식으로 구할 수 있을 것이다.

```
def fibonacci(n):
    return fibonacci(n-1) + fibonacci(n-2)        # 재귀호출
```

그런데 위의 방식은 재귀호출이 무한 반복된다. 따라서 호출 종료조건이 필요하다.

해답 코드

```
def fibonacci(n):
    if n < 0:                                     # 입력 오류 검사
        print("잘못된 입력입니다.")
    elif n == 1:                                  # 재귀호출 중단 조건
        return 0
    elif n == 2:                                  # 재귀호출 중단 조건
        return 1
    else:
        return fibonacci(n-1) + fibonacci(n-2)    # 재귀호출

i = int(input("몇 번째 항을 구할까요: "))
print(fibonacci(i))
```

도전문제 6.4

재귀호출을 이용한 피보나치 수열 계산은 n이 큰 값이 주어지면 너무 많은 계산이 필요해 제대로 값을 내지 못 한다. 하지만 $f_1 = 0$, $f_2 = 1$을 기록해 두면 $f_3 = 1$이라는 것을 쉽게 알 수 있고, 이것을 추가로 기록하면, f_4는 마지막에 기록된 f_2와 f_3을 가져와 쉽게 2임을 알 수 있다. 이렇게 답을 늘려가는 방식을 쓰면 매우 큰 n에 대해서도 f_n을 구할 수 있을 것이다. 이러한 방식으로 코드를 개선해 보라.

6.8 모듈을 이용해서 함수를 재사용하자

프로그램이 간단할 경우 몇 개의 함수와 호출을 조합하는 것으로 코딩을 할 수 있으나 프로그램이 복잡해지고 길어지면 이것을 하나의 코드로 관리하는 것이 어려워질 것이다. 이런 경우에 효율적으로 코드를 관리하고 잘 만들어 둔 프로그램을 재활용하는 것이 필요하다. 이럴 때에 모듈이 필요하다.

이미 우리는 화면에 그림을 그리기 위해 터틀 그래픽 모듈을 사용해 본 적이 있다. 이러한 모듈에 대해 조금 더 상세히 알아보자.

모듈module이란, **파이썬 함수나 변수 또는 클래스들을 모아놓은 스크립트 파일**을 말한다. 파이썬은 여러 기관과 개발자들에 의해서 만들어진 많은 모듈이 있으며 우리는 이 모듈을 이용하여 효과적으로 소프트웨어를 개발할 수 있다. 즉 여러분이 잘 만들어 둔 함수가 있다면 이러한 함수들을 모듈로 저장해 둘 수 있고, 이 모듈을 언제든지 불러와서 이미 작성한 함수를 어디서든 다시 사용할 수 있다는 것이다.

많이 사용되는 기능들을 담은 모듈들이 표준 라이브러리라는 이름으로 파이썬 설치파일과 함께 제공되고 있다. 미리 만들어진 모듈을 가져올 때에는 'import'와 함께 모듈 이름을 써 주면 되고, 사용할 때에는 모듈 이름에 점(.)을 찍은 후 모듈 안의 구성요소를 호출해주면 된다.

다음은 현재 스크립트나 대화창에서 모듈을 불러오는 명령이다.

```
import 모듈이름1 [, 모듈이름2, ... ]
```

파이썬 설치와 함께 제공되는 모듈을 **파이썬 표준 라이브러리**python standard library라고도 하며 문자열과 텍스트 처리, 이진 데이터 처리, 날짜와 시간 처리, 배열 등의 자료형 처리, 수치 연산과 수학 함수, 파일과 디렉토리 접근, 유닉스 시스템의 데이터베이스 접근, 데이터 압축, 그래픽 등을 위한 100여 가지 이상의 모듈이 표준 라이브러리들로 제공된다.

우선 날짜와 시간을 다루는 데에 편리한 datetime 모듈을 살펴보자. 다음과 같이 불러들여 사용할 수 있다.

```
>>> import datetime                # 날짜와 시간을 다루는 모듈
>>> datetime.datetime.now()
    datetime.datetime(2024, 1, 2, 6, 57, 27, 904565)
```

datetime 모듈을 쓰기 위해서 제일 먼저 import 명령을 통해 datetime 모듈을 가져와야 한다. datetime의 모듈 내에는 다양한 클래스가 있는데, 이 중에서 datetime이라는 모듈이름과 같은 이름의 클래스가 있어서 날짜와 시간에 관련된 기능을 제공한다. 클래스의 정체는 뒤에 다시 다루어 보자.

이 클래스에 접근하기 위해서는 datetime.datetime와 같이 마침표(.) 연산자를 써주면 된다. 앞에 나온 datetime은 모듈의 이름이고 뒤에 나온 datetime은 클래스의 이름이 된다. 이렇게 접근한 datetime.datetime 클래스의 now() 메소드를 이용하면, 위와 같이 현재의 년, 월, 일, 시, 분, 초, 밀리초(ms) 단위의 시간까지 나타난다.

```
>>> today = datetime.date.today()
>>> print(today)
    2023-09-14
>>> today
    datetime.date(2023, 9, 14)
>>> today.year
    2023
>>> today.month
    9
>>> today.day
    14
```

나만의 모듈을 만들고 불러서 사용해 보자

우리가 만든 함수들을 여러 군데에서 다시 사용할 수 있도록 함수를 저장해 놓은 모듈을 만들어 보자. 여러 개의 함수를 담은 모듈과 하나의 함수를 담은 모듈 모두 같은 방식으로 만들고 사용하므로 여기서는 아래와 같이 간단한 함수 하나를 담은 모듈을 만들어 보자.

```
# filename: my_func.py
def mf_print(msg, n = 1) :     # msg를 n번 반복하는 함수
    print(msg * n)
```

이 코드가 모듈로 사용되기 위해서는 저장을 해야 한다. 코드의 가장 첫 줄 주석문에 적힌 것과 같이 my_func.py라는 이름으로 저장하자.

모듈이라는 것은 파이썬 파일이다. 그리고 그 파일의 이름이 바로 모듈의 이름이 된다. 이제 이 파일에 담긴 함수를 사용하고 싶으면 이 파일의 이름인 my_func을 import를 이용하여 불러들이면 되는 것이다. 새로 main.py 파일을 만들어 다음과 같이 작성해 보자. my_func 모듈에 있는 mf_print() 함수를 사용하고 싶으면 모듈이름.함수이름() 형태로 호출하면 된다.

```
# filename: main.py
import my_func

my_func.mf_print("반복하여 출력 ", 3)  # my_func 모듈의 mf_print() 함수 호출
```

```
반복하여 출력 반복하여 출력 반복하여 출력
```

모듈 my_func의 내부에 있는 mf_print() 함수가 잘 동작하는 것을 확인할 수 있다. 이러한 관계는 다음 그림과 같이 이해할 수 있다.

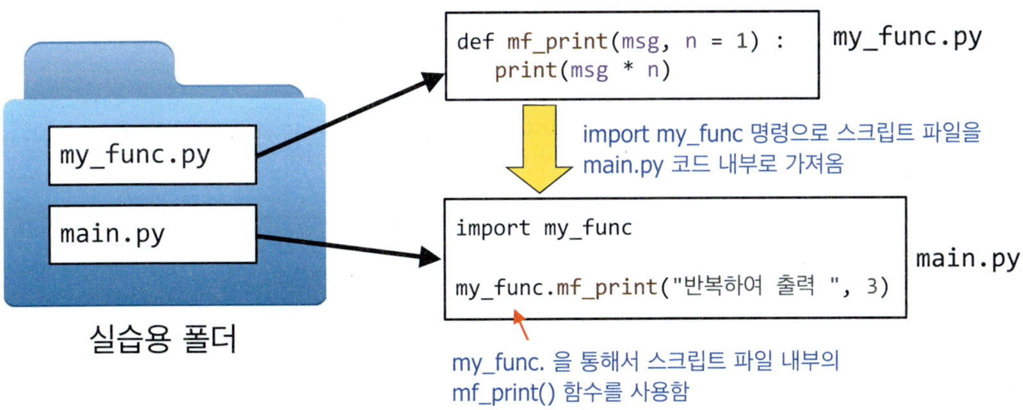

파이썬 IDLE를 설치하게 되면 turtle, datetime, math, random 등과 같은 많은 모듈이 자동으로 설치되므로 이를 별도의 설치과정 없이도 이용할 수 있다. 이러한 모듈을 **내장 모듈**built-in module이라고 한다. 반면 numpy, matplotlib과 같은 강력한 모듈은 시스템 콘솔에서 pip라는 명령을 통해서 외부로부터 가져와서 설치할 수 있다.

6.9 모듈과 별명 만들기

파이썬은 다양하고도 강력한 모듈이 많아서 이러한 모듈을 사용하면 편리하고 프로그램을 짤 수 있다. 그런데, 매번 모듈 이름인 my_func를 지정하는 것이 번거로울 수 있다. 많은 경우 모듈의 **별명**alias를 지정하여 사용한다.

예를 들어 main.py에서 외부 모듈인 my_func를 불러와서 사용할 때 이 모듈의 전체 이름인 my_func를 사용하기가 번거로운 경우가 많다. 따라서 이것을 mf로 줄여서 쓰고 싶다면 as라는 키워드로 다음과 같이 코드를 작성하면 된다.

```
# filename: main.py
import my_func as mf

mf.mf_print("반복하여 출력 ", 3)  # mf라는 별명을 사용해서 메시지를 반복출력
```

```
반복하여 출력 반복하여 출력 반복하여 출력
```

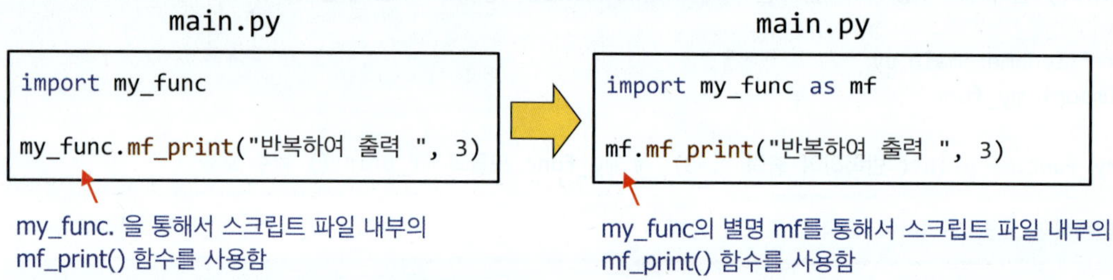

때로는 모듈의 이름이나 별명 어떤 것도 사용하지 않고 함수명만을 그대로 사용하고 싶을 때도 있다. 이럴 경우에는 from 모듈명 import 함수명 형태로 특정한 함수를 바로 import 할 수 있다.

```
# filename: main.py
from my_func import mf_print

mf_print('-no module name-', 2)  # mf_print()를 호출할 때 my_func.을 사용안해도 됨
```

```
-no module name--no module name-
```

와일드 카드 * 기호를 이용하면 해당 모듈 내의 모든 함수를 import 할 수도 있다. 이렇게 할 경우에는 모듈 이름을 지정하지 않고 모듈 안의 모든 함수를 바로 사용할 수 있다.

```
# filename: main.py
from my_func import *

mf_print('-no module name-', 2)
```

```
-no module name--no module name-
```

2장에서 살펴본 다음과 같은 코드를 다시 한번 살펴보자. 이 코드에서 import turtle은 파이썬의 내장 모듈인 turtle 모듈을 이 파일 내부로 가져오라는 명령이며 turtle.Turtle()은 turtle 모듈에 있는 Turtle()이라는 클래스의 함수를 호출하는 것이다. 이것을 호출하면 비로소 거북이 객체가 그림과 같이 생성되는 것이다.

```
import turtle              # 터틀 그래픽 모듈을 가져온다

t = turtle.Turtle()       # 거북이 객체를 생성함, t라는 변수로 참조함
t.shape("turtle")         # 거북이 객체 t에 내리는 명령 shape()은 메소드라고 함
t.forward(100)            # 거북이 객체 t에 내리는 명령 forward() 역시 메소드라고 함
s = turtle.Turtle()       # 새로운 거북이 객체를 생성함, s라는 변수로 참조함
s.shape("square")
s.backward(100)

turtle.done()            # 이 거북이 그래픽 프로그램이 사용자의 입력을 받아서 실행하는 루프로 진입
```

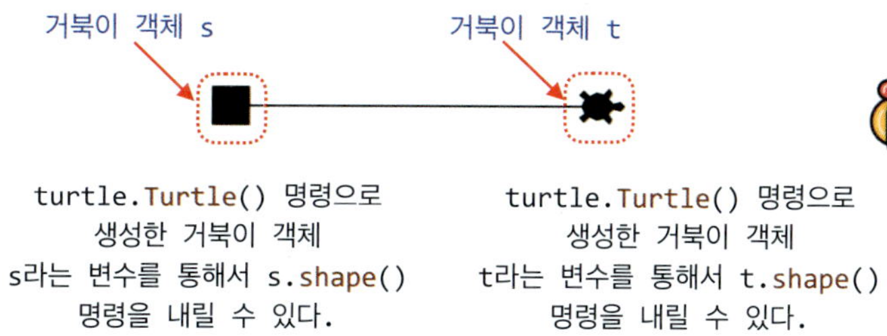

그리고 이 코드의 가장 아래에 있는 turtle.done() 함수는 **사용자의 키보드나 마우스 입력을 기다려서 실행하는 반복적인 루프로 진입**한다는 의미이다. 이 함수를 통해서 전체적인 그래픽 기반 프로그램은 이상없이 잘 수행될 수 있다. turtle.done()과 s.shape(), t.forward()는 모양은 비슷해 보이지만 앞의 경우는 거북이 그래픽의 함수인 done()을 호출하는 것이고, 뒤의 두 코드는 s와 t 객체의 메소드를 호출하는 것으로 다소 차이가 난다.

객체와 메소드에 대해서는 이 책의 나머지 부분에서 상세하게 설명할 것이다.

핵심 정리

SUMMARY

- 함수가 무엇인지를 학습하였다.
- 인자와 매개변수가 무엇인지를 학습하였다.
- 어떻게 함수로 인자를 전달할 수 있는지를 학습하였다.
- 여러 개의 인자를 함수로 전달하는 방법을 학습하였다.
- 함수가 값을 반환하는 방법을 학습하였다.
- 지역변수와 전역변수의 차이점에 대하여 학습하였다.
- `global` 키워드를 사용하여서 함수 안에서 전역변수를 사용하는 방법을 학습하였다.
- 함수가 자기 자신을 호출하여 문제를 해결할 수 있다는 것을 알게 되었다.
- 모듈을 사용하여 여러 가지 함수를 구현해 두고 다른 코드에서 불러와서 사용할 수 있다.

함수가 뭔지 알 것 같나요?

여러 개의 코드를 하나로 묶어 이름을 붙인 것이라고 이해하면 될까요?

그래요. 그런데 함수를 만든다고 함수가 동작하지는 않아요.
함수를 만들고 나면 이 함수를 불러야만 비로소 실행이 된답니다.
함수를 사용하면 어떤 이점이 있을까요?

한 번만 처리 방법을 정해 놓으면 필요할 때마다 새로 만들 필요 없이 쓸 수 있죠. 그리고 그때마다 매개변수에 인자를 바꾸어 제공하면 바뀐 상황에 맞춰 일을 할 수도 있고요.

잘 이해했어요.
꾸준히 연습해서 함수에 익숙해지도록 해요.

주관식 문제

다음 괄호 안에 들어갈 알맞은 단어를 적어라.

6.1 프로그래밍 언어에서 사용되는 용어인 (   ) (은)는 우리가 반복적으로 사용하는 코드를 묶은 것으로 코드의 덩어리와 같다.

6.2 프로그래밍 언어에서 사용되는 용어인 (   ) (은)는 코드 중에서 독립적인 단위로 분리할 수 있는 조각이다.

6.3 파이썬 언어에서 말하는 (   ) (은)는 프로그램의 일부를 가지고 있는 독립적인 파일을 말한다.

6.4 함수는 파이썬의 키워드 (   ) (을)를 이용하여 정의한다. 이 키워드에 이어서 함수의 이름을 적은 후에 소괄호 ()와 콜론 기호(:)를 붙인다.

6.5 함수를 호출하려면 (   )과 (   )을(를) 이용한다.

6.6 함수 호출시 전달되는 실제 값을 인자라고 하고, 함수 내부에서 전달받는 변수를 (   ) (이)라고 한다.

6.7 함수 호출시 함수 내부에 전달되는 실제값을 인자 또는 (   ) (이)라고 한다.

6.8 함수로부터 되돌아오는 값을 (   ) (이)라고 한다.

6.9 함수가 내부의 값을 외부에 보낼 때는 (   ) 키워드를 사용한다.

6.10 함수 안에서 생성되는 변수를 (   ) (이)라고 한다.

6.11 함수 내부에서 전역변수를 사용하려면 (   ) 키워드를 사용한다.

6.12 파이썬에서는 함수의 매개변수가 기본값을 가질 수 있다. 이것을 (   ) (이)라고 한다.

6.13 (   ) (이)란 함수 내부에서 자기 자신을 호출하는 함수를 말한다.

6.14 파이썬 IDLE를 설치하게 되면 turtle, datetime, math, random 등과 같은 많은 모듈이 자동으로 설치되므로 이를 별도의 설치과정 없이도 이용할 수 있다. 이러한 모듈을 (   ) (이)라고 한다.

6.15 turtle 이라는 모듈의 전체 이름을 사용하기 번거로운 경우, 스크립트 파일 내부에서 t와 같이 줄여 쓸 수 있는데 이때 (   ) 키워드를 사용한다.

심화문제

EXERCISE

6.1 n이라는 이름의 매개변수를 입력으로 받아서 이 값의 제곱 값을 반환하는 square(n) 함수를 정의하고 이 함수를 호출하여 3과 4의 제곱을 출력하고자 한다. 밑줄 친 부분에 들어갈 알맞은 코드를 채우고 전체 코드를 실행하여라.

```
def square(n):
    return _________

print('3의 제곱은 : ', _________ )
print('4의 제곱은 : ', _________ )
```

6.2 m과 n이라는 이름의 매개변수를 두 개 입력받아서 이 두 값 중에서 큰 값을 반환하는 max2(m, n) 함수와 작은 값을 반환하는 min2(m, n) 함수를 구현하여라. 100과 200을 인자로 넣어서 호출하여 그 결과를 확인하라. 이를 위하여 밑줄 친 부분에 들어갈 알맞은 코드를 채우고 전체 코드를 실행하여라.

```
def max2(m, n):
    if _________ :
        return _________
    else :
        return _________

def min2(m, n):
    if _________ :
        return _________
    else :
        return _________

print('100과 200중 큰 수는 :', _________ )
print('100과 200중 작은 수는 :', _________ )
```

6.3 n1, n2, n3라는 이름의 매개변수를 3개 입력받아서 이 값 중에서 가장 큰 값을 반환하는 max3(n1, n2, n3) 함수와 가장 작은 값을 반환하는 min3(n1, n2, n3) 함수를 구현하여라. 사용자로부터 임의의 정수 3개를 입력으로 받아서 이 함수를 호출하여 다음과 같은 출력을 내 보이도록 하여라.

```
3 수를 입력하시오 : 34 66 20
가장 큰 수 : 66
가장 작은 수 : 20
```

6.4 n1, n2, n3라는 이름의 매개변수를 3개 입력받아서 이 값들 중에서 가장 큰 값과 작은 값, 두 개를 반환하는 max_and_min(n1, n2, n3) 함수를 return 문을 사용하여 구현하여라. 사용자로부터 임의의 정수 3개를 입력으로 받아서 이 함수를 호출하여 다음과 같은 출력을 내 보이도록 하여라.

```
3 수를 입력하시오 : 34 66 20
가장 큰 수 : 66
가장 작은 수 : 20
```

6.5 섭씨온도(celsius)를 화씨온도(fahrenheit)로 변환하는 식은 다음과 같다.

```
fahrenheit = (9/5) * celsius + 32
```

이 식을 바탕으로 섭씨온도를 0도에서 50도까지 10도 단위로 증가시키면서 이에 해당하는 화씨온도를 출력하는 프로그램을 작성하여라. 이를 위하여 섭씨온도를 인자로 받아서 화씨온도를 반환하는 cel2fah() 함수를 만들도록 하여라.

6.6 임의의 수를 입력으로 받은 다음 이 수가 소수인지 아닌지를 판단하는 함수 is_prime(n)을 작성하여라. 만일 n이 소수이면 True, 그렇지 않으면 False를 반환하도록 하여라(힌트: 소수는 1과 자기자신 이외에는 약수를 가지지 않는다. 따라서 어떤 수 n을 2에서부터 $n-1$까지의 수로 나누어 보면 된다. 만일 중간에 n을 나눌 수 있는 수가 있다면 이 수는 소수가 아닐 것이다).

```
소수 검사를 할 정수를 입력하시오: 9677
소수인가요? : True
소수 검사를 할 정수를 입력하시오: 13
소수인가요? : True
소수 검사를 할 정수를 입력하시오: 4
소수인가요? : False
소수 검사를 할 정수를 입력하시오: 12347987345345
소수인가요? : False
```

6.7 n은 $n \cdot (n-1) \cdot (n-2) \cdots 2 \cdot 1$의 식으로 표현되는 값이다. 양의 정수 n을 매개변수로 받아서 팩토리얼 값을 반환하는 factorial(n) 함수를 구현하여라. 이 함수를 재귀 함수를 사용하지 말고 for 문을 사용하여 작성하여라. 이 함수를 이용하여 factorial(5), factorial(7), factorial(10)의 값을 출력하는 출력문을 구현하여라.

6.8 사용자로부터 x_1, y_1, x_2, y_2의 값을 받아들인 다음 (x_1, y_1) 좌표에서 (x_2, y_2) 좌표를 잇는 직선의 거리를 출력하고자 한다. distance(x_1, y_1, x_2, y_2)를 구현하고 이 함수를 호출하여 다음과 같이 화면에 직선과 거리를 출력하도록 하여라.

```
x1: 4
y1: 2
x2: 2
y2: 1
(4.0,2.0)과 (2.0,1.0) 사이의 거리는 2.23606797749979
```

6.9 반지름 r이 주어지면 주어진 반지름을 가진 원의 넓이와 둘레를 한 번에 계산해서 반환하는 함수 area_and_circumference(r)을 작성하여라. 이 함수를 이용하여 다음과 같이 사용자가 입력한 반지름을 가진 원의 넓이와 둘레의 길이를 출력하는 프로그램을 작성하라. 이때 양의 값이 입력되면 넓이와 둘레를 구하고 나서 새 반지름 값을 입력받도록 하며, 음수가 입력되면 "프로그램을 종료합니다."를 출력한 후 프로그램을 중지하여라. 이때 반드시 while 문과 break 문을 사용하여라.

```
반지름을 입력하시오(-1이 입력되면 종료): 6
넓이 : 113.097, 둘레 : 37.699
반지름을 입력하시오(-1이 입력되면 종료): 4
넓이 : 50.265, 둘레 : 25.133
반지름을 입력하시오(-1이 입력되면 종료): -1
프로그램을 종료합니다.
```

chapter

07 데이터를 리스트와 튜플로 묶어보자

이 장에서 배울 것들

- 여러 개의 데이터를 하나로 묶어서 처리하는 리스트와 튜플을 배워 봅시다.
- 리스트나 튜플의 항목들을 인덱스를 이용해서 접근해 봅시다.
- 리스트는 가변속성을 갖고 튜플은 불변속성을 가집니다. 이를 상세하게 알아봅시다.
- 리스트나 튜플 같이 데이터가 연속해서 나타나는 것을 시퀀스라고 합니다.
- 시퀀스의 일부를 잘라내는 슬라이싱을 익혀 봅시다.
- 슬라이싱을 이용하여 효율적으로 데이터를 다루도록 연습해 봅시다.
- 복잡한 기능의 자료형을 설계하고 만드는 객체지향 개념을 살펴봅시다.

7.1 리스트는 무엇이고 왜 필요한가

파이썬에서는 정수형, 실수형, 문자열과 같은 여러 가지 종류의 데이터를 변수로 참조할 수 있다. 지금까지는 주로 하나의 변수에 하나의 수치 값과 문자열을 저장하였다. 하지만 어떤 경우에는 여러 개의 데이터를 하나로 묶어서 저장하는 것이 더 편리한 경우가 많다. 파이썬에서는 **리스트**list와 **딕셔너리**dictionary를 이용하여 여러 개의 데이터를 한꺼번에 저장하고 처리할 수 있다.

예를 들어서 한 사람의 키 데이터는 다음과 같이 저장할 수 있다.

```
>>> height = 178.9     # float 타입의 데이터를 저장한다.
```

하지만 만약 여러분이 학생 5명의 키를 측정하고 이를 저장하려면 어떻게 해야 할까? 이 경우 다음과 같이 5개의 변수가 필요할 것이다.

```
>>> height1 = 178.9     # float 타입의 데이터를 저장한다.
>>> height2 = 173.5     # float 타입의 데이터를 저장한다.
>>> height3 = 166.1     # float 타입의 데이터를 저장한다.
>>> height4 = 164.3     # float 타입의 데이터를 저장한다.
>>> height5 = 176.4     # float 타입의 데이터를 저장한다.
```

수집한 데이터를 저장하기 위하여 변수를 이와 같이 하나씩 만들어주는 일은 매우 번거롭다. 만일 학생이 5명이 아닌 500명이라면 500개의 변수가 필요할 것이다. 이것을 좀 더 편리하게 만들 좋은 방법이 없을까?

이럴 때는 **리스트**를 만들고 여기에 데이터를 저장하면 된다. 파이썬에서 리스트는 대괄호를 이용해서 여러 개의 데이터를 하나로 묶는 리스트 객체를 만들 수 있다. 예를 들어, 학생 5명의 키를 리스트에 저장하려면 다음과 같이 한다.

```
>>> heights = [178.9, 173.5, 166.1, 164.3, 176.4]    # 리스트로 5명의 키를 저장
>>> heights
    [178.9, 173.5, 166.1, 164.3, 176.4]
```

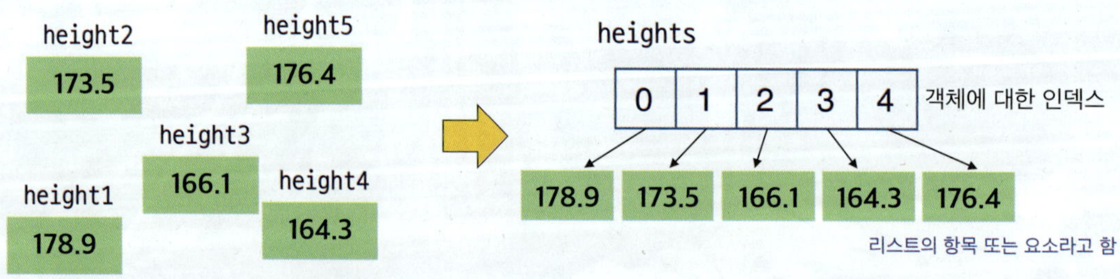

개별 변수로 표현된 데이터 　　　　 리스트로 표현된 데이터와 인덱스

리스트를 만드는 코드에 사용된 heights 리스트 안에 저장된 각각의 데이터를 **항목**item 또는 **요소**element라고 한다. 파이썬의 리스트는 여러분들이 일상 생활에서 사용하는 쇼핑 목록 리스트나 to-do 리스트와 유사한 면도 있다. 파이썬의 리스트는 시작과 끝을 표시하기 위하여 대괄호를 사용한다. 그리고 각 항목은 쉼표로 구분되어 있으며, 항목마다 고유한 순서가 있어서 이 순서로 참조하여 관리할 수 있다. 이 순서를 인덱스라고 한다.

리스트는 일반적인 변수를 만드는 방법과 유사하게 생성할 수 있다. 하지만, 리스트 내부의 항목들은 반드시 [ ] 안에 적어주어야 한다.

리스트를 생성하는 여러 가지 방법

리스트의 항목으로는 정수값 뿐만 아니라 실수, 문자열, 리스트, 딕셔너리 등도 가능하다. 다음과 같이 아티스트 BTS 멤버 3명의 이름으로 리스트를 간단하게 만들어 보자.

```
>>> bts = ['V', 'Jungkook', 'Jimin']
```

만일 초기에 멤버가 없을 경우 다음과 같은 방식도 가능하다. 이때는 빈 리스트가 만들어 진다. 다음의 두 가지 방식은 모두 빈 리스트를 만드는 방법이다.

```
>>> bts = []
>>> bts = list()
```

항목이 없는 공백 리스트는 도대체 어디에 쓸모가 있을까? 공백 리스트에는 코드로 항목을 추가할 수 있다. 많은 경우에 우리는 리스트에 몇 개의 항목이 들어갈 것인지를 미리 예측할 수 없다. 이런 경우에 공백 리스트가 유용하다. 리스트에 항목을 새롭게 추가하려면 append(항목) 메소드를 사용한다.

```
>>> bts = []
>>> bts.append('V')
>>> bts
    ['V']
```

이제 'V' 하나의 멤버를 가지는 bts 리스트에 'Jin'과 'Suga' 항목을 하나씩 더 추가해보자.

```
>>> bts.append('Jin')
>>> bts.append('Suga')
>>> bts
    ['V', 'Jin', 'Suga']
```

리스트에 항목을 추가하려면 리스트가 먼저 생성되어 있어야 한다. 이것은 마트에서 비어 있는 쇼핑카트를 가져와야 구입할 물건들을 카트에 넣을 수 있는 것과 같다.

리스트에 항목을 추가하는 매우 간편한 방법은 + 연산자를 이용하는 것으로 다음과 같이 쓸 수 있다.

```
>>> bts = ['V', 'Jin', 'Suga', 'Jungkook']
>>> bts = bts + ['RM']    # 덧셈 연산자로 멤버 'RM'을 추가함
>>> bts
    ['V', 'Jin', 'Suga', 'Jungkook', 'RM']
```

연속된 정수 리스트는 range() 함수를 사용하여 쉽게 생성할 수 있다. range()는 (시작값, 종료값, 스텝값)을 인자로 가질 수 있으며 시작값과 스텝값은 생략 가능하다. 그리고 'python'과 같은 문자열 시퀀스로부터 리스트를 생성할 수도 있다.

```
>>> list(range(5))              # 0에서 5 미만 정수열을 생성(5는 포함 안됨)
    [0, 1, 2, 3, 4]
>>> list(range(0, 5))           # list(range(5))와 동일한 결과
    [0, 1, 2, 3, 4]
>>> list(range(0, 5, 1))        # list(range(0, 5))와 동일한 결과
    [0, 1, 2, 3, 4]
>>> list(range(0, 5, 2))        # 생성하는 값을 2씩 증가시킴
    [0, 2, 4]
>>> list(range(2, 5))           # 2에서 5미만의 연속된 수 2, 3, 4를 생성
    [2, 3, 4]
>>> list(range(2, 6))           # 2에서 6미만의 연속된 수 2, 3, 4, 5를 생성
    [2, 3, 4, 5]
>>> list('python')              # 'python' 문자열 시퀀스로부터 리스트를 생성
    ['p', 'y', 't', 'h', 'o', 'n']
```

7.2 리스트 연산을 해보자

파이썬에서는 리스트에 대해서도 다양한 연산이 가능하다. 예를 들어서 우리는 덧셈 연산으로 다음과 같이 두 개의 리스트를 합칠 수 있다.

```
>>> bts = ['V', 'J-Hope'] + ['RM', 'Jungkook', 'Jin']
>>> bts
    ['V', 'J-Hope', 'RM', 'Jungkook', 'Jin']
```

위의 코드에서 알 수 있듯이 문자열이 저장된 리스트들을 더하면 2개의 리스트가 합쳐지는 것을 확인할 수 있다. 문자열 리스트뿐만 아니라 정수 리스트를 서로 더해도 리스트는 합쳐진다.

```
>>> numbers = [10, 20, 30] + [40, 50, 60]
>>> numbers
    [10, 20, 30, 40, 50, 60]
```

정수 리스트를 서로 더했을 때는 대응되는 원소끼리 더해지는 것이 아니라 리스트가 합쳐진다는 것을 명심하자. 대응되는 원소끼리 더하려면 10장에서 설명하는 **넘파이**NumPy를 사용하여야 한다. 리스트에 곱셈 연산을 적용하면 어떻게 될까? 리스트에 n을 곱하면 다음과 같이 리스트가 n번 반복되면서 늘어난다.

```
>>> num_list = [0, 1, 2] * 3    # [0, 1, 2]가 3회 반복되어 저장됨
>>> num_list
    [0, 1, 2, 0, 1, 2, 0, 1, 2]
```

리스트에 어떤 값이 포함되는 지를 알려면 in 연산자를 사용한다. 반대의 역할을 하는 연산자는 not in 연산자이다. 예를 들어 V가 bts의 멤버인가를 다음과 같은 방법으로 확인해 보자.

```
>>> bts = ['V', 'J-Hope', 'RM', 'Jungkook', 'Jin', 'Jimin', 'Suga']
>>> 'V' in bts
    True
>>> 'V' not in bts
    False
```

도전문제 7.1

'Jennie', 'Rose', 'Lisa', 'Jisoo'를 멤버로 가지는 black_pink라는 리스트를 만들도록 하자.

(1) 'Jennie'가 black_pink의 멤버인지를 in 연산을 통해서 확인해 보고 그 결과를 True 또는 False로 출력해 보도록 하자.

(2) 'Psy'가 '블랙핑크'의 멤버인지를 in 연산을 통해서 확인해 보고 그 결과를 True 또는 False로 출력해 보도록 하자.

리스트에 사용가능한 함수를 알아보자

필요에 따라서는 다음과 같이 리스트를 리스트 내부에 포함시키는 것도 가능하다. 예를 들어서 학생들의 이름과 키를 묶어서 리스트로 만들고 이것들을 모아서 하나의 리스트로 만들 수도 있다.

```
>>> student_list = [ ['Kim', 178.9], ['Park', 173.5], ['Lee', 176.1] ]
>>> student_list
    [ ['Kim', 178.9], ['Park', 173.5], ['Lee', 176.1] ]
```

위의 student_list는 3개의 리스트를 포함하고 있다. 이 객체의 자료형을 알아보려면 type() 함수를 사용한다. student_list에 type()을 적용하면 다음과 같이 그 자료형 'list'가 출력된다.

```
>>> type(student_list)
    <class 'list'>
```

리스트에 다음과 같은 수치값이 여러 개 있을 경우 len(), max(), min(), sum(), any() 등의 내장 함수를 사용하여 편리하게 활용할 수 있다. len()은 리스트의 길이를 반환하며, max()는 리스트 항목 중 최대값, min()은 리스트 항목 중 최소값을 반환한다. 또한 list((10, 20, 3))를 통해서 (10, 20, 30)을 원소로 가지는 튜플을 리스트 [10, 20, 30]로 변환시킬 수 있다. 튜플에 대해서는 차후에 상세히 설명한다. 다음으로 append() 메소드를 사용하여 새로운 원소를 리스트에 추가할 수 있다.

```
>>> n_list = [200, 700, 500, 300, 400]
>>> len(n_list)          # 리스트의 길이를 반환한다
    5
>>> max(n_list)          # 리스트 항목중 최대값을 반환한다
    700
>>> min(n_list)          # 리스트 항목중 최소값을 반환한다
    200
>>> sum(n_list)          # 리스트 항목의 합을 반환한다
    2100
>>> sum(n_list) / len(n_list)    # 전체의 합을 원소의 개수로 나누면 평균값을 얻을 수 있다
    420.0
>>> t_list = list((10, 20, 30)) # 튜플을 리스트로 변환
>>> t_list
    [10, 20, 30]
>>> t_list.append(40)            # 새로운 값 40을 리스트 원소로 추가
>>> t_list
    [10, 20, 30, 40]
```

파이썬 내장함수인 any() 함수는 리스트에 참인 원소가 하나라도 있을 경우 True를 반환한다. 따라서 0과 ''(공백 문자열)만으로 이루어진 리스트는 any() 함수가 False를 반환한다. 0과 ''(공백 문자열)은 내부적으로 모두 False로 간주한다. 반면 all() 함수는 **리스트의 모든 원소가 참인 경우에만 True를 반환**한다. a_list는 모든 원소가 0이 아니므로 True를 반환하지만, b_list와 c_list는 False 값인 0이 있기 때문에 all(b_list), all(c_list) 함수의 결과는 모두 False가 된다.

```
>>> a_list = [10, 20, 30]      # 0이 아닌 숫자로 된 리스트
>>> b_list = [0, 10, 20, 30]   # 0과 0이 아닌 숫자로 된 리스트
>>> c_list = [0, '']           # 0과 빈 문자열을 가지는 리스트
>>> any(a_list), any(b_list), any(c_list) # 리스트내에 참인 원소 값이 존재하는가
    (True, True, False)
>>> all(a_list), all(b_list), all(c_list) # 리스트내의 모든 원소가 참 값인가
    (True, False, False)
```

LAB 7-1 입력을 받아 맛있는 과일의 리스트를 만들어 보자

실습 시간

빈 리스트를 생성한 다음 사용자로부터 제일 좋아하는 3개의 과일을 입력받아서 리스트에 저장한다. 다음으로 사용자로부터 새로운 과일의 이름을 입력받는다. 그리고 기존 리스트에 사용자가 입력한 과일이 포함되어 있으면 '이 과일은 당신이 좋아하는 과일입니다.'를 출력하고, 그렇지 않으면 '이 과일은 당신이 좋아하는 과일이 아닙니다.'를 출력하는 프로그램을 작성한다.

원하는 결과

```
좋아하는 과일 이름을 입력하시오: 사과
좋아하는 과일 이름을 입력하시오: 키위
좋아하는 과일 이름을 입력하시오: 바나나
과일의 이름을 입력하세요: 바나나
이 과일은 당신이 좋아하는 과일입니다.
```

힌트

우선 fruits = []와 같은 방식으로 빈 리스트를 생성한 후 반복문을 이용하여 과일의 이름을 입력받도록 하자. 그리고 append() 메소드를 이용하여 입력받은 과일의 이름을 fruits 리스트에 추가하도록 하자. 3개를 모두 입력받은 후 사용자로부터 과일의 이름을 하나 더 입력받아 name에 저장한 후 name in fruits 연산을 적용시켜보자. in 연산은 연산의 대상이 대는 객체가 리스트나 튜플의 원소이면 참을 반환한다.

해답 코드

```python
fruits = []

name = input('좋아하는 과일의 이름을 입력하시오: ')
fruits.append(name)
name = input('좋아하는 과일의 이름을 입력하시오: ')
fruits.append(name)
name = input('좋아하는 과일의 이름을 입력하시오: ')
fruits.append(name)

name = input('과일의 이름을 입력하세요: ')
if name in fruits:
    print('이 과일은 당신이 좋아하는 과일입니다.')
else:
    print('이 과일은 당신이 좋아하는 과일이 아닙니다.')
```

LAB 7-2 2에서 100까지의 소수를 구해보자

실습 시간

소수는 1과 자기 자신 이외의 약수를 가지지 않는 수이다. 즉 2, 3, 5, 7, ... 등과 같은 수로 무한히 존재하는 수이다. 이 수는 암호학 분야에서 매우 중요한 수이며 수학의 발전에 큰 기여를 하였다.
어떤 수 n이 소수인지 알려면 어떻게 해야할까? 수 n이 2부터 n-1 사이에 있는 특정한 수로 나누어진다면 이 수는 소수가 아닐 것이다. 어떤 수 n이 num으로 나누어지는가는 n % num == 0이 참인가를 구하면 된다. 이 기능을 이용하여 num이 2부터 n-1에 이를 때까지 반복적으로 검사하면 된다. 이러한 내용은 바탕으로 2에서 100까지의 소수를 구해보자. 그리고 이 소수들을 리스트에 넣어 다음과 같이 출력해보도록 하자.

원하는 결과

```
2에서 100사이의 소수들 :
[2, 3, 5, 7, 11, 13, 17, 19, 23, 29, 31, 37, 41, 43, 47, 53, 59, 61, 67, 71,
73, 79, 83, 89, 97]
```

힌트

우선 primes = []와 같은 방식으로 빈 리스트를 생성한 후 반복문을 이용하여 소수를 찾도록 하자. 이를 위해서는 이중 for 루프가 필요할 것이다. 새로운 소수가 발견되면 append() 메소드를 사용하여 primes 리스트에 이 수를 추가한다.

최종적으로 primes 리스트의 원소를 출력하도록 한다.

해답 코드

```python
primes = []              # 소수를 담을 리스트 초기화

for n in range(2, 101):
    is_prime = True      # 일단 n을 소수라고 두자
    for num in range(2, n):
        if n % num == 0: # n이 소수가 아닐 경우 is_prime을 False로 둔다
            is_prime = False
    if is_prime:
        primes.append(n) # 소수로 판정된 n을 리스트에 넣자

print('2에서 100사이의 소수들 :')
print(primes)
```

소수는 1과 자기자신 이외의 약수를 가지지 않는 수입니다. 소수는 무한히 많이 존재하지만 아주 큰 수가 소수인지 판별하려면 많은 계산이 필요합니다.

7.3 인덱싱과 슬라이싱을 해 보자

파이썬 리스트에 저장된 데이터를 꺼내려면 어떻게 하면 될까? 예를 들어서 다음과 같이 알파벳 문자를 저장하고 있는 리스트가 있다고 하자.

```
>>> letters = ['A', 'B', 'C', 'D', 'E', 'F']
```

리스트에 있는 항목은 다른 항목과 구별되는 순차적이면서도 유일한 위치값을 가지고 있는데, 이러한 위치값을 리스트의 **인덱스**index라고 한다. 파이썬의 리스트로부터 항목을 추출하려면 이 인덱스라는 정수 값을 사용한다.

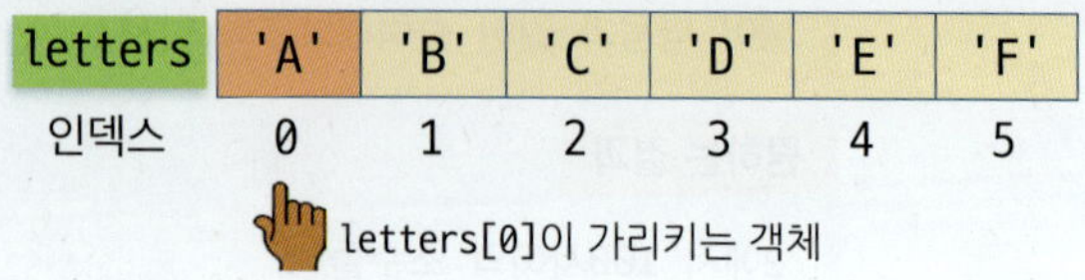

그림과 같이 letters 리스트의 첫 번째 항목은 인덱스 값으로 0을, 두 번째 항목은 인덱스 값으로 1을 가진다. 나머지 항목들도 1씩 증가하면서 인덱스가 할당된다. 따라서 letters 리스트의 첫 번째 항목의 값을 얻으려면 letters[0] 인덱스를 사용한다.

```
>>> letters[0]   # 리스트의 첫 번째 항목에 접근
    'A'
```

두 번째 항목과 세 번째 항목의 인덱스는 1과 2이므로 다음과 같은 접근법을 통해서 'B'와 'C'를 얻을 수 있다.

```
>>> letters[1]   # 리스트의 두 번째 항목에 접근
    'B'
>>> letters[2]   # 리스트의 세 번째 항목에 접근
    'C'
```

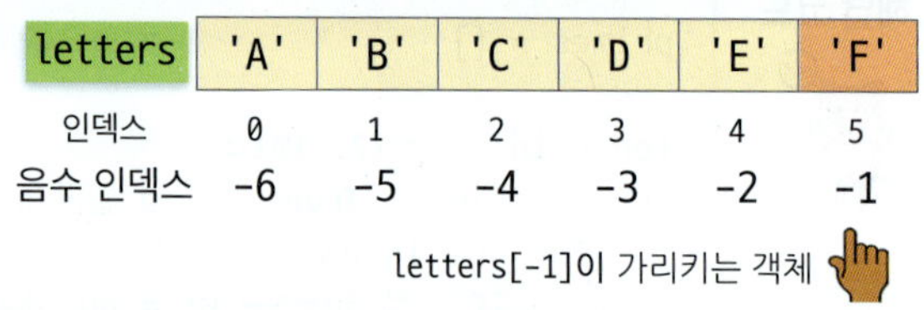

C언어나 자바와 같은 언어와는 달리 파이썬에서는 음수값 인덱스를 사용할 수 있다. 이 방법은 리스트의 맨 끝에 있는 데이터를 얻고자 할 때 아주 유용하다. 예를 들어서 letters의 끝에 있는 데이터를 출력하려면 인덱스로 -1을 준다. 그리고 그 앞에 있는 데이터를 출력하려면 인덱스로 -2를 준다.

```
>>> letters[-1] # 리스트의 마지막 항목에 접근
    'F'
```

음수 인덱스가 없다면 우리는 리스트의 길이를 알아야 맨 끝의 데이터에 접근할 수 있다. 이 작업은 다소 귀찮은 작업이 된다. 리스트의 원소 개수를 알기 위해서는 len() 함수를 사용할 수 있다. 앞서 살펴본 바와 같이 파이썬의 len()과 같은 함수를 리스트에 적용하면 리스트의 길이를 얻을 수 있기 때문에 len(bts) - 1은 리스트의 마지막 항목의 인덱스이다. 다음의 코드를 살펴보자.

```
>>> bts = ['V', 'RM', 'Jungkook', 'J-Hop', 'Suga', 'Jin', 'Jimin']
>>> len(bts)            # 리스트의 원소 개수를 얻는다
    7
>>> bts[len(bts)-1]     # 마지막 원소
    'Jimin'
>>> bts[-1]             # 음수 인덱스로 마지막 원소를 쉽게 접근할 수 있다
    'Jimin'
```

리스트를 원하는 모양으로 자르는 슬라이싱

리스트에서 여러 항목을 선택해서 새로운 리스트를 만들고 싶다면 **슬라이싱**slicing이라고 하는 기능을 사용할 수 있다. 리스트를 슬라이싱하려면 다음과 같이 콜론을 이용하여 범위를 지정한다.

```
>>> letters = ['A', 'B', 'C', 'D', 'E', 'F']
>>> letters[2:5]
    ['C', 'D', 'E']
```

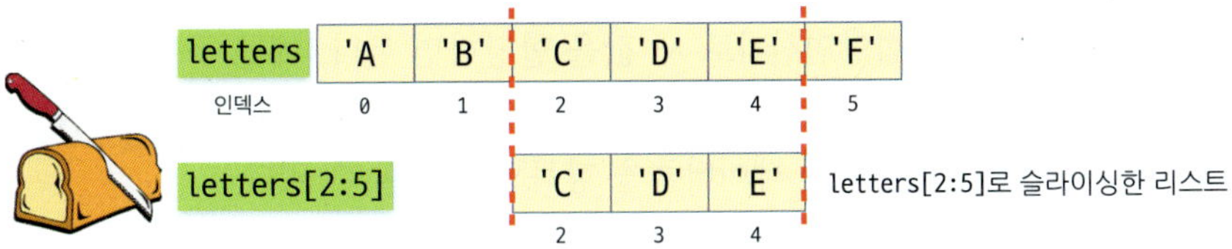

슬라이싱을 할 때 letters[2:5]와 같이 적으면 인덱스 2번 원소에서부터 시작하여 인덱스 5번의 앞까지 원소를 추출한다. 따라서 추출되는 원소의 인덱스는 2, 3, 4가 되며 인덱스 5는 포함되지 않는다는 점에 주의하여야 한다. 슬라이싱에서 추출되는 항목의 개수는 (5-2)과 같이 두 번째 인덱스에서 첫 번째 인덱스를 빼서 계산할 수 있다.

리스트를 슬라이싱하면 원래의 리스트는 손상되지 않으며, 새로운 리스트가 생성되어서 우리에게 반환된다. 즉 슬라이스는 원래의 리스트의 부분 복사본이다. 슬라이스는 다음과 같이 더 간략하게 표현할 수도 있다. 첫 번째 인덱스를 생략하면 리스트의 처음부터라고 가정한다. 따라서 다음과 같은 경우 첫 항목부터 세번째 항목까지 슬라이싱 한다.

```
>>> letters[:3]         # 리스트의 처음부터 세번째 항목까지 슬라이싱
    ['A', 'B', 'C']
```

또한 두 번째 인덱스가 생략되면 리스트의 끝까지라고 가정한다. 따라서 다음과 같은 경우 리스트의 네 번째 항목부터 끝 항목까지 슬라이싱을 한다.

```
>>> letters[3:]         # 리스트의 네번째 항목부터 끝까지 슬라이싱
    ['D', 'E', 'F']
```

만일 다음과 같이 콜론만으로 되어있는 슬라이싱은 리스트의 처음부터 끝까지 슬라이싱하여 가져온다. 따라서 이 기능은 리스트를 복사하는 기능이 필요할 경우 사용한다.

```
>>> letters[:]
    ['A', 'B', 'C', 'D', 'E', 'F']
```

또한 스텝값을 세번째 원소로 넣어 스텝만큼 건너뛰며 원소를 추출할 수도 있다. 다음과 같이 letters[::2]를 호출할 경우 'A' 다음의 'B'는 건너뛰어 'C'가 출력되며 다음으로 'D'를 건너뛰어 'E'를 출력한다. 만일 스텝값을 -1과 같이 음수로 주게 되면 뒤에서부터 앞으로 읽어오며 원소를 생성한다. 따라서 원래 리스트의 역순 리스트를 만드는 것도 간단하게 할 수 있다.

```
>>> letters[::2]
    ['A', 'C', 'E']
>>> letters[::-1]         # 뒤에서부터 앞으로 읽어오며 원소를 생성한다
    ['F', 'E', 'D', 'C', 'B', 'A']
```

문자열의 슬라이싱하는 방법도 앞에서 설명한 방법과 전적으로 동일하다.

도전문제 7.2

(1) numbers = [4, 5, 6, 7, 8, 9]와 같은 리스트가 있다고 하자. 6 원소를 추출하는 문장을 적어보자.
(2) 위의 리스트에서 슬라이싱을 통해 [5, 6] 리스트를 추출하도록 하자.
(3) 시작 인덱스를 생략하여 [4, 5, 6] 리스트를 추출하도록 하자.
(4) 시작 인덱스를 0으로 하고 스텝값을 2로 하여 [4, 6, 8]을 추출하도록 하자.
(5) 시작 인덱스를 1로 하고 스텝값을 2로 하여 [5, 7, 9]를 추출하도록 하자.

7.4 리스트의 원소 값을 자유롭게 조작해 보자

리스트는 내부 항목들의 값을 조작하는 기능도 제공한다. 이 기능은 매우 간단하다. 원하는 항목을 인덱스를 이용하여 지정한 후에 할당연산자로 새 값을 할당하면 된다. 예를 들어 다음과 같이 사람의 성, 키로 이루어진 여러 개의 항목을 가지는 slist가 있다고 가정하자. 권장되는 방식은 아니지만, 리스트는 이렇게 서로 다른 자료형을 가진 데이터들을 항목으로 가질 수 있다.

```
>>> slist = ['Kim', 178.9, 'Park', 173.5, 'Lee', 176.1]
```

이 리스트에서 'Park'의 키를 175.0로 변경하고 싶으면 인덱스를 사용하여 다음과 같이 수정할 수 있다.

```
>>> slist[3] = 175.0
```

이와 같이 값을 변경하면, 다음과 같이 리스트의 네 번째 항목의 내용이 175.0으로 업데이트된 것을 알 수 있다.

```
>>> slist
    ['Kim', 178.9, 'Park', 175.0, 'Lee', 176.1]
```

리스트의 슬라이싱을 사용하여 한 번에 여러 원소의 값을 변경할 수도 있다. 예를 들어서 Park의 이름을 'Paik'으로, 키를 180.0으로 바꿔주고 싶은 경우, slist[2:4]를 써준 뒤 이름과 키를 리스트로 적으면 된다.

```
>>> slist[2:4] = ['Paik', 180.0]  # 슬라이싱 범위와 대치할 데이터
>>> slist
    ['Kim', 178.9, 'Paik', 180.0, 'Lee', 176.1]
```

함수를 사용하여 동적으로 항목을 추가하려면 append()나 insert() 함수를 사용할 수 있다. append()는 리스트의 뒤쪽에만 추가할 수 있으나 insert(index, item)는 지정된 index 위치에 항목을 추가한다.

```
>>> slist.insert(4, 'Hong')
>>> slist.insert(5, 168.1)
>>> slist
    ['Kim', 178.9, 'Paik', 180.0, 'Hong', 168.1, 'Lee', 176.1,]
```

리스트는 많은 메소드를 제공하는데 이들 중 대표적인 메소드와 하는 일을 정리하면 다음 표와 같다.

메소드	하는 일
index(x)	원소 x를 이용하여 위치를 찾는다. 원소 x의 인덱스 값을 반환한다.
append(x)	원소 x를 리스트의 끝에 추가한다.
count(x)	리스트 내에서 x 원소의 개수를 반환한다.
extend([x1, x2])	[x1, x2] 리스트를 기존 리스트에 삽입한다.
insert(index, x)	원하는 index 위치에 x를 추가한다.
remove(x)	x 원소를 리스트에서 삭제한다.
pop(index)	index 위치의 원소를 삭제한 후 반환한다. 이때 index는 생략될 수 있으며 이 경우 리스트의 마지막 원소를 삭제하고 이를 반환한다.
sort()	값을 오름차순 순서대로 정렬한다. 키워드 인자 reverse=True이면 내림차순으로 정렬한다.
reverse()	리스트를 원래 원소들의 역순으로 만들어 준다.

LAB 7-3 도시의 인구 자료에 대한 슬라이싱을 해보자

실습 시간

서울, 부산, 인천의 인구를 가지고 있는 리스트 population이 있다고 하자.

```
# 다음과 같은 리스트가 생성되어 있다.
population = ['Seoul', 9765, 'Busan', 3441, 'Incheon', 2954]
```

1) 이 리스트에서 서울의 인구인 두 번째 항목을 출력해보자.
2) 이 리스트에서 마지막 항목인 인천의 인구를 출력해보자. 이 때, 음수로 된 인덱스를 사용해본다.
3) 각 도시의 이름을 step값을 이용하여 출력해 보자.
4) 각 도시의 인구를 step값을 이용하여 출력한 후 이 값들의 합을 출력하도록 하자.

원하는 결과

```
서울 인구: 9765
인천 인구: 2954
도시 리스트: ['Seoul', 'Busan', 'Incheon']
인구의 합: 16160
```

힌트

1), 2)번 문제는 앞에서 배운 리스트의 인덱싱 기능을 사용해 보자. 음수 -1 인덱스를 사용하면 전체 리스트 원소 중에서 가장 마지막 원소를 반환한다. 다음으로 주어진 문제는 슬라이싱을 적용할 수 있다. 그리고 어떤 리스트의 원소들을 모두 합한 결과를 반환하는 함수로 sum()이 제공된다.

해답 코드

```
# 다음과 같은 리스트가 생성되어 있다.
population = ['Seoul', 9765, 'Busan', 3441, 'Incheon', 2954]

print('서울 인구:', population[1])      # 문제 1)
print('인천 인구:', population[-1])     # 문제 2)

cities = population[0::2]              # 문제 3) 도시 이름 데이터를 추출
print('도시 리스트:', cities)
pops = population[1::2]                # 문제 4) 인구 데이터를 추출
print('인구의 합:', sum(pops))
```

도전문제 7.3

(1) s = 'Python is fun'과 같은 문자열이 있다고 하자. 이 문자열에서 가장 첫 알파벳 문자 'P'를 추출하여라.
(2) 위의 문자열 s에서 슬라이싱을 통해 'fun' 문자열을 추출하도록 하자.
(3) 시작 인덱스를 생략한 슬라이싱을 통해 'Python' 문자열을 추출하도록 하자.
(4) 슬라이싱을 통해 'is' 문자열을 추출하여라.

7.5 리스트의 메소드와 여러 기능들

항목을 삭제하는 여러 가지 방법

우리는 앞에서 리스트의 항목을 추가하거나 변경시키는 연산자와 메소드를 알아보았다. 리스트의 항목을 삭제하는 것도 가능할까? 물론이다. 삭제를 위해서는 remove()나 pop() 메소드 또는 del 명령을 사용할 수 있다. 이들 각각의 사용법을 알아보자.

remove() 메소드는 다음과 같이 리스트에서 지정된 항목을 삭제한다.

```
>>> bts = [ 'V', 'J-Hope', 'Suga', 'Jungkook' ]
>>> bts.remove('Jungkook')
>>> bts
    ['V', 'J-Hope', 'Suga']
```

remove()를 사용할 때는 삭제하고자 하는 항목의 위치를 알 필요가 없다. 단지 항목이 있다는 사실만 알면 된다. 그렇다면 우리는 어떻게 항목이 리스트 안에 있는지를 알 수 있을까? 다음과 같이 in 연산자를 사용하면 된다. if라는 조건문과 함께 'Suga'가 bts 리스트에 있는지를 조회하여 이 조건이 참인 경우에만 bts 리스트에서 이 항목을 삭제하면 안전한 프로그램이 된다.

```
if 'Suga' in bts:        # 'Suga' 멤버가 bts 리스트에 있는가를 조회하는 기능
    bts.remove('Suga')
```

pop() 역시 리스트에서 항목을 삭제하는 역할을 하는데 remove()와는 달리 리스트의 마지막 항목을 삭제하여 그 항목값을 반환한다.

```
>>> bts = ['V', 'J-Hope', 'Suga', 'Jungkook']
>>> last_member = bts.pop()    # 마지막 항목 'Jungkook'을 삭제하고 반환한다
>>> last_member     # 삭제된 항목을 출력하자
    'Jungkook'
>>> bts             # bts 리스트에 마지막 항목이 삭제되었는가 확인하자
    ['V', 'J-Hope', 'Suga']
```

pop() 메소드를 사용할 때 인덱스를 넣어서 항목을 삭제할 수 있다. 예를 들어 리스트에서 두 번째 원소를 제거하기 위해서는 pop(1)을 사용한다.

```
>>> bts = ['V', 'J-Hope', 'Suga', 'Jungkook']
>>> second_member = bts.pop(1)    # 두 번째 항목을 삭제하고 반환한다
>>> second_member     # 삭제된 항목을 출력하자
    'J-Hope'
>>> bts               # bts 리스트에 두 번째 항목이 삭제되었는가 확인하자
    ['V', 'Suga', 'Jungkook']
```

리스트의 원소를 메모리에서 삭제하는 del 명령어

del 명령어는 **리스트의 메소드가 아니므로 주의를 기울여야 한다.** 이 명령어는 파이썬의 키워드인데 다음과 같이 인덱스를 사용하여 해당하는 항목을 메모리에서 삭제할 수도 있다.

```
>>> bts = [ 'V', 'J-Hope', 'Suga', 'Jungkook']
>>> del bts[0]          # 리스트의 첫 항목을 삭제하는 명령어
>>> bts
['J-Hope', 'Suga', 'Jungkook']
```

특정 항목의 위치를 구해보자

이 절에서는 리스트에서 사용할 수 있는 유용한 메소드를 살펴볼 것이다. 우선 특정한 항목을 찾는 기능을 살펴보자. 이 기능을 C와 같은 프로그래밍 언어에서 사용하기 위해서는 상당한 코드가 있어야 한다. 반면 파이썬에서는 특정 항목이 리스트의 어떤 인덱스에 있는지를 알려면 index()라는 메소드를 사용하면 된다. 아래의 코드를 살펴보자.

```
>>> bts = [ 'V', 'J-Hope', 'Suga', 'Jungkook' ]
>>> bts.index('Suga')    # bts 리스트의 항목 중에서 'Suga'의 인덱스를 구한다
2
```

위의 코드를 살펴보면 bts의 멤버 4명의 이름이 들어 있는 리스트가 있다. 이 리스트에서 index()라는 메소드를 사용하여 'Suga'를 인자로 사용하였다. 'Suga'는 bts 리스트의 세 번째 항목이므로 bts.index('Suga')는 2를 반환한다.

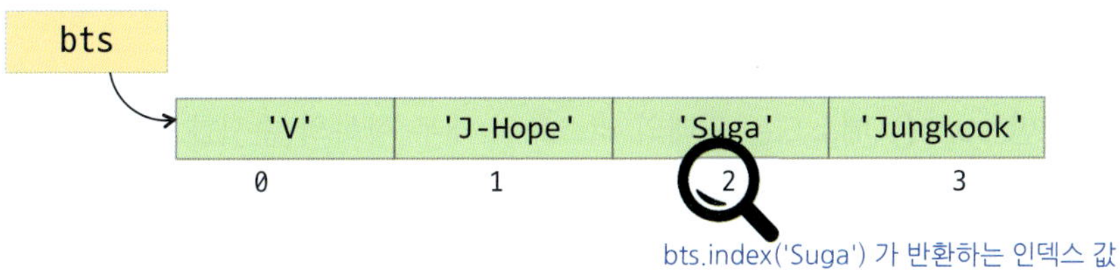

만약 리스트의 모든 항목을 한 번씩 방문하려면 어떻게 해야 할까? 아주 간단하다. 다음과 같은 구문을 사용하면 된다. 이 방식은 반복문을 다룰 적에 이미 살펴보았다. 하지만 매우 유용한 방법이라 리스트에서 다시 한 번 복습해 본다.

```
bts = ['V', 'J-Hope', 'Suga', 'Jungkook' ]
for member in bts:
    print(member)
```

```
V
J-Hope
Suga
Jungkook
```

7.6 리스트를 크기에 따라 정렬해보자

리스트는 정렬할 수도 있다. **정렬**sorting이란 리스트 안의 항목들을 크기 순으로 나열하는 것이다. 정렬을 위해서는 리스트의 sort() 메소드를 사용하면 된다.

값이 커지는 순서로 정렬 : 오름차순 정렬

다음과 같은 숫자 항목을 가지는 리스트를 sort() 메소드로 정렬해 보자.

```
>>> numbers = [ 9, 6, 7, 1, 8, 4, 5, 3, 2 ]
>>> numbers.sort()               # numbers 리스트를 크기 순으로 정렬하는 메소드
>>> print(numbers)
    [1, 2, 3, 4, 5, 6, 7, 8, 9]
```

기본정렬 방식은 **오름차순**이므로 위와 같이 1, 2, ..., 9의 결과로 정렬되었다. 만일 **내림차순** 정렬을 원한다면 다음과 같이 reverse 인자를 줄 수 있다.

```
>>> numbers = [ 9, 6, 7, 1, 8, 4, 5, 3, 2 ]
>>> numbers.sort(reverse=True)   # numbers 리스트를 크기의 역순으로 정렬하는 메소드
>>> print(numbers)
    [9, 8, 7, 6, 5, 4, 3, 2, 1]
```

리스트 안에 들어있는 항목들이 문자열일 경우 사전 순서대로 정렬되는 것도 확인해 볼 수 있다.

```
>>> bts = [ 'V', 'J-Hope', 'Suga', 'Jungkook' ]
>>> bts.sort()        # bts 리스트를 알파벳 순으로 정렬하는 메소드
>>> print(bts)
    ['J-Hope', 'Jungkook', 'Suga', 'V']
```

위의 내용을 보면 sort() 메소드는 원래의 리스트의 내부 항목의 순서를 변경시키는 기능을 한다는 것을 알 수 있는데, 만일 정렬된 새로운 리스트가 필요하면 다음과 같이 내장함수 sorted()를 사용하여야 한다.

```
>>> numbers = [ 9, 6, 7, 1, 8, 4, 5, 3, 2 ]
>>> new_list = sorted(numbers)   # numbers 리스트를 정렬하는 내장함수
>>> print(new_list)        # numbers 리스트를 항목의 크기 순으로 정렬
    [1, 2, 3, 4, 5, 6, 7, 8, 9]
>>> print(numbers)         # sorted() 함수는 정렬한 결과를 반환하므로 원래 리스트에는 변화가 없음
    [9, 6, 7, 1, 8, 4, 5, 3, 2]
```

만약 리스트를 역으로 정렬하고 싶으면 sorted()를 호출할 때, reverse=True을 붙인다.

```
>>> numbers = [ 9, 6, 7, 1, 8, 4, 5, 3, 2 ]
>>> new_list = sorted(numbers, reverse=True)
>>> print(new_list)
    [9, 8, 7, 6, 5, 4, 3, 2, 1]
```

도전문제 7.4

다음 코드의 실행 결과를 예상해 보고 직접 실행시켜보자.

```
>>> sorted('FADEAWAY')
```

____

문자열도 리스트의 메소드를 사용할 수 있다

우리가 많이 사용하는 문자열 역시 리스트와 유사한 성질이 있다. 우선 다음과 같이 문자열을 list() 함수의 인자로 전달하고 그 출력 결과를 살펴보자.

```
>>> s = 'python'
>>> str_list = list(s)    # s 문자열을 리스트로 변환시키기
>>> print(str_list)       # 리스트를 출력해보자
    ['p', 'y', 't', 'h', 'o', 'n']
```

마찬가지로 다음과 같이 인덱싱과 슬라이싱을 통해서 특정한 문자 한 개 또는 문자열을 추출할 수도 있다.

```
>>> s = 'python'
>>> print('s[0] =', s[0])  # 첫 번째 문자를 추출해 보자
    s[0] = p
>>> print('s[1] =', s[1])  # 두 번째 문자를 추출해 보자
    s[1] = y
>>> print('s[-1] =', s[-1])  # 마지막 문자를 추출해보자
    s[-1] = n
>>> print('s[0:2] =', s[0:2])  # 첫 두 문자열를 추출해보자
    s[0:2] = py
>>> print('s[-2:] =', s[-2:])  # 마지막 두 문자열를 추출해보자
    s[0:2] = on
>>> print('s[-1:-3:-1] =', s[-1:-3:-1])  # 마지막 두 문자열을 거꾸로 추출
    s[-1:-3:-1] = no
```

또한 문자열을 분리할 경우에도 다음과 같이 split() 메소드를 사용하여 이를 쉽게 리스트로 만들 수 있다. 만일 숫자들이 공백으로 구분된 다음과 같은 문자열들이 있을 경우 이는 쉽게 리스트로 바꿀 수 있다.

```
>>> s = '23 35 67 88 1'
>>> num_list = s.split()    # s 문자열을 공백 문자로 분리하기
>>> print(num_list)
    ['23', '35', '67', '88', '1']
```

또한 문자열을 분리할 경우에도 split() 메소드의 인자로 ','를 사용하여 이를 쉽게 리스트로 만들 수도 있다. 만일 숫자들이 쉼표로 구분된 다음과 같은 문자열들이 있을 경우 이는 쉽게 리스트로 바꿀 수 있다.

```
>>> s = '23,35,67,88,1'
>>> num_list = s.split(',')    # s 문자열을 쉼표 문자로 분리하기
>>> print(num_list)
    ['23', '35', '67', '88', '1']
```

문자열에 대한 상세한 내용은 9장에서 다루게 될 것이다.

LAB 7-4 오늘의 명언을 골라주는 기능을 만들자

실습 시간

리스트에 여러 개의 명언을 저장한 후에 그 중에서 하나를 랜덤하게 골라서 오늘의 명언으로 제공한다. 리스트에 저장한 항목 중에서 하나를 랜덤하게 고르려면 다음과 같은 random 모듈의 함수 choice()를 사용하면 간편하다. 명언들의 목록은 5개 이내로 여러분이 자유롭게 고르도록 하여라.

```
import random
quotes = [...]
random.choice(quotes)
```

원하는 결과

```
##############################
#          오늘의 명언          #
##############################

고생없이 얻을 수 있는 진실로 귀중한 것은 하나도 없다.
```

힌트

리스트를 공백으로 준비하고 여러 개의 문자열을 차례로 추가하면 된다. 그리고 3장에서 다룬 random.choice()를 이용하여 임의의 문자열을 뽑아내면 된다.

해답 코드

```
import random

quotes = []
quotes.append('꿈을 지녀라. 그러면 어려운 현실을 이길 수 있다.')
quotes.append('언제나 현재에 집중할수 있다면 행복할것이다.')
quotes.append('고생없이 얻을 수 있는 진실로 귀중한 것은 하나도 없다.')
quotes.append('사람은 사랑할 때 누구나 시인이 된다.')
quotes.append('시작이 반이다.')

print('##############################')
print('# 오늘의 명언 #')
print('##############################')
print('')
dailyQuote = random.choice(quotes)
print(dailyQuote)
```

도전문제 7.5

'100 + 200'과 같은 산수 문제를 10개 저장하고 있는 리스트를 작성하고 여기에서 랜덤하게 하나를 골라서 사용자에게 제공하는 프로그램을 작성하라. 다음과 같이 eval() 함수를 사용하면 문자열로 이루어진 이 문장을 파이썬 수식으로 평가하여 연산을 수행하는 것이 가능하다.

```
>>> eval('100 + 200')  # 문자열을 파이썬 문장으로 해석하여 100 + 200을 수행함
300
```

LAB 7-5 도시의 이름과 인구를 튜플로 묶어보자

실습 시간

서울, 부산, 인천, 광주, 대전의 인구를 가지고 있는 리스트 city_info가 있다고 하자. LAB 7-3은 서로 다른 자료형인 도시명과 인구수를 하나의 리스트에 넣었다. 그러나 리스트에는 동일한 자료형을 항목으로 사용하는 것이 바람직하므로 다음과 같이 튜플의 리스트를 만들 수 있다.

```
# 다음과 같이 (도시이름, 인구)의 튜플을 항목으로 가지는 리스트가 있다.
city_info = [('서울', 9765), ('부산', 3441), ('인천', 2954),
             ('광주', 1501), ('대전', 1531)]
```

최대 인구를 가진 도시를 찾아 보고, 최소 인구를 가진 도시도 찾아 보라. 그리고 아래와 같이 전체 도시들의 평균 인구를 계산하는 코드도 작성해 보라.

원하는 결과

```
최대인구: 서울, 인구: 9765 천명
최소인구: 광주, 인구: 1501 천명
리스트 도시 평균 인구: 3838.4 천명
```

힌트

최대값과 최소값을 구하는 것은 이미 다루어 보았다. 여기서는 튜플 단위로 리스트 항목을 검사하면서 현재의 최대값과 최소값에 검사 대상 튜플의 인구 항목을 비교하는 코드를 만들면 될 것이다. 그리고 최대값이나 최소값을 갱신해야 하면 해당 튜플의 인구 항목으로 대체하면 되고, 인구 최대 혹은 최소의 도시 정보는 튜플 자체를 기록해 두면 될 것이다.

해답 코드

```
city_info = [('서울', 9765), ('부산', 3441), ('인천', 2954),
             ('광주', 1501), ('대전', 1531)]
max_pop = 0
min_pop = 999999999999999999
total_pop = 0

max_city = None
min_city = None

for city in city_info:
    total_pop += city[1]
    if city[1] > max_pop :
        max_pop = city[1]
        max_city = city
    if city[1] < min_pop :
        min_pop = city[1]
        min_city = city

print('최대인구: {0}, 인구: {1} 천명'.format(max_city[0], max_city[1]))
print('최소인구: {0}, 인구: {1} 천명'.format(min_city[0], min_city[1]))
print('리스트 도시 평균 인구: {0} 천명'.format(total_pop / len(city_info)))
```

7.7 바퀴의 재발명?

파이썬 리스트는 여러 개의 원소를 가질 수 있다. 특히 178, 173, 166, 164, 176과 같은 수치 자료형들로 이루어진 리스트에서 가장 작은 값을 구하기 위해서는 어떤 방법을 사용해야 할까?

이 방법은 조금만 생각해 보면 쉽게 구할 수 있는 방법이다. 우선 학생들의 키가 저장된 리스트 heights의 첫 번째 요소를 변수 smallest에 저장한다. 그리고 for 문을 사용하여 리스트의 요소를 모두 반복하면서 item이 smallest보다 작으면 smallest에 item을 할당하면 된다. 즉, 숫자를 계속 비교해서 새롭게 나타나는 숫자가 기존에 저장된 smallest보다 더 작으면 smallest를 바꾸는 방식이다.

```
heights = [178, 173, 166, 164, 176]

smallest = heights[0]       # 리스트의 첫번째 원소를 smallest라고 두고
for item in heights:
    if item < smallest:      # item이 smallest보다 더 작으면 이 값이 최소값이다
        smallest = item      # 최소값을 갱신한다

print('리스트 원소들 :', heights)
print('이 중에서 가장 작은 값은 :', smallest)
```

```
리스트 원소들 : [178, 173, 166, 164, 176]
이 중에서 가장 작은 값은 : 164
```

이와 같이 문제를 해결하기 위하여 그 순서와 절차를 기술한 것을 **알고리즘**algorithm이라고 한다. 이 알고리즘을 코딩하여 검증한 결과 리스트 원소 중에서 가장 작은 값은 164임을 알 수 있다. 즉 이 알고리즘은 정확하게 동작한 것이다. 이 알고리즘이 옳다면 데이터 수가 5개가 아닌 50개나 500개가 되더라도 이 코드는 항상 올바른 답을 만들어 낼 것이다.

그렇다면 이 원소들 중에서 가장 큰 값 178을 얻는 알고리즘은 어떻게 될까? 이 방법 역시 위의 알고리즘을 조금만 수정하면 된다. 우선 학생들의 키가 저장된 리스트 heights의 첫 번째 요소를 변수 largest에 저장한다. 그리고 for 문을 사용하여 리스트의 요소를 모두 반복하면서 item이 largest보다 크면 largest에 item을 할당하면 된다. 즉, 숫자를 계속 비교해서 새롭게 나타나는 숫자가 기존에 저장된 largest보다 더 크면 largest를 바꾸는 방식이다.

```
heights = [178, 173, 166, 164, 176]

largest = heights[0]       # 리스트의 첫번째 원소를 largest라고 두고
for item in heights:
    if item > largest:      # item이 largest보다 더 크면 이 값이 최대값이다
        largest = item      # 최대값을 갱신한다

print('리스트 원소들 :', heights)
print('이 중에서 가장 큰 값은 :', largest)
```

```
리스트 원소들 : [178, 173, 166, 164, 176]
이 중에서 가장 큰 값은 : 178
```

이전 코드에서는 `if item < smallest:` 와 같이 새 item이 기존의 smallest 보다 더 작을 경우 이 값이 최소값이 되는 방법이었다. 하지만 최대값을 구하기 위해서는 `if item > largest:` 와 같이 새 item이 기존의 largest 보다 더 큰 값이 되어야만 한다. 이러한 점을 제외하면 두 코드는 상당히 유사하다.

sort()를 사용해 보자

하나의 문제를 해결하기 위해서는 일반적으로 한 가지 방법만이 있는 것이 아니며 다른 방법도 있을 수 있다. 위의 문제는 sort() 메소드를 사용하면 조금 더 간단한 코드로 만들 수 있다. heights.sort()를 호출할 경우 heights 리스트 내부의 원소를 크기 순으로 정렬하기 때문에 이들 중 가장 앞에 있는 원소 heights[0]와 가장 뒤에 있는 원소 heights[-1]이 각각 최소값, 최대값이 될 것이다. 이를 확인하는 코드를 만들어보자.

```
heights = [178, 173, 166, 164, 176]
heights.sort()
print('이 중에서 가장 작은 값은 :', heights[0])
print('이 중에서 가장 큰 값은 :', heights[-1])
```

```
이 중에서 가장 작은 값은 : 164
이 중에서 가장 큰 값은 : 178
```

앞서 살펴본 for - in 문을 사용하는 방법보다 sort() 메소드를 사용할 경우 코드도 더 짧아지고 오류의 가능성도 더 줄어든 것을 볼 수 있다. 따라서 이 방법이 보다 더 바람직한 방법이라고 할 수 있다. 프로그래밍에서 **"바퀴의 재발명(ReInventing the wheel)"**이라는 말이 있다. 이 말은 이전에 다른 사람들에 의해 만들어졌거나 최적화된 기초적인 방식(=바퀴)을 그대로 활용하는 것이 새로운 기능을 만드는(=바퀴를 재발명) 시도보다 더 나은 방법이라는 의미를 가지고 있다. 따라서 **굳이 for 문과 비교문을 사용해서 가장 큰 값과, 가장 작은 값을 얻는 시도를 할 필요는 없을 것**이다.

바퀴의 재발명??

min(), max()를 사용해 보자

또 다른 방법으로 min(), max()와 같은 내장 함수를 활용하는 방법이다. 이 방법으로 구현한 최소값, 최대값을 얻는 코드는 sort() 메소드를 사용하는 것 보다 더 간결하다.

```
heights = [178, 173, 166, 164, 176]
print('이 중에서 가장 작은 값은 :', min(heights))
print('이 중에서 가장 큰 값은 :', max(heights))
```

```
이 중에서 가장 작은 값은 : 164
이 중에서 가장 큰 값은 : 178
```

7.8 리스트 객체의 생성과 참조라는 깊이있는 개념

우리는 리스트가 컴퓨터에서 정확하게 어떻게 원소를 저장하고 동작하는지 조금 더 깊이 이해할 필요가 있다. 왜냐하면 이것을 이해해야만 리스트를 올바르게 사용할 수 있기 때문이다. 우리가 다음과 같이 alist라는 새로운 리스트를 만들면 파이썬은 컴퓨터 메모리에 리스트를 저장한 후에, 리스트의 주소를 alist 변수에 저장한다. 즉, alist는 리스트의 모든 원소를 담고있는 것이 아니라, 리스트의 원소들이 있는 곳의 저장 위치 만을 가지고 있는 것이다. 이러한 특성으로 인해 alist가 리스트 객체를 **참조한다**[reference]는 표현을 사용한다.

```
>>> alist = ['Kim', 'Park', 'Lee', 'Hong']
```

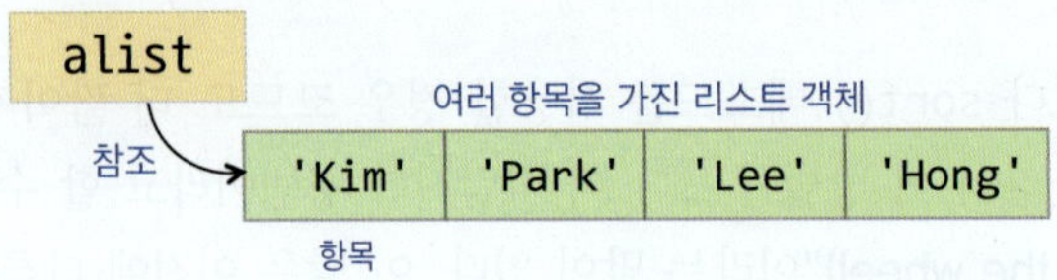

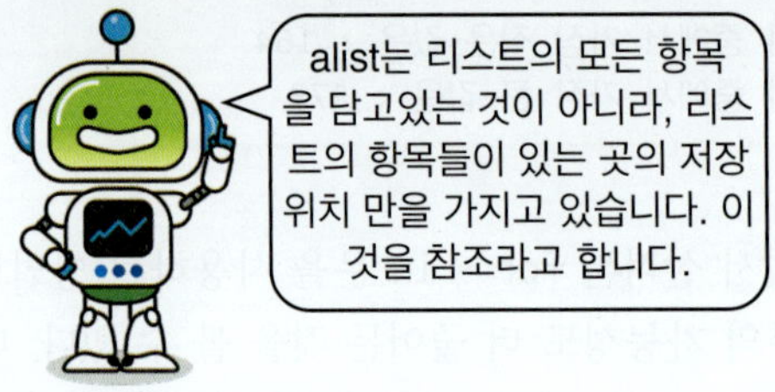

이것은 우리가 하나의 리스트를 다른 리스트로 복사할 경우에 확실하게 나타난다. 예를 들어 다음과 같이 등호를 사용하여 alist를 blist로 복사해보자. 이어서 리스트 blist의 인덱스 1에 해당하는 원소를 다음과 같이 'Choi'로 변경해보자. 그리고 나서 alist를 다시 확인해보자. 이 코드에서는 blist의 인덱스 1의 원소를 변경하였음에도, alist 인덱스 1의 원소도 바뀌어 있는 것을 알 수 있다.

```
>>> blist = alist
>>> blist[1] = 'Choi'   # blist의 두번째 항목값을 변경함
>>> alist
['Kim', 'Choi', 'Lee', 'Hong']
```

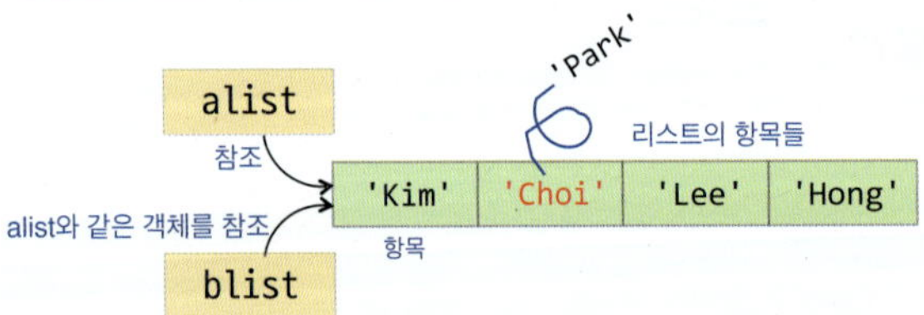

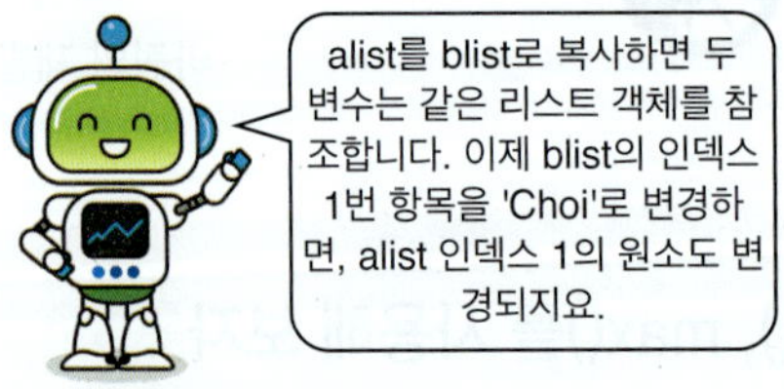

등호를 사용하여 alist를 blist에 복사하면 실제 값 자체를 복사하지 않고, 리스트의 저장 위치만 blist로 복사됐기 때문이다. 따라서 alist와 blist는 모두 동일한 리스트를 가리키게 된다. 파이썬에서 변수의 이름은 모두 객체에 대한 참조로 이루어져 있다.

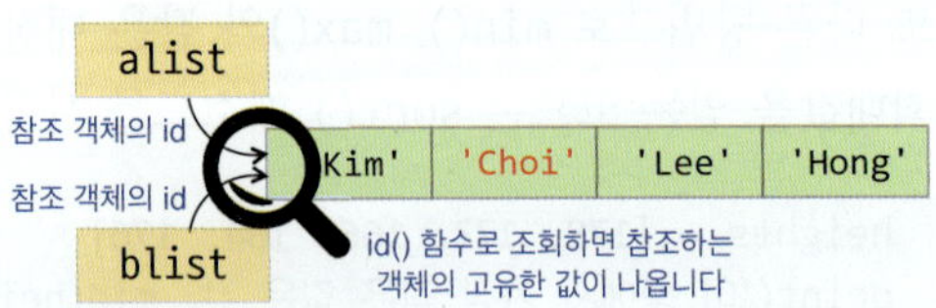

이 때문에 객체의 실제 메모리 위치에 대한 정보가 필요할 때가 있는데 id() 함수를 통해서 메모리에 올라온 객체의 고유한 식별번호를 알아 낼 수 있다. 이제 id(alist), id(blist)를 통해 alist와 blist의 아이디를 조회해보면 다음과 같이 두 객체의 아이디가 같다는 것을 알 수 있다.

```
>>> id(alist)      # 아이디 값은 이 책과 다른 값이 나올 수 있다
140050268419592
>>> id(blist)      # alist의 아이디 값과 동일한 값이 나온다
140050268419592
```

리스트를 복제하여 새로운 리스트 만들기

만약 동일한 내용을 가지는 새로운 리스트를 생성하고 싶은 경우에는, 단순히 등호를 써주면 안되고 'list()' 함수를 사용해야 한다. list() 함수를 사용하면 원래 리스트의 복사본이 생성되며 blist는 이 복사본을 참조한다. 따라서 두 객체의 id는 다른 값을 가진다. 이 책에서는 140050268419592과 140050268535624라는 아이디 값이 나타나지만 **이 값은 고정적이지 않으므로 여러분이 실행하면 다르게 나타날 수 있다.**

```
>>> alist = ['Kim', 'Park', 'Lee', 'Hong']
>>> blist = list(alist)
>>> id(alist)      # 책의 값과 여러분이 실행한 값은 다를 수 있다
140050268419592
>>> id(blist)      # blist의 아이디는 alist의 아이디와 다를 것이다.
140050268535624
```

blist = list(alist) 연산의 결과

리스트를 복사하는 경우 blist = alist[:]와 같이 슬라이싱 표기법을 사용해도 된다. 이 경우에도 새로운 복사본이 만들어 진다. 따라서 복사본인 blist가 가리키는 리스트의 내용을 변경해도 원래의 리스트인 alist의 내용은 변경되지 않는다.

```
>>> blist = alist[:]    # alist의 모든 항목을 복사하여 이를 blist가 참조함
>>> id(alist)           # alist와 b_list의 아이디를 출력해 보자
140050268419592
>>> id(blist)           # blist의 아이디는 alist의 아이디와 다를 것이다.
140050129233608
>>> blist[0] = 'Song'   # blist의 첫 번째 원소를 변경하자
>>> alist               # alist의 복사본 blist를 고쳤으므로 아무런 변화가 없다
['Kim', 'Park', 'Lee', 'Hong']
>>> blist               # blist의 첫 번째 항목이 alist와 다름
['Song', 'Park', 'Lee', 'Hong']
```

복사본 객체 blist의 내용을 변경한 결과

7.9 리스트 함축은 코드를 짧고 간결하게 만드는데 사용된다

파이썬은 **리스트 함축**list comprehension이라는 기능을 지원한다. 영어 comprehension은 함축, 축약, 포함, 내포라는 의미를 가지는데, 이는 수학자들이 집합을 정의하는 것과 유사하다. 수학에서는 자연수 원소들의 제곱값의 집합이 $\{ x^2 \mid x \in \mathbf{N} \}$와 같이 정의한다. 즉 자연수에 속하는 x에 대하여 x^2 값들이 모여서 집합을 생성하게 되는데 파이썬의 리스트 함축 역시 이와 유사하게 다음과 같이 생성할 수 있다.

```
>>> [ x**2 for x in [1, 2, 3, 4, 5] ]  # 숫자 리스트에 대한 제곱으로 된 리스트
    [ 1, 4, 9, 16, 25 ]
```

위의 문장을 해석해보면 다음과 같다. "리스트 [1, 2, 3, 4, 5]에 속하는 항목에 대하여 x**2를 계산하여서 이 값들로 이루어진 리스트를 생성한다". 결과적으로 이 리스트의 원소는 [1, 4, 9, 16, 25]가 된다. 이 리스트 함축을 위하여 for - in 문이 사용되며 그 출력의 결과도 리스트이므로 전체 문장을 [ ]로 감싸는 형태를 하고 있다.

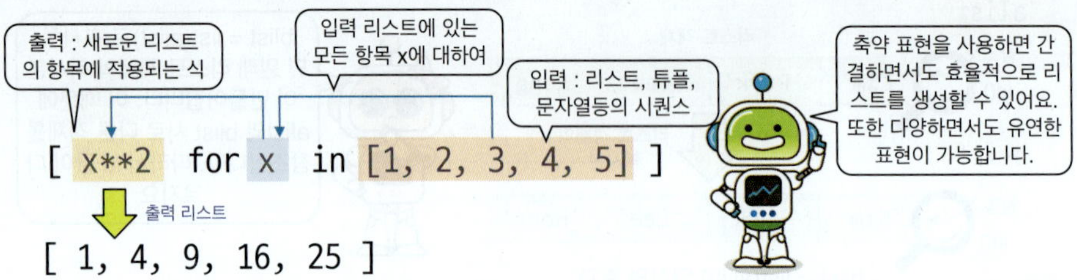

이와 같은 리스트 함축 표현을 사용하면 입력 리스트의 각 항목을 하나하나 방문하며 지정된 연산을 하고, 연산의 결과로 생성된 항목값을 가지는 리스트를 생성할 수 있다.

만약 위의 리스트 함축을 사용하지 않는다면 다음과 같이 번거로운 반복문을 사용해야 할 것이다.

```
s = []
for x in [1, 2, 3, 4, 5]:
    s.append(x**2)
```

리스트 함축은 다음과 같이 다양한 기능도 수행할 수 있으므로 파이썬 개발자들이 매우 빈번하게 사용하고 있다.

```
>>> [x for x in range(10)]          # 0에서 9까지 숫자를 포함하는 리스트
    [0, 1, 2, 3, 4, 5, 6, 7, 8, 9]
>>> [x * x for x in range(10)]      # 0에서 9까지 숫자의 제곱 값
    [0, 1, 4, 9, 16, 25, 36, 49, 64, 81]
>>> st = 'Hello World'
>>> [x.upper() for x in st]         # 문자열 각각에 대해 upper() 메소드 적용
    ['H', 'E', 'L', 'L', 'O', ' ', 'W', 'O', 'R', 'L', 'D']
```

만일 ['welcome', 'to', 'the', 'python', 'world']라는 항목을 가지는 리스트 a로부터 첫 알파벳을 추출한 다음 이를 모두 대문자로 변환한 first_a 리스트를 하기 위해서는 다음과 같은 인덱싱 기능을 사용하는 것 만으로도 가능할 것이다. 이와 같이 리스트 함축 표현은 **코드를 매우 간결하게 작성하는데 아주 유용**하다.

```
>>> a = ['welcome', 'to', 'the', 'python', 'world']
>>> first_a = [ s[0].upper() for s in a]  # 단어의 첫 알파벳을 대문자로 변환
>>> print(first_a)
    ['W', 'T', 'T', 'P', 'W']
```

조건이 붙는 리스트 함축 표현도 가능하다

리스트 함축에는 다음과 같이 if를 사용하여 조건을 추가하는 것도 가능하다. 예를 들어서 0부터 9 사이의 정수 중에서 짝수의 집합을 리스트 함축으로 표현하면 다음과 같다. 이때 if x % 2 == 0은 시퀀스가 생성한 값에 대하여 조건을 걸어주는 **필터**filter 역할을 한다.

```
>>> [x for x in range(10) if x % 2 == 0]    # x % 2 필터를 통해서 출력식에 나타날 숫자를 결정
[0, 2, 4, 6, 8]
>>> [x**2 for x in range(10) if x % 2 == 0] # 출력 값에 제곱을 하자
[0, 4, 16, 36, 64]
```

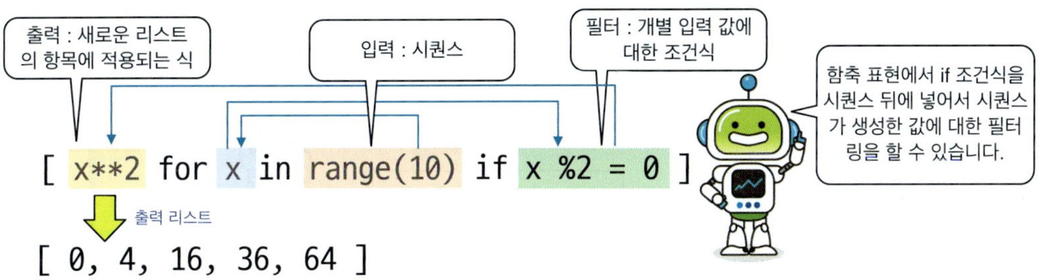

리스트 함축은 위와 같이 숫자에 대해서만 적용되는 것은 아니며, 문자열과 같이 여러 자료형에 대해서도 적용할 수 있다. 다음과 같이 단어들을 저장하는 리스트를 가정하자. 여기서 하나의 단어를 추출하여서 숫자로만 되어 있는 단어들을 모아서 새로운 리스트로 생성해보자. 문자열이 숫자로만 이루어져 있는지는 isdigit() 메소드를 사용하여 검사할 수 있다.

```
s = ['Hello', '12345', 'World', '67890']
numbers = [x for x in s if x.isdigit()]  # 숫자로만 이루어진 문자열을 필터링
print(numbers)
```

```
['12345', '67890']
```

이러한 기능을 잘 사용한다면 다음과 같이 공백으로 구분된 여러 개의 정수를 한 줄에 입력하여, 이들을 개별적인 정수 값을 가진 리스트로 변환하는 것도 가능하다.

```
>>> [int(x) for x in input('정수를 여러 개 입력하세요 : ').split()]
정수를 여러 개 입력하세요 : 100 200 300
[100, 200, 300]
>>> [int(x) for x in input('정수를 여러 개 입력하세요 : ').split() if x.isdigit()]
정수를 여러 개 입력하세요 : 100 이백 300 400
[100, 300, 400]
```

한편 다음과 같이 변수 x와 y를 사용하여 다른 리스트의 항목을 가져와서 다음과 같이 튜플로 새로운 리스트를 만들 수도 있다. 튜플에 대해서는 뒤쪽 절에서 상세히 다룰 것이다. 다음의 리스트 함축 표현에서는 2개의 리스트 [1, 2, 3], [3, 1, 4]에 대하여 이중 for 루프가 수행된다. 이 때 두 번째 문장과 같이 if x != y 라는 조건을 줄 경우 (1, 1), (2, 2), (3, 3)과 같이 x 원소와 y 원소의 값이 같은 경우에 대해서는 튜플 항목을 생성하지 않는다. 아래 코드를 살펴보도록 하자.

```
>>> [(x, y) for x in [1, 2, 3] for y in [3, 1, 4]]
[(1, 3), (1, 1), (1, 4), (2, 3), (2, 1), (2, 4), (3, 3), (3, 1), (3, 4)]
>>> [(x, y) for x in [1, 2, 3] for y in [3, 1, 4] if x !=  y]
[(1, 3), (1, 4), (2, 3), (2, 1), (2, 4), (3, 1), (3, 4)]
```

7.10 한번 생성하면 그 값을 고칠 수 없는 자료형 : 튜플

파이썬의 데이터 형을 크게 분류하면 다음 그림과 같이 **불변 속성**immutable 데이터 형, **가변 속성**mutable 데이터 형으로 나눌 수 있다. **튜플**tuple은 리스트와 아주 유사하다. 하지만 튜플의 내용은 한 번 지정되면 변경될 수 없으며 대표적인 불변속성 자료형이다. 이러한 면에서 보면 내용을 자유롭게 변경할 수 있는 자료형인 리스트보다 튜플이 매우 불편하다. 그렇다면 왜 튜플을 사용하는 것일까?

튜플은 한 번 그 내용이 정해지면 변경이 불가능하므로 구조가 단순하고 **리스트에 비하여 접근 속도가 빠르다는 장점**도 있다. 따라서 두 자료형은 목적에 따라서 적합한 경우에 선택하여 사용한다.

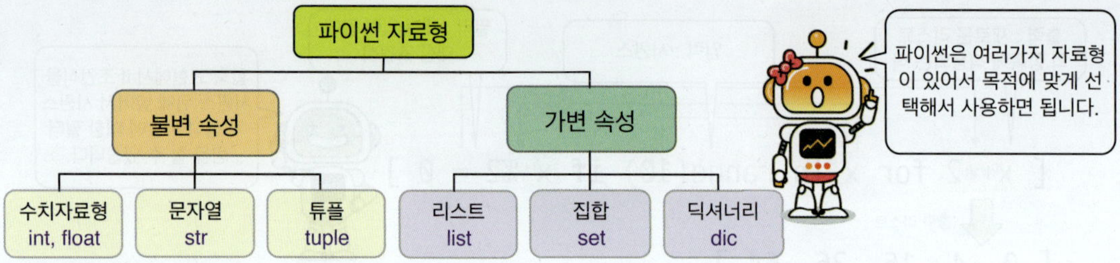

튜플 생성은 소괄호 (...) 안에 항목들을 넣으면 된다. 예를 들어서 색상을 저장하는 튜플은 다음과 같다.

```
>>> colors = ('red', 'green', 'blue')
>>> colors
    ('red', 'green', 'blue')
```

다수의 정수를 저장하는 튜플도 생성할 수 있다.

```
>>> numbers = (1, 2, 3, 4, 5)
>>> numbers
    (1, 2, 3, 4, 5)
```

튜플은 **불변 속성** 객체이므로 내부 항목은 변경할 수 없다. 따라서 다음과 같이 변경을 시도하면 에러를 출력한다.

```
>>> t1 = (1, 2, 3, 4, 5)
>>> t1[0] = 100        # 에러가 출력됨
    ...
    t1[0] = 100
    TypeError: 'tuple' object does not support item assignment
```

튜플도 시퀀스의 일종이기 때문에 인덱싱과 슬라이싱은 문자열이나 리스트와 동일하게 동작한다. 또한 튜플간의 결합 연산자인 +와 반복 연산자 *도 사용할 수 있다.

```
>>> t1 = (1, 2, 3, 4, 5)
>>> t1[0]            # 튜플의 인덱싱-리스트 인덱싱과 동일한 방식
    1
>>> t1[1:4]          # 튜플의 슬라이싱 결과로 튜플을 반환함
    (2, 3, 4)
>>> t2 = t1 + t1     # 튜플의 결합 연산
>>> t2
    (1, 2, 3, 4, 5, 1, 2, 3, 4, 5)
```

함수는 튜플을 돌려줄 수 있다

C나 C++, Java와 같은 프로그래밍 언어에서는 함수가 하나의 값만을 반환할 수 있다. 파이썬에서는 함수가 튜플을 반환하게 하면 함수가 여러 개의 값을 동시에 반환할 수 있다. 원의 넓이와 둘레를 동시에 반환하는 함수를 작성하고 테스트해보자.

우선 def 문을 이용하여 함수를 만들자. 함수의 매개변수로는 반지름 r을 입력받도록 하자. 원의 넓이와 둘레를 구하는 공식을 사용하여 이를 구한 후에 두 개의 값을 쉼표로 구분하여 반환하도록 하자.

```
def calc_circle(r):      # 반지름이 r인 원의 넓이와 둘레를 동시에 반환하는 함수
    area = 3.14 * r * r
    circum = 2 * 3.14 * r
    return area, circum     # 튜플을 반환함

radius = float(input('원의 반지름을 입력하시오: '))
(a, c) = calc_circle(radius)
print('원의 넓이는{0:7.2f}이고 원의 둘레는{1:6.2f}이다.'.format(a, c))
```

```
원의 반지름을 입력하시오: 10
원의 넓이는 314.00이고 원의 둘레는 62.80이다.
```

6장의 함수에서 살펴본 바와 같이 함수는 여러 개의 값을 매개변수로 받아서 여러 개의 값을 돌려주는 것이 가능한데 이렇게 돌려주는 자료값들의 묶음이 바로 튜플 자료형이다. 이 예제에서는 **return** area, circum에 의해 반환되는 값이 바로 튜플 자료형인 것이다.

두 변수의 값을 서로 교환하여 바꾸는 일이 종종 필요하다. 초보 프로그래머가 종종 실수하는 예는 다음처럼 서로 할당을 하는 것이다.

```
a, b = 100, 200
a = b
b = a
print('a =', a, 'b =', b)
```

```
a = 200 b = 200
```

그러나 첫 문장 수행 후 a의 값은 b가 가진 값 200으로 바뀌기 때문에 두 번째 문장은 의미가 없어지고, 두 변수는 모두 원래의 b가 가지고 있던 값으로 변해 같은 값이 되어 버린다. 이를 피하기 위해 임시 변수를 사용해야 한다.

```
temp = a
a = b
b = temp
```

그런데 위의 코드는 다음과 같이 튜플을 이용하면 임시 변수를 사용하지 않고도 간단히 데이터를 교환할 수 있다.

```
a, b = 100, 200
a, b = b, a              # 튜플을 이용하여 두 값을 교환하는 코드
print('a =', a, 'b =', b)
```

```
a = 200 b = 100
```

7.11 zip() 함수를 사용한 집적화

파이썬에서는 리스트, 딕셔너리, 집합, 튜플과 같은 자료형이 기본적으로 제공된다. 이 자료형은 여러 개의 원소를 가질 수 있기 때문에 for - in 문에서 반복적으로 순환시키는 것이 가능하다. 이러한 이유로 이들 자료형을 **반복가능**iterable 자료형이라고 한다. 이러한 반복가능 자료형 여러 개를 넘겨주면, 이들을 합쳐서 튜플을 만들 수도 있는데 이러한 일을 하는 함수가 zip() 함수이다. 이 zip() 함수는 다음과 같이 여러 개의 반복가능 자료형을 받을 수 있는데, 이들을 모아서 하나의 반복가능 자료형을 만들 수 있다. 이것을 **집적화**라고 한다.

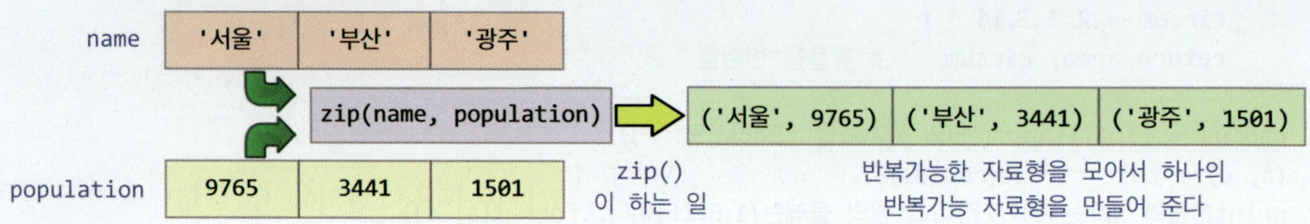

이러한 기능을 다음의 코드로 확인해 보자.

```
name = ['서울', '부산', '광주']       # 도시의 이름
population = (9765, 3441, 1501)  # 도시의 인구(단위: 천명)

city_info = list(zip(name, population)) # 집적화한 자료를 리스트 자료형으로 만들기
print('city_info =', city_info)
```

```
city_info = [('서울', 9765), ('부산', 3441), ('광주', 1501)]
```

집적화는 2개의 인자뿐 아니라 그 이상의 인자를 받아서 집적화시킬 수도 있다. 이제 각 도시의 이름, 인구, 그리고 면적 데이터를 모은 후 이 데이터를 이용하여 집적화를 시켜보자.

```
name = ['서울', '부산', '광주']       # 도시의 이름
population = (9765, 3441, 1501)  # 도시의 인구(단위: 천명)
area = (605.2, 770, 501.2)       # 도시의 면적( km^2 )

city_info = list(zip(name, population, area)) # 집적화한 자료를 리스트 자료형으로 만들기
print('city_info =', city_info)
```

```
city_info = [('서울', 9765, 605.2), ('부산', 3441, 770), ('광주', 1501, 501.2)]
```

이 프로그램의 결과 **('서울', 9765, 605.2)**와 같이 도시의 이름, 인구, 면적을 항목으로 가지는 튜플 3개가 집적화되어 만들어지는 것을 볼 수 있다.

도전문제 7.6

['한국', '미국', '중국', '필리핀']과 같이 나라의 이름, [100.2, 9834, 9597, 300]과 같이 제곱 킬로미터 단위의 나라 면적을 원소로 하는 리스트를 각각 작성하자.

(1) ('한국', 100.2)와 같이 (*나라 이름, 면적*)을 튜플로 가지는 항목들로 이루어진 새로운 리스트를 zip() 함수를 사용하여 생성하여라.

(2) 각 나라의 수도 이름을 원소로 가지는 리스트를 만들자. 다음으로 ('한국', '서울', 100.2)과 같이 (*나라 이름, 수도, 면적*)을 튜플로 가지는 항목들로 이루어진 새로운 리스트를 zip() 함수를 사용하여 생성하여라.

집적화된 항목들을 풀어보자

앞에서 살펴본 LAB 7-5는 반복문과 내부 여러 개의 if 문을 사용하는 코드이다. 이렇게 코드가 길어지게 되면 1) 오류의 가능성이 높으며, 2) 코드를 이해하는 것이 어려워진다. 따라서 가급적 간결하게 코딩하여 문제를 해결하는 것이 바람직한데 이 절에서는 그 방법을 살펴볼 것이다. 아래의 city_info 리스트는 (도시이름, 인구)의 튜플을 항목으로 가지는 리스트이다.

```
city_info = [('서울', 9765),('부산', 3441),('인천', 2954),('광주', 1501),('대전', 1531)]
```

이러한 구조의 튜플은 zip(*city_info)라는 함수를 이용하여 (*도시이름 리스트, 인구 리스트*)의 쌍으로 쉽게 구분할 수 있다. 이때 zip() 함수의 내부에 *city_info와 같이 반드시 *를 사용하는 점에 유의하도록 하자.

즉 이 함수는 도시의 이름과 도시의 인구로 이루어진 두 개의 튜플을 만드는 일을 하는 것이다. 따라서 집적화와 반대되는 일을 하는 것이다. 이 기능을 다음의 코드로 확인해 보자.

```
city_name, city_pop = zip(*city_info)  # city_info의 튜플 원소를 나누어 새 일을 합니다.
print('city_name =', city_name)
print('city_pop =', city_pop)
```

```
city_name = ('서울', '부산', '인천', '광주', '대전')
city_pop = (9765, 3441, 2954, 1501, 1531)
```

코드의 수행 결과 city_name에는 도시의 이름, city_pop에는 도시의 인구 수를 값으로 가지는 튜플이 나타나는 것을 볼 수 있다. 이제 다음과 같은 방법으로 인구 수의 최대값을 구하고 .index() 메소드를 사용하여 이 도시의 이름을 구해서 출력해 보자.

```
max_pop = max(city_pop)
print('max_pop =', max_pop)
```

```
max_pop = 9765
```

```
n = city_pop.index(max_pop)
print('최대 인구 도시: {0}, 인구: {1} 천명'.format(city_name[n], max_pop))
```

```
최대 인구 도시: 서울, 인구: 9765 천명
```

city_pop.index(max_pop)을 통해서 최대 인구 도시의 인덱스를 구한 다음 city_name[n]을 통해서 이 도시를 조회하여 출력하면 '서울'이 나타나는 것을 볼 수 있다. 최소 인구 도시와 평균 인구 역시 다음과 같이 구할 수있다. 이 경우 for 루프를 사용하는 것 보다 더 오류를 줄일 수 있을 것이다.

```
min_pop = min(city_pop)
n = city_pop.index(min_pop)
print('최소 인구 도시: {0}, 인구: {1} 천명'.format(city_name[n], min_pop))
print('리스트 도시 평균 인구: {0} 천명'.format(sum(city_pop) / len(city_pop)))
```

```
최소 인구 도시: 광주, 인구: 1501 천명
리스트 도시 평균 인구: 3838.4 천명
```

7.12 클래스와 객체가 무엇인가

프로그램 코드가 복잡해지면 이를 관리하기가 쉽지 않다. 이러한 어려움을 해결하기 위해 소프트웨어 엔지니어들은 수십년간 다양한 방법으로 해결책을 찾았으며 그 중에서 가장 뛰어난 해결책으로 인정받고 있는 방법이 바로 **객체지향 프로그래밍**object oriented programming 방식이다.

객체지향 프로그래밍은 다양한 객체를 **클래스**class로 미리 정의해두고 이 객체들이 프로그램 상에서 상호작용하면서 원하는 작업을 수행하는 문제해결 방식이다. 앞서 다루어 본 자료형인 리스트라는 것도 일종의 클래스이다. 우리는 이 리스트라는 클래스의 특징을 가지는 객체를 만들 수 있다. 이 각각의 객체들은 클래스의 틀을 지키면서 각자 서로 다른 실제 값을 담고 있다. 이런 객체를 **인스턴스**instance라고 한다.

파이썬은 '객체지향 프로그래밍 언어'이다. 그리고 이미 살펴본 자료형, 함수, 모듈은 모두 객체이다.

```
>>> animals = ['lion', 'tiger', 'cat', 'dog']
>>> animals.sort()      # animals 리스트의 내부 문자열을 알파벳 순으로 정렬한다
>>> animals
['cat', 'dog', 'lion', 'tiger']
>>> animals.append('rabbit')  # animals 리스트에 새 원소를 추가한다
>>> animals
['cat', 'dog', 'lion', 'tiger', 'rabbit']
>>> animals.reverse()          # animals 리스트를 원래 원소의 역순으로 재배열한다
>>> animals
['rabbit', 'tiger', 'lion', 'dog', 'cat']
```

리스트라는 것은 여러 개의 데이터를 담을 수 있고 인덱스로 접근할 수 있는 어떤 데이터 자료 유형의 통칭이다. 이러한 특정한 자료 유형이 클래스라고 할 수 있다. 위의 코드를 살펴보면 'lion', 'tiger', 'cat', 'dog' 등의 문자열 항목들을 속성으로 집어넣어 animals라는 리스트 클래스의 인스턴스 객체를 만들었다. 리스트 클래스에는 sort(), append(), remove(), reverse(), pop() 등의 풍부한 기능을 이미 구현해 두었는데, 리스트 클래스에 속하는 모든 객체들이 이 기능을 사용할 수 있다.

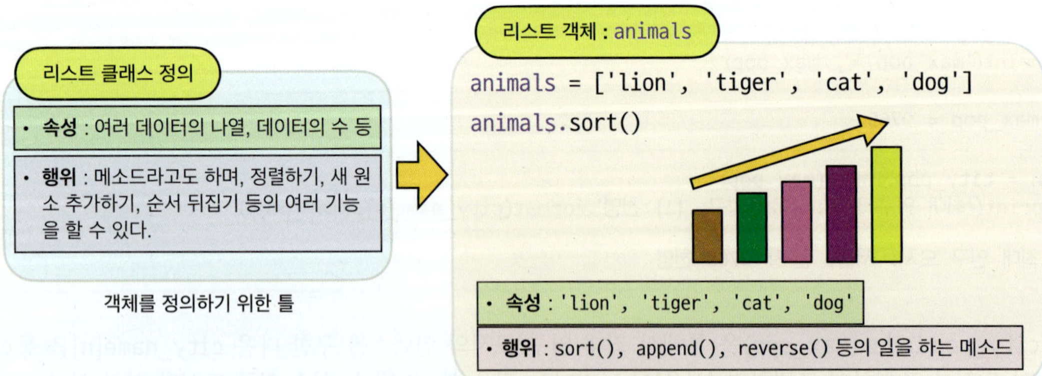

객체를 정의하기 위한 틀

리스트라는 클래스에서 정의된 특징을 가지는 객체

이렇게 **특정한 클래스에 속한 객체들이 사용할 수 있는 함수**들을 해당 클래스의 **메소드**method라고 부른다. 객체 지향 언어는 리스트와 같은 클래스를 정의할 수 있고, 해당 클래스의 인스턴스 객체를 생성할 수 있으며, 이들이 메소드를 이용하여 다양한 일을 할 수 있도록 지원하는 언어를 의미한다. 메소드를 사용할 때는 객체.메소드() 형태와 같이 .(dot) 연산자를 사용하여 호출한다.

핵심 정리

SUMMARY

- 리스트는 여러 항목들을 모은 자료형이다.
- 리스트의 항목은 다양한 자료형의 값이 될 수 있으며 생성과 동시에 [ ] 내에 항목을 넣으면 된다.
- 초기 데이터가 없을 경우 공백 리스트를 만들고 append()를 호출하여 항목을 추가할 수 있다.
- 튜플은 변경불가능 자료형으로 리스트에 비하여 처리속도가 빠르지만 그 항목값을 수정할 수 없다.
- 튜플을 사용하여 함수로부터 여러 개의 값을 반환받을 수 있다.
- 파이썬은 여러 가지 종류의 클래스를 개발자가 직접 만들 수 있다.
- 클래스를 이용하여 객체를 생성하여 개발시에 사용하는 방식이 객체지향 프로그래밍 언어이다.

리스트는 데이터 여러 개를 하나로 묶어서 사용하는 것이죠.
정수 1, 2, 4, 8을 한꺼번에 다룰 수 있는 리스트를 만들어 봐요.

[1, 2, 4, 8]
이렇게 하면 되죠?

리스트의 원소를 하나씩 접근해 보고 싶으면
for element in list:
를 사용하면 되어요.

튜플도 배웠는데, 리스트와 다를 게 없는 것 아닌가요?
인덱스로 접근하고, 슬라이싱도 같은 방식이고...

튜플은 리스트와 달리 안의 원소를 조작할 수 없어요.
이런 데이터형을 불변속성을 가졌다고 해요. Immutable이라고 불러요.
리스트는 가변속성이죠. Mutable이라고 하고요.
이렇게 다른 속성의 자료형이 존재하는 이유는 효율적인 계산을 위해서 입니다.

주관식 문제

다음 괄호 안에 들어갈 알맞은 단어를 적어라.

7.1 파이썬에는 여러 개의 데이터 항목을 한꺼번에 저장하고 처리할 수 있는 객체로 (   )와 딕셔너리, 튜플 등이 있다.

7.2 리스트 안에 저장된 각각의 데이터를 (   ) 또는 (   ) (이)라고 한다.

7.3 리스트에 항목을 새롭게 추가하려면 (   ) 메소드를 사용한다.

7.4 리스트에 어떤 값이 포함되는 지를 알려면 (   ) 연산자를 사용한다. 이 연산자와 반대의 역할을 하는 연산자는 (   ) 연산자이다.

7.5 객체의 자료형을 알아보려면 (   ) 함수를 사용한다.

7.6 리스트에 있는 항목은 다른 항목과 구별되는 순차적이면서도 유일한 위치값을 가지고 있는데, 이러한 위치값을 리스트의 (   ) (이)라고 한다.

7.7 리스트의 항목(원소) 수를 알기 위해서는 (   ) 함수를 사용한다.

7.8 파이썬 리스트의 기능 중에서 (   ) 기능은 리스트에 포함된 항목을 선택해서 새로운 리스트를 만드는 기능이다.

7.9 리스트에서 지정된 인덱스 위치에 항목을 추가하고 싶다면 (   ) 함수를 사용한다.

7.10 리스트 객체의 (   ) 메소드는 리스트에서 지정된 항목을 삭제한다. 이 메소드는 삭제하고자 하는 항목의 위치를 사전에 몰라도 된다.

7.11 리스트 객체의 (   ) 메소드는 리스트의 마지막 항목을 삭제하여 그 항목값을 반환한다.

7.12 파이썬의 (   ) 명령어는 인덱스를 사용하여 해당하는 항목을 메모리에서 삭제할 수 있다.

7.13 특정 항목이 리스트의 어떤 인덱스에 있는지 확인하기 위해서 (   ) 메소드를 사용할 수 있다.

7.14 정렬을 위해서는 리스트의 (   ) 메소드를 사용하면 된다. 만일 내림차순 정렬을 원한다면 (   ) 라는 키워드 인자를 주어야 한다.

7.15 (   )은(는) 리스트와 유사하지만 한 번 생성하면 그 값을 변경할 수 없는 대표적인 불변속성 자료형이다.

7.16 특정한 클래스에 속한 객체들이 사용할 수 있는 함수들을 해당 클래스의 (   )라고 부른다.

심화문제

EXERCISE

7.1 다음과 같이 파이썬 프로그램을 실행할 적에, 다음 밑줄 안에 들어갈 알맞은 결과는 무엇인가? 미리 예측해본 후 실행시켜보고 그 결과를 적어라.

```
>>> num_list = [100, 200, 300, 400, 500, 600, 700, 800]
>>> high = 6
>>> low = 3
```

```
>>> num_list[high]
(1) ____________
>>> num_list[high - 2]
(2) ____________
>>> num_list[high - low]
(3) ____________
>>> num_list[low - high]
(4) ____________
>>> num_list[-1]
(5) ____________
>>> num_list[-low]
(6) ____________
>>> num_list[2 * 3]
(7) ____________
>>> num_list[2] * 3
(8) ____________
>>> num_list[5 % 4]
(9) ____________
>>> len(num_list)
(10) ____________
>>> min(num_list)
(11) ____________
>>> max(num_list)
(12) ____________
>>> num_list[:3]
(13) ____________
>>> num_list[1:5]
(14) ____________
>>> num_list[-1:-5:-1]
(15) ____________
>>> num_list[-5:-1:1]
(16) ____________
```

7.2 다음과 같은 list1, list2가 있을 경우 이중 for 루프를 사용하여 list1과 list2의 각 원소를 곱한 후 원소의 곱셈을 아래와 같이 출력하여라.

```
list1 = [3, 5, 7]
list2 = [2, 3, 4, 5, 6]
```

```
3 * 2 = 6
3 * 3 = 9
3 * 4 = 12
3 * 5 = 15
3 * 6 = 18
...
```

7.3 다음과 같은 문자열을 가진 두 개의 리스트 list1, list2가 있을 경우 list1과 list2의 모든 조합을 생성하여 다음과 같이 출력하여라.

```
list1 = ['I like', 'I love']
list2 = ['pancakes.', 'kiwi juice.', 'espresso.']
```

```
I like pancakes.
I like kiwi juice.
I like espresso.
I love pancakes.
I love kiwi juice.
I love espresso.
```

7.4 다음의 코드에서 잘못된 부분은 무엇인가? 어떤 이유에서 오류가 발생하는지 설명하라.

1)
```
>>> t = (10, 20, 30, 40)
>>> t.append(50)
```

2)
```
>>> t = (10, 20, 30, 40)
>>> t.remove(40)
```

3)
```
>>> t = (10, 20, 30, 40)
>>> t[0] = 0
```

7.5 ('A', 'B', 'C') 튜플과 ('1', '2')을 조합하여 다음과 같은 공연장의 좌석번호를 생성하는 프로그램을 작성하여라. 이 때 ('1', '2') 대신 정수로 이루어진 튜플 (1, 2)가 있을 경우 동일한 결과가 나타나도록 다시 프로그램을 작성하여라.

```
['A1', 'A2', 'B1', 'B2', 'C1', 'C2']
```

7.6 사용자로부터 임의의 문자열을 입력으로 받은 후 이 문자열에 대하여 다음과 같은 피라미드 패턴을 만들어 출력하는 프로그램을 작성하여라. 이 때 파이썬의 문자열 슬라이싱 기능을 사용하도록 하여라.

```
문자열을 입력하세요 : python
p
py
pyt
pyth
pytho
python
pytho
pyth
pyt
py
p
```

7.7 fruit_list = ['banana', 'orange', 'kiwi', 'apple', 'melon'] 라는 리스트가 존재한다. 이 리스트에 대하여 다음과 같은 작업을 수행하여라.

1) 이 fruit_list에서 가장 길이가 긴 문자열을 찾아서 출력하고 이 리스트에서 삭제하라. 이 때 동일한 길이의 문자열이 있을 경우 이들을 모두 삭제하라.

```
가장 길이가 긴 문자열 : banana, orange
fruit_list = ['kiwi', 'apple', 'melon' ]
```

2) 이 fruit_list와 for 제어문을 이용하여 다음과 같은 문장을 출력하여라.

```
banana : 문자열의 길이 6
orange : 문자열의 길이 6
kiwi : 문자열의 길이 4
apple : 문자열의 길이 5
melon : 문자열의 길이 5
```

7.8 사용자로부터 숫자 1보다 크고 10보다 작은 값 n을 입력으로 받아서 다음과 같이 뱀의 몸통처럼 증가하는 이차원 배열을 출력하는 뱀행렬을 생성하여라. 이 행렬의 특징은 n이 5일 때 5x5 크기의 2차원 배열을 생성하는데, 이때 홀수 번째 행이 숫자가 증가하는 방향이 될 경우 짝수 번째 행은 숫자가 감소하는 형태를 가지는 특징이 있다.

이 문제를 반드시 for 반복문과 리스트 슬라이싱을 사용하여 풀어보아라.

```
n을 입력하시오 : 5
 1  2  3  4  5
10  9  8  7  6
11 12 13 14 15
20 19 18 17 16
21 22 23 24 25
```

7.9 사용자로부터 두 문자열 A, B를 입력으로 받도록 하자. 그리고 A의 뒷부분과 B의 앞부분을 가장 길게 일치시켜 둘을 겹치게 만든 새로운 문자열 C를 만드는 프로그램을 작성하라. 만약 A의 뒷부분과 B의 앞부분이 다르면 B를 A 뒤에 바로 붙여야 한다. 다음 예시를 참고하여라. 이를 위하여 C = overlap(A, B)와 같이 A, B를 인자로 받아 C를 반환하는 함수 overlap()을 구현하여라.

문자열 A	문자열 B	출력될 문자열 C
commu	mummy	commummy
boxok	xbox	boxokxbox
deter	detery	detery
waycom	ycomget	waycomget
tttttt	tttttt	tttttt

chapter 08

연관된 데이터를 딕셔너리로 짝을 짓자

이 장에서 배울 것들

- 키를 이용해서 값을 추출할 수 있는 딕셔너리에 대하여 알아봅시다.
- 딕셔너리의 다양한 기능과 메소드에 대하여 알아봅시다.
- 딕셔너리를 사용하여 여러 가지 문제를 해결해 봅시다.
- 자료값의 중복을 허용하지 않는 순서가 없는 자료형인 집합에 대하여 알아봅시다.
- 합집합, 교집합등 집합에 적용할 수 있는 편리한 연산을 알아봅시다.
- 집합을 이용하여 중복된 자료를 편리하게 제거하는 방법을 알아봅시다.
- 파이썬의 강력한 자료구조를 사용한 문제해결 기법을 익혀 봅시다.

8.1 키와 값을 가진 딕셔너리로 자료를 저장하자

딕셔너리dictionary는 리스트와 유사하게 연속된 값을 저장하는 자료구조이다. 리스트의 값을 조회하기 위해서 우리는 **인덱스**index를 사용하였다. 하지만 딕셔너리는 **값**value과 관련된 **키**key가 있다는 점이 큰 차이점이다. 예를 들어 핸드폰의 전화번호부가 있다고 할 때, 사람들의 이름이 키가 되고 전화번호가 키로 조회할 수 있는 값이 될 것이다.

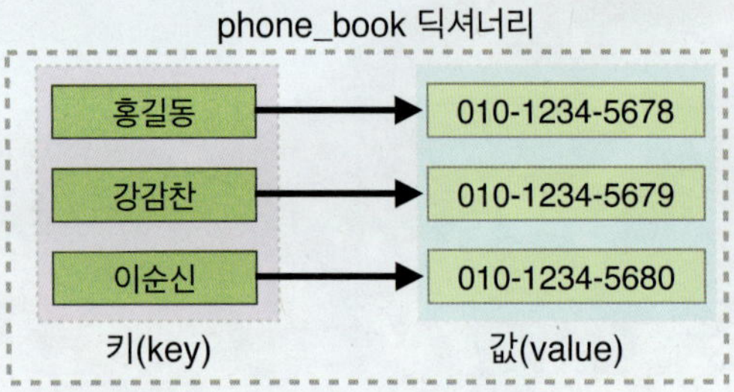

이와 같이 파이썬의 딕셔너리는 서로 관련되어 있는 키와 값도 함께 저장되는데, 이것을 **키-값 쌍**key-value pair이라고 한다. 전화번호부를 만들어보는 예제를 통해서 이를 익혀보자. 딕셔너리를 만드는 데는 몇 가지 방법이 있지만 일단 { }를 이용해서 공백 딕셔너리를 생성하고 여기에 하나씩 전화번호를 추가해보자.

```
>>> phone_book = { }    # 공백 딕셔너리를 생성
```

공백 리스트는 대괄호 [ ]로 생성하고, 딕셔너리는 중괄호 { }로 생성한다는 것에 유의하자. 첫 번째 사람의 전화번호를 이 phone_book 딕셔너리에 추가하자.

```
>>> phone_book["홍길동"] = "010-1234-5678"
```

지금까지 작성한 것을 출력하여 보자.

```
>>> print(phone_book)
{'홍길동': '010-1234-5678'}
```

phone_book 딕셔너리를 출력하면 딕셔너리의 **항목**item이 쉼표로 구분되어 출력된다. 항목은 키가 먼저 표시되고 콜론 다음에 값이 출력된다. 작은따옴표는 키와 값이 모두 문자열이기 때문에 붙은 것이다.

딕셔너리를 생성하면서 동시에 다음과 같이 초기화하는 방법도 있다.

```
>>> phone_book = {"홍길동": "010-1234-5678"}
```

이제 이 딕셔너리에 몇 개의 다른 전화번호를 추가해서 출력해보면 다음과 같다.

```
>>> phone_book["강감찬"] = "010-1234-5679"
>>> phone_book["이순신"] = "010-1234-5680"
>>> print(phone_book)
{'홍길동': '010-1234-5678', '강감찬': '010-1234-5679', '이순신': '010-1234-5680'}
```

딕셔너리의 기능을 알아보자

리스트와 마찬가지로 딕셔너리에는 어떤 유형의 값도 저장할 수 있다. 즉 정수, 문자열, 다른 리스트, 다른 딕셔너리도 항목으로 저장할 수 있다. 다음과 같은 코드는 한 인물에 대한 정보를 딕셔너리로 저장하고 있다. 아래 코드를 살펴보면 두 번째 항목에서 'Age'라는 키와 정수 27이 이 키의 값으로 사용되고 있다.

```
person_dic = {'Name': '홍길동', 'Age': 27, 'Class': '초급'}

print(person_dic['Name'])        # 딕셔너리의 'Name'이라는 키로 값을 조회함
print(person_dic['Age'])         # 딕셔너리의 'Age'이라는 키로 값을 조회함
```

```
홍길동
27
```

딕셔너리에서 가장 중요한 연산은 무엇일까? 키를 가지고 연관된 값을 찾는 것이다. 주소록 같으면 사람 이름을 가지고 전화번호를 찾을 수 있어야 할 것이다. 다음과 같은 코드로 가능하다.

```
>>> print(phone_book["강감찬"])
    010-1234-5679
```

리스트에서는 인덱스를 가지고 항목을 찾을 수 있지만 **딕셔너리에서는 키가 있어야 값을 찾을 수 있다.** 딕셔너리에서 사용되는 모든 키를 출력하려면 다음과 같이 keys()라는 메소드를 사용한다.

```
>>> phone_book.keys()
    dict_keys(['홍길동', '강감찬', '이순신'])
```

반면, 딕셔너리에서 사용되는 모든 값을 출력하려면 values()를 사용한다.

```
>>> phone_book.values()
    dict_values(['010-1234-5678', '010-1234-5679', '010-1234-5680'])
```

그리고 딕셔너리 내부의 모든 값을 출력하려면 items()를 사용할 수도 있다. for 문에서 phone_book.items() 와 같은 함수를 호출하면 (키, 값) 튜플이 반환되므로 아래처럼 활용할 수 있다.

```
>>> phone_book.items()
     dict_items([('홍길동', '010-1234-5678'), ('강감찬', '010-1234-5679'), ('이순신', '010-1234-
5680')])
>>> for name, phone_num in phone_book.items():
...      print(name,':', phone_num)
...
    홍길동 : 010-1234-5678
    강감찬 : 010-1234-5679
    이순신 : 010-1234-5680
```

도전문제 8.1

여러분의 핸드폰에 있는 다음과 같은 연락처 정보를 contact라는 이름의 딕셔너리 구조로 표현해 보자. 여러분의 정보를 그림과 같은 키-값을 가지도록 항목을 생성하도록 하자. 그리고 나서 이 키:값 정보를 for 문을 사용해서 출력해 보도록 하자(힌트: contact.items() 메소드를 사용하자).

성
이름
직장

8.2 딕셔너리와 리스트의 비교

다음의 표는 리스트와 딕셔너리를 비교하는 표이다. 두 자료형이 가진 특성 중 가장 큰 차이를 보이는 인덱스와 키에 대해서 자세히 알아보자. 이 표의 왼쪽 열에 나타나 있는 리스트는 [11, 22, 33, 44, 55]의 다섯 개의 요소를 가지고 있다. 그리고 각각의 항목은 0에서 4까지의 정수 인덱스로 접근할 수 있다. 리스트에서 사용하는 이런 인덱스를 키로 사용하여 접근하려면 오른쪽 열에 나타나있는 것처럼 딕셔너리를 구현할 수 있다. 그러면 딕셔너리도 0에서 4까지의 정수를 키로 하여 각 항목의 값에 접근할 수 있다. 그러면 이제 리스트와 딕셔너리가 동일한 동작을 하는 것처럼 보이지만 사실은 그렇지 않다. **딕셔너리에서 사용된 0, 1, 2, 3, 4는 인덱스처럼 보이지만 사실은 키**이기 때문이다.

리스트	딕셔너리
첫 번째 값의 인덱스는 0으로 시작하며 이 인덱스 값은 자동으로 1씩 증가하며 할당된다.	사용자가 지정한 키와 값이 쌍을 이룬다.
예시: `lst = [11, 22, 33, 44, 55]`	예: `dic = {0:11, 1:22, 2:33, 3:44, 4:55}`
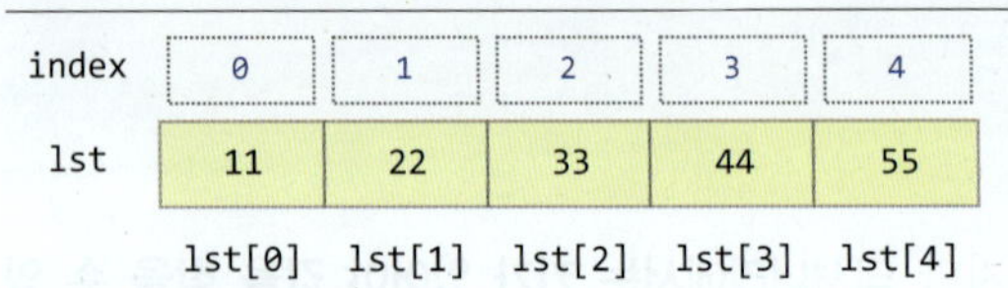	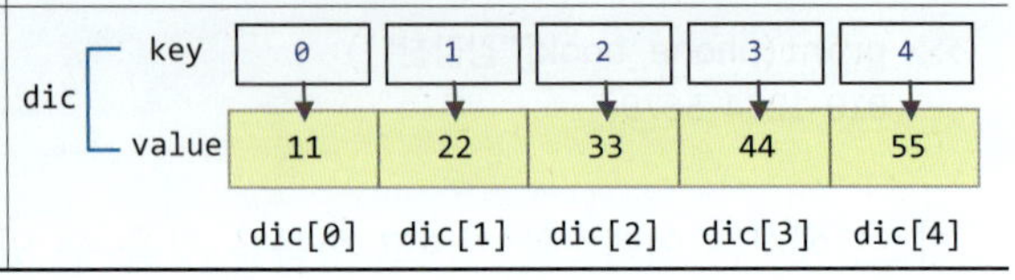

위의 lst를 생성한 후 pop(0) 메소드를 호출해 보자. 이 경우 아래 결과와 같이 가장 첫 번째 원소인 11이 반환되고 lst 객체의 목록에서 사라지는 것을 볼 수 있다.

```
>>> lst = [11, 22, 33, 44, 55]
>>> lst.pop(0)             # 리스트 항목의 첫 항목이 반환되고 삭제됨
>>> print('lst =', lst)
    lst = [22, 33, 44, 55]
```

다음으로 dic이라는 딕셔너리를 생성한 후 pop(0) 메소드를 호출해 보자. 이 경우 아래 결과와 같이 키가 0인 첫 번째 원소인 {0:11}이 반환되고 dic 객체의 목록에서 사라지는 것을 볼 수 있다.

```
>>> dic = {0:11, 1:22, 2:33, 3:44, 4:55}
>>> dic.pop(0)             # 딕셔너리 항목중에서 키가 0인 항목 11이 반환되고 삭제됨
>>> print('dic =', dic)
    dic = {1: 22, 2: 33, 3: 44, 4: 55}
```

위의 실행 코드를 통해서 리스트 객체인 lst와 딕셔너리 객체인 dic이 어떤 차이점이 있는지 다음의 표를 통해 한 번 살펴보자. 다음과 같이 리스트에서 pop(0)을 하면 가장 앞에 있는 11이라는 값이 리턴되고 항목에서 삭제된다. 그 후 lst[1]을 호출하면, 이전의 결과인 22가 아니라 33으로 바뀌어 출력되는 것을 살펴볼 수 있다. 반면 딕셔너리에서 pop(0)을 이용하여 (0: 11) 항목을 삭제하여도, dic[1]의 요소 값은 바뀌지 않고 여전히 22인 것을 알 수 있다. dic[1]의 대괄호 내의 숫자 1은 리스트와 달리 요소의 위치를 가리키는 인덱스가 아니라 22를 찾기 위한 키이기 때문이다.

리스트	딕셔너리
lst.pop(0) 호출 후 lst : [22, 33, 44, 55]	dic.pop(0) 호출 후 dic : {1:22, 2:33, 3:44, 4:55}

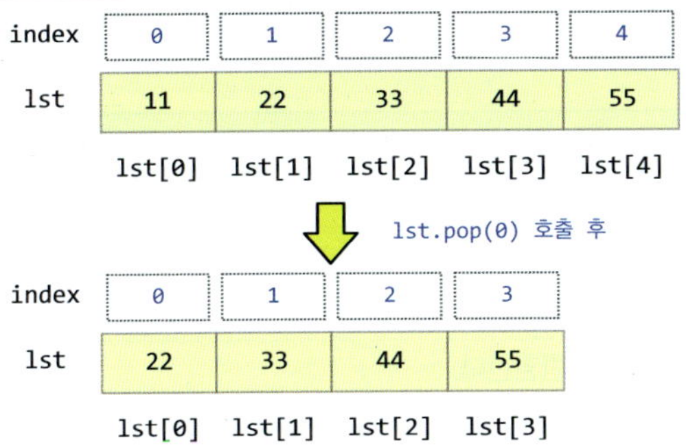

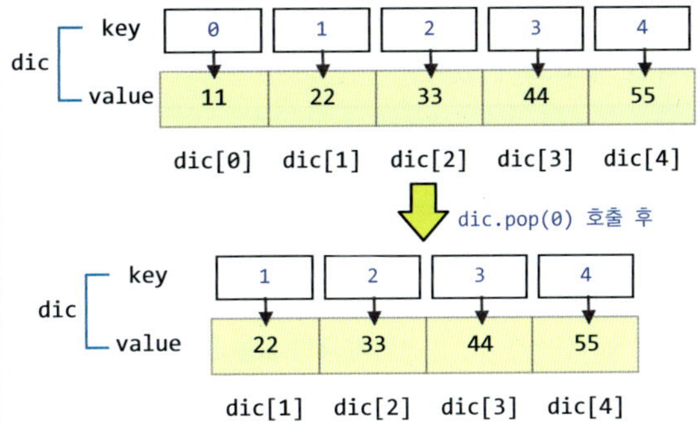

이러한 내용을 확인하기 위하여 다음 코드를 만들고 실행시켜 보자.

```
>>> print('lst[1] =', lst[1])
    lst[1] = 33
>>> print('dic[1] =', dic[1])
    dic[1] = 22
```

실행 결과는 예상한 바와 같이 나타나는 것을 볼 수 있다. 다음으로 lst[0]를 출력하면 리스트의 첫 항목인 22가 출력되는 것을 볼 수 있다. 반면 dic[0]를 출력하면 어떻게 될까? 이 경우 dic[0]에 해당하는 항목 11이 dic.pop(0)에 의해 삭제되었기 때문에, **오류가 출력**되는 것을 볼 수 있을 것이다.

```
>>> print('lst[0] =', lst[0])    # 리스트의 첫 항목을 출력
    lst[0] = 22
>>> print('dic[0] =', dic[0])    # 주의 : 오류, 0을 키로 하는 항목이 없음
    ....
    KeyError: 0
```

항목의 수를 확인하고 삭제하기

리스트와 딕셔너리에서 모든 항목의 수를 구하는 방법, 그리고 특정한 요소 혹은 전체를 삭제하는 방법은 다음 표와 같이 큰 차이가 없다. 각각 개수를 확인하는 함수인 len()을 사용하거나, 지정된 요소를 삭제하는 명령인 del과, 요소들을 모두 삭제하는 메소드인 clear()을 사용하면 된다. del은 **파이썬의 객체를 삭제하는 명령**이라는 것을 다시 한번 기억하도록 하자.

구분	리스트	딕셔너리
항목 수 확인	len(lst)	len(dic)
특정 항목 삭제	del(lst[0]) 또는 del lst[0]	del(dic[0]) 또는 del dic[0]
전부 삭제	lst.clear()	dic.clear()

8.3 딕셔너리의 다양한 메소드

파이썬의 딕셔너리 자료형은 많은 메소드를 가지고 있어서 다양한 일을 할 수 있는데, 다음과 같은 대표적인 메소드가 있다.

메소드	하는 일
keys()	딕셔너리 내의 모든 키를 반환한다.
values()	딕셔너리 내의 모든 값을 반환한다.
items()	딕셔너리 내의 모든 항목을 [키]:[값] 쌍으로 반환한다.
get(key)	키에 대한 값을 반환한다. 키가 없으면 None을 반환한다.
pop(key)	키에 대한 값을 반환하고, 그 항목을 삭제한다. 키가 없으면 KeyError 예외를 발생시킨다.
popitem()	제일 마지막에 입력된항목을 반환하고 그 항목을 삭제한다.
clear()	딕셔너리 내의 모든 항목을 삭제한다.

각각의 기능을 테스트하는 간단한 코드를 작성해 보자. 딕셔너리의 모든 항목을 하나씩 출력하려면 어떻게 할까? 리스트처럼 for 루프를 사용하자. 앞서 살펴본 바와 같이 keys() 메소드는 딕셔너리에 있는 키 항목을 시퀀스로 반환하므로, 이 값을 받아서 phone_book[key]로 접근하는 것이 가능하다.

```
phone_book ={'홍길동':'010-1234-5678','강감찬':'010-1234-5679','이순신':'010-1234-5680'}
for key in phone_book.keys():
    print(key, ':', phone_book[key])
```

```
홍길동 : 010-1234-5678
강감찬 : 010-1234-5679
이순신 : 010-1234-5680
```

다음으로 values를 이용해서 value 값을 하나 하나 추출하여 출력해 보자.

```
phone_book ={'홍길동':'010-1234-5678','강감찬':'010-1234-5679','이순신':'010-1234-5680'}
for value in phone_book.values():
    print('value :', value)
```

```
value : 010-1234-5678
value : 010-1234-5679
value : 010-1234-5680
```

하지만 키와 값을 출력할 경우 다음과 같이 items()라는 메소드가 더 유용할 것이다. 위의 방법과 아래의 방법이 모두 가능하지만 프로그래머의 입장에서는 보다 더 간결한 코드를 선택하는 것이 바람직하다.

```
phone_book ={'홍길동':'010-1234-5678','강감찬':'010-1234-5679','이순신':'010-1234-5680'}
for name, phone_num in phone_book.items():
    print(name, ':', phone_num)
```

```
홍길동 : 010-1234-5678
강감찬 : 010-1234-5679
이순신 : 010-1234-5680
```

get(key) 메소드는 키에 대한 값을 반환하는데, 키가 없으면 None을 반환한다. dic[key]와의 차이점을 다음 코드를 통해서 살펴보자.

```
>>> phone_book.get('홍길동')
    '010-1234-5678'
>>> phone_book['홍길동']
    '010-1234-5678'
>>> phone_book.get('임꺽정')      # '임꺽정' 키가 없으므로 None이 반환됨
>>> phone_book['임꺽정']          # 주의 : '임꺽정' 키가 없으므로 오류가 출력
    ...
    KeyError: '임꺽정'
```

출력결과를 살펴보면 phone_book.get('임꺽정')의 경우 키인 '임꺽정'을 가지는 항목이 없기 때문에 None이 반환되지만 phone_book['임꺽정']은 오류를 출력한다. 이 때문에 phone_book.get('임꺽정')이 조금 더 안전한 코드라고 볼 수 있다. 그리고 pop(key)는 다음과 같이 키에 대한 값을 반환하고, 그 항목을 삭제한다. 키가 없으면 KeyError 예외를 발생시킨다.

```
phone_book ={'홍길동':'010-1234-5678','강감찬':'010-1234-5679','이순신':'010-1234-5680'}
phone_num = phone_book.pop('홍길동')     # '홍길동'을 키로하는 값이 반환되며 이 항목이 삭제됨
print('phone_book =', phone_book)
print('phone_num =', phone_num)
```

```
phone_book = {'강감찬': '010-1234-5679', '이순신': '010-1234-5680'}
phone_num = 010-1234-5678
```

pop()과 달리 popitem()은 가장 마지막 항목인 이순신 항목을 (키, 값)의 튜플로 반환한 후 이 항목을 삭제한다.

```
phone_book ={'홍길동':'010-1234-5678','강감찬':'010-1234-5679','이순신':'010-1234-5680'}
phone_num = phone_book.popitem()     # '홍길동'을 키로하는 값이 반환되며 이 항목이 삭제됨
print('phone_book =', phone_book)
print('phone_num =', phone_num)
```

```
phone_book = {'홍길동': '010-1234-5678', '강감찬': '010-1234-5679'}
phone_num = ('이순신', '010-1234-5680')
```

딕셔너리 안에서 항목들은 자동으로 정렬되지 않는다. 그래서 우리는 sorted() 함수를 사용하여서 딕셔너리의 키를 기준으로 정렬을 수행할 수 있다. 그러나 sorted() 함수가 반환하는 값은 키 값들의 리스트이므로 주의가 필요하다.

sorted() 함수는 phone_book.items()와 같이 키, 값의 튜플 쌍을 받아 이를 정렬할 수 있다. 키, 값의 튜플 쌍 중에서 첫 번째 항목인 키에 대하여 정렬할 것인지, 두 번째 항목인 값에 대하여 정렬할 것인가를 key 매개변수를 사용하여 결정한다. 이를 위하여 key = lambda x: x[0]와 같은 람다 표현식을 사용한다. 람다 표현식은 함수의 이름이 없는 1회용 함수로 다음 절에서 상세히 설명한다. **이 표현식은 x를 인자로 받아 x의 첫 항목인 x[0]을 반환하는 기능을 한다.** 이와 같이 sorted() 함수를 사용하면 이름을 기준으로 정렬된 전화 번호부의 리스트를 얻을 수 있다.

```
>>> phone_book={'홍길동':'010-1234-5678','강감찬':'010-1234-5679','이순신':'010-1234-5680'}
>>> sorted(phone_book)          # 딕셔너리를 키를 기준으로 정렬하며 리스트를 반환
    ['강감찬', '이순신', '홍길동']
>>> sorted_phone_book = sorted(phone_book.items(), key=lambda x: x[0])
>>> print(sorted_phone_book)
    [('강감찬', '010-1234-5679'), ('이순신', '010-1234-5680'), ('홍길동', '010-1234-5678')]
```

그리고 딕셔너리의 모든 항목을 삭제하려면 다음과 같이 clear() 메소드를 사용한다.

```
>>> phone_book.clear()
>>> print(phone_book)
    {}
```

8.4 람다 함수 = 이름이 없는 함수

람다 함수란 이름이 없는 함수로 정의할 수 있는데 간단한 1회용 작업에 유용하다. 함수란 특정한 작업을 처리하도록 작성된 프로그램의 블록을 말하는데, 함수를 사용하는 이유는 필요한 기능을 함수로 정의해 두면, 나중에 필요할 때마다 호출하여 사용하는 것이 매우 편리하기 때문이다. 그러나 **가끔씩은 함수를 만들지 않고 함수화된 기능만을 불러 사용하고자 할 경우**가 있다. 이 때문에 **람다 표현식** lambda expression이라고도 한다.

람다 함수는 호출할 이름이 없기 때문에 재사용이 불가능한 걸까? 그것은 아니다. 이름이 필요할 경우에는 표현식에 할당문을 사용하여 재사용할 수 있다. 람다 함수를 사용할 때 주의할 점은 표현식 안에서 새로운 변수를 선언할 수 없다는 것이다. 그리고 람다 함수의 반환 값은 변수 없이 식 한 줄로 표현할 수 있어야 하기 때문에 복잡한 기능의 함수가 필요하면 def 키워드로 함수를 정의하여야 한다.

이제 두 값을 인자로 받아서 그 합을 반환하는 일반 함수와 람다 함수의 차이점을 아래 그림으로 비교해 보자. 다음 그림과 같이 람다 함수는 함수의 이름이 없으며, 매개 변수와 몸체만으로 이루어진 간단한 구조임을 알 수 있다.

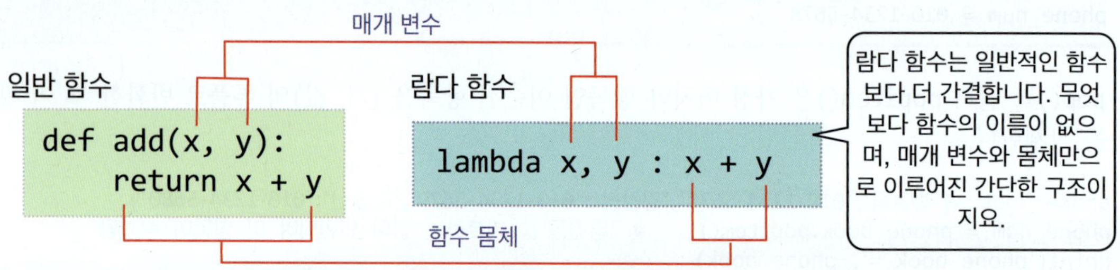

람다 함수의 문법은 다음과 같이 매우 간결하고 단순하다. 그리고 람다 함수에 대한 인자와 매개변수 전달 방식은 일반적인 함수의 위치 인자 전달 방식과 매우 유사하다.

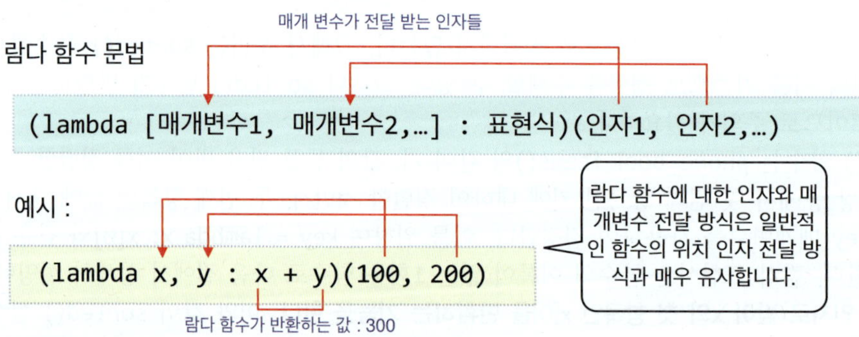

두 수를 입력받아 그 합을 반환하는 익명의 함수 lambda x, y : x + y를 정의하고 사용하는 방법이 다음 코드에 나타나있다. 이 코드에서 (100, 200)은 lambda x, y : x + y 함수의 매개변수인 x, y에 넘겨지는 인자값이 된다. 따라서 그 결과는 300이 된다.

```
>>> print('100과 200의 합 :', (lambda x, y: x + y)(100, 200)) # 100, 200이 람다함수의 인자
100과 200의 합 : 300
```

만일 특정한 튜플에서 첫 번째 항목과 두 번째 항목만을 추출하는 람다 함수를 정의하려면 다음과 같이 한다.

```
>>> t = (100, 200, 300)
>>> (lambda x: x[0])(t)   # t를 인자로 받아서 그 첫 번째 항목 t[0]을 반환한다
    100
>>> (lambda x: x[1])(t)   # t를 인자로 받아서 그 두 번째 항목 t[1]을 반환한다
    200
>>> (lambda x: x[2])(t)   # t를 인자로 받아서 그 세 번째 항목 t[2]을 반환한다
    300
```

위의 lambda x : x[0] 표현식은 임의의 항목을 가진 객체에 대하여 그 첫 번째 항목을 반환하는 기능을 한다. 이 람다 함수를 sorted() 함수의 key로 주게 되면 phone_book 객체의 첫 번째 항목인 사람의 이름을 가지고 정렬을 한다. 만일 x[1]을 반환하도록 하면 아래와 같이 두 번째 항목인 전화번호를 가지고 정렬을 수행하게 된다.

```
>>> print(phone_book.items())    # 딕셔너리의 items()는 키, 값을 튜플로 출력
     dict_items([('홍길동', '010-1234-5678'), ('강감찬', '010-1234-5679'), ('이순신', '010-1234-
5680')])
>>> # 항목의 첫 인자인 이름을 기준으로 정렬한다 : 한글 사전 순서
>>> sorted_phone_book1 = sorted(phone_book.items(), key=lambda x: x[0])
>>> print(sorted_phone_book1)
    [('강감찬', '010-1234-5679'), ('이순신', '010-1234-5680'), ('홍길동', '010-1234-5678')]
>>> sorted_phone_book2 = sorted(phone_book.items(), key=lambda x: x[1])
>>> print(sorted_phone_book2)
    [('홍길동', '010-1234-5678'), ('강감찬', '010-1234-5679'), ('이순신', '010-1234-5680')]
```

이 과정은 다음의 그림을 통해서 쉽게 이해할 수 있을 것이다.

그림을 살펴보면 lambda x : x[0] 표현식을 키로 사용한 경우 '강감찬', '이순신', '홍길동'과 같이 이름 항목의 순서로 정렬이 되며, lambda x : x[1] 표현식을 키로 사용한 경우 '010-1234-5678', '010-1234-5679', '010-1234-5680'과 같이 번호 항목을 기준으로 정렬하는 것을 볼 수 있다.

도전문제 8.2

편의점에 다음과 같은 물건들이 있다. 이들은 (물건 이름:재고)가 키-값 쌍을 이루고 있다. 이들을 한글 오름차순으로 정렬하여 출력하여라(힌트: 람다 함수를 사용하여라).

```
stores = { "커피음료": 7, "펜": 3, "종이컵": 2, "우유": 8, "콜라": 4, "책": 5 }
```

정렬하여 출력한 결과

```
[('우유', 8), ('종이컵', 2), ('책', 5), ('커피음료', 7), ('콜라', 4), ('펜', 3)]
```

LAB 8-1 편의점 재고 관리 프로그램을 만들자

실습 시간

편의점에서 재고 관리를 수행하는 프로그램을 작성해보자. 이를 위해서 편의점에서 판매하는 물건의 재고를 딕셔너리에 저장한다. 그리고 사용자로부터 물건의 이름을 입력받아서 물건의 재고를 출력하는 프로그램을 작성해보자.

아주 작은 편의점이라 취급하는 물건은 다음과 같다고 가정하자.

```
stores = { "커피음료": 7, "펜": 3, "종이컵": 2, "우유": 8, "콜라": 4, "책": 5 }
```

원하는 결과

```
물건의 이름을 입력하시오: 콜라
재고 : 4
```

힌트

input() 문을 통해서 물건의 이름을 사용자로 부터 입력받도록 하자. stores[물건의이름]을 통해서 물건의 재고를 조회하여 출력하도록 하자.

해답 코드

```
stores = { "커피음료": 7, "펜": 3, "종이컵": 2, "우유": 8, "콜라": 4, "책": 5 }

name = input("물건의 이름을 입력하시오: ")
print('재고 :', stores[name])
```

도전문제 8.3

위의 프로그램을 편의점의 재고를 관리하는 프로그램으로 업그레이드해보자. 즉 재고를 증가, 또는 감소시킬 수도 있도록 코드를 추가하여 보자. 재고조회, 입고, 출고와 같은 간단한 메뉴도 만들어보자(힌트: while 문을 사용하여 무한 루프를 만들자. 루프를 종료하는 기능은 break이다).

```
메뉴를 선택하시오 1) 재고조회 2) 입고 3) 출고 4) 종료 : 1
[재고조회] 물건의 이름을 입력하시오: 콜라
재고 : 4
메뉴를 선택하시오 1) 재고조회 2) 입고 3) 출고 4) 종료 : 2
[입고] 물건의 이름과 수량을 입력하시오 : 콜라 4
콜라의 재고 : 8
메뉴를 선택하시오 1) 재고조회 2) 입고 3) 출고 4) 종료 : 4
프로그램을 종료합니다.
```

LAB 8-2 영한 사전을 만들어 보자

실습 시간

영한 사전과 같이 영어 단어를 주면, 이에 해당하는 우리말 단어를 알 수 있게 하려고 한다. 딕셔너리 구조를 활용하여 단어를 입력하고, 검색할 수 있는 프로그램을 작성해 보라. 실행된 결과는 명령 프롬프트 '$가 나타나며, 입력 명령은 '<', 검색 명령은 '>'로 표현한다. 입력은 "영어 단어:우리말 단어" 형태로 이루어지며, 검색은 영어 단어를 입력한다. 프로그램의 종료는 'q' 키를 입력한다.

원하는 결과

```
사전 프로그램 시작... 종료는 q를 입력
$ < one:하나
$ < two:둘
$ < house:집
$ < Korea:한국
$ > one
하나
$ > house
집
$ > body
body가 사전에 없습니다.
$ q
사전을 종료합니다.
```

힌트

while True:를 통해서 q가 입력될 때까지 사용자로부터 입력을 받도록 하자. 입력을 받을 때 시작 문자가 q이면 프로그램을 종료하도록 하자. 만일 시작 문자가 <이면 입력문 s를 받아 s.split(':')를 통해서 입력문자를 구분하도록 하자. 사용자의 입력을 받으면 단어의 앞이나 뒤에 의미 없는 공백 문자가 입력될 수도 있다. strip() 함수는 입력 문자열의 앞 뒤에 있는 공백을 깨끗하게 정리해 준다. 입력된 문자열을 키:값 구조의 딕셔너리에 넣어서 >가 입력될 때 이 값을 키로 하여 조회하도록 하자.

해답 코드

```python
print("사전 프로그램 시작... 종료는 q를 입력")
dictionary = {}

while True:
    st = input('$ ')
    command = st[0]       # 첫 입력 문자를 추출한다
    if command == '<':
        st = st[1:]
        inputStr = st.split(':')
        if len(inputStr) < 2 :
            print('입력 오류가 발생했습니다.')
        else:
            dictionary[inputStr[0].strip()] = inputStr[1].strip()
    elif command == '>':
        st = st[1:]
        inputStr = st.strip()
        if inputStr in dictionary:
            print(dictionary[inputStr])
        else :
            print('{}가 사전에 없습니다.'.format(inputStr))
    elif command == 'q':
        break
    else :
        print('입력 오류가 발생했습니다.')
print("사전을 종료합니다.")
```

8.5 순서가 중요하지 않은 대상들이 모이면 : 집합

수학에서 집합이란 명확한 기준 혹은 주어진 성질을 만족시키는 대상들의 모음이며, 각각의 항목의 순서는 중요하지 않다. 파이썬에서 사용하는 **집합**set 역시 수학의 집합과 비슷하며, 튜플과 달리 순서가 없는 자료형이다. 특히 동일한 값을 가지는 항목의 중복이 허용되지 않는다는 특징이 있으며, 교집합, 합집합, 차집합, 대칭차집합 등의 다양한 집합 연산을 수행할 수 있다. 만약 응용 프로그램에서 순서가 없는 항목들의 모임을 원한다면 집합이 최선의 선택이 된다. 파이썬에서 집합를 생성하려면 요소들을 중괄호 기호 { ... }로 감싸면 된다. 그리고 리스트와 같이 중괄호 기호 안에 항목들을 쉼표로 분리하여 놓으면 된다.

```
>>> numbers = {2, 1, 3}    # 숫자 3개로 이루어진 집합 자료형
>>> numbers
    {1, 2, 3}
```

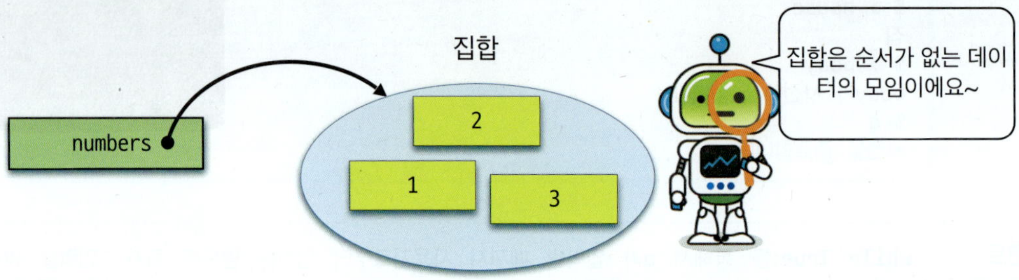

다음과 같이 리스트로부터 집합을 생성하는 것도 가능하다. 하지만 집합자료형에서는 **요소가 중복되면 자동으로 중복된 요소를 제거**한다. 이 때문에 중복되는 1, 2는 아래 출력시 한번만 나타난다.

```
>>> set([1, 2, 3, 1, 2])    # 리스트로부터 집합을 생성함
    {1, 2, 3}
```

그리고 문자열로부터 집합을 생성하는 것도 가능한데, 이때는 각 문자들이 하나의 요소가 된다.

```
>>> set("abcdefa")          # 문자열도 시퀀스형이라서 집합형으로 변환이 가능하다
    {'f', 'a', 'b', 'e', 'c', 'd'}
```

위의 문자열에서는 문자 'a'가 2번 나타나지만 **집합은 중복을 허용하지 않으므로** 'a'가 한 번만 포함되었다. 비어 있는 집합을 생성하려면 다음과 같이 set() 함수를 사용한다.

```
>>> numbers = set()         # 비어있는 집합 생성
```

리스트의 경우 + 연산으로 두 리스트를 결합시키는 것이 가능하지만 집합은 이 연산을 지원하지 않는다. 따라서 {1, 2} + {1, 2, 3} 연산은 아래와 같이 TypeError를 출력한다.

```
>>> n_list = [1, 2] + [1, 2, 3]
>>> print('n_list =', n_list)
    n_list = [1, 2, 1, 2, 3]
>>> n_set = {1, 2} + {1, 2, 3}
    ....
    TypeError: unsupported operand type(s) for +: 'set' and 'set'
```

집합의 항목에 접근하는 연산

어떤 항목이 집합 안에 있는지를 검사하려면 리스트와 마찬가지로 in 연산자를 사용하면 된다.

```
numbers = {2, 1, 3}
if 1 in numbers:      # 1이라는 항목이 numbers 집합에 있는가 검사
    print("집합 안에 1이 있습니다.")
else:
    print("집합 안에 1이 없습니다.")
```

```
집합 안에 1이 있습니다.
```

집합의 항목은 순서가 없기 때문에 인덱스를 가지고 접근할 수는 없다. 하지만 순환가능한 객체이므로 for 반복문을 이용하여 각 항목들에 접근할 수 있다.

```
numbers = {2, 1, 3}
for x in numbers:
    print(x, end=" ")
```

```
1 2 3
```

여기서 주의할 점은 항목들이 출력되는 순서는 입력된 순서와 다를 수도 있다는 점이다. 우리의 예제에서도 입력된 순서는 2, 1, 3이지만 출력되는 순서는 1, 2, 3과 같이 나타날 수 있다. 만약 항상 크기 순으로 정렬된 항목을 출력하기를 원한다면 다음과 같이 sorted() 함수를 사용하면 된다.

```
for x in sorted(numbers):
    print(x, end=" ")
```

```
1 2 3
```

집합은 변경가능한 객체이다. 따라서 집합에 요소를 추가하거나 삭제할 수 있다. 그러나 집합의 요소에는 인덱스가 없기 때문에 인덱싱이나 슬라이싱 연산은 의미가 없다. 우리는 add() 메소드를 이용하여서 하나의 요소를 추가할 수 있다. 예를 들어서 다음과 같은 문장이 가능하다.

```
>>> numbers = {1, 2, 3}
>>> numbers.add(4)      # numbers 집합에 원소 4를 추가
>>> numbers
    {1, 2, 3, 4}
```

또한 집합의 요소를 삭제할 때는 remove() 메소드를 사용할 수 있다.

```
>>> numbers.remove(4)  # numbers 집합에 원소 4를 삭제
>>> numbers
    {1, 2, 3}
```

잠깐 – in 연산자는 집합에만 사용하는 것은 아니다

이 절에서 사용한 **in** 연산자는 집합에만 사용할 수 있는 연산자가 아니라 여러 항목을 가진 다양한 데이터에 적용할 수 있다. 대표적인 예로 리스트에 특정한 항목이 있는지도 다음과 같이 검사할 수 있다.

```
>>> a_list = ['hello', 'world', 'welcome', 'to', 'python']
>>> 'python' in a_list     # 'python' 문자열 항목이 a_list에 있는가 조사한다
    True
```

8.6 집합에 적용할 수 있는 다양한 연산들을 살펴보자

집합 비교 연산

2개의 집합이 서로 같은지도 검사할 수 있다. 이것은 ==과 != 연산자를 사용하는 것이 가장 쉽다.

```
>>> A = {1, 2, 3}
>>> B = {1, 2, 3}
>>> A == B              # A가 B와 같은지 검사
True
```

< 연산자와 <= 연산자를 사용하면 연산자의 왼쪽에 나타난 집합이 오른쪽 집합의 진부분 집합인지, 부분 집합인지를 검사할 수 있다. >와 >= 연산자를 사용하면 진상위 집합, 상위 집합도 검사할 수 있다.

```
>>> A = {1, 2, 3, 4, 5}
>>> B = {1, 2, 3}
>>> B < A               # B가 A의 진부분집합인가 검사
True
```

항목들에 대한 정보 처리

집합에 대해서도 len(), max(), min(), sorted(), sum() 등의 메소드는 사용할 수 있다. 아래와 같이 6개의 항목을 가지고 집합을 만들어 보자. len() 함수를 적용하면 항목의 수가 5로 나온다. 이것은 생성시에 사용된 항목 중에서 4가 중복 항목이므로 하나만 사용된 결과이다.

```
>>> a_set = {1, 5, 4, 3, 7, 4 }    # 6개 항목으로 집합 생성
>>> len(a_set)                     # 항목의 개수는 중복을 제외하면 5개이다
5
>>> max(a_set)                     # 항목 가운데 가장 큰 수는 7
7
>>> min(a_set)                     # 항목 가운데 가장 작은 수는 1
1
>>> sorted(a_set)                  # 항목을 정렬하여 리스트 만든다. 집합이므로 중복은 제거한다
[1, 3, 4, 5, 7]
>>> sum(a_set)                     # 중복 원소는 하나만 사용되므로 전체 합은 20
20
```

집합에 적용할 수 있는 논리 연산

다수의 항목을 가진 데이터에 대해 적용할 수 있는 논리 연산으로 all()과 any() 함수가 있다. 이 함수는 인자로 주어진 데이터의 항목들 각각에 대해 부울형 평가를 한 결과를 종합적으로 반환한다. 이때 all()은 모든 항목이 True로 평가되었을 때 True이고 하나라도 False로 평가되면 False가 된다. any()는 항목들 가운데 하나라도 True가 있으면 True, 그렇지 않으면 False가 된다.

```
>>> a_set = { 1, 0, 2, 3, 3}
>>> all(a_set)    # a_set이 모두 True인가를 검사한다
False
>>> any(a_set)    # a_set에 True인 것이 하나라도 있는가를 검사한다
True
```

합집합, 교집합, 차집합, 대칭차집합 연산

집합이 유용한 이유는 교집합이나 합집합과 같은 여러 가지 집합 연산을 지원하기 때문이다. 이것은 연산자나 메소드로 수행할 수 있다. 일단 다음과 같은 2개의 집합을 정의해 보자.

```
>>> A = {1, 2, 3}
>>> B = {3, 4, 5}
```

합집합은 다음과 같이 2개의 집합을 합하는 연산으로 | 연산자나 union() 메소드를 사용한다.

```
>>> A | B     # 합집합 연산
    {1, 2, 3, 4, 5}
>>> A.union(B)    # 합집합 메소드
    {1, 2, 3, 4, 5}
```

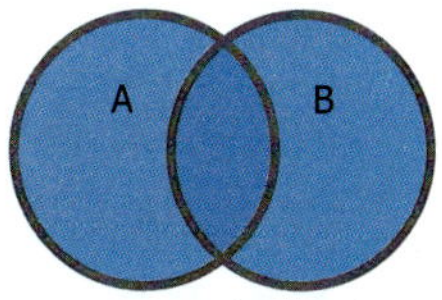

A ¦ B

교집합은 2개의 집합에서 겹치는 요소를 구하는 연산이다. 교집합은 & 연산자나 intersection() 메소드를 사용한다.

```
>>> A & B     # 교집합 연산
    {3}
>>> A.intersection(B) # 교집합 메소드
    {3}
```

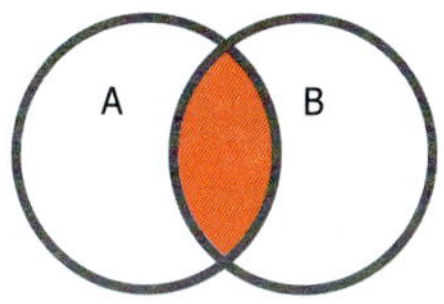

A & B

차집합은 하나의 집합에서 다른 집합의 요소를 빼는 것이다. 차집합은 - 연산자나 difference() 메소드를 사용한다.

```
>>> A - B     # 차집합 연산
    {1, 2}
>>> A.difference(B) # 차집합 메소드
    {1, 2}
```

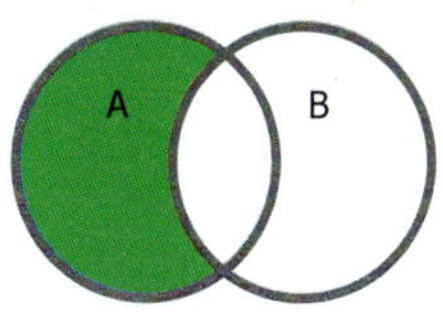

A - B

대칭차집합은 두 집합의 합집합에서 교집합을 뺀 요소를 구하는 연산이다. 대칭차집합은 ^ 연산자나 symmetric_difference() 메소드를 사용한다.

```
>>> A ^ B            # 대칭 차집합 연산
    {1, 2, 4, 5}
>>> A.symmetric_difference(B)
    {1, 2, 4, 5}
```

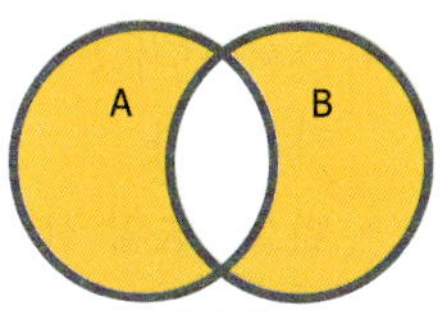

A ^ B

8.7 리스트, 튜플, 집합, 딕셔너리를 비교하자

파이썬의 중요한 자료구조들

파이썬은 리스트와 튜플, 집합, 딕셔너리라는 자료구조를 제공한다. 이 자료구조는 파이썬 프로그램에서 매우 중요한 자료구조인데 이들은 어떻게 사용하는 것이 좋을까? 이 절에서는 각 자료구조의 특징을 정리해 볼 것이다.

- **리스트**: 리스트는 여러 가지 유형의 자료값을 한꺼번에 담을 수 있으며 순서를 가지고 있기 때문에 `0, 1, 2,...` 와 같은 인덱스를 이용해서 각각의 항목에 접근할 수 있다. 이러한 특징을 가지는 자료구조를 **순서형**ordered 자료구조라고 한다. 리스트 내부의 자료값은 인덱스를 이용하여 참조할 수 있으며 변경하는 것이 가능한데 이러한 유형의 자료형을 **변경가능**mutable 자료형이라고 한다.
- **튜플**: 튜플 역시 여러 가지 유형의 자료값을 한꺼번에 담을 수 있으며 순서를 가지고 있는 **순서형** 자료구조이다. 하지만 리스트와는 달리 그 자료값을 변경하는 것이 불가능하다. 이러한 특징을 가지는 자료형을 **변경불가능**immutable 자료형이라고 한다.
- **집합**: 집합은 여러 가지 자료값을 한 꺼번에 담을 수 있으나 순서가 존재하지 않고 중복된 자료값을 허용하지 않는다. 순서가 존재하지 않기 때문에 **비순서형**unordered 자료구조라고 한다. 리스트의 원소들 중에서 중복된 원소들을 빠르게 제거하기 위해서는 리스트 자료형을 집합 자료형으로 변경한 후 다시 리스트 형으로 변경하면 된다.
- **딕셔너리**: 딕셔너리는 키-값 쌍으로 자료값이 저장되는 특징이 있다. 딕셔너리는 유일한 키를 통해서 값에 접근 가능하다. 딕셔너리의 키는 문자열, 정수, 튜플 등이 될 수 있다.

자료구조	순서형	변경가능형	생성하기	예제
리스트	O	O	[ ] 또는 list()	[3, 4.5, 'hello', (4, 5, 6), 0]
튜플	O	X	( ) 또는 tuple()	(3, 4.5, 'hello', (4, 5, 6), 0)
집합	X	O	{ } 또는 set()	{ 3, 4.5, 'hello' }
딕셔너리	X	O	{ } 또는 dict()	{ 'Jan': 31, 'Feb': 28, 'March':31}

- 주의할 사항: 집합과 딕셔너리의 생성방법은 `{ }`로 동일하다. 일반적으로 `a = { 1, 2, 3 }`과 같이 항목값이 있을 경우 이 자료형은 집합이지만, `a = {}` 와 같이 **항목값이 없을 경우 디폴트로 원소가 없는 딕셔너리 형**이 된다.
- 순서형 자료구조는 순서가 있는 **인덱스를 이용하여 개별 항목값에 접근**하거나 슬라이싱하는 것이 가능하다.
- 변경가능형 자료구조는 내부의 항목값을 변경시키는 것이 가능하다.

이밖에도 파이썬은 여러 문자를 처리하기 위한 문자열이라는 유용한 자료구조를 가지고 있는데 이에 관해서는 다음 장에서 상세하게 살펴볼 것이다.

LAB 8-3 파티에 동시에 참석한 사람 알아내기

실습 시간

연말 파티에 참석한 사람들의 명단이 집합 partyA와 partyB에 각각 저장되어 있다.

```
partyA = set(["Park", "Kim", "Lee"])
partyB = set(["Park", "Choi"])
```

2개 파티에 모두 참석한 사람들의 명단을 출력하려면 어떻게 해야 할까?

원하는 결과

```
2개의 파티에 모두 참석한 사람은 다음과 같습니다.
{'Park'}
```

힌트

집합에 적용할 수 있는 집합 연산인 union(), intersection() 등의 연산을 사용하는 방법을 살펴보고 필요한 함수를 적용하면 될 것이다.

해답 코드

```
partyA = set(["Park", "Kim", "Lee"])
partyB = set(["Park", "Choi"])

print("2개의 파티에 모두 참석한 사람은 다음과 같습니다.")
print(partyA.intersection(partyB))
```

도전문제 8.4

(1) LAB 8-3의 데이터를 이용하여 다음과 같이 파티 A, 파티 B에 참석한 사람들을 중복되지 않도록 다음과 같이 출력하자.

```
파티 A, B에 참석한 사람들 : Park, Kim, Lee, Choi
```

(2) LAB 8-3의 데이터를 이용하여 다음과 같이 파티 A, 파티 B 중 한군데만 참석한 사람들을 출력하자.

```
파티 A, B에 중복없이 참석한 사람 : Kim, Lee, Choi
```

(3) LAB 8-3의 데이터를 이용하여 다음과 같이 파티 A에만 참석한 사람들을 출력하자.

```
파티 A에만 참석한 사람 : Kim, Lee
```

8.8 파일로부터 자료를 읽고 저장해보자

컴퓨터 **파일**[file]이란 컴퓨터의 저장 장치 내에 데이터를 저장하기 위해 사용하는 논리적인 단위를 말한다. 파일은 **하드 디스크**[hard disk]나 **외장 디스크**[external disk] 같은 저장 장치에 저장한 후 필요할 때 다시 불러서 사용하는 것이 가능하며, 필요에 따라서 수정하는 것도 가능하다. A라는 사용자가 "과제0423.hwp"라는 이름으로 아래아한글 파일을 저장하고 며칠 후 다시 불러서 편집하거나 수정하는 일을 상상해 보면 될 것이다.

파일에는 여러 종류가 있으며 일반적으로 마침표(.) 문자 뒤에 py, txt, doc, hwp, pdf와 같은 확장자를 붙여서 파일의 종류를 구분한다. 본 장에서는 .txt라는 확장자를 가지는 텍스트 파일을 읽어서 작업을 수행하는 방법에 대해서 알아보자. 우선 다음과 같은 내용의 코드를 작성하고 C:\workspace 아래에 file_write_hello.py라는 이름으로 저장하도록 하자(주의: 이 실습을 위해서는 반드시 동일한 폴더 아래에 파일이 존재해야만 한다).

file_write_hello.py - C:/workspace/file_write_hello.py (3.11.3)

File Edit Format Run Options Window Help

```
f = open('hello.txt', 'w')      # 파일을 쓰기 모드로 열기
f.write('Hello World!')         # hello.txt 파일에 쓰기
f.close()                       # 파일을 닫는다
```

Ln: 5 Col: 0

이 코드는 open()이라는 명령을 통해서 'hello.txt' 파일을 열게 되는데 뒤에 나타나는 'w' 인자에 의해서 파일을 쓰기 모드로 열게 된다. 이렇게 만든 파일 객체 f는 f.write() 명령을 통해서 'Hello World!'라는 문자열을 현재 디렉토리의 hello.txt라는 파일에 쓰고 모든 작업을 마친 후 f.close()를 통해서 파일 쓰기 작업을 종료한다. 이제 이 디렉토리를 살펴보면 hello.txt 파일이 생성된 것을 볼 수 있다.

다음은 파일을 읽어들이는 코드이다. 역시 open() 함수를 사용하여야 하지만 'w' 인자가 아닌 'r' 인자를 사용해야 읽기 모드(read mode)로 파일을 읽을 수 있다. 이 때 파일의 읽기를 위해서는 읽어들일 파일의 경로와 현재 파일의 경로가 일치해야 하니 주의해서 사용하자. 성공적으로 파일 읽기가 완료되면 다음과 같이 파일의 내용을 화면에서 볼 수 있다.

```
f = open('hello.txt', 'r')    # 파일을 연다.
s = f.read()                  # hello.txt 파일을 읽는다.
print(s)                      # 파일의 내용을 출력한다.
f.close()                     # 파일을 닫는다.
```

```
Hello World!
```

파일에 여러 줄의 내용이 있을 경우 for 문을 사용할 수 있다. 이 내용은 다음 LAB을 참고하도록 하자.

LAB8-4 파일에서 사용된 단어 구하기

실습 시간

작문을 할 때 다양한 단어를 사용하면 높은 점수를 받는다. 텍스트 파일을 읽어서 단어를 얼마나 다양하게 사용하여 문서를 작성하였는지를 계산하는 프로그램을 작성해보자. 중복된 단어는 하나만 인정한다. 집합은 중복을 허용하지 않기 때문에 단어를 집합에 추가하면 중복되지 않은 단어가 몇 개나 사용되었는지를 알 수 있다. proverb.txt에 다음과 같은 내용이 담겨 있다고 가정하자(이 텍스트는 책의 github 저장소에 있음). 아래 텍스트에서 사용된 단어들은 모두 몇 개가 될지 알아보자.

```
All's well that ends well.
Bad news travels fast.
Well begun is half done.
Birds of a feather flock together.
```

원하는 결과

```
입력 파일 이름: proverb.txt
사용된 단어의 개수 = 18
{'travels', 'half', 'that', 'news', 'alls', 'well', 'fast', 'feather', 'flock',
'bad', 'together', 'ends', 'is', 'a', 'done', 'begun', 'birds', 'of'}
```

힌트

다음과 같은 의사코드를 바탕으로 구현할 수 있을 것이다.

```
공백 집합을 생성한다.
텍스트 파일의 각 단어에 대하여 반복한다.
        단어를 집합에 추가한다.
단어의 개수는 집합의 크기가 된다.
```

단어가 알파벳인지는 isalpha() 메소드로 조회할 수 있으며, 단어에 있는 대문자를 출력과 같이 소문자로 바꿀때는 lower() 메소드를 사용하도록 한다.

그리고 파일이름으로 파일을 읽을 때는 open(filename, "r") 함수를 사용한다.

해답 코드

```python
def process(w):     # 단어에서 구두점을 제거하고 소문자로 만든다.
    output =""
    for ch in w:
        if ch.isalpha() : # ch 문자가 알파벳인 경우에
            output += ch   # ch 문자를 output 다음에 연결함
    return output.lower() # output 문자열을 소문자로 바꿈

words = set()       # 중복을 방지하기 위해 집합 자료형에 단어를 넣자
fname = input("입력 파일 이름: ")
file = open(fname, "r")    # 파일을 연다
# 파일의 모든 줄에 대하여 반복한다.
for line in file:
    lineWords = line.split()
    for word in lineWords:
        words.add(process(word))    # 단어를 집합에 추가한다.

print("사용된 단어의 개수 =", len(words))
print(words)
```

8.9 두 수의 약수와 최대공약수 그리고 프로그래밍적인 사고

두 정수의 약수를 구하는 방법을 생각해 보자. 10의 약수는 1, 2, 5, 10이 될 수 있는데 이 중에서 1과 자기 자신인 10을 제외한 2와 5를 진약수라고 한다. 이 진약수는 어떤 방법으로 구할 수 있을까?

진약수를 구하기 위해서는 2부터 9까지의 모든 정수로 10을 나누어 보면 될 것이다. 이를 위해서 다음과 같이 리스트를 만들고 2, 3, 4, 5, ..., 9까지의 모든 수를 10으로 나누어 그 나머지 값이 0이 되는지를 확인해 보고 그렇다면 리스트에 담아 두면 된다.

```
num = 10
divisors = []

for i in range(2, num):
    if num % i == 0:
        divisors.append(i)

print(num,'의 진약수 :', divisors)
```

```
10 의 진약수 : [2, 5]
```

이 코드를 활용하여 48과 60의 최대공약수를 구하려면 어떻게 해야 할까? 우선 48의 진약수들을 구하고 60의 진약수를 구한 다음 이 두 약수들의 공통된 값을 구하면 되지 않을까? 그리고 이 값들 중에서 가장 큰 값을 찾는 방식으로 최대공약수를 구해보자. 이를 위하여 get_divisors() 함수 내에 divisors라는 빈 집합 자료형을 선언하고 num % i가 0이 되는 값을 이 집합에 추가하도록 하자.

```
def get_divisors(num):      # num의 약수를 집합형으로 반환함
    divisors = set()
    for i in range(2, num):
        if num % i == 0:
            divisors.add(i)
    return divisors

x = 48
print(x, '의 진약수 :', get_divisors(x))
y = 60
print(y, '의 진약수 :', get_divisors(y))
```

```
48 의 진약수 : {2, 3, 4, 6, 8, 12, 16, 24}
60 의 진약수 : {2, 3, 4, 5, 6, 10, 12, 15, 20, 30}
```

위의 결과와 같이 48의 약수, 60의 약수가 각각 출력되었다. 이제 이 약수들 중에서 공통된 약수를 구해보자. 그리고 이 값들 중 가장 큰 값을 max() 함수를 이용해서 구해보자.

```
A = get_divisors(x)
B = get_divisors(y)

print(A.intersection(B))
print(x, y,'의 최대공약수 :', max(A.intersection(B)))
```

```
{2, 3, 4, 6, 12}
48 60 의 최대공약수 : 12
```

물론 이 방법보다 더 빠르게 두 수의 최대공약수를 구하는 유클리드의 방법이 있으나, 이와 같이 문제를 해결하는 단계적 과정을 고안해 보고 그 과정을 구현하는 것이 바로 **프로그래밍적 사고 방식**일 것이다.

핵심 정리

SUMMARY

- 딕셔너리는 키와 값으로 이루어진다.
- 딕셔너리에 키를 제시하면 값을 반환한다.
- 딕셔너리는 인덱스를 이용하여 접근하지 않고 키를 이용하여 항목에 접근한다.
- 키를 이용하기 때문에 항목들 사이의 순서는 중요하지 않다.
- 항목의 순서가 중요하지 않은 데이터로 집합이 있다. 집합은 항목값의 중복을 허용하지 않는다.
- 파이썬의 집합은 순서가 없는 자료형으로 풍부한 연산자와 메소드가 제공되고 있다.
- 딕셔너리와 집합은 항목의 순서에 의미가 없으므로 슬라이싱을 적용할 수 없다.

한 학생의 정보를 딕셔너리로 만들어 보세요.
학생 정보는 이름, 학번, 학년, 학점으로 구성된다고 생각해 봅시다.

std_info = {'이름':'홍길동', '학번':125687, '학년': 4, '학점': 3.89}
이런 방식으로 하면 되겠죠?

잘 했어요. 딕셔너리에서 유의할 점은 키는 중복되면 안된다는 점이에요.
이렇게 생성하면 어떻게 될까요?
std_info = {'이름':'홍길동', '학번':125687, '학년': 4, '이름': '장길산'}

중복된 키가 있으면 최종적인 딕셔너리는 이렇게 만들어 질 것 같네요...
{'이름': '장길산', '학번': 125687, '학년': 4}

잘 했어요. 딕셔너리는 리스트와 달리 키를 이용해 값을 접근하는 방식이에요.
그리고 키도 없고, 항목들의 순서도 의미가 없는 집합이라는 데이터 구조도 있어요.

주관식 문제

다음 괄호 안에 들어갈 알맞은 단어를 적어라.

8.1 (　　　) (은)는 리스트와 유사하게 연속된 값을 저장하며, 키-값 쌍으로 자료값이 저장되는 자료구조이다.

8.2 공백 리스트는 대괄호 [ ] 기호로 생성하고, 딕셔너리는 (　　　)으(로) 생성한다.

8.3 딕셔너리에서 사용되는 모든 키를 출력하려면 (　　　) 메소드를 사용한다.

8.4 딕셔너리에서 사용되는 모든 값을 출력하려면 (　　　) 메소드를 사용한다.

8.5 딕셔너리 내부의 모든 값을 출력하려면 (　　　) 메소드를 사용한다.

8.6 리스트와 딕셔너리에서 요소들을 모두 삭제하는 메소드는 (　　　)이다.

8.7 (　　　) (은)는 함수의 이름이 없는 1회용 함수이다. 이는 매개 변수와 몸체만으로 이루어진 간단한 구조다.

8.8 (　　　) (은)는 튜플과 달리 순서가 없는 자료형이다. 동일한 값을 가지는 항목의 중복이 허용되지 않는다는 특징이 있다.

8.9 집합에서 하나의 요소를 추가하려면 (　　　) 메소드를 사용한다.

8.10 합집합은 2개의 집합을 합하는 연산으로 (　　　) 연산자나 (　　　) 메소드를 사용한다.

8.11 교집합은 2개의 집합에서 겹치는 요소를 구하는 연산으로 (　　　) 연산자나 (　　　) 메소드를 사용한다.

8.12 차집합은 하나의 집합에서 다른 집합의 요소를 빼는 연산으로 (　　　) 연산자나 (　　　) 메소드를 사용한다.

8.13 대칭차집합은 두 집합의 합집합에서 교집합을 뺀 요소를 구하는 연산으로 (　　　) 연산자나 (　　　) 메소드를 사용한다.

심화문제

EXERCISE

8.1 철수네 과일가게는 "사과", "배", "수박", "귤", "포도"를 판매하는 중이다. 매일 매일 입고되는 가격에 따라서 가격이 결정되므로 아침마다 각 과일의 가격을 입력하는 기능을 만들어서 입력하면 이를 출력하여 다음과 같이 표시하고자 한다. 이와 같은 기능을 수행하는 파이썬 프로그램을 작성하여라. 이 때 {'사과' : 3000}과 같이 입력된 값을 키-값의 쌍으로 된 fruits_price 딕셔너리에 추가한 후 for 문과 keys() 메소드를 사용하여 출력하도록 하여라.

```
사과, 배, 수박, 귤, 포도 가격을 공백으로 구분하여 입력: 3000 4500 6000 2400 3400

------------- 오늘의 과일 가격 ----------------
사과      :  3000 원
배        :  4500 원
수박      :  6000 원
귤        :  2400 원
포도      :  3400 원
```

(힌트: 다음과 같이 fruits_dic을 초기화하여 입력된 가격을 fruits_dic의 값에 넣도록 하여라.)

```
fruits_dic = {'사과':0, '배':0, '수박':0, '귤':0, '포도':0}
```

8.2 8.1번 문제에서 입력받은 fruits_price 딕셔너리의 가격정보를 사용하여 고객이 과일의 이름을 알려주는 다음과 같은 프로그램을 작성하여라.

```
구매를 원하는 과일의 이름을 입력하시오 : 수박
오늘의 수박 가격은 6000 원 입니다.
```

8.3 학번, 이름, 전화번호의 3 쌍의 요소를 가지는 student_tup 라는 튜플이 다음과 같이 존재한다.

```
student_tup = (('241101', '박동윤', '010-1234-4500'), ('241102', '김은지', '010-2230-6540'),
('241103', '이지은', '010-3232-7788') )
```

1) 이 튜플을 수정하여 { 학번 : [이름, 전화번호] }의 쌍으로 이루어진 딕셔너리를 만들어서 출력하여라.

```
학생의 정보 목록
{'241101' : ['박동윤', '010-1234-4500']}
{'241102' : ['김은지', '010-2230-6540']}
{'241103' : ['이지은', '010-3232-7788']}
```

2) 이 정보를 이용하여 학생의 학번을 입력으로 받아서 이름과 전화번호를 출력하는 학사 정보 프로그램을 작성하여라.

```
학번을 입력하시오 : 241103
이름 : 이지은
연락처 : 010-3232-7788
```

3) student_tup의 마지막 항목으로 직전학기의 학점을 추가하여라. 3 학생의 학점은 각각 4.3, 3.9, 4.25이다. 이 정보를 바탕으로 다음과 같은 딕셔너리를 만들어서 학생 정보를 출력하여라.

```
학생의 정보 목록
{'211101' : ['박동윤', '010-1234-4500', 4.3]}
{'211102' : ['김은지', '010-2230-6540', 3.9]}
{'211103' : ['이지은', '010-3232-7788', 4.25]}
```

4) 문제 3)의 정보를 이용하여 for 반복문과 인덱싱을 통해서 3 학생의 학점의 평균값을 다음과 같이 출력하여라.

```
전체 학생의 학점 평균 : 4.15
```

8.4 다음과 같은 리스트 데이터가 있다. 이 데이터에서 중복되는 원소는 10, 20, 30이며 각각 2회, 3회, 4회 나타난다.

```
lst = [10, 30, 40, 50, 30, 30, 20, 20, 20, 10, 30]
```

1) 이와 같은 자료에 대하여 다음과 같이 중복이 없는 원소를 출력하는 프로그램을 작성하여라.

```
중복이 없는 원소 : [40, 50]
```

2) 중복되는 원소를 한 번씩만 출력하도록 프로그램을 작성하여라.

```
전체 원소 : [10, 20, 30, 40, 50]
```

3) 다음과 같이 중복출현 빈도를 출력하여라.

```
10 : 2 회
20 : 3 회
30 : 4 회
```

8.5 LAB 8-2번 문제를 확장하여라. 확장할 명령은 v로 이를 입력할 경우 다음과 같이 사전에 등록된 단어와 그 뜻을 출력한다.

```
사전 프로그램 시작... 종료는 q를 입력
$ < one:하나
$ < two:둘
$ < house:집
$ v
영어 사전에 있는 단어와 뜻을 출력합니다.
one : 하나
two : 둘
house : 집
```

8.6 튜플을 요소로 가지는 student_tuple 리스트가 다음과 같이 있다. 이 튜플의 요소가 되는 튜플은 다음과 같이 (학번, 이름, 전화번호)로 이루어져 있다.

```
student_tuple = [('241101', '강이안', '010-123-1111'), ('241102', '박동민', '010-123-2222'),
('241103', '김수정', '010-123-3333')]
```

1) 이 튜플을 이용하여 (학번:이름)의 딕셔너리를 만들어 다음과 같이 출력하여라.

```
241101 : 강이안
241102 : 박동민
241103 : 김수정
```

2) 이 튜플을 이용하여 학번으로 학생의 정보를 조회를 할 경우 다음과 같이 학번, 이름과 전화번호가 출력되도록 하여라.

```
학번을 입력하세요 : 241103
241103 학생은 김수정이며, 전화번호는 010-123-3333입니다.
```

8.7 다음과 같이 튜플 (m, n)을 요소로 가지는 리스트 mylist가 있다. 사용자로부터 a, b의 두 값을 입력으로 받아서 (a, b) 값을 가지는 튜플이 있을 경우 'x번째에 (a, b) 요소가 있습니다.'를 출력하여라. 만일 (a, b) 요소는 없으나 (b, a) 요소가 있을 경우, '(a, b) 요소는 없으나 y번째에 (b, a) 요소가 있습니다.'를 출력하여라. 만일 (a, b) 요소나 (b, a) 요소가 없을 경우에는 '이 요소는 없습니다.'를 출력하여라.

```
mylist = [(1, 2), (4, 5), (4, 2), (3, 1), (9, 4)]
```

수행 결과

```
두 정수를 입력하시오: 4 9
(4, 9) 요소는 없으나 5번째에 (9, 4) 요소가 있습니다.
```

PART 2

데이터 과학과 인공지능

PART 2

chapter

09 텍스트를 처리해보자

이 장에서 배울 것들

- 텍스트 처리가 필요한 이유를 살펴봅시다.
- 문자열에 적용할 수 있는 다양한 메소드를 익혀 봅시다.
- 이런 메소드를 이용하여 실제 텍스트 데이터를 다루는 연습을 해 봅시다.
- 문서의 키워드와 핵심어를 시각적으로 표현하는 워드클라우드를 알아보고 구현해 봅시다.
- 텍스트 데이터를 다루는 데에 효율적인 정규식을 이해해 봅시다.
- 정규식을 이용하여 강력한 검색 문자열 기능을 직접 만들어 봅시다.
- 텍스트 데이터를 다루는 프로그램을 만들 수 있는 기본 역량을 갖추도록 하자.

9.1 ChatGPT의 충격

2022년 11월 세상에 존재하는 다양한 주제에 대하여 깊이 있는 대화가 가능한 대화형 인공지능이 등장하여 사람들을 깜짝 놀라게 하고 있다. OpenAI가 만든 ChatGPT가 그 주인공이다.

ChatGPT는 수많은 텍스트 데이터를 학습한 **초거대 언어 인공지능 모델**이다. 일반적인 채팅봇은 정해진 질문에 대하여 한정된 대답만을 제공하는 경우가 많지만, ChatGPT는 자연어 처리 기술을 사용하여 사용자의 다양한 질문에 대하여 자연스러운 대답을 제공할 수 있다(이 대답은 ChatGPT로 작성하였다). ChatGPT는 프로그래밍 코드의 오류도 찾을 수 있으며, 주제를 주면 시나 소설도 창의적으로 작성한다.

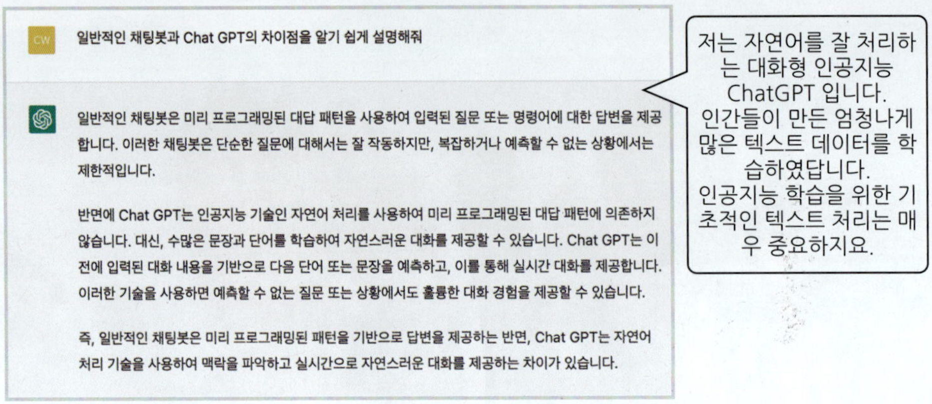
CW 일반적인 채팅봇과 Chat GPT의 차이점을 알기 쉽게 설명해줘

일반적인 채팅봇은 미리 프로그래밍된 대답 패턴을 사용하여 입력된 질문 또는 명령어에 대한 답변을 제공합니다. 이러한 채팅봇은 단순한 질문에 대해서는 잘 작동하지만, 복잡하거나 예측할 수 없는 상황에서는 제한적입니다.

반면에 Chat GPT는 인공지능 기술인 자연어 처리를 사용하여 미리 프로그래밍된 대답 패턴에 의존하지 않습니다. 대신, 수많은 문장과 단어를 학습하여 자연스러운 대화를 제공할 수 있습니다. Chat GPT는 이전에 입력된 대화 내용을 기반으로 다음 단어 또는 문장을 예측하고, 이를 통해 실시간 대화를 제공합니다. 이러한 기술을 사용하면 예측할 수 없는 질문 또는 상황에서도 훌륭한 대화 경험을 제공할 수 있습니다.

즉, 일반적인 채팅봇은 미리 프로그래밍된 패턴을 기반으로 답변을 제공하는 반면, Chat GPT는 자연어 처리 기술을 사용하여 맥락을 파악하고 실시간으로 자연스러운 대화를 제공하는 차이가 있습니다.

ChatGPT는 어떻게 사람들의 질문에 대답하고 리포트도 쓸 수 있을까? 그것은 이 모델이 세상에 넘쳐나는 수없이 많은 텍스트 데이터를 이용하여서 학습하기 때문이다. 이 세상에서 생성되는 텍스트 데이터의 양은 지난 몇 년 동안 기하급수적으로 폭발했다. 예를 들어서, 지금 이 순간에도 수많은 트윗 메시지들이 생성되고 있으며 새로운 뉴스 기사도 등장하고 새로운 블로그 글도 작성되고 있다. 소셜 미디어 분석이나 위험 관리, 사이버 범죄 보호에 이르기까지 텍스트 데이터 처리가 그 어느 때보다 중요해졌다.

자연어 처리의 가장 기본적인 것은 주어진 텍스트에서 다음에 나올 단어를 예측하는 기능이다. 예를 들어서 "나는 극장에서 영화를 ________."라는 문장이 있다고 하자. 빈칸에 들어갈 가장 적합한 단어라면 "본다"일 것이다. 이러한 문장을 많이 모아서 인공지능을 학습시키면 새로운 문장이 나왔을 때도 가장 적합한 단어를 예측할 수 있다. 초창기의 언어 모델은 다음 단어 하나만을 예측하는 정도였으나 최근에는 언어 모델을 고도화하여서 연속한 단어들을 모두 예측하는 방식으로 발전하였다. 따라서 최근의 ChatGPT와 같은 언어 모델을 **생성 모델**이라고 부르기도 한다. ChatGPT는 이전 대화의 컨텍스트를 기억하는 능력도 가지고 있다.

파이썬을 이용한 텍스트 처리 방법을 알아보자

파이썬은 텍스트 처리 분야에서 굉장히 뛰어난 기능을 가진 언어이다. 이번 장에서는 파이썬을 이용한 텍스트 처리의 개괄적인 내용을 살펴본다. 우리는 텍스트 처리를 통하여 문서에서 어떤 특정한 정보를 추출한다거나 글을 읽고 감정을 분석할 수 있다. ChatGPT와 같은 챗봇을 훈련시키려면 우리가 일상 생활에서 접하는 텍스트 데이터를 학습에 적합하도록 가공하고 처리하여야 한다. 수많은 원천 데이터들은 텍스트 형태로 저장되어 있다. 따라서 텍스트를 읽어서 처리하는 것은 아주 중요하다. 파이썬을 사용한 텍스트 처리에는 텍스트 데이터를 정리, 전처리 및 분석하는 일련의 작업이 포함된다.

다음은 파이썬에서 쉽게 할 수 있는 몇 가지 기본 텍스트 처리 작업이다.

- **문자열 다루기:** 문자열은 파이썬에서 기본적인 데이터 타입 중 하나이며, 문자열 다루기는 텍스트 처리에서 가장 기본적인 기능 중 하나이다. 문자열 다루기에는 문자열 자르기, 합치기, 변환하기, 포맷팅하기 등이 포함된다.
- **데이터 전처리:** 텍스트 데이터를 분석하려면 데이터에 대한 전처리가 필요하다. 이 전처리 작업에는 토큰화, 어간 추출(Stemming/Lemmatization), 불용어 제거 등이 포함된다. 파이썬에서는 NLTK와 같은 라이브러리를 사용하여 데이터 전처리를 수행할 수 있다.
- **정규식:** 정규식은 문자열 패턴을 검색하고 추출하는 데 사용되는 강력한 도구이다. 파이썬에서는 re 모듈을 사용하여 정규식을 지원한다.
- **워드 클라우드 생성:** 워드 클라우드는 파이썬을 사용하여 텍스트 데이터에서 가장 많이 등장하는 단어들을 시각화하는 기능이다.

이러한 작업은 NLTK, SpaCy, TextBlob 등과 같은 다양한 파이썬 자연언어 처리 라이브러리를 사용하여 수행할 수 있다.

위의 그림은 wordart.com에서 제공하는 **워드 클라우드**[word cloud]라는 시각화 기술의 예시이다. 워드 클라우드는 문서의 키워드, 개념 등을 직관적으로 파악할 수 있도록 문장의 핵심 단어를 부각시키는 표현 방법이다. 텍스트로 이루어진 데이터를 가공하여 정보를 파악할 수 있게 하는 한 가지 예가 될 수 있다.

이 장에서는 텍스트 데이터에서 기본적인 특징을 추출하는 기술(단어수, 문자수, 평균 단어 길이 등등), 기본적인 텍스트 데이터 전처리(대소문자 변환, 구두점 제거, 불용어 제거 등등), 고급 데이터 처리(워드 클라우드, **정규식**[regular expression])에 대해서 순차적으로 살펴볼 예정이다.

9.2 기본적인 텍스트 처리

문자열을 문자로 분해해보자

문자열에서 사용할 수 있는 가장 기본적인 작업은 아마도 문자열 안에 있는 개별 문자들을 추출하는 작업일 것이다. 문자열 안에 저장된 문자들은 리스트와 마찬가지로 0부터 시작하는 수치값으로 접근가능하며, 이를 이용하여 원하는 문자를 추출할 수 있다. 이 번호를 **인덱스**라고 부른다는 것을 이미 학습하였다. 이 인덱스는 0과 양의 정수를 사용할 수도 있으나 그림과 같이 음의 정수도 사용가능하다.

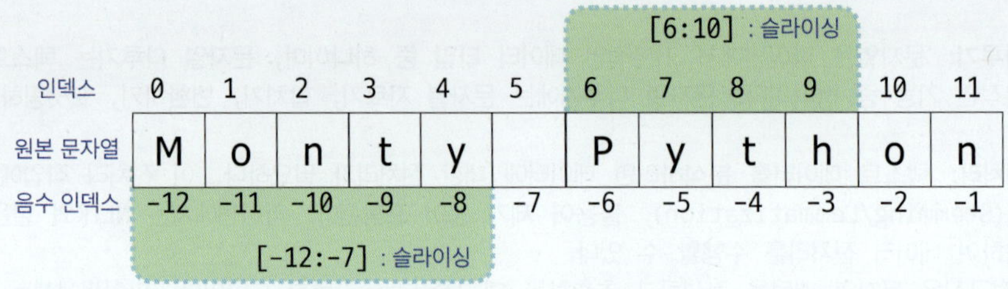

예를 들어 'Monty Python'이라는 문자열이 변수 s에 저장되어 있다고 하자. 이 문자열에서 하나의 문자를 추출하려면 다음과 같은 방법을 사용한다.

```
>>> s = 'Monty Python'
>>> s[0]            # 인덱싱
   'M'
```

위의 예제 s[0]과 같이 인덱스 0을 이용해서 문자 'M'에 접근 가능하며, s[11]은 마지막 문자 'n'이 된다. 또한, s[-1] 역시 'n'이 되는데 이와 같이 마지막 글자를 선택하려면 음수 인덱스를 사용하는 것이 편리하다. 그리고 여러 개의 문자를 동시에 선택하려면 s[6:10]과 같은 콜론(:) 표기법을 사용한다. 이 표기법은 s[6]에서 s[10-1]까지의 문자를 모두 선택한다는 의미인데 이를 **슬라이싱**이라고 한다.

```
>>> t = s[6:10]     # 슬라이싱
>>> t
   'Pyth'
```

문자열의 각 문자를 리스트 요소로 분리하려면 다음과 같이 list() 함수를 사용한다.

```
>>> my_string = "Hello"
>>> characters = list(my_string)          # 문자열을 리스트로 변환시킴
>>> print(characters)                     # ['H', 'e', 'l', 'l', 'o']
   ['H', 'e', 'l', 'l', 'o']
```

split() 메소드로 문자열을 단어로 나누어보자

문자열을 단어들의 리스트로 바꾸는 것은 문자열 처리에서 가장 중요한 작업 중의 하나이다. 문자열을 단어들의 리스트로 바꾸는 메소드는 split()이다. split()는 주어진 분리자 문자를 이용하여 문자열을 단어들로 분리한다. 별도의 분리자 문자를 지정하지 않을 경우 공백 문자를 이용하여 분리한다. 예를 들어 다음과 같은 문자열 s에 split()이라는 메소드를 사용하면 공백을 구분자로 사용하여 하나의 문자열을 3개의 문자열로 분리할 수 있다.

```
>>> s = 'Welcome to Python'
>>> s.split()
    ['Welcome', 'to', 'Python']
```

반면 다음과 같이 마침표로 구분된 연, 월, 일이 있을 경우 마침표(.)를 split() 메소드의 인자로 주면 마침표 단위로 문자를 구분할 수 있다.

```
>>> s = '2024.8.15'
>>> s.split('.')    # 분리문자를 명시하여 분리함
    ['2024', '8', '15']
```

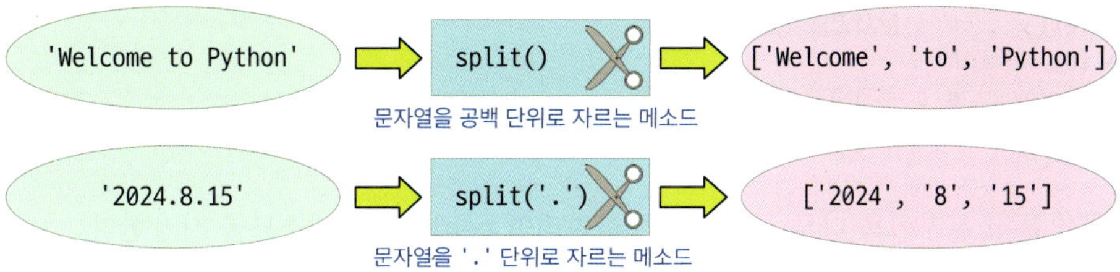

join() 메소드로 단어들을 붙여서 문자열을 만들어보자

split()가 문자열을 부분 문자열들로 분리하는 메소드라면 join()은 반대로 부분 문자열들을 모아서 하나의 문자열로 만드는 역할을 하는 메소드이다. join()을 호출할 때는 접착제 역할을 하는 문자를 지정할 수 있다.

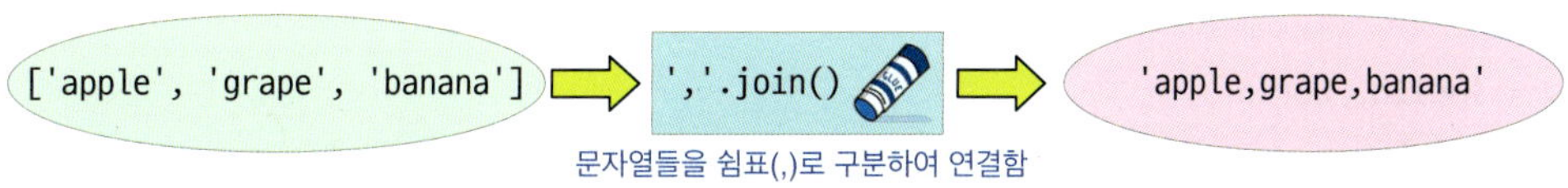

다음 코드로 이 내용을 확인해 보자.

```
>>> ','.join(['apple', 'grape', 'banana'])
    'apple,grape,banana'
```

```
>>> '-'.join('010.1234.5678'.split('.'))     # .으로 구분된 전화번호를 하이픈(-)으로 고치기
    '010-1234-5678'
```

부분 문자열의 출현 횟수 계산

문자열의 count() 메소드는 문자열 중에서 특정 문자열이 등장하는 횟수를 반환한다.

```
>>> s = 'www.booksr.co.kr'       # 생능출판사의 홈페이지
>>> s.count('.')                 # . 이 몇 번 나타나는가를 알려준다
    3
```

startswith()와 endswith()

startswith(), endswith()은 문자열이 특정 문자열로 시작하는지 또는 끝나는지 여부를 확인한다.

```
>>> s = "Hello, World!"
>>> s.startswith("Hello")        # s 문자열이 "Hello"로 시작하는가
    True
```

9.3 텍스트를 변경하고 포매팅하는 방법

가장 기본적인 처리 중의 하나는 텍스트 데이터를 소문자로 변환하는 것이다. 이렇게 하면 동일한 단어가 여러 개의 별도의 단어로 취급되는 것을 방지할 수 있다. 예를 들어 단어 수를 계산할 때 'Hello'와 'hello'는 다른 단어로 간주될 수 있기 때문이다. 문자열에서 대문자를 소문자로 변경하는 메소드는 lower()이고 반대는 대문자로 변경하는 메소드는 upper()이다. 그리고 첫 번째 문자만을 대문자로 변환하는 메소드는 capitalize()이다.

```
>>> s = 'Hello, World!'
>>> s.lower()     # s 문자열을 소문자로 변환
    'hello, world!'
>>> s.upper()     # s 문자열을 대문자로 변환
    'HELLO, WORLD!'
```

문자열에서 특정 문자열을 다른 문자열로 치환하려면 replace() 메소드를 사용한다.

```
>>> s = "Hello, World!"
>>> s.replace("World", "Python")
    'Hello, Python!'
```

텍스트 데이터를 처리하는 동안 마침표나 쉼표와 같은 구두점들은 별 도움이 되지 않는 경우도 많다. 구두점을 제거하면 훈련 데이터의 크기를 줄이는 데 도움이 된다. 이 경우 replace() 메소드를 사용하면 좋다. 예를 들어 느낌표를 제거하는 코드는 다음과 같다.

```
>>> s = 'Hello, World!'
>>> s.replace('!', '')
    'Hello, World'
```

공백 삭제

문자열 데이터를 처리할 때 문자열에서 원치 않는 공백을 제거하는 작업은 strip() 메소드가 담당한다. strip()은 문자열의 첫 부분과 끝부분에서 공백 문자만을 제거하며, 문자 사이의 공백은 제거하지 않는다. 반면 lstrip(), rstrip()은 각각 문자열의 **왼쪽**, **오른쪽**의 공백 문자를 제거하여 다음과 같은 결과를 만들어낸다.

```
>>> s = '    Hello, World!    '
>>> s.strip()          # 왼쪽과 오른쪽의 공백 문자를 모두 제거한다
    'Hello, World!'
>>> s.lstrip()         # 왼쪽의 공백 문자만 제거한다
    'Hello, World!    '
>>> s.rstrip()         # 오른쪽의 공백 문자만 제거한다
    '    Hello, World!'
```

만일 문자열의 앞과 뒤에 있는 문자 중에서 공백이 아닌 특정한 문자를 삭제하려면 이 문자를 strip()의 인자로 전달한다.

```
>>> s = '#######this is an example#####'
>>> s.strip('#')        # 문자열의 앞 뒤에 있는 해시 문자를 제거한다
    'this is an example'
```

rstrip()과 lstrip()에도 특정한 문자를 인자로 넣어줄 수 있다.

```
>>> s = '#######this is an example#####'
>>> s.lstrip('#')
    'this is an example#####'
>>> s.rstrip('#')
    '#######this is an example'
```

부분 문자열 찾기, 그리고 다양한 포매팅

find() 메소드는 문자열에서 지정된 부분 문자열을 찾아서 그 인덱스를 반환한다. 지정된 문자를 찾지 못했을 경우에는 -1을 반환한다. 문자열 중에서 관심 있는 부분을 찾을 때 find() 함수를 사용하면 좋다.

```
>>> s = 'www.booksr.co.kr'
>>> s.find('.kr')
    13
>>> s.find('x')         # 'x' 문자열이 없을 경우 -1을 반환함
    -1
```

index() 메소드도 문자열 내부의 부분 문자열 또는 문자의 인덱스를 반환한다. 부분 문자열이나 문자를 찾을 수 없으면 예외가 발생한다. 예를 들어 문자 b가 s의 몇 번째에 있는가는 다음과 같은 index() 메소드로 조회할 수 있다.

```
>>> s = 'www.booksr.co.kr'
>>> n = s.index('b')
>>> print('s의 b 인덱스 =', n)        # 'b' 문자열이 없을 경우 -1을 반환함
    s의 b 인덱스 = 4
```

파이썬의 또 다른 문자열 출력방법을 알아보자. 파이썬은 다음과 같은 포매팅 문자열 f-string과 r-string이 존재한다. f-string은 다음 코드와 같이 f를 문자열 앞에 붙여준다. 이렇게 하면 변수 n이 출력되는 부분에는 {n}과 같이 변수의 이름을 그대로 넣을 수 있고, 여기에는 변수의 실제 값을 출력할 수 있다.

```
>>> s = 'www.booksr.co.kr'
>>> n = s.index('b')
>>> print(f's의 b 인덱스 = {n}')        # {n} 위치에 n의 실제값이 출력됨
    s의 b 인덱스 = 4
```

r-string은 raw 문자열의 약자로 \n과 같은 이스케이프 문자열을 화면에 그대로 출력하고자 하는 경우에 유용하다. 다음과 같은 예시를 살펴보자. 다음 예시에서 s1에는 \n과 같은 이스케이프 문자열이 포함되어 있는데 이 때문에 in my string 앞에 줄바꿈이 일어난다. 따라서 s2와 같이 r'...'로 시작하는 문자열을 만들면 \n과 같은 이스케이프 문자열이 화면에 그대로 출력된다.

```
>>> s1 = 'print \n in my string'   # r-string을 사용 안함
>>> print(s1)        # \n 위치에 줄바꿈이 발생
    print
     in my string
>>> s2 = r'print \n in my string'  # r-string을 사용 함
>>> print(s2)        # \n 이 그대로 나타남
    print \n in my string
```

LAB 9-1 글자 수, 단어 수, 평균 단어 길이

실습 시간

이번 실습에서는 텍스트 데이터의 기초적인 특징인 글자수, 단어수, 평균 단어 길이를 추출해보자. 트윗에서 단어의 개수를 추출하여서 발신자의 감정을 판단해 보기로 하자. 일반적으로 부정적인 감정은 긍정적인 것보다 적은 양의 단어를 포함한다고 한다. 자연어 처리 라이브러리를 사용할 수도 있으나 우리는 split()만을 이용해보자. 또한, 각 텍스트에 포함된 단어들의 평균 길이도 계산해 보자.

원하는 결과

```
s=This movie was terrible! The acting was poor and the story was boring.

글자수=70
단어들의 리스트=['This', 'movie', 'was', 'terrible!', 'The', 'acting', 'was', 'poor', 'and', 'the', 'story', 'was', 'boring.']
단어 수=13
평균 단어 길이=4.461538461538462
```

힌트

위의 결과와 같이 s라는 문자열이 주어지면 글자 수는 len() 함수를 사용하여 추출할 수 있다. 그리고 s.split()이라는 메소드를 사용하여 긴 문자열을 공백단위로 자르는 것이 가능하다. 출력을 위해서는 파이썬의 f-string 기능을 이용해 보자. f-string은 다음과 같이 print() 함수에서 f"s = {s}"를 입력으로 넣어서 s 문자열 내의 문자를 쉽게 출력할 수 있다.

```
s="This movie was terrible! The acting was poor and the story was boring."

print(f"s={s}")
```

해답 코드

```
s="This movie was terrible! The acting was poor and the story was boring."

print(f"s={s}")
print(f"\n글자수={len(s)}")
words = s.split()
print(f"단어들의 리스트={words}")
print(f"단어 수={len(words)}")
print(f"평균 단어 길이={sum(len(word) for word in words)/len(words)}")
```

도전문제 9.1

사용자가 입력한 텍스트에서 '#'와 같은 특수 문자의 개수를 계산하려면 어떻게 하면 되는가? (힌트: 문자열 메서드 count()를 사용하면 문자열 내에서 특정 문자(또는 문자열)가 출현한 횟수를 쉽게 계산할 수 있다.)

LAB9-2 불용어 제거하기

실습 시간

불용어(stop words)는 텍스트 마이닝, 자연어 처리 등의 작업에서 주로 이용하는 단어이다. 이 단어란 문장에서 특별히 고려할 필요가 없는 단어들을 말한다. 예를 들어, "is", "and", "the" 등과 같은 매우 빈번하게 등장하는 조사, 접속사, 관사 등이 불용어에 해당한다. 불용어를 제거하는 이유는 불용어들이 텍스트에서 특정 의미를 가지지 않기 때문이다. 이를 제거하여 문장에서 특정한 의미를 가진 단어들만 남겨두는 것이 좋기 때문이다. 예를 들어 "This is an example of removing stop words from a string."라는 문자열이 있다면 이 문자열을 다음과 같이 변경하는 것이다.

원하는 결과

```
입력=This is an example of removing stop words from a string.
출력=This example removing stop words string.
```

힌트

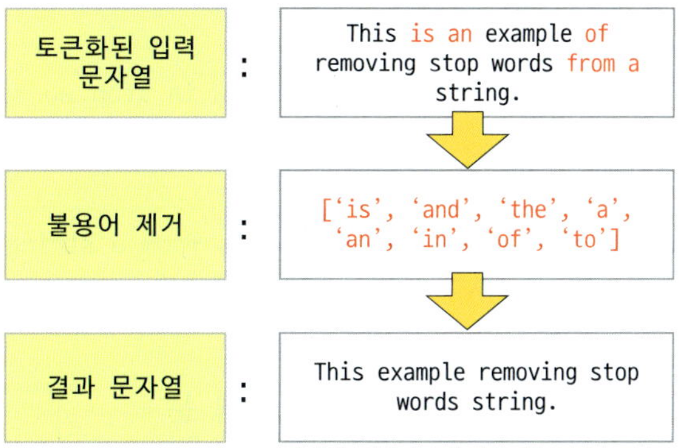

순수한 파이썬 코드만으로 이 기능을 구현한다면 불용어들을 모아놓은 리스트를 만들고 반복문과 in이라는 키워드를 사용해서 하나하나 검사하면 될 것이다. 구현을 위하여 split() 메소드를 사용하여 입력 문자열을 단어로 분할하고 각 단어의 소문자 버전이 stop_words 목록에 있는지 확인하여 불용어를 제거한다. 그런 다음 필터링된 단어는 join() 메소드를 사용하여 다시 문자열로 결합한다.

해답 코드

```
stop_words = ['is', 'and', 'the', 'a', 'an', 'in', 'of', 'to']

text = "This is an example of removing stop words from a string."
words = text.split()
filtered_sentence = [word for word in words if word.lower() not in stop_
words]
print(f"입력={text}")
print(f'출력={" ".join(filtered_sentence)}')
```

9.4 불용어를 쉽게 처리하자

LAB 9-2와 같은 방법으로 불용어를 처리하는 것도 가능하다. 하지만 일반적인 응용에서 불용어는 이와 같이 처리하기에 매우 많으므로, 자연어 처리 라이브러리의 도움을 받는 것이 좋다. 가장 유명한 자연어 처리 라이브러리는 nltk이다. nltk는 시스템 명령으로 설치해야 하는데 다음과 같은 운영체제의 프롬프트 상에서 pip 명령을 사용한다.

```
> pip install nltk
```

nltk를 이용한 불용어 처리 프로그램은 다음과 같다. 결과는 이전의 LAB과 약간 다르게 나온다.

```
import nltk
from nltk.corpus import stopwords  # 불용어 패키지를 사용하기 위해 가져온다
nltk.download('stopwords')  # nltk 패키지로부터 불용어를 다운받는다
nltk.download('punkt')      # nltk 패키지로부터 토큰화 작업을 위하여 punkt를 다운받는다
text = "This is an example of removing stop words from a string."
stop_words = set(stopwords.words("english"))
words = nltk.word_tokenize(text)

filtered_sentence = [w for w in words if not w in stop_words]
print(f"입력={text}")
print(f'출력={" ".join(filtered_sentence)}')
```

```
입력=This is an example of removing stop words from a string.
출력=This example removing stop words string
```

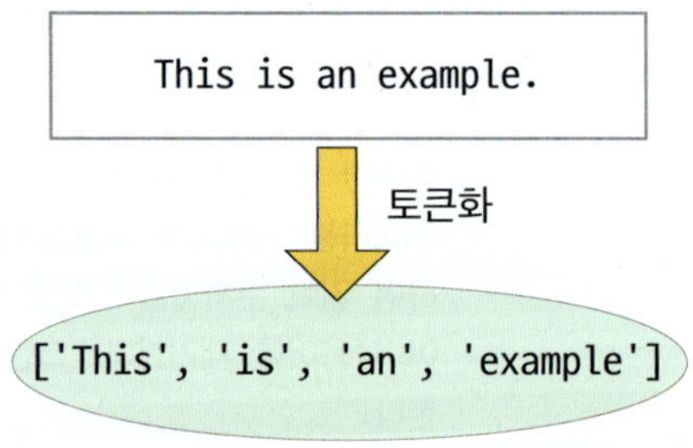

이 프로그램은 nltk 라이브러리를 사용하여 입력 문자열을 단어로 토큰화하고 불용어를 제거하였다. 이때 불용어 단어 목록은 nltk **말뭉치**corpus에서 가져온다. 이를 위하여 nltk.download('stopwords')를 사용하였다. 문장을 문자나 단어 또는 어휘 집합 단위로 나누는 작업을 **토큰화**tokenization라고 한다. nltk.download('punkt')는 nltk 패키지로부터 토큰화 작업을 수행하기 위하여 필요하다. 이 코드의 결과는 이전의 LAB과 달리 string 뒤에있는 마침표가 생략되었다.

잠깐 – 말뭉치란

영어 corpus는 한글로 말뭉치라는 단어로 번역된다. 말뭉치란 평소에 우리가 쓰는 말이나 글에서 표본이 될 만한 것을 컴퓨터가 읽을 수 있는 형태로 모아 놓은 언어 자료를 지칭한다. 말뭉치는 인공지능과 빅데이터 시대에 매우 중요한 역할을 하고 있다.

LAB 9-3 트위터 메시지 처리

실습 시간

트위터 메시지를 분석하는 프로그램을 작성해보자. (1) 영어의 분노는 흔히 대문자로 표현된다. 이러한 대문자 단어의 개수를 계산해보자. (2) 다음으로 문자열의 글자들을 모두 소문자로 바꾸고 구두점들을 제거한다. 본문에서도 이야기하였지만, 소문자로 변경하는 이유는 'Car'과 'car' 같이 동일한 단어가 다른 단어로 간주되어서 처리되는 것을 방지할 수 있기 때문이다. 구체적으로 다음과 같은 문장이 주어졌을 때, 이를 아래 결과와 같은 결과 문장으로 변환하는 프로그램을 작성하라. (2023년 트위터 서비스는 X라는 이름으로 변경되었다.)

원하는 결과

```
입력=It's Not The Right Time To Conduct Exams. MY DEMAND IN BOLD AND
CAPITAL. NO EXAMS IN COVID!!!

대문자 단어의 수=10
결과=its not the right time to conduct exams my demand in bold and capital
no exams in covid
```

힌트

lower() 메소드를 사용하면 문장의 단어를 소문자로 쉽게 바꿀 수 있다. lower()는 문자열 객체에 적용되는 메소드이며 문자열 자체를 바꾸지 않고, 새로운 문자열을 반환한다.

해답 코드

```
s = "It's Not The Right Time To Conduct Exams. MY DEMAND IN BOLD AND
CAPITAL. NO EXAMS IN COVID!!!"

print(f"입력={s}")
count = 0
for word in s.split():
   if( word == word.upper() ): # 대문자로 변환한 것과 동일하면 대문자 단어
      count += 1
print(f"\n대문자 단어의 수={count}")
t = s.lower()
t = t.replace('!',"");
t = t.replace('.',"");
t = t.replace("'","");
print(f"결과={t}")
```

도전문제 9.2

트윗 데이터에서 대문자나 느낌표가 많이 나타나는 것은 글쓰는 사람의 감정이 흥분하거나 분노한 상태임을 나타내는 경우가 많다. 주어진 원천 트윗 데이터에서 대문자와 느낌표가 몇 번 사용되었는지 계산하는 코드를 작성해 보라. 느낌표가 몇 개인지 헤아리는 것은 count()를 사용하면 쉽게 할 수 있다. 대문자는 어떻게 셀 수 있을까? 원 트윗을 list()를 이용하여 하나 하나의 문자로 분리하여 리스트를 만들 수 있다. 그리고 이 리스트의 각 항목 문자가 ch라고 할 때, ch.isupper()를 호출하면 대문자인 경우 True가 반환된다.

```
느낌표 갯수 : 3
대문자 갯수 : 46
```

LAB 9-4 단어 빈도 계산

실습 시간

주어진 문자열에서 단어들의 출현 빈도를 계산하는 것도 텍스트 처리에서 아주 중요한 작업 중의 하나이다. 다음과 같은 영문자 문장이 주어져 있을 경우 이 문장에서 the가 2번 나타난다. 따라서 아래 출력과 같이 각 단어의 출현 빈도를 출력하는 코드를 작성해 보도록 하자.

원하는 결과

```
입력=the quick brown fox jumps over the lazy dog.
출력={'the': 2, 'quick': 1, 'brown': 1, 'fox': 1, 'jumps': 1, 'over': 1, 'lazy':
1, 'dog.': 1}
```

힌트

단어들의 빈도를 계산하는 많은 방법들이 있다. 우리는 2가지만을 살펴보자. 우선 딕셔너리를 사용하여 단어가 출현할 때마다 키 값을 이용하여 값을 증가시키는 방법이 있다. 다음으로 collections 패키지의 Counter를 사용하는 방법이 있다.

(1) 딕셔너리를 이용하는 방법

해답 코드

```python
s='the quick brown fox jumps over the lazy dog.'
print(f"입력={s}")

counter = {}
words = s.split()
for word in words:
    if word in counter:
        counter[word] += 1
    else:
        counter[word] = 1
print(f"출력={counter}")
```

(2) Counter 클래스를 이용하는 방법

해답 코드

```python
from collections import Counter

s='the quick brown fox jumps over the lazy dog.'
print(f"입력={s}")
words = s.split()

frequency = Counter(words)
print(f"출력={frequency}")
```

LAB 9-5 영화평 분석

실습 시간

감정 분석은 자연어 처리의 중요한 작업이다. 텍스트가 주어지면 이 텍스트에 실린 감정이 긍정적(positive)인지, 부정적(negative)인지, 중립(neutral)인지를 판단하는 작업을 해보자. 이작업은 딥러닝을 이용하여 훈련 데이터로 학습시킬 수도 있으나 우리는 TextBlob 라이브러리를 사용하여 간단히 감정을 분석해볼 것이다. TextBlob는 다음과 같은 명령으로 설치하여야 한다.

```
> pip install textblob
```

원하는 결과

```
입력=This movie was terrible! The acting was poor and the story was boring.

결과=부정적
```

힌트

이 프로그램은 TextBlob에 내장된 감정 분석 기능을 사용하여 -1(부정)과 1(긍정) 사이의 값을 출력한다. TextBlob의 감정 분석은 규칙 기반 방법이며 항상 정확한 결과를 생성하는 것은 아니다. 딥러닝 기반의 감성 분류기를 이용하면 보다 발전된 감성 분석 모델을 사용할 수 있다. TextBlob이 설치되면 TextBlog(입력문자).sentiment.polarity로 감정값을 추출할 수 있다. 이 값이 0보다 크면 긍정적, 0이면 중립적, 그렇지 않으면 부정적 감정으로 볼 수 있다.

해답 코드

```python
from textblob import TextBlob
review = "This movie was terrible! The acting was poor and the story was 
boring."
sentiment = TextBlob(review).sentiment.polarity
print(f"입력={review}\n")

if sentiment > 0:
    print("결과=긍정적")
elif sentiment == 0:
    print("결과=중립")
else:
    print("결과=부정적")
```

9.5 워드 클라우드

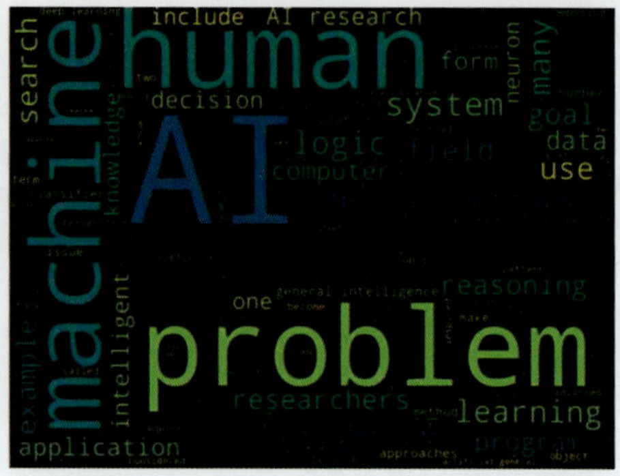

워드 클라우드 Word Cloud는 텍스트 데이터에서 가장 빈번하게 등장하는 단어를 시각화하여 나타낸 것이다. 단어의 빈도수가 높을수록 해당 단어가 더 크게 표시된다. 이를 통해 텍스트 데이터에서 어떤 단어들이 많이 사용되는지 한눈에 파악할 수 있다. 워드 클라우드는 다양한 분야에서 활용된다. 예를 들어, 뉴스 기사에서 어떤 주제가 많이 다루어졌는지, 고객 리뷰에서 어떤 평가가 많았는지, 소셜 미디어에서 어떤 주제가 핫한지 등을 파악할 때 사용된다.

워드 클라우드를 생성하기 위해서는 텍스트 데이터에서 단어를 추출하고, 각 단어의 빈도수를 계산해야 한다. 이후, 빈도수에 따라 단어를 크기와 색상 등으로 시각화하여 나타내면 된다.

① 파이썬에서 워드 클라우드를 생성하려면 matplotlib, pandas, wordcloud 모듈이 있어야 한다. matplotlib, pandas는 이미 설치되어 있을 경우 우리는 pip 명령어를 이용하여 wordcloud 모듈만 새로 설치하면 된다.

```
> pip install wordcloud
```

② 워드 클라우드를 만들기 위해 분석할 텍스트 데이터가 필요하다. 텍스트 데이터는 일반적으로 텍스트 파일로부터 불러오거나, 문자열로 직접 입력할 수 있다.

③ WordCloud 클래스를 사용하여 워드 클라우드 객체를 생성한다.

```
from wordcloud import WordCloud
wordcloud = WordCloud()
```

④ WordCloud 클래스의 generate() 메서드를 사용하여 워드 클라우드를 생성한다. generate() 메서드에는 분석할 텍스트 데이터를 전달한다.

```
text = "Hello Hello Hello This is a word cloud example."
wordcloud.generate(text)
```

⑤ WordCloud 객체의 to_image() 메서드를 사용하여 워드 클라우드 이미지를 생성한다. 생성된 이미지는 맷플롯립(matplotlib) 라이브러리를 사용하여 출력할 수 있다. 맷플롯립의 이미지 그리기 함수인 imshow()를 이용하면 쉽게 그릴 수 있다. 맷플롯립은 시각화와 차트를 그리기 위한 파이썬의 외부 라이브러리인데 11장에서 상세히 다룰 예정이다.

```
import matplotlib.pyplot as plt
plt.imshow(wordcloud, interpolation='bilinear')
plt.axis("off")
plt.show()
```

앞의 코드들을 연결하여 실행시키면 오른쪽 그림과 같은 워드 클라우드가 생성된다.

워드 클라우드의 여러 가지 인자

WordCloud 모듈을 사용하여 워드 클라우드를 생성할 때에는 여러 가지 인자를 줄 수 있다. font_path 인자로 사용할 폰트를 지정할 수 있으며, background_color, width, height, max_words, max_font_size 등의 인자로 워드 클라우드의 모양과 크기 등을 설정할 수 있다. contour_width와 contour_color 인자로 워드 클라우드 주변의 윤곽선을 설정할 수도 있다. 파일 test.txt에 저장된 내용을 읽어서 워드 클라우드를 생성하는 예제는 다음과 같다. 파일 test.txt에는 로미오와 줄리엣 소설이 저장되어 있다. 이 파일은 책의 github 사이트에서 다운받을 수 있다.

```
from wordcloud import WordCloud
import matplotlib.pyplot as plt
# 텍스트 파일 읽기
with open('test.txt', 'r', encoding='utf-8') as f:
    text = f.read()
# 워드 클라우드 생성
wordcloud = WordCloud(font_path='malgun.ttf',                # 폰트
                      background_color='white',              # 배경색
                      width=800,                             # 폭
                      height=800,                            # 높이
                      max_words=100,                         # 최대 단어 개수
                      max_font_size=200,                     # 최대 폰트 크기
                      contour_width=1,                       # 윤곽선 두께
                      contour_color='steelblue',             # 윤곽선 색상
                      collocations=False).generate(text)
# 워드 클라우드 그리기
plt.figure(figsize=(8,8))                                    # 이미지 크기
plt.imshow(wordcloud, interpolation='bilinear')
plt.axis('off')
plt.show()
```

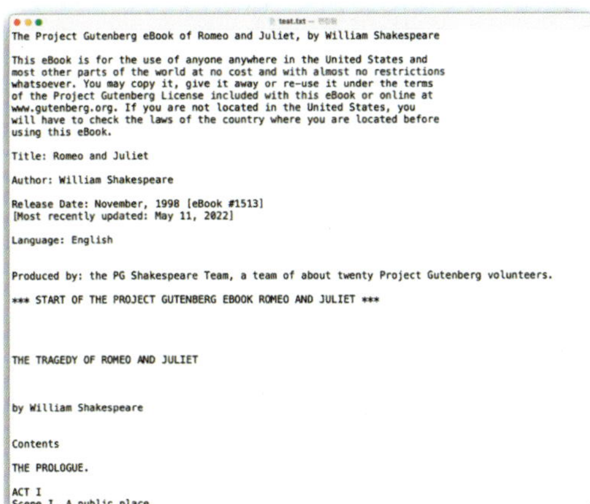

The Project Gutenberg eBook of Romeo and Juliet, by William Shakespeare

This eBook is for the use of anyone anywhere in the United States and most other parts of the world at no cost and with almost no restrictions whatsoever. You may copy it, give it away or re-use it under the terms of the Project Gutenberg License included with this eBook or online at www.gutenberg.org. If you are not located in the United States, you will have to check the laws of the country where you are located before using this eBook.

Title: Romeo and Juliet

Author: William Shakespeare

Release Date: November, 1998 [eBook #1513]
[Most recently updated: May 11, 2022]

Language: English

Produced by: the PG Shakespeare Team, a team of about twenty Project Gutenberg volunteers.

*** START OF THE PROJECT GUTENBERG EBOOK ROMEO AND JULIET ***

THE TRAGEDY OF ROMEO AND JULIET

by William Shakespeare

Contents

THE PROLOGUE.

ACT I
Scene I. A public place.

test.txt 파일의 내용(일부)
제한없이 사용가능한 영문 소설 로미오와 줄리엣

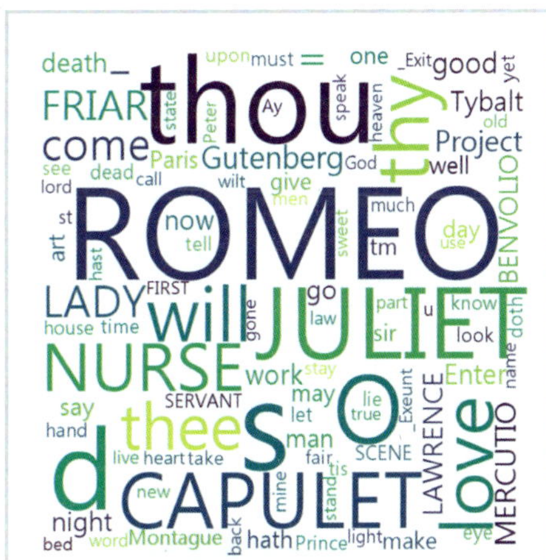

영문 소설 로미오와 줄리엣의 워드 클라우드

잠깐 – 글꼴에 대해 알아보자

위의 예제에서 font = 'malgun.ttf'라는 형식으로 맑은 고딕 글꼴을 워드 클라우드의 글꼴로 지정했다. 이 글꼴이 여러분의 컴퓨터에 설치되어 있지 않으면 오류가 발생하니 인터넷 검색 후에 설치하기 바란다. 만일 이 예제의 글꼴을 영문 Arial 글꼴로 변경하려면 font='Arial.ttf'로 수정하면 된다. ttf는 True Type Font의 약자이다.

9.6 한글 워드클라우드와 이미지 형태로 만들기

이번에는 한글을 사용하여 워드 클라우드 만드는 방법을 살펴보자. 모든 것은 이전과 동일하지만 WordCloud 객체 생성 시에, font_path 매개 변수를 이용하여 한글 폰트의 이름만 설정해주면 된다.

```python
from wordcloud import WordCloud

wordcloud = WordCloud(font_path = 'malgun.ttf') # 한글 폰트를 지정

text = '''한글 클라우드를 만들기 위해서는
텍스트 데이터가 필요합니다. 텍스트 데이터는 txt, csv, 엑셀 파일
등 다양한 형식으로 제공될 수 있습니다.
이 예제에서는 txt 파일을 불러오겠습니다.'''
wordcloud.generate(text)

import matplotlib.pyplot as plt
plt.imshow(wordcloud, interpolation='bilinear')
plt.axis("off")
plt.show()
```

또한 임의의 이미지를 주고 이 이미지 형태로 워드 클라우드를 생성할 수도 있다. 이미지에서 픽셀 값이 0인 부분에만 워드클라우드가 그려지게 된다. 따라서 이미지를 처리하여서 검정색 픽셀을 가지는 이미지를 만드는 것이 필요하다. 이 책의 github 사이트에서 comment.png 파일을 다운로드해서 다음과 같이 워드 클라우드를 만들어보자.

```python
from wordcloud import WordCloud
from PIL import Image
import numpy as np
import matplotlib.pyplot as plt # matplotlib은 추후에 설명합니다.
# 워드 클라우드를 그릴 텍스트 데이터
text = '''Love is a river that flows so free,
A beautiful sight for all to see.
It glides around every bend,
A source of life that never ends.'''
mask = np.array(Image.open("comment.png")) # 사용할 이미지 파일
# 워드 클라우드 생성을 위한 다양한 키워드 인자들 설정
wc = WordCloud(background_color="white", mask=mask,
               contour_width=3, contour_color='steelblue')
wc.generate(text)          # 텍스트를 이용해 워드 클라우드 생성
wc.to_file("result.png")   # 워드 클라우드 이미지 저장
# 워드 클라우드 이미지 출력
plt.imshow(wc, interpolation='bilinear')
plt.axis("off")        # matplotlib에서 축 설명을 생략함-추후 설명 예정
plt.show()
```

comment.png 파일

comment.png 파일을 이용한 워드 클라우드

[고급 심화] konlpy 모듈과 Okt 형태소 분석기

위의 실행 결과에서 보면 한글 워드 클라우드에서 "데이터는", "데이터가"와 같이 접미사와 명사가 분리되지 않은 것을 볼 수 있다. 이것은 한글만의 고유한 특징으로 영문처럼 단순히 스페이스만 가지고 단어들을 분리할 수 없다. 따라서 한글 문서의 경우 형태소 분석이 필요하다. 이를 위해서 konlpy 모듈에서 제공하는 Okt 형태소 분석기를 사용한다. konlpy 모듈은 pip install konlpy 명령어를 이용하여 설치한다. 그리고 Okt를 사용하려면 **자바 개발도구가 여러분의 컴퓨터에 설치**되어 있어야 한다. 또한 불용어도 제거하는 것이 필요하다. 또 이번에는 우리가 단어의 개수를 미리 계산하여서 워드 클라우드 객체에 넘기도록 하자.

```
from wordcloud import WordCloud

wordcloud = WordCloud(font_path = 'malgun.ttf')

text = '''한글 클라우드를 만들기 위해서는
텍스트 데이터가 필요합니다. 텍스트 데이터는 txt, csv, 엑셀 파일
등 다양한 형식으로 제공될 수 있습니다.
이 예제에서는 txt 파일을 불러오겠습니다.'''

from konlpy.tag import Okt
okt = Okt()
text = okt.nouns(text)

stopwords = ['의', '가', '이', '은', '들', '는', '좀', '잘', '걍', '과', '도', '를', '으로', '자', '
에', '와', '한', '하다']
clean_text = [word for word in text if not word in stopwords]
from collections import Counter
c = Counter(clean_text)
wordcloud.generate_from_frequencies(c)

import matplotlib.pyplot as plt
plt.imshow(wordcloud, interpolation='bilinear')
plt.axis("off")
plt.show()
```

다소 복잡하기는 하지만 이렇게 하면 그림과 같이 조사가 없어진 워드 클라우드를 만들 수 있다. 이 결과를 얻기 위해서는 Okt 형태소 분석기를 사용해야 하는데 이를 위해서는 자바 언어로 작성된 바이트 코드를 구동하기 위한 자바 개발 도구와 실행 경로 설정이 필요하다. 따라서 **자바 언어 사용자들에게 이 실습을 권장**한다.

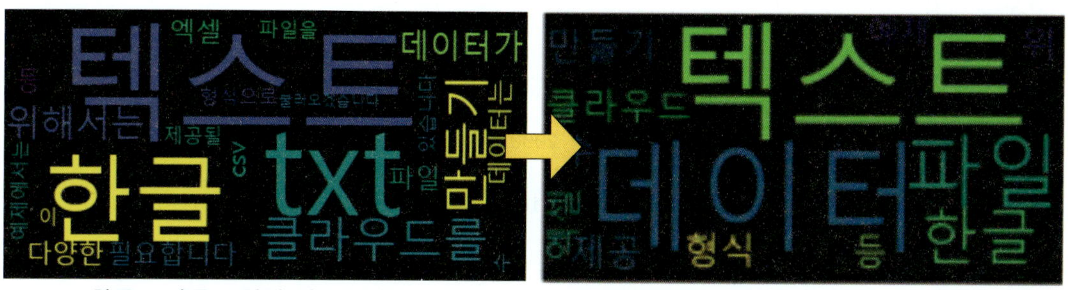

한글 조사를 포함한 워드 클라우드　　　한글의 조사를 제거한 단어로 된 워드 클라우드

LAB9-6 위키피디아 워드 클라우드

실습 시간

이번에는 위키백과에서 'Artificial intelligence'를 제목으로 하는 페이지를 얻어서 워드클라우드를 생성해보자. 위키백과를 읽어오려면 pip install wikipedia 명령으로 wikipedia 모듈을 설치하여야 한다. 설치 후에 wikipedia.page(title)이라고 하여 title을 제목으로 하는 위키백과 페이지를 얻을 수 있다. 이 페이지의 텍스트 데이터를 얻고 싶으면 해당 페이지의 content을 사용하면 된다.

원하는 결과

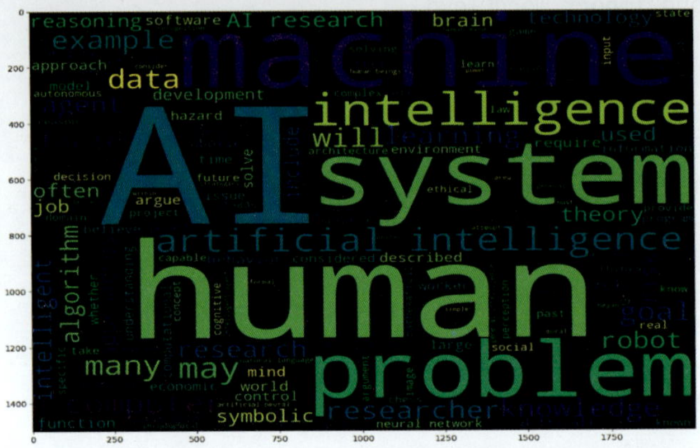

힌트

import wikipedia로 위키피디아 모듈을 import한다. 다음으로 Artificial intelligence라는 컨텐츠를 읽기 위해 wikipedia.page('Artificial intelligence') 명령을 호출한다. 이 함수가 반환하는 wiki라는 객체의 content라는 속성을 살펴보도록 하자.

해답 코드

```
import wikipedia
# 위키백과 사전의 컨텐츠 제목을 명시해 준다
wiki = wikipedia.page('Artificial intelligence')
# 이 페이지의 텍스트 컨텐츠를 추출하도록 한다
text = wiki.content
```

이번에는 가로와 세로 크기를 클래스의 생성자에 넘겨주어 이미지의 크기를 정하고, generate() 메소드를 호출한다. 최종적으로 plt.imshow(wordcloud, ...)를 사용하여 화면에 워드 클라우드를 그려보도록 하자.

해답 코드

```
from wordcloud import WordCloud
wordcloud = WordCloud(width = 2000, height = 1500).generate(text)
import matplotlib.pyplot as plt
plt.imshow(wordcloud, interpolation='bilinear')
plt.axis("off")
plt.show()
```

그림과 같이 워드 클라우드가 잘 그려졌다. 그런데, 많은 텍스트 데이터에는 자주 쓰이지만, 특별히 중요한 의미를 갖지 않는 단어들이 있다. 위의 결과를 보면 one, using, two, make, use 같은 단어들이 보이지만, 이 단어들이 특별한 의미를 갖는다고 보기는 힘들다. 이러한 단어를 불용어(stop word)라고 한다.

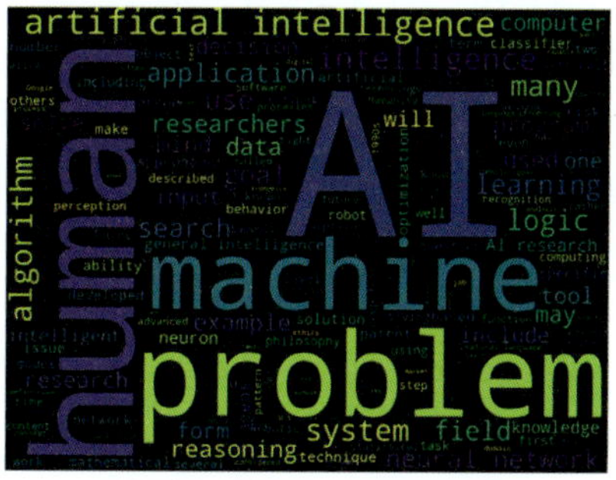

불용어가 남아있는 워드 클라우드

워드 클라우드를 만들 때 이러한 불용어를 제외하는 방법이 있다. 불용어 리스트는 wordcloud 모듈의 STOPWORDS에 정리되어 있다. STOPWORDS는 집합 데이터로 정의되어 있으며, 우리가 불용어를 추가하고 싶으면 다음과 같이 새로운 집합과 합집합을 구해서 사용하면 된다. 이상의 과정을 거친 전체 코드는 다음과 같다.

해답 코드

```
import wikipedia
# 위키백과 사전의 컨텐츠 제목을 명시해 준다
wiki = wikipedia.page('Artificial intelligence')
# 이 페이지의 텍스트 컨텐츠를 추출하도록 한다
text = wiki.content

from wordcloud import WordCloud, STOPWORDS
# 불용어가 제외된 워드 클라우드를 만들자
s_words = STOPWORDS.union( {'one', 'using', 'first', 'two', 'make', 'use'} )
wordcloud = WordCloud(width = 2000, height = 1500,
                      stopwords = s_words).generate(text)

import matplotlib.pyplot as plt
plt.imshow(wordcloud, interpolation='bilinear')
plt.axis("off")
plt.show()
```

이 코드를 실행시키면 그림과 같이 이러한 불용어가 없어진 워드 클라우드를 얻을 수 있을 것이다.

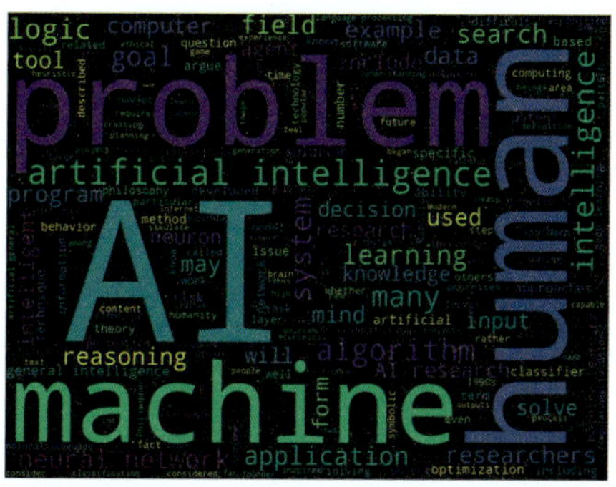

불용어가 제거된 워드 클라우드

9.7 정규식을 알아보자

정규식Regular Expression은 문자열 패턴을 나타내는 식으로, 문자열을 처리하고 분석하는 데 매우 유용하다. 정규식을 사용하면 특정 패턴의 문자열을 검색하거나 추출하는 등 다양한 문자열 처리 작업을 보다 쉽게 수행할 수 있다. 정규식은 다양한 프로그래밍 언어에서 지원되며, 파이썬에서도 re 모듈을 통해 사용할 수 있다.

정규식을 사용하는 이유는 특정한 문자열 패턴을 검색하거나 추출하는 등의 문자열 처리 작업을 보다 효과적으로 수행할 수 있기 때문이다. 예를 들어, 정규식을 사용하여 이메일 주소나 전화번호, URL 주소 등을 추출할 수 있다. 또한, 로그 파일이나 웹 크롤링에서 특정한 패턴의 문자열을 검색하거나 추출하는 등 다양한 문자열 처리 작업을 보다 편리하게 수행할 수 있다. 정규식은 기본적으로 문자열 패턴을 표현하는데 사용되는 특수한 문자열이다. 정규식은 일반적으로 패턴을 나타내는 특수한 의미를 가지는 문자인 **메타 문자**meta character로 이루어져 있다. 예를 들어서 다음과 같은 정규식은 대학교에서 수강신청 과목 코드를 나타낸다. 즉 CS101이나 CS322와 같이 앞의 2글자는 영어 알파벳이고 뒤의 3글자는 숫자인 단어를 찾는데 사용할 수 있다.

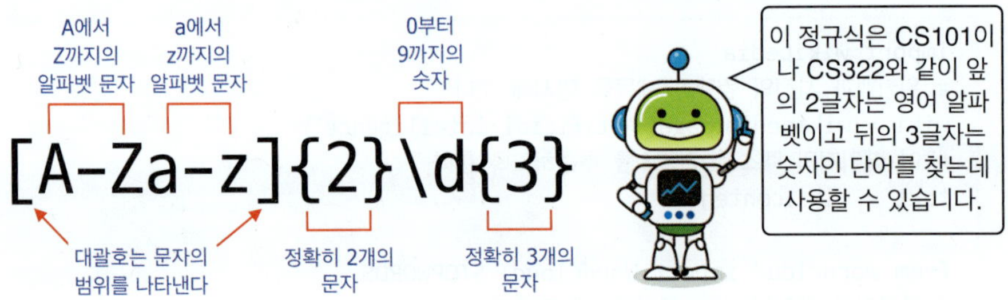

위의 정규식을 사용해서 문자열 안에서 정규식에 해당되는 단어를 찾아보자. 파이썬에서 정규식을 사용하려면 re 모듈을 포함시켜야 한다. re.search()를 호출하면 정규식에 매치되는 문자열을 찾을 수 있다.

```
import re            # 이 코드 이후의 모든 정규식 코드 예제에서는 import re 문을 사용합니다
text = "이번 학기 개설 과목은 CS101입니다."
match = re.search('[A-Za-z]{2}\d{3}', text)
if match:
    print("과목 코드가 발견됨:", match)
else:
    print("과목 코드가 발견되지 않음:", match)
```

```
과목 코드가 발견됨: <re.Match object; span=(13, 18), match='CS101'>
```

결과를 해석해보자면 re라는 정규식 모듈 내의 Match라는 객체가 반납한 값이 match이며, 'CS101'이 전체 텍스트의 13번째 위치에서 발견되었음을 알 수 있다. 발견된 위치는 match.start()와 match.end()를 호출하면 알 수 있다. 만약 정규식을 사용하지 않았다면 각 글자들을 검사해야 하고 또한 3개의 숫자가 연속되어 있는지도 검사하여야 하므로 상당히 복잡한 프로그램이 되었을 것이다.

메타 문자

앞의 코드에서 살펴본 '\d'와 같은 문자들을 메타 문자라고 하는데, 정규식에서는 다음 표와 같은 많

은 메타 문자가 사용되고 있다. **메타 문자**의 의미를 요약하면 다음과 같다.

메타문자	기능	설명
^	시작	시작하는 문자와 일치하는 가를 검사
$	끝	종료 문자와 일치하는 가를 검사
.	문자	어떤 한 개의 문자와 일치하는 가를 검사
\d	숫자	어떤 한 개의 숫자와 일치하는 가를 검사
\D	숫자 제외	숫자가 아닌 모든 문자와 일치하는 가를 검사
\w	문자와 숫자	한 개의 문자나 숫자와 일치하는 가를 검사
\s	공백문자	공백 문자 (스페이스, 탭, 줄바꿈 등)
\S	공백제외 문자	공백 문자를 제외한 모든 문자가 될 수 있음
*	반복	앞 문자가 0번 이상 반복하는 가를 검사
+	반복	앞 문자가 1번 이상 반복하는 가를 검사
[abc], [a-c]	문자 선택 범위	a, b, c 중의 하나인 가를 검사
[^abc]	문자 제외 범위	a, b, c가 아닌 임의의 문자를 의미함
|	또는	| 앞의 문자 또는 뒤의 문자를 의미함

메타 문자 중에서 가장 중요한 문자는 점(.)과 별표(*)이다. 점은 어떤 문자가 와도 상관없다는 의미이다. 별표는 몇 번 반복되어도 상관없다는 것을 의미한다. 메타 문자 점(.)을 먼저 살펴보자. 이 문자는 문자 하나를 의미하는 메타 문자이다. 예를 들어 주어진 텍스트에서 A로 시작해서 A로 끝나는 4글자의 단어를 모두 찾고자 한다. 이 패턴은 정규식으로 'A..A'로 나타낼 수 있다. ABBA, AAAA, ACCA 등은 모두 발견된다. 하지만 ABA, ABBBA와는 일치하지 않는다.

```
>>> re.search('A..A', 'ABBA')      # 조건에 맞음
    <_sre.SRE_Match object; span=(0, 4), match='ABBA'>
>>> re.search('A..A', 'ABBBA')     # 조건에 맞지 않음
```

메타 문자 별표(*)는 직전에 있는 문자를 0회 이상 반복하는 패턴과 매치된다. 예를 들어 AB*는 A, AA, AB, ABB 등의 어떤 문자열과도 일치된다. 모두 A로 시작하고 B가 0회 이상 반복되기 때문이다.

```
>>> re.search('AB*', 'A')           # 'A'라는 문자열이 조건에 맞음
    <re.Match object; span=(0, 1), match='A'>
>>> re.search('AB*', 'ABB')         # 'ABB'라는 문자열이 조건에 맞음
    <re.Match object; span=(0, 3), match='ABB'>
```

메타문자 +는 직전에 있는 임의의 패턴을 1회 또는 그 이상의 수로 가급적 많이 반복하는 패턴에 대해서 매치되는 표현식이다. 따라서 AB+는 A와는 매치되지 않으며 AB, ABB와 같은 패턴의 문자열과 일치한다.

```
>>> re.search('AB+', 'A')           # 조건에 맞지 않음
>>> re.search('AB+', 'AB')
    <re.Match object; span=(0, 2), match='AB'>
```

정규 표현식의 findall()을 사용하면 정규식을 만족하는 모든 문자열들을 추출할 수 있다. 다음과 같이 findall()을 사용하여 txt3에 나타나는 모든 My를 뽑아 볼 수 있다.

```
>>> txt3 = 'My life my life my life in the sunshine'
>>> re.findall('[Mm]y', txt3)
    ['My', 'my', 'my']
```

9.8 정규식을 이용하여 특정한 패턴 찾기

우리는 정규식을 이용하여 문자열에서 패턴을 찾을 수 있다. 가장 많이 사용되는 정규식의 예제들을 살펴보자.

문자열에서 전화번호를 찾는 예제

```
# 문자열에서 전화번호를 찾는 예제
string = "My phone number is 010-1234-5678. Call me anytime."
result = re.search('\d{3}-\d{4}-\d{4}', string)
print(result.group())     # 010-1234-5678
```

```
010-1234-5678
```

정규식 \d{3}-\d{4}-\d{4}은 숫자 3번 반복 후 - 글자, 숫자 4번 반복 후 - 글자, 숫자 4번 반복을 의미한다. 즉 이 정규식은 "010-1234-5678"와 같이 세 자리 숫자, 하이픈, 네 자리 숫자, 하이픈, 네 자리 숫자의 패턴을 표현한다.

문자열에서 숫자를 찾는 예제

```
text = 'There are 12 apples and 3 oranges'
numbers = re.findall('\d+', text)
print(numbers)
```

```
['12', '3']
```

re.findall() 함수를 사용하여 정규식 패턴 \d+을 이용해 문자열 text에서 연속된 숫자를 찾아 리스트 numbers에 저장한다. \d는 숫자를 의미하며, +는 바로 앞에 있는 패턴이 하나 이상 반복되는 경우에 일치된다.

이메일 주소에서 도메인 추출하기

```
email = 'user@example.com'
domain = re.search('@\w+\.\w+', email)
print(domain.group())
```

```
@example.com
```

위의 코드에서 사용된 정규식의 의미는 다음과 같다.

- @는 문자열에서 @ 문자를 찾는다.
- \w는 알파벳, 숫자, 언더스코어(_)를 나타내는 메타 문자이다.
- +는 앞에 나온 문자나 메타 문자가 1번 이상 반복됨을 의미한다.

- \.는 이스케이프 문자로서, . 문자를 나타낸다. 이는 이메일 주소에서 도메인을 구분하는 . 문자를 나타낸다.
- 마지막으로 \w+가 나오는데, 이는 앞에서와 같이 알파벳, 숫자, 언더스코어를 나타내는 메타 문자인 \w가 1번 이상 반복됨을 나타낸다.

따라서, '@\w+\.\w+'은 @ 문자를 포함한 문자열에서, .으로 구분된 이메일 주소에서 도메인을 나타내는 정규식이다. 예를 들어, @example.com과 같은 도메인 이름은 이 정규식과 일치하게 된다. group() 메소드는 정규식에서 찾은 패턴을 반환한다.

주민등록번호 검사하기

우리의 일상생활에서 많이 사용되는 주민등록번호는 060101-4234567과 같이 출생년도 6자리와 하이픈 그리고 7자리의 숫자로 이루어져 있다. 입력한 주민등록 번호가 올바른가를 판단하는 코드를 만들어보자.

```
def is_valid_jumin(st):
    pattern = '^\d{6}\-\d{7}'      # 출생년도-7자리 숫자로 주민등록번호를 검사하는 정규식
    match = re.match(pattern, st)
    return match

jumin = input('당신의 주민등록번호는: ') # 주민등록번호를 입력받는 코드
if is_valid_jumin(jumin):
    print('주민등록번호가 유효합니다.')
else:
    print('주민등록번호가 유효하지 않습니다.')
```

```
당신의 주민등록번호는: 060101-4234567
주민등록번호가 유효합니다.
당신의 주민등록번호는: 06011-1234567
주민등록번호가 유효하지 않습니다.
```

이 코드에서 사용된 '^\d{6}\-\d{7}'는 숫자 6개, 하이픈, 숫자 7개로 이루어진 문자열을 나타내는 정규식이다.

- ^는 문자열의 시작을 나타낸다.
- \d는 숫자를 나타내는 메타 문자이다.
- {6}는 바로 앞에 있는 문자 또는 메타 문자가 6번 반복됨을 의미한다.
- \는 이스케이프 문자로, 다음 문자를 메타 문자가 아닌 일반 문자로 해석하도록 한다.
- -는 하이픈 문자를 나타내며, 이스케이프 문자인 \와 함께 사용된다.
- {7}은 바로 앞에 있는 문자 또는 메타 문자가 7번 반복됨을 의미한다.

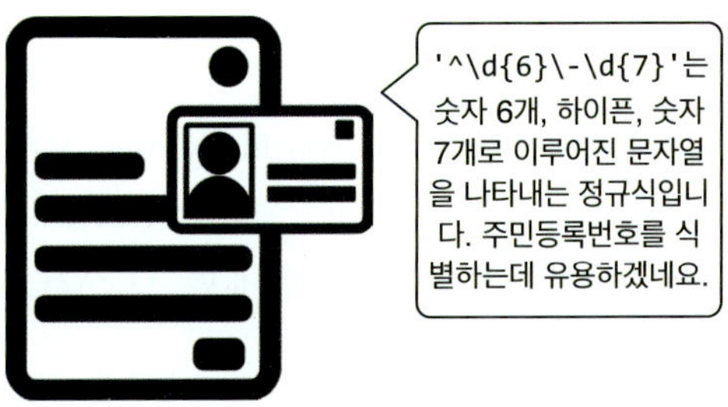

9.9 정규식을 이용하여 패턴 대체하기

정규식을 사용하면 문자열에서 특정한 문자열을 찾아 다른 문자열로 대체할 수 있다. 파이썬에서는 re 모듈의 sub() 함수를 사용하여 문자열 대체를 수행한다. sub() 함수의 매개변수는 다음과 같다.

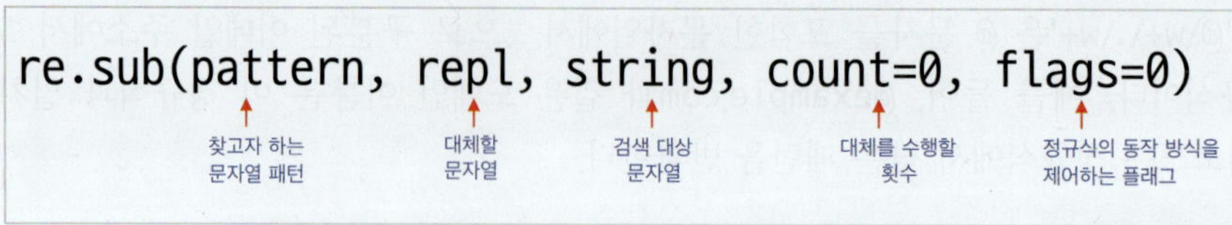

위의 매개변수에서 pattern은 찾고자 하는 문자열 패턴을 나타내는 정규식이며, repl은 대체할 문자열을 나타낸다. 또한 string은 검색 대상이 되는 문자열이다. 다음으로 나타나는 count는 대체를 수행할 최대 횟수를 나타내며, flags는 정규식의 동작 방식을 제어하는 플래그이다. 예를 들어, 아래의 text라는 문자열에서 숫자를 모두 제거하고 싶다면 다음과 같은 코드를 사용할 수 있다.

```
text = 'abc123def456'
result = re.sub('\d', '', text) # text 문자열에서 숫자를 모두 제거함
print(result)                   # 'abcdef'
```

```
abcdef
```

위 코드에서 '\d'는 정규식으로서, 숫자(\d)를 나타낸다. 그리고 re.sub() 함수의 마지막 인자인 text는 원본 문자열을 나타내며, 이 문자열에서 정규식과 일치하는 문자열을 모두 찾아 공백 문자열('')로 대체한다. 따라서 결과는 abcdef가 된다. 또 다른 예로, 문자열에서 이메일 주소를 모두 마스킹 처리하고 싶다면 다음과 같은 코드를 사용할 수 있다.

```
text = 'My email is john@example.com'
result = re.sub('\w+@\w+\.\w+', '****', text)
print(result)  # 'My email is ****'
```

```
My email is ****
```

위 코드에서 '\w+@\w+\.\w+'는 정규식으로서, 이메일 주소를 나타내는 패턴을 찾는다. 따라서, re.sub() 함수는 이메일 주소를 찾아 ****로 대체한다. 결과는 'My email is ****'가 된다. 또한 앞에서 찾은 패턴의 순서를 변경할 수도 있다. 예를 들어서 문자열에서 날짜 형식 mm/dd/yyyy을 찾아 yyyy-mm-dd 형식으로 변경하는 코드를 살펴보자.

```
text = '03/17/2024'
new_text = re.sub('(\d{2})/(\d{2})/(\d{4})', r'\3-\1-\2', text)
print(new_text)      # 2024-03-17
```

```
2024-03-17
```

정규식 '(\d{2})/(\d{2})/(\d{4})'는 날짜 형식인 mm/dd/yyyy를 찾기 위한 정규식이다. 정규식에서 ( )는 하나의 그룹을 나타낸다. (와) 사이에 있는 패턴은 하나의 그룹으로 취급된다. r'\3-\1-\2'는 교체될 문자열이다. 이 패턴에서 \3은 세 번째 그룹을 나타내고, \1, \2는 각각 첫 번째 패턴과 두 번째 패턴을 나타낸다.

LAB 9-7 HTML 태그를 제거하자

실습 시간

다음과 같이 문자열을 입력으로 받아서 HTML 태그만 제거하는 프로그램을 작성해보자.

원하는 결과

```
HTML 문장을 입력하세요: <h1>Hello, world!</h1><p>This is an example.</p>
Hello, world!This is an example.
```

힌트

다음은 사용자로부터 입력 받은 HTML 문장에서 HTML 태그를 제거하는 파이썬 프로그램이다. 이 프로그램은 re.sub() 함수를 사용하여 정규식으로 HTML 태그를 찾아 제거한다.

해답 코드

```python
import re

html = input("HTML 문장을 입력하세요: ")
# HTML 태그를 제거하는 sub()함수와 정규표현식
result = re.sub('<[^>]+>', '', html)
print(result)
```

위 코드에서는 먼저 사용자로부터 입력 받은 HTML 문장을 input() 함수를 사용하여 입력받는다. '<[^>]+>' 패턴은 <와 > 사이에 있는 모든 문자열을 찾을 수 있다. 마지막으로, re.sub() 함수를 사용하여 HTML 문장에서 HTML 태그를 제거한다. sub() 함수는 HTML 문장에서 정규식 패턴과 일치하는 문자열을 찾아 제거한 후, 새로운 문자열을 반환한다. 이를 result 변수에 저장하여 출력한다.

도전문제 9.3

문자열에서 숫자와 알파벳을 제외한 모든 문자를 제거하는 프로그램을 작성해보자. 예를 들어서 'This is a string !@#$%&^*()_+ characters' 문장은 'Thisisastringcharacters'로 변경된다.

핵심 정리

SUMMARY

- 텍스트 정보는 사람이 읽고 이해할 수 있는 정보이다.
- 많은 양의 정보가 텍스트 데이터로 관리되고 유통된다.
- 파이썬은 텍스트 정보를 다룰 수 있는 다양한 함수를 제공하고 있다.
- 텍스트 데이터를 다루는 데에 정규식은 매우 유용한 도구가 된다.
- 정규식을 이용하여 문자열의 검색과 대치를 강력한 패턴 검색 형식으로 수행할 수 있다.

텍스트 데이터는 사람이 읽고 이해할 수 있는 정보이며 많은 데이터들이 이런 형태로 저장되어 있어요.
이런 데이터를 다루는 일은 매우 중요한 일이죠.

문자열을 다룰 수 있는 다양한 함수들이 이미 구현되어 있어서 편리했어요.
이런 함수들을 외우기만 하면 되겠네요.

많은 함수들을 알고 있으면 도움이 되겠지요.
그런데 함수뿐만이 아니라 정규식을 통해 문자열을 표현하고 다루는 것도 중요해요.
정규식은 단순히 외우기만 할 것은 아니죠.

그런 것 같아요. 정규식은 새로운 말을 배우는 것 같았어요.
생소하기도 하고 어렵기도 하고...

맞아요. 새로운 말과 같지요.
하지만 배워 두면 정말 편리한 도구랍니다.
말을 배우는 건 모두 비슷해요. 반복적으로 연습하는 것이지요.
다양한 문제를 풀며 연습해 보세요.

주관식 문제

다음 괄호 안에 들어갈 알맞은 단어를 적어라.

9.1 OpenAI 사에서 개발하여 2022년 11월에 출시한 (　　　) (은)는 수많은 텍스트 데이터를 학습한 초거대 언어 인공지능 모델이다. 이와 같은 언어 모델을 생성 모델이라고 부르기도 한다.

9.2 문자열 'Hello'의 각 문자를 ['H', 'e', 'l', 'l', 'o']와 같이 리스트 요소로 분리하려면 (　　　) 함수를 사용한다.

9.3 문자열 'Hello World'를 단어들의 리스트인 ['Hello', 'World']와 같이 바꾸는 메소드는 (　　　)이다. 이 메소드는 주어진 분리자 문자를 이용하여 문자열을 단어들로 분리한다.

9.4 부분 문자열들을 모아서 하나의 문자열로 만드는 역할을 하는 함수는 (　　　)이다.

9.5 문자열의 (　　　) 메소드는 문자열 중에서 특정 문자열이 등장하는 횟수를 반환한다.

9.6 문자열에서 대문자를 소문자로 변경하는 함수는 (　　　)이고 반대는 대문자로 변경하는 메소드는 (　　　) 함수이다.

9.7 문자열에서 특정 문자열을 다른 문자열로 치환하려면 (　　　) 메소드를 사용한다.

9.8 문자열 데이터를 처리할 때 문자열에서 원치 않는 공백을 제거하는 작업은 (　　　) 메소드가 담당한다. 만일 문자열의 앞과 뒤에 있는 특정한 문자를 삭제하려면 문자를 이것의 인자로 특정 문자를 전달한다.

9.9 문자열의 메소드 중 (　　　) 메소드는 문자열에서 지정된 부분 문자열을 찾아서 그 인덱스를 반환한다. 만일 지정된 문자를 찾지 못했을 경우에는 -1을 반환한다.

9.10 문자열의 메소드 중 (　　　) 메소드는 문자열 내부의 부분 문자열 또는 문자의 인덱스를 반환한다. 부분 문자열이나 문자를 찾을 수 없으면 예외가 발생한다.

9.11 (　　　) (은)는 텍스트 데이터에서 가장 빈번하게 등장하는 단어를 시각화하여 나타낸 것이다. 단어의 빈도수가 높을수록 해당 단어가 더 크게 표시된다.

9.12 (　　　) (은)는 문자열 패턴을 나타내는 식으로, 문자열을 처리하고 분석하는 데 매우 유용하다. 이는 유닉스 운영체제나 다양한 프로그래밍 언어에서 지원되며, 파이썬에서도 (　　　) 모듈을 통해 사용할 수 있다.

심화문제

EXERCISE

9.1 다음과 같이 3 단어로 된 영문 이름을 입력받은 후 중간 이름을 출력하여라.

```
이름을 입력하시오 : John Fitzgerald Kennedy
중간 이름은 : Fitzgerald
```

9.2 다음과 같이 대문자와 소문자로 이루어진 문자열이 입력되면 이 문자열에서 소문자만을 먼저 출력한 후 바로 다음에 대문자가 출현하도록 하여라. 예를 들어 JoKenTive가 입력되었을 경우 소문자 oenive가 먼저 출력되고 JKT가 출력되는 방식이다.

```
문자열을 입력하시오 : JoKenTive
수정된 문자열 : oeniveJKT
```

9.3 다음과 같이 대문자와 소문자, 특수문자, 숫자로 이루어진 문자열이 연속하여 입력되면, 각각의 출현 횟수를 출력하는 코드를 작성하여라.

```
문자열을 입력하시오 : JoP&*()193at25^^
대문자, 소문자, 숫자, 특수문자의 수
대문자 = 2
소문자 = 3
숫자 = 5
특수문자 = 6
```

9.4 다음과 같이 길이가 동일한 두 문자열 a, b가 주어질 경우 이 두 문자열을 혼합하여 새로운 유형의 문자열 new_str1, new_str2를 생성하여라. new_str1은 a의 문자열 다음에 b의 문자열이 나타나도록 하여 섞는 방식이며, new_str2는 a의 첫 문자 다음에 b의 마지막 문자, a의 두 번째 문자 다음에 b의 뒤에서 두 번째 문자,... 의 순서대로 섞이는 방식이다.

```
a = ABCD
b = 1234
new_str1 = A1B2C3D4
new_str2 = A4B3C2D1
```

9.5 다음과 같은 문자열 s가 있다. 이 문자열에는 Korea가 몇 번 나타나는가를 조사하여 출력하라. 이 때, KOREA, Korea와 korea는 같은 문자열로 간주한다.

```
s = Korea is awesome! I REALLY LOVE KOREA.
Korea의 출현 횟수 : 2
```

9.6 다음과 같은 문장이 있다. 이 문장에는 'English = 98'와 같이 과목과 점수가 저장되어 있다. 이 문장을 분석하여 숫자로 이루어진 점수를 읽어서 합과 평균점수를 출력하여라.

```
문장 s : English = 89, Science = 90, Math = 92, History = 80.
총점 : 351
평균점수  87.75
```

9.7 카이사르의 암호 문장을 만들어 보자. 이 암호는 아래 그림과 같이 A를 D로, B를 E로 치환하는 단순한 규칙을 가지고 있다. 이를 개선하여 대문자, 소문자를 가리지 않고 암호문을 만드는 프로그램을 만들어 보자. 물론 다음과 같이 문자를 제외한 숫자나 쉼표와 같은 특수문자는 암호화를 하지 않도록 하자. 다음과 같이 사용자로부터 문장과 함께 이동시킬 칸 수를 입력받아서 암호문을 생성하도록 하자.

```
문장을 입력하시오 : Veni, vidi, vici.
이동시킬 칸 수를 입력하시오 : 3
암호화된 문장 : Yhql, ylgl, ylfl.
```

(힌트: string 모듈의 아스키 대문자와 소문자를 연결한 문자는 다음과 같이 생성한다. 이 문자를 입력받은 숫자만큼 이동시켜서 dst_str을 생성하도록 하자.)

```
>>> import string     # string 모듈의 아스키 대문자, 소문자를 이용함
>>> src_str = string.ascii_uppercase + string.ascii_lowercase
>>> src_str
'ABCDEFGHIJKLMNOPQRSTUVWXYZabcdefghijklmnopqrstuvwxyz'
```

9.8 다음과 같이 사용자로부터 단어들을 입력받도록 하여라. 입력된 문장은 영문자와 숫자 'Jian777'과 같이 영문자+숫자의 합성으로 이루어진 단어들로 이루어져있다. 이 문장에서 영문자로만 된 단어, 숫자로만 된 단어, 영문자+숫자의 합성으로만 이루어진 단어를 각각 구분하여 나타내어라.

```
문장을 입력하시오 : Jian777 is very famous Data scientist. He is only 26 years old but
published 19 papers.
영문 단어 : is very famous Data scientist He is only years old but published papers
숫자 : 26 19
영문자+숫자 : Jian777
```

9.9 IP 주소는 일반적으로 4개의 숫자로 구성되어 있으며, 각 숫자는 0에서 255 사이의 값을 가진다. 예를 들어, '192.168.0.1'과 같은 IP 주소는 각각의 숫자가 0에서 255 사이의 값을 가지고 있다(힌트: '256.0.0.1' 과 같은 IP 주소는 첫 번째 숫자가 256이므로 유효한 범위를 벗어나며, '192.168.0' 과 같은 IP 주소는 4개의 숫자 중 3개만 제공되었기 때문에 완전한 IP 주소가 아니다).

```
IP 주소를 입력하시오 : 256.0.0.1
유효하지 않은 IP 주소입니다.
```

9.10 영문 위키 백과사전에서 한국('South Korea')과 관련된 단어들을 찾아 아래 그림처럼 워드 클라우드로 표현해 보자. 이때 한국과 관련된 단어로 자주 등장하지만 중요한 의미를 갖지는 않는 'south', 'north', 'korean', 'world', 'country' 등의 단어를 STOPWORDS를 사용하여 제외하여 워드 클라우드로 표시하여라.

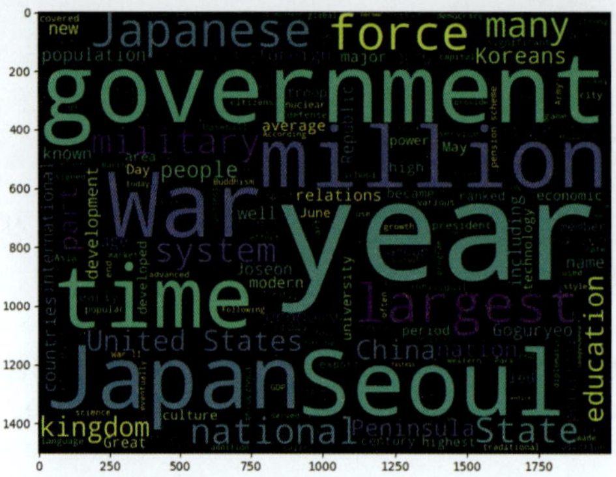

9.11 한국과 관련된 워드 클라우드를 생성하니 일본이 많이 나타난다. 이번에서 한국과 일본에 관련된 단어들 모아서 아래와 같이 화면에 보여 보자.

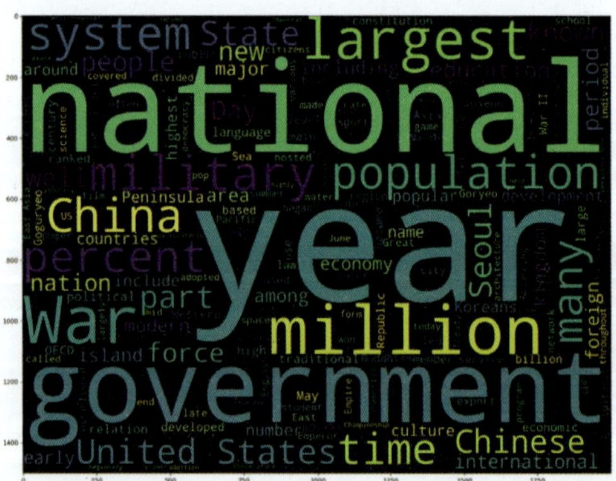

힌트: 두 개의 기사 페이지를 병합하면 된다. 일본이기 때문에 나타난 무의미한 중지어를 추가할 필요도 있을 것이다.

```
wiki1 = wikipedia.page('South Korea')
wiki2 = wikipedia.page('Japan')
text = wiki1.content + wiki2.content
```

chapter

10 넘파이로 수치 데이터를 처리해보자

이 장에서 배울 것들

- 넘파이를 사용하는 이유를 알아봅시다.
- 넘파이가 제공하는 다차원 배열의 속성에 대하여 살펴보도록 합시다.
- 넘파이의 강력한 기능을 직접 사용해 보며 익혀 봅시다.
- 넘파이로 각종 확률 분포에서 난수를 생성해 데이터를 생성해 봅시다.
- 고차원 배열의 인덱싱 기법에 대해서도 익숙해져 봅시다.
- 넘파이가 제공하는 데이터 분석 함수를 살펴봅시다.
- 다수 변수들 간의 상관관계를 계산하는 일도 해 봅시다.

10.1 리스트보다 넘파이의 배열이 훨~씬~ 빠르다

우리는 앞에서 파이썬의 리스트에 대하여 학습하였다. 리스트는 여러 개의 값들을 저장할 수 있는 자료구조로서 강력하고 활용도가 높다. 리스트는 다양한 자료형의 데이터를 다음과 같이 여러 개 저장할 수 있으며 데이터를 변경하거나 추가, 제거할 수 있다.

```
>>> scores = [10, 20, 30, 40, 50, 60]
```

하지만 데이터 과학에서는 파이썬의 기본 리스트로 충분하지 않다. 데이터를 처리할 때는 리스트와 리스트 간의 다양한 연산이 필요한데, 파이썬의 기본 리스트는 이러한 기능이 부족하며, 연산 속도도 빠르지 않다. 따라서 데이터 과학자들은 리스트 대신에 **넘파이**Numpy를 선호한다. 아래의 그림은 Cory Gough의 블로그에서 발췌한 그림으로 수평축은 데이터의 개수, 수직축은 계산시간을 의미한다. 표에서 알 수 있듯이 넘파이의 배열은 주황색으로 표시된 파이썬의 리스트에 비하여 데이터가 증가하더라도 시간이 이에 비례하여 느려지는 구조가 아니며, 그 **처리속도가 매우 빠름**을 알 수 있다.

넘파이는 대용량의 배열과 행렬연산을 빠르게 수행하며, 고차원적인 수학 연산자와 함수를 포함하고 있는 파이썬 라이브러리이다. 넘파이는 파이썬에서 수치 데이터를 다루는 가장 기본적이고 강력한 패키지라 할 수 있다. 데이터 분석이나 기계 학습 프로젝트를 수행한다면 넘파이에 대한 확실한 이해가 필수적이다. 왜냐하면, 데이터 분석을 위한 패키지인 **판다스**Pandas나 기계학습을 위한 Scikit-learn, Tensorflow 등이 넘파이 위에서 작동하기 때문이다.

넘파이의 핵심적인 객체는 다음 그림과 같은 다차원 배열이다. 예를 들어서 정수들에 대하여 1차원 배열이나 2차원 배열(테이블)을 넘파이를 이용해서 생성할 수 있다. 배열의 각 요소는 **인덱스**index라고 불리는 정수들로 참조된다. 넘파이에서 차원은 **축**axis라고도 불린다. 다음 그림은 1차원, 2차원, 3차원 배열과 그 축을 나타내고 있다.

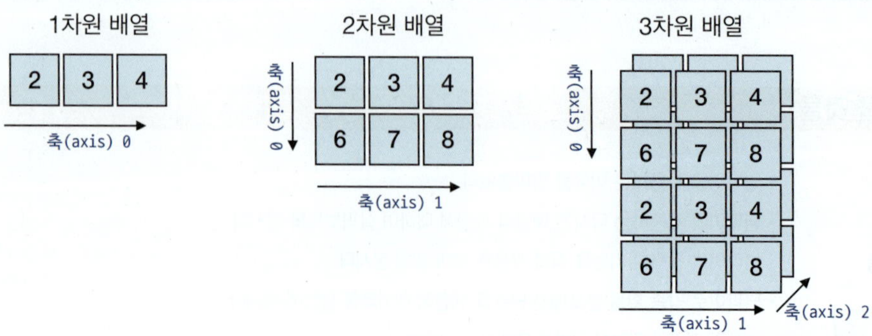

리스트와 넘파이 배열은 무엇이 다른가

데이터 과학자들은 왜 넘파이를 많이 사용할까? 넘파이는 성능이 우수한 다차원 배열 객체를 제공한다. 이 다차원 배열 객체를 **ndarray**라고 한다. ndarray는 n차원 배열, 즉 다차원 배열을 의미한다. 전통적으로 **배열**array은 동일한 자료형을 가진 데이터를 연속적으로 저장한다. ndarray 객체 역시 동일한 자료형의 항목들만 저장한다. 반면, 파이썬의 리스트는 동일하지 않은 자료형을 가진 항목들을 담을 수 있다. 넘파이의 핵심이 되는 ndarray 객체가 가진 장점을 정리하면 아래와 같다.

- ndarray는 C 언어에 기반한 배열 구조이므로 메모리를 적게 차지하고 속도가 빠르다.
- ndarray를 사용하면 배열과 배열 간에 수학적인 벡터 연산을 이용할 수 있다.
- ndarray는 고급 연산자와 풍부한 함수들을 제공한다.

넘파이 배열의 장점을 이해하기 위한 간단한 예제를 살펴보자. 다음과 같이 학생들의 중간고사와 기말고사 성적을 저장하고 있는 리스트가 있다고 하자.

```
mid_scores = [10, 20, 30]     # 파이썬 리스트 mid_scores
final_scores = [70, 80, 90]   # 파이썬 리스트 final_scores
```

mid_scores는 학생 3명의 중간고사 성적을 저장하고 final_scores은 기말고사 성적을 저장하고 있는데, 다음 표와 같이 각 학생들의 중간고사 성적과 기말고사 성적을 합하여 오른쪽의 총점(total)이라는 리스트를 만들고 싶다.

	중간고사 성적	기말고사 성적	총점
학생 #1	10	70	80
학생 #2	20	80	100
학생 #3	30	90	120

그런데, 파이썬 리스트 더하기 연산자는 두 리스트를 연결하므로, mid_scores + final_scores을 적용하면 다음과 같이 2개의 리스트를 연결한 리스트가 새로운 만들어진다.

```
>>> total = mid_scores + final_scores     # 원소간의 합이 아닌 리스트를 연결함
>>> total
[10, 20, 30, 70, 80, 90]
```

우리는 위의 표와 같이 총점을 구하고자 하므로 이 결과는 우리가 원하는 연산이 아니다. 리스트의 더하기 연산은 단순히 원소를 이어주는 일만 하기 때문이다. 하지만 넘파이 다차원 배열에 + 연산을 하면, 대응되는 값끼리 합쳐진 결과를 얻을 수 있다. 아래의 그림을 살펴보면 넘파이의 ndarray 배열의 덧셈이 오른쪽에 나타나 있다. 이와 같이 넘파이의 덧셈 연산은 차원이 같은 두 벡터의 원소들끼리 덧셈을 한다. 이를 **벡터합 연산**이라고 한다. 따라서 벡터합의 첫 성분은 X1 + Y1, 두 번째 성분은 X2 + Y2, 세 번째 성분은 X3 + Y3가 된다. 과학자들은 이와 같은 벡터합 연산을 훨씬 더 많이 사용한다.

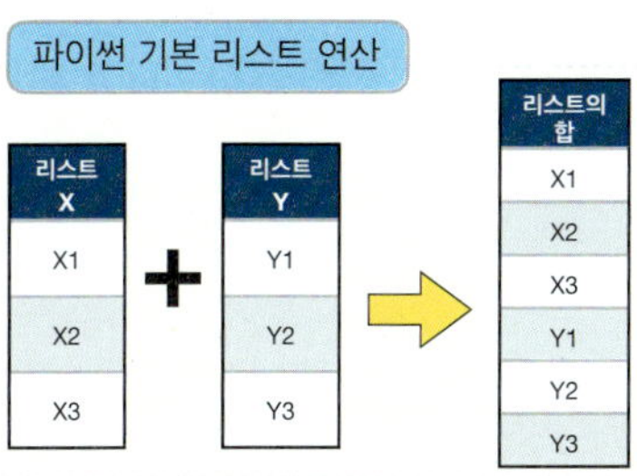

파이썬 리스트의 덧셈 연산 X+Y와 그 결과

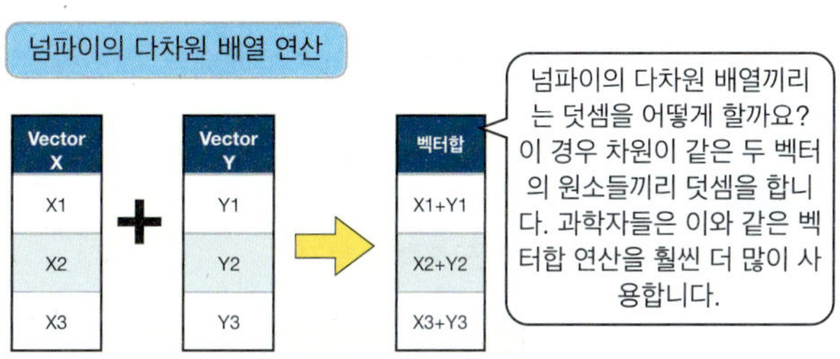

넘파이 다차원 배열의 덧셈 연산 X+Y와 그 결과

10.2 넘파이의 별칭 만들기, 그리고 간단한 배열 연산하기

이번에는 넘파이의 배열을 이용하여 동일한 계산을 해보자. 파이썬에서 넘파이를 사용하려면, 다음과 같이 넘파이 패키지를 불러와야 한다. 아래의 코드 import ~ as에서 as 뒤에 나타나는 이름은 as 앞의 이름을 대체하는 **별칭**alias이다. 보통 numpy의 별칭으로 np를 사용한다. 앞으로 사용하게 될 **넘파이 사용 프로그램에서 이 코드의 호출은 필수**이다. 혹시 이 코드없이 np.array()가 나타날 경우 위의 코드를 삽입해야만 오류없이 실행된다.

```
import numpy as np
```

넘파이 배열을 만들려면 넘파이가 제공하는 array() 함수를 이용한다. 다음과 같이 numpy 모듈에 있는 array() 함수에 파이썬 리스트를 전달하면 넘파이의 다차원 배열이 생성된다.

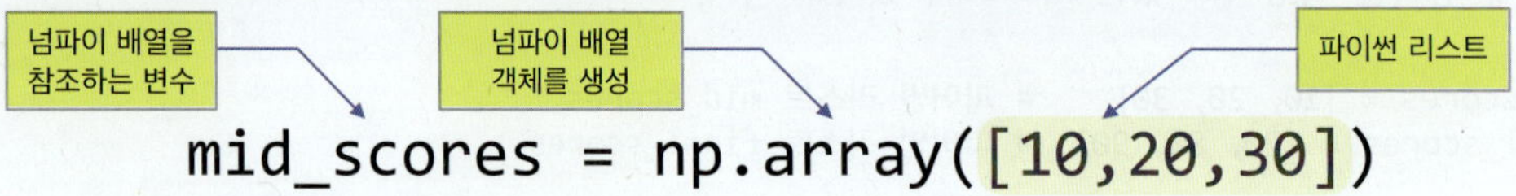

이제 다음과 같이 mid_scores, final_scores 라는 넘파이 객체를 생성하도록 하자.

```
mid_scores = np.array([10, 20, 30])      # 넘파이 ndarray 객체를 생성
final_scores = np.array([60, 70, 80])    # 넘파이 ndarray 객체를 생성
```

위의 두 배열을 합하여 학생들의 총점을 계산해보자. 이를 위하여 ndarray의 덧셈 연산을 수행한다.

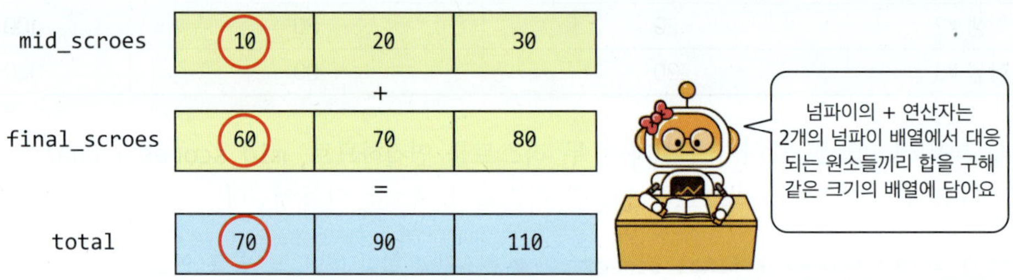


```
total = mid_scores + final_scores
print('시험성적의 합계 :', total)       # 각 요소별 합계가 나타난다
print('시험성적의 평균 :', total/2)     # 평균을 얻기위해 모든 요소를 2로 나눈다.
```

```
시험성적의 합계 : [ 70  90 110]
시험성적의 평균 : [35. 45. 55.]
```

넘파이는 배열 요소별로 지정된 연산을 수행할 수 있다. 위의 예제에서 넘파이는 첫 번째 배열에서 값을 꺼내서 두 번째 배열의 대응되는 값과 더한다. 따라서 total의 첫 원소는 10 + 60인 70이 된다. 그리고 total/2는 total 내의 모든 원소에 대하여 개별적으로 나눗셈 연산을 수행하여 mid_score와 final_scores의 평균값을 구한다. 이와 같이 수행되는 원소별 연산 처리를 **벡터화**vectorization 연산이라고 한다.

도전문제 10.1

다음과 같은 연산의 결과를 출력해 보자.

```
>>> a = np.array(range(1, 11))
>>> b = np.array(range(10, 101, 10))
>>> a + b, a - b, a * b, a / b
```

넘파이의 핵심 다차원 배열을 알아보자

넘파이의 핵심이 되는 **다차원 배열**ndarray은 다음과 같은 속성을 가지고 있다. 이러한 속성을 이용하여 프로그램의 오류를 찾거나 배열의 상세한 정보를 손쉽게 조회할 수 있다.

```
>>> a = np.array([1, 2, 3])       # 넘파이 ndarray 객체의 생성
>>> a.shape      # a 객체의 형태(shape)
    (3,)
>>> a.ndim       # a 객체의 차원
    1
>>> a.dtype      # a 객체 내부 자료형
    dtype('int32')
>>> a.itemsize   # a 객체 내부 자료형이 차지하는 메모리 크기(byte)
    4
>>> a.size       # a 객체의 전체 크기(항목의 수)
    3
```

각각의 속성에 관련한 상세한 설명은 다음 표와 같다.

속성	설명
ndim	배열 축 혹은 차원의 개수
shape	배열의 차원으로 (m, n) 형식의 튜플 형이다. 이 때, m과 n은 각 차원의 원소의 크기를 알려주는 정수
size	배열 원소의 개수이다. 이 개수는 shape 내의 원소의 크기의 곱과 같다. 즉 (m, n) 형태 배열의 size는 $m \cdot n$ 이다.
dtype	배열 내의 원소의 형을 기술하는 객체이다. 넘파이는 파이썬 표준 자료형을 사용할 수 있으나 넘파이 자체의 자료형인 bool_, character, int_, int8, int16, int32, int64, float, float8, float16_, float32, float64, complex_, complex64, object 형을 사용할 수 있다.
itemsize	배열내의 원소의 크기를 바이트 단위로 기술한다. 예를 들어 int32 자료형의 크기는 32/8 = 4 바이트가 된다.
data	배열의 실제 원소를 포함하고 있는 버퍼
stride	배열 각 차원별로 다음 요소로 점프하는 데에 필요한 거리를 바이트로 표시한 값을 모은 튜플

도전문제 10.2

다음과 같은 연산의 결과를 출력해 보자.

```
>>> a = np.array(range(1, 11)) + np.array(range(10, 101, 10))
>>> a.shape
    ______
>>> a.size
    ______
```

잠깐 – 네이처에 소개된 넘파이

2020년 9월 저명한 과학 저널 **네이처**Nature에 넘파이에 대한 리뷰 논문이 게재되었다. 기초과학 분야 논문을 주로 게재하는 네이처에 소프트웨어 모듈이 소개되는 것은 매우 이례적인 일이다. 논문은 **텐서**tensor라 불리는 다차원 배열을 효율적으로 다루는 넘파이가 과학 분야에 파이썬 생태계를 제공했고, 과학 각 분야의 수치 데이터 처리 기술들이 상호운용성을 가질 수 있도록 하는 역할을 했다고 밝히고 있다. 블랙홀의 그림자를 최초로 찍어낸 **이벤트 호라이즌**Event Horizon 연구팀이 넘파이 배열을 이용해 연구의 각 단계별 데이터를 저장하고 다루었던 사례도 소개하였다.

영국 왕립 천문학회는 넘파이를 바탕으로 만들어진 Astropy에게 상을 수여하면서 "Astropy 프로젝트는 수백 명의 젊은 과학자들에게 버전 제어, 단위 검사, 코드 리뷰, 이슈 트래킹과 같은 전문가 수준의 소프트웨어 개발 경험을 제공했다. 현대의 연구자에게 이것들은 핵심적 기술들인데 물리학이나 천문학 분야의 정규 대학 교육에서는 종종 누락되고 있다."라고 밝혔다.

10.3 강력한 넘파이 배열의 연산을 알아보자

넘파이 배열에는 + 연산자나 * 연산자와 같은 수학적인 연산자를 얼마든지 적용할 수 있다. 예를 들어서 어떤 회사가 좋은 성과를 거두어 전 직원의 월급를 100만원씩 올려주기로 하였다. 어떻게 하면 될까? 현재 직원들의 월급이 [220, 250, 230]이라고 하자. 이것을 넘파이 배열에 저장한다.

```
import numpy as np

salary = np.array([220, 250, 230])
```

넘파이 배열에 저장된 모든 값에 100을 더하려면 다음과 같이 배열에 스칼라 값 100을 더하면 된다.

```
salary = salary + 100
print(salary)
```

```
[320, 350, 330]
```

위의 코드와 같이 넘파이 배열 salary에 100을 더하면 salary 배열의 모든 요소에 100이 더해진다. 만일 모든 직원들의 월급을 2배 올려주려면 어떻게 하면 될까? 다음과 같이 넘파이의 배열에 2를 곱하면 된다.

```
salary = np.array([220, 250, 230])
salary = salary * 2
print(salary)
```

```
[440, 500, 460]
```

물론 곱셈 연산은 2.1과 같은 실수 값을 적용할 수도 있다.

```
salary = np.array([220, 250, 230])
salary = salary * 2.1
print(salary)
```

```
[462. 525. 483.]
```

파이썬의 기본 리스트에는 리스트와 리스트 간의 연산이 정의되어 있지 않다. 따라서 요소별로 대응시켜 계산하는 일이 지원되지 않는다. 하지만 넘파이의 다차원 배열은 배열과 배열 간의 연산이 정의되어 있다.

넘파이의 계산은 왜 빠를까?

넘파이가 다차원 배열에 관한 계산을 빠르게 할 수 있는 이유를 알아보자. 파이썬의 리스트는 아래의 코드와 같이 다양한 자료형의 값을 가질 수 있다. 하지만 넘파이는 각 배열마다 타입을 하나만 가질 수 있다. 다시 말하면, **넘파이의 배열 안에는 동일한 타입의 데이터만 저장**할 수 있다. 즉 정수면 정수, 실수면 실수만을 저장할 수 있는 것이다. 만약 여러분들이 여러 가지 타입을 섞어서 넘파이의 배열에 전달하면 넘파이는 이것을 전부 문자열로 변경한다. 예를 들어서 다음 배열은 문자열 배열이 된다.

```
>>> lst = [ 100, 'test', 3.0, False] # 리스트는 다양한 자료형의 데이터를 가질 수 있다
>>> tangled = np.array([ 100, 'test', 3.0, False])
>>> print(tangled)    # 넘파이는 다양한 자료형의 데이터를 하나의 자료형으로 만들어 저장한다
    ['100' 'test' '3.0' 'False']
```

이렇게 동일한 자료형으로만 데이터를 저장하면 각각의 데이터 항목에 필요한 저장 공간이 일정하다. 따라서 몇 번째 위치에 있는 항목이든 그 순서만 안다면 바로 접근할 수 있기 때문에 빠르게 데이터를 다룰 수 있는 것이다. 이렇게 원하는 위치에 바로 접근하여 데이터를 읽고 쓰는 일을 **임의 접근** random access이라고 한다. 넘파이의 데이터 저장 방식은 오로지 빠른 수치 연산을 목적으로 한다. 따라서 여러분이 다양한 객체를 하나로 묶어서 다루기 위한 목적으로 코딩을 한다면, 파이썬 리스트 자료형을 사용하는 것이 더 나은 방법일 것이다.

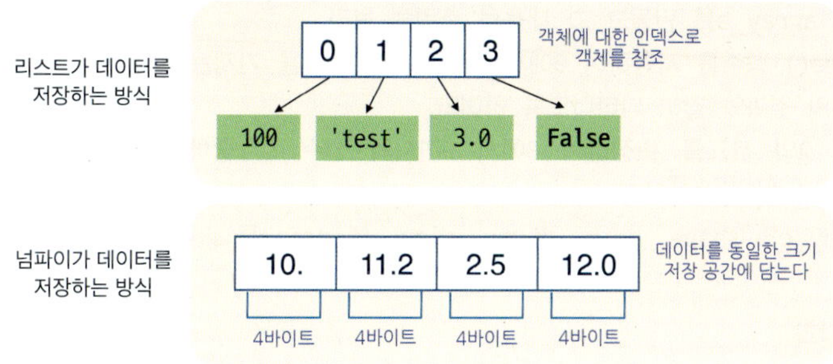

강력한 벡터화 연산을 적극 활용하자

넘파이의 장점인 벡터화 연산을 좀 더 깊이 살펴보자. 우선 코드의 수행시간을 측정하기 위한 time 모듈에 대해 살펴보자. 파이썬의 time 모듈에 있는 time() 함수는 현재 컴퓨터의 시간을 밀리 초 단위로 알아낼 수 있다. 따라서 특정한 코드의 시작 전과 시작 후에 시간을 저장한 후 이 값을 빼는 방식으로 코드의 수행시간을 알아내는데 매우 유용하다. 0에서 99999까지의 수를 생성하여 이들의 합을 구하는 코드를 for 반복문을 이용하여 작성해 보자. 다음과 같이 for i in np.arange(100000)과 같은 방법으로 수를 생성하여 누적하는 방법을 사용하면 된다. 그리고 이 코드의 전과 후에 start, end라는 변수를 만들고 이 변수에 time.time()으로 현재 시간을 저장해 두도록 하자. 코드가 모두 수행되면 end - start로 경과 시간을 출력하자.

```
import time

start = time.time()    # 시작 시간을 저장
# 벡터화 연산 대신 반복문을 사용하자.
total = 0
for i in np.arange(100000):
    total = i + total
end = time.time()  # 종료 시간을 저장

print('total =', total)
print("{:.5f} sec".format(end-start)) # 수행시간 출력
```

```
total = 4999950000
0.02376 sec
```

수행결과를 살펴보면 이 연산을 수행하는데 0.023초가 걸렸음을 알 수 있다. 이제는 넘파이의 벡터화 연산을 사용하는 np.sum()으로 동일한 결과를 만들어 보자. 벡터화 연산을 사용한 이 코드는 0.00065초 밖에 걸리지 않는다. 즉 이전의 코드에 비해서 수십 배 이상 더 빠르게 수행되는 것을 볼 수 있다. 따라서 넘파이의 성능을 최대로 끌어올리기 위해서는 가급적 for 루프를 사용하지 말고 **벡터화 연산 기능을 사용하는 것이 더 나은 방법**이다.

```
start = time.time()    # 시작 시간을 저장
# 넘파이의 벡터화 연산을 사용하자
total = np.sum(np.arange(100000))
end = time.time()  # 종료 시간을 저장
print('total =', total)
print("{:.5f} sec".format(end-start)) # 수행시간 출력
```

```
total = 4999950000
0.00065 sec
```

LAB[10-1] ndarray 객체를 생성하고 속성을 알아보자

실습 시간

넘파이의 다차원 배열을 이해하기 위해 다음과 같은 일들을 수행해 보자.

1. 0에서 9까지의 정수 값을 가지는 리스트를 만들자. 이 리스트를 이용하여 넘파이의 ndarray 객체 array_a를 만들고 그 내용을 출력해 보라.
2. range() 함수를 사용하여 0에서 9까지의 정수 값을 가지는 ndarray 객체 array_b를 만들고 아래의 결과와 같이 나타나도록 하여라.
3. 문제 2의 코드를 수정하여 0에서 9까지의 정수 값 중에서 짝수을 가지는 ndarray 객체 array_c를 생성하여라.
4. array_c의 shape, ndim, dtype, size. itemsize를 출력해 보라.

원하는 결과

```
실습 1 : array_a = [0 1 2 3 4 5 6 7 8 9]
실습 2 : array_b = [0 1 2 3 4 5 6 7 8 9]
실습 3 : array_c = [0 2 4 6 8]
실습 4:
array_c의 shape : (5,)
array_c의 ndim : 1
array_c의 dtype : int64
array_c의 size : 5
array_c의 itemsize : 8
```

힌트

넘파이 배열을 만드는 방법은 넘파이의 array 메소드에 일반적인 리스트를 넘겨주면 된다. 그리고 짝수 리스트를 만들 때는 range(0, 10, 2)와 같은 함수를 호출하면 될 것이다.

해답 코드

```python
import numpy as np

# 실습 1
array_a = np.array([0, 1, 2, 3, 4, 5, 6, 7, 8, 9])
print('실습 1 : array_a =', array_a)

# 실습 2
array_b = np.array(range(10))
print('실습 2 : array_b =', array_b)

# 실습 3
array_c = np.array(range(0,10,2))
print('실습 3 : array_c =', array_c)

# 실습 4
print('실습 4: ')
print('array_c의 shape :', array_c.shape)
print('array_c의 ndim :', array_c.ndim)
print('array_c의 dtype :', array_c.dtype)
print('array_c의 size :', array_c.size)
print('array_c의 itemsize :',array_c.itemsize)
```

LAB 10-2 여러 사람의 BMI를 빠르고 간편하게 계산하기

실습 시간

넘파이를 이용하여 다수의 인원에 대해 BMI 계산을 효율적으로 적용해 보자.

어떤 병원에서 연구를 위하여 모집한 여러 사람에 대하여 키와 몸무게를 측정하였다. 하나의 리스트는 실험 대상자들의 키를 저장한 리스트로서 heights라고 하자. 또 하나의 리스트는 몸무게를 저장한 리스트로서 weights라고 하자.

이 두 리스트를 사용하여 병원의 실험 대상자들의 BMI를 한 번에 계산할 수 있는 방법은 무엇일까? 키와 몸무게 값들은 다음의 결과 코드를 참고하도록 하자.

원하는 결과

```
대상자들의 키: [1.83 1.76 1.69 1.86 1.77 1.73]
대상자들의 몸무게: [86 74 59 95 80 68]
대상자들의 BMI
[25.68007405 23.88946281 20.65754 27.45982194 25.53544639 22.72043837]
```

힌트

하나의 리스트는 실험 대상자들의 키를 저장한 리스트로서 heights라고 하자. 또 하나의 리스트는 몸무게를 저장한 리스트로서 weights라고 하자. 이들은 각각 다음과 같다.

```
heights = [ 1.83, 1.76, 1.69, 1.86, 1.77, 1.73 ]
weights = [ 86, 74, 59, 95, 80, 68 ]
```

체질량 지수는 여러 번 사용한 바와 같이 다음 수식으로 계산할 수 있다.

$$BMI = 체중(kg) / 키를 제곱한 값(m^2)$$

첫 번째 실험 대상자의 BMI는 86/(1.83*1.83) = 25.68로 계산할 수 있다. 물론 이렇게 하나씩 계산하여도 되지만 만약 리스트에 있는 모든 값들에 대하여 한 번에 BMI를 계산할 수 있다면 아주 편리할 것이다. 이를 위하여 넘파이 배열과 벡터화 연산을 사용해보자.

해답 코드

```python
import numpy as np

heights = [ 1.83, 1.76, 1.69, 1.86, 1.77, 1.73 ]
weights = [ 86, 74, 59, 95, 80, 68 ]

np_heights = np.array(heights)
np_weights = np.array(weights)

bmi = np_weights/(np_heights**2)
print('대상자들의 키:', np_heights)
print('대상자들의 몸무게:', np_weights)
print('대상자들의 BMI')
print(bmi)
```

10.4 인덱싱과 슬라이싱을 넘파이에서도 할 수 있다

지금부터는 다음과 같은 성적이 저장된 1차원 배열에서 요소들을 꺼내는 방법을 살펴보자.

```
>>> scores = np.array([88, 72, 93, 94, 89, 78, 99])
```

넘파이 배열에서 특정한 요소를 추출하려면 인덱스를 사용한다. 파이썬 리스트와 마찬가지로 인덱스는 0부터 시작한다. 따라서 인덱스로 2을 지정하면 93이 출력된다.

```
>>> scores[2]
93
```

마지막 요소에 접근하려면 리스트와 마찬가지로 인덱스로 -1을 주면 된다. 이제 배열의 마지막 원소 99가 출력될 것이다.

```
>>> scores[-1]
99
```

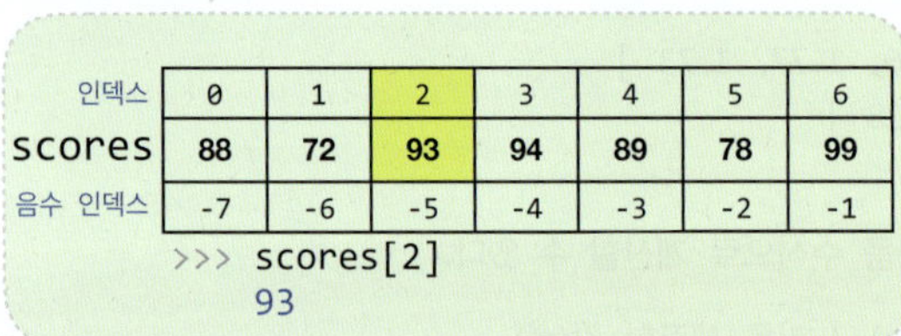

인덱싱은 특정한 요소를 얻는 방법이다

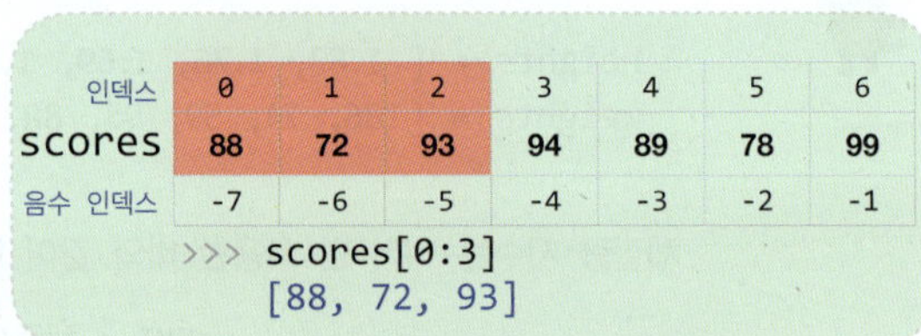

슬라이싱은 요소 집합을 얻는 방법이다

넘파이 배열에서는 다음과 같이 슬라이싱도 가능하다. 아래 코드와 같이 마지막 항목 인덱스가 3일 때는 3-1인 scores[2] 항목까지 슬라이싱 된다는 것에 주의하도록 하자.

```
>>> # 첫 번째, ... 세 번째 항목 슬라이싱
>>> scores[0:3]
array([88, 72, 93])
>>> # 두 번째, ... 네 번째 항목 슬라이싱
>>> scores[1:4]
array([72, 93, 94])
```

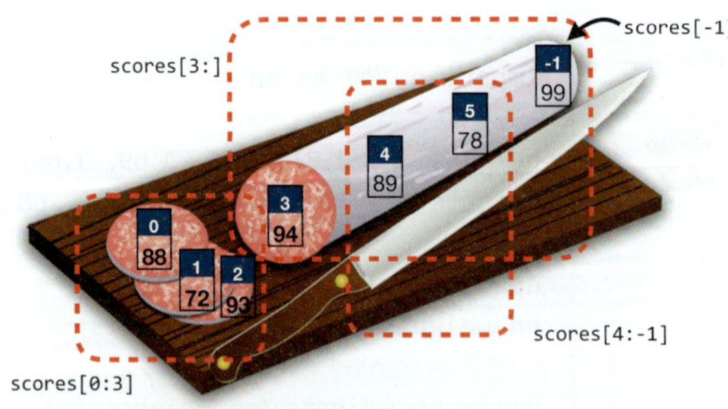

또한 다음과 같이 **시작 인덱스나 종료 인덱스는 생략이 가능**하다. 이것은 파이썬의 리스트와 동일하다. 또한 scores[4:-1]과 같은 음수 인덱싱도 가능하다.

```
>>> scores[:3]        # 첫 인덱스를 생략하면 디폴트 값은 0임
array([88, 72, 93])
>>> scores[3:]        # 마지막 인덱스를 생략하면 디폴트 값은 -1임
array([94, 89, 78, 99])
>>> scores[4:-1]      # 마지막 인덱스로 -1을 사용할 경우 -1의 앞에 있는 78까지 슬라이싱함
array([89, 78])
```

논리적인 인덱싱과 이차원 배열의 인덱싱

논리적인 인덱싱logical indexing이란 넘파이의 배열에서 특정한 조건을 주고, 이 조건을 통해서 배열에서 원하는 값을 추려내는 것이다. 예를 들어서 사람들의 나이가 저장된 넘파이 배열 ages가 있다고 하자.

```
>>> ages = np.array([18, 19, 25, 30, 28])
```

ages에서 나이가 20살 이상인 사람만 고르려고 하면 ages > 20 과 같은 조건식을 써준다. 이 경우 18 > 20, 19 > 20, 25 > 20, 30 > 20, 28 > 20 과 같은 조건식이 호출되고 그 결과는 다음과 같이 False, False, True, True, True가 된다.

```
>>> y = ages > 20
>>> y
    array([False, False, True, True, True])
```

즉 위의 ages > 20 연산의 결과는 부울형의 넘파이 배열이 된다. ages 배열의 첫 번째와 두 번째 요소는 20보다 크지 않으므로 False가 되고 나머지 요소들은 모두 20보다 크므로 True가 되었다. 이러한 기능을 사용하여 배열 중에서 20살 이상인 사람들을 뽑아내 보도록 하자. 이때는 다음과 같이 위의 부울형 배열을 인덱스로 하여 배열 ages에 보내면 된다.

```
>>> ages[ ages > 20 ]
    array([25, 30, 28])
```

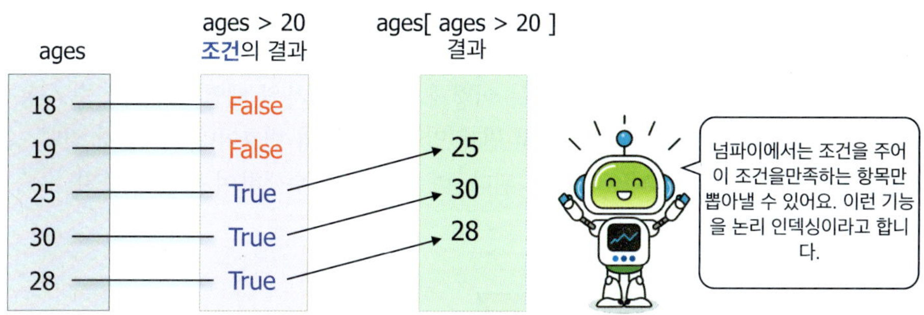

배열 [조건] 은 조건을 만족하는 배열 내의 항목들로 이루어진 배열을 만듦

잠깐 – BMI가 25가 넘는 사람만 추출해 보자

앞서 실습을 통해 여러 사람의 BMI를 출력해 보았다. 이제 BMI가 25가 넘는 사람의 BMI만 출력하도록 해보자. 키와 몸무게 값을 담은 넘파이 배열 np_heights와 np_weights가 이미 만들어져 있다면 다음과 같이 구할 수 있다.

```
bmi = np_weights/(np_heights**2)
print(bmi[bmi > 25])        # BMI가 25 넘는 사람의 BMI만을 출력
```

도전문제 10.3

다음과 같은 10명의 성적 정보가 들어 있는 리스트가 있다. 이 리스트의 원소를 넘파이 다차원 배열의 원소로 만든 다음 성적이 60점 이상인 값들 만을 추출하여 출력하여라.

```
>>> score = [69, 34, 55, 79, 90, 57, 92, 59, 69, 77]
```

10.5 2차원 배열의 인덱싱

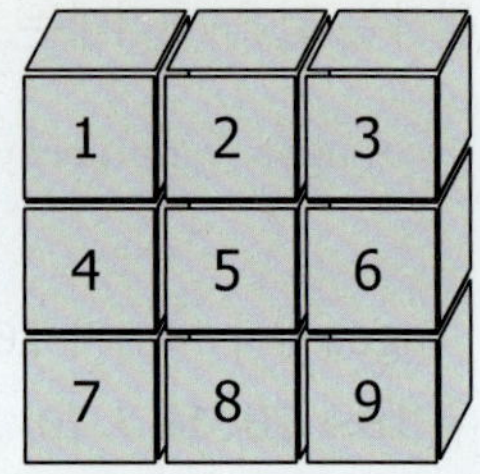

넘파이를 사용하면 2차원 배열도 쉽게 만들 수 있다. 2차원 배열은 숫자들이 그림과 같이 2차원 형태로 나열된 것으로 볼 수 있다.

앞에서와 마찬가지로 파이썬의 2차원 리스트를 먼저 생성한 후에 이것을 넘파이의 2차원 배열로 변경해보자. 파이썬의 2차원 리스트는 "리스트의 리스트"라고 할 수 있다. 즉 리스트 안에 다른 리스트가 들어 있는 형태이다. 이는 수학에서의 **행렬**matrix과 비슷하다.

```
>>> import numpy as np
>>> y = [[1,2,3], [4,5,6], [7,8,9]]     # 2차원 배열(리스트 자료형)
>>> y
    [[1, 2, 3], [4, 5, 6], [7, 8, 9]]
```

넘파이 2차원 배열은 다음과 같이 np.array()를 호출하여 생성할 수 있다. 넘파이의 2차원 배열은 수학에서의 행렬과 같이 다룰 수 있다. 따라서 역행렬이나 행렬식을 구하는 등의 행렬 연산들이 넘파이 배열에 쉽게 적용될 수 있도록 구현되어 있다.

```
>>> np_array = np.array(y)     # 2차원 배열(넘파이 다차원 배열)
>>> np_array
    array([[1, 2, 3],
           [4, 5, 6],
           [7, 8, 9]])
```

2차원 배열에서 특정한 위치에 있는 요소는 어떻게 꺼낼까? 2차원 배열도 인덱스를 사용한다. 다만 2차원이기 때문에 인덱스가 2개 필요하다. 첫 번째 인덱스는 행의 번호이다. 두 번째 인덱스는 열의 번호이다. 예를 들어서 np_array[0][2]는 3이 된다. 다음 코드를 수행하여 확인해 보자.

```
>>> np_array[0][2]
    3
```

도전문제 10.4

위의 넘파이 2차원 배열에 대하여 두번째 열의 첫 번째, 세 번째 열의 세 번째 원소를 추출하여라. 이때 배열의 인덱싱을 사용하여라.

넘파이는 넘파이 스타일로 인덱싱할 수 있다

넘파이의 2차원 배열에서 np_array[0][2]와 같은 형태로도 특정한 요소를 꺼낼 수 있다. 하지만 넘파이에서는 많이 사용되는 표기법이 있다. 0번째 행과 2번째 열에 있는 요소에 접근할 때는 콤마를 사용하여 np_array[0, 2]로 써주어도 된다. 콤마 앞에 값은 행을 나타내며, 콤마 뒤에 값은 열을 나타낸다.

```
>>> np_array = np.array([[1,2,3], [4,5,6], [7,8,9]])
>>> np_array[0, 2]    # np_array[0][2]과 동일한 결과
    3
```

2차원 넘파이 배열은 행렬이라는 점을 명심하자. 행렬에서는 행의 번호와 열의 번호만 있으면 특정한 요소를 꺼낼 수 있다. 따라서 넘파이 스타일로 [row, col] 인덱스를 사용하면 row 번째 행을 가져온 뒤에 거기서 col 번째 항목을 찾는 것이 아니라 특정 항목에 곧바로 접근하게 되어 수행 속도면에서 유리하다.

```
>>> np_array[0, 0]
    1
>>> np_array[2, -1]
    9
```

그리고 리스트와 유사하게 인덱스 표기법을 사용하여 배열의 요소를 변경할 수도 있다.

```
>>> np_array[0, 0] = 12    # ndarray의 첫 요소를 12로 변경함
>>> np_array
    array([[12, 2, 3],
           [ 4, 5, 6],
           [ 7, 8, 9]])
```

파이썬 리스트와 달리, 넘파이 배열은 모든 항목이 동일한 자료형을 가진다는 것을 명심하여야 한다. 예를 들어 정수 배열에 부동 소수점 값을 삽입하려고 하면 소수점 이하값은 자동으로 사라진다.

```
>>> np_array[2, 2] = 1.234  # 마지막 요소의 값을 실수로 변경하려고 하면 실패
>>> np_array
    array([[12, 2, 3],
           [ 4, 5, 6],
           [ 7, 8, 1]])
```

10.6 넘파이 스타일의 2차원 배열 슬라이싱

넘파이에서 슬라이싱은 큰 행렬에서 작은 행렬을 끄집어내는 방법이다. 다음은 슬라이싱을 통해서 2차원 행렬의 일부를 추출하는 코드이다.

```
>>> np_array = np.array([[1, 2, 3, 4], [5, 6, 7, 8], [9, 10, 11, 12], [13, 14, 15, 16]])
>>> np_array[0:2, 2:4]
    array([[3, 4],
           [7, 8]])
```

위의 표기법은 0에서 1까지의 행에서 2에서 3까지의 열로 이루어진 행렬을 지정한 것이다. 따라서 위와 같은 행렬이 출력된다. 넘파이의 2차원 행렬에서 하나의 행을 지정하는 방식은 다음과 같이 할 수 있다.

```
>>> np_array[0]
    array([1, 2, 3, 4])
```

또한 다음과 같은 넘파이 스타일의 표기법도 가능하다.

```
>>> np_array[1, 1:3]
    array([6, 7])
```

아래의 그림은 4x4 크기의 np_array라는 ndarray와 이 ndarray의 인덱싱 및 슬라이싱 결과를 보여준다.

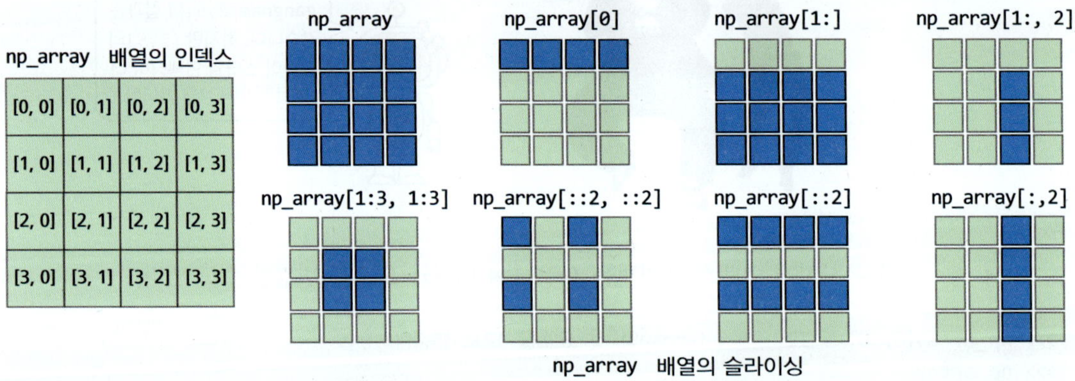

잠깐 – 파이썬 리스트 슬라이싱과 넘파이 스타일 슬라이싱의 차이

다음과 같이 파이썬 리스트 슬라이싱과 넘파이 스타일의 슬라이싱을 적용했을 때, 슬라이싱에 사용된 범위와 간격은 동일하지만 전혀 다른 결과가 나온다. 이 이유를 잘 이해하는 것이 중요하다.

```
np_array = np.array([[ 1,  2,  3,  4],
                     [ 5,  6,  7,  8],
                     [ 9, 10, 11, 12],
                     [13, 14, 15, 16]])
print(np_array[::2][::2]) # 첫 슬라이싱: 0행, 2행 선택, 두 번째 슬라이싱: 그 중 0행 선택
print(np_array[::2,::2])  # 행 슬라이싱: 0행, 2행 선택, 열 슬라이싱: 0열 2열 선택
```

```
[[1 2 3 4]]
[[ 1  3]
 [ 9 11]]
```

2차원 배열에서 논리적인 인덱싱을 해 보자

2차원 배열에서도 어떤 조건을 주어서 조건에 맞는 값들만 추려낼 수 있다. 아래의 식을 자세히 살펴보자. 이 코드는 np_array에 1에서 9까지의 값이 들어있는 2차원 배열에 대해서 np_array > 5 계산식의 결과를 보여준다. 이 계산의 결과 1, 2, 3, 4, 5까지의 값은 1>5, 2>5, ..., 5>5의 연산의 결과인 False 값이 나타남을 알 수 있다. 나머지 값인 6, 7, 8, 9는 모두 5보다 크기 때문에 True 값이 나타남을 알 수 있다.

```
>>> np_array = np.array([[1,2,3], [4,5,6], [7,8,9]])
>>> np_array > 5
    array([[False, False, False],
           [False, False, True],
           [ True, True, True]])
```

2차원 배열에 대해서 비교연산자를 사용하면 위와 같이 True, False로 이루어진 배열이 반환되는데, 이것을 이용하여 특정한 값들을 뽑아낼 수도 있다. 다음과 같이 코드를 살펴보자. 이 코드를 살펴보면 np_array의 큰 괄호 내부에서 np_array > 5 연산을 적용하였다. 이렇게 할 경우 np_array 배열내의 모든 원소들 중에서 5보다 큰 값만이 추출되어 [6, 7, 8, 9]와 같은 1차원 행렬이 출력되는 것을 볼 수 있다.

```
>>> np_array[ np_array > 5 ]
    array([6, 7, 8, 9])
```

좀 더 나아가 아래와 같이 세번째 열을 추려내는 연산을 살펴보면 세번째 열의 모든 원소 [3, 6, 9]가 나타남을 볼 수 있다.

```
>>> np_array[:, 2]
    array([3, 6, 9])
```

이제 이 슬라이싱의 결과 값 [3, 6, 9] 중에서 5를 넘는 값이 있는지를 부울형으로 반환한다. 이 경우 간단하게 다음과 같은 연산을 통해서 False, True, True를 얻을 수 있다.

```
>>> np_array[:, 2] > 5
    array([False, True, True])
```

이제 크기 비교 연산자를 약간 수정하여 다음과 같은 짝수 구하기 연산자를 적용해 보자. 위에서 살펴본 바와 같이 % 2의 결과가 0인 경우가 짝수인 경우에 해당하므로 결과는 짝수 값이 있는 곳만 True가 나타나고 나머지는 모두 False가 나타남을 볼 수 있다.

```
>>> np_array[] % 2 == 0
    array([[False,  True, False],
           [ True, False,  True],
           [False,  True, False]])
```

이제 이 값이 True인 원소만을 추출하면 손쉽게 다음과 같은 1차원 배열을 얻을 수 있다. 이를 응용하면 특정수의 배수를 추출하는 등의 필터링 작업을 손쉽게 할 수 있다.

```
>>> np_array[ np_array % 2 == 0 ]
    array([2, 4, 6, 8])
```

LAB10-3 2차원 배열 연습하기

실습 시간

문자 데이터를 저장하고 있는 어떤 2차원 넘파이 배열 x에서 'c' 문자가 몇 개 있는지 알고 싶다. 'c'만을 추출하여 배열을 만들어 보라.

```
x = np.array([['a', 'b', 'c', 'd'],
              ['c', 'c', 'g', 'h']])
```

그리고 다음과 같은 두 개의 2차원 배열에 정수를 담아 mat_a에서 mat_b를 뺀 후 결과를 확인해 보라.

```
mat_a = np.array([[10, 20, 30], [10, 20, 30]])
mat_b = np.array([[2, 2, 2], [1, 2, 3]])
```

원하는 결과

```
['c' 'c' 'c']
[[ 8 18 28]
 [ 9 18 27]]
```

해답 코드

```
print(x[ x == 'c' ])  # 'c' 원소만 있는 부분을 추출함
print(mat_a - mat_b)  # 배열 mat_a의 모든 원소에서 mat_b의 모든 원소를 뺀다
```

잠깐 – 배열의 차원과 벡터의 차원

차원dimension은 어떤 수치 데이터를 다룰 때에 고려해야 하는 속성이 몇 개인지에 따라 결정된다. 예를 들어 3차원 공간의 위치는 x축 위의 위치, y축 위의 위치, 그리고 z축 위의 위치를 모두 고려해야만 정확한 한 점을 가리킬 수 있기 때문에 "3차원" 좌표로 표현한다.

차원이라는 용어를 많이 사용하는 데이터 구조에는 배열이 있다. 가장 단순한 배열은 데이터가 하나의 줄로 나열되어 있는 것이다. 이것을 1차원 배열이라고 부른다. 수학과 과학 분야에서 이런 수치 데이터를 **벡터**vector라고 부른다. 벡터는 원소의 개수가 차원이 된다. 따라서 [1, 4], [3, 2, 1]은 모두 1차원 배열이지만 벡터로 간주하면 각각 1차원 데이터가 2개와 3개씩 있는 2차원 벡터, 3차원 벡터이다. **벡터의 차원은 몇 개의 항목이 있는지에 따라 결정되고, 배열의 차원은 몇 가지 방향으로 줄을 지어 있는지를 표현하는 것이다.**

배열의 차원을 한 단계 높이면 1차원 배열을 여러 줄로 겹쳐 놓은 형태가 된다. 이때 어떤 항목을 지목하는 인덱스를 표현하려면 두 가지 방향으로 각각 하나씩의 위치값이 필요하고, 이 방향을 각각 배열의 축이라 부른다. 배열의 차원은 축의 개수이므로, 이런 배열은 2차원 배열이라 부른다. 수학에서는 각각의 축을 **행**row과 **열**column이라고 부르며, 이런 모양의 데이터를 행렬라고 부른다.

같은 방식으로 배열의 차원을 높여 보자. 3차원 배열은 입체적인 모양이 될 것이다. 이런 구조가 표현하는 데이터는 벡터나 행렬이 아니라 **텐서**tensor라고 부른다. 텐서는 3차원 배열뿐만 아니라 모든 차원의 배열을 포괄하는 개념이므로 벡터는 1차원 텐서, 행렬은 2차원 텐서라 할 수 있다.

시각적으로 나타내기는 다소 어렵지만 코드로는 4차원, 5차원 배열을 쉽게 만들 수 있다. 3차원 배열을 나열한 배열, 그렇게 만든 4차원 배열을 또 나열한 배열이다. 그리고 이 모든 것이 **텐서**이다.

LAB10-4 넘파이 배열의 형태를 알아내고 슬라이싱하여 연산하기

실습 시간

임의의 사람을 대상으로 BMI를 얻고자 한다. 이 때 검사 대상자들의 키와 몸무게가 다음과 같이 2차원 넘파이 배열에 저장되었다고 하자.

```python
import numpy as np

x = np.array([[ 1.83, 1.76, 1.69, 1.86, 1.77, 1.73 ],  # 대상자들의 키
              [ 86.0, 74.0, 59.0, 95.0, 80.0, 68.0 ]]) # 대상자들의 몸무게
y = x[0:2, 1:3]
z = x[0:2][1:3]
```

x와 y, 그리고 z의 형태가 어떠한지 shape 속성을 통해서 확인해 보라.

다음으로 x에 저장된 정보를 바탕으로 각 대상자들의 BMI 값을 저장한 배열을 생성해 보라.

원하는 결과

```
x shape : (2, 6)
y shape : (2, 2)
z shape : (1, 6)
z values = : [[86. 74. 59. 95. 80. 68.]]
BMI data
[25.68007405 23.88946281 20.65754    27.45982194 25.53544639 22.72043837]
```

힌트

x가 2행 6열을 가지고 있어서 형태가 (2,6)으로 나타나는 것은 당연하다. y는 넘파이 스타일의 슬라이싱을 적용한 것으로 행을 슬라이싱하고 다시 열을 슬라이싱 한다. 따라서 0, 1행을 추출하고, 1과 2열을 가져오면 (2,2) 형태의 행렬이 될 것이다. 마지막으로 리스트의 슬라이싱 형태로 적용된 것은 [0:2]에 의해 먼저 0과 1행을 가져올 것이다. 이것은 두 개의 리스트를 가진 리스트가 된다. 여기에 [1:3]을 적용하면 [1] 항목과 [2] 항목을 가져오는데, [2]는 없으므로 [1] 항목, 즉 두 개의 리스트 가운데 두 번째 리스트만 가져오게 된다. 따라서 결과는 하나의 행에 6개의 항목을 가진 (1,6) 형태가 될 것이다. z의 내용을 출력해 보면 이것이 명확하다. z는 다음과 같은 값을 가질 것이다.

```
[[86. 74. 59. 95. 80. 68.]]
```

해답 코드

```python
import numpy as np

x = np.array([[ 1.83, 1.76, 1.69, 1.86, 1.77, 1.73 ],
              [ 86.0, 74.0, 59.0, 95.0, 80.0, 68.0 ]])
y = x[0:2, 1:3]
z = x[0:2][1:3]

print('x shape :', x.shape)
print('y shape :', y.shape)
print('z shape :', z.shape)
print('z values = :', z)

bmi = x[1] / x[0]**2
print('BMI data')
print(bmi)
```

10.7 arange() 함수와 range() 함수의 비교

넘파이도 많은 함수들을 가지고 있다. 제일 먼저 살펴볼 함수는 arange() 함수이다. 이 함수를 사용하면 특정한 범위의 정수를 가지는 넘파이 배열을 쉽게 만들 수 있다. 예를 들어서 arange(5)는 [0, 1, 2, 3, 4]를 가지는 넘파이 배열을 생성한다.

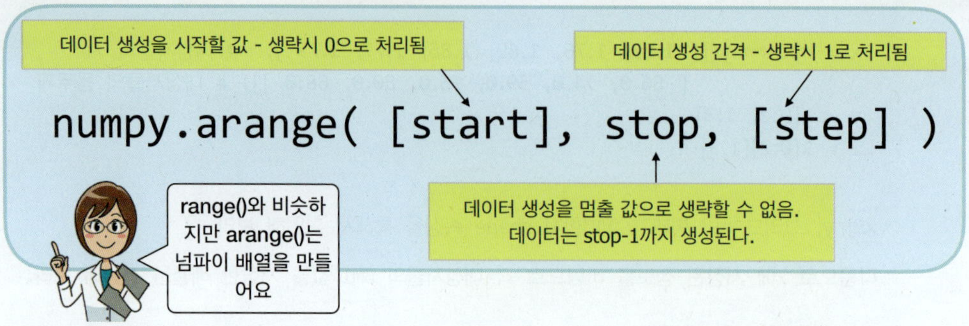


```
>>> import numpy as np
>>> np.arange(5)              # 넘파이의 arange로 연속적인 정수를 생성하자
    array([0, 1, 2, 3, 4])
```

시작값을 지정하려면 다음과 같이 한다.

```
>>> np.arange(1, 6)           # 1부터 시작되는 연속적인 정수를 생성하자
    array([1, 2, 3, 4, 5])
```

증가되는 값을 지정하려면 다음과 같이 한다. 넘파이의 arange()는 실수값을 step 값으로 줄 수 있다.

```
>>> np.arange(1, 10, 2)       # arange로 2씩 증가하는 숫자열을 생성하자
    array([1, 3, 5, 7, 9])
>>> np.arange(1, 10, 2.5)     # 넘파이의 arange는 실수값 step이 가능하다
    array([1., 3.5, 6., 8.5])
```

이것은 우리가 for 반복문을 위해 많이 사용했던 range() 함수와 비슷하다. 그런데 range()를 통해 생성된 것은 **반복가능 객체**iterable이고 이것으로 리스트를 만들 수 있다.

```
>>> range(5)
    range(0, 5)
>>> list(range(5))
    [0, 1, 2, 3, 4]
>>> np.array(range(5))        # range() 함수로 넘파이 다차원 배열을 생성
    array([0, 1, 2, 3, 4])
```

넘파이의 arange()와 파이썬 내장함수 range()는 그 기능이 유사하다. 하지만 많은 데이터를 만들때 넘파이의 arange()를 이용하면 **매우 속도가 빠르다**. 그리고 arange()는 **스텝값으로 실수값을 줄 수 있으며 융통성이 더 크다**.

LAB 10-5 2차원 배열에서 특정 조건을 만족하는 행만 추출하기

실습 시간

선수들의 키와 몸무게가 하나의 리스트를 구성하고 있으며, 또 이들의 리스트로 이루어진 데이터 player가 있다.

```
players = [[170, 76.4],
           [183, 86.2],
           [181, 78.5],
           [176, 80.1]]
```

이것을 바탕으로 넘파이 2차원 배열을 만들어 보고, 선수들 가운데 몸무게가 80을 넘는 선수들만 골라서 정보를 출력해 보자. 또 키가 180 이상인 선수들의 정보도 추출해 보자.

원하는 결과

```
몸무게가 80 이상인 선수 정보
[[183.    86.2]
 [176.    80.1]]
키가 180 이상인 선수 정보
[[183.    86.2]
 [181.    78.5]]
```

힌트

넘파이 배열로 바꾸는 것은 1차원과 2차원의 차이가 없다. 아래와 같이 간단히 만든다.

```
np_players = np.array(players)
```

몸무게 80 이상인 선수를 찾는다고 할 때, 다음과 같이 수행할 경우 어떤 문제가 생길까?

```
print( np_players[ np_players > 80.0 ] )
```

```
[170.  183.   86.2 181.  176.   80.1]
```

이것은 각 항목별 검사를 통해 80 이상인 데이터는 모두 추출하여 1차원 배열을 만든다. 그러면 키와 몸무게의 구분이 사라져 버린다. 우리는 몸무게를 검사해서 조건을 만족하는 행을 추출해 내야 한다. 아래 코드는 np_player의 모든 행에 대해서 1열이 80 이상인 것을 찾아 준다.

```
np_players[ np_players[:, 1] >= 80.0 ]
```

해답 코드

```
import numpy as np

players = [[170, 76.4],
           [183, 86.2],
           [181, 78.5],
           [176, 80.1]]

np_players = np.array(players)

print('몸무게가 80 이상인 선수 정보')
print(np_players[ np_players[:, 1] >= 80.0 ])

print('키가 180 이상인 선수 정보')
print(np_players[ np_players[:, 0] >= 180.0 ])
```

10.8 linspace() 함수와 logspace() 함수

linspace()는 상당히 많이 사용되는 함수이다. linspace()는 시작값부터 끝값까지 균일한 간격으로 지정된 수만큼의 배열을 생성한다.

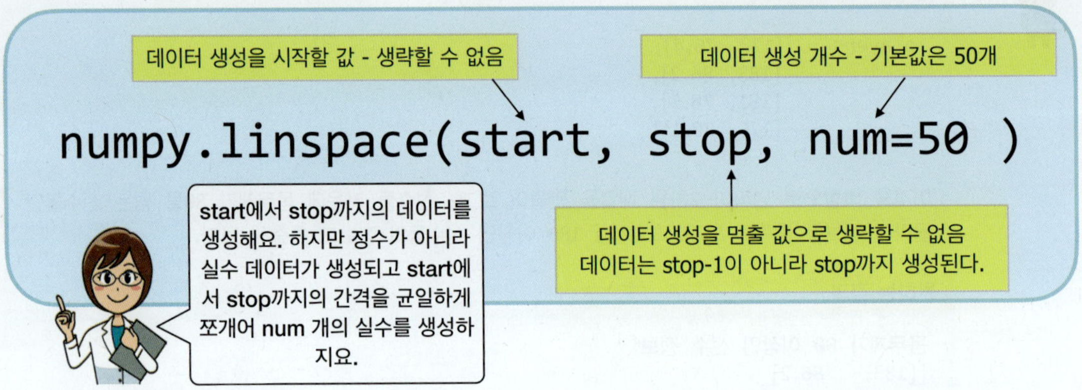

예를 들어서 linspace(0, 10, 100)이라고 호출하면 0에서 10까지 총 100개의 수들이 생성된다.

```
>>> np.linspace(0, 10, 100)
    array([ 0.        , 0.1010101 , 0.2020202 , 0.3030303 , 0.4040404 ,
            ...
            8.08080808, 8.18181818, 8.28282828, 8.38383838, 8.48484848,
            8.58585859, 8.68686869, 8.78787879, 8.88888889, 8.98989899,
            9.09090909, 9.19191919, 9.29292929, 9.39393939, 9.49494949,
            9.5959596 , 9.6969697 , 9.7979798 , 9.8989899 , 10.       ])
```

비슷한 함수로 logspace() 함수가 있다. 이것은 로그 스케일로 수들을 생성한다. 형식은 logspace(x, y, n)이며, 생성되는 수의 시작은 10^x부터 10^y까지가 되며, n개의 수가 생성된다. 수들 사이의 간격은 로그 스케일로 결정된다.

```
>>> np.logspace(0, 5, 10)
    array([1.00000000e+00, 3.59381366e+00, 1.29154967e+01, 4.64158883e+01,
           1.66810054e+02, 5.99484250e+02, 2.15443469e+03, 7.74263683e+03,
           2.78255940e+04, 1.00000000e+05])
```

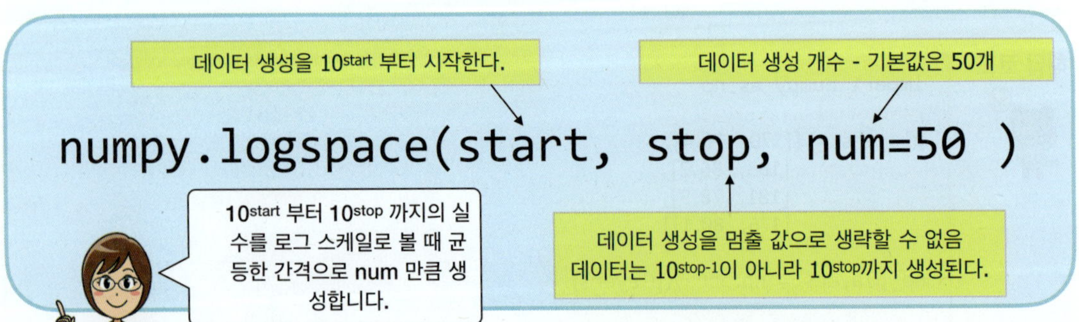

여기서는 10을 밑으로 잡았지만, base 키워드 매개변수에 설정한 인자에 따라 바꿀수도 있다.

배열의 형태를 바꾸는 reshape() 메소드와 flatten() 메소드

reshape()은 데이터의 개수는 유지한 채로 배열의 차원과 형태를 변경한다. 이 메소드의 인자인 shape을 튜플의 형태로 넘겨주는 것이 원칙이지만 reshape(x, y)라고 하면 reshape((x, y))와 동일하게 처리된다.

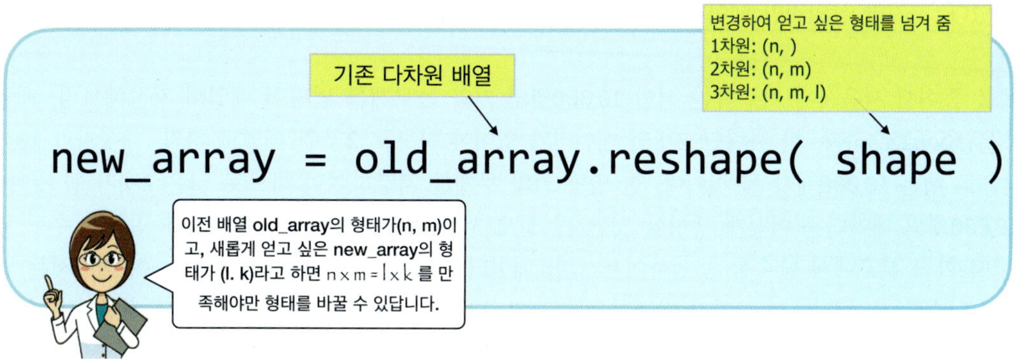

예를 들어서 1차원 배열 y를 다음과 같이 생성해보자.

```
>>> y = np.arange(12)
>>> y
    array([ 0, 1, 2, 3, 4, 5, 6, 7, 8, 9, 10, 11])
```

이 y에 대하여 reshape(3, 4)를 호출하면 1차원 배열이 3행 4열의 2차원 배열로 바뀌게 된다.

```
>>> y.reshape(3, 4)
    array([[ 0, 1, 2, 3],
           [ 4, 5, 6, 7],
           [ 8, 9, 10, 11]])
```

만약 인수로 -1을 전달하면 데이터의 개수에 맞춰서 자동으로 배열의 형태가 결정된다.

```
>>> y.reshape(6, -1)
    array([[ 0, 1],
           [ 2, 3],
           [ 4, 5],
           [ 6, 7],
           [ 8, 9],
           [10, 11]])
```

이 때 원래 배열과 reshape()에 의해 생성될 배열의 형태가 호환되지 않는 경우에는 아래와 같은 오류를 만나게 될 것이다.

```
>>> y.reshape(7, 2)
    ...
       y.reshape(7, 2)
    ValueError: cannot reshape array of size 12 into shape (7,2)
```

flatten()은 평탄화 메소드로 2차원 이상의 고차원 배열을 1차원 배열로 만들어 준다.

```
>>> y.flatten()    # 2차원 배열을 1차원 배열로 만들어 준다
    array([ 0,  1,  2,  3,  4,  5,  6,  7,  8,  9, 10, 11])
```

10.9 난수를 생성해보자

우리는 앞에서 넘파이 배열에 데이터를 저장하는 방법을 학습하였다. 데이터가 저장되면 제일 먼저 해야하는 것은 데이터를 분석(파악)하는 것이다. 앞의 넘파이 배열은 데이터가 많지 않아서 한눈에 볼 수 있었다. 하지만 상업적인 데이터는 상당히 크며, 몇 십만 개 이상의 데이터를 다루어야 하는 경우도 많다.

예를 들어서 서울시에 거주하는 성인 10,000명의 키와 몸무게를 넘파이 배열에 저장해보자. 배열의 이름은 seoul로 하자. 한 사람당 2개의 데이터가 있어야 하므로 2차원 배열로 하자. 대상자가 10,000명이므로 행은 10,000개가 될 것이며, 한 명당 키와 무게를 저장하여야 하므로 열은 2개가 될 것이다.

10,000개의 데이터를 어떻게 생성할 것인가? 실제 서울시민 10,000명의 데이터를 입력할 수도 있지만 어떤 확률 분포에서 난수를 생성하여서 실험 데이터로 사용할 수도 있을 것이다. 이 절에서는 넘파이에서 **난수**를 생성하는 여러 가지 방법을 살펴보자. 다음의 그래프는 정규 분포에서 생성된 난수들을 표시한 것이다.

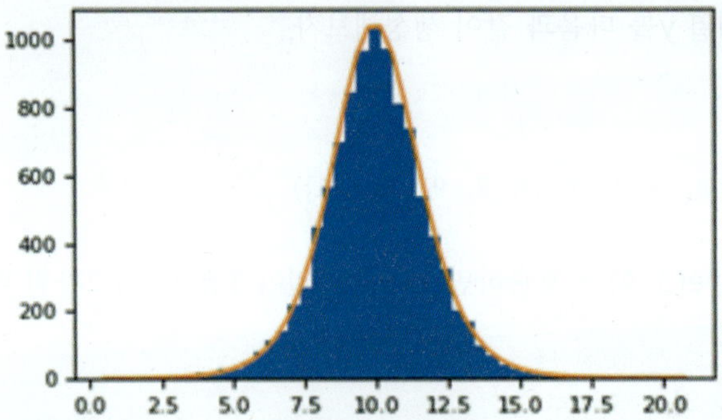

잠깐 – 난수란?

난수random number는 **무작위성**randomness의 특징을 가지고 출현하는 수를 의미한다. 무작위성이라는 것은 특정한 패턴이 존재하지 않아 다음에 어떤 수가 나타날지 예측할 수 없다는 것이다.

자연에서 진짜 난수를 얻어내는 방법은 쉽지 않다. 대기나 열에서 발생하는 잡음, 양자 현상과 같은 무작위성을 띤 현상을 측정하여 편향을 보정하는 방법을 사용하기도 한다. 우주 배경 복사도 진짜 난수를 발생시키는 원천 데이터로 사용할 수 있다.

난수가 필요할 때마다 이런 복잡한 일을 수행하기는 쉽지 않다. 그래서 일반적으로 컴퓨터 프로그래밍에서는 **의사 난수**pseudo random number를 사용한다. 이것은 **시드**seed라고 하는 난수 발생의 씨앗이 될 수를 주면, 이 값을 가지고 예측하기 어려운 수를 생성해 내는 것이다. 따라서 이 난수는 동일한 시드가 주어지면 동일한 난수를 생성하게 된다.

시드와 난수 생성하기

넘파이에서 난수의 **시드**seed를 설정하는 문장은 다음과 같다. 시드는 컴퓨터로 만드는 난수의 초기 입력값으로 사용된다. 규칙성이 전혀 없는 난수의 열은 컴퓨터로 생성하는 것이 불가능하므로 우리가 준 임의의 초기 값를 바탕으로 특별한 함수를 통해서 난수를 생성한다.

```
>>> np.random.seed(100)   # 난수를 만들기 위한 초기값
```

시드가 설정되면 다음과 같은 문장을 수행하여 5개의 난수를 얻을 수 있다. 난수는 0.0에서 1.0 사이의 값으로 생성된다. 시드를 설정하면 해당 시드가 생성하는 난수표에 따라 차례로 난수가 발생하게 된다. 따라서 늘 같은 난수가 나오게 하려면 같은 시드를 설정하고 난수를 발생시키면 된다. 이 난수는 **컴퓨터가 규칙을 가지고 생성한 수로 정확한 의미의 난수는 아니지만 난수에 가까운 수**로 이것을 **의사난수**pseudo random number라고 부른다.

```
>>> np.random.rand(5)
    array([0.54340494, 0.27836939, 0.42451759, 0.84477613, 0.00471886])
```

난수로 이루어진 2차원 배열(크기=5×3)을 얻으려면 다음과 같이 한다.

```
>>> np.random.rand(5, 3)
    array([[0.12156912, 0.67074908, 0.82585276],
           [0.13670659, 0.57509333, 0.89132195],
           [0.20920212, 0.18532822, 0.10837689],
           [0.21969749, 0.97862378, 0.81168315],
           [0.17194101, 0.81622475, 0.27407375]])
```

어떤 범위에 있는 난수를 생성하려면 어떻게 하면 좋을까? 이것은 간단하게 다음과 같은 코드로 만들 수 있다. 예를 들어서 10에서 20 사이에 있는 난수 5개를 생성하는 문장은 다음과 같다.

```
>>> a = 10
>>> b = 20
>>> (b - a) * np.random.rand(5) + a
    array([14.31704184, 19.4002982 , 18.17649379, 13.3611195 , 11.75410454])
```

정수 난수가 필요하다면 randint()를 사용한다. randint(a, b)는 정수 a와 정수 b 사이의 난수를 생성하여 반환한다. 예를 들어서 주사위 던지기 10번을 시뮬레이션한다면 다음과 같이 코드를 작성할 수 있다.

```
>>> np.random.randint(1, 7, size=10)
    array([4, 3, 4, 1, 1, 2, 6, 6, 2, 6])
```

크기가 4×7인 2차원 배열을 1부터 10 사이의 정수 난수로 채우려면 다음과 같이 한다.

```
>>> np.random.randint(1, 11, size=(4, 7))
    array([[10, 2, 6, 9, 8, 5, 3],
           [ 7, 3, 2, 9, 5, 3, 2],
           [ 3, 1, 6, 2, 9, 8, 2],
           [ 7, 5, 2, 8, 3, 3, 6]])
```

10.10 정규 분포 난수 생성

앞에서 생성한 난수는 균일한 확률 분포로 생성된다. 다시 말해 특정한 구간에서 난수를 생성하면, 해당 구간 전체에서 골고루 데이터가 나타나게 된다. 하지만 많은 사건들은 발생의 확률이 정규 분포를 띈다. 난수를 생성할 때 정규 분포를 갖도록 난수를 생성하려면 어떻게 해야 하는지 살펴보자. 정규 분포란 다음과 같은 형태를 가지는 확률 분포 함수이다. 각각의 분포는 평균(μ로 표기됨)과 표준편차(σ로 표기됨)가 주어진다. 확률분포는 평균값에서 가장 높고 평균값에서 멀수록 발생확률이 낮아진다. 낮아지는 정도는 표준편차와 관계가 있다. 표준편차가 크면 클수록 데이터의 흩어짐이 크기 때문에 발생 확률이 평평하게 펴진 상태에 접근하게 된다.

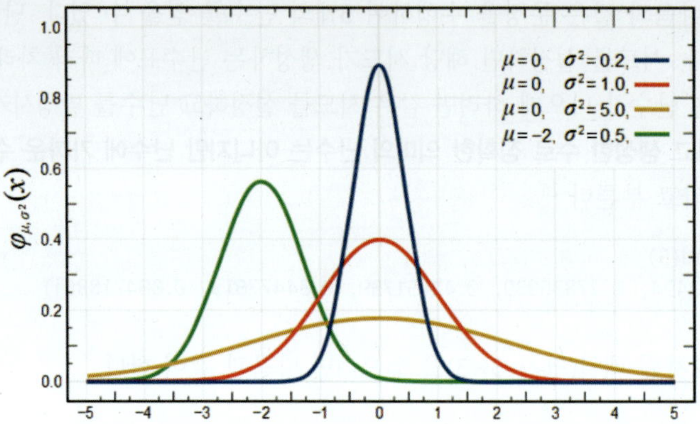

넘파이가 준비한 함수는 randn()이다. 예를 들어서 정규 분포에서 난수 5개를 생성하려면 다음과 같은 문장을 사용한다. 이것은 인자로 넘어온 개수만큼의 난수를 발생시키는데, 이 난수들의 평균은 0이고 표준편차는 1이 되는 표준정규분포가 되도록 한다(다시한번 강조하면 이 값은 여러분이 실행할 때마다 시드값에 따라 다르게 나타날 수 있다).

```
>>> np.random.randn(5)
    array([ 0.78148842, -0.65438103, 0.04117247, -0.20191691, -0.87081315])
```

만일 이 랜덤 함수를 통해 2차원 배열 형태의 난수를 생성하려면 배열의 형태를 인자로 주면 된다. 다음은 5행 4열의 난수를 생성한다.

```
>>> np.random.randn(5, 4)
    array([[ 0.22893207, -0.40803994, -0.10392514, 1.56717879],
           [ 0.49702472, 1.15587233, 1.83861168, 1.53572662],
           [ 0.25499773, -0.84415725, -0.98294346, -0.30609783],
           [ 0.83850061, -1.69084816, 1.15117366, -1.02933685],
           [-0.51099219, -2.36027053, 0.10359513, 1.73881773]])
```

위의 정규 분포는 평균값이 0이고 표준편차가 1.0이다. 만약 평균값을 mu로 하고, 표준편차를 sigma로 설정하여 이에 맞는 정규분포를 생성하고 싶다면 다음과 같이 하면 된다. 다음 코드는 평균이 10이고 표준편차 값이 2인 정규분포를 가지는 난수를 만든다.

```
>>> mu = 10
>>> sigma = 2
>>> randoms = mu + sigma * np.random.randn( 5, 4 )
>>> randoms
    array([[ 9.82507212,  7.12282389,  5.88878504,  7.5865665 ],
           [ 6.05953536, 11.73521791, 10.90362868, 12.33878255],
           [10.2980491 ,  8.64563344,  9.09398278, 11.20863908],
           [ 9.30825873,  9.81230228,  9.71131179, 12.47776473],
           [10.00162592,  9.86745157,  8.51138086,  9.82922367]])
```

평균과 중앙값 계산하기

앞 절에서 가상적인 데이터를 생성해보았다. 이제 우리가 해야 할 일은 데이터를 분석하는 작업이다. 넘파이는 데이터를 요약하는 함수를 많이 가지고 있다. 먼저 10000명의 키를 난수로 생성해보자. 평균은 175cm이고 표준편차는 10인 정규분포를 따르게 하겠다.

```
>>> m = 175
>>> sigma = 10
>>> heights = m + sigma * np.random.randn(10000)
>>> heights
    array([165.64438142, 172.90778856, 207.82109029, ..., 163.88596647,
           177.29401299, 180.7002071 ])
```

위의 데이터를 받아서 평균을 계산해보자. mean() 함수는 넘파이 패키지가 가지고 있는 평균을 계산하는 함수이다. 아래의 결과를 보면 175cm가 나왔는데 이것은 당연해 보인다. 왜냐하면, 평균이 175cm인 정규분포에서 데이터를 생성하였기 때문이다.

```
>>> np.mean(heights)
    175.14185004766918
```

이번에는 **중앙값**median을 계산해보자. 중앙값이란 리스트의 중앙에 있는 항목이다.

```
>>> np.median(heights)
    175.0251183448534
```

중앙값과 평균의 차이를 조금 더 명확히 확인하기 위해 다음과 같은 배열의 평균과 중앙값을 계산해 보자. 아래의 리스트는 3, 7, 1, 3, 21의 수를 가지고 있고, 이를 모두 더하면 34이다. 따라서 평균값은 34/5 = 6.8이 되지만, 중앙값은 이 다섯개의 수를 차례로 줄을 세웠을 때 가운데 있는 항목인 3이 된다. 중앙값은 전체 데이터에서 21과 같이 비정상적으로 큰 **이상치**outlier 값으로 인해 전체의 평균값이 전체의 대표성을 가지지 못하는 경우를 막기 위해서 사용된다.

```
>>> a = np.array([ 3, 7, 1, 2, 21])  # 21은 전체 데이터 중에서 비정상적으로 큰 값이다
>>> np.mean(a)
    6.8
>>> np.median(a)    # [3, 7, 1, 2, 21]들 중 가운데 항목을 구한다
    3.0
```

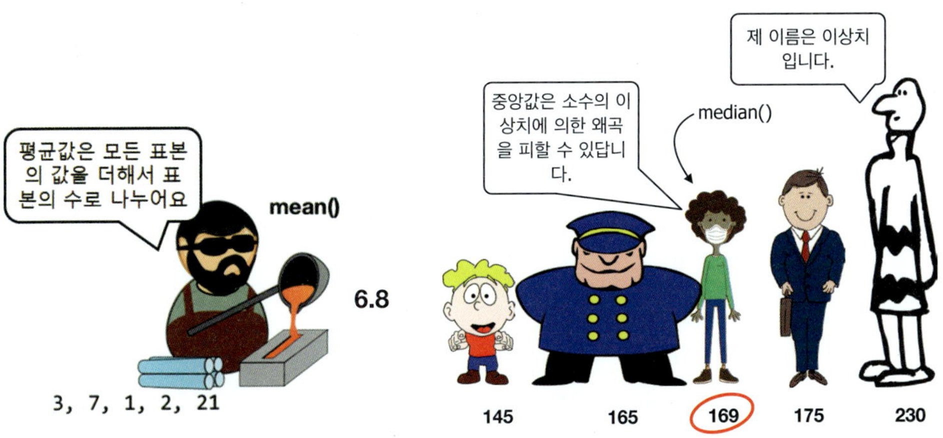

LAB 10-6 배열의 형태를 바꾸어 보자

실습 시간

1에서 36까지 연속적인 자연수를 가진 넘파이 다차원 배열 a를 np.arange() 함수를 이용하여 생성하도록 하자. 이 배열의 형태를 reshape() 메소드를 이용해서 변경하고 이를 각각의 변수에 저장하여 출력해 보자. b는 (3, 12), c는 (4, 9), d는 다음과 같이 (3, 2, 6) 형태를 하고 있다.

원하는 결과

```
a :
 [ 1  2  3  4  5  6  7  8  9 10 11 12 13 14 15 16 17 18 19 20 21 22 23 24
 25 26 27 28 29 30 31 32 33 34 35 36]
b :
 [[ 1  2  3  4  5  6  7  8  9 10 11 12]
 [13 14 15 16 17 18 19 20 21 22 23 24]
 [25 26 27 28 29 30 31 32 33 34 35 36]]
c :
 [[ 1  2  3  4  5  6  7  8  9]
 [10 11 12 13 14 15 16 17 18]
 [19 20 21 22 23 24 25 26 27]
 [28 29 30 31 32 33 34 35 36]]
d :
 [[[ 1  2  3  4  5  6]
  [ 7  8  9 10 11 12]]

 [[13 14 15 16 17 18]
  [19 20 21 22 23 24]]

 [[25 26 27 28 29 30]
  [31 32 33 34 35 36]]]
```

힌트

연속적인 값을 가지는 배열을 만들기 위해서는 다음과 같이 arange() 함수를 사용한다.

```
a = np.arange(1, 37)
```

a의 모양을 .shape 속성으로 출력해 보고나서 다음과 같이 그 형태를 변경한다.

```
b = a.reshape(3, 12)
```

해답 코드

```
import numpy as np

a = np.arange(1, 37)
print('a :\n', a)

b = a.reshape(3, 12)
print('b :\n', b)

c = a.reshape(4, 9)
print('c :\n', c)

d = a.reshape(3, 2, 6)
print('d :\n', d)
```

LAB 10-7 평균과 중앙값 계산 연습

실습 시간

축구 선수들 100명의 데이터가 2차원 넘파이 배열에 저장되어 있다. 각 선수당 (키, 몸무게, 나이)를 저장한다. 넘파이 배열의 이름은 players이다. 정규 분포를 이용하여 자동으로 데이터를 생성해 보자. 100명의 선수가 각각 키, 몸무게, 나이를 가지므로 배열의 형태는 (100,3)이 된다. 생성할 때 키는 175, 몸무게는 70, 나이는 22세를 평균으로 하고, 표준편차는 모두 10이 되도록 하여 생성해서 생성된 데이터의 실제 평균과 중앙값을 구해 보자.

원하는 결과

```
신장 평균값: 175.05662687914526
신장 중앙값: 174.19575035548786
체중 평균값: 68.27591327992555
체중 중앙값: 68.93281750317813
나이 평균값: 20.68
나이 중앙값: 21.0
```

힌트

배열을 0으로 채워서 만들 때는 numpy의 zeros() 함수를 이용하면 된다.

```
players = np.zeros( (100, 3) )
```

평균값과 표준편차에 따라 정규분포를 따르는 난수 생성법은 이미 학습했다. 그런데, 나이는 21.3세처럼 표현하지 않고 21세와 같이 소수점 이하가 없는 수를 사용한다고 하자. 이때 넘파이의 floor()를 사용하면 소수점 이하를 없애준다. 따라서 100명의 선수들 나이를 만드는 코드는 다음과 같이 구현할 수 있다. 선수 정보 배열의 가장 마지막 열에 정규분포를 따르는 난수 데이터를 채운다.

```
players[:, 2] = np.floor(10 * np.random.randn(100)) + 22
```

특정 c열의 평균을 구하고 싶으면 모든 행의 c열을 모아 배열을 만드는 player[:, c]에 mean()을 적용한 다음 코드로 가능하다.

```
player[:, c].mean()
```

해답 코드

```
import numpy as np

players = np.zeros( (100, 3) )
players[:, 0] = 10 * np.random.randn(100) + 175
players[:, 1] = 10 * np.random.randn(100) + 70
players[:, 2] = np.floor(10 * np.random.randn(100)) + 22

heights = players[:, 0]
print('신장 평균값:', np.mean(heights))
print('신장 중앙값:', np.median(heights))

weights = players[:, 1]
print('체중 평균값:', np.mean(weights))
print('체중 중앙값:', np.median(weights))

ages = players[:, 2]
print('나이 평균값:', np.mean(ages))
print('나이 중앙값:', np.median(ages))
```

10.11 상관관계 계산하기

다음은 상관관계에 대하여 알아보자. 여러분의 주위를 둘러보면 일반적으로 키가 큰 사람의 몸무게가 키가 작은 사람에 비해서 많이 나가는 것을 볼 수 있다. 혹은 집이 부유한 사람일 수록 비싼 차를 타는 경향이 있는 것도 볼 수 있다.

키와 몸무게, 연간 소득과 보유한 자동차의 가격은 상호 의존성이 있는 관계에 있다고 볼 수 있다. 이러한 의존성의 정도가 바로 상관관계이다.

corrcoef(x, y) 함수는 요소들의 상관관계를 계산한다. 이때 x와 y는 데이터를 담고 있는 리스트나 배열이 될 수 있다. 결과는 x와 x의 상관관계 C_{xx}, x와 y의 상관관계 C_{xy}, y와 x의 상관관계를 C_{yx}, 그리고 y와 y의 상관관계를 C_{yy} 라고 할 때, 다음과 같은 행렬을 반환한다.

$$\begin{bmatrix} C_{xx} & C_{xy} \\ C_{yx} & C_{yy} \end{bmatrix}$$

완전한 음의 상관관계일 경우 -1, 상관관계가 전혀 없을 때 0, 완전한 양의 상관관계를 가질 때 1이 된다. 자기 자신과의 상관관계는 1이므로 이 행렬의 대각선은 언제나 1이다. 그리고 x와 y의 상관관계와 y와 x의 상관관계는 같은 것이므로 대칭행렬이 된다.

예를 들어 x는 1에서 99까지의 정수를 가지고, y는 1부터 99까지 정수의 제곱을 갖는다고 하고 실제 상관관계를 계산해 보자.

```
x = [ 1, 2, 3, 4, …, 97, 98, 99 ]
y = [ 1, 4, 9, 16, …, 9409, 9604, 9801]
```

x의 값이 증가하면 y의 값도 증가하므로 둘 사이의 상관관계는 매우 높다고 할 것이다. 이를 확인하기 위한 코드는 다음과 같다.

```
import numpy as np

x = [ i for i in range(100) ]        # 0에서 99까지의 값을 요소로 하는 리스트
y = [ i ** 2 for i in range(100) ]  # 0에서 99까지의 값의 제곱을 요소로 하는 리스트

result = np.corrcoef(x, y)
print(result)
```

```
[[1.         0.96764439]
 [0.96764439 1.        ]]
```

잠깐 – corrcoef() 함수가 계산하는 상관관계의 수학적 정의

넘파이의 corrcoef() 함수는 수학적으로 **피어슨**Pearson 상관 계수를 계산하는 함수이다. 피어슨 상관 계수는 통계학에서 사용하는 상관 계수로 두 변량의 공분산을 각각의 표준편차를 서로 곱한 값으로 나눈 것이다. 상세한 것은 통계학 교과서를 참고하도록 하자.

앞에서는 두 개의 변수를 사용하여 서로의 상관관계를 계산하였다. 이보다 많은 수의 변수를 사용하여 상관관계를 계산할 수도 있다. 예를 들어 다음과 같이 세 개의 리스트가 있다고 하자. 각각의 리스트는 100 개의 항목을 담고 있다. 이 값들이 서로 어떤 상관관계를 갖는지 알고 싶다.

```
x = [ i for i in range(100) ]
y = [ i ** 2 for i in range(100) ]
z = [ 100 * np.sin(3.14*i/100) for i in range(100) ]
```

새롭게 추가된 리스트 z는 진폭이 100인 **사인**sine 함수로 0도에서 180도까지 그려지게 된다. 사인함수는 주기함수 이므로 선형, 비선형적으로 증가하는 앞의 두 리스트 x, y와는 큰 상관관계가 없을 것으로 예측된다.

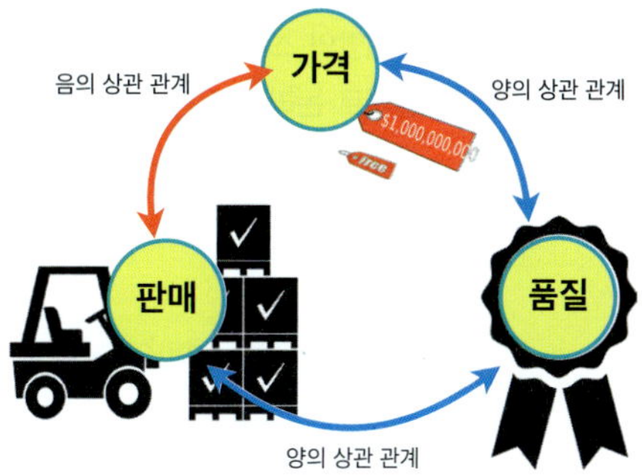

변수 a와 b 사이의 상관관계를 C_{ab} 라고 하면, 세 개의 변수 x, y, z의 상관관계를 모두 표시하는 행렬은 3×3 크기의 다음과 같은 행렬이면 된다.

$$\begin{bmatrix} C_{xx} & C_{xy} & C_{xz} \\ C_{yx} & C_{yy} & C_{yz} \\ C_{zx} & C_{zy} & C_{zz} \end{bmatrix}$$

결과를 얻기 위해 위의 세 리스트를 모두 corrcoef() 함수에 넘겨주면 된다. 그러나 corrcoef(x, y, z)와 같이 구현하면 앞의 두 변수들 사이의 상관관계만 구할 것이다. 제대로 된 방법은 리스트로 묶어서 다음과 같이 호출하는 것이다.

```
result = np.corrcoef( [x, y, z] )
print(result)
```

```
[[ 1.          0.96764439  0.03763255]
 [ 0.96764439  1.         -0.21532645]
 [ 0.03763255 -0.21532645  1.        ]]
```

이것은 x와 y의 상관관계는 0.968, y와 z의 상관관계는 -0.215, z와 x의 상관관계는 0.038이라는 것을 의미한다. **실제 데이터와 상관관계 사이의 연결을 시각적으로 파악**하기 위해 x와 y의 관계, y와 z의 관계, z와 x의 관계를 그려보면 다음과 같다.

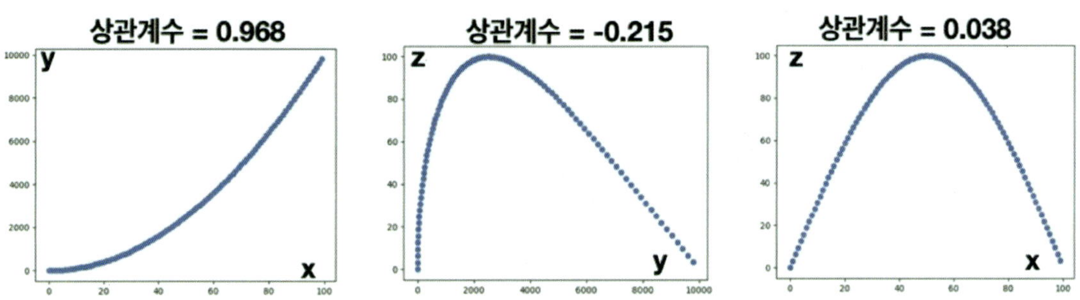

핵심 정리

SUMMARY

- 넘파이는 리스트가 아니라 배열로 다차원 데이터를 다룬다.
- 배열은 동일한 자료형을 연속해서 가진 데이터 구조로 읽고 쓰는 일을 빠르게 할 수 있다.
- 리스트와 달리 넘파이 배열들을 서로 연산하면 벡터와 행렬처럼 다루어진다.
- 넘파이 배열도 리스트와 다른 반복가능 객체처럼 슬라이싱을 적용할 수 있다.
- 넘파이는 넘파이만의 스타일로 슬라이싱을 할 수 있으며, 리스트 등과 다른 방식의 결과가 나온다.
- 슬라이싱과 별개로 논리적 조건을 부여하여 항목을 가져오는 일도 가능하다.

넘파이가 사용하는 다차원 배열과 리스트의 차이를 잘 이해했나요?

아직은 많이 혼동스러워요. 연습을 많이 해봐야 하겠지요?
넘파이의 배열에는 동일 자료형만 채울 수 있다는 것이 중요한 것 같아요.

그래요. 그것이 배열의 특징이에요.
동일한 자료형 데이터가 나열되어 있으면 원하는 위치의 자료에 빠르게 접근할 수 있어요.
슬라이싱에도 중요한 차이가 있어요.

맞아요. 행과 열을 표시하는 [r, c] 방식의 인덱싱과 함께 넘파이 방식의 슬라이싱이 특이해요.
numpy_array[1:2][1:2]과 numpy_array[1:2, 1:2]는 전혀 다른 결과를 가져오죠.

맞아요. 익숙해지면 다양한 방식으로 데이터를 추출할 수 있으니 잘 연습하세요.
그리고 넘파이는 데이터 처리, 과학기술 계산 등에 매우 강력한 기능을 갖고 있어요.
다른 자료를 잘 찾아서 깊이 있게 익혀보도록 해요.

주관식 문제

다음 괄호 안에 들어갈 알맞은 단어를 적어라.

10.1 (   ) (은)는 대용량의 배열과 행렬연산을 빠르게 수행하며, 고차원적인 수학 연산자와 함수를 포함하고 있는 파이썬 라이브러리이다.

10.2 (   ) (은)는 차원이 같은 두 벡터의 원소들끼리 덧셈을 하는 것을 말한다.

10.3 파이썬에서 넘파이를 사용하려면 (   )라는 이름의 패키지를 설치한 후 불러와야 한다.

10.4 넘파이를 import 하기 위해서는 import numpy 명령을 사용하는데 numpy는 종종 (   ) (이)라는 별명으로 호출한다.

10.5 (   ) (이)란 배열에서 원하는 위치에 바로 접근하여 데이터를 읽고 쓰는 일을 말한다.

10.6 넘파이 배열에서 특정한 요소를 추출하려면 (   ) (을)를 사용한다. 이는 리스트와 마찬가지로 숫자 (   )부터 시작한다.

10.7 넘파이 2차원 배열 np_array가 있을 경우 이 배열의 0행 1열에 접근하기 위해서 np_array(   )나 (   )와 같은 인덱스를 사용한다.

10.8 흔히 3차원 배열은 벡터나 행렬이 아닌 (   ) (이)라고 한다. 이는 3차원 배열뿐만 아니라 모든 차원의 배열을 포괄하는 개념이다.

10.9 넘파이의 (   ) 함수는 시작값부터 끝값까지 균일한 간격으로 지정된 개수만큼의 배열을 생성한다.

10.10 다차원 배열의 (   ) 메소드는 데이터의 개수는 유지한 채로 배열의 차원과 형태를 변경한다.

10.11 다차원 배열의 (   ) 메소드는 2차원 이상의 고차원 배열을 1차원 배열로 만들어준다.

10.12 넘파이에서 평균을 계산하는 함수는 (   )이고, 중앙값을 계산하는 함수는 (   )이다.

10.13 중앙값은 데이터에서 (   ) 값으로 인해 전체의 평균값이 전체의 대표성을 가지지 못하는 경우를 막기 위해 사용된다.

10.14 넘파이가 다차원 배열에 관한 계산을 빠르게 할 수 있는 이유는 넘파이의 배열 안에는 (   ) 타입의 데이터만 저장할 수 있기 때문이다.

심화문제

EXERCISE

10.1 다음의 밑줄 친 부분을 넘파이 코드로 채워라. numpy의 arange() 함수를 사용하여 1에서 20까지의 연속된 정수값을 가지는 1차원 배열 num_arr을 생성하여라. 이 배열을 역순으로 출력한 다음 이 배열 원소들의 합을 구하여 출력하라. 마지막으로 이 배열을 5행 4열의 2차원 배열로 형태를 변경하여라.

```
>>> import numpy as np
>>> ______________________________
>>> print(num_arr)
[ 1  2  3  4  5  6  7  8  9 10 11 12 13 14 15 16 17 18 19 20]
>>> ______________________________
[20 19 18 17 16 15 14 13 12 11 10  9  8  7  6  5  4  3  2  1]
>>> ______________________________
 num_arr 내의 모든 원소의 합 : 210
>>> ______________________________     # 5행 4열의 배열로 변경
[[ 1  2  3  4]
 [ 5  6  7  8]
 [ 9 10 11 12]
 [13 14 15 16]
 [17 18 19 20]]
```

10.2 다음 각각의 문제들을 넘파이를 활용하여 해결해 보라.

1) 다음과 같이 0에서 24까지의 값을 가지는 5x5 크기의 2차원 행렬 n_arr을 생성하여라.

```
[[ 0  1  2  3  4]
 [ 5  6  7  8  9]
 [10 11 12 13 14]
 [15 16 17 18 19]
 [20 21 22 23 24]]
```

2) n_arr의 가장 첫 원소와 가장 마지막 원소를 인덱싱하여 다음과 같이 출력하여라. 마지막 원소의 인덱싱은 반드시 음수 값을 사용하여라.

```
첫 원소 : 0
마지막 원소 : 24
```

3) n_arr 배열에 슬라이싱을 적용하여 다음과 같은 값을 가지는 배열을 생성하여라.

```
[[0 1 2 3 4]
 [5 6 7 8 9]]
```

4) n_arr 배열에 슬라이싱을 적용하여 다음과 같은 값을 가지는 배열을 생성하여라.

```
[[10 11 12 13 14]
 [15 16 17 18 19]
 [20 21 22 23 24]]
```

5) n_arr 배열에 슬라이싱을 적용하여 다음과 같은 값을 가지는 배열을 생성하여라.

```
[[ 0  2  4]
 [ 5  7  9]
 [10 12 14]
 [15 17 19]
 [20 22 24]]
```

6) n_arr 배열에 슬라이싱을 적용하여 다음과 같은 값을 가지는 배열을 생성하여라.

```
[[ 0  2  4]
 [10 12 14]
 [20 22 24]]
```

7) n_arr 배열에 슬라이싱을 적용한 후, reshape()을 적용하여 다음과 같은 값을 가지는 배열을 생성하여라.

```
[[0 1]
 [2 3]
 [4 5]
 [6 7]
 [8 9]]
```

10.3 1) 다음과 같이 난수로 이루어진 3x3x3 형태의 배열 a를 생성하여라.

```
[[[0.09347106 0.19835688 0.65493805]
  [0.36101534 0.13063162 0.26222541]
  [0.41433707 0.14831801 0.8792822 ]]

 [[0.41884165 0.88340306 0.42885613]
  [0.55914641 0.8211985  0.22334602]
  [0.00488979 0.37834161 0.55276553]]

 [[0.28075227 0.94136013 0.47217432]
  [0.36999284 0.06071178 0.33098252]
  [0.61553424 0.09878582 0.92740356]]]
```

2) a 배열에서 가장 큰 값을 구하여 다음과 같이 출력하여라(힌트: ndarray에서 제공하는 max() 함수를 이용하면 된다).

```
a의 원소들 중 최댓값 : 0.9413601316093838
```

3) a 배열에서 가장 큰 값이 몇 번째 있는지 구하여 다음과 같이 출력하여라(힌트: ndarray에서 제공하는 argmax() 함수를 이용하면 된다).

```
a의 원소들 중 최댓값의 위치 : 19
```

10.4 1) 넘파이의 인덱싱 기능을 활용하여 5x5 크기의 행렬을 생성하라. 이 행렬의 내부는 모두 0과 1로 이루어져 있는데 그 패턴은 다음과 같이 체크판 형태를 가진다.

```
[[1 0 1 0 1]
 [0 1 0 1 0]
 [1 0 1 0 1]
 [0 1 0 1 0]
 [1 0 1 0 1]]
```

2) 이 행렬의 행방향 성분의 합을 다음과 같이 출력하여라.

```
행렬의 행 방향 성분의 합 :
[3 2 3 2 3]
```

10.5 0에서 31까지 32개의 값을 순서대로 가지는 (4, 4, 2) 형태의 3차원 배열 a가 다음과 같이 있다. 이 배열에 대하여 10번째와 20번째 원소를 구하는 식을 만들어라(힌트: flatten() 함수를 사용하여라).

```
a = np.arange(0, 32).reshape(4, 4, 2)
```

```
10번째 원소 : 9
20번째 원소 : 19
```

10.6 다음과 같이 나타나는 4개의 리스트 데이터가 있다. 이 리스트 데이터의 상관관계를 구하여 다음과 같은 표로 나타내어라.

```
x1 = [ i for i in range(100) ]
x2 = [ i + np.random.randint(1, 10) for i in range(100) ]
x3 = [ i + np.random.randint(1, 50) for i in range(100) ]
x4 = [ np.random.randint(1, 100) for i in range(100) ]
```

```
[[ 1.          0.99598595  0.89271922 -0.00296149]
 [ 0.99598595  1.          0.8849073  -0.00326991]
 [ 0.89271922  0.8849073   1.          0.01581439]
 [-0.00296149 -0.00326991  0.01581439  1.        ]]
```

1) x1과 가장 상관관계가 **높은** 리스트는 무엇인가?

2) x1과 가장 상관관계가 **낮은** 리스트는 무엇인가?

chapter 11

차트를 멋지게 그려보자

이 장에서 배울 것들

- 수치정보를 시각적인 정보로 표현해 봅시다.
- 맷플롯립 패키지의 다양한 기능을 알아보도록 하자.
- 데이터를 시각화하는 다양한 방법을 살펴봅시다.
- 하나의 차트에 여러 시각화 방법을 함께 사용할 수 있도록 연습해 봅시다.
- 데이터 범위와 중앙값을 효율적으로 가시화하고 이상치도 파악해 봅시다.
- 가시화를 통해 데이터들을 상호 비교하는 방법을 알아봅시다.
- 데이터 분석의 결과를 효율적으로 전달하는 연습을 해 봅시다.

11.1 데이터 시각화

이번 장에서는 **데이터 시각화**data visualization에 대해 학습해보자. 데이터 시각화는 점이나 선, 막대 그래프 등의 시각적 이미지를 사용하여 데이터를 화면에 표시하는 것으로 데이터 분석에 있어서 빼놓을 수 없는 중요한 기능이다. 효과적인 시각화는 사용자가 데이터를 분석하고 추론하는 데 도움이 된다. **사람들은 시각적으로 보이는 데이터를 직관적으로 이해**할 수 있기 때문이다.

데이터 시각화는 다음과 같은 2가지의 용도로 많이 사용된다.

- 사람은 시각화된 정보를 통해 데이터의 비교 분석이나 인과 관계 이해를 더 쉽게 할 수 있다. 데이터 시각화는 인간이 통찰을 통해 데이터에 내재하는 패턴을 알아내는 데도 유용하다.
- 데이터 시각화는 교육이나 홍보 등의 분야에서도 중요한 의사 소통의 도구로 간주된다.

예를 들어서 확률 분포의 하나인 균일 분포와 가우시안 분포를 오른쪽과 같이 그래프로 그리면 쉽게 이해할 수 있다. 이것을 말이나 표로 설명하려면 얼마나 복잡할까 생각해보자. 그림의 x축은 데이터 값이며 y축은 데이터의 출현 확률/빈도이다. 이 그림을 통해 균등 분포가 데이터가 값에 상관없이 균등한 확률로 출현하는 성질을 가진다는 것을 쉽게 이해할 수 있을 것이다. 반면 가우시안 분포는 각 데이터 값의 출현 확률이 서로 다르며, 평균값 주위의 데이터가 많이 나타나는 분포라는 것을 쉽게 알 수 있다.

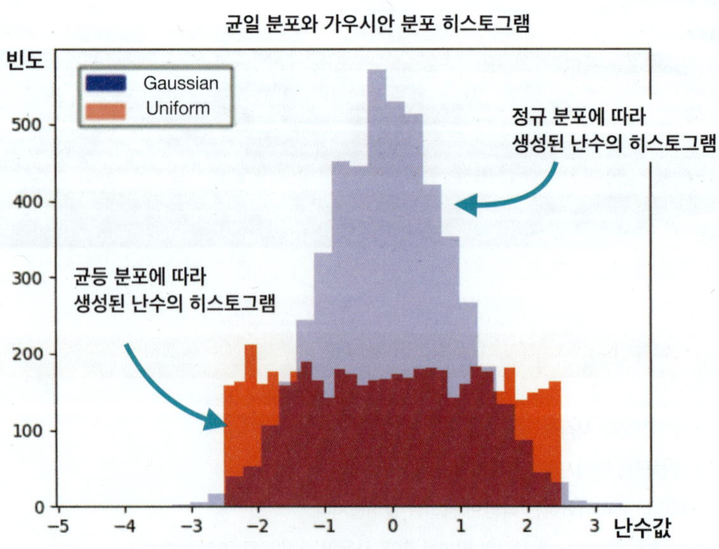

데이터 시각화를 통해 가치있는 정보를 만드는 사례

잘 만들어진 시각화의 예를 하나 살펴보자. 아래 그림은 스웨덴의 **한스 로슬링**Hans Rosling 교수가 만든 차트이다. 이 차트는 GDP(국내총생산)와 기대 수명 사이의 상관 관계를 잘 보여주고 있다. 그림의 수평 축은 달러로 표시한 1인당 GDP이며 수직 축은 기대 수명이다. 오른쪽은 2016년 기준 아시아 각국의 1인당 GDP와 기대 수명을 이러한 방식으로 보이고 있다.

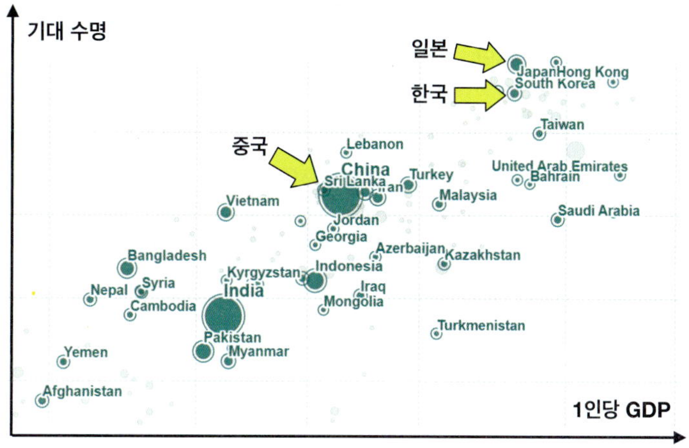

출처: Our World in Data, https://ourworldindata.org/

위의 거품형 차트에서 거품 하나는 하나의 국가를 의미한다. 거품이 크면 인구 수가 그만큼 크다는 의미이다. 위의 차트를 살펴보면 중국과 인도가 가장 큰 거품을 가지고 있음을 알 수 있다. 그림에서 볼 수 있듯이 1인당 GDP와 평균 수명사이에는 상관관계가 있음을 알 수 있다.

이와 같은 상관관계가 나타나는 이유를 학자들은 1인당 GDP가 증가하면서 의료 수준과 위생 수준이 향상되어 영아사망률이 감소하고 전염병에 의한 사망률이 감소하기 때문인 것으로 추정하고 있다.

미국의 비영리 미디어 기관인 국립 공영 라디오(NPR)의 웹사이트는 다음과 같은 대화식 다이어그램을 통해서 1850년에서부터 지금까지의 노동인구 구성의 변화를 표시하고 있다. 사용자는 마우스를 임의의 지점에 올릴 수 있으며 이 경우 풍선 도움말이 나타나서 사용자가 원하는 정보를 효과적으로 전달해 주고 있다. 아래의 표시는 1980년도에 53% 미국 인구가 사무직에 종사하고 있음을 대화식으로 표현하고 있다.

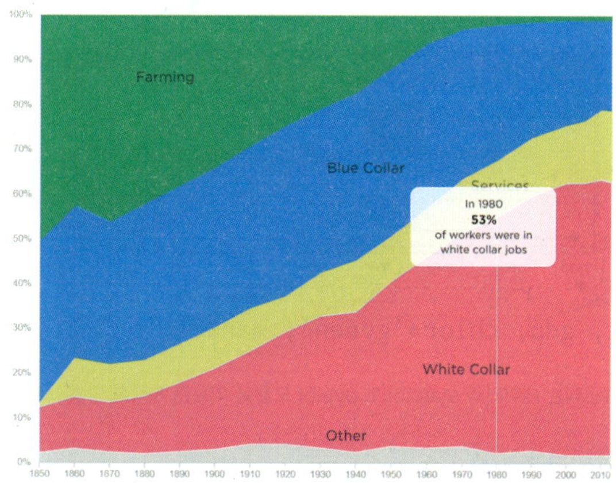

출처: 미 국립 공영 라디오, https://www.npr.org/

이러한 우수한 시각화 기법은 복잡한 설명이 없이도 **신속하고 효과적으로 정보를 전달**할 수 있고, 빠르게 통찰을 이끌어 낼 수 있다.

11.2 matplotlib 무작정 사용해 보기

데이터를 시각화하기 위한 많은 도구가 파이썬에 있지만 우리는 matplotlib 라이브러리를 사용한다. matplotlib은 가장 널리 사용되는 시각화 도구이다. 간단한 막대 그래프, 선 그래프, 산포도를 그리는 용도로는 matplotlib가 제격이다. 이번 장에서는 주로 matplotlib을 이용하여 다양한 종류의 차트를 만들어보자. 우리는 matplotlib.pyplot 모듈을 사용할 것이다. 예를 들어 다음과 같은 단순한 차트를 만드는 것은 비교적 간단하다.

```
import matplotlib.pyplot as plt

# 우리나라의 연간 1인당 국민소득을 각각 years, gdp에 저장
years = [1950, 1960, 1970, 1980, 1990, 2000, 2010]
gdp = [67.0, 80.0, 257.0, 1686.0, 6505, 11865.3, 22105.3]

# 선 그래프를 그린다. x축에는 years값, y축에는 gdp 값이 표시된다.
plt.plot(years, gdp, color='green', marker='o', linestyle='solid')

# 제목을 설정한다.
plt.title("GDP per capita") # 1인당 국민소득

# y축에 레이블을 붙인다.
plt.ylabel("dollars")
plt.savefig("gdp_per_capita.png", dpi=600)  # png 이미지로 저장 가능
plt.show()
```

GDP 데이터 출처: 한국은행 경제통계시스템, https://ecos.bok.or.kr/

위의 코드는 아래와 같은 데이터를 가지고 차트를 그리는 일을 수행한다. 데이터를 어떻게 활용할 것이고, 어떠한 모습으로 그릴지를 지정하는 것이 plot() 함수이다.

years	1950	1960	1970	1980	1990	2000	2010
gdp	67.0	80.0	257.0	1686.0	6505.0	11865.3	22105.3

제공되는 데이터

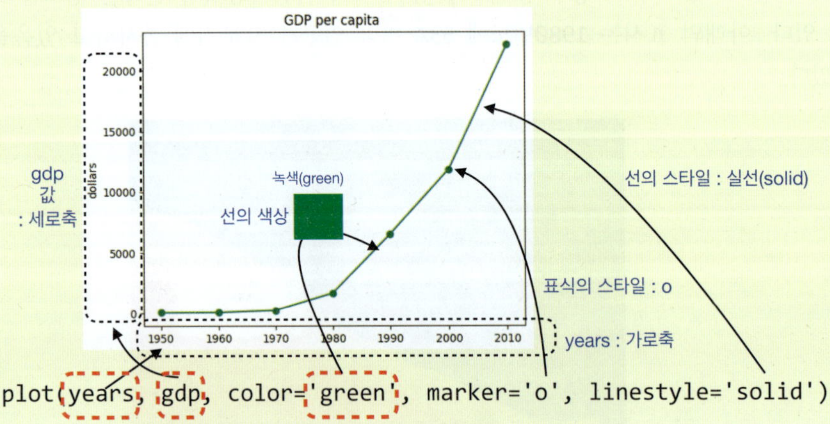

제공되는 데이터와 matplotlib.pyplot 모듈을 이용한 시각화 방법

위의 그림에 있는 plt.plot() 함수의 첫 인자인 year는 평면의 가로축에 들어갈 숫자값이며, gdp는 세로축에 나타낼 숫자값이다. color라는 키워드 인자는 그래프 선의 색상을 의미하며, markxer 인자는 표식의 스타일을 나타낸다. 그리고 linestyle='solid'를 통해서 실선으로 연도별 1인당 GDP 값을 나타내고 있다.

맷플롯립 코드 살펴보기

이제 앞페이지의 소스를 한 줄 한 줄 설명해보자. matplotlib 패키지에는 pyplot이라는 서브 패키지가 포함되어 있고, 이것을 이용하여 차트를 그릴 수 있다. 차트를 그리기 위한 첫 번째 단계는 pyplot 모듈을 불러와서 plt라는 별칭으로 지정하는 것이다.

```
import matplotlib.pyplot as plt
```

차트를 그리려면 데이터가 필요하다. 파일에 저장된 데이터를 읽어서 그릴 수도 있지만 여기서는 파이썬 리스트에 몇 개의 값을 저장하고 이 값으로 차트를 생성한다. 우리가 그리려고 하는 것은 연도별 GDP의 변화이다. 연도는 years 리스트에 담고, x축 데이터로 사용된다. GDP 값은 gdp라는 이름의 리스트를 만들어 데이터를 담게 하고, 이 값이 y축 데이터로 사용된다.

```
years = [1950, 1960, 1970, 1980, 1990, 2000, 2010]
gdp = [67.0, 80.0, 257.0, 1686.0, 6505, 11865.3, 22105.3]
```

위의 데이터를 이용하여 선형 차트를 만들려면 plt의 plot() 함수를 호출하면 된다. plot()은 x축 데이터와 y축 데이터를 인수로 받는다. 또한 선의 색(color), 마크의 표시방법(marker), 선의 스타일(linestyle) 등을 키워드 인자로 줄 수 있다.

```
plt.plot(years, gdp, color='green', marker='o', linestyle='solid')
```

차트의 제목 레이블을 title()이라는 함수를 통해서 설정한다. 제목은 차트의 최상단에 표시된다.

```
plt.title("GDP per capita")
```

ylabel()이라는 함수를 통해 y축 레이블을 넣어주며, savefig()라는 함수를 통해서 파일의 이름과 해상도를 dpi[dot per inch] 단위로 지정하면 이미지 파일 저장도 가능하다. show() 함수는 화면에 차트를 표시한다. 이 함수는 화면에 차트를 그리기 위해서 필수적인 함수이다.

```
plt.ylabel("dollars")
plt.savefig("gdp_per_capita.png", dpi=600)
plt.show()
```

우리의 눈에 익숙하지 않은 차트이기는 하지만, 가로축을 GDP로 하고, 세로축을 연도로 하여 그리는 방법은 아래와 같이 두 데이터의 위치만 바꾸면 된다.

```
plt.xlabel("dollars")
plt.ylabel("gdp")

plt.plot(gdp, years, color='red',
marker='o', linestyle='solid')
```

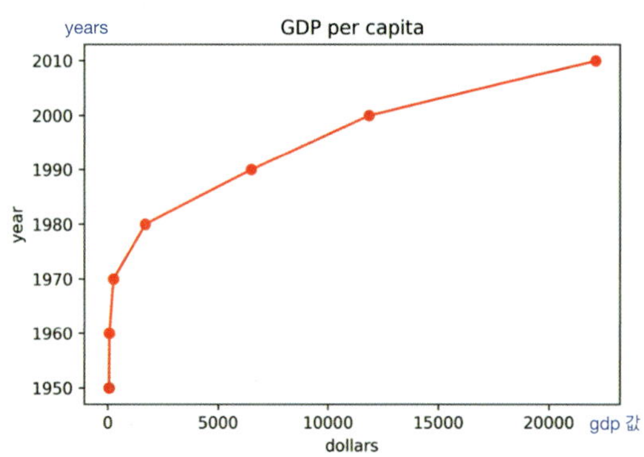

11.3 차트 장식을 도와주는 다양한 기법들

이번에는 plot() 함수를 수정하여 한 번의 호출만으로 $2x$, x^2+5, $-x^2-5$ 세 함수를 그려보도록 하자.

```
import matplotlib.pyplot as plt        # 지면 효율을 위해서 앞으로 이 줄은 생략함

x  = [x for x in range(-20, 20)]       # -20에서 20사이의 수를 1의 간격으로 생성
y1 = [2*t for t in x]                  # 2*x를 원소로 가지는 y1 함수
y2 = [t**2 + 5 for t in x]             # x**2 + 5를 원소로 가지는 y2 함수
y3 = [-t**2 - 5 for t in x]            # -x**2 - 5를 원소로 가지는 y3 함수
# 빨강색 점선, 녹색 실선과 세모기호, 파랑색 별표와 점선으로 각각의 함수를 표현
plt.plot(x, y1, 'r--', x, y2, 'g^-', x, y3, 'b*:')
plt.axis([-30, 30, -30, 30])           # 그림을 그릴 영역을 지정함
plt.show()
```

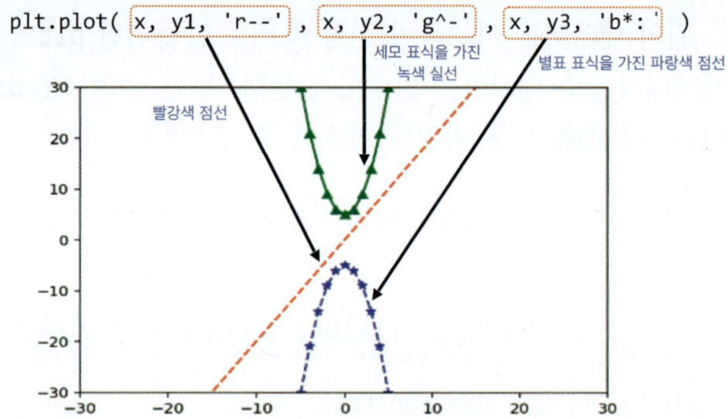

matplotlib의 plot() 함수는 쓸모가 많은 함수이다. 이 함수를 호출하여 선을 그릴 수 있는데, 선의 형태를 다양하게 제어할 수 있다. 예를 들어 'r--'나 'g^-', 'b*:'와 같은 포맷 지정명령을 통해 선의 색깔, 표식의 종류, 선의 형태를 지정할 수도 있다. 위의 예에서 r은 빨강, g는 녹색, b는 파랑을 의미한다. 그리고 --는 점선, -는 실선, :는 짧은 점선을 의미한다. 표식 기호 ^는 세모, *는 별표 표식을 각각 의미한다. 표식 기호는 데이터가 있는 자리에 따로 표시를 하는 것을 의미한다.

아래 그림은 matplotlib 홈페이지에서 가져온 것이다. 차트를 구성하는 여러 가지 용어들이 표시되어 있다.

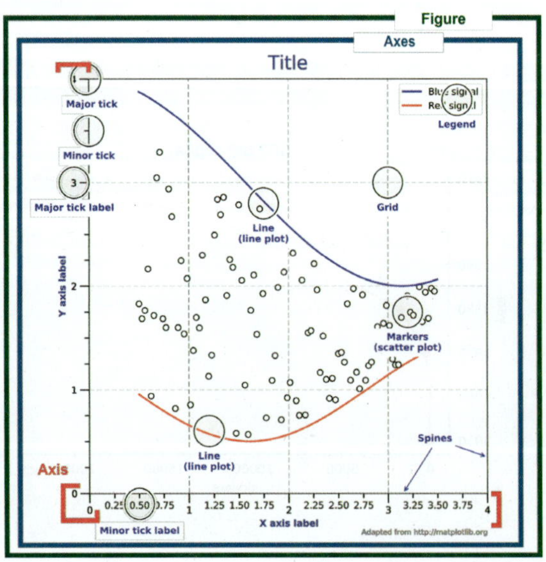

LAB 11-1 수학 함수도 쉽게 그려보자

실습 시간

이 실습에서는 $y = 2x$ 그래프를 그려보자. 많은 방법이 있지만, 여기서는 첫 번째 리스트 x에 -10에서 10 사이의 수를 담고, 두 번째 리스트는 이 첫 번째 리스트의 원소를 이용하여 y 값을 만들어 보자.

원하는 결과

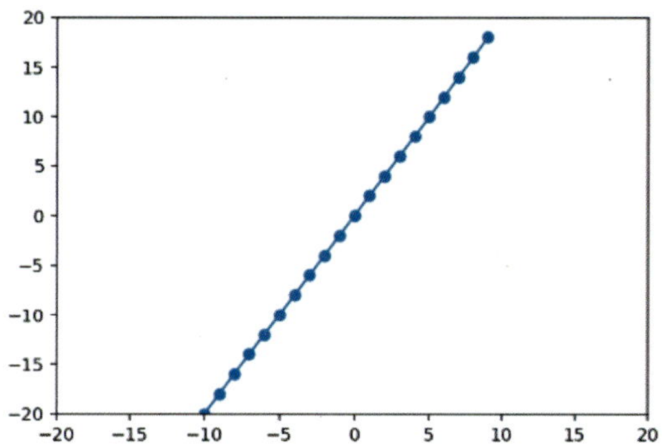

힌트

이를 위하여 range(-10, 10) 함수를 사용할 것이며, 이 값을 이용하여 y = 2x를 얻기 위하여 다음과 같은 방법을 사용할 수 있다.

```
x = [x for x in range(-10, 10)] # -10에서 10사이의 수를 1의 간격으로 생성
y = [2*t for t in x]            # 2*x를 원소로 갖는 y 함수
```

해답 코드

```
import matplotlib.pyplot as plt

x = [x for x in range(-10, 10)]
y = [2*t for t in x]             # 2*x를 원소로 갖는 y 함수
plt.plot(x, y, marker='o')       # 선 그래프에 동그라미 표식을 출력

plt.axis([-20, 20, -20, 20])     # 그림을 그릴 영역을 지정함
plt.show()
```

도전문제 11.1

넘파이의 난수 생성 함수를 이용하여 1,000개의 난수를 생성하고 생성된 순서대로 화면에 다음과 같이 그리는 일을 해 보라. 가로축은 생성된 순서, 세로축은 생성된 값이 될 것이다.

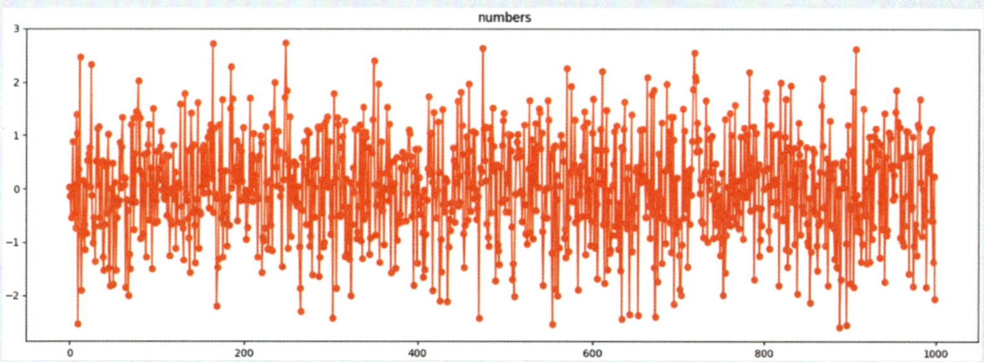

11.4 하나의 차트에 여러 개의 데이터를 그려보자

하나의 차트에 여러 개의 데이터를 중첩해서 그리는 것도 데이터 분석에 도움이 된다. 예를 들어서 리스트 x를 다음과 같이 선언하고 이를 리스트 x, y, z와 함께 그려보자. 여기에 각 차트를 설명하는 범례(legend)를 추가하면 다음과 같다.

```
import matplotlib.pyplot as plt

x = [x for x in range(20)]      # 0에서 20까지의 정수를 생성
y = [x**2 for x in range(20)]   # 0에서 20까지의 정수 x에 대해 x 제곱값을 생성
z = [x**3 for x in range(20)]   # 0에서 20까지의 정수 x에 대해 x 세제곱값을 생성

plt.plot(x, x, label='linear')  # 각 선에 대한 레이블
plt.plot(x, y, label='quadratic')
plt.plot(x, z, label='cubic')

plt.xlabel('x label')           # x 축의 레이블
plt.ylabel('y label')           # y 축의 레이블
plt.title("My Plot")
plt.legend()                    # 디폴트 위치에 범례를 표시한다
plt.show()
```

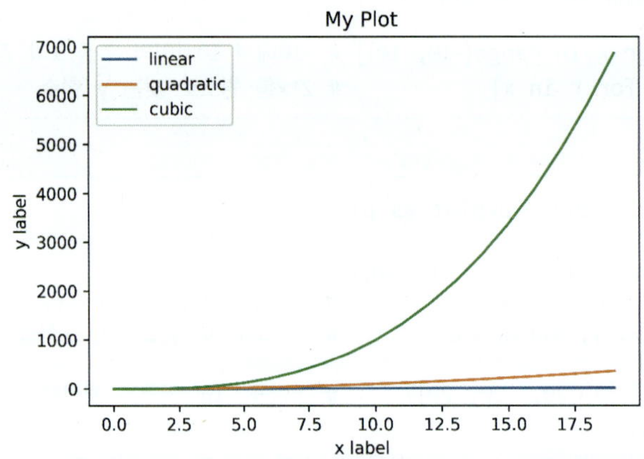

도전문제 11.2

위의 차트에 다음과 같이 2^x 함수도 추가하여 표시해 보자. 이 때 범례에 나타낼 문자열은 power라고 설정하자.

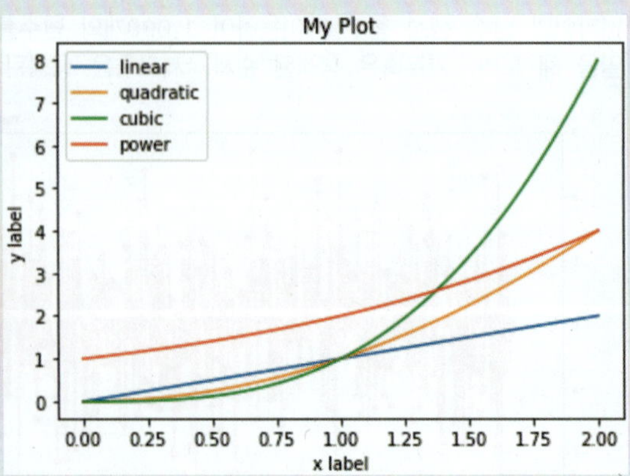

LAB 11-2 삼각함수의 기본인 사인 그래프 그리기

실습 시간

다음과 같은 사인 그래프를 그려보자. 0에서 360까지의 값을 넘파이 arange() 함수를 이용하여 생성하도록 하자. 이 값을 사인값으로 고치면 될 것이다. 이를 위하여 numpy 모듈의 sin() 함수를 사용하면 된다.

원하는 결과

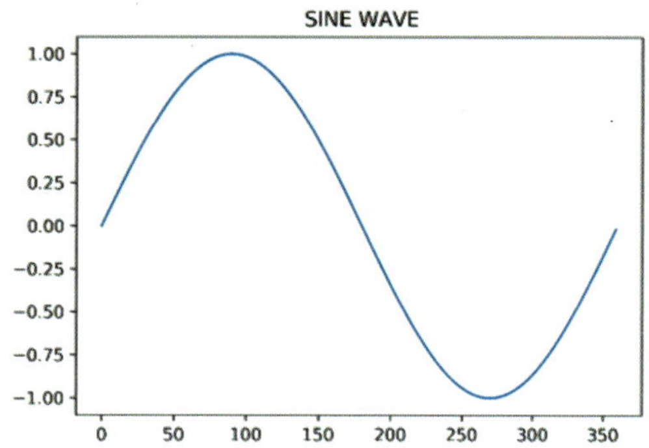

힌트

넘파이를 이용해서 0에서 360까지의 값을 만들자. 이를 위하여 arange() 함수를 사용하자. 그림과 같은 각을 **도**degree로 표현하면 0도에서 360도까지 범위이다. math 모듈이나 numpy 모듈의 sin() 함수와 cos() 함수는 **라디안**radian을 입력으로 받는다. 0에서 360도로 표현된 각 x을 라디안으로 바꾸는 방법은 넘파이의 radians() 함수를 사용한다. 참고할 코드는 다음과 같다.

```
import numpy as np

x = np.arange(0, 360)
y = np.sin(np.radians(x))
```

다음으로 이 x와 y를 plt.plot() 함수로 그리기만 하면 될 것이다.

```
plt.plot(x, y)
```

해답 코드

```
import matplotlib.pyplot as plt
import numpy as np

x = np.arange(0, 360)
y = np.sin(np.radians(x))

plt.plot(x, y)
plt.title("SINE WAVE")
plt.show()
```

도전문제 11.3

사인 그래프 코드를 수정하여 동일한 그림위에 코사인 그래프도 그려 보라. 코사인 그래프는 붉은색 실선으로 표기하여라.

11.5 막대형 차트도 손쉽게 그려보자

막대형 차트는 여러 가지 카테고리의 값을 비교하고자 할 때 유용하다. 각 막대의 높이는 데이터의 값에 해당한다. matplotlib은 plt.bar() 함수를 호출하여 화면에 막대형 차트를 그릴 수 있다. 하나의 예제로 앞의 1인당 국민소득을 막대 그래프로 그려보자.

```
from matplotlib import pyplot as plt

# 1인당 국민소득
years = [1950, 1960, 1970, 1980, 1990, 2000, 2010]
gdp = [67.0, 80.0, 257.0, 1686.0, 6505, 11865.3, 22105.3]

plt.bar(range(len(years)), gdp)

plt.title("GDP per capita")    # 제목을 설정한다.
plt.ylabel("dollars")          # y축에 레이블를 붙인다.

# x 축에 틱을 붙인다.
plt.xticks(range(len(years)), years)
plt.show()
```

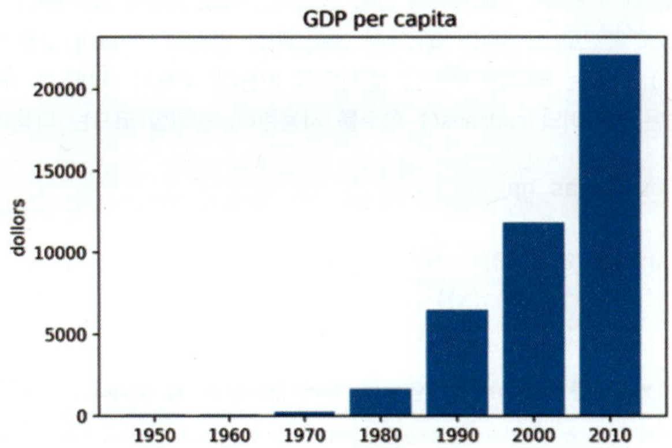

막대형 차트를 그리는 동작은 아래와 같은 코드를 사용한다. 이때 데이터를 담고 있는 리스트 gdp보다 먼저 나타나는 인자는 range(len(years))이다. range() 함수는 정수의 범위를 생성하는 함수이다. 이 경우 years 리스트가 7개의 항목을 가지고 있으므로 0에서 6까지의 정수 범위를 만든다. 그리고 이 범위가 막대형 차트의 가로축 범위가 되는 것이다.

```
plt.bar(range(len(years)), gdp)
```

그런데 차트를 다시 살펴보면, 가로축이 0에서 6까지의 정수가 아니라 연도가 눈금마다 부여된 것을 확인할 수 있다. 이것은 xtick() 함수를 사용하여 가로축 범위의 눈금마다 부여할 눈금값을 지정한 결과이다. 여기서는 아래와 같이 years 리스트의 항목들을 사용한 것이다.

```
plt.xticks(range(len(years)), years)
```

여러 나라의 국민소득 추이를 다중 막대형 차트로 그리자

앞에서 우리는 우리나라만의 1인당 국민소득 추이를 살펴보았다. 만약 한국, 일본, 중국 3개 나라 데이터를 비교하고 싶다면 연도별로 각 국가의 막대 그래프가 하나씩 나타나게 하면 될 것이다. 데이터가 다음과 같이 준비되어 있다고 하자.

```
# 1인당 국민소득
years = [1965, 1975, 1985, 1995, 2005, 2015]
ko = [130, 650, 2450, 11600, 17790, 27250]
jp = [890, 5120, 11500, 42130, 40560, 38780]
ch = [100, 200, 290, 540, 1760, 7940]
```

세 개의 막대를 그리기 위해 막대의 두께를 0.25로 줄여보자. 그리고 가로축의 범위는 세 개의 막대형 차트가 공유해야 하는 것이므로 아래와 같이 변수에 담아 공유해서 사용하자.

```
x_range = range(len(years))
plt.bar(x_range, ko, width = 0.25)
plt.bar(x_range, jp, width = 0.25)
plt.bar(x_range, ch, width = 0.25)
plt.show()
```

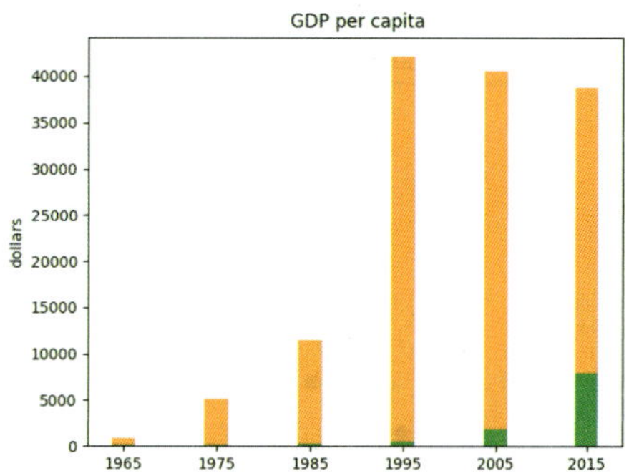

이렇게 하면 막대 그래프가 모두 겹쳐서 나타나서 비교가 되지 않는다. 그래서 각 막대의 가로축 범위를 조금씩 차이를 두는 방법을 사용한다. 그런데 정수 범위를 생성하는 range() 함수의 결과에 실수값을 더하는 것은 불가능하다. 따라서 실수 범위를 생성하는 넘파이의 범위로 변경하여 다음과 같이 완성한다.

```
import numpy as np
x_range = np.arange(len(years))
plt.bar(x_range + 0.0, ko, width = 0.25)
plt.bar(x_range + 0.3, jp, width = 0.25)
plt.bar(x_range + 0.6, ch, width = 0.25)
plt.show()
```

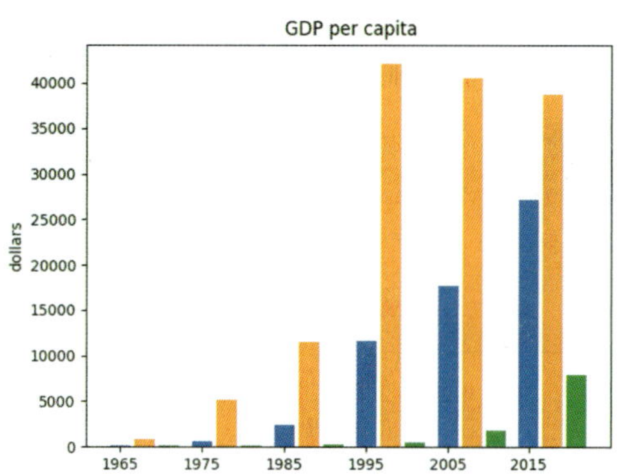

11.6 데이터를 점으로 표현하는 산포도 그래프 그리기

산포도 플롯scatter plot은 개별 데이터 포인트를 그리는 차트이다. 산포도를 그릴 때는 각 데이터 포인트가 연결되지 않는다. 산포도 그래프를 그릴 때는 scatter() 함수를 사용한다.

```
import matplotlib.pyplot as plt
import numpy as np

xData = np.arange(20, 50)
yData = xData + 2*np.random.randn(30)    # xData에 randn() 함수로 잡음을 섞는다.
                                         # 잡음은 정규분포로 만들어 질 것이다.

plt.scatter(xData, yData)
plt.title('Real Age vs Physical Age')
plt.xlabel('Real Age')
plt.ylabel('Physical Age')

plt.savefig("age.png", dpi=600)
plt.show()
```

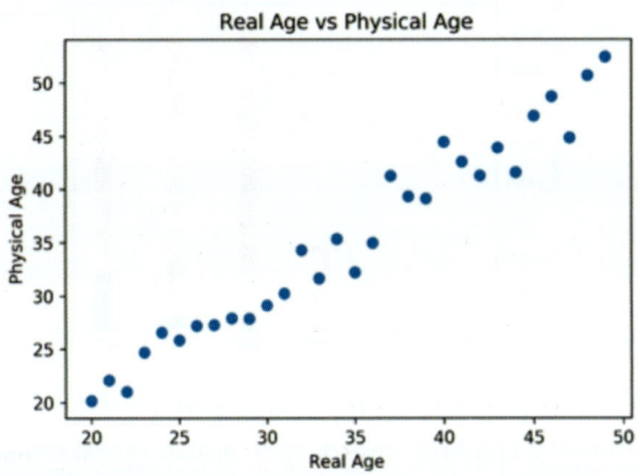

도전문제 11.4

난수를 발생시켜 임의의 2차원 좌표를 생성해 그려보자. 이때 좌표의 x와 y 값은 표준정규분포를 따르도록 할 것이다. 그러면 생성된 좌표는 원점 (0,0)에 밀집한 모양을 가질 것이다. scatter() 함수 내에 불투명도를 의미하는 alpha 키워드 매개변수에 1보다 작은 값을 주어 점이 많이 겹칠 때 더 진하게 보이게 만들 수 있다(이 값은 0에서 1 사이 값을 가지며, 0이면 투명, 1이면 불투명이다).

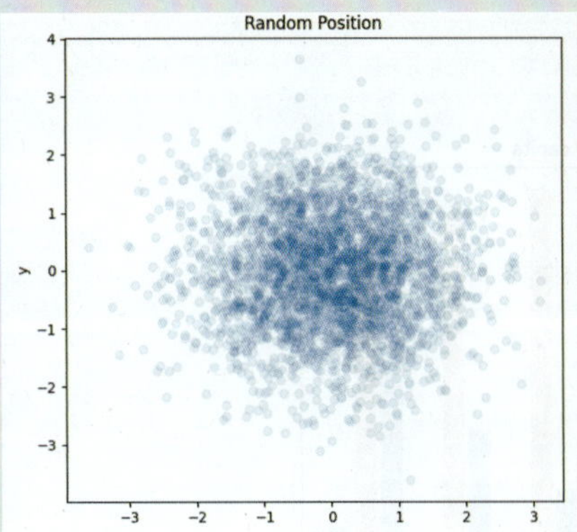

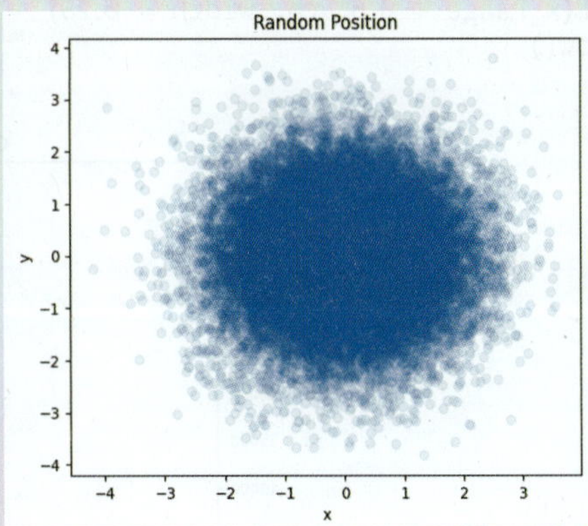

원형 비율을 표시하는 파이 차트 만들기

파이 차트pie chart는 데이터의 값에 따라서 원형 비율로 나누어져 있는 차트이다. 파이 차트는 비즈니스 세계에서 널리 사용된다. 단순히 영역을 나누기만 한 파이 차트는 각 섹션을 비교하기가 어려울 수도 있다. 그래서 보조적으로 차지하고 있는 영역의 데이터나 비율 등을 표시하기도 한다. 파이 차트는 pie() 함수로 그릴 수 있다.

우선 간단하게 파이 차트를 그리는 방법을 살펴보자. 하나의 예로 초등생의 일과표를 원형 차트로 표시해보자. 이 학생의 수면시간, 학습시간, 그리고 놀이 시간의 비중을 보려고 한다. 각각을 차지하는 시간은 다음과 같다고 하자.

```
import matplotlib.pyplot as plt
times = [8, 14, 2]
```

데이터는 있지만, 각각이 무엇인지 확인할 방법이 없다. 이 데이터들에 레이블을 붙이는 것이 중요하다. 각각의 시간이 표시하는 정보를 다음과 같은 레이블로 표시하기로 하자.

```
timelabels = ["Sleep", "Study", "Play"]
```

이제 pie() 함수를 이용하여 그리면 된다. 이때는 가로 축과 세로 축이 아니라, 데이터와 각 데이터의 레이블이 전달된다. 그리고 해당 영역의 비중을 백분율로 표시하고 싶으면 autopct 키워드 매개변수에 출력 형식을 지정하면 된다.

```
# autopct로 백분율을 표시할 때 소수점 2번째 자리까지 표시하게 한다.
# labels 매개 변수에 timelabels 리스트를 전달한다.
plt.pie(times, labels = timelabels, autopct = "%.2f")
plt.show()
```

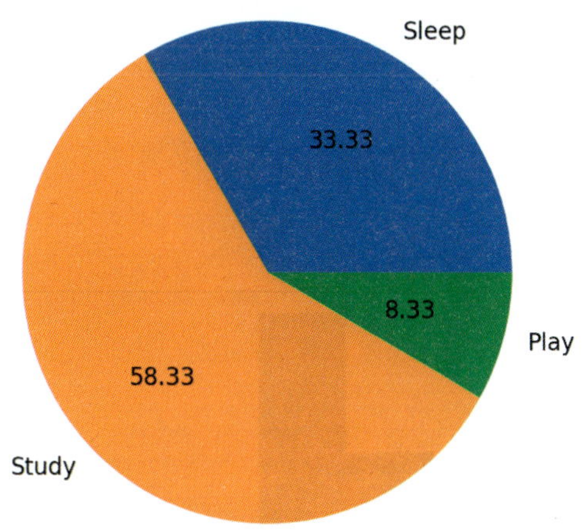

11.7 히스토그램으로 자료의 분포를 한눈에 살펴보자

히스토그램histogram은 주어진 자료를 몇 개의 구간으로 나누고 각 구간의 **도수**frequency를 조사하여 나타낸 막대 그래프이다. 히스토그램은 아주 유용한 시각화 도구로서, 우리는 히스토그램을 통하여 자료의 분포 상태를 한눈에 알아볼 수 있다.

예제로 학생 8명이 1년 동안 읽은 책을 조사하여 다음과 같은 표로 나타낸다고 하자.

```
books = [ 1, 6, 2, 3, 1, 2, 0, 2 ]
```

히스토그램을 만들어주려면 데이터의 값을 동일한 구간으로 나눠야 한다. 데이터가 들어가는 통을 **빈**bin이라고 한다. 만약 빈을 6개로 한다면 첫 번째 빈은 1권, 두 번째 빈은 2권, 여섯 번째 빈은 6권을 의미한다. 이제 각 빈마다 데이터가 몇 개나 있는지 세면 된다. 각 빈에는 1개, 2개, 3개, 1개, 0개, 1개의 데이터가 있는 것을 알 수 있다. 이제 각 빈에 막대를 하나씩 놓으면 된다. 막대의 높이는 빈에 들어 있는 데이터의 개수와 동일하다. 이것이 바로 히스토그램이다. 히스토그램은 8개의 데이터가 어떻게 분포되었는지 금방 알 수 있게 해준다.

히스토그램을 그려보자. matplotlib에서 pyplot 패키지를 가져와서 hist() 함수를 호출하면 된다. hist()에는 많은 매개 변수를 가지고 있지만 가장 중요한 것을 첫 번째 매개 변수 x와 두 번째 매개 변수 bins이다. x는 히스토그램을 그리는 데 필요한 파이썬 리스트이다. bins는 빈의 개수이다. hist() 함수는 위 숫자를 참조하여 각 빈을 그리게 된다. show() 함수를 호출해주면 히스토그램이 화면에 그려진다. plt.show() 함수는 뒤에 다룰 주피터 노트북이나 코랩 환경에서는 생략가능하다.

```
import matplotlib.pyplot as plt

books = [ 1, 6, 2, 3, 1, 2, 0, 2 ]

# 6개의 빈을 이용하여 books 안에 저장된 자료의 히스토그램 그리기
plt.hist(books, bins = 6)

plt.xlabel("books")
plt.ylabel("frequency")
plt.show()
```

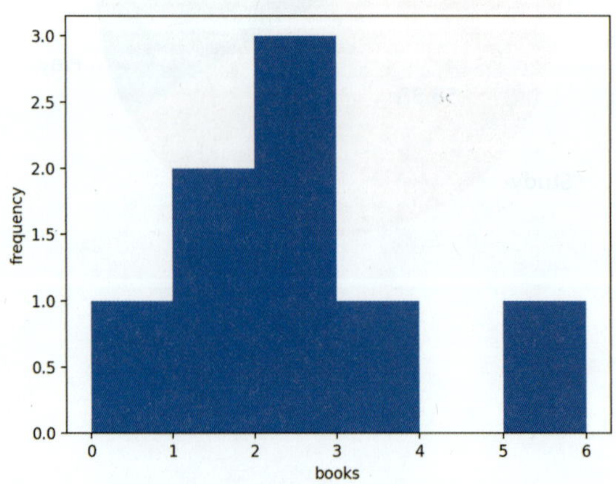

겹쳐진 히스토그램도 그리자 : 다중 히스토그램

다중 히스토그램이란 하나의 차트 위에 여러 개의 히스토그램을 겹치게 그리는 것이다. 예를 들어서 2개의 정규 분포를 하나의 차트 위에 겹쳐서 그려보자.

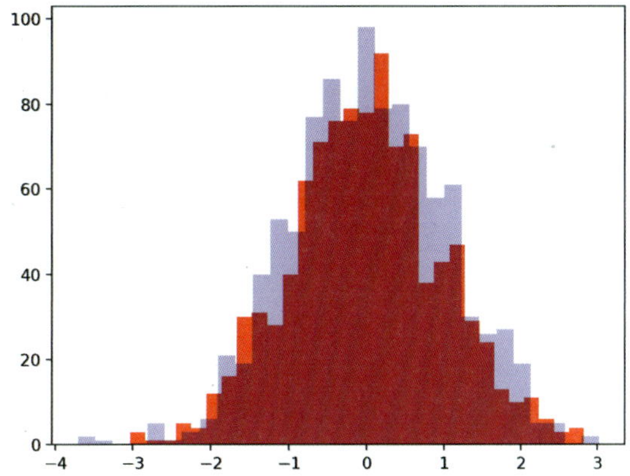

```
import numpy as np
import matplotlib.pyplot as plt

n_bins = 10
x = np.random.randn(1000)
y = np.random.randn(1000)

plt.hist(x, n_bins, histtype='bar', color='red')
plt.hist(y, n_bins, histtype='bar', color='blue', alpha=0.3)
plt.show()
```

위의 코드에서는 x에 정규 분포에서 생성된 데이터를 저장하고 y에도 정규 분포에서 생성된 데이터를 저장한다. 빈의 개수는 10으로 한다. 이어서 히스토그램을 그리는 함수 hist()를 x와 y에 대하여 호출한다. 히스토그램이 그려지는 색상이나 차트 타입은 사용자가 지정할 수 있다. alpha는 투명도를 의미한다. 다중 히스토그램은 2개의 변수 사이의 분포를 이해하는데 유용하다.

도전문제 11.5

다음 코드에서 빈의 개수를 5로 설정해 히스토그램을 그려 보라.

```
import matplotlib.pyplot as plt

x = [1, 2, 3, 4, 5, 6, 7, 8, 9, 10]
plt.hist(x)
plt.show()
```

LAB[11-3] 정규분포로 생성된 난수를 눈으로 확인하기

실습 시간

정규분포로 난수를 생성하고 이 수들이 어떠한 방식으로 흩어져 있는지를 확인해 보고자 한다. 표준 정규분포로 난수를 하나 생성해 보고, 다음으로는 평균 10, 표준편차 2인 정규분포로 난수를 생성해 보라. 그리고 마지막으로 평균 -6, 표준편차 3인 정규분포로 난수를 또 생성한다. 그리고 이렇게 생성된 난수들이 어떤 분포를 보이는지 히스토그램을 통해 확인해 보자.

원하는 결과

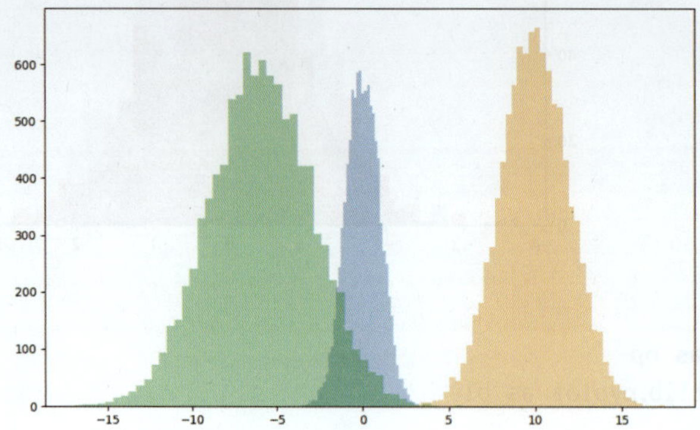

힌트

충분한 규모의 난수를 발생시키기 위해 10,000개의 난수를 각각의 분포로 생성해 보자. 표준 정규분포를 생성하는 것은 간단히 다음과 같이 생성할 수 있다.

```
standard_Gauss = np.random.randn(10000)
```

그리고 평균값 μ의 값을 담은 변수 mu와 표준편차 σ를 저장한 변수 sigma를 이용하여 해당 평균값과 표준편차를 가진 정규분포를 따르는 값들을 생성하는 코드는 다음과 같다.

```
Gauss = mu + sigma * np.random.randn(10000)
```

이렇게 생성된 난수들을 맷플롯립의 히스토그램 그리기로 가시화하면 된다. 위 결과는 **빈**bin을 50개로 설정한 결과이다.

해답 코드

```
import numpy as np
import matplotlib.pyplot as plt

mu1, sigma1 = 10, 2
mu2, sigma2 = -6, 3

standard_Gauss = np.random.randn(10000)
Gauss1 = mu1 + sigma1 * np.random.randn(10000)
Gauss2 = mu2 + sigma2 * np.random.randn(10000)

plt.figure(figsize=(10,6))
plt.hist(standard_Gauss, bins=50, alpha=0.4)
plt.hist(Gauss1, bins=50, alpha=0.4)
plt.hist(Gauss2, bins=50, alpha=0.4)

plt.show()
```

LAB 11-4 차종별 판매량을 파이 차트로 표현하자

실습 시간

국내 최대 자동차 회사인 H사는 2022년 4월달에 차종별로 다음과 같은 판매량을 달성하였다. 이 자료를 바탕으로 아래 그림과 같은 파이 차트를 그려보도록 하자(판매량의 단위는 천대이다).

차종	세단	RV	프리미엄 차	기타
판매량	15.7	19.8	11.2	24

원하는 결과

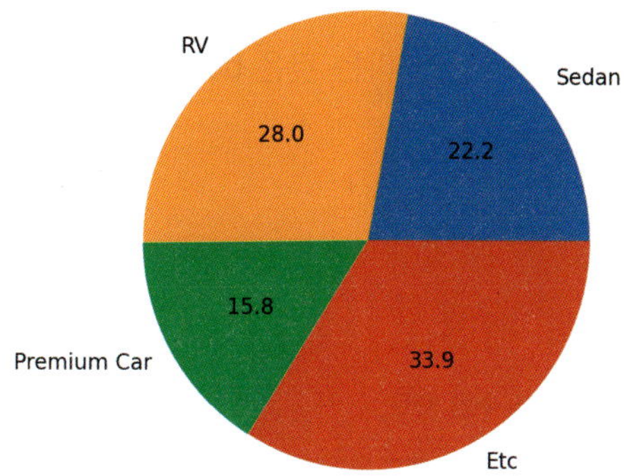

힌트

표를 바탕으로 자동차의 판매량을 다음과 같은 리스트의 원소로 넣을 수 있다.

```
volume = [15.7, 19.8, 11.2, 24.0]
```

다음으로 레이블을 리스트의 원소로 넣도록 하자.

```
name_labels = ['Sedan', 'RV', 'Premium Car', 'Etc']
```

이렇게 생성된 판매량 자료와 레이블을 plt.pie() 함수의 인자로 넣도록 한다.

해답 코드

```
import matplotlib.pyplot as plt

volume = [15.7, 19.8, 11.2, 24.0]
name_labels = ['Sedan', 'RV', 'Premium Car', 'Etc']

plt.pie(volume, labels = name_labels, autopct = "%.1f")
plt.show()
```

11.8 데이터를 효율적으로 표현하는 상자 차트를 알아보자

상자 차트box chart는 데이터의 최대, 최소, 중간값과 사분위 수 등을 효율적으로 가시화할 수 있는 방법이다. 난수를 이용하여 100개의 값을 데이터로 준비해 보자. 데이터의 범위를 표시하는 선을 수염이라 불러 **상자-수염**box-and-whisker 차트라고도 한다.

```
import numpy as np
import matplotlib.pyplot as plt

random_data = np.random.randn(100)
```

이 데이터를 이용하여 상자 차트를 그리는 것은 boxplot() 함수를 호출하기만 하면 된다.

```
plt.boxplot(random_data)
plt.show()
```

결과는 다음과 같이 나타날 것이다.

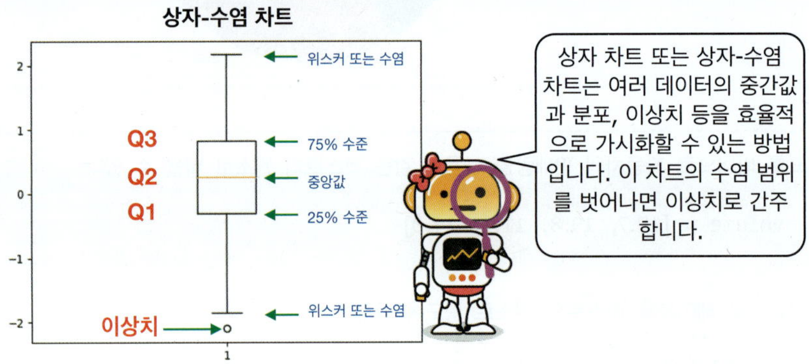

여기서 중간의 상자는 **중앙값**median을 중심으로 상위 25%와 하위 25%의 값이 모여 있는 구간을 표시한다. 그리고 상자 중간의 붉은 선은 중앙값이다. 상자 밖으로 상하로 직선이 그어져 있으며, 이를 위와 아래에서 막는 선이 있는데 이것을 **위스커**whisker 혹은 수염이라고 한다. 아래쪽 위스커에서 위쪽 위스커까지의 범위가 데이터가 분포하는 범위라고 생각하면 된다.

그런데 이 범위 밖에 데이터가 존재하는 경우도 있다. 이것은 **이상치**outlier라고 한다. 이것은 결국 데이터의 범위를 표시하는 위스커가 데이터 전체를 포함하지 않고 튀는 값은 제외한다는 것을 의미한다. 그러면 위스커의 범위는 어떻게 정할까?

상자의 상단인 Q3에서 상자의 하단인 Q1의 값을 뺀 Q3-Q1을 **사분범위** 혹은 IQRinter-quartile range이라고 한다. 데이터가 상자의 상단에서 위로 IQR의 1.5배 이상 위로 올라가면 이상치로 간주한다. 또한 상자의 하단 Q1보다 IQR의 1.5배 이상으로 낮은 값을 보이면 역시 이상치로 분류한다.

위스커는 이러한 이상치를 제외하고 남은 데이터의 최대값과 최소값을 표시하는 것이다.

여러 개의 상자 차트 그리기

여러 개의 데이터가 있을 때, 이들을 각각 상자 차트로 그리는 일은 어렵지 않다. 다음과 같이 두 종류의 데이터가 준비되어 있다고 하자.

```
import numpy as np
import matplotlib.pyplot as plt
data1 = [1, 2, 3, 4, 5]
data2 = [2, 3, 4, 5, 6]
```

이 두 데이터를 각각 상자 차트로 그리려면 리스트로 묶어서 boxplot() 함수에 넘겨주면 된다. 즉 다음과 같은 코드를 실행하면 될 것이다.

```
plt.boxplot([data1, data2] )
```

결과는 아래 그림의 왼쪽과 같은 차트를 얻게 될 것이다. 그런데, 이 데이터를 넘파이 배열로 바꾸어 넘겨주면 결과가 다르게 나타난다. 넘파이 배열이 주어지면 열 단위로 나누어서 그림을 그리는 것이다. 따라서 아래 코드는 아래 그림의 오른쪽과 같은 차트를 생성한다.

```
plt.boxplot(np.array([data1, data2]) )
```

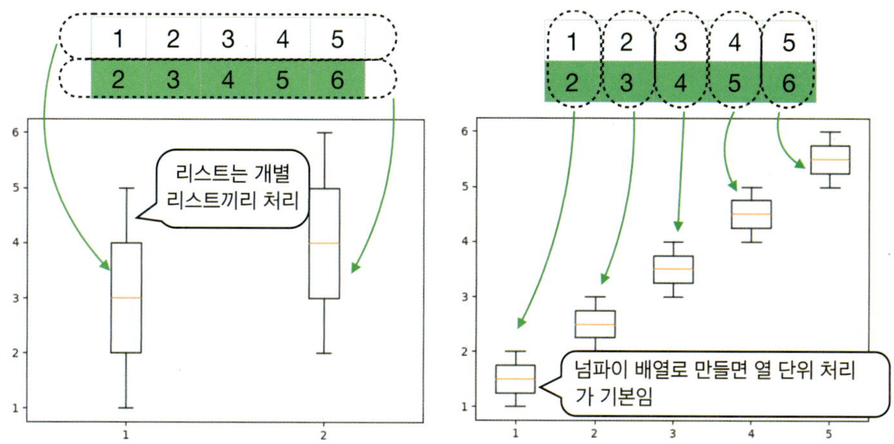

boxplot([data1, data2])　　　boxplot(np.array([data1, data2]))

도전문제 11.6

오른쪽 그림과 같이 100개의 난수를 가진 데이터 10종을 만들어 각각의 데이터 범위를 가시화하는 코드를 작성해 보라. 난수를 생성하는 일은 넘파이의 random 모듈이 가지고 있는 randn(d0, d1)을 사용하면 될 것이다.

이때 생성되는 데이터는 넘파이 배열이므로 차원을 어떻게 결정해야 하는지 유의해서 숫자 d0와 d1을 결정해야 할 것이다. 결과는 생성된 난수에 따라 오른쪽 그림과 조금 다를 것이다.

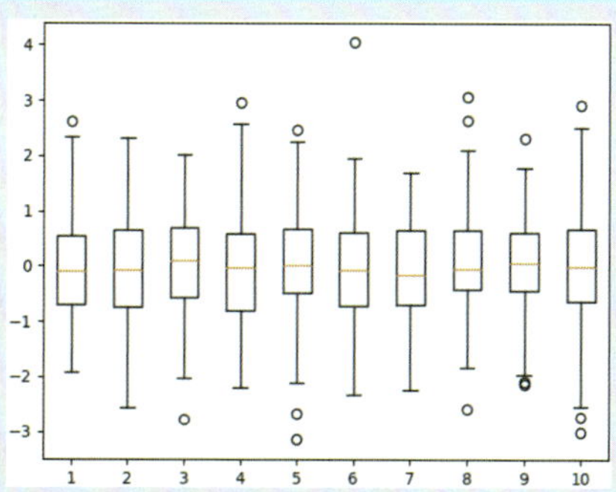

11.9 한 화면에 여러 그래프 그리기 : subplots()

한 화면에 여러 그래프를 나눠서 그리려면 pyplot에 있는 subplot() 함수를 사용한다. plt.subplots(2, 2)는 전체 화면을 2×2로 나눈다는 의미가 된다. subplots()의 반환값 중 하나인 ax에는 나누어진 차트들이 들어 있다. ax[0, 0]이라고 하면 2×2 격자에서 첫 번째를 의미한다. 이러한 방식으로 각 격자를 인덱싱하여 서로 다른 차트를 그릴 수 있다.

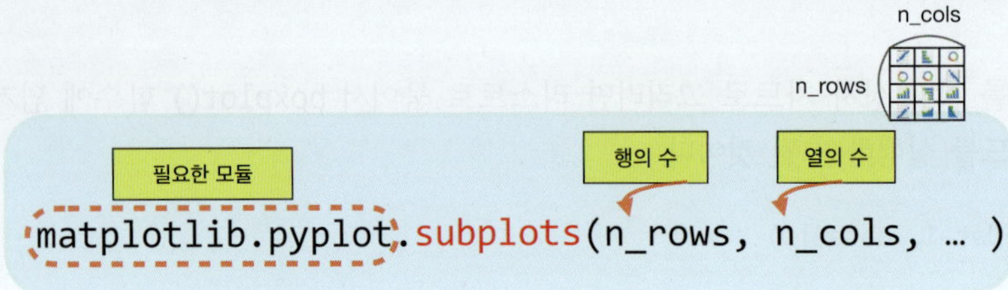


```
import matplotlib.pyplot as plt

# 갯수가 2 x 2개, 크기가 (5, 5) 인치
fig, ax = plt.subplots(2, 2, figsize=(5, 5))

ax[0, 0].plot(range(10), 'r')   # row=0, col=0
ax[1, 0].plot(range(10), 'b')   # row=1, col=0
ax[0, 1].plot(range(10), 'g')   # row=0, col=1
ax[1, 1].plot(range(10), 'k')   # row=1, col=1
plt.show()
```

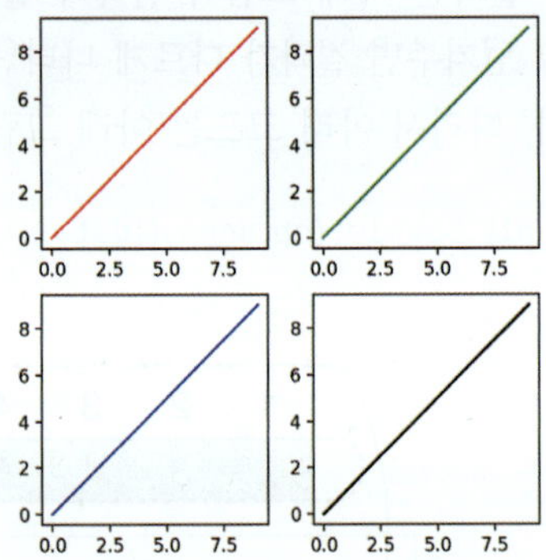

또 다른 방법으로 가장 먼저 도식을 하나 생성하고, 이 도식에 서브플롯을 추가하는 add_subplot() 함수를 사용할 수도 있다.

```
fig = plt.figure()
ax1 = fig.add_subplot(2, 2, 1)
ax2 = fig.add_subplot(2, 2, 2)
ax3 = fig.add_subplot(2, 2, 3)
ax4 = fig.add_subplot(2, 2, 4)
```

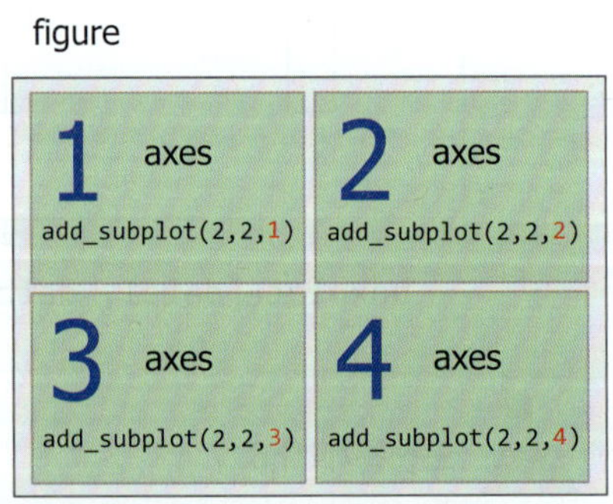

add_subplot() 함수의 첫 인자는 그려지는 서브플롯의 행 수이고, 두 번째 인자는 열 수이다. 따라서 위의 코드는 2행 2열로 서브플롯을 배치하는 것이다. 마지막 인자는 생성되는 서브플롯의 인덱스로 1부터 시작한다. 인덱스는 행부터 채우며 증가하므로 2행 2열 서브플롯들은 위의 코드 박스 오른쪽에 그려진 그림과 같은 번호를 받게 된다.

LAB 11-5 서브플롯 이용해 보기

실습 시간

다양한 차트를 하나의 그림에 나타내어 강력하고 유연한 데이터 표현을 얻을 수 있다. 다음과 같이 4개의 차트를 함께 그려보자. 데이터는 data[0]과 data[1]에 각각 100개가 있으며 이들은 정규 분포를 따라 생성된 난수이다.

원하는 결과

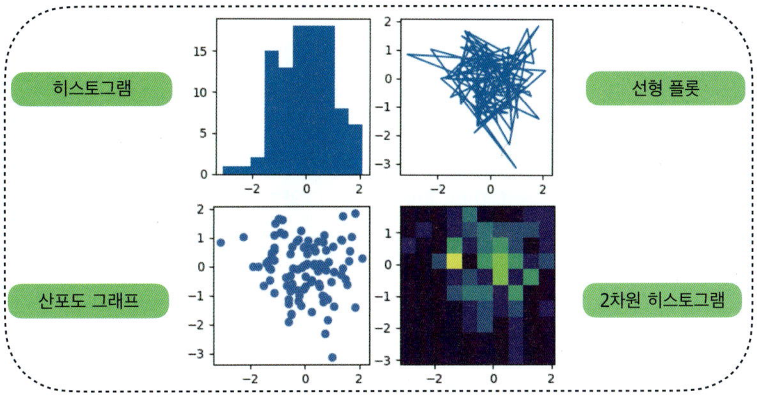

힌트

data[0]과 data[1]에 각각 100개의 난수를 정규 분포를 따라 생성하고 싶으면 행렬의 크기가 (2, 100)이 되도록 해야 한다. 정규 분포를 따라 난수를 발생시키는 함수는 randn()이므로 아래와 같이 생성할 수 있을 것이다.

```
data = np.random.randn(2, 100)
```

화면을 네 개로 쪼개기 위해 다음 코드를 사용할 수 있다.

```
fig, axs = plt.subplots(2, 2, figsize=(5, 5))
```

생성된 네 개의 axis는 axs에 담겨 있으며 [row, col] 형태로 접근 가능하다.

해답 코드

```
import matplotlib.pyplot as plt
import numpy as np

np.random.seed(19680801)
data = np.random.randn(2, 100)

fig, axs = plt.subplots(2, 2, figsize=(5, 5))

axs[0, 0].hist(data[0])
axs[1, 0].scatter(data[0], data[1])
axs[0, 1].plot(data[0], data[1])
axs[1, 1].hist2d(data[0], data[1])

plt.show()
```

핵심 정리

SUMMARY

- 데이터 시각화는 데이터가 가진 의미를 파악하는 데에 매우 중요한 역할을 한다.
- 좋은 시각화는 많은 양의 설명을 대체할 수 있는 효율적인 정보 전달 도구이다.
- 맷플롯립은 파이썬에서 가장 많이 사용되는 데이터 시각화 도구이다.
- 필요한 정보에 따라 다양한 시각화 기법을 골라서 사용할 수 있다.
- 하나의 그림을 쪼개어 여러 개의 차트를 표시할 수도 있다.

데이터를 이해하는 데에는 숫자도 좋은 정보가 되지만 아무래도 그림이 직관적이지요.
데이터 과학자들은 다양한 방식으로 데이터를 시각화합니다.

맷플롯립을 이용해서 다양한 그림을 그려 보았는데,
이걸로 이제 어떤 그림이든 쉽게 가시화할 수 있는 것인가요?

다양한 방식으로 가시화할 수 있는 것은 맞지만 데이터를 잘 정리해야 하겠지요.
그리고 여기서 배운 내용은 맷플롯립의 아주 간단한 시각화 예시에 불과하답니다.
다양한 시각화 기술은 맷플롯립만을 다룬 다양한 자료를 참고하도록 하세요.

데이터를 가지고 다양한 시각 정보를 제공하는 것은 맷플롯립 뿐인가요?

그렇지 않아요 맷플롯립을 활용하여 더 다양한 시각화가 가능하도록 만든 모듈들도 있고요.
데이터를 다루는 데에 많이 사용되는 판다스 모듈은 맷플롯립과 결합된 시각화 방법을 제공합니다.
그리고 seaborn 모듈의 가시화 기능도 매우 뛰어나요. 뒤에서 조금씩 살펴보도록 해요.

주관식 문제

다음 괄호 안에 들어갈 matplotlib에 관련된 알맞은 단어를 적어라.

11.1 (   ) (은)는 점이나 선, 막대 그래프 등의 시각적 이미지를 활용하여 데이터를 화면에 표시하는 것이다.

11.2 파이썬에는 데이터를 시각화하기 위한 많은 도구가 있지만 (   )은 가장 널리 사용되는 시각화 도구이다.

11.3 matplotlib.pyplot 패키지에서 (   ) 함수는 x축 데이터와 y축 데이터를 인수로 받는다. 또한 선의 색(color), 마크의 표시방법(marker), 선의 스타일(linestyle) 등을 키워드 인자로 줄 수 있다.

11.4 차트의 제목 레이블은 (   ) 함수를 통해 설정한다.

11.5 차트의 y축 레이블은 (   ) 함수를 통해 설정한다.

11.6 savefig() 함수는 파일의 이름과 해상도를 지정하여 파일을 저장할 수 있다. 이 때 인치당 도트의 수를 지정하기 위해서는 (   )라는 키워드 인자를 사용한다.

11.7 pyplot 패키지 내의 (   ) 함수는 화면에 차트를 표시하는 기능을 한다.

11.8 pyplot 패키지 내의 (   ) 함수를 호출하여 화면에 막대형 차트를 그릴 수 있다.

11.9 산포도 플롯은 개별 데이터 포인트를 그리는 차트이다. 산포도를 그릴 때는 각 데이터 포인트가 연결되지 않는다. 산포도 그래프를 그릴 때는 (   ) 함수를 사용한다.

11.10 파이 차트는 데이터의 값에 따라서 원형 비율로 나누어져 있는 차트이다. 이는 (   ) 함수로 그릴 수 있다.

11.11 (   ) (은)는 주어진 자료를 몇 개의 구간으로 나누고 각 구간의 도수를 조사하여 나타낸 막대 그래프이다. 이는 hits() 함수로 그릴 수 있다.

11.12 상자 차트는 데이터의 최대, 최소, 중간값과 사분위 수 등을 효율적으로 가시화할 수 있는 방법이다. 이는 (   ) 함수로 그릴 수 있다.

11.13 상자 차트에서 상자의 상단인 Q3에서 상자의 하단인 Q1의 값을 뺀 Q3-Q1을 (   ) 혹은 (   ) (이)라고 한다.

11.14 한 화면에 여러 그래프를 나눠서 그리려면 pyplot에 있는 (   ) 함수를 사용한다.

심화문제

EXERCISE

11.1 대한 컴퍼니의 영업1부에 근무하는 강이안 씨는 초고속 인터넷 가입형 상품 "빠르다넷(speeda net)"의 가입 영업을 하고 있다. 강이안 씨의 영업은 성공적으로 이루어져서 매달 새로운 사용자가 꾸준히 가입하고 있으며 이를 보여주기 위해, 다음 표와 같은 회사의 신규 사용자 통계자료를 준비했다.

월	7월	8월	9월	10월	11월	12월
신규 사용자	456	492	578	599	670	854

1) 이 표를 바탕으로 신규 사용자의 증가를 나타내는 다음과 같은 차트를 그려보아라.

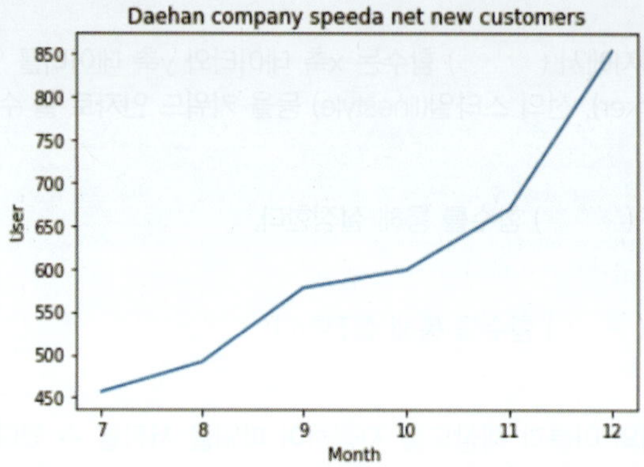

2) 이 표를 subplots() 함수를 이용하여 다음과 같이 막대 그래프, 직선 그래프, 산포도 그래프, 수평막대 그래프로 표현하여라.

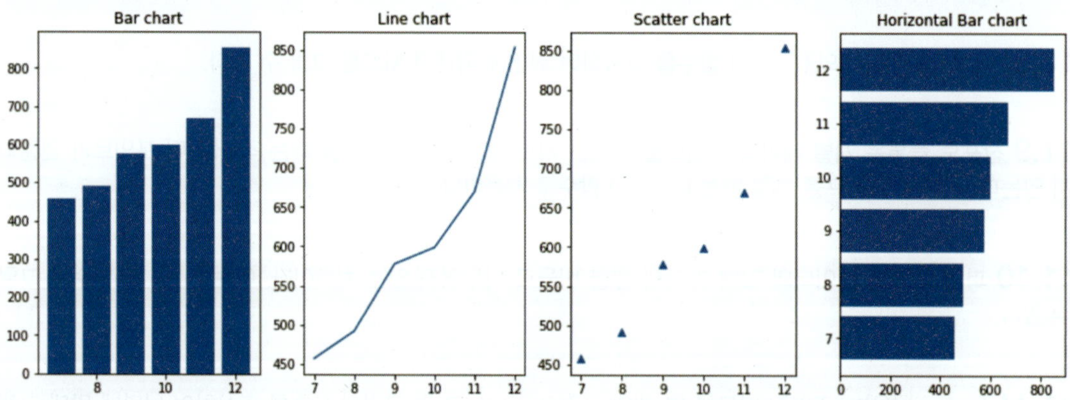

11.2 넘파이의 sin(), cos() 함수를 호출하여 그림과 같은 주기함수를 표현해 보자. sin(), cos() 등의 삼각함수는 그 주기가 2π 이므로 (2 * np.pi) * 6을 통해 6번 반복되는 주기함수를 얻을 수 있다. 이 코드에서 sin() 함수는 빨간색 선으로 표시되는데, x 값이 커질수록 y의 진폭이 커지도록 하여라. cos() 함수는 파란색 점선으로 나타나 있는데, 출력값은 −1에서 1사이이므로 이 값에 20을 곱하여 −20에서 20 사이의 진폭을 가지도록 하여라.

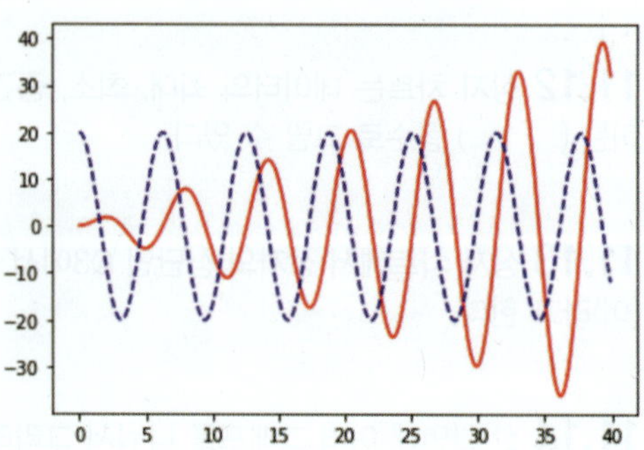

11.3 numpy의 randint() 함수를 사용하여 30개의 (x, y) 좌표쌍을 2차원 ndarray로 생성하여라. 이 때 x, y 값의 범위는 0에서 50 사이의 값으로 하여라. 그리고 생성된 좌표를 matplotlib의 산포도 그래프를 사용하여 그림과 같이 출력하여라.

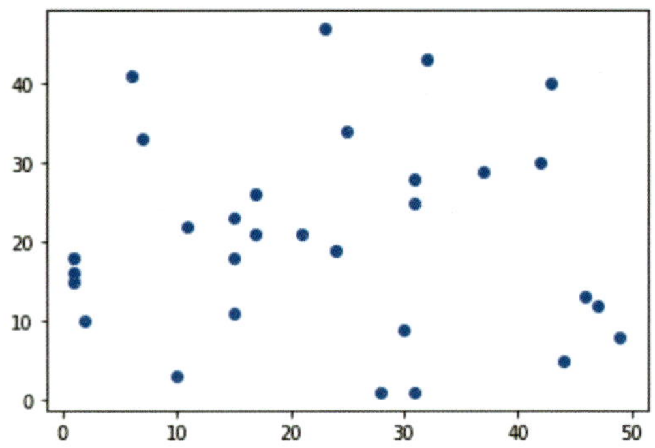

11.4 numpy의 난수생성기를 이용하여 각각 1,000개의 난수를 가지는 3가지 종류의 (x, y) 분포를 생성하고 matplotlib의 산포도 그래프로 나타내어라. 왼쪽의 그림은 x 값과 y 값이 각각 평균이 25이고 표준편차가 6인 특성을 가진다. 가운데 그림은 x 값의 평균이 25이고 표준편차가 6인 특성을 가지며, y 값은 평균이 25이고 표준편차가 3인 특성을 가진다. 가장 오른쪽은 x 값의 평균이 25이고 표준편차가 6인 특성을 가지며 y 값은 x 값에 표준정규분포 난수를 더한 값이다.

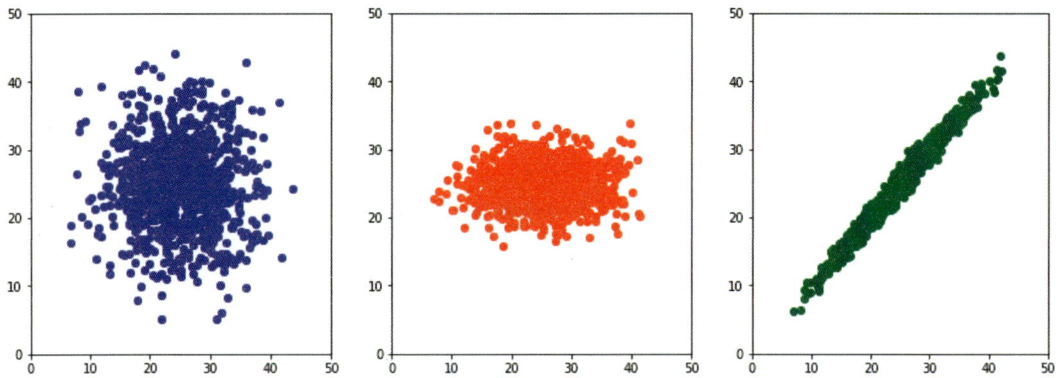

11.5 다음은 동민이네 동물병원에 치료를 받은 개의 종류와 그 크기 데이터이다. 몸통 길이와 높이는 다음과 같이 cm 단위로 기록하였다.

• 닥스훈트

길이	77	78	85	83	73	77	73	80
높이	25	28	19	30	21	22	17	35

• 사모예드

길이	75	77	86	86	79	83	83	88
높이	56	57	50	53	60	53	49	61

• 말티즈

길이	34	38	38	41	30	37	41	35
높이	22	25	19	30	21	24	28	18

1) 이 데이터를 그림으로 다음과 같이 표시하여라. 닥스훈트는 빨간색 동그라미, 사모예드는 파란색 세모, 말티즈는 녹색 네모로 표시하여라(수평축은 길이, 수직축은 높이를 나타내도록 하여라).

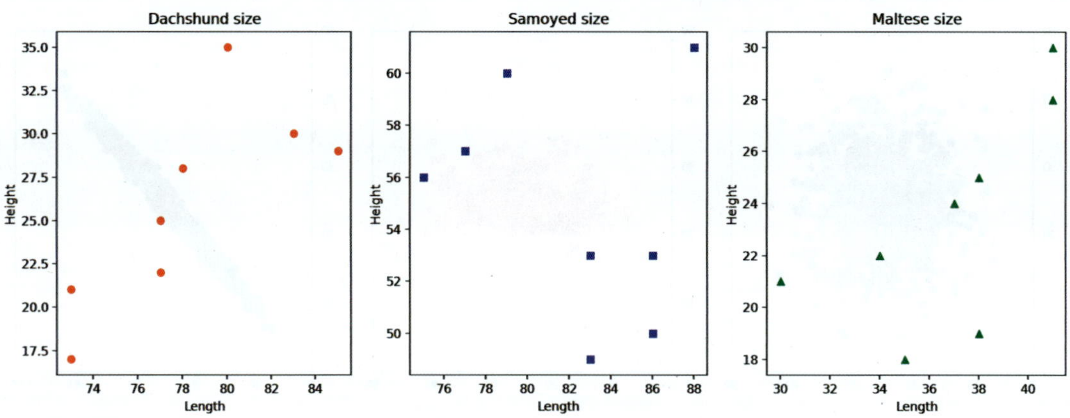

2) 이 세 종류의 개들이 한 화면에 나타나도록 하여라. 이 때 다음과 같이 범례가 함께 나타나도록 하여라(힌트: 범례는 legend()라는 함수를 이용하는데 자세한 사용법을 matplotlib.org 홈페이지에서 검색해 보자. 이 홈페이지에는 다양한 matplotlib의 이용법이 많은 예제 그림으로 설명되어 있다).

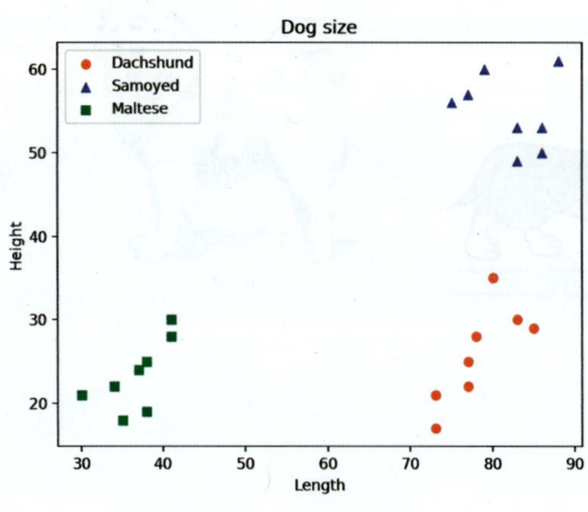

chapter

12 판다스로 데이터를 분석해보자

이 장에서 배울 것들

- 데이터 분석 라이브러리인 판다스에 대해서 살펴봅시다.
- 쉼표로 분리된 대표적인 텍스트 자료인 csv 자료를 판다스를 이용하여 읽고 분석해 봅시다.
- csv 파일을 테이블 형식의 자료로 만든 후 분석하고 정렬하는 일을 해 봅시다.
- 데이터에서 손실된 부분인 결측 데이터를 보정해 봅시다.
- 데이터프레임을 합하여 새로운 테이블을 만들어 봅시다.
- 판다스 데이터를 matplotlib으로 시각화하는 연습도 해 봅시다.
- 조건을 이용하여 다양한 방식으로 데이터에 접근하고 연산하는 방법을 살펴보자.

12.1 엑셀보다 빠른 일처리는 판다스로

아래 그림 왼쪽의 프로그램은 현재 업무용 소프트웨어로 가장 인기가 있는 마이크로소프트사의 **엑셀**Excel이라는 프로그램이다. 엑셀은 행과 열로 이루어진 표에 입력된 데이터를 처리하는데 탁월한 성능을 보이고 있다. 데이터 과학자는 전통적으로 이와 같은 테이블 형태의 데이터를 선호한다. 2차원 **행렬**matrix 형태의 데이터는 개발자가 편리하게 각 요소나 행, 열에 접근할 수 있기 때문이다. 이전 장에서 살펴본 넘파이가 2차원 행렬 형태의 데이터를 지원하지만, 넘파이는 데이터의 속성을 표시하는 행이나 열의 레이블을 가지고 있지 않다는 한계가 있다. 하지만 파이썬의 **판다스**pandas 패키지를 사용하면 이러한 문제를 해결할 수 있다.

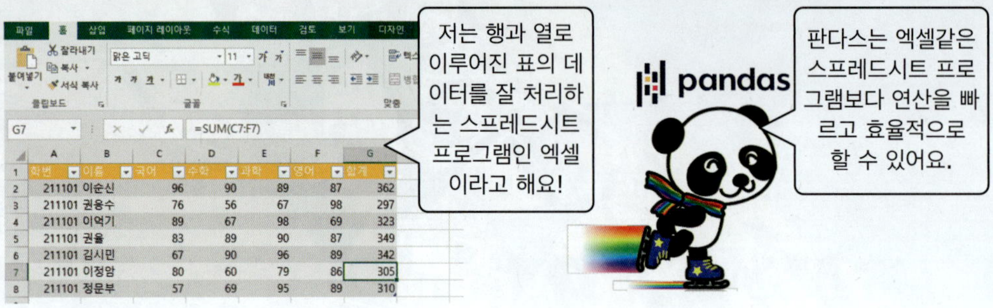

지금까지 살펴본 파이썬의 기능은 데이터를 가지고 연산하고 가공하는 데에 우수한 능력을 보여주었다. 그런데 테이블 형태의 데이터에 대한 통계적 분석이나 데이터 항목 사이의 연산 등에는 적합하지 않았다. 데이터 분석에서 파이썬과 자주 비교되는 R과 비교하여 상당히 취약한 부분이 될 수 있다. 이것은 파이썬이 범용 프로그래밍 언어이므로 R처럼 전적으로 통계 분석을 위해 고안된 언어과는 다르기 때문이다. 하지만 판다스를 사용하면 **강력한 데이터 분석 기능을 이용**할 수 있으며, 이를 **매우 빠르고 효율적으로 처리**할 수 있다. 따라서 R과 같은 통계 분석용 언어로 전환하지 않고 파이썬만으로도 전체 데이터 분석 워크 플로우를 수행할 수 있다.

판다스는 넘파이를 기반으로하기 때문에 처리 속도가 매우 빠르며, 데이터프레임은 행과 열로 구조화되어 있고, 다양한 함수를 지원한다. 행과 열에는 레이블이 붙어 있어서 매우 편리하게 각 행과 열에 접근할 수 있으며, 데이터프레임을 결합하거나 그 형태를 변경하는 일도 간편하게 할 수 있다. 또한 pyplot하고도 완벽하게 통합되어 있기 때문에 데이터 과학자들을 위한 핵심적인 도구라고 이야기할 수 있다.

잠깐 - 판다스의 특징

판다스는 다음과 같은 특징들을 갖는다.

1. 빠르고 효율적이며 다양한 표현력을 갖춘 자료구조를 제공한다.
   실세계 데이터 분석을 위해 만들어진 파이썬 패키지
2. 다양한 형태의 데이터 처리에 적합하다.
   이종heterogeneous 자료형의 열을 가진 테이블 데이터
   시계열 데이터
   레이블을 가진 다양한 행렬 데이터
   다양한 관측 통계 데이터
3. 시리즈와 데이터프레임이라는 핵심 구조를 제공한다.
   시리즈Series: 1차원 구조를 가진 하나의 열
   데이터프레임DataFrame: 복수의 열을 가진 2차원 데이터
4. 다음과 같은 데이터 처리 작업을 잘 한다.
   결측 데이터 처리
   데이터 추가 삭제 (새로운 열의 추가, 특정 열의 삭제 등)
   데이터 정렬과 다양한 데이터 조작

판다스로 어떤 일을 할 수 있나

우리는 판다스로 무엇을 할 수 있을까? 판다스를 이용하면 CSV 파일, 엑셀 파일, SQL 데이터베이스에서 데이터를 읽어서 스프레드시트의 테이블과 유사한 **데이터프레임**이라는 파이썬 객체로 만들 수 있다. 일단 데이터들이 데이터프레임 객체로 만들어지면 파이썬의 for 루프를 통해 작업하는 것보다 훨씬 쉽게 데이터 항목들에 접근하고 처리할 수 있다. 앞으로 이러한 방법들을 살펴보게 될 것이다.

판다스로 할 수 있는 일들을 몇 가지 그룹으로 나누어 살펴보면 아래와 같이 정리해 볼 수 있다. 물론 여기에 일일이 나열하지는 못했지만, 이 밖에도 데이터 처리와 분석을 위한 다양한 기능을 제공하고 있다.

데이터 불러오기 및 저장하기

- 파이썬 리스트, 딕셔너리, 넘파이 배열을 데이터프레임으로 변환할 수 있다.
- 판다스로 CSV 파일이나 TSV 파일, 엑셀 파일 등을 열 수 있다.
- URL을 통해 웹 사이트의 CSV 또는 JSON과 같은 원격 파일 또는 데이터베이스를 열 수 있다.

데이터 보기 및 검사

- df.mean()로 모든 열의 평균을 계산할 수 있다.
- df.corr()로 데이터프레임의 열 사이의 상관 관계를 계산할 수 있다.
- df.count()로 각 데이터프레임 열에서 null이 아닌 값의 개수를 계산할 수 있다.

필터, 정렬 및 그룹화

- df.sort_values()로 데이터를 정렬할 수 있다.
- 조건을 사용하여 열을 필터링할 수 있다.
- groupby()를 이용하여 기준에 따라 몇 개의 그룹으로 데이터를 분할할 수 있다.

데이터 정제

- 데이터의 누락 값을 확인할 수 있다.
- 특정한 값을 다른 값으로 대체할 수 있다.

잠깐 – 판다스 or 판다

판다스라는 특이한 이름은 "panel data"라는 용어에서 유래되었다.

이 panel data라는 용어 역시 생소한 용어인데 이는 계량경제학econometrics 용어로 **동일한 관찰자에 의하여 여러 회에 걸쳐 관측된 데이터 집합을 지칭하는 용어**이다. 중국 쓰촨성 일대에 서식하는 동물인 판다와는 관계가 없으나 용어가 비슷하므로 많은 사람들이 판다스의 로고로 판다 그림을 사용하기도 한다.

12.2 CSV라고 들어봤니

CSV는 테이블 형식의 데이터를 저장하고 이동하는 데 사용되는 구조화된 텍스트 파일 형식이다. CSV는 **쉼표로 구분한 변수**comma separated variables의 약자이다. 따라서 기본적으로 쉼표를 이용하여 데이터를 구분한다. 하지만 쉼표가 아닌 어떤 구분자라도 사용이 가능하다. 즉 탭이나 콜론, 세미콜론 등의 구분자도 사용할 수 있다. 우리는 이 책에서 쉼표를 사용할 것이다.

CSV의 역사는 1972년으로 거슬러 올라가며 Microsoft Excel와 같은 **스프레드 시트**spread sheet 소프트웨어에 적합한 형식이다. 데이터 과학에서 사용되는 데이터 가운데 상당한 비율의 데이터들이 CSV 형식으로 공유되는 경우가 많다.

CSV 파일은 필드를 나타내는 열과 레코드를 나타내는 행으로 구성된다. 만약 데이터의 중간에 구분자가 포함되어야 한다면 따옴표를 사용하여 필드를 묶어야 한다. 예를 들어서 'Gildong, Hong'이라는 데이터가 있다고 하자. 데이터의 중간에 쉼표(,)가 포함되어 있다. 이러한 경우에는 구분자로 사용되는 쉼표와 구분하기 위하여 반드시 데이터를 따옴표로 감싸야 한다.

CSV 파일의 첫 번째 레코드에는 열 제목이 포함되어 있을 수 있다. 이것은 CSV 형식 자체의 요구사항이 아니라 단순히 일반적인 관행이다. 따라서 열 제목은 제거할 수 있다. CSV 파일의 크기는 미리 알 수 없고 잠재적으로 크기가 큰 경우 한 번에 모든 레코드를 읽지 않는 것이 좋다. 이때는 현재 행을 읽고, 현재 행을 처리한 후에 삭제하고 다음 행을 가져오는 방식이 필요할 수도 있다. 아니면 특정한 크기만큼의 데이터를 읽어서 처리한 뒤에, 다음으로 또 그만큼의 크기를 가져오는 방식을 사용할 수도 있을 것이다.

이 책에서는 CSV로 저장된 데이터를 사용하는 것을 기본으로 삼을 것이다. 본격적으로 판다스를 살펴보기 전에 CSV 데이터를 처리하는 것에 대해 먼저 살펴보자. 판다스는 데이터를 처리하고 분석하기 위한 모듈이므로 CSV 뿐만 아니라 엑셀 파일, JSON, HTML, 파이썬 Pickle 파일 등 다양한 종류의 데이터 파일 형식을 지원한다. 실제 데이터를 다루는 문제에서는 여러 종류의 파일 형식을 만나게 될 것이고, 판다스 역시 이러한 형식들을 잘 지원하고 있다. 이 책을 마치고 나면 다양한 형식으로 저장된 다른 데이터 파일을 다루는 연습을 해 보기 바란다.

CSV 데이터의 내용을 읽어보자

파이썬 모듈 csv는 CSV reader와 CSV writer를 제공한다. 두 객체 모두 파일 핸들을 첫 번째 매개 변수로 사용한다. 필요한 경우 delimiter 매개 변수를 사용하여 구분자를 제공할 수 있다. 디폴트 구분자는 쉼표(,)이다.

기상자료개방 포털 사이트에 들어가면 지난 기상자료를 다운로드할 수 있는 API를 제공한다. 여기서 미리 2010년 8월 1일부터 2020년 8월 1일까지 9년 동안의 울릉도의 기온과 풍속 데이터를 받아 이 책의 github 계정에 weather.csv라는 파일 이름으로 올려 두었다. 데이터는 이 책의 github 사이트에 접근하여 받을 수 있다. 데이터에 접근할 수 있는 URL은 다음과 같다.

https://github.com/dongupak/DataSciPy/blob/master/data/csv/weather.csv

이 파일을 d: 드라이브의 data 폴더에 'weather.csv'로 저장했다고 가정하고, 그러면 이 파일의 **경로**path는 'd:/data/weather.csv'가 된다. CSV를 읽어보는 일은 다음과 같이 수행할 수 있다.

```
import csv      # 판다스가 아닌 파이썬 csv 모듈을 사용함

f = open('d:/data/weather.csv')  # CSV 파일을 열어서 f에 저장한다.
data = csv.reader(f)             # reader() 함수를 이용하여 읽는다.
for row in data:
    print(row)
f.close()
```

```
['일시', '평균기온', '최대풍속', '평균풍속']
['2010-08-01', '28.7', '8.3', '3.4']
['2010-08-02', '25.2', '8.7', '3.8']
['2010-08-03', '22.1', '6.3', '2.9']
...
```

import csv를 사용하여 파이썬의 csv 모듈을 가져온 다음, CSV 파일에 저장된 데이터를 한 줄씩 읽으려면 for 반복문을 사용해야 한다. CSV 파일의 각 행의 데이터가 리스트에 저장되어서 우리에게 전달된다. CSV 파일에 많은 데이터가 저장되어 있다면 상당한 시간이 걸릴 수 있다.

위의 실행 결과를 자세히 보면 첫 번째 행은 데이터의 속성을 표시하는 일시, 평균기온, 최대풍속 등의 헤더이다. 만약 헤더를 제거하고 나머지 데이터만을 읽으려면 어떻게 하면 될까? 다음과 같이 next() 함수를 이용하면 된다.

```
import csv         # 판다스가 아닌 파이썬 csv 모듈을 사용함

f = open('d:/data/weather.csv')  # CSV 파일을 열어서 f에 저장한다.
data = csv.reader(f)             # csv의 reader() 함수를 이용하여 읽는다.
header = next(data)              # 헤더를 제거한다.
for row in data:                 # 반복 루프를 사용하여 데이터를 읽는다.
    print(row)
f.close()                        # 파일을 닫는다.
```

```
['2010-08-01', '28.7', '8.3', '3.4']
['2010-08-02', '25.2', '8.7', '3.8']
['2010-08-03', '22.1', '6.3', '2.9']
['2010-08-04', '25.3', '6.6', '4.2']
...
```

12.3 CSV에서 원하는 데이터를 뽑아 보자

기상자료개방 포털 사이트에서 다운받은 데이터 weather.csv를 계속해서 사용해 보자. 이 파일을 엑셀로 읽을 경우 오른쪽 그림과 같이 일시, 평균기온, 최대풍속, 평균풍속의 속성을 가진 데이터라는 것을 볼 수 있을 것이다.

	A	B	C	D
1	일시	평균기온	최대풍속	평균풍속
2	2010-08-01	28.7	8.3	3.4
3	2010-08-02	25.2	8.7	3.8
4	2010-08-03	22.1	6.3	2.9
5	2010-08-04	25.3	6.6	4.2
6	2010-08-05	27.2	9.1	5.6
7	2010-08-06	26.8	9.8	8

이제 이 데이터에서 평균 풍속 데이터만 추출하여 사용하고 싶다. CSV 파일에서 평균 풍속 데이터는 4번째 열에 저장되어 있다. 인덱스로는 3이 된다. 따라서 리스트에서 row[3]을 찾으면 된다.

```
import csv

f = open('d:/data/weather.csv') # CSV 파일을 열어서 f에 저장한다.
data = csv.reader(f)            # reader() 함수를 이용하여 읽는다.
header = next(data)             # 헤더를 제거한다.
for row in data:                # 반복 루프를 사용하여 데이터를 읽는다.
    print(row[3], end=',')      # 평균풍속만 출력하고, 쉼표로 연결한다.
f.close()                       # 파일을 닫는다.
```

```
3.4,3.8,2.9,4.2,5.6,8,5,4,3.1,5.5,4.8,2.6,4.6,4.4,10.3,3.2,1.6,2.1,1.9,3.2,4.2,2.5,6.2,3,1.9,2.5,1.
6,2.3,4.9,6.2,4.2,2.6,5.3,1.7,3.2,3.3,4.3,7.6,6.6,2.5,7.2,3.8,1.8,3.9,1.6,2.2,1.2,2.2,3,3.5,2.8,3.6
,7.9,5.8,4.1,6.1,1.8,2.8,5.6,2.1,2.2,3.3,3.2,5.9,5,5.1,3.1,3.4,3.7,2.7,2.6,3.1,2.5,5,3.2,2.9,4.5,2.9
,2.9,2.1,3.9,6.3,3.9,2,3,6.1,7.1,4,3.5,5.8,6.6,7.2,5.6,3.5,3.2,2.9,3.2,3.3,2.5,7.5 ...
```

이제 지난 10년간 가장 강한 풍속을 찾고 싶으면 max_wind라는 변수를 0으로 초기화하고 이 값보다 높은 row[2]가 발견되면 max_wind를 row[2]로 바꾸면 된다. 그런데 row[2]에 저장된 값은 문자열이다. 따라서 이 데이터를 숫자 정보로 다루기 위해서는 실수로 변환해야 한다. 문자열을 실수로 변환하는 함수는 float()이다. 그런데 이 데이터에는 평균 풍속이 측정되지 않는 날도 있다. 이러한 날을 제외하기 위해서는 다음과 같이 **빈 문자열 ''인 경우는 wind = 0과 같이 풍속을 0으로 처리**하여야 한다.

```
# 위의 코드 import .. 부터 header =.. 까지가 생략되었음
max_wind = 0.0

for row in data:                # 반복 루프를 사용하여 데이터를 읽는다.
    if row[2] == '' :           # 최대 풍속 데이터가 없는 경우 0을 처리
        wind = 0
    else :
        wind = float(row[2])    # 최대 풍속 데이터를 실수로 변환해 저장
    if max_wind < wind :        # 최대 풍속을 갱신하는지 검사
        max_wind = wind         # 현재까지의 최대 풍속보다 크면 새로 기록

print('지난 10년간 울릉도의 최대 풍속은 ', max_wind, 'm/s')
```

```
지난 10년간 울릉도의 최대 풍속은  26.0 m/s
```

이러한 복잡한 과정은 판다스를 이용하여 쉽게 처리할 수 있다. 그 전에 다음 LAB을 시도해 보자.

LAB 12-1 울릉도는 몇 월에 바람이 가장 강할까?

실습 시간

앞서 사용했던 울릉도의 기상 데이터에는 일일 평균 풍속 데이터가 있다. 이 데이터를 바탕으로 몇 월의 울릉도가 가장 바람이 강한지 알아보고 싶다. 결과는 아래와 같다. 달이 0부터 시작하여 11(실제는 1월부터 12월)까지 있고, 3일 때에 가장 큰 풍속을 보이므로, 울릉도는 4월에 가장 강한 바람이 분다는 것을 알 수 있다.

원하는 결과

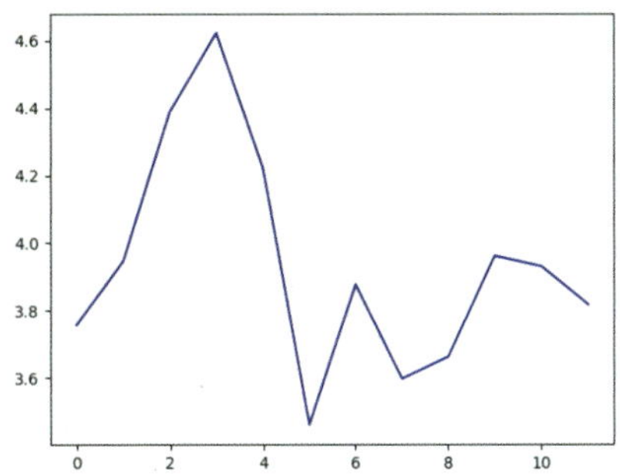

힌트

각 달의 평균 풍속을 구하기 위한 12개 항목을 가진 리스트 monthly_wind를 만든다. 각 달마다 측정 데이터가 존재하는 일수를 담을 12개 항목의 리스트 days_counted도 함께 만든다.

각 행 데이터를 읽어 해당 데이터가 몇 월의 데이터인지 확인하고, 풍속 정보가 있는지 확인한다. 여기서 첫 열에 있는 '2012-01-24'와 같은 문자열의 [5:7]을 읽으면 달의 정보가 된다. 풍속이 존재하면 해당 월의 풍속 정보에 이 데이터를 더하고, 고려된 일수 days_counted도 해당 월 정보를 증가시킨다. 마지막으로 누적된 풍속 데이터를 계산된 일수로 나누어 월 평균 풍속을 구한다.

해답 코드

```
import csv
import matplotlib.pyplot as plt

f = open('d:/data/weather.csv')                 # CSV 파일 열어 f에 저장
data = csv.reader(f)                            # reader() 함수로 읽기
header = next(data)                             # 헤더를 제거

monthly_wind = [ 0 for x in range(12) ]         # 매달 풍속을 담을 리스트, 초기화 0
days_counted = [ 0 for x in range(12) ]         # 각 달마다 측정된 일수, 초기화 0

for row in data:
    month = int(row[0][5:7])                    # 0번 열에서 달 정보 추출
    if row[3] !=  '' :                          # 풍속 데이터 존재하는지 확인
        wind = float(row[3])                    # 풍속을 얻어 온다.
        monthly_wind[month-1] += wind           # 해당 달에 풍속 데이터 추가
        days_counted[month-1] += 1              # 해당 달의 일수를 증가

for i in range(12) :
    monthly_wind[i] /= days_counted[i]          # 일수로 나누어 월평균 구하기

plt.plot(monthly_wind, 'blue')
plt.show()

f.close()                                       # 파일을 닫는다.
```

12.4 판다스의 데이터 구조 : 시리즈와 데이터프레임

앞서 다루어본 방법은 csv 모듈을 사용하여 데이터를 읽고 처리하는 것인데 아주 까다로운 코드를 포함하고 있다. 이제 이것을 쉽게 할 수 있는 강력한 판다스를 알아보자. 판다스는 데이터 저장을 위하여 다음과 같은 2가지의 데이터 구조를 제공하고 있다.

데이터 구조	차원	설명
시리즈	1	레이블이 붙어있는 1차원 벡터
데이터프레임	2	행과 열로 되어있는 2차원 테이블, 각 열은 시리즈로 되어 있다.

판다스의 내부에서 시리즈와 데이터프레임 데이터 구조는 모두 넘파이 배열을 이용하여 구현된다. 따라서 속도가 빠르다. 모든 데이터 구조는 값을 변경할 수 있으며, 시리즈를 제외하고는 크기도 변경할 수 있다. 각 행과 열은 이름이 부여되며, 그림과 같이 행의 이름을 **인덱스**index, 열의 이름을 **컬럼스**columns라 부른다. 데이터프레임을 df라는 변수로 참조할 경우 df.columns가 열을 참조하며 df.index가 행을 참조하는데 사용된다.

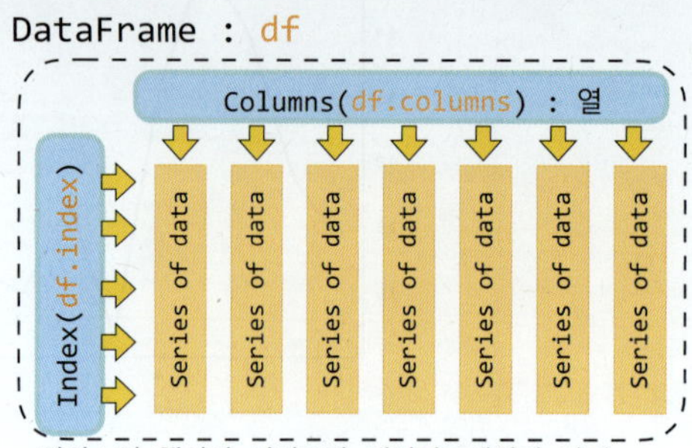

판다스의 핵심인 시리즈와 데이터프레임의 관계

시리즈

시리즈series는 동일 유형의 데이터를 저장하는 1차원 배열이다. 예를 들면 다음과 같은 데이터는 시리즈의 예시가 될 것이다.

1	3	4	NaN	6	8

판다스의 시리즈 데이터를 만드는 것은 Series 클래스를 이용한다. 이 클래스를 생성할 때 리스트를 넘겨주면 이 리스트를 이용하여 1차원 벡터 구조의 시리즈 데이터를 생성하게 된다(nan은 Not a Number(NaN)의 약어로 넘파이에서 수치연산은 가능하지만 정의할 수 없는 값을 의미한다).

```
>>> import numpy as np
>>> import pandas as pd
>>> series = pd.Series([1, 3, 4, np.nan, 6, 8])
>>> series
0    1.0
1    3.0
2    4.0
3    NaN
4    6.0
5    8.0
dtype: float64
```

1차원 벡터를 생성하였다. 이것이 판다스에서 사용하는 가장 기초적인 데이터 구조인 시리즈이다.

이름	나이	성별	평점
김수안	19	여	4.35
김수정	23	여	4.23
박동윤	22	남	4.45
강이안	19	여	4.37
강지안	16	남	4.25

데이터프레임

데이터프레임dataframe은 시리즈 데이터가 여러 개 모여서 표와 같은 2차원 구조를 갖는 것이다. 이 데이터프레임은 판다스가 데이터를 분석할 때 사용하는 기본적 틀이다. 예를 들면 다음 표와 같이 이름, 나이, 성별, 평점 레이블이 붙은 테이블이 데이터프레임이다.

하나의 데이터프레임은 행과 열로 구분할 수 있는데, 하나의 행은 여러 종류의 데이터를 담고 있다. 모든 행은 동일한 형태의 자료 배치를 가진다. 예시에서는 나타난 데이터프레임의 각 행은 [이름, 나이, 성별, 평점]의 데이터를 가진다. 그리고 각 열은 동일한 자료형을 가진 **시리즈**series임을 알 수 있다.

위의 데이터는 이름을 나열한 시리즈, 나이를 나열한 시리즈, 그리고 성별, 평점을 나열한 시리즈가 모여서 이루어진 데이터이다. 각각의 시리즈를 만들어 보자.

```
>>> name_series = pd.Series(['김수안', '김수정', '박동윤', '강이안', '강지안'])
>>> age_series = pd.Series([19, 23, 22, 19, 16])
>>> sex_series = pd.Series(['여', '여', '남', '여', '남'])
>>> grade_series = pd.Series([4.35, 4.23, 4.25, 4.37, 4.25])
>>> print(name_series, age_series, sex_series, grade_series)
    0     김수안
    1     김수정
    2     박동윤
    3     강이안
    4     강지안
    dtype: object
    0     19
    1     23
    2     22
    3     19
    4     16
    dtype: int64
    0     여
    1     여
    2     남
    3     여
    4     남
    dtype: object
    0     4.35
    1     4.23
    2     4.25
    3     4.37
    4     4.25
    dtype: float64
```

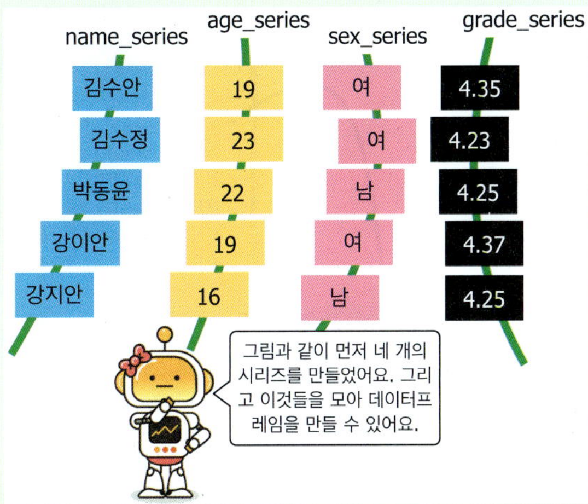

이 시리즈들을 모아 하나의 데이터프레임을 만들 수 있다. 이때는 판다스의 DataFrame 클래스를 사용한다. 이때 DataFrame을 생성하기 위한 인자로 시리즈들을 나열하면 되는데, 딕셔너리 구조로 입력을 한다. 딕셔너리의 **키**key는 시리즈가 차지할 **열**column의 이름, **값**value은 시리즈가 된다. 따라서 위의 네 시리즈를 이용하여 다음과 같이 데이터프레임을 생성할 수 있다.

```
>>> df = pd.DataFrame({'이름': name_series, '나이': age_series,
                       '성별': sex_series, '평점': grade_series})
>>> print(df)
       이름  나이 성별    평점
    0  김수안   19   여  4.35
    1  김수정   23   여  4.23
    2  박동윤   22   남  4.25
    3  강이안   19   여  4.37
    4  강지안   16   남  4.25
```

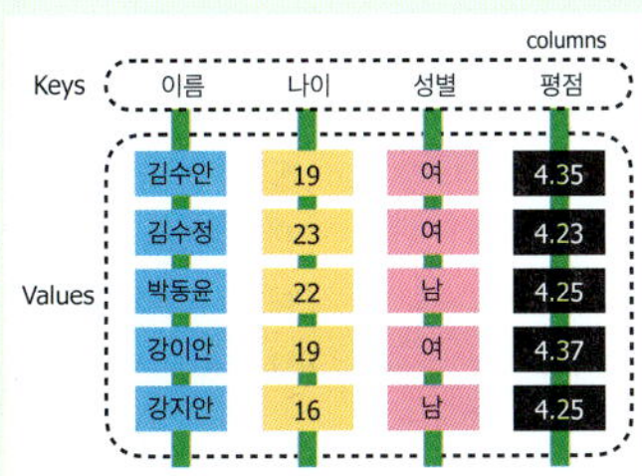

생성된 데이터프레임에서 가장 좌측열에는 0, 1, 2, 3, 4가 있는데 이 인덱스는 자동으로 생성된 인덱스이다.

12.5 판다스로 데이터 파일을 읽기

이 절에서 우리는 판다스를 사용하여 데이터 파일을 읽어서 데이터프레임이라고 하는 형태로 데이터를 저장해보자. 우리는 보통 판다스 데이터프레임을 직접 생성하지 않는다. 일반적으로 데이터가 저장된 외부 파일을 찾고, 거기서 데이터를 불러온다.

일단 데이터 파일이 있어야 한다. 아래와 같이, 국가에 대한 정보가 저장된 파일 countries.csv가 있다. 이 데이터 역시 다음 github 페이지에서 구할 수 있다.

https://github.com/dongupak/DataSciPy/blob/master/data/csv/countries.csv

이 파일에는 다음과 같이 몇 개 국가에 대한 정보가 저장되어 있는데, 첫 번째 정보는 약어, 두 번째는 국가명, 세 번째는 면적, 네 번째는 수도, 다섯 번째는 인구가 저장되어 있다.

판다스 모듈을 사용하면 csv 파일을 읽어 들여서 데이터프레임으로 바꾸는 작업을 간단히 할 수 있다. 위의 파일을 다운받아 d: 드라이브의 data라는 폴더에 저장한 후 다음과 같이 read_csv 함수를 이용하면 된다. csv 파일을 살펴보면 파일의 1행 1열이 비어 있음을 확인할 수 있다. 파일의 첫 행은 데이터가 아니라 각 행의 인덱스로 사용되고 있으며, 첫 열을 인덱스로 사용하고 있기 때문에 열의 이름도 비어 있다.

```
>>> import pandas as pd
>>> df = pd.read_csv('d:/data/countries.csv')
```

이때 CSV 파일이 데이터프레임이 될 수 있도록 각 행이 같은 구조로 되어 있고, 각 열은 동일한 자료형을 가진 시리즈로 되어 있어야 한다. 에러가 없이 csv 파일을 읽어왔다면 df를 출력해보자.

```
>>> df
  Unnamed: 0 country      area     capital  population
0         KR   Korea     98480       Seoul    51780579
1         US     USA   9629091  Washington   331002825
2         JP   Japan    377835       Tokyo   125960000
3         CN   China   9596960     Beijing  1439323688
4         RU  Russia  17100000      Moscow   146748600
```

데이터프레임에서는 각 행들이 하나의 객체에 대한 정보를 표시한다. 위의 표에서는 각 행에 특정 국가의 정보를 표시한다. 각 열들은 서로 다른 **속성**property를 나타낸다. 각 열은 레이블에 가지고 있다. 여기서는 국가명, 면적, 수도, 인구 등이 열의 레이블에 해당된다.

데이터를 설명하는 인덱스와 컬럼스 객체

데이터프레임에서는 다음과 같이 **인덱스**index와 **컬럼스**columns 객체를 정의하여 사용한다. 인덱스는 행들의 레이블이고 columns는 열들의 레이블이 저장된 객체이다. 앞 절에서 countries.csv 파일을 읽어서 생성한 데이터프레임을 출력해 보면 다음 그림과 같은 구조를 가진다.

비워 두었던 열 이름

CSV 파일의 첫 행으로 만들어진 **columns**

	Unnamed: 0	country	area	capital	population
0	KR	Korea	98480	Seoul	51780579
1	US	USA	9629091	Washington	331002825
2	JP	Japan	377835	Tokyo	125960000
3	CN	China	9596960	Beijing	1439323688
4	RU	Russia	17100000	Moscow	146748600

자동으로 생성된 **index**

각 행의 인덱스는 0부터 정수가 자동으로 부여되어 있음을 알 수 있다. 그리고 비워 두었던 첫 열은 Unnamed:0 이라는 이름이 부여된 것을 확인할 수 있다.

우리가 첫 행의 첫 열 공간을 비워 둔 것은 이 열에 나타나는 국가 코드를 인덱스로 사용하기 위한 것이다. 따라서 자동으로 0부터 정수를 매겨 인덱스로 쓰지 않고, 0번 열을 인덱스로 쓰라고 알려주면 좋을 것이다. 다음과 같은 방식으로 이를 수행할 수 있다. 판다스의 read_csv 함수에 index_col이라는 키워드 매개변수에 인자 0을 넘겨주면 첫번째 열이 인덱스로 사용된다. 따라서 인덱스는 KR, US, JP와 같은 국가의 축약명이 된다.

```
import pandas as pd

df = pd.read_csv('d:/data/countries.csv', index_col = 0) # 첫 열을 인덱스 컬럼으로 사용
print(df)
```

```
    country      area     capital  population
KR    Korea     98480       Seoul    51780579
US      USA   9629091  Washington   331002825
JP    Japan    377835       Tokyo   125960000
CN    China   9596960     Beijing  1439323688
RU   Russia  17100000      Moscow   146748600
```

12.6 열을 기준으로 데이터 선택하기

데이터프레임에서 특정한 열만 선택하려면 아래와 같이 대괄호 안에 열의 이름을 넣으면 된다. 다음 코드는 countries.csv를 다시 읽고 있다. 그리고 처음에는 인덱스를 첫 열로 지정해서 df_my_index로 할당했고, 인덱스 지정 없이 만든 데이터프레임은 df_no_index로 할당했다. 두 데이터프레임에서 population 레이블을 가진 열을 추출하기 위해서는 df['population']이라고 하면 된다.

```
import pandas as pd

df_my_index = pd.read_csv('d:/data/countries.csv', index_col = 0)
df_no_index = pd.read_csv('d:/data/countries.csv')
print(df_my_index['population'])
print(df_no_index['population'])
```

```
KR       51780579
US      331002825
JP      125960000
CN     1439323688
RU      146748600
Name: population, dtype: int64
0      51780579
1     331002825
2     125960000
3    1439323688
4     146748600
Name: population, dtype: int64
```

주의해서 볼 점은 첫 열을 인덱스로 지정한 경우와 그렇지 않은 경우의 차이이다. 국가 코드가 인덱스로 사용되기 때문에 특정 열의 데이터를 가져올 때에도 해당 데이터가 속한 행의 인덱스 정보인 국가 코드가 표시되고 있다.

아래와 같이 전체 중에서 2개의 열을 선택하려면 원하는 열들의 레이블을 리스트로 만들어서 전달하여야 한다.

```
import pandas as pd

df_my_index = pd.read_csv('d:/data/countries.csv', index_col = 0)
print(df_my_index[['area', 'population']])
```

```
        area  population
KR     98480    51780579
US   9629091   331002825
JP    377835   125960000
CN   9596960  1439323688
RU  17100000   146748600
```

데이터 시각화하기

우리는 선택된 열을 그래프로 그릴 수 있다. 이를 위하여 데이터프레임의 이름 다음에 plot() 메소드만 추가하면 된다. 각 국가의 인구만을 추출하여서 막대 그래프로 그려보면 다음과 같다.

```
import pandas as pd
import matplotlib.pyplot as plt

countries_df = pd.read_csv('d:/data/countries.csv', index_col = 0)

countries_df['population'].plot(kind='bar', color=('b', 'darkorange', 'g', 'r', 'm') )
plt.show()
```

결과는 아래의 왼쪽 그림과 같다. 코드에서 plot 메소드의 키워드 매개변수 kind는 차트의 종류를 의미한다. 각각의 막대마다 색을 지정할 수 있는데, 튜플로 제공하면 된다. 위의 예에서는 **파랑**blue, **어두운 주황**dark orange, **녹색**green, **빨강**red, **자홍색**magenta을 지정했다. 어두운 주황을 제외하고는 자주 사용하는 색이라 첫 글자만으로도 표현할 수 있다. kind='pie'로 지정하고, color 부분을 삭제하면 아래 그림의 오른쪽과 같이 파이 차트가 그려진다(파이 차트에서는 색상을 지정하지 않는다).

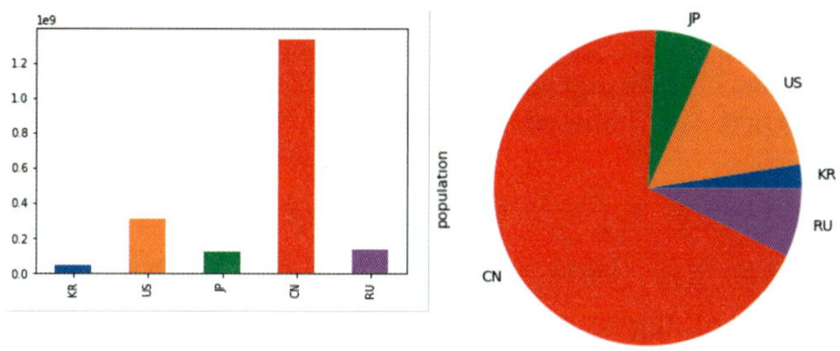

앞서 사용했던 weather.csv를 읽어서, 울릉도에 부는 바람은 어느 정도인지 다시 살펴보자. 이번에는 csv 모듈이 아니라 pandas 모듈을 이용하여 파일을 읽을 것이다. 평균 풍속을 담고 있는 열의 레이블은 '평균 풍속'이다. 이를 이용하여 평균 풍속의 히스토그램을 그려보자.

```
import pandas as pd
import matplotlib.pyplot as plt

weather = pd.read_csv('d:/data/weather.csv', index_col = 0, encoding='CP949')
weather['평균풍속'].plot(kind='hist', bins=33)
plt.show()
```

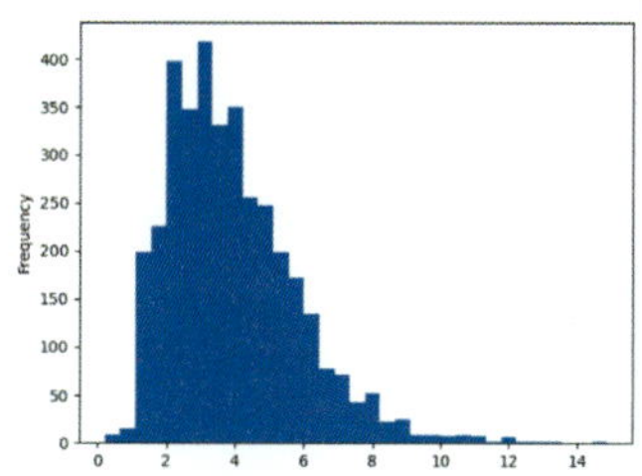

잠깐 – 판다스를 이용하여 csv를 여는 코드에서 눈여겨 볼 것

마이크로소프트의 윈도 시스템에서 생성되고 한글을 포함하고 있는 weather.csv는 읽을 때 한글을 어떤 **인코딩**encoding 방식으로 처리할지 지정해야 한다. 위의 코드에 encoding='CP949'라고 표시된 것을 확인할 수 있을 것이다.

또 주의해서 볼 것은 csv 모듈로 읽을 때와 달리 판다스로 읽으면 풍속이 문자열이 아니라 실수 데이터로 바로 읽힌다는 것을 알 수 있다. float()를 이용하여 값을 실수로 바꿀 필요가 없는 것이다.

12.7 슬라이싱으로 행 선택하기

데이터프레임 중에서 몇 개의 행만을 가져오고자 할 때는 몇 가지의 방법이 있다. 우선 처음 5행만 얻으려면 head()를 사용할 수 있다. 마지막 5행만을 얻으려면 tail()을 사용한다.

```
>>> countries_df.head()                              # countries_df[0:5]와 같다
      country      area     capital  population
KR      Korea     98480       Seoul    48422644
US        USA   9629091  Washington   310232863
JP      Japan    377835       Tokyo   127288000
CN      China   9596960     Beijing  1330044000
RU     Russia  17100000      Moscow   140702000
```

여기서는 행의 개수가 5개 이하이어서 별 차이가 없지만 행의 개수가 아주 많은 경우에는 head()와 tail()이 도움이 된다. 더욱 일반적인 방법은 다음과 같이 슬라이싱 표기법을 사용하는 것이다.

```
>>> countries_df[:3]
      country      area     capital  population
KR      Korea     98480       Seoul    48422644
US        USA   9629091  Washington   310232863
JP      Japan    377835       Tokyo   127288000
```

만약 행의 레이블, 즉 인덱스를 사용하여 행을 선택하려면 특별한 메소드를 사용하여야 한다. 왜냐하면 **[레이블]** 형태의 접근은 열을 선택하는데 사용되기 때문이다. 이때는 **loc[인덱스]**를 사용하면 된다. 예를 들어서 행의 레이블이 'KR'인 행만을 선택하려면 countries_df.loc를 써주고 대괄호 안에 접근하고 싶은 행의 레이블을 적어준다.

```
>>> countries_df.loc['KR']
country          Korea
area             98480
capital          Seoul
population    48422644
```

열 선택과 행 선택을 결합할 수도 있다. 예를 들어서 처음 3개 국가의 인구는 다음과 같다.

```
>>> countries_df['population'][:3]
KR     48422644
US    310232863
JP    127288000
```

countries_df[:3]['population']와 같이 다음과 같이 순서를 바꾸어도 그 결과는 동일하다. 만일 데이터프레임에서 특정한 요소 하나만을 선택하려면 loc 함수에 행과 열의 레이블을 써주면 된다.

```
>>> countries_df.loc['US', 'capital']
'Washington'
```

다른 방법도 있다. 우선 해당 열을 선택하고 loc 함수로 행을 선택한다.

```
>>> countries_df['capital'].loc['US']
'Washington'
```

거꾸로 써줘도 된다. 이와 같이 판다스를 사용하면 다양한 방법으로 데이터 처리가 가능하다.

새로운 열을 생성해 보자

판다스를 이용하면 다른 열의 정보를 토대로 새로운 열을 생성할 수도 있다. 우리의 데이터프레임에 인구 밀도를 나타내는 열을 생성해보자. 앞장에서 넘파이 배열에는 어떤 수를 곱하고 더하는 것이 가능하다고 하였다. 판다스는 넘파이를 기반으로 하기 때문에 판다스 데이터프레임에도 동일하게 적용할 수 있다. 인구밀도는 다음 코드와 같이 인구를 면적으로 나눠주면 된다.

```
import pandas as pd
import matplotlib.pyplot as plt

countries_df = pd.read_csv('d:/data/countries.csv', index_col = 0)
countries_df['density'] = countries_df['population'] / countries_df['area']
print(countries_df)
```

```
   country      area     capital  population     density
KR   Korea     98480       Seoul    51780579  525.797918
US     USA   9629091  Washington   331002825   34.375293
JP   Japan    377835       Tokyo   125960000  333.373033
CN   China   9596960     Beijing  1439323688  149.977044
RU  Russia  17100000      Moscow   146748600    8.581789
```

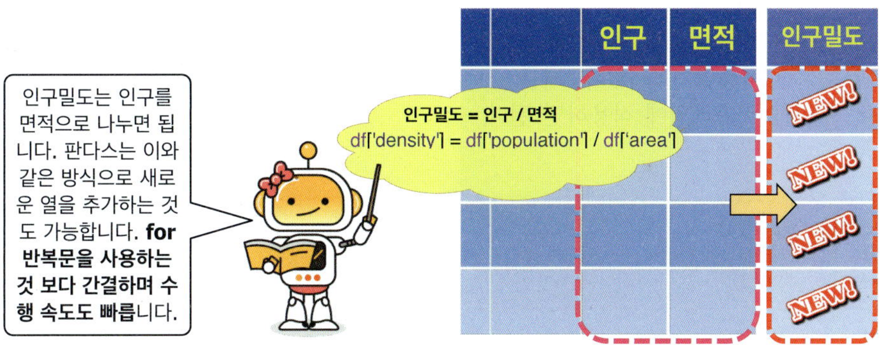

위의 코드는 인구 밀도를 계산하고 이것을 기존의 데이터프레임에 추가하였다. 결과에서 보다시피 5개국 중에서 우리나라가 가장 인구 밀도가 높다는 것을 알 수 있으며, 제곱 킬로미터 당 약 526명 정도로 계산되었다. 반면 국토가 넓은 러시아는 제곱 킬로미터 당 약 8명으로 계산된다.

위의 코드에서 알 수 있듯이, 새로운 열을 추가하려면 데이터프레임에 대괄호를 하고 새로운 열의 이름을 써주면 된다. 이제 데이터프레임은 5개의 열을 가지게 된다.

잠깐 – 데이터프레임의 열을 이용한 연산과 for 반복문

인구밀도를 구하기 위해 새로운 열을 'density'라는 레이블로 생성해 보았다. 그리고 이 열의 데이터는 기존에 존재하던 데이터 중에서 인구수를 면적으로 나누어 얻을 수 있다. 그런데, 이를 위해서 각 행을 차례로 접근하여 해당 데이터 항목마다 연산을 수행하지 않는다. 데이터프레임의 어떤 열이 다른 열들의 값에 의해 결정될 때는 이 계산을 행별로 반복하여 일을 하는 것이 아니라 필요한 열을 통째로 접근하여 한번에 계산이 이루어지게 한다. 이것은 코드가 간결할 뿐만 아니라, 계산도 훨씬 빠르다. 데이터프레임이나 행렬 데이터를 다루면서 for 문을 사용한다면 '내가 잘못하고 있지 않는가? 이 for 문을 꼭 써야 하는가'라는 생각을 항상 해야 한다.

12.8 데이터를 간편하게 분석할 수 있는 기능이 있다

이제 우리는 외부 파일을 읽어서 데이터프레임을 생성한 후 필요한 행과 열을 선택할 수 있다. 앞서 다룬 울릉도 지역의 날씨 데이터를 담고 있는 weather.csv를 weather라는 데이터프레임으로 읽어오도록 하자. 그리고 이 데이터를 간단히 분석하려면 데이터프레임의 describe() 메소드를 호출해주면 된다.

```
import pandas as pd
weather = pd.read_csv('d:/data/weather.csv', index_col = 0, encoding='CP949')

print(weather.describe())
```

```
            평균기온         최대풍속         평균풍속
count  3653.000000  3649.000000  3647.000000
mean     12.942102     7.911099     3.936441
std       8.538507     3.029862     1.888473
min      -9.000000     2.000000     0.200000
25%       5.400000     5.700000     2.500000
50%      13.800000     7.600000     3.600000
75%      20.100000     9.700000     5.000000
max      31.300000    26.000000    14.900000
```

describe() 메소드로 이 데이터를 살펴보면 위의 결과와 같이 평균값(mean), 표준편차(std), 최소값(min), 최대값(max) 등을 쉽게 알 수 있다. 이 데이터는 모두 수치 데이터로 처리되기 때문에 모든 열에 대해 분석이 이루어졌다. 만약 문자열을 담고 있는 열이 있다면 해당 열은 분석에서 제외된다. 또한 특정한 분석만 적용할 수도 있다. 예를 들어 평균과 표준편차만 구하고 싶다면 mean() 메소드와 std() 메소드를 데이터프레임에 적용하면 된다.

```
...
print('평균 분석 ----------------------------')
print(weather.mean())
print('표준편차  분석 ----------------------------')
print(weather.std())
```

```
평균 분석 ----------------------------
평균기온      12.942102
최대풍속       7.911099
평균풍속       3.936441
dtype: float64
표준편차  분석 ----------------------------
평균기온      8.538507
최대풍속      3.029862
평균풍속      1.888473
dtype: float64
```

잠깐 – 판다스의 표준편차와 넘파이의 표준편차의 차이

평균기온 표준편차를 넘파이로 계산하면 다른 값이 나온다. 판다스 표준편차와 넘파이 표준편차를 각각 구하는 방법은 다음과 같다.

```
pandas_std = weather['평균기온'].std()
numpy_std = np.std( weather['평균기온'] )
print(pandas_std, numpy_std)
```

```
8.538507014753446 8.537338236838895
```

판다스의 표준편차는 디폴트로 **베셀 보정**Bessel's correction을 적용하는데, 이것은 표준편차를 구할 때, 표본 크기 n 대신에 n-1을 적용하는 것으로 모분산 추정에서 편향을 보정하는 역할을 한다.

데이터 집계 분석도 쉽게 해 보자

데이터의 전체적인 특징이 어떠한지 분석하는 것은 매우 중요한 일이다. 앞서 살펴본 describe() 메소드는 데이터프레임의 데이터 특성을 전체적으로 요약해 주는데, 이 분석 내용 각각은 하나씩 떼어서 적용할 수도 있다. 예를 들어 다음 코드를 보자.

```
>>> weather = pd.read_csv('d:/data/weather.csv', index_col = 0, encoding='CP949')
>>> weather.count()    # 각 열의 데이터 수를 알려준다
    평균기온      3653
    최대풍속      3649
    평균풍속      3647
    dtype: int64
```

위의 코드를 통해 우리는 weather.csv 파일이 담고 있는 데이터가 3 개의 열을 가지고 있고, 각각의 열에 담긴 데이터가 3653, 3649, 3647개라는 것을 알 수 있다. 직사각형 모양의 데이터프레임인데 각 열의 데이터 개수가 다른 이유가 무엇일까? 어떤 이유로 인해 데이터에 값이 입력되지 못하여 그 항목이 비어 있을 수 있는데 이를 **결손값**이라고 한다. '최대풍속' 열에는 '평균기온'에 비해 4개의 결손값이 더 있는 것이다. 그리고 '평균풍속' 열에는 '평균기온'에 비해 결손값이 6개 더 있다.

이렇게 열의 데이터 수를 세는 일은 전체에 다 적용하지 않고 특정 열에만 적용할 수도 있다. 우리는 풍속 정보에만 관심이 있다고 가정해 보자. 그러면 다음과 같이 풍속과 관련된 열만 데이터를 셀 수도 있다.

```
>>> weather['최대풍속'].count()    # '최대풍속' 열의 데이터 수를 알려준다
    3649
```

하나의 열만 분석하지 않고, 여러 개의 열을 분석하고 싶을 때는 원하는 열의 레이블들을 리스트로 제공하면 된다.

```
>>> weather[['최대풍속','평균풍속']].count()  # '최대풍속', '평균풍속' 열의 데이터 수
    최대풍속      3649
    평균풍속      3647
    dtype: int64
```

count() 뿐만 아니라 다른 메소드인 min(), max(), mean(), sum() 등도 적용 가능하다.

```
>>> weather[['최대풍속','평균풍속']].mean()  # '최대풍속', '평균풍속' 열의 평균값
    최대풍속      7.911099
    평균풍속      3.936441
    dtype: float64
```

데이터프레임 다음에 분석을 위한 함수를 먼저 쓰고, 이후에 원하는 열을 표시하는 방식도 가능하다.

```
>>> weather.mean()[['최대풍속', '평균풍속']]
    최대풍속      7.911099
    평균풍속      3.936441
    dtype: float64
```

12.9 연도와 월, 일을 다루는 DatetimeIndex와 그룹핑

데이터 분석가들은 데이터를 특정한 값에 기반하여 그룹으로 묶는 일을 할 때가 많다. 조금 전에 살펴본 월별 풍속 데이터 분석 역시, 데이터를 생성된 달에 따라 그룹으로 묶는 일이다. 이를 위해 우리는 조금 전에 반복문을 사용하여 데이터프레임의 내용을 하나씩 살펴보며 옮겨야할 적절한 공간으로 하나씩 데이터를 전달하였다. 이것을 쉽게 할 수 있는 판다스의 강력한 그루핑 기능인 groupby()에 대하여 알아보자.

groupby()에 대해 자세하게 알아보기 전에 주어진 날짜 정보를 처리하는 DatetimeIndex에 대하여 먼저 알아보자. 판다스에서 제공하는 DatetimeIndex는 다양한 형식의 연-월-일 데이터에서 특정한 연도, 월, 또는 일을 추출할 수 있다. DatetimeIndex는 다음과 같이 리스트 자료형을 입력으로 받아서 이 자료형에 있는 연도, 월, 일을 추출할 수 있다. ['2010-08-01', '2011-09-21']와 같은 두 가지 자료값으로부터 연도, 월, 일 항목을 개별적으로 추출해 보자.

```
import pandas as pd

# DatetimeIndex를 이용하여 연도를 추출
print(pd.DatetimeIndex(['2010-08-01', '2011-09-21']).year)
```

```
Int64Index([2010, 2011], dtype='int64')
```

```
# DatetimeIndex를 이용하여 월을 추출
print(pd.DatetimeIndex(['2010-08-01', '2011-09-21']).month)
```

```
Int64Index([8, 9], dtype='int64')
```

```
# DatetimeIndex를 이용하여 일을 추출
print(pd.DatetimeIndex(['2010-08-01', '2011-09-21']).day)
```

```
Int64Index([1, 21], dtype='int64')
```

코드를 살펴보면 위와 같이 year, month, day 속성값을 이용하여 주어진 형식의 자료로 부터 연도, 월, 일을 추출하여 Int64Index라는 리스트 형식과 유사한 형식으로 이를 반환하는 것을 볼 수 있다.

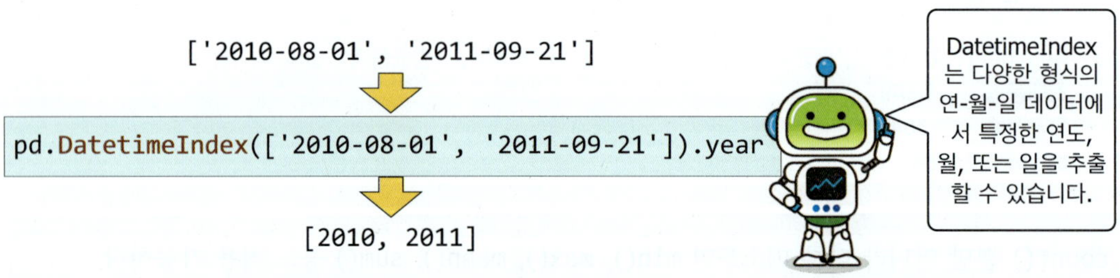

이제 다음 코드와 같이 weather.csv 파일을 읽어들인 다음에 DatetimeIndex를 이용하여 '일시' 열로부터 month 항목만을 읽어보자. 그리고 이 항목값을 가지는 새로운 'month' 열을 만들어 보자. 이 기능은 pd.DatetimeIndex(weather['일시']).month 코드로 구현할 수 있다. 그리고 print() 함수로 새로운 'month' 열이 생성된 것을 확인해보자.

```
weather = pd.read_csv('d:/data/weather.csv', encoding='CP949')
weather['month'] = pd.DatetimeIndex(weather['일시']).month  # 새로운 'month' 열을 만든다
print(weather)
```

```
             일시   평균기온  최대풍속  평균풍속  month
0     2010-08-01  28.7    8.3    3.4      8
1     2010-08-02  25.2    8.7    3.8      8
2     2010-08-03  22.1    6.3    2.9      8
3     2010-08-04  25.3    6.6    4.2      8
4     2010-08-05  27.2    9.1    5.6      8
```

```
...          ...   ...   ...   ...      ...
3648  2020-07-27  22.1   4.2   1.7       7
3649  2020-07-28  21.9   4.5   1.6       7
3650  2020-07-29  21.6   3.2   1.0       7
3651  2020-07-30  22.9   9.7   2.4       7
3652  2020-07-31  25.7   4.8   2.5       7
```

위의 코드에서 month 열은 1에서 12까지의 숫자로 이루어진 것을 확인할 수 있는데 이는 1월부터 12월을 의미한다. 첫번째 행의 일시를 살펴보면 '2010-08-01'인데 이 자료값의 월을 추출하면 가장 마지막 열에 있는 8이 된다.

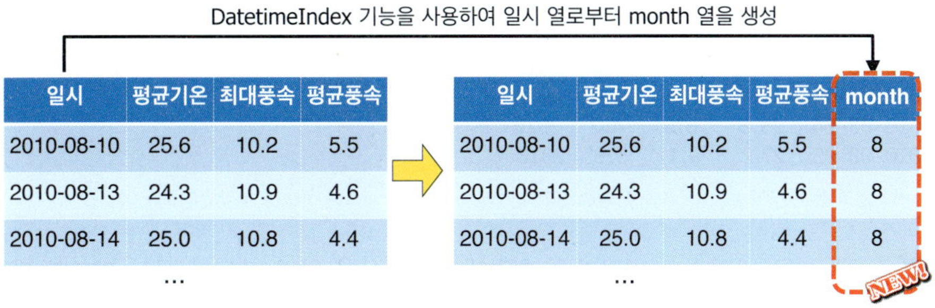

만일 울릉도의 1월 평균기온의 평균값을 구한다면 10년간의 1월 평균을 얻을 수 있을 것이며 동일한 방법으로 12월까지의 평균 기온을 얻을 수 있다. 그리고 최대풍속, 평균풍속에 대해서도 같은 작업을 할 수 있다. 이를 위한 효율적인 방법이 있는데 그것은 바로 판다스 데이터프레임의 groupby() 기능이다. 이 groupby()에 넘길 인자로는 우리가 그룹을 묶을 때에 사용될 열의 레이블을 넣어준다. 데이터프레임의 groupby() 기능은 열에 있는 데이터가 동일하면 하나의 그룹으로 묶어준다. 따라서 우리는 groupby('month')를 통해서 1월부터 12월 데이터를 각각의 그룹으로 묶을 수 있다. 그리고 여기에 mean()을 적용하면 해당 그룹의 데이터들이 가진 값의 평균을 구할 수 있다. 이때 '2011-08-01'과 같은 비수치형 자료형을 가진 일시 열은 계산에서 제외시켜야 하므로 numeric_only = True라는 인자를 준다.

```
# numeric_only = True라는 키워드 인자를 통해서 일시 열을 계산에서 제외시키도록 한다
means = weather.groupby('month').mean(numeric_only = True) # 'month'를 기준으로 묶고 평균을 구함

print(means)      # 그룹으로 묶인 'month' 데이터를 기준으로 평균값을 출력한다
```

```
            평균기온       최대풍속       평균풍속
month
1        1.598387  8.158065  3.757419
2        2.136396  8.225357  3.946786
3        6.250323  8.871935  4.390291
4       11.064667  9.305017  4.622483
5       16.564194  8.548710  4.219355
6       19.616667  6.945667  3.461000
7       23.328387  7.322581  3.877419
8       24.748710  6.853226  3.596129
9       20.323667  6.896333  3.661667
10      15.383871  7.766774  3.961613
11       9.889667  8.013333  3.930667
12       3.753548  8.045484  3.817097
```

이 데이터를 바탕으로 울릉도 지역의 1월 평균기온은 1.59도, 1월 평균풍속은 3.757 m/s라는 것을 알 수 있다.

12.10 데이터를 특정한 값에 기반하여 묶는 기능 : 그룹핑

이제 이전에 다룬 DatetimeIndex와 데이터프레임의 groupby 기능을 이용하여 2010년도 8월부터 2020연도 7월까지 울릉도 지역의 평균기온, 최대풍속, 평균풍속의 평균값을 알아보자. 이를 위하여 다음과 같이 'year' 열을 만들어보자.

```
weather = pd.read_csv('d:/data/weather.csv', encoding='CP949')
weather['year'] = pd.DatetimeIndex(weather['일시']).year  # 새로운 'year' 열을 만든다
print(weather)
```

```
            일시  평균기온  최대풍속  평균풍속  year
0     2010-08-01  28.7    8.3    3.4  2010
1     2010-08-02  25.2    8.7    3.8  2010
2     2010-08-03  22.1    6.3    2.9  2010
3     2010-08-04  25.3    6.6    4.2  2010
4     2010-08-05  27.2    9.1    5.6  2010
...          ...   ...    ...    ...   ...
```

다음으로 이 데이터를 바탕으로 평균값을 출력해 보자. 이제 월별 평균이 아닌 연도별 평균기온, 최대풍속, 평균풍속을 얻을 수 있다. 2010년도의 자료는 8월 이후의 날씨 자료만 있으며, 2020년도의 자료도 7월 31일까지만 있다는 점에 주의하자.

```
y_means = weather.groupby('year').mean(numeric_only=True)
print(y_means)
```

```
          평균기온      최대풍속      평균풍속
year
2010  15.238562  8.205229  4.069281
2011  12.073425  8.355616  4.251233
2012  11.892896  7.794490  3.863912
2013  12.795068  7.859726  3.874795
2014  12.844110  7.458904  3.816438
2015  13.162466  7.694247  3.799449
2016  13.243443  7.963934  3.977869
2017  13.111233  8.001370  3.934795
2018  13.041644  8.158630  4.085479
2019  13.767671  7.796703  3.854396
2020  12.233333  7.897183  3.786385
```

울릉도 지역의 10년간 연간 최고 평균기온, 최대풍속, 평균풍속은 어떻게 알 수 있을까? 평균을 의미하는 mean() 대신 최고를 의미하는 max()를 사용해보자.

```
y_max = weather.groupby('year').max(numeric_only=True)
print(y_max)
```

```
      평균기온  최대풍속  평균풍속
year
2010  28.9  16.9  10.3
2011  27.6  21.6  12.5
2012  28.3  17.5   9.2
2013  31.3  17.8  10.1
2014  27.5  16.1  11.2
2015  29.6  25.3  14.9
...
```

이같은 방법으로 울릉도 지역의 날씨 정보를 효과적으로 쉽게 분석할 수 있을 것이다.

LAB[12-2] 울릉도는 몇 월에 바람이 가장 강할까? - groupby() 활용

실습 시간

울릉도의 기상 데이터에 기록된 매일의 평균 풍속 데이터를 바탕으로 몇 월의 바람이 가장 강한지 분석해 보았다. 이번에는 판다스가 제공하는 groupby() 함수로 더욱 효율적으로 만들어 보라.

원하는 결과

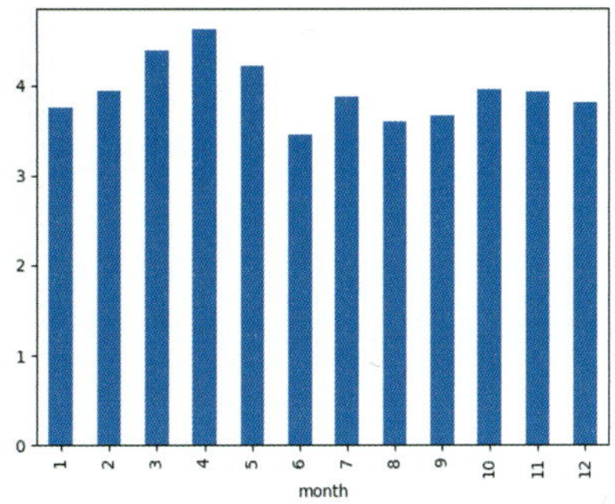

힌트

groupby()를 이용하면 각 달별로 별도의 데이터를 만들 필요가 없다. 원래의 데이터에 'month'라는 열을 추가하는 것은 이미 다루어 본 것과 동일한 방식으로 할 수 있다.

```
weather['month'] = pd.DatetimeIndex(weather['일시']).month
```

그리고 그 다음은 month 열의 데이터를 기준으로 그룹을 만들면 1월에서 12월까지 달별로 데이터가 묶이게 될 것이고 여기에 mean() 함수를 적용하면 12개월 각각의 데이터 평균을 구할 수 있다.

여기서 관심이 있는 '평균풍속'만을 추출하여 판다스의 차트 기능으로 그려보았다.

```
means['평균풍속'].plot(kind = 'bar')
```

해답 코드

```
import pandas as pd
import matplotlib.pyplot as plt
import datetime as dt

weather = pd.read_csv('d:/data/weather.csv', encoding='CP949')

weather['month'] = pd.DatetimeIndex(weather['일시']).month
means = weather.groupby('month').mean(numeric_only = True)
means['평균풍속'].plot(kind = 'bar')

plt.show()
```

12.11 조건에 맞게 골라내자 : 필터링

우리는 어떤 조건을 주어서 데이터프레임을 필터링할 수 있다. 예를 들어서 앞에서 읽어들인 weather.csv 데이터를 바탕으로 울릉도에 초속 10m/s 이상의 강풍이 불었던 날들을 찾아보고 싶다고 하자.

현재 weather가 읽어들인 데이터프레임이다. 여기에서 '최대풍속' 레이블로 되어있는 열의 값이 10.0을 넘는지 확인하여 참과 거짓을 얻는 방법은 다음과 같다. 아래 결과를 보면 넘파이의 부울리언 인덱싱과 동일하다.

```
>>> weather['최대풍속'] >= 10.0
    일시
    2010-08-01     False
    2010-08-02     False
    2010-08-03     False
                ...
    2020-07-29     False
    2020-07-30     False
    2020-07-31     False
```

참과 거짓을 판별하기는 했지만, 이것은 기존 데이터프레임의 인덱스를 이용하여 해당 조건을 만족하는 경우에는 참, 그렇지 않은 경우에 거짓을 표시하고 있을 뿐이다. 참이 되는 값만 추출하고 싶을 때 적합한 방식은 아니다.

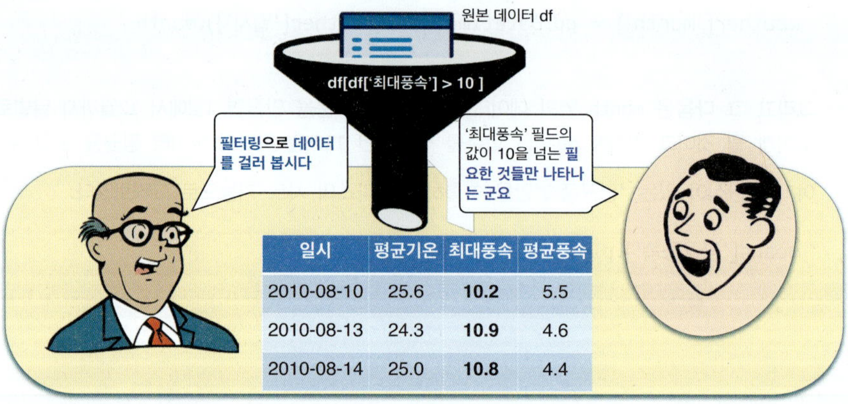

특정 조건을 만족하는 데이터만을 추출하는 방식은 이 조건을 활용하여 다음과 같이 수행한다(그림에서는 weather 데이터프레임을 간단하게 df로 표기). 두 가지 경우 모두 새로운 데이터프레임을 생성하게 된다.

```
>>> weather[ weather['최대풍속'] >= 10.0 ]
                평균기온   최대풍속   평균풍속
    일시
    2010-08-10      25.6       10.2         5.5
    2010-08-13      24.3       10.9         4.6
    2010-08-14      25.0       10.8         4.4
    ...              ...        ...         ...
    2020-07-13      17.8       10.3         4.6
    2020-07-14      17.8       12.7         9.4
    2020-07-20      23.0       11.2         7.3
```

빠진 값을 찾고 삭제하기

실세계에서 획득한 데이터는 완벽하지 않고 상당한 수의 결손값을 가지고 있거나 의심스러운 값을 가지고 있다. 결손값은 왜 생길까? 결손값은 데이터가 아예 수집되지 않았거나, 측정 장치의 고장, 사건 사고 등의 원인으로 발생한다. 따라서 데이터를 처리하기 전에 반드시 거쳐야 하는 절차가 데이터 정제이다. 판다스에서는 결손값을 NaN으로 나타낸다(혹은 NA로 표기함). 판다스는 **결손값** missing data을 탐지하고 수정하는 함수를 제공한다.

weather.csv 데이터 역시 이러한 결손값이 존재한다. 데이터에 결손값이 있는지를 확인하는 메소드는 isna()이다. isna() 메소드의 NA는 Not A Number(값 없음)의 약어로 사용된다. 평균풍속이 측정되지 않았는지를 다음과 같이 확인해 보자.

```
weather['평균풍속'].isna()
```

weather[weather['평균풍속'].isna()]라고 하면, 이 조건을 이용하여 데이터프레임의 일부를 가져올 것이다. 따라서 평균풍속이 측정되지 않은 날들만 추출해 보고 싶다면 아래 코드와 같이 작성하면 된다. 결과를 살펴보면 지난 10년의 데이터 가운데 평균풍속이 기록되지 않은 날은 6일임을 알 수 있다.

```
import pandas as pd

weather = pd.read_csv('d:/data/weather.csv', index_col = 0, encoding='CP949')
missing_data = weather [ weather['평균풍속'].isna() ]
print(missing_data)
```

```
            평균기온  최대풍속  평균풍속
일시
2012-02-11  -0.7    NaN     NaN
2012-02-12   0.4    NaN     NaN
2012-02-13   4.0    NaN     NaN
2015-03-22  10.1   11.6     NaN
2015-04-01   7.3   12.1     NaN
2019-04-18  15.7   11.7     NaN
```

결손값을 다루는 가장 간단한 방법은 결손값을 가진 행이나 열을 삭제하는 것이다. 판다스에서 dropna() 메소드를 이용하여 삭제할 수 있다. dropna()의 사용법은 다음과 같다.

축이 0이면 결손데이터를 포함한 행을 삭제하고
축이 1이면 결손데이터를 포함한 열을 삭제한다.

inplace가 True이면 원본 데이터에서 결손데이터를 삭제하고
False인 경우는 원본은 그대로 두고 고쳐진 데이터프레임 반환

pandas.DataFrame.dropna(*axis=0*, *how='any'*, *inplace=False*)

how의 값이 'any'이면 결손 데이터가 하나라도 포함되면 제거 대상이 되고,
'all'이면 axis 인자에 따라서 행 혹은 열 전체가 결손 데이터이어야 제거한다.

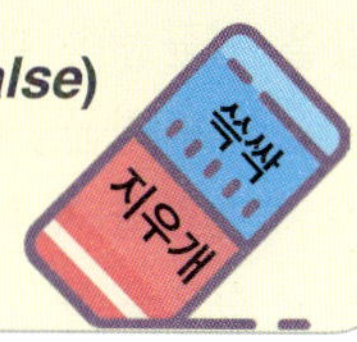

아래의 코드를 입력해 보면 해당 일자의 데이터가 삭제되어 오류가 발생하는 것을 확인할 수 있을 것이다.

```
>>> weather.dropna(axis=0, how="any", inplace=True)
>>> weather.loc['2012-02-11']    # 2012년 2월 11일 데이터가 삭제되어 오류발생
    ... raise KeyError(key) from err
    KeyError: '2012-02-11'
```

12.12 빠진 데이터를 깨끗하게 메워 보자

결손값을 다루는 또 하나의 방법은 결손값를 다른 값으로 교체하는 것이다. 이 경우 fillna() 메소드를 사용하면 특정한 값을 다른 값으로 교체한다.

우리가 사용하고 있는 weather.csv의 결손값을 새로운 값으로 채워보자. 아래의 코드는 fillna() 메소드를 이용하여 결손값을 0으로 채우고 있다. 그리고 이러한 작업이 원본에 반영되도록 inplace=True로 설정했음을 유의해서 보자. 평균풍속의 결손값이 존재했던 2012년 2월 11일의 데이터를 출력해 보자. 결손값 NaN이 아니라 0이 채워진 것을 확인할 수 있다.

```
import pandas as pd

weather = pd.read_csv('d:/data/weather.csv', index_col = 0, encoding='CP949')
weather.fillna(0, inplace = True)        # 결손값을 0으로 채움, inplace를 True로 설정해 원본
                                          데이터를 수정

print(weather.loc['2012-02-11'])         # 2012년 2월 11일 데이터가 삭제되지 않음
```

```
평균기온    -0.7
최대풍속     0.0
평균풍속     0.0
Name: 2012-02-11, dtype: float64
```

잠깐 – inplace 매개변수

판다스 모듈은 데이터프레임에 대한 조작을 하는 다양한 함수를 제공한다. 그리고 많은 함수들이 inplace 매개변수를 가지고 있다. 이것은 조작이 원본 데이터에 이루어지는 것인지, 아니면 사본을 만들어 사본을 변경하는지를 결정하게 된다. 판다스를 다룰 때 흔히 범하는 실수는 inplace의 디폴트 인자가 False임을 잘 모르고, 원본 데이터프레임이 변경되었다고 생각하는 것이다.

아래 코드를 실행하면 여전히 NaN이 출력될 것이다.

```
weather.fillna(0)
print(weather.loc['2012-02-11'][2])
```

결손값을 평균풍속 데이터 전체의 평균값으로 대체하려면 다음과 같이 한다. weather['평균풍속']를 이용하여 평균풍속 열에 접근하고, mean() 함수를 통해 해당 열의 평균치를 구한다. 그리고 이 값으로 결손값을 채우면 다음과 같이 측정이 누락된 2012년 2월 11월의 풍속을 전체 평균풍속 데이터의 평균 값으로 채울 수 있다.

```
weather.fillna( weather['평균풍속'].mean(), inplace = True)
print(weather.loc['2012-02-11'])    # 2012년 2월 11일 데이터가 삭제되지 않음
```

```
평균기온    -0.700000
최대풍속     3.936441
평균풍속     3.936441
Name: 2012-02-11, dtype: float64
```

데이터를 크기에 따라 나열하자 : 정렬

데이터 분석에 있어서 우리가 가지고 있는 데이터를 크기에 따라 순서대로 나열하는 **정렬**sort은 필수적이다. 정렬은 판다스에서 그리 어렵지 않다. sort_values() 함수를 호출하면 된다. 이 함수의 인자로 정렬할 열의 이름과 오름차순, 내림차순 결과를 지정할 수 있다. 국가의 인구와 면적 정보를 담고 있던 countries.csv를 다시 열어서 인구수에 따라 정렬해 보자.

```
import pandas as pd
import matplotlib.pyplot as plt

countries_df = pd.read_csv('d:/data/countries.csv', index_col = 0)
sorted_df = countries_df.sort_values('population')  # 인구 수(population)의 오름차순 정렬
print(sorted_df)
```

```
    country      area      capital  population
KR    Korea     98480        Seoul    51780579
JP    Japan    377835        Tokyo   125960000
RU   Russia  17100000       Moscow   146748600
US      USA   9629091   Washington   331002825
CN    China   9596960      Beijing  1439323688
```

여기서 정렬이 이루어진 데이터를 받는 새로운 데이터프레임의 이름으로 sorted_df를 사용하였다. 그런데, 이런 새로운 변수를 도입하지 않고 원래의 데이터프레임 자체가 정렬된 상태로 바뀌게 하고 싶으면 inplace 키워드 매개변수를 사용한다. 아래 코드의 결과는 앞의 코드와 동일하다.

```
countries_df = pd.read_csv('d:/data/countries.csv', index_col = 0)
countries_df.sort_values('population', inplace = True)
print(countries_df)
```

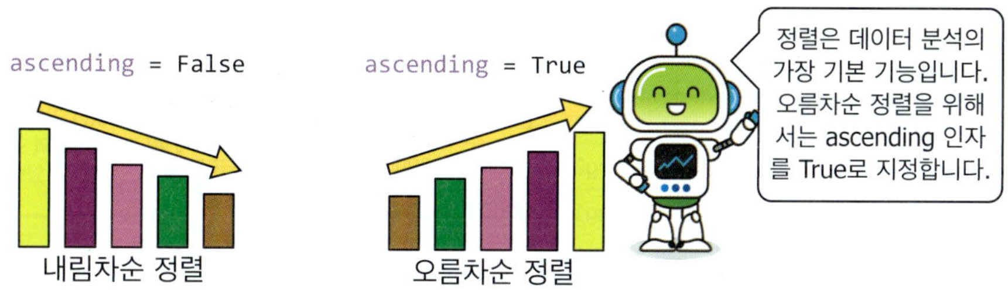

sort_values() 함수의 첫 매개변수는 위치 매개변수로 정렬을 위해 사용될 기준값의 레이블을 나타내는 스트링이 온다. 그런데, 하나의 기준이 아니라 복수의 기준을 사용할 경우에는 레이블의 리스트가 주어질 수 있다. 예를 들면 다음과 같이 할 수 있다. 그리고 한 가지 중요한 키워드 인자는 ascending인데 기본값은 True이다. 즉 오름차순으로 정리하는 것이다. 이것을 False로 하면 내림차순, 즉 큰 값이 먼저 나타나도록 할 수 있다.

```
countries = pd.read_csv('d:/data/countries.csv', index_col = 0, encoding='CP949')
countries.sort_values(['population', 'area'], ascending = False, inplace = True)
print(countries)
```

```
    country      area      capital  population
CN    China   9596960      Beijing  1439323688
US      USA   9629091   Washington   331002825
RU   Russia  17100000       Moscow   146748600
JP    Japan    377835        Tokyo   125960000
KR    Korea     98480        Seoul    51780579
```

12.13 데이터 구조를 변경해 보자

데이터프레임을 CSV를 읽어서 생성할 수도 있지만, 다음과 같이 딕셔너리 데이터를 이용하여 생성할 수도 있다. 이때 키는 열의 레이블이 되고, 딕셔너리의 키에 딸린 값은 열을 채우는 데이터를 가진 리스트가 된다. 딕셔너리의 한 항목이 시리즈 데이터가 되는 것이다. 다음과 같은 방식으로 데이터프레임을 만들어보자.

```
df_1 = pd.DataFrame({'item'  : ['ring0', 'ring0', 'ring1', 'ring1'],
                     'type'  : ['Gold', 'Silver', 'Gold', 'Bronze'],
                     'price' : [20000, 10000, 50000, 30000]})
print(df_1)
```

```
    item    type  price
0  ring0    Gold  20000
1  ring0  Silver  10000
2  ring1    Gold  50000
3  ring1  Bronze  30000
```

데이터 분석을 하다 보면 테이블에서 행과 열의 위치를 바꾼다거나, 어떤 기준을 정해서 집계를 해서 테이블 구조를 변경해야 하는 경우가 종종 있다. 판다스는 이런 경우를 위해 테이블 구조를 변경하는 기능을 제공한다. 여기서는 pivot() 메소드 만을 살펴보자.

앞서 만든 데이터프레임을 보자. item은 상품의 이름이고 type은 상품의 재질, price는 상품의 가격이다. 그런데, 동일한 상품을 서로 다른 행에 중복하여 두고있어 자료를 찾기가 쉽지 않다. 이 테이블을 변경하여 인덱스를 item으로 하고 type을 열의 레이블로 사용하도록 해 보자. 그리고 값을 price로 해보자. 이를 위하여 index='item'으로 하여 item 열을 인덱스로 사용하고 columns='type'으로 열을 변경하였다.

index	item	type	price
0	ring0	Gold	20000
1	ring0	Silver	10000
2	ring1	Gold	50000
3	ring1	Bronze	30000

pivot 이전의 데이터프레임

item	Bronze	Gold	Silver
ring0	NaN	20000	10000
ring1	30000	50000	NaN

pivot 이후의 데이터프레임

앞의 코드에 아래 코드를 이어서 만들면 df_2는 변경된 테이블을 담게 될 것이다.

```
df_2 = df_1.pivot(index='item', columns='type', values='price')
print(df_2)
```

```
type    Bronze     Gold   Silver
item
ring0      NaN  20000.0  10000.0
ring1  30000.0  50000.0      NaN
```

이렇게 구조를 변경하게 되면 ring0와 ring1의 재료와 가격을 한 눈에 볼 수 있게 된다.

concat() 함수로 데이터프레임을 합쳐보자

일반적으로 데이터들은 하나의 큰 테이블로 저장되지 않고, 작은 테이블로 나누어져 있는 경우가 많다. 이것은 저장과 관리의 편의성 때문이기도 하고, 데이터 수집의 시기, 주체 등이 달라 별도로 생성된 경우가 많기 때문이다. 이 절에서는 이러한 데이터를 하나로 합치는 방법 가운데 하나인 concat() 함수를 살펴보자.

우선 다음과 같이 데이터프레임을 두 개 준비해 보자. 딕셔너리 데이터를 이용하여 만들 수 있고, index를 원하는 값으로 설정할 수 있다.

```
df_1 = pd.DataFrame( {'A' : ['a10', 'a11', 'a12'],
                      'B' : ['b10', 'b11', 'b12'],
                      'C' : ['c10', 'c11', 'c12']} , index = ['가', '나',  '다'] )

df_2 = pd.DataFrame( {'B' : ['b23', 'b24', 'b25'],
                      'C' : ['c23', 'c24', 'c25'],
                      'D' : ['d23', 'd24', 'd25']} , index = ['다', '라',  '마'] )
```

위와 같은 코딩을 통해 데이터프레임을 만들면 그림과 같은 모양의 테이블 데이터가 만들어진다.

df_1

	A	B	C
가	a10	b10	c10
나	a11	b11	c11
다	a12	b12	c12

인덱스

df_2

	B	C	D
다	b23	c23	d23
라	b24	c24	d24
마	b25	c25	d25

인덱스

이 두 데이터프레임을 결합하기 위해서는 다음과 같은 판다스의 concat() 함수를 사용하면 된다. 첫 인자로는 모아서 합칠 데이터프레임들을 리스트로 넘겨준다. 그리고 두 개의 중요한 키워드 매개변수가 있는데, axis와 join이다. 각각의 의미는 아래 그림에 설명되어 있다.

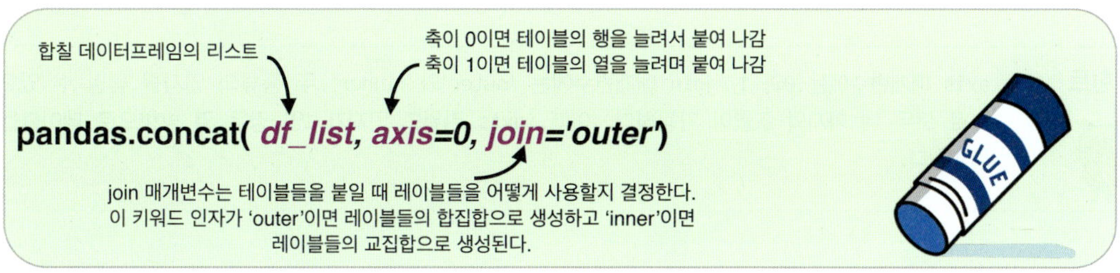

위의 설명을 참고하여 디폴트 인자를 이용하여 두 데이터프레임을 합쳐 보자. axis의 디폴트 값은 0이므로 [df_1, df_2] 리스트에 있는 두 데이터프레임을 행을 늘려가며 붙여간다.

```
df_3 = pd.concat( [df_1, df_2] )  # df_1, df_2 두 데이터프레임을 합쳐서 df_3을 생성
print(df_3)
```

```
     A    B    C    D
가  a10  b10  c10  NaN
나  a11  b11  c11  NaN
다  a12  b12  c12  NaN
다  NaN  b23  c23  d23
라  NaN  b24  c24  d24
마  NaN  b25  c25  d25
```

두 데이터프레임을 붙일 때 디폴트 축은 0이므로 행방향으로 데이터 테이블을 붙여 나간다. 따라서 두 테이블을 합한 결과 테이블의 행의 개수는 6개로 늘어난다. 인덱스 '다'는 두 데이터프레임에 각각 존재했는데, 이 행은 별도의 행으로 나타난 것을 확인할 수 있다. 따라서 **'다'를 인덱스로 하는 행은 두 개**이다. 열은 'outer'를 조인 방식으로 사용하여 첫 데이터프레임 A, B, C와 두 번째 데이터프레임 B, C, D의 합집합인 A, B, C, D로 생성되며, 데이터를 찾을 수 없는 경우에는 결손값 NaN으로 처리되었다.

LAB12-3 다양한 방법으로 concat 적용해 보기

실습 시간

앞서 생성한 df_1과 df_2 데이터프레임을 여러 가지 방법으로 합쳐보자. 이를 위하여 concat() 함수의 axis와 join 키워드 인자에 다음과 같이 다양하게 적용하여 결과를 확인해보라.

원하는 결과

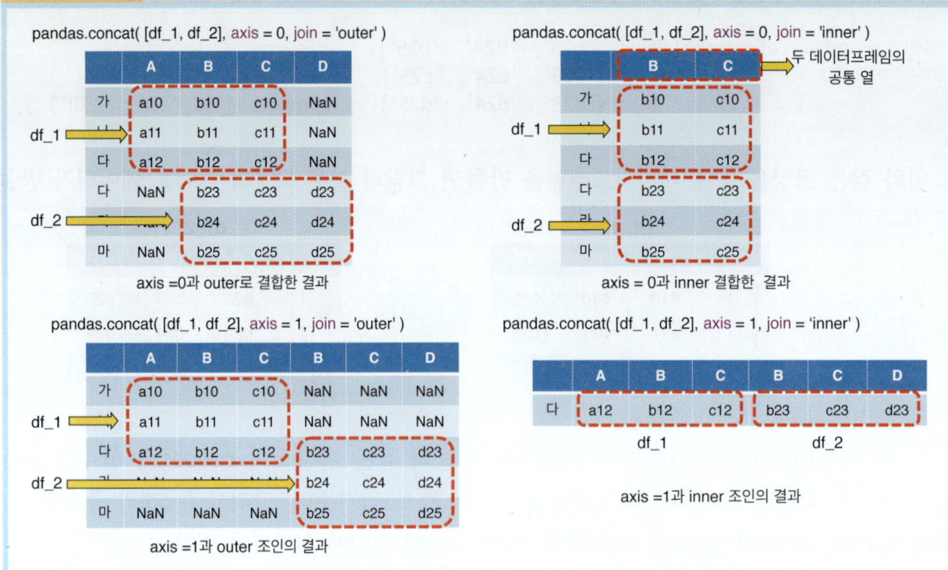

힌트

axis 매개변수에는 0과 1, join 매개변수에는 'outer'와 'inner' 두 종류의 인자를 넘길 수 있으므로 모두 네 가지의 조합이 가능하다. 이때, axis 키워드 인자가 1인 경우 열 방향으로 테이블을 결합한다.

해답 코드

```
import pandas as pd

df_1 = pd.DataFrame(
        {'A' : ['a10', 'a11', 'a12'],
         'B' : ['b10', 'b11', 'b12'],
         'C' : ['c10', 'c11', 'c12']} , index = ['가', '나',  '다'] )

df_2 = pd.DataFrame(
        {'B' : ['b23', 'b24', 'b25'],
         'C' : ['c23', 'c24', 'c25'],
         'D' : ['d23', 'd24', 'd25']} , index = ['다', '라',  '마'] )

print( pd.concat( [df_1, df_2] , axis = 0, join = 'outer' ) )
print( pd.concat( [df_1, df_2] , axis = 0, join = 'inner' ) )
print( pd.concat( [df_1, df_2] , axis = 1, join = 'outer' ) )
print( pd.concat( [df_1, df_2] , axis = 1, join = 'inner' ) )
```

수행 결과

```
    A    B    C    D
가  a10  b10  c10  NaN
나  a11  b11  c11  NaN
다  a12  b12  c12  NaN
다  NaN  b23  c23  d23
라  NaN  b24  c24  d24
마  NaN  b25  c25  d25
     B    C
가  b10  c10
나  b11  c11
다  b12  c12
다  b23  c23
라  b24  c24
마  b25  c25
     A    B    C    B    C    D
가  a10  b10  c10  NaN  NaN  NaN
나  a11  b11  c11  NaN  NaN  NaN
다  a12  b12  c12  b23  c23  d23
라  NaN  NaN  NaN  b24  c24  d24
마  NaN  NaN  NaN  b25  c25  d25
     A    B    C    B    C    D
다  a12  b12  c12  b23  c23  d23
```

잠깐 – inner와 outer의 결합방식 차이를 알아보자

pd.concat([df_1, df_2], join='outer')와 pd.concat([df_1, df_2], join='inner')의 결과는 두 데이터프레임 df_1과 df_2를 결합하는 방법 중에서 합집합과 교집합을 구하는 방식과도 유사하다.

outer를 사용하는 경우 그림과 같이 데이터프레임에서 공통적인 열인 B열과 C열과 함께 A열과 D열도 포함한 새로운 데이터프레임을 반환한다.

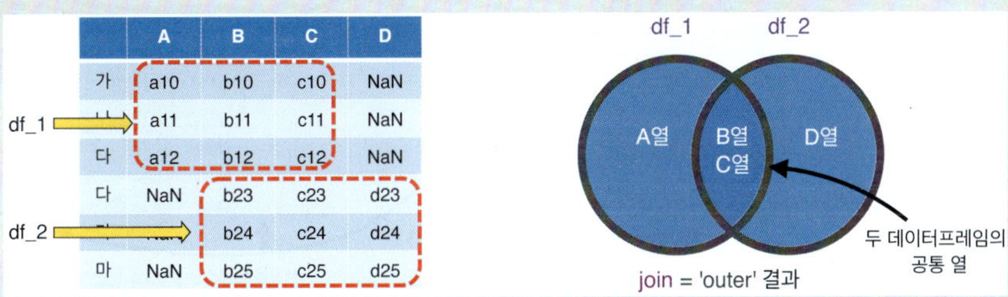

반면 inner를 사용하는 경우 그림과 같이 데이터프레임에서 공통적인 열인 B열과 C열 만을 포함한 새로운 데이터프레임을 반환한다.

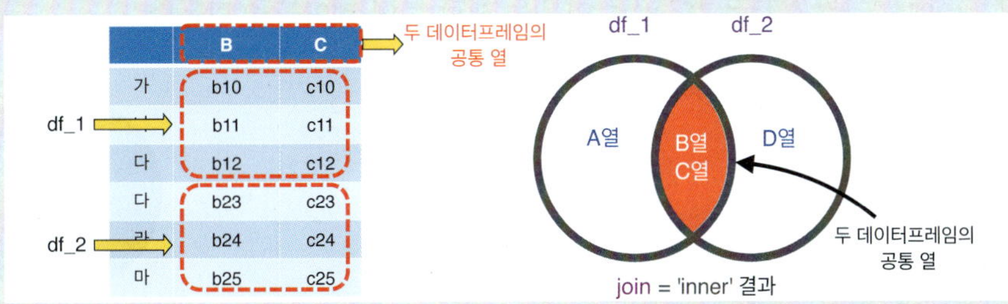

12.14 데이터베이스 join 방식의 데이터 병합 – merge

앞서 살펴본 concat()는 판다스에서 제공하는 함수이다. 반면 이제부터 살펴본 merge는 데이터프레임의 메소드라는 점을 기억하고 시작하도록 하자. 데이터베이스는 두 개 이상의 테이블을 병합(또는 결합)하는 **조인**join이라는 연산을 지원한다. 이 조인 연산과 같은 방식의 데이터 병합을 지원하는 데이터프레임의 메소드가 merge()이다. merge() 메소드는 데이터프레임 df_1을 df_2와 병합하려고 할 때, 다음과 같은 방식을 사용한다.

```
df_1.merge(df_2, 다양한 선택 사항을 결정하는 키워드 인자들... )
```

키워드 인자들 가운데 핵심이 되는 중요한 두 가지는 다음과 같다. how는 결합의 방식을 지정하며, on은 조인 연산을 수행하기 위해 사용할 레이블을 지정한다.

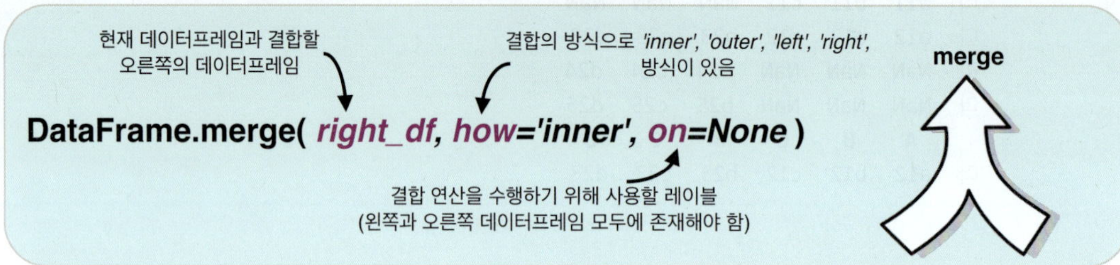

실제로 merge를 적용해 보자. 앞서 사용한 데이터프레임을 그대로 사용해 보자. 이전 절에서 사용한 그림과 같은 모양의 테이블 데이터 df_1과 df_2에 대하여 merge를 수행할 것이다.

아래의 예를 살펴보자. 키워드 인자의 on='B'이므로 조인 연산을 할 때 'B' 레이블을 가진 열의 데이터를 키로 사용한다.

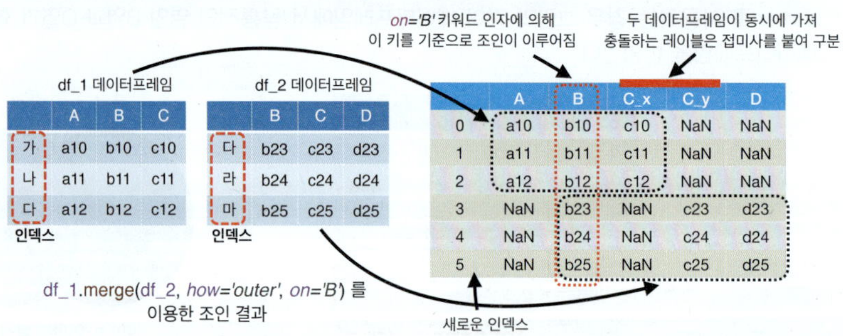

이 때 how 키워드에 'outer'를 넣으면 이 키 값들의 합집합을 기준으로 테이블을 만들 것이다. 따라서 'B' 레이블에 존재하는 6가지 값들로 테이블이 채워진다. 그런데 'B' 뿐만이 아니라 'C' 레이블도 두 테이블에 동시에 나타난다. 이럴 경우 왼쪽 테이블에서 가져온 것은 'C_x', 오른쪽에서 가져온 것은 'C_y'로 이름을 새로 붙여 테이블을 만든다.

```
df_3 = df_1.merge(df_2, how='outer', on='B')
print(df_3)
```

```
     A    B  C_x  C_y    D
0  a10  b10  c10  NaN  NaN
1  a11  b11  c11  NaN  NaN
2  a12  b12  c12  NaN  NaN
3  NaN  b23  NaN  c23  d23
4  NaN  b24  NaN  c24  d24
5  NaN  b25  NaN  c25  d25
```

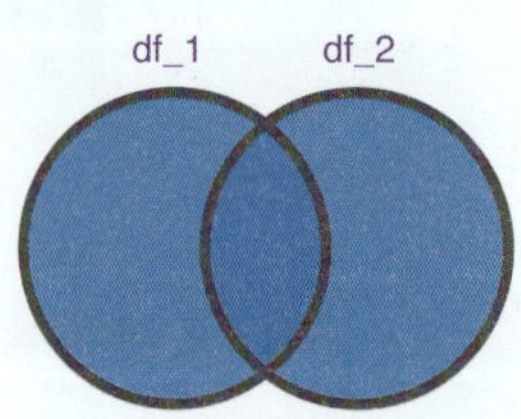

outer 조인의 결과

인덱스를 키로 활용하여 merge 적용해보기

앞에서 살펴본 merge() 메소드의 동작 결과를 살펴보면, 두 데이터를 결합할 때 사용할 키가 될 레이블을 지정하면, 해당 레이블에 있는 값들을 이용하여 테이블을 생성하고 있다. 그런데, 원래 테이블에 있던 인덱스는 사라진 것을 확인할 수 있다.

많은 경우 인덱스가 키의 역할을 수행하는 경우도 있다. 이런 경우에 인덱스를 키로 사용하라고 할 수도 있다. 이러한 방식으로 merge를 수행하려면 다음과 같이 코딩을 하면 된다. left_index 키워드 인자가 True인 경우 왼쪽 데이터프레임의 인덱스를 조인 키로 사용한다. 만일 right_index 키워드 인자가 True인 경우 오른쪽 데이터프레임의 인덱스를 조인 키로 사용한다.

```
df_1.merge(df_2, how = 'outer', left_index = True, right_index = True )
```

이 방식으로 실제로 merge를 적용해 보자. 앞서 사용한 df_1과 df_2 데이터프레임을 그대로 사용해 보자. 양쪽 테이블의 인덱스를 모두 사용하여 인덱스가 병합의 키가 되도록 하는 방식을 아래와 같다. 결과는 아래와 같이 '가', '나', '다', '라', '마'라는 인덱스를 가진 테이블이 만들어졌다.

```
df_3 = df_1.merge(df_2, how='outer', left_index = True, right_index = True )
print(df_3)
```

```
      A  B_x  C_x  B_y  C_y    D
가  a10  b10  c10  NaN  NaN  NaN
나  a11  b11  c11  NaN  NaN  NaN
다  a12  b12  c12  b23  c23  d23
라  NaN  NaN  NaN  b24  c24  d24
마  NaN  NaN  NaN  b25  c25  d25
```

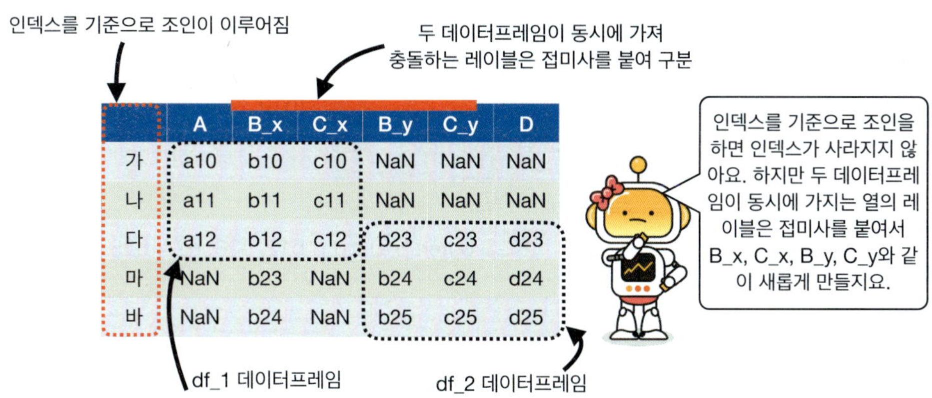

도전문제 12.1

(1) 위의 df_1, df_2 프레임워크에 대하여 다음과 같은 조인 연산을 수행하고 그 결과를 출력하여라.

```
df_1.merge(df_2, how='outer')
```

(2) 위의 df_1, df_2 프레임워크에 대하여 다음과 같은 조인 연산을 수행하고 그 결과를 출력하여라.

```
df_1.merge(df_2, how='outer', on='C')
```

LAB[12-4] 다양한 방법으로 merge 적용해 보기

실습 시간

앞서 생성한 df_1과 df_2 데이터프레임을 합치는 데에 merge()의 how 매개변수에는 네 종류의 인자를 넘길 수 있다. on='B'를 유지한 채로 how를 변경하여 다양한 결과를 확인해 보라.

원하는 결과

```
left outer
     A    B  C_x  C_y    D
0  a10  b10  c10  NaN  NaN
1  a11  b11  c11  NaN  NaN
2  a12  b12  c12  NaN  NaN

right outer
     A    B  C_x  C_y    D
0  NaN  b23  NaN  c23  d23
1  NaN  b24  NaN  c24  d24
2  NaN  b25  NaN  c25  d25

full outer
     A    B  C_x  C_y    D
0  a10  b10  c10  NaN  NaN
1  a11  b11  c11  NaN  NaN
2  a12  b12  c12  NaN  NaN
3  NaN  b23  NaN  c23  d23
4  NaN  b24  NaN  c24  d24
5  NaN  b25  NaN  c25  d25

inner
 Empty DataFrame
Columns: [A, B, C_x, C_y, D]
Index: []
```

힌트

'outer' 방식을 기본으로 생각하면 된다. 'left'는 'outer' 조인의 결과에서 왼쪽 데이터프레임에 존재하는 키를 가진 것만 뽑아내면 되고, 'right'는 오른쪽 테이블에서 발견되는 키를 가진 것만 뽑으면 된다. inner는 왼쪽과 오른쪽 테이블 모두에서 발견되는 키를 가져야 추출되는데, 이 예에서는 공백이다.

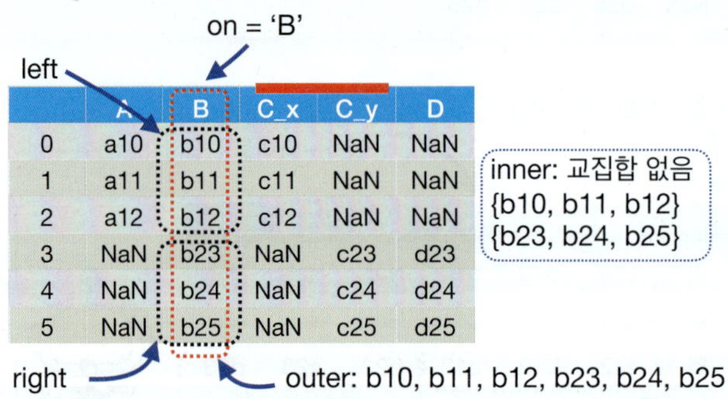

해답 코드

```python
import pandas as pd

df_1 = pd.DataFrame( {'A' : ['a10', 'a11', 'a12'],
                      'B' : ['b10', 'b11', 'b12'],
                      'C' : ['c10', 'c11', 'c12']} , index = ['가', '나',  '다'] )

df_2 = pd.DataFrame( {'B' : ['b23', 'b24', 'b25'],
                      'C' : ['c23', 'c24', 'c25'],
                      'D' : ['d23', 'd24', 'd25']} , index = ['다', '라',  '마'] )

print('left outer \n' , df_1.merge(df_2, how='left', on='B' ) )
print('right outer \n' ,df_1.merge(df_2, how='right', on='B' ) )
print('full outer \n' ,df_1.merge(df_2, how='outer', on='B' ) )
print('inner \n' ,df_1.merge(df_2, how='inner', on='B' ) )
```

핵심 정리

SUMMARY

- CSV는 쉼표 단위로 데이터를 구분하여 저장하는 텍스트 파일이다.
- 판다스는 테이블 형태의 데이터를 다루는 데에 최적화된 모듈이다.
- 판다스의 데이터는 1차원 시리즈와 2차원 데이터프레임을 기본으로 한다.
- 판다스는 맷플롯립과 완벽히 연동되어 데이터 시각화 기능도 강력하다.
- 데이터프레임에 담긴 데이터의 일부를 다루기 위해서 인덱스와 컬럼스 정보를 이용한다.
- 데이터프레임을 결합하거나 구조를 변경하는 다양한 기능이 제공된다.

판다스로 데이터를 다룰 때 사용하는 기본적인 자료 구조가 무엇이죠?

1차원 데이터는 시리즈라고 부르고
이 시리즈가 모여서 2차원 구조를 이루는 것을 데이터프레임이라고 하죠.

맞아요. 데이터프레임은 판다스를 이용한 데이터 처리의 핵심 자료구조라고 할 수 있어요.
데이터프레임 내에 존재하는 데이터 항목을 다룰 때에 인덱스와 컬럼스 정보를 이용하는 건 이제 잘 이해하겠지요?

네, 인덱스는 특정 데이터 행을 가리키고, 컬럼스는 각 열의 레이블을 담고 있죠.
각 열은 동일한 특성을 나타내는 데이터를 담고 있고요.

잘 설명했어요. 판다스는 아주 빠르게 데이터의 열을 추가하고, 연산할 수 있는데,
이를 위해서는 데이터 항목 하나 하나를 접근하는 코드를 작성하는 것이 아니라
인덱스와 컬럼스를 이용하여 시리즈 단위로 연산이 이루어지게 하면 효율적이랍니다.

주관식 문제

다음 괄호 안에 들어갈 알맞은 단어를 적어라.

12.1 엑셀과 같은 스프레드시트에서 사용하는 데이터 파일 중 (   ) (은)는 테이블 형식의 데이터를 저장하고 이동하는 데 사용되는 구조화된 텍스트 파일 형식이다.

12.2 판다스의 시리즈는 동일 유형의 데이터를 저장하는 1차원 배열이다. 판다스의 시리즈 데이터를 만들기 위해서는 (   ) 클래스를 이용한다.

12.3 판다스의 (   ) (은)는 시리즈 데이터가 여러 개 모여서 표와 같은 2차원 구조를 갖는 것이다. 이것은 판다스가 데이터를 분석할 때 사용하는 기본적 틀이다.

12.4 시리즈들을 모아 하나의 데이터프레임을 만들 수 있다. 이때는 판다스의 (   ) 클래스를 사용한다.

12.5 판다스 모듈은 csv 파일을 읽어 들여서 데이터프레임으로 바꾸는 작업을 간단히 할 수 있게 한다. 이때 사용하는 함수가 (   ) 함수이다.

12.6 데이터프레임에서 특정한 열만 선택하려면 (   ) 안에 열의 이름을 넣으면 된다.

12.7 데이터프레임 중에서 몇 개의 행만을 가져오고자 할 때는 몇 가지의 방법이 있다. 처음 5행만 얻으려면 (   ) 메소드를 사용할 수 있다. 그리고 마지막 5행만을 얻으려면 (   ) 메소드를 사용한다.

12.8 만약 행의 레이블, 즉 인덱스를 사용하여 행을 선택하려면 (   ) (을)를 사용하면 된다.

12.9 데이터프레임에서 (   ) 함수로 데이터를 살펴보면 평균값(mean), 표준편차(std), 최소값(min), 최대값(max) 등을 쉽게 알 수 있다.

12.10 판다스는 결손값을 탐지하고 수정하는 함수를 제공한다. 데이터에 결손값이 있는지를 확인하는 메소드는 (   )이다.

12.11 결손값을 다루는 가장 간단한 방법은 결손값을 가진 행이나 열을 삭제하는 것이다. 판다스에서 (   ) 메소드를 이용하여 결손값을 삭제할 수 있다.

12.12 결손값을 다루는 또 하나의 방법은 결손값를 다른 값으로 교체하는 것이다. 이 경우 (   ) 메소드를 사용하면 특정한 값을 다른 값으로 교체한다.

12.13 두 데이터프레임을 결합하기 위해서는 판다스의 (   ) 함수를 사용하면 된다.

심화문제

EXERCISE

12.1 이 장에서 사용한 weather.csv 파일을 판다스를 이용하여 읽고 데이터프레임을 만들어 다음과 같은 일을 처리해 보자.

1) 이 데이터의 앞 3개 행과 마지막 3개 행을 다음처럼 화면에 나타내어라(힌트: header(), tail() 메소드를 사용하여라).

```
              평균기온  최대풍속  평균풍속
일시
2010-08-01   28.7     8.3     3.4
2010-08-02   25.2     8.7     3.8
2010-08-03   22.1     6.3     2.9
              평균기온  최대풍속  평균풍속
일시
2020-07-29   21.6     3.2     1.0
2020-07-30   22.9     9.7     2.4
2020-07-31   25.7     4.8     2.5
```

2) 2015년 6월 6일의 울릉도 평균 기온과 풍속 정보를 다음과 같이 확인해 보라.

```
평균기온     16.6
최대풍속      4.4
평균풍속      1.9
Name: 2015-06-06, dtype: float64
```

3) 이 데이터에 기록된 날들 중에서 가장 무더웠던 날의 평균 기온은 얼마였는지 찾아보라(힌트: weather['평균기온'].max()를 활용해 보라).

```
31.3
```

4) 가장 무더웠던 날이 언제이고, 이 날의 평균기온, 평균풍속, 최대풍속을 알아보라(힌트: weather[weather['평균기온'] == weather['평균기온'].max()]로 데이터 접근하여라).

```
              평균기온  최대풍속  평균풍속
일시
2013-08-08   31.3     7.8     4.6
```

5) 울릉도의 평균기온은 30도를 넘는 날들을 찾아, 이날의 기상 데이터를 나열해 보라.

```
              평균기온  최대풍속  평균풍속
일시
2013-08-08   31.3     7.8     4.6
2013-08-09   30.6     9.9     6.4
2013-08-10   30.6     7.4     3.8
2018-07-23   30.5     6.5     1.6
2018-08-04   30.3     5.8     3.0
```

12.2 다음은 P 자동차 회사의 차종별 마력, 총중량, 그리고 연비를 나타낸 표이다.

	A	B	C	D	E	F	G
마력	130	250	190	300	210	220	170
총중량	1900	2600	2200	2900	2400	2300	2200
연비	16.3	10.2	11.1	7.1	12.1	13.2	14.2

이 표를 판다스 데이터프레임으로 만들려면 다음과 같은 딕셔너리 구조를 이용하여 생성하면 된다.

```
df = pd.DataFrame({
    'name' : ['A', 'B', 'C', 'D', 'E', 'F', 'G'],
    'horse power' : [130, 250, 190, 300, 210, 220, 170],
    'weight' : [1.9, 2.6, 2.2, 2.9, 2.4, 2.3, 2.2],
    'efficiency': [16.3, 10.2, 11.1, 7.1, 12.1, 13.2, 14.2] })

print(df)
```

```
  name  horse power  weight  efficiency
0    A          130     1.9        16.3
1    B          250     2.6        10.2
2    C          190     2.2        11.1
3    D          300     2.9         7.1
4    E          210     2.4        12.1
5    F          220     2.3        13.2
6    G          170     2.2        14.2
```

1) 이 데이터프레임의 name 열을 인덱스로 사용하고 싶다. set_index('name')을 데이터프레임에 적용하여 다음과 같은 결과가 나오게 만들어 보라.

```
      horse power  weight  efficiency
name
A             130     1.9        16.3
B             250     2.6        10.2
C             190     2.2        11.1
D             300     2.9         7.1
E             210     2.4        12.1
F             220     2.3        13.2
G             170     2.2        14.2
```

2) 가장 높은 마력을 가진 차종을 찾아, 다음처럼 중량과 연비를 확인해 보자.

```
      horse power  weight  efficiency
name
D             300     2.9         7.1
```

3) 마력과 연비를 곱한 값이 가장 큰 차종을 다음과 같이 찾아보라.

```
      horse power  weight  efficiency  hp x mile
name
F             220     2.3        13.2     2904.0
```

12.3 다음은 Q 자동차 회사의 차종별 마력, 총중량, 그리고 연비를 나타낸 표이다.

	A	B	C	D
마력	120	220	120	200
총중량	1900	2100	1500	2900
연비	18.3	19.2	21.1	17.3

1) 이 표를 판다스 데이터프레임으로 만들어 출력해 보라.

```
      horse power  weight  efficiency
name
A             120     1.9        18.3
B             220     2.1        19.2
C             120     1.5        21.1
D             200     2.9        17.3
```

2) Q 사의 데이터와 P 사의 데이터를 합쳐 다음과 같은 하나의 데이터프레임을 만들라.

```
      horse power  weight  efficiency
name
A             130     1.9        16.3
B             250     2.6        10.2
C             190     2.2        11.1
D             300     2.9         7.1
E             210     2.4        12.1
F             220     2.3        13.2
G             170     2.2        14.2
A             120     1.9        18.3
B             220     2.1        19.2
C             120     1.5        21.1
D             200     2.9        17.3
```

3) 각 차량의 제조사를 알 수 있게 다음과 같이 데이터프레임을 다시 만들어 보라.

```
      horse power  weight  efficiency com
name
A             130     1.9        16.3   P
B             250     2.6        10.2   P
C             190     2.2        11.1   P
D             300     2.9         7.1   P
E             210     2.4        12.1   P
F             220     2.3        13.2   P
G             170     2.2        14.2   P
A             120     1.9        18.3   Q
B             220     2.1        19.2   Q
C             120     1.5        21.1   Q
D             200     2.9        17.3   Q
```

4) 두 회사의 차량을 비교했을 때, 마력 x 연비의 평균이 좋은 회사는 어디인지 비교하라.

```
com
P    2395.285714
Q    3103.000000
```

chapter 13

데이터의 성질을 알아보는 시본

이 장에서 배울 것들

- 데이터의 상관관계와 인과관계에 대하여 알아봅시다.
- 구글 코랩 환경을 살펴보고 코랩환경에서 파이썬 코딩을 하는 방법을 알아봅시다.
- 시본 라이브러리의 특징에 대하여 살펴봅시다.
- 시본 라이브러리와 맷플롯립의 특징과 차이점을 알아봅시다.
- 상관 계수의 시각화 방법을 알아봅시다.
- 시본의 tips 데이터, flight 데이터를 통해 고급 시각화 기법을 익혀봅시다.
- 쌍그래프와 선형회귀에 대해서 간략하게 살펴봅시다.

13.1 데이터 사이의 관련성을 알아보자

앞으로 사용할 데이터에 관련된 용어를 명확하게 정의하도록 하자. 데이터 분석을 위해서는 측정가능한 형태로 된 자료를 모으고, 분석하고, 결과를 제시하는 것이 필요하다. 이러한 일은 **통계학**이라고 하는 학문의 주요 주제이다. 통계에서는 측정한 결과와 조사 대상에 따라 다른 값으로 나타날 수 있는 특성 혹은 속성을 **변수**variable라고 한다. 예를 들어 우리가 다룬 키, 몸무게, 연간 소득과 같은 속성이 **변수**가 될 수 있으며, 두 개의 변수들이 함께 변화하는 관계를 **상관관계**correlation라고 한다. 또한, 이 변수들 사이의 상관관계 정도를 나타내는 수치값을 **상관계수**correlation coefficient라고 한다.

10장에서 살펴본 상관관계에 대하여 조금 더 상세하게 알아보도록 하자. 상관관계가 있는 두 변수가 있을 경우 한 값이 증가할 때 다른 값도 증가할 경우 양의 상관관계가 있다고 하며, 반대의 경우 음의 상관관계가 있다고 한다. 다음은 그 예이다.

- 양의 상관관계: 일평균 기온이 높으면(+) 아이스크림 판매량이 증가한다(+)
- 음의 상관관계: 일평균 기온이 높으면(+) 패딩 의류 판매량이 감소한다(-)

상관관계와 **인과관계**causation는 착각을 많이 일으키는 개념인데 다음과 같은 주장에 대해 생각해 보도록 하자.

"아이스크림 판매량과 익사 사고 건수는 상관관계가 매우 높다. 따라서 익사 사고를 예방하기 위해서 아이스크림 판매를 제한해야 한다."

여러분은 이러한 주장이 매우 억지스러운 주장임을 쉽게 파악할 수 있을 것이다. 일반적으로 아이스크림 판매량은 평균 기온이 높아지면 증가한다. 따라서 일평균 기온은 아이스크림의 판매에 영향을 미치는 인과관계가 있다고 생각할 수 있다. 하지만 익사 사고 역시 일평균 기온의 상승에 따른 야외 물놀이 활동의 증가로 인해 발생하는 안타까운 사고일 것이다. 따라서 아이스크림의 판매량과 익사 사고는 높은 상관도는 있을 수 있으나 인과성을 찾기는 어렵다. 따라서, 아이스크림의 판매를 아무리 제한해도 익사 사고를 막는데는 큰 효과가 없을 것이다. 이와 같이 데이터를 가지고 어떠한 상관관계에 대해 주장을 하는 경우에 대해서, 항상 **"이것이 인과관계를 보장해 주는가?"**라는 의문을 가지는 것이 필요하다. 이와 같이 상관관계는 두 가지로 해석할 수 있다. 한 가지는 한 변수가 다른 변수의 직접적인 원인이 되는 **인과관계**이고, 다른 한 가지는 두 변수가 서로 영향을 주는 것으로 이를 **상관관계**라고 한다.

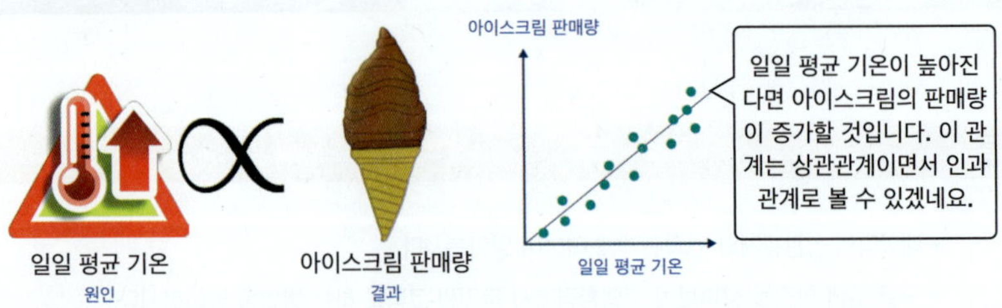

두 독립변수 값이 있을 경우 이를 바탕으로 상관관계를 정량화하여 나타내는 값이 상관계수값이다. 독립변수를 각각 x, y축에 두고 데이터의 분포를 시각화한 그림을 살펴보자.

다음 그림은 위키백과사전의 그림으로 상관계수와 데이터의 분포를 잘 설명하고 있다. 상관계수는 -1에서 1 사이의 값을 가지며 1일 경우 완전한 양의 상관관계, -1일 경우 완전한 음의 상관관계를 가진다고 할 수 있다. 반면 0에 가까울수록 상관관계가 약하다고 할 수 있다.

어떤 연구자가 특정 지역의 주택 면적과 최근 2년의 거래 가격의 관계를 조사하는 경우를 생각해보자. 일반적으로 주택의 면적 값이 큰 경우 거래 가격도 높은 경우가 많은데, 여기서 다른 변수에 영향을 덜 받는 변수인 **주택의 면적은 독립변수**가 되며, 이에 영향을 받아서 변화할 수 있는 **거래 가격이 종속변수**가 될 것이다. 종속변수는 연구자가 **독립변수의 변화에 따라 어떻게 변하는가 알고 싶은 변수**가 된다. 이에 관한 상세한 내용은 다음 장에서 살펴볼 것이다.

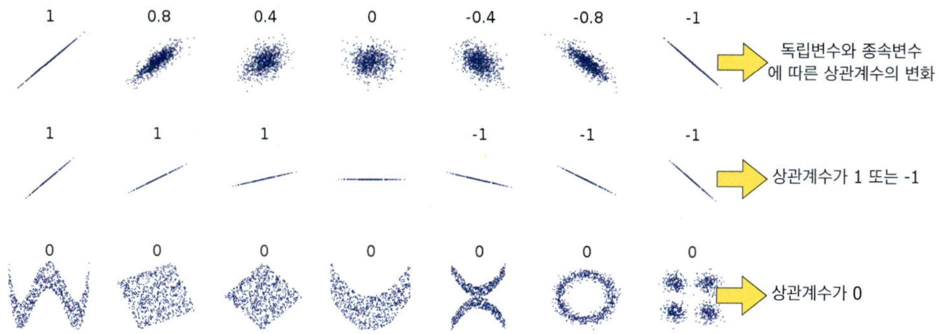

다양한 데이터의 집합과 상관관계를 보여주는 상관계수값

위의 그림은 다양한 데이터 집합과 상관관계를 보여주는 상관계수의 그림으로 다음과 같이 해석할 수 있다.

1) 그림의 가장 위쪽 줄에 있는 분포를 살펴보자. 이 분포는 **독립변수와 종속변수에 따른 상관계수**의 변화를 보여주고 있다. 둘 사이의 연관성이 클 경우 데이터는 직선의 주위에 분포한다. 이 연관성이 가장 클 때 상관계수는 1이 된다. 반면 둘 사이의 관계가 밀접하지 않을 경우, 즉 연관성이 약한 경우 데이터는 임의의 분포를 가지며 상관계수 값은 0이 된다.
2) 그림의 가운데 줄 분포를 보면 직선의 기울기에 관계없이 데이터가 직선의 주위에 몰려 있을 경우 그 값은 1이 됨을 알 수 있다. 그림의 왼쪽은 기울기가 음의 값을 가지는 데이터인데 이 경우 상관계수는 -1이 된다.
3) 아래쪽 그림을 살펴보면 어떤 그림은 일정한 관계가 있다고 볼 수 있지만 실제 상관도는 0으로 나타난다. 이것은 상관계수가 **두 변수들 사이의 선형적인 관계만을 측정하는 한계**가 있기 때문이다.

10장에서 배운 넘파이의 corrcoef() 함수는 수학적으로 **피어슨**Pearson 상관계수를 계산하는 함수로, corrcoef(x, y)와 같이 x, y를 입력값으로 넣어서 x, y 요소들의 상관관계를 계산한다. 피어슨 상관계수는 변수들 간의 관련성을 구하는 이변량 상관분석에서 보편적으로 이용되는 방법이다. 이 함수에서 x와 y는 데이터를 담고있는 리스트나 다차원 배열이 될 수 있다. 결과는 x와 x의 상관관계를 C_{xx}, x와 y의 상관관계를 C_{xy}, y와 x의 상관관계를 C_{yx}, 그리고 y와 y의 상관관계를 C_{yy}라고 할 때, 다음과 같은 행렬을 반환한다.

$$\begin{bmatrix} C_{xx} & C_{xy} \\ C_{yx} & C_{yy} \end{bmatrix}$$

완전한 음의 상관관계일 경우 -1, 상관관계가 전혀 없을 때 0, 완전한 양의 상관관계를 가질 때 1이 된다. 자기 자신과의 상관관계는 1이므로 이 행렬의 대각 성분인 C_{xx}, C_{yy}는 언제나 1이다. 그리고 x와 y의 상관관계와 y와 x의 상관관계는 같은 것이므로 대칭행렬이 된다. 이러한 내용은 10장에서 이미 살펴본 바 있다.

13.2 구글 코랩 환경 소개

파이썬을 이용하는 여러 가지 방법이 있으나 그 중에서도 구글의 **코래버러토리**Colaboratory는 클라우드 환경에서 주피터 노트북 기반의 파이썬 개발을 위한 탁월한 환경을 제공한다. 주피터 노트북은 웹 환경에서 대화식으로 프로그램을 작성하고 실행할 수 있는 오픈소스 프로젝트의 이름이다. 줄여서 **코랩**colab이라고 부르는 이 웹 서비스는 주피터 노트북을 구글의 서버에서 구동시켜 사용자가 이 서버에 접속하는 방식으로 파이썬을 이용할 수 있다. 이 서비스의 장점을 설명하면 크게 다음과 같은 것들이 있다.

- 파이썬을 설치하지 않고도 웹 브라우저를 이용하여 주피터 노트북에서 파이썬을 사용할 수 있다.
- 다른 사용자들과의 파일 공유가 가능하며 협업을 통한 개발도 손쉽게 할 수 있다.
- 넘파이, 판다스, 사이킷런, 텐서플로, 파이토치 등과 같은 데이터 분석 및 머신러닝 패키지들이 설치되어 있어서 개별적으로 설치할 필요가 없다.
- 클라우드에서 제공하는 GPU(그래픽스 처리 장치: Graphics Processing Unit)와 TPU(텐서 처리 장치: Tensor Processing Unit)를 사용할 수 있다.

13장 이후의 실습을 위해서 우리는 구글 코랩을 사용할 것이다. 구글 코랩을 사용하기 위해서는 다음 웹사이트에 접속하여 **구글 계정으로 로그인**을 하면 된다.

https://colab.research.google.com/

코랩 서비스에 로그인을 하고 새로운 파이썬 파일인 파이썬 노트북을 생성하고 다음과 같이 Hello World!를 출력하는 코드를 작성해 보자. 이를 위하여 '+ 코드'를 클릭하고 코드 셀을 만든 후 이 셀에 코딩을 하도록 하자.

구글 코랩 환경의 코딩 환경은 다음 그림과 같이 이루어져 있다.

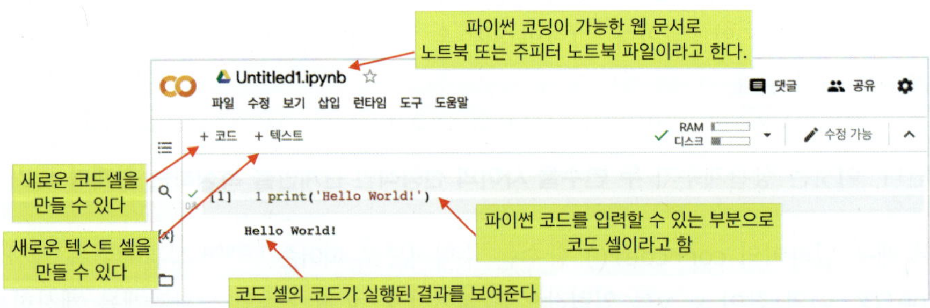

작성된 코드는 Untitled1.ipynb 파일과 같이 디폴트 파일 이름으로 저장되는데 파일 이름을 적당한 이름으로 수정할 수 있다. 파이썬 코딩을 위해서는 코랩 환경 최상단의 '+ 코드' 메뉴를 선택하면 된다. 이 메뉴를 선택할 때마다 코드를 입력할 수 있는 **셀**cell이 나타난다. 다음으로 코드를 입력하고 입력된 코드를 살펴보면 좌측에 동그라미와 세모 표시가 나타나는 것을 볼 수 있는데 이 부분을 선택하면 파이썬 코드가 번역되고 웹 환경에서 실행된다. 실행결과는 실행셀 아래쪽에 나타나며 이 셀 아래에 새로운 셀을 만들고 명령어를 입력하여 프로그램을 실행시킬 수 있다.

개인의 컴퓨터에 설치된 주피터 노트북과 서버를 구글의 클라우드 환경으로 만든 것이 바로 **코랩**colab이다. 코랩은 그림과 같이 개인용 컴퓨터나 디바이스를 이용하여 웹에 접속하고 이 웹 환경에서 코드를 작성하고 저장할 수 있는 환경을 제공하는 점이 큰 특징이다.

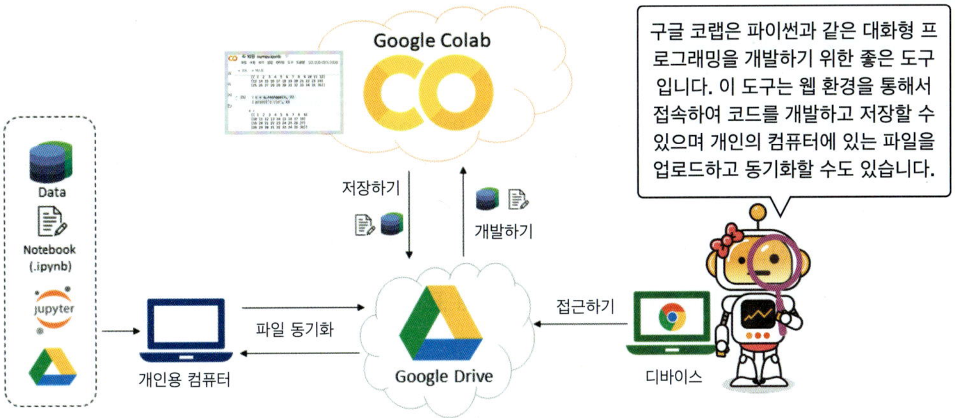

코랩 환경에서 새로운 노트에 Hello World!를 출력하는 과정을 상세히 알아보자. 우선 다음과 같은 파이썬 코드를 작성해 보자. 상단의 "+코드", "+텍스트"는 코드 셀이나 텍스트 셀을 생성하는 역할을 한다. 우리는 파이썬 코드를 만들 것이기 때문에 "+코드"를 이용하여 코드 셀을 생성하도록 하자. 이 코드 셀에는 파이썬 코드를 입력시킬 수 있는데, 그림과 같이 셀에 파이썬 명령을 입력하였다면 Shift + Enter 키를 동시에 입력하여 셀을 수행시켜보도록 하자. 파이썬 명령에 오류가 없다면 코드 셀 아래에 파이썬 대화창에서 나타난 것과 동일한 실행 결과가 나타나는 것을 볼 수 있을 것이다.

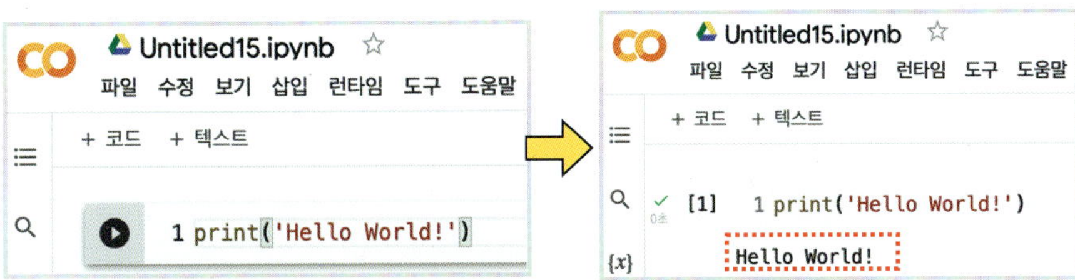

코드 셀에 파이썬 명령을 입력하고 Shift + Enter 키로 실행시키면 아래쪽에 실행 결과가 나타난다.

이때, 작성된 코드는 Untitled0.ipynb 파일과 같이 디폴트 파일 이름으로 구글 드라이브에 저장되는데 파일 이름을 선택하여 적절한 이름으로 수정할 수 있다. 그리고, 또 다른 새로운 파이썬 명령을 입력하기 위해서는 코랩 환경 최상단의 "+코드" 메뉴를 선택하면 된다. 이 메뉴를 선택할 때마다 코드를 입력할 수 있는 **셀**cell이 나타난다. 다음과 같이 셀에 코드를 입력하고 좌측에 동그라미와 세모 표시 버튼을 누르면 파이썬 코드가 번역되고 다음과 같이 웹 환경에서 실행되는 것을 볼 수 있다. 그리고 새로운 명령어가 실행될 때마다 다음 그림의 [1], [2],... 와 같이 셀의 실행번호가 증가하며 나타나는 것을 볼 수 있다.

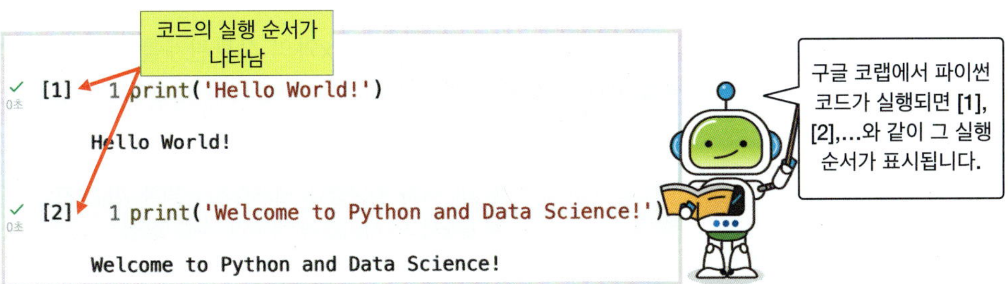

13.3 상관계수와 시각화

상관계수를 알아보기 위해 간단한 예를 들어 보자. 우선 0에서 9까지의 정수가 있는 다차원배열 x와, 0부터 18까지 x 원소 값의 두 배 값을 가지는 다차원배열 y1 사이의 상관관계를 계산해 보자. $y = 2x$로 나타낼 수 있는 이 식에서 두 변수는 선형적인 상관관계를 가지므로 상관계수는 1이 된다. 따라서, corrcoef() 함수의 모든 성분 값은 1이 될 것이다. 이것은 다음과 같은 코드로 확인해 볼 수 있다. **앞으로 구글 코랩 환경의 코드와 실행 결과는 아래 표와 같이 나타낼 것이다.**

```
import numpy as np     # 반복되는 내용으로 앞으로 삭제함

x = np.arange(0, 10)    # 0, 1, 2, 3, 4, 5, 6, 7, 8, 9를 생성
y1 = x * 2              # 0, 2, 4, 6, 8, 10, 12, 14, 16, 18
np.corrcoef(x, y1)
```

```
array([[1., 1.],
       [1., 1.]])
```

만일 다음과 같이 계수를 0.2로 수정하면 어떻게 될까? $y = 0.2x$로 나타낼 수 있는 이 식에서 두 변수는 위의 식 $y = 2x$과 같이 선형적인 상관관계를 가지므로 **계수의 크기 값과 무관하게 상관계수는** 1이 될 것이다.

```
x = np.arange(0, 10)    # 0, 1, 2, 3, 4, 5, 6, 7, 8, 9를 생성
y2 = x * .2             # 0, .2, .4, .6, .8, 1.0, 1.2, 1.4, 1.6, 1.8
np.corrcoef(x, y2)
```

```
array([[1., 1.],
       [1., 1.]])
```

이제 다음과 같이 x의 세제곱 x^3을 원소를 하는 y3을 만들고 x와 y3의 상관관계를 살펴보자. 이 두 데이터를 살펴보면 x의 값이 선형적으로 증가하면 y3의 값도 증가하는 관계이지만 선형적인 관계는 아니다. 하지만 두 변수는 동시에 증가하는 특징이 있다는 것도 알 수 있다. 따라서 상관계수를 확인해 보면 0.9 정도의 높은 상관계수를 볼 수 있다.

```
x = np.arange(0, 10)    # 0, 1, 2, 3, 4, 5, 6, 7, 8, 9를 생성
y3 = x ** 3             # x의 세제곱 값을 원소로 함
np.corrcoef(x, y3)
```

```
array([[1.        , 0.90843373],
       [0.90843373, 1.        ]])
```

다음으로 0에서 1,00 사이의 난수를 10개 생성한 후 y4에 넣어 x와의 상관관계를 보면 어떤 결과가 나올까? 난수란 특정한 규칙이 없는 수이므로 상관관계는 0에 가까운 값으로 나타날 것이며 이 결과를 아래와 같이 확인할 수 있다.

```
np.random.seed(84)                          # 이 책의 결과값과 일치시키기 위한 씨드 값
x = np.arange(0, 10)                        # 0에서 9 사이의 연속적인 수를 생성
y4 = np.random.randint(0, 100, size=10) # 0에서 100 사이 10개의 난수 생성
np.corrcoef(x, y4)
```

```
array([[1.        , 0.06818812],
       [0.06818812, 1.        ]])
```

위의 코드에서는 넘파이의 난수값을 항상 일정하게 만들어 책의 내용과 같은 결과를 얻기 위해 씨드 값을 84로 주었다. 이 시드 값을 수정하면 여러분은 이 책의 결과와 다소 다른 값을 볼 수 있을 것이다.

이제 다음과 같이 y1, y2, y3, y4 값을 출력해 보자.

```
print('x =', x)
print('y1 =', y1)
print('y2 =', y2)
print('y3 =', y3)
print('y4 =', y4)
```

```
x = [0 1 2 3 4 5 6 7 8 9]
y1 = [ 0  2  4  6  8 10 12 14 16 18]
y2 = [0.  0.2 0.4 0.6 0.8 1.  1.2 1.4 1.6 1.8]
y3 = [  0   1   8  27  64 125 216 343 512 729]
y4 = [42 89 56 78 64 97 74 68 33 85]
```

이 상관관계를 다음과 같이 값으로 출력해 본 후 맷플롯립으로 시각화해 본다면 더 좋을 것이다. x와 y1, y2, y3, y4의 상관계수를 얻기 위하여 corrcoef() 함수의 입력으로 세 개의 다차원 배열을 넣어 줄 때 (x, y1, y2, y3, y4)와 같이 튜플 형태로 입력해야 한다는 점에 유의하도록 하자.

```
result = np.corrcoef((x, y1, y2, y3, y4))  # 튜플 형태의 입력을 사용
print(result)
```

```
[[ 1.          1.          1.          0.90843373  0.06818812]
 [ 1.          1.          1.          0.90843373  0.06818812]
 [ 1.          1.          1.          0.90843373  0.06818812]
 [ 0.90843373  0.90843373  0.90843373  1.         -0.04068803]
 [ 0.06818812  0.06818812  0.06818812 -0.04068803  1.        ]]
```

```
import matplotlib.pyplot as plt

plt.imshow(result)
plt.colorbar()
```

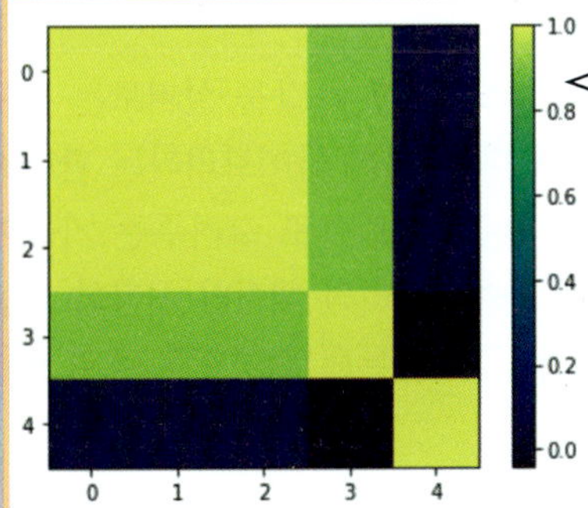

상관계수 행렬을 색상으로 시각화해 봅시다. 결과와 같이 상관계수가 클수록 노란색으로 나타납니다. 반면 상관계수가 0에 가까울수록 어두운 청색으로 나타나는 것을 볼 수 있네요.

상관도 값을 가진 배열인 result를 imshow() 함수로 시각화하는 코드가 위에 나타나 있다. 시각화 결과를 살펴보면 대각 성분은 1이므로 노란색으로 나타나며 대각 성분을 제외한 세로, 가로 성분에서 가장 어둡게 나타나는 부분은 상관계수가 0에 가까운 값을 가지는 경우이다. 이러한 형태의 표현 방법을 히트맵이라고 하는데 이에 관해서는 뒤쪽에서 상세히 설명할 것이다.

13.4 상관계수의 시각화와 해석

앞서 살펴본 상관계수를 r이라고 하고 키와 몸무게와 같은 독립 변수를 각각 x, y축에 배치한 후 데이터를 시각화한 그림이 아래에 있으며 이에 대한 설명은 다음과 같다.

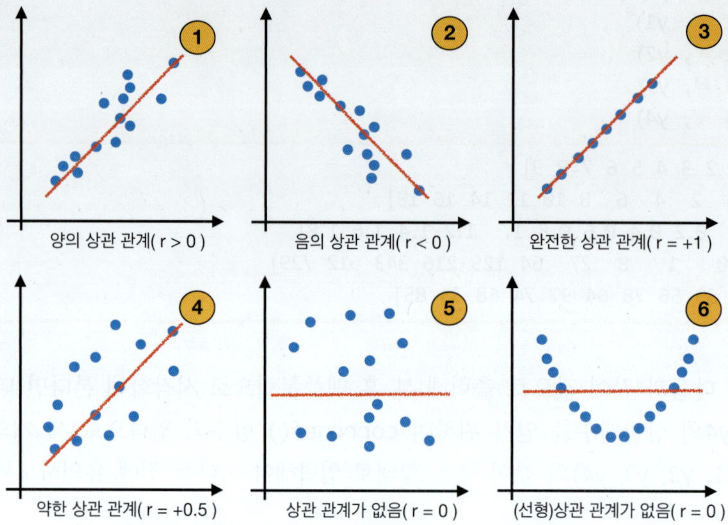

① r의 부호가 +인 경우: 두 변수 x, y의 값 중에서 한쪽이 증가할 때 한쪽이 증가하는 관계가 있음.
② r의 부호가 -인 경우: 두 변수 x, y의 값 중에서 한쪽이 증가할 때 한쪽은 감소하는 관계가 있음.
③ r = +1인 경우: x, y가 서로 완벽한 선형 함수로 모델링이 가능할 경우 선형 함수의 기울기 값에 상관없이 상관계수는 1이 됨.
④ r = +0.5인 경우: r 값은 분산이 커질수록 작아짐.
⑤ r = 0인 경우: 데이터의 분포가 랜덤할 경우 상관관계가 없으므로 상관계수는 0이 됨.
⑥ r = 0인 경우: 상관계수는 선형적인 상관도만을 측정하므로 $y = x^2$와 같은 비선형적 관계일 경우 0에 가까운 값을 가짐(즉, 선형 상관관계가 없음).

특성 분석 시에 위와 같이 산점도를 사용하여 상관관계를 시각화한 후 r 값을 살펴보는 것이 데이터의 특성 파악에 더욱 도움이 될 수 있을 것이다. 다음 절에서 다룰 시본 라이브러리는 판다스 데이터 형식의 자료값을 읽어서 이 데이터의 각 열 간의 상관도를 하나의 그림으로 그려주는 기능이 있는데 이를 **쌍그래프**pair plot라고 한다. 간단한 예제를 통해서 시본 라이브러리의 데이터 시각화 기법에 대해서 살펴보자. 시본 라이브러리는 import seaborn으로 가져올 수 있는데 별칭으로 주로 sns를 사용한다.

```
import seaborn as sns      # 앞으로는 시본 라이브러리를 사용할 것이다.
import pandas as pd

df = pd.DataFrame( {'x': x, 'y2': y2,'y3': y3})
sns.pairplot(df)
```

위의 코드는 그림과 같이 각 데이터의 분포와 히스토그램을 그려준다. 우선 그림의 대각선 위치의 그림은 위에서부터 x 값, y2 값, y3 값의 분포를 나타내고 있다. 이 그림의 첫 번째 줄의 첫 번째 열은

x 값의 분포를 나타낸다. x 값은 그림과 같이 0에서 9까지의 값이 균일하게 분포되어 있음을 알 수 있다. 그리고, y2 값은 지수적으로 증가하는 값이므로 그 분포는 0에 가까운 값이 0에서 먼 값보다 더 많이 분포함을 알 수 있으며, y3 값은 임의로 분포하는 특성을 가지지만, 데이터의 수가 10개로 매우 적은 편이어서 약간의 편향이 있음을 알 수 있다. 그림의 1행 2열과 2행 1열의 그림은 자료값의 축이 서로 다르기 때문에 사선을 기준으로 대칭적인 형태를 띠고 있는 것을 자세히 살펴보도록 하자.

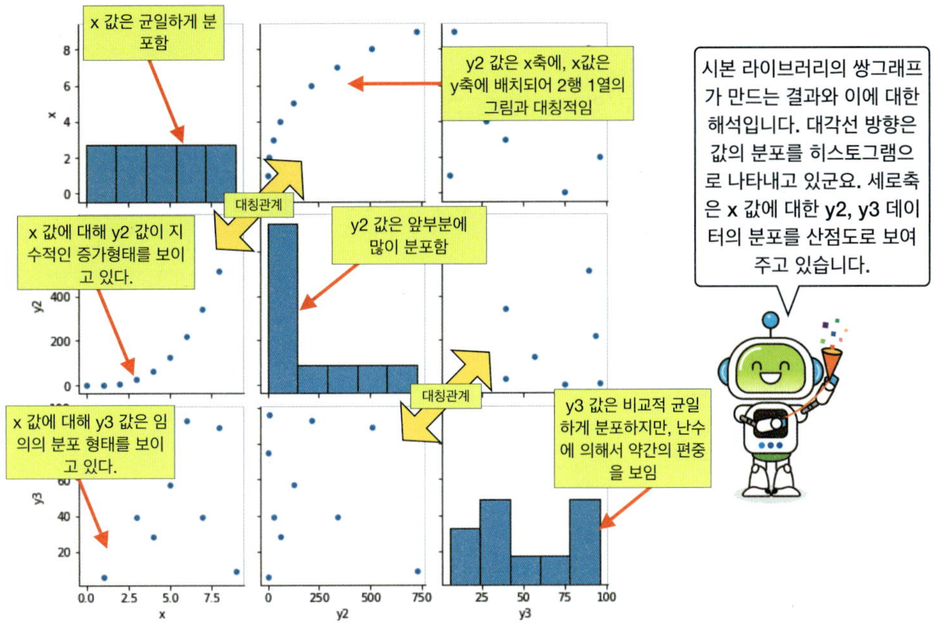

만일 상관계수가 1인 y1과 y2를 시각화해 보자. y2의 상관계수가 1이므로 음수 부호를 넣어서 -y2로 하여 시각화한다면 다음과 같은 결과를 볼 수 있을 것이다.

```
df = pd.DataFrame( {'x': x, 'y2': y1,'y3': -y2})
sns.pairplot(df)
```

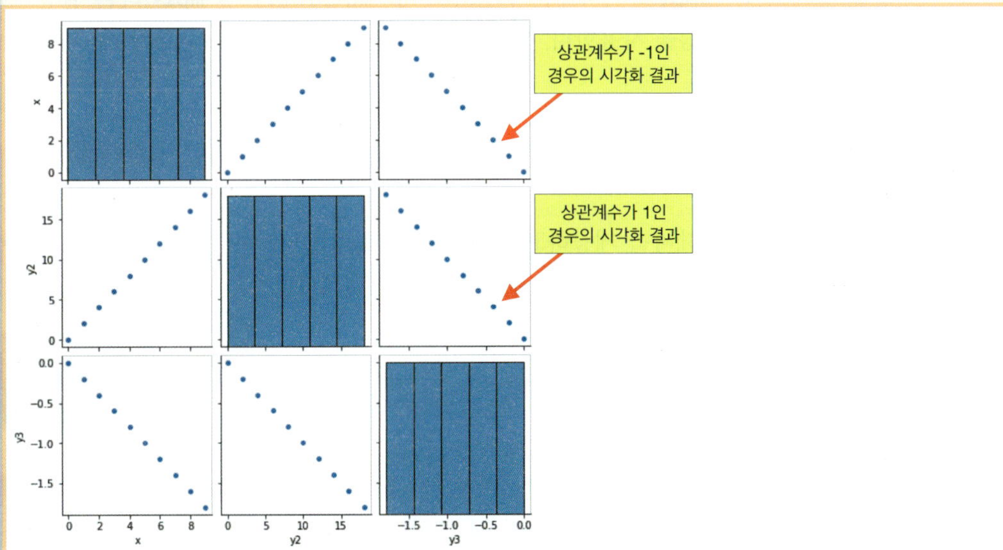

그림과 같이 상관계수가 1인 경우에는 기울기가 선형으로 증가하는 직선 상에 자료값이 있음을 볼 수 있다. 반면 상관계수가 -1인 경우 기울기가 선형으로 감소하는 직선 상에 자료값이 있는 것을 볼 수 있다.

13.5 간단한 시본 튜토리얼로 시작하기

시본 라이브러리는 11장에서 살펴본 맷플롯립을 기반으로 만들어졌으며, 맷플롯립에 비하여 높은 수준의 인터페이스를 제공하여 사용자들이 보다 쉽게 데이터를 분석하고 시각화할 수 있다. 맷플롯립에 기반하고 있으므로 이 라이브러리를 사용해 본 경험이 있는 사용자라면 매우 쉽게 기능을 익힐 수 있으며 다음과 같은 주요 특징을 가지고 있다.

- 맷플롯립 라이브러리를 기반으로 하고 있으며 세련된 그림 라이브러리를 제공하고 있어서, 고급스러운 그림을 쉽게 그릴 수 있다.
- 정교한 그래픽 제어를 할 때는 맷플롯립과 함께 사용할 수 있다.
- 여러 종류의 풍부한 데이터 집합을 제공하고 있어서 데이터 분석에 좀 더 적합하다.

우선 시본 라이브러리의 웹사이트에서 제공하고 있는 다음과 같은 간단한 튜토리얼로 시본을 익혀 보도록 하자. 우리는 시본에서 제공하는 풍부한 데이터 집합 중에서 **가장 기본적인 데이터 중의 하나인 tips 데이터를 사용**해 볼 것이다.

```
import seaborn as sns

# 테마를 설정하는 기능이 있음
sns.set_theme(style="darkgrid")
# 시본에서 제공하는 팁 데이터를 가져오자
tips = sns.load_dataset("tips")

# 팁 데이터의 시각화 기능을 호출하자
sns.relplot(data=tips, x="total_bill", y="tip", col="time",
            hue="smoker", style="smoker", size="size")
```

우선 첫 줄을 살펴보자. numpy를 나타내는 별칭으로 np, matplotlib을 mpl이라는 별칭으로 사용하듯 seaborn은 sns라는 별칭을 사용한다. 앞으로 sns가 사용된 코드는 이 import 기능이 포함된 코드로 보기 바란다.

```
import seaborn as sns
```

시본 라이브러리는 다양한 테마를 제공하고 있어, 사용자들의 필요에 따라서 그래픽 이미지의 표현을 변경할 수 있다. 이를 위해서 사용하는 함수가 set_theme() 함수이다.

```
sns.set_theme(style="darkgrid")
```

다음으로 load_dataset() 함수는 미리 만들어진 데이터 집합을 불러오는 함수이며, 데이터 셋 객체를 반환한다. tips는 식당의 손님들이 식사를 하고 얼마만큼의 팁을 지불하였는지를 살펴볼 수 있는 데이터 집합이다.

```
tips = sns.load_dataset("tips")
```

다음 코드는 relplot() 함수의 예시인데, 주어진 데이터를 이용하여 산점도 그래프와 선 그래프를 모두 그릴 수 있는 함수이다. 2차원 공간의 그릴 데이터의 x 값과 y 값을 각각 'total_bill'과 'tip'으로 주어 손님들의 식사비와 팁의 상관관계를 살펴보려 한다. 이때, col 키워드 인자의 값은 'time'으로 지정하여 점심(Lunch)과 저녁(Dinner) 시간 대의 팁을 살펴볼 예정이다.

```
sns.relplot(data=tips, x="total_bill", y="tip", col="time",
            hue="smoker", style="smoker", size="size")
```

시각화 결과 그림과 같이 점심 시간, 저녁 시간대의 식사비와 팁의 관계를 각각 산점도 그림으로 나타낸다. relplot() 함수의 그림 그리기 함수는 산점도 그림을 디폴트 값으로 한다. 이 그림을 자세히 보면 흡연 고객과 비흡연 고객이 각각 다른 색상의 점으로 나타나 있는 것도 볼 수 있다. relplot() 함수의 시각화 결과에 대한 해석은 다음 그림을 참고하여라.

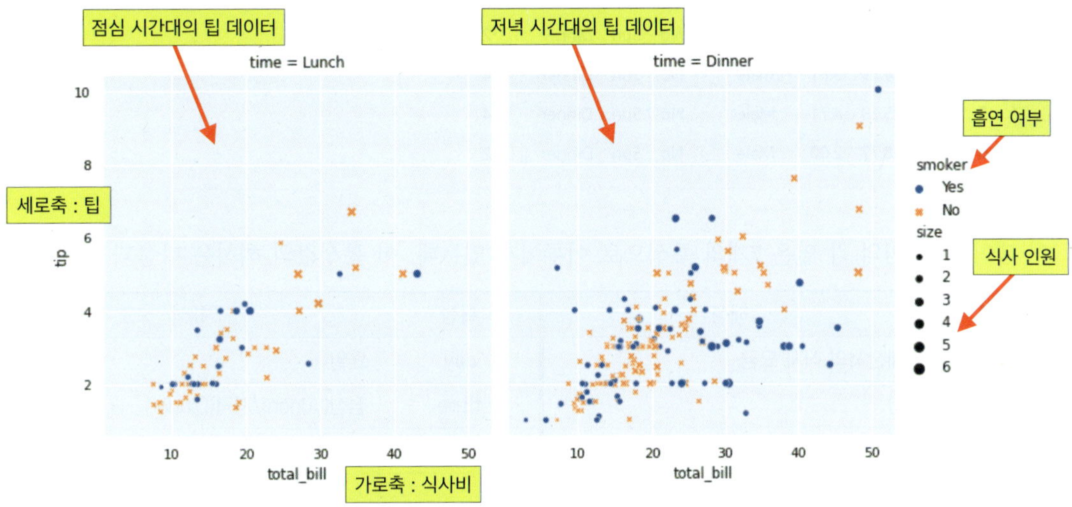

tips 데이터를 시본 라이브러리로 시각화한 결과

그림의 왼쪽 상단을 보면 time = Lunch로 표기되어 있어 이 그래프가 점심 시간대의 산점도임을 알 수 있다. 반면 오른쪽은 time = Dinner로 표기되어 있어 저녁 시간대의 산포도임을 알 수 있다. 이 산점도에서는 smoker 표식을 통해서 흡연 여부를 확인할 수 있다. 표식에서 파란색 점은 흡연자, 주황색의 x 표식은 비흡연자를 의미한다.

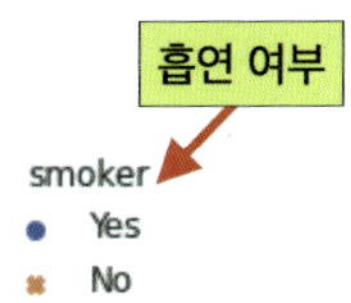

또한 원의 크기는 식사 인원을 나타낸다. 대체로 오른쪽 그림의 산점도 데이터에 점의 수가 더 많고 원의 크기도 비교적 큰 것을 볼 수 있다. 따라서 저녁 식사 시간에 식당의 손님이 더 많으며 테이블 당 인원도 많음을 알 수 있다.

13.6 tips 데이터의 구조

앞 절에서 다룬 tips 데이터를 이해하지 않고서는 데이터 시각화 결과를 이해하기 어려우므로 이 데이터를 살펴보고자 한다. load_dataset('tips') 함수가 반환하는 것은 판다스의 데이터프레임 객체이므로 다음과 같이 head() 메소드를 사용해서 그 내부의 값을 살펴볼 수 있다. 데이터프레임의 구조는 판다스에서 살펴본 바와 같다.

```
tips.head(7)     # tips 데이터의 데이터프레임 살펴보기
```

	total_bill	tip	sex	smoker	day	time	size
0	16.99	1.01	Female	No	Sun	Dinner	2
1	10.34	1.66	Male	No	Sun	Dinner	3
2	21.01	3.50	Male	No	Sun	Dinner	3
3	23.68	3.31	Male	No	Sun	Dinner	2
4	24.59	3.61	Female	No	Sun	Dinner	4
5	25.29	4.71	Male	No	Sun	Dinner	4
6	8.77	2.00	Male	No	Sun	Dinner	2

이 데이터프레임의 각 열은 7개의 특성으로 이루어져 있는데, 이 특성값의 해석은 다음과 같다.

특성	해석	특성	해석
total_bill	계산서의 식사 요금	day	요일
tip	팁	time	점심(Lunch)/저녁(Dinner)
sex	여성(Female)/남성(Male)	size	식사 인원
smoker	흡연(Yes)/비흡연(No)		

전체 데이터의 수를 shape 속성으로 살펴보자. 244개의 데이터 셋이 7개의 속성을 가지는 것을 볼 수 있다.

```
tips.shape
```

```
(244, 7)
```

우리가 관심을 가지는 것이 고객의 팁 액수라고 가정한다면, 다음과 같은 히스토그램으로 고객들이 주로 어느 정도의 요금을 팁으로 주는지 그 분포를 살펴볼 수 있을 것이다.

```
sns.distplot(tips['tip'], kde=False, bins=10)
```

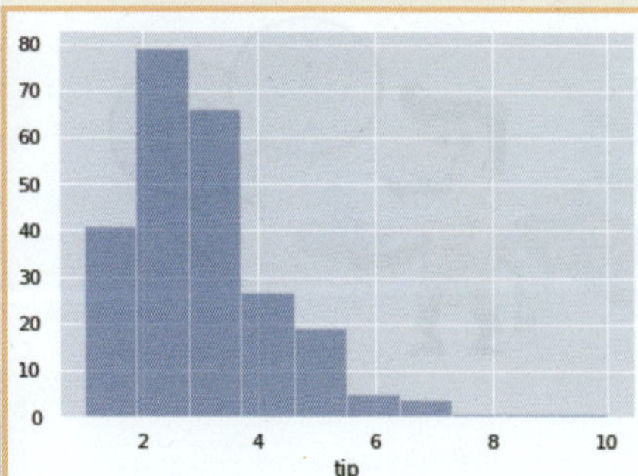

시본의 distplot()은 그림과 같이 **데이터의 분포를 히스토그램으로 나타내는 기능**이 있다. 이 함수의 키워드 인자 중에서 bins를 다음과 같이 12로 설정하고 결과를 살펴보자. 결과는 그림과 같이 히스토그램의 수가 12개로 늘어난 것을 볼 수 있을 것이다.

```
sns.distplot(tips['tip'], kde=False, bins=12);
```

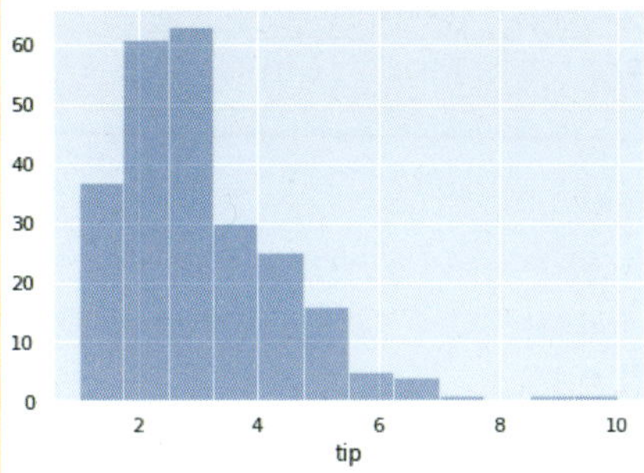

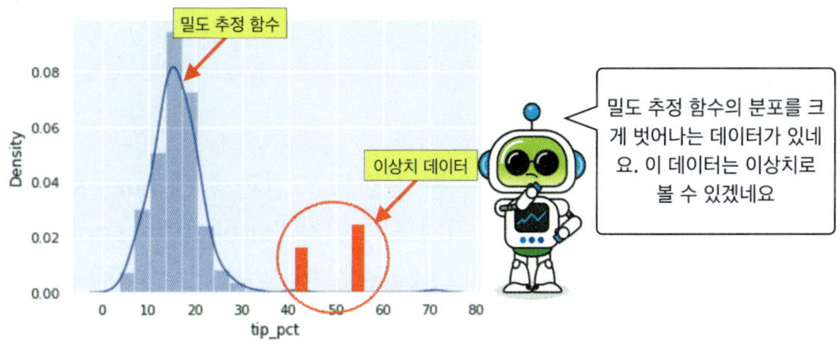

히스토그램을 살펴보니 고객들이 1달러에서 4달러 가량의 돈을 팁으로 많이 지출하는 것을 알 수 있다. 하지만, 보다 더 의미 있는 정보는 실제 식사 요금 대비 팁일 것이다. 따라서 다음과 같은 식을 만들어서 'tip_pct'라는 새로운 필드를 만들고 이 필드의 값을 히스토그램으로 살펴보자. 이제는 kde=True 키워드 인자를 통해서 **가우시안 커널 밀도 추정**gaussian kernel density estimation을 실선으로 그려보도록 하자. 또한 bins=20으로 하여 빈의 수를 더 늘려보도록 하자. **이상치 탐지**란 정상 데이터 또는 일반적인 데이터에 비하여 그 분포가 현저하게 차이가 나는 데이터를 탐지하는 기법이다. 이상치 탐지 방법 중 **밀도 기반 이상치 탐지법**이란 **데이터의 분포를 사용하여 이상치를 찾아내는 방법**이다. 이 방법은 기존에 존재하는 데이터 분포를 사용하여 데이터에 맞는 분포를 추정을 한다. 이를 통해 분포를 추정하면 기존 데이터 중에서도 이상치를 찾아낼 수 있고, 새로운 데이터가 들어와도 그대로 추정한 분포에 집어넣으면 이상치인지 확인할 수 있다.

가우시안 커널 밀도 추정을 통해서 그림과 같이 실제 데이터의 분포와 밀도 추정함수가 추정한 분포를 비교해 볼 수 있다.

```
tips['tip_pct'] = 100 * tips['tip'] / tips['total_bill']
sns.distplot(tips['tip_pct'], kde=True, bins=20)
```

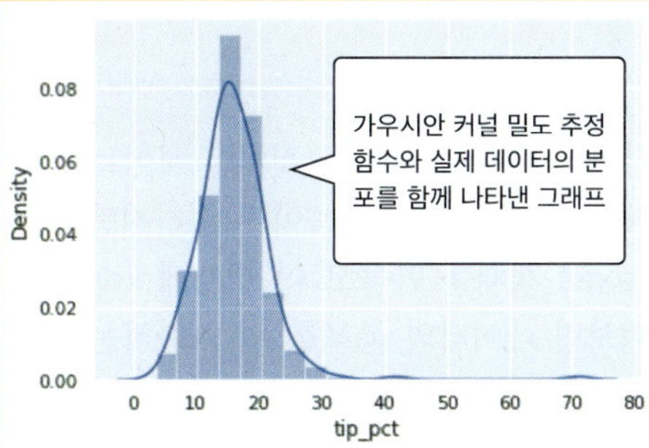

이 분포를 통해 살펴보면 팁 퍼센트는 15% 가량의 구간에서 가장 많이 분포하는 것을 볼 수 있으며 **정규 분포 함수와 유사한 패턴**을 가지는 것도 알 수 있다.

13.7 산점도 그래프로 관계를 상세하게 나타내 보자

이어서 다음과 같은 방법으로 산점도 그래프를 그려보도록 하자. 이 산점도 그래프를 통해서 식사 요금과 팁과의 상관관계를 확인해 볼 수 있다. 이런 산점도 그래프는 맷플롯립에서 이미 다루어 본 내용이다.

```
sns.relplot(x='total_bill', y='tip', data=tips)
```

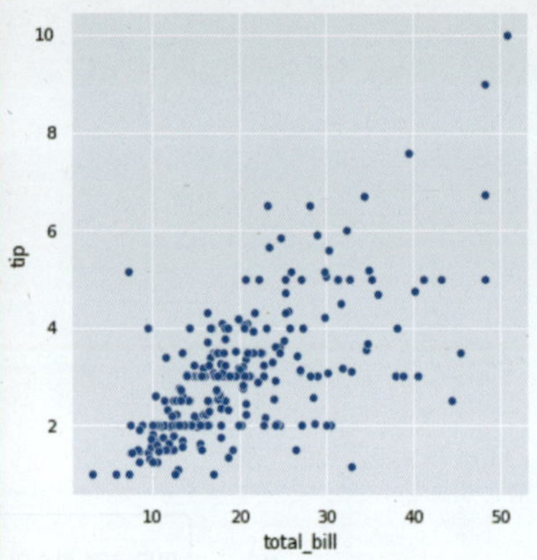

seaborn의 relplot() 함수는 산점도 그림과 함께 hue, style이라는 키워드 인자를 통해서 그룹을 묶는 것도 가능하다. hue 키워드의 인자 'smoker'는 smoker 열이 가질 수 있는 값 True, False를 서로 다른 색으로 표시한다. style은 이 열의 서로 다른 값에 대해서 스타일을 다르게 만들어 준다. 따라서 아래 그림과 같이 **청색 동그라미 스타일과 주황색 십자가 스타일**의 형태로 흡연 여부를 구분하여 표시해 준다.

```
sns.relplot(x='total_bill', y='tip', hue='smoker',\
            style='smoker', data=tips)
```

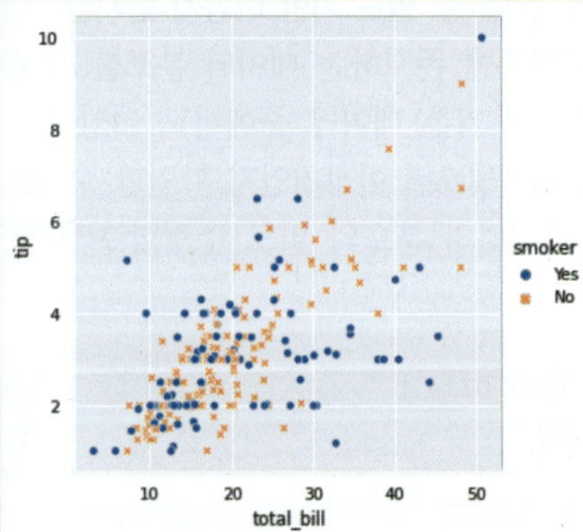

데이터를 살펴보니 식사 요금과 팁 사이에는 선형적인 상관관계가 있는 것처럼 보이는데 이것을 직선을 그어 확인하는 방법으로 regplot() 함수가 있다. relplot()과 이름이 비슷하지만 완전히 다른 함수이니 헷갈리지 않도록 하자. 이 함수를 이용하여 axes 객체를 만들고 이 객체에 x축, y축 레이블, 그리고 제목을 다음과 같이 넣을 수 있다. 그림을 살펴보면 데이터의 분포를 잘 표현하는 직선이 나타나는 것을 볼 수 있는데 이 직선이 바로 **선형회귀 직선**이다.

```
ax = sns.regplot(data=tips, x='total_bill', y='tip')
ax.set_xlabel('Total Bill')  # x 축의 레이블
ax.set_ylabel('Tip')          # y 축의 레이블
ax.set_title('Total Bill and Tip')   # 그림의 제목
```

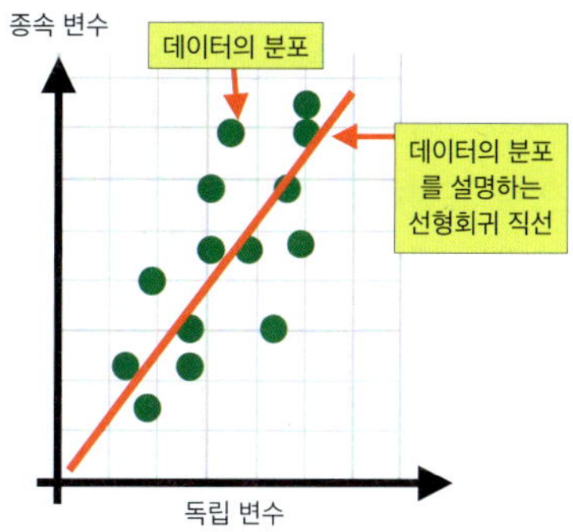

그림을 통해서 선형회귀를 개략적으로 설명하도록 하자. 그림과 같이 2차원 평면에 데이터가 분포한다고 가정하자. 이 평면의 x축을 독립변수 값이라고 하고, y축을 종속변수 값이라고 할 때 이 데이터의 분포는 독립적인 값에 의하여 영향을 받는 종속변수가 어느 정도 상관성을 가지고 있다고 할 수 있다. 독립변수가 종속변수에 영향을 주기 때문에 이 데이터의 분포를 가장 잘 설명하는 선형적인 함수가 만들어 질 수 있는데 이것이 바로 선형회귀 직선이다.

선형회귀에 대해서는 다음 장에서 상세하게 다루어 볼 것이다.

식당에서 식사 요금을 많이 내는 손님의 팁 액수는 식사 요금을 적게 내는 손님보다 팁의 액수가 더 크기 때문에 위의 데이터는 선형적으로 증가하는 형태를 보여주고 있다. 그렇다면 식사 인원과 식사 요금은 어떤 관계가 있을까? 이를 확인하기 위하여 다음과 같이 x='size', y='total_bill'로 코드를 수정해 보자.

```
ax = sns.regplot(data=tips, x='size', y='total_bill')
ax.set_xlabel('Size')               # x 축의 레이블
ax.set_ylabel('Total Bill')         # y 축의 레이블
ax.set_title('Total Bill and Size')   # 그림의 제목
```

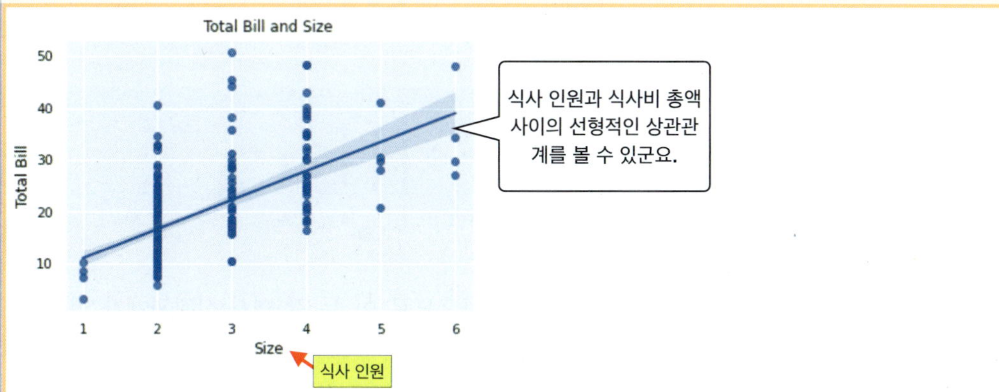

식사 인원과 식사 요금은 상관관계가 있으나 이 그래프의 결과는 이전의 결과와는 다소 다르다. 식사 인원은 1명, 2명, 4명과 같이 이산적이기 때문에 그 **시각화 결과는 1, 2, 3, 4, 5, 6의 불연속적인 숫자 구간에서만 나타난다.**

13.8 변수 사이의 관계를 알아보기에 편리한 쌍 그래프

쌍 그래프는 여러 변수들 사이의 관계를 한 눈에 살펴보는데 편리하다. 두 변수 a와 b의 상관도가 높을 경우에 대하여 살펴보면, a가 증가할 경우, b도 증가하거나 감소하는 경향을 나타낸다. 반면 두 변수의 상관도가 낮을 경우 b는 랜덤한 분포를 가지거나 특정 값으로 몰리는 것을 볼 수 있다.

아래와 같은 방법으로 tips 데이터프레임을 쌍 그래프로 표시해 보도록 하자.

```
sns.pairplot(tips)
```

이 함수의 출력 결과는 다음과 같다. 우선 이미 살펴본 것과 같이 상관도의 모든 대각 성분은 1이므로 그림을 그리는 것이 의미는 없다. 따라서 대각 성분은 각 변수 값의 분포를 나타내는 히스토그램으로 표현하고 있다. 그림 1행 2열의 데이터는 식사 요금(total_bill)과 팁(tip)과의 상관관계를 나타내는 데 두 변수는 상관도가 높은 것을 볼 수 있다.

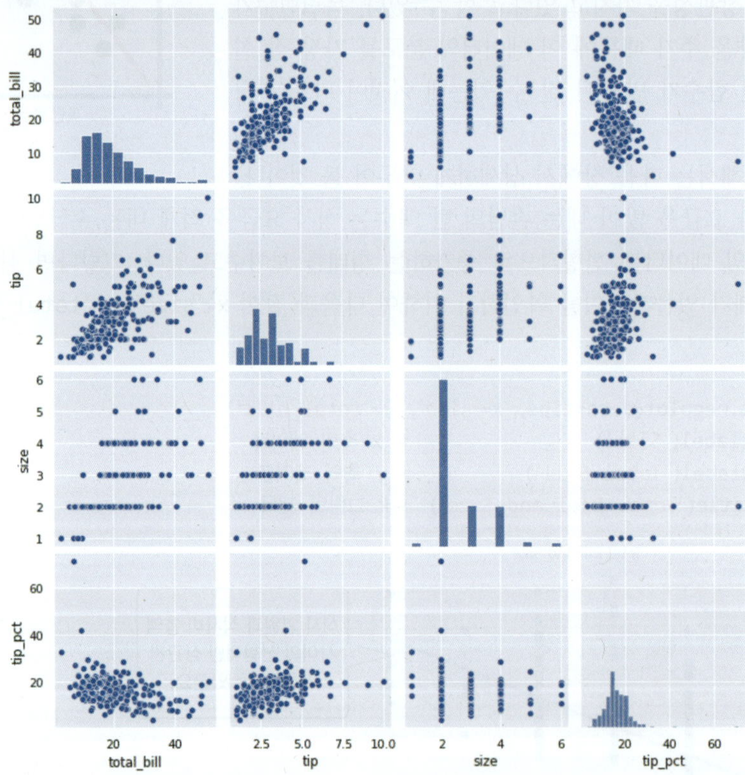

또한, 식사 인원이 많을수록 식사 요금은 높게 나오므로 이 두 값 역시 상관관계가 있는 것으로 보인다. 이 관계를 나타낸 것이 1행 3열의 그림이다. 그러나 식사 요금은 연속적인 데 비해 식사 인원은 1명, 2명, 3명 등과 같이 이산적이므로 그림에서와 같이 **불연속적인 구간**이 나타나게 된다.

1행 4열은 식사 요금과 팁 퍼센트이다. 앞서 살펴본바와 같이 tips 데이터의 팁 퍼센트는 일반적으로 15-20% 가량이다. 이 **팁 비율은 요금에 관계없이 일정**하므로 데이터가 수직으로 분포하는 것으로 나타난다. 이와 같이 식사 요금과 상관이 없는 값은 상관계수도 낮게 나타난다.

따라서 이 데이터의 분포와 그에 따른 해석을 다음 표와 같이 해 볼 수 있다.

분포 그림	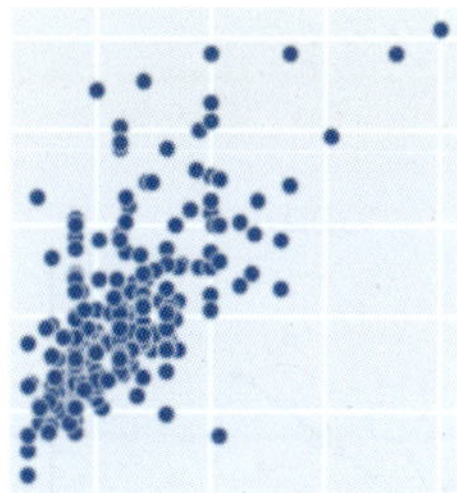	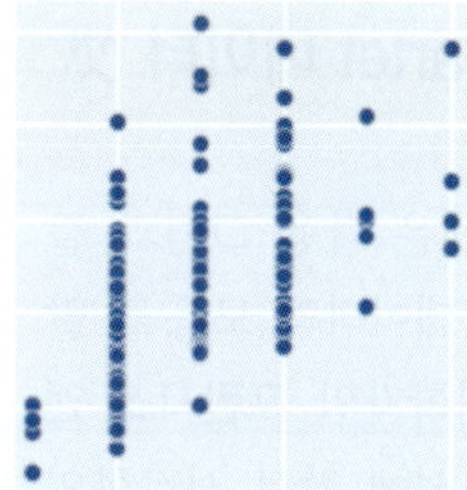	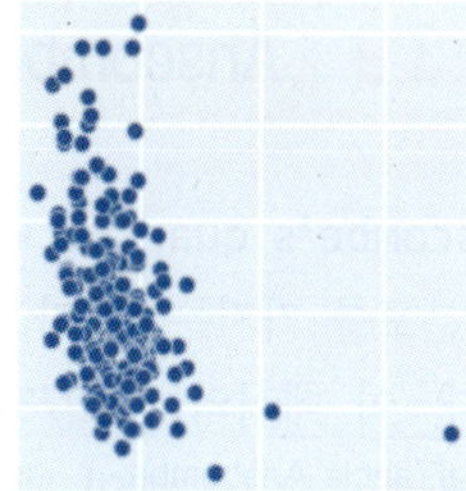
분포 그림에 대한 해석	두 변수는 모두 연속적이며, 상관도가 높다	두 변수는 상관도가 높으나 한 변수는 연속적이며 다른 변수는 이산적인 값이다.	두 변수는 모두 연속적이며 상관도가 비교적 낮다.

손님의 수에 해당하는 size 변수가 있는 행과 열은 모두 이산적인 값이 들어가기 때문에 불연속적으로 표시된다는 점이 특징이라고 할 수 있을 것이다.

도전문제 13.1 : pairplot()의 kind 사용하기

(1) 시본 라이브러리의 pairplot() 함수에 kind='hist' 키워드 인자를 추가하여 그림과 같이 표시하여라.
(2) 다음으로 kind='kde'를 사용하여 쌍 플롯을 그려 보아라.

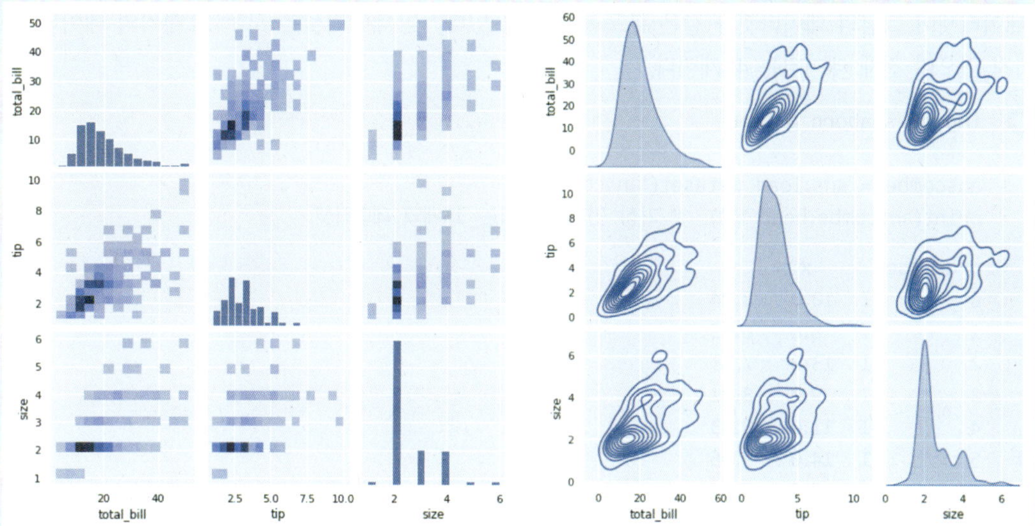

잠깐 – 데이터 과학자들의 놀이터 캐글

오늘날 인터넷과 소셜 미디어, 사물인터넷으로부터 생성되는 많은 데이터는 이 책의 예제에서와 같이 단순하지 않으며 정형, 비정형의 다양한 형태를 가지고 있다. 캐글(kaggle.com)은 2010년에 설립된 데이터 예측 모델과 분석을 위한 플랫폼이다. 이 기업 및 단체에서는 자신들의 데이터와 함께 해결 과제를 등록할 수 있고, 데이터 과학자들은 이 데이터를 가지고 문제를 해결하기 위하여 서로 경쟁하고 협력하며 모델을 개발한다. 이러한 협업 플랫폼을 통해서 새로운 데이터 분석, 인공지능 모델이 나타나며 좋은 성능을 보여주는 기술은 곧바로 전 세계의 인공지능 개발자들에게 공유된다.

13.9 Anscombe's quartet 데이터 셋

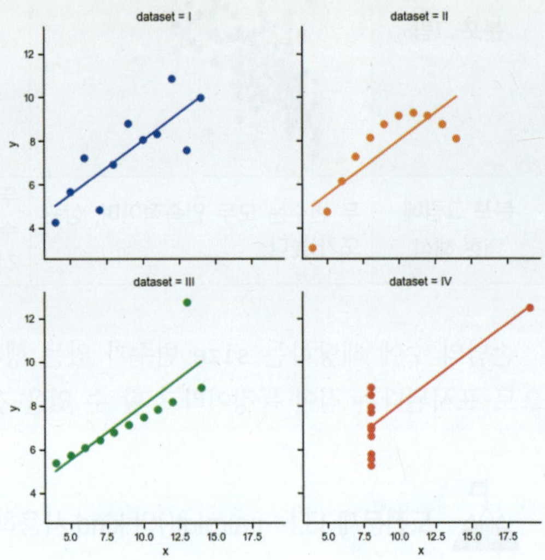

Anscombe's quartet 데이터 셋은 다음 그림과 같은 분포를 가지는 네 가지 형태 데이터의 모음을 말한다. 이 데이터는 1973년 통계학자인 **프란시스 앤스컴**Francis Anscombe이 데이터 분석에 앞서 시각화의 중요성과 특이치 값의 영향을 보여주기 위해 만들었다. 우리는 이 데이터 셋을 이용하여 데이터가 다양한 분포를 가질 수 있음을 살펴보고, 이들을 효과적으로 모델링하는 방법도 알아볼 것이다.

이 데이터 셋의 첫번째 데이터를 시각화하기 위해서는 다음과 같이 시본의 load_dataset('anscombe')는 데이터 셋을 로딩하는 코드인데 데이터의 헤더부분을 출력해 보면 데이터셋의 유형과 x, y 값으로 표현되는 간단한 데이터임을 알 수 있다.

이 데이터의 dataset 필드를 살펴보면 I, II, III, IV와 같이 라틴어 표기 숫자가 나타나 있는데 이 데이터셋이 그림의 데이터셋과 같은 분포를 가지고 있다. 각 데이터셋은 모두 11개씩의 데이터로 이루어져 있으며 전체 데이터는 44개이다.

```
import seaborn as sns

anscombe = sns.load_dataset('anscombe')
print(anscombe.head(15))  # 가장 먼저 나타나는 15개의 데이터셋
```

```
  dataset     x      y
0        I  10.0   8.04
1        I   8.0   6.95
2        I  13.0   7.58
3        I   9.0   8.81
4        I  11.0   8.33
5        I  14.0   9.96
6        I   6.0   7.24
7        I   4.0   4.26
8        I  12.0  10.84
9        I   7.0   4.82
10       I   5.0   5.68
11      II  10.0   9.14
12      II   8.0   8.14
13      II  13.0   8.74
```

이 데이터 셋의 첫 번째 데이터를 시각화하고 이 데이터의 선형회귀 직선을 구하는 것이 다음과 같은 lmplot() 함수이다. lmplot은 regplot과 유사한 선형 회귀 직선을 구하는 기능과 함께 FaceGrid라고 하는 화면에 보기 좋은 격자 간격을 생성하는 인터페이스를 결합한 함수이다.

```
sns.lmplot(x="x", y="y", data=anscombe.query("dataset == 'I'"),
           ci=None, scatter_kws={"s": 80})
```

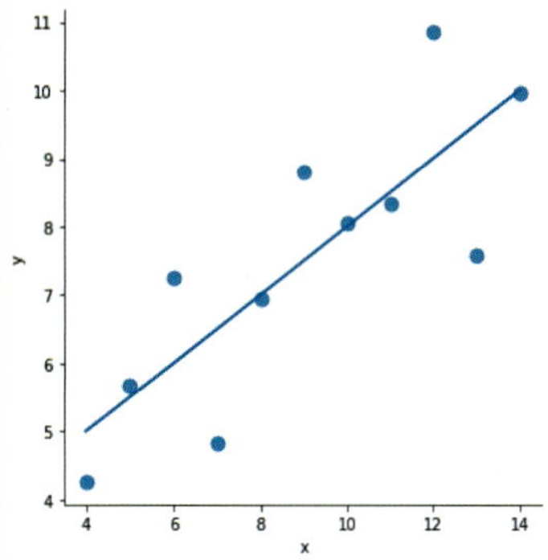

이 코드는 이전에 알아본 regplot과 유사한 기능이 있다는 것을 볼 수 있다. 실제로 lmplot()은 내부적으로 regplot()을 호출하는 방식으로 동작한다.

anscombe.query("dataset == 'I'") 명령은 첫 번째 타입의 데이터 셋을 가져오는 명령이다. 이제 anscombe.query("dataset == 'II'") 명령으로 두 번째 타입의 데이터셋을 가져와서 선형 회귀 직선으로 표현해 보자.

```
sns.lmplot(x="x", y="y", data=anscombe.query("dataset == 'II'"),
           ci=None, scatter_kws={"s": 80})
```

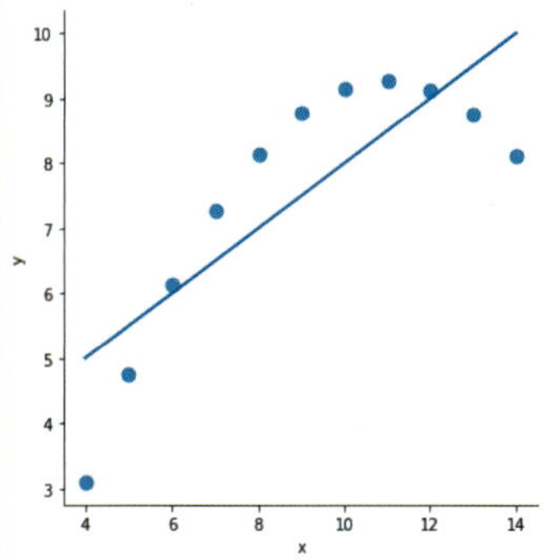

두 번째 유형의 데이터는 분포가 비선형적인데 이를 직선으로 표현하니 데이터의 분포와 선형회귀 직선 사이에 차이가 있음을 볼 수 있다.

다음으로 세 번째 유형의 데이터 분포와 그 선형회귀 직선을 살펴보자.

```
sns.lmplot(x="x", y="y", data=anscombe.query("dataset == 'III'"),
           ci=None, scatter_kws={"s": 80})
```

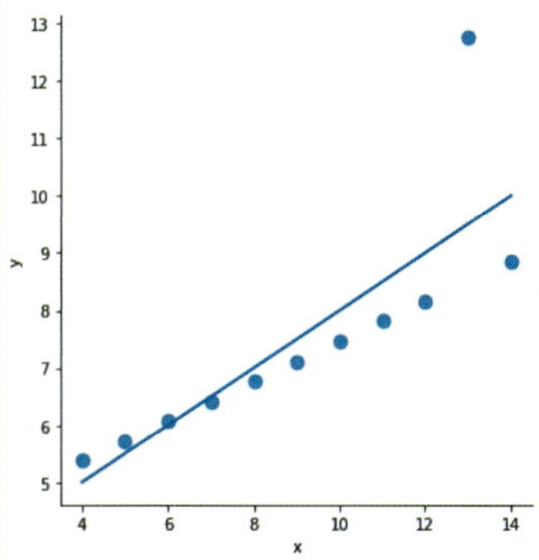

13.10 비선형 함수를 사용하여 데이터를 설명하자

Anscombe's quartet 데이터 셋은 어떤 분포를 가지고 있을까. 다음과 같은 코드를 통해서 첫 번째 데이터셋(데이터셋 I)과 두 번째 데이터셋(데이터셋 II)의 평균과 표준 편차를 살펴보도록 하자.

```
df = sns.load_dataset("anscombe")
df[df['dataset'] == 'I'].describe()   # 첫 번째 데이터의 갯수, 평균, 표준편차 등
```

	x	y
count	11.000000	11.000000
mean	9.000000	7.500909
std	3.316625	2.031568
min	4.000000	4.260000

이하 생략

```
df = sns.load_dataset("anscombe")
df[df['dataset'] == 'II'].describe() # 두 번째 데이터의 갯수, 평균, 표준편차 등
```

	x	y
count	11.000000	11.000000
mean	9.000000	7.500909
std	3.316625	2.031657
min	4.000000	3.100000

이하 생략

두 데이터를 살펴보면 데이터의 수, 평균(mean), 표준 편차(std) 값이 모두 같은 값을 가지는 것을 볼 수 있다. 나머지 데이터(데이터셋 III, 데이터셋 IV) 역시 데이터의 수와 평균, 표준 편차 값이 동일하다.

앞서 살펴본 것과 같이 비선형적인 데이터의 분포를 선형회귀 직선으로 나타내어 보니 데이터의 분포와 직선이 일치하지 않는 문제점이 있었다. 데이터셋 II는 그림과 같이 선형적인 분포를 가지는 직선이 아니므로 2차 함수나 3차 함수와 같은 높은 차수의 함수를 이용해야만 제대로 분포를 설명할 수 있을 것이다.

lmplot() 함수는 이를 위하여 order=2와 같은 2차 함수를 사용하는 방법을 제공한다. 이제 다음과 같이 lmplot() 함수를 사용하면 이전과 달리 **2차 함수 형태의 곡선**이 나타나서 데이터의 분포를 따라서 이동하는 것을 볼 수 있다.

```
import seaborn as sns

anscombe = sns.load_dataset("anscombe")
sns.lmplot(x="x", y="y", data=anscombe.query("dataset == 'II'"),
           order=2, ci=None, scatter_kws={"s": 80}) # 2차 함수로 분포를 나타냄
```

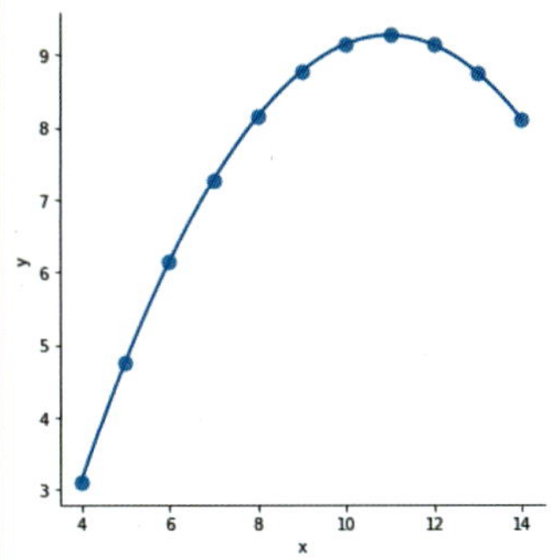

Anscombe's quartet 데이터 셋의 세 번째 유형(데이터셋 III)은 그림과 같이 이상치가 존재하는 경우이며, 이 이상치로 인하여 선형 회귀 직선의 형태가 왜곡되는 문제점이 있다.

```
sns.lmplot(x="x", y="y", data=anscombe.query("dataset == 'III'"),
           ci=None, scatter_kws={"s": 80})
```

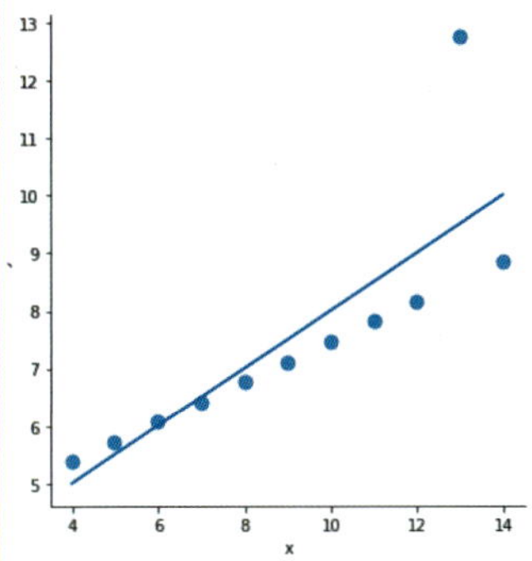

이러한 문제점을 해결하기 위하여 lmplot() 함수는 robust=True라는 키워드 인자를 제공한다. 이 키워드 인자는 이상치에 덜 민감한 강건한 모델을 만드는 방법으로 결과는 다음과 같이 나타난다.

```
sns.lmplot(x="x", y="y", data=anscombe.query("dataset == 'III'"),
           robust=True, ci=None, scatter_kws={"s": 80})
```

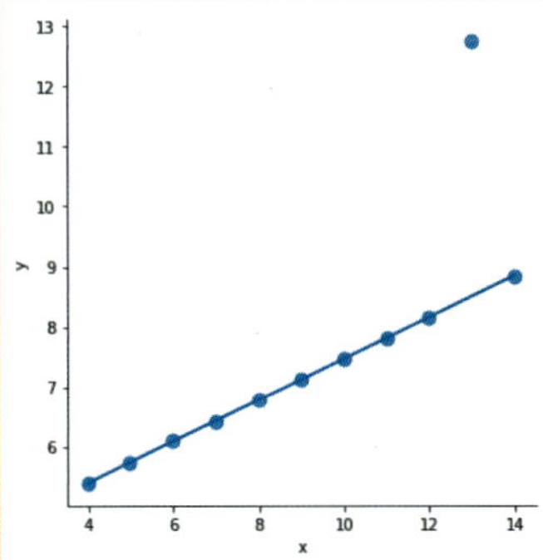

이 밖에도 lmplot() 함수는 뒤에 배울 로지스틱 회귀를 모델링하는 기능과 같은 **고급 기능이 제공**되고 있다.

도전문제 13.2 : Anscombe's quartet 데이터셋 III, IV

시본 라이브러리의 Anscombe's quartet 데이터셋 III과 IV에 대하여 describe() 함수를 사용하여 데이터의 수와 평균, 표준편차, 최소값, 최대값을 각각 조사하여 출력하여라.

13.11 항공기 이용 승객 데이터 셋

시본에서 제공하는 또 다른 데이터 셋은 항공기를 이용하는 승객 데이터이다. 이 데이터의 이름은 flights 데이터 셋으로 1949년부터 1960년 까지의 월간 항공기 이용자의 수를 제공하고 있다. 이 이용자의 단위는 천명 단위이다. 이 절에서는 flights 데이터를 이용한 다양한 시각화 기능을 살펴볼 것이다. 우선 시본의 load_dataset('flights')는 데이터 셋을 로딩하는 코드인데 이 함수의 반환 값 flights 데이터 셋의 형식은 다음 장에서 배울 판다스의 데이터프레임 형식이다. 이 데이터의 형상을 shape 속성으로 살펴보면 144개의 행과 3개의 열로 이루어진 테이블 데이터임을 알 수 있다. flights.head()로 최초 5개의 데이터를 살펴보면 year, month, passengers라는 속성으로 정보가 저장되어 있음을 볼 수 있다. passengers 속성에는 112, 118과 같은 수치자료 값이 있는데 단위가 1,000이므로 1949년 1월에는 112,000명, 1949년 2월에는 118,000명의 이용자가 항공기를 이용한 것을 알 수 있다.

```
import seaborn as sns

# seaborn에서 제공하는 flights 데이터 셋을 로딩함
flights = sns.load_dataset('flights')
flights.shape  # 데이터의 형상을 살펴보자
```

```
(144, 3)
```

```
flights.head()  # 최초 5개의 데이터를 살펴보자
```

	year	month	passengers
0	1949	Jan	112
1	1949	Feb	118
2	1949	Mar	132
3	1949	Apr	129
4	1949	May	121

이제 전체 데이터에 대한 통찰을 얻기 위하여 다음과 같은 코드를 사용하여 시각화시키고 그 결과를 보자. 그림과 같이 x축의 값은 년도(year) 값이므로 이산적으로 표시되는 것을 볼 수 있으며, y축의 값은 승객의 수를 나타내는 것을 볼 수 있다. 이 시각화 결과를 본다면 매년 전 세계의 비행기 이용자는 꾸준히 증가하는 추세라는 것을 알 수 있을 것이다.

```
plt.figure(figsize=(10, 3))
sns.relplot(data=flights, x="year", y="passengers")
```

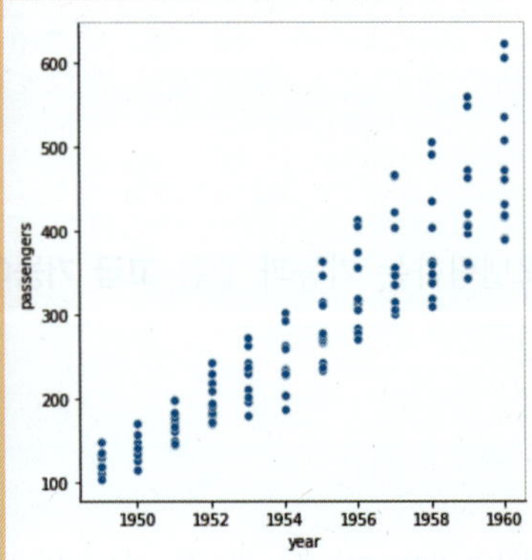

위의 코드가 이산적인 점의 형태로 나타나기 때문에 보기에 불편할 수 있는데 이러한 단점은 시본 라이브러리의 relplot(..., kind="line") 함수를 사용하여 보완할 수 있다. kind="line"인 경우 산점도가 아닌 라인 형태로 그려주기 때문에 데이터의 구조를 이해하는 것이 더 편하다. 이때 나타나는 굵은 실선은 월평균 이용자 수이며 진하게 나타나는 내부의 면은 최소 이용자와 최대 이용자를 나타낸다. 그림을 살펴보면 1954년도부터 1957년 사이에 이용 승객의 수가 가파르게 증가하다가 1957년에서 1958년까지는 덜 가파르게 증가한 것을 볼 수 있다. 그 이후 1958년부터 다시 이용자의 수가 가파르게 증가하는 것도 볼 수 있다.

```
plt.figure(figsize=(10, 3))
sns.relplot(data=flights, x="year", y="passengers", kind="line")
```

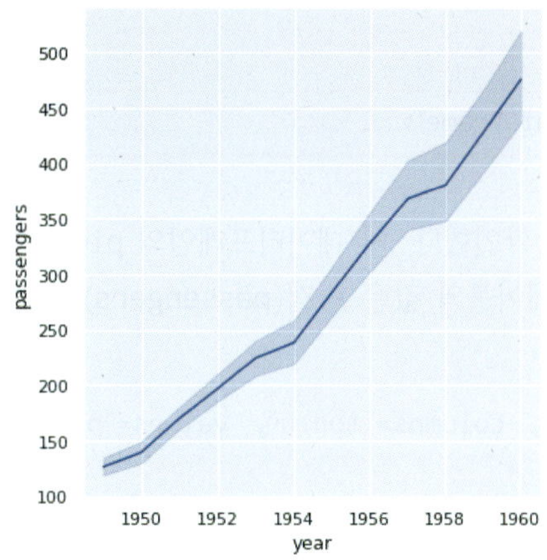

이 데이터 셋은 다음과 같은 방법으로도 시각화할 수 있다.

```
plt.figure(figsize=(10, 3))
sns.relplot(data=flights, x="year", y="passengers", hue="month", kind="line")
```

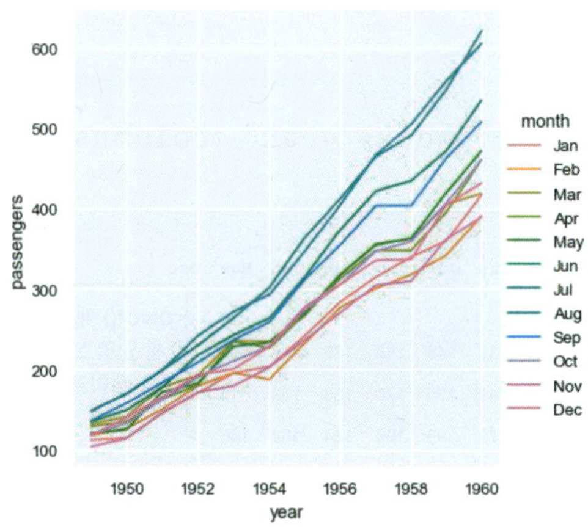

이 시각화 방법에서 hue="month"는 month라는 열에서 동일한 열 값인 Jan, Feb, ... 등을 같은 색으로 나타내어 준다. 따라서 위의 결과를 보면 연도에 상관없이 7월과 8월에 항공기 이용 승객의 수가 많은 것을 볼 수 있다. 이는 북반구의 여름에 해당하는 달에 휴가 시즌이 많이 몰려있는 것으로 추정하는 근거가 될 수 있을 것이다.

13.12 항공기 이용 승객 데이터 셋을 고쳐보자

시본의 항공기 이용 승객 데이터 셋은 1949년부터 1960년까지의 월간 항공기 이용자의 수를 제공하는데 단위는 월별 이용자이다. 이 데이터 셋을 수정해서 테이블을 새롭게 만들어 보자. 만들어볼 테이블의 행은 1949년부터 1960년도까지이며 열은 1월, 2월, 3월, …과 같이 월이 되도록 해 보자. 이를 위해서 flights의 자료형을 확인해 보자.

```
import seaborn as sns

# seaborn에서 제공하는 flights 데이터 셋을 로딩함
flights = sns.load_dataset('flights')
print('type(flights) =', type(flights))
```

```
type(flights) = <class 'pandas.core.frame.DataFrame'>
```

flights의 자료형은 판다스 데이터프레임 자료형임을 확인했다. 이 데이터프레임의 pivot() 메소드를 사용해서 인덱스는 연도(year), 열은 달(month), 테이블의 값은 승객(passengers)가 되도록 구조를 수정해 보자.

```
flights_wide = flights.pivot(index="year", columns="month", values="passengers")
flights_wide.head()
```

month	Jan	Feb	Mar	Apr	May	Jun	Jul	Aug	Sep	Oct	Nov	Dec
year												
1949	112	118	132	129	121	135	148	148	136	119	104	118
1950	115	126	141	135	125	149	170	170	158	133	114	140
1951	145	150	178	163	172	178	199	199	184	162	146	166
1952	171	180	193	181	183	218	230	242	209	191	172	194
1953	196	196	236	235	229	243	264	272	237	211	180	201

이를 위하여 pivot() 메소드의 키워드 인자를 index="year", columns="month", values="passengers"로 설정하였다.

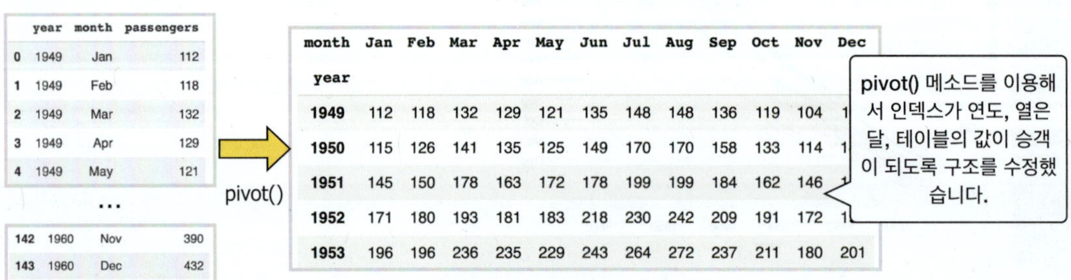

flights 데이터프레임

flights_wide 데이터프레임

이제 flights_wide라는 새로운 데이터프레임을 relplot()으로 시각화시켜보자. 시각화 결과는 다음과 같이 월별 이용객이 색상을 가진 실선과 점선으로 나타나며 가로축은 연도, 세로축은 이용객 수로 나타난다.

```python
sns.relplot(data=flights_wide, kind="line")
```

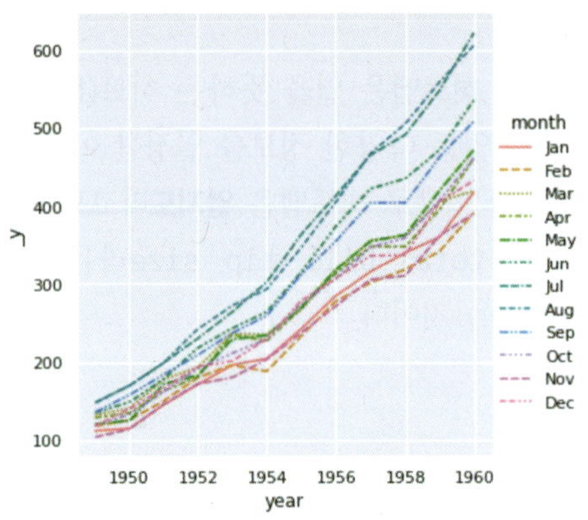

flights_wide 데이터 셋의 transpose()를 호출하여 head 만을 출력해보자. 이렇게 할 경우 결과와 같이 행이 1월, 2월, 3월, ...과 같은 월이 나타나며 열에는 1949, 1950, 1951, ...과 같은 연도가 나타나게 된다. 이렇게 전치를 시킬경우 위의 정보를 연도별로 표시할 수 있다.

```python
flights_wide.transpose().head()
```

year	1949	1950	1951	1952	1953	1954	1955	1956	1957	1958	1959	1960
month												
Jan	112	115	145	171	196	204	242	284	315	340	360	417
Feb	118	126	150	180	196	188	233	277	301	318	342	391
Mar	132	141	178	193	236	235	267	317	356	362	406	419
Apr	129	135	163	181	235	227	269	313	348	348	396	461
May	121	125	172	183	229	234	270	318	355	363	420	472

이제 transpose()를 통해서 행과 열을 전치시킨 데이터프레임에 대하여 다음과 같이 relplot()으로 시각화를 시켜보도록 하자.

```python
sns.relplot(data=flights_wide.transpose(), kind="line")
```

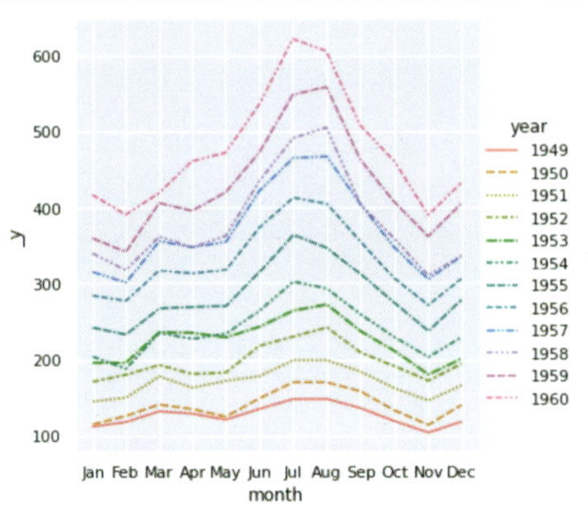

결과는 위와 같이 1949년부터 1960년도까지의 연도가 선으로 표시되며, 1월, 2월, 3월, ...과 같은 월이 수평축의 값으로 나타난다.

13.13 히트맵을 알아보자

시본의 시각화 기법 중에서 **히트맵** 기법에 대하여 알아보자. 히트맵은 열을 뜻하는 히트(heat)와 지도를 뜻하는 맵(map)을 결합시킨 단어로, 색상으로 표현할 수 있는 다양한 정보를 일정한 이미지 위에 열분포 형태의 비주얼한 그래픽으로 출력하는 기법이다. 이러한 이유로 히트맵은 **열지도**라고도 표현한다.

앞서 살펴본 tips 데이터에 있는 수치값 변수들 중에서 total_bill, tip, size라는 변수들과의 상관행렬을 수치값으로 나타내면 다음과 같이 나타낼 수 있들 것이다.

```
import seaborn as sns

tips = sns.load_dataset("tips")
tips.corr()
```

	total_bill	tip	size
total_bill	1.000000	0.675734	0.598315
tip	0.675734	1.000000	0.489299
size	0.598315	0.489299	1.000000

데이터에 있는 수치값들을 살펴보면 행의 값이 total_bill, tip, size라는 변수들며, 열의 값이 total_bill, tip, size라는 변수들이라는 것을 알 수 있다. 이 수치값들 중에서 첫 행에 있는 1.0, 0.675734, 0.598315값은 total_bill과 total_bill, tip, size라는 변수들 사이의 상관계수 값이다. 이 표를 보면 대각선 방향의 값은 자기 자신과의 상관계수이므로 모두 1이 되는 것을 알 수 있다.

이와 같이 수치값으로 상관계수를 나타낼 수도 있으나 데이터의 크기가 커지게 되면 이 상관계수를 한 눈에 파악하기에 불편하다. 따라서 이를 히트맵으로 나타내면 더 편리하다. 히트맵은 sns.heatmap()이라는 함수로 나타낼 수 있으며 cmap이라는 키워드로 히트맵의 색상지를 선택할 수 있다.

```
import seaborn as sns

tips = sns.load_dataset("tips")
sns.heatmap(tips.corr(), annot = True, cmap = 'viridis')
```

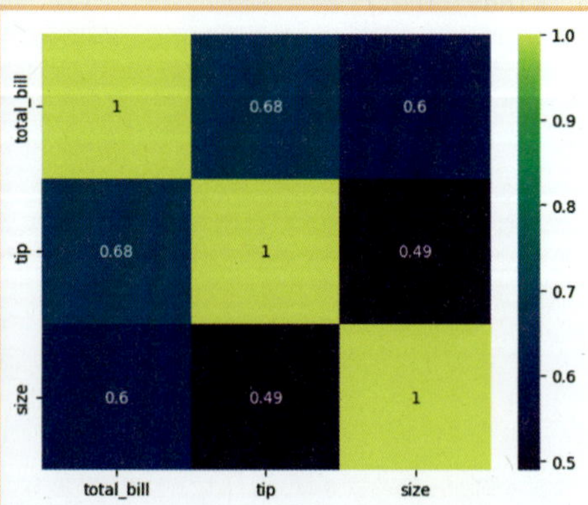

위의 히트맵을 살펴보면 여러 가지 종류의 색상이 수치값과 함께 표현되어 있는 것을 볼 수 있다. 그림의 오른쪽 막대 색상그래프는 범례에 해당하는 것으로 노란색이 1에 가깝고, 어두운 청색이 0.5에 가까운 값이다. 색상 중에서 0에 가까운 값이 있을 경우 범례의 색상은 더 다양하게 나타난다.

이 히트맵을 살펴보면 대각선 방향의 값이 1이기 때문에 대각선으로는 모두 노란색으로 나타나며 tips와 size 변수의 색상값이 0.49로 가장 어둡게 나타나는 것을 볼 수 있다.

flights 데이터셋의 히트맵 표현

다음으로 좀 더 많은 자료값을 가진 표를 히트맵으로 나타내어 보자. 연도별, 월 별, 항공기 이용 승객에 대한 정보를 담고 있는 **flights** 데이터 셋을 히트맵으로 나타내면 어떻게 될까? **flights** 데이터 셋을 히트맵으로 나타내기 위해서 다음과 같이 pivot() 메소드를 호출하였다. 이를 통해 행의 값을 Jan, Feb, Mar, ...와 같은 월 정보를, 열의 값을 1949년부터 1960년까지의 연도 정보를 설정하였다.

```python
import seaborn as sns
import matplotlib.pyplot as plt

flights = sns.load_dataset('flights')
flights_psng = flights.pivot("month", "year", "passengers")
plt.title("Flights Heatmap")
sns.heatmap(flights_psng, annot=True, fmt="d", linewidths=1)
```

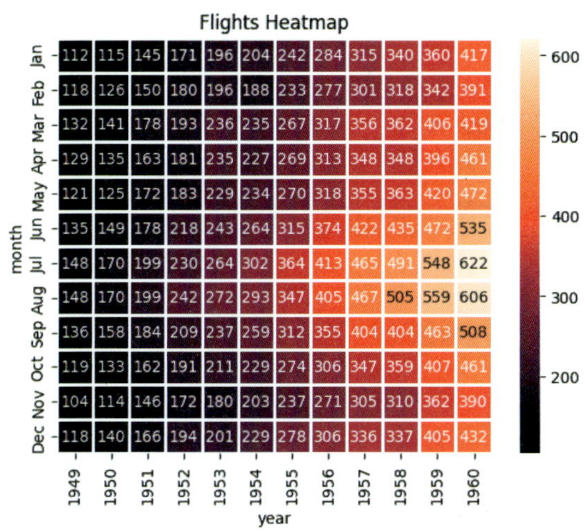

이 히트맵을 사용하여 열의 값을 month, 행의 값을 year로 다음과 같이 수정해 보자.

```python
...
flights_psng = flights.pivot("year", "month", "passengers")
...
```

이제 이전과 달리 열의 값은 Jan, Feb, Mar, ...와 같은 월이 되고 행의 값이 1949년부터 1960년 값이 되는 것을 확인할 수 있을 것이다.

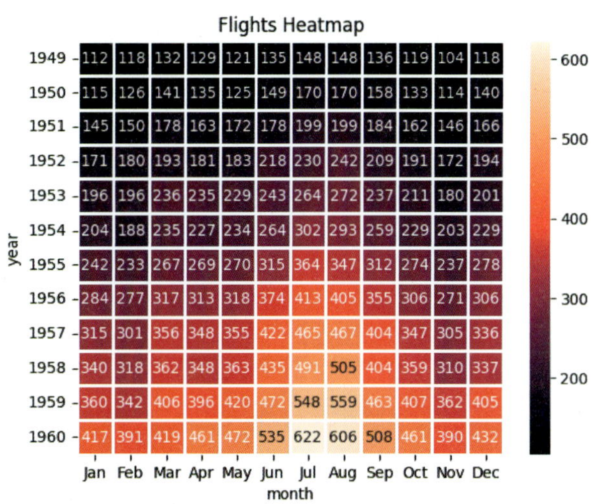

핵심 정리

SUMMARY

- 데이터 분석을 위해서는 측정가능한 형태로 된 자료를 모으고, 분석하고, 결과를 제시하는것이 필요하다.
- 두 개의 변수들이 함께 변화하는 관계를 상관관계라고 한하며, 이 변수들 사이의 상관관계 정도를 나타내는 수치값을 상관계수라고한다.
- 파이썬을 이용하는 여러 가지 방법이 있으나 그 중에서도 구글의 코래버러토리는 클라우드 환경에서 주피터 노트북 기반의 파이썬 개발을 위한 탁월한 환경을 제공한다.
- 시본 라이브러리는 맷플롯립을 기반으로 만들어졌으며, 맷플롯립에 비하여 높은 수준의 인터페이스를 제공하여 사용자들이 보다 쉽게 데이터를 분석하고 시각화할 수 있다.
- 시본 라이브러리는 여러 종류의 풍부한 데이터 집합을 제공하고 있어서 데이터 분석에 좀 더 적합하다.

시본 라이브러리는 맷폴롯립에 기반하고 있지만 좀 더 높은 수준의 기능을 제공합니다.
특히 여러 종류의 풍부한 데이터 집합을 제공하고 있습니다.

그러면 시본과 맷플롯립은 함께 사용할 수 있겠네요.

그래요. 맷플롯립도 좋은 시각화 도구이기는 하지만 시본은 보다 다양하고 풍부한 기능을 제공하지요.
무엇보다 유려한 시각화 기능이 큰 장점이랍니다.

그것 말고도 장점이 또 있나요?

항공기 이용자 수에 대한 데이터인 flights 데이터 셋, 식당의 팁과 손님과의 관계, 붓꽃 데이터 셋과 같은 풍부한 예제 데이터 집합이 제공됩니다.

주관식 문제

다음 괄호 안에 들어갈 알맞은 단어를 적어라.

13.1 통계학에서 두 개의 변수들이 함께 변화하는 관계를 (　　　) (이)라고 한다.

13.2 두 변수들 사이의 상관관계 정도를 나타내는 수치값을 (　　　) (이)라고 한다.

13.3 파이썬을 이용하는 여러 가지 방법이 있으나 그 중에서도 구글의 (　　　) (은)는 클라우드 환경에서 주피터 노트북 기반의 파이썬 개발을 위한 탁월한 환경을 제공한다.

13.4 (　　　) (은)는 맷플롯립을 기반으로 만들어졌으며, 맷플롯립에 비하여 높은 수준의 인터페이스를 제공하여 사용자들이 보다 쉽게 데이터를 분석하고 시각화할 수 있다.

13.5 시본 라이브러리의 (　　　) 함수는 미리 만들어진 데이터 집합을 불러오는 함수이며, 데이터 셋 객체를 반환한다.

13.6 시본 라이브러리의 (　　　) 함수는 주어진 데이터를 이용하여 산점도 그래프와 선 그래프를 모두 그릴 수 있다.

13.7 넘파이의 다차원 배열에 있는 (　　　) 속성은 전체 데이터가 몇 개의 행과 열로 이루어져 있는지 알려준다.

13.8 시본 라이브러리의 (　　　) (은)는 데이터의 분포를 히스토그램으로 나타내는 기능이 있다. 이 함수의 키워드 인자 중에서 bins를 설정하면 히스토그램의 수가 설정한 개수로 된다.

13.9 (　　　) (이)란 정상 데이터 또는 일반적인 데이터에 비하여 그 분포하 현저하게 차이가 나는 데이터를 탐지하는 기법이다.

13.10 선형적인 상관관계를 확인하기 위해 직선을 긋는 regplot() 함수가 있다. 이 직선이 바로 (　　　)이다.

13.11 1973년 통계학자인 프란시스 앤스컴이 데이터 분석에 앞서 시각화의 중요성과 특이치 값의 영향을 보여주기 위해 만들었던 데이터 셋의 이름은 (　　　) (이)다.

심화문제

EXERCISE

13.1 시본의 lmplot() 함수를 사용하여 다음과 같이 tip 데이터를 시각화하여라. 이 데이터는 다음과 같이 smoker 값의 Yes/No에 따라서 서로 다른 선형 회귀 직선이 하나의 그래프에 나타난다(힌트: tips 데이터셋을 시각화 하기 위하여 lmplot() 함수를 사용하며 x 값은 total_bill, y 값은 tips가 되도록 하자. 이 때 hue라는 키워드 인자의 값으로 'smoker'를 넣어보도록 하자).

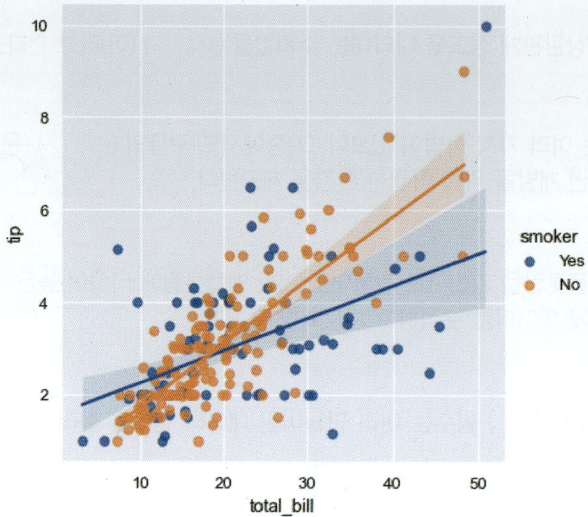

13.2 타이타닉호는 1912년에 건조된 영국의 호화 유람선으로 건조 당시 세계 최대의 여객선이었다. 하지만 1912년의 최초이자 최후의 항해 때 빙산과 충돌해 침몰한 비운의 여객선으로 유명하다. 시본은 당시 타이타닉호의 생존자와 사망자 데이터를 제공하는데, 다음과 같은 방법으로 이 데이터를 읽어올 수 있다.

```
# 시본에서 제공하는 타이타닉 데이터를 가져오자
titanic = sns.load_dataset("titanic")
```

1) 타이타닉 데이터가 어떤 속성과 자료값을 가지고 있는지 살펴보자. 이를 위하여 다음과 같이 행과 열의 정보를 출력하자.

	survived	pclass	sex	age	sibsp	parch	fare	embarked	class	who	adult_male	deck	embark_town	alive	alone
0	0	3	male	22.0	1	0	7.2500	S	Third	man	True	NaN	Southampton	no	False
1	1	1	female	38.0	1	0	71.2833	C	First	woman	False	C	Cherbourg	yes	False
2	1	3	female	26.0	0	0	7.9250	S	Third	woman	False	NaN	Southampton	yes	True
3	1	1	female	35.0	1	0	53.1000	S	First	woman	False	C	Southampton	yes	False
4	0	3	male	35.0	0	0	8.0500	S	Third	man	True	NaN	Southampton	no	True
...	...	...	...	...	...	...	...	...	...	...	...	...	...	...	...
886	0	2	male	27.0	0	0	13.0000	S	Second	man	True	NaN	Southampton	no	True
887	1	1	female	19.0	0	0	30.0000	S	First	woman	False	B	Southampton	yes	True
888	0	3	female	NaN	1	2	23.4500	S	Third	woman	False	NaN	Southampton	no	False
889	1	1	male	26.0	0	0	30.0000	C	First	man	True	C	Cherbourg	yes	True
890	0	3	male	32.0	0	0	7.7500	Q	Third	man	True	NaN	Queenstown	no	True

2) 타이타닉 데이터의 각 열 속성이 어떤 의미를 가지는지 정리하여라. 예를 들어 첫번째 열 survived에서 0은 사망, 1은 생존을 의미한다.

3) 타이타닉 데이터를 분석하여 다음 그림과 같이 각 선실 등급별 남자, 여자, 어린이 데이터를 시각화 하여라 (힌트: 시본 라이브러리의 countplot() 함수를 사용하자). 선실 등급은 First, Second, Third class이며 이를 시각화하기 위하여 남성, 여성, 어린이로 구분되는 승객을 시각화하기 위하여 hue='who' 키워드 인자를 사용해보자.

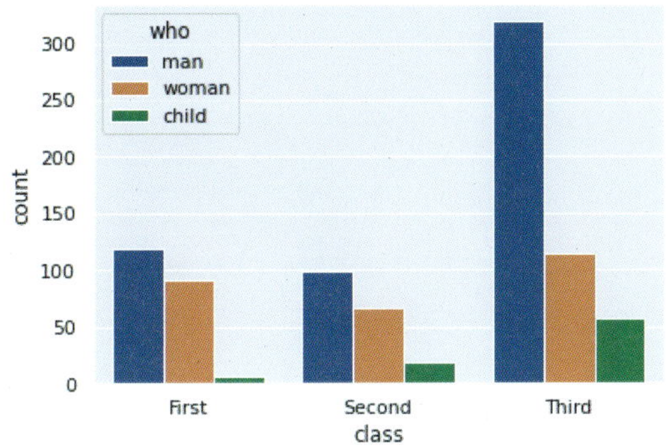

4) 타이타닉 데이터로부터 다음과 같이 나이와 요금 사이의 관계를 알아보자. 그리고 col='survived' 키워드 인자를 이용하여 사망자의 분포와 생존자의 분포 간의 차이가 있는가 살펴보자(힌트: 시본 라이브러리의 relplot() 함수를 사용하자).

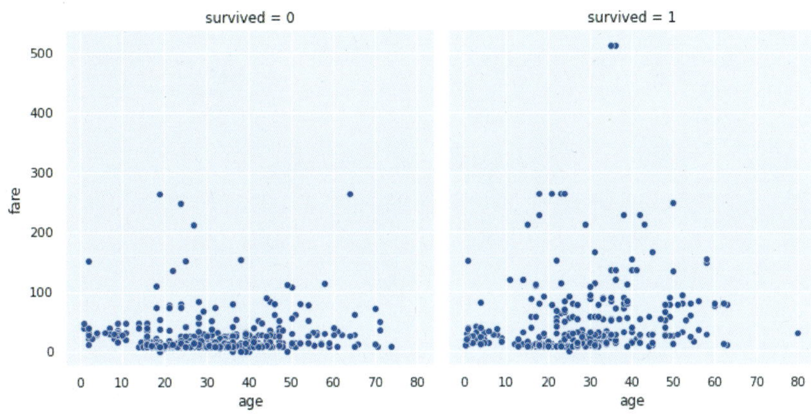

타이타닉호의 시간대별 사고 상황을 그린 삽화

chapter 14

기계학습으로 똑똑한 컴퓨터를 만들자

이 장에서 배울 것들

- 데이터를 기반으로 학습을 수행하는 기계학습의 원리를 알아봅시다.
- 기계학습을 위한 도구인 사이킷런에 대하여 살펴봅시다.
- 사이킷런을 이용하여 선형회귀를 구현해 기계학습과 친해져 봅시다.
- 선형회귀모델을 이해가고 실제 데이터에 적용해서 데이터를 분석해 봅시다.
- k-NN 알고리즘을 구현해 분류 문제도 해결해 봅시다.
- 지도 학습과 비지도 학습의 차이점을 알아봅시다.
- 과적합과 과소적합의 개념에 대해 이해해 봅시다.

14.1 이세돌을 이긴 컴퓨터 프로그램 : 비결이 뭘까

컴퓨터가 사람처럼 스스로 배울 수 있다면 어떤 세상이 올까? 지금까지 우리가 이 책에서 다룬 방식은 컴퓨터에게 어떤 작업을 시키기 위해서 프로그램을 작성하여 지시를 하는 방식이었다. 하지만 컴퓨터가 **데이터를 기반으로 스스로 학습**할 수 있다면 컴퓨터는 더욱더 복잡한 일을 할 수 있을 것이다. 예를 들어서 "알파고"는 16만 건의 **기보**[棋譜]를 5주 만에 학습하여 바둑의 원리를 파악하였으며 이를 바탕으로 **스스로 3,000만 회 가량의 연습 바둑을 두고 실력을 향상**시켰다.

"알파고"는16만 건의 기보를 5주 만에 학습하여 바둑의 원리를 파악하였으며 이를 바탕으로 스스로 3,000만 회 가량의 연습 바둑을 두고 실력을 향상시켰습니다.

AlphaGo

이미지 제공 : 구글

기계학습machine learning은 **머신러닝**이라는 용어로도 널리 사용되는 용어인데, 인공 지능의 한 분야로, 컴퓨터에 학습 기능을 부여하기 위한 연구 분야이다. "기계학습"이란 용어는 1959년에 **아서 사무엘**Arthur Samuel에 의해 만들어졌다. 패턴 인식 및 계산 학습 이론에서 진화한 **기계학습은 주어진 데이터를 보고 컴퓨터가 판단 방법을 학습**하도록 만드는 기술이다. 기계학습 알고리즘은 데이터를 이용하여 컴퓨터가 스스로 예측하고 판단하는 분야에 많이 활용되고 있다. 예를 들어서 스팸 메일 필터링, 네트워크 침입자 자동검출, **광학 문자 인식**OCR:Optical Character Recognition, 컴퓨터 비전, 자율주행 등의 분야에서 활발하게 사용된다.

잠깐 – 컴퓨터의 아버지 앨런 튜링과 튜링 테스트

앨런 튜링은 영국의 수학자, 암호학자, 논리학자이자 선구적인 컴퓨터 과학자이다. 그는 알고리즘과 계산 개념을 튜링 기계라는 추상 모델을 통하여 형식화하였다. 이 업적은 컴퓨터 과학이라는 분야를 여는데 큰 기여를 하게 된다.

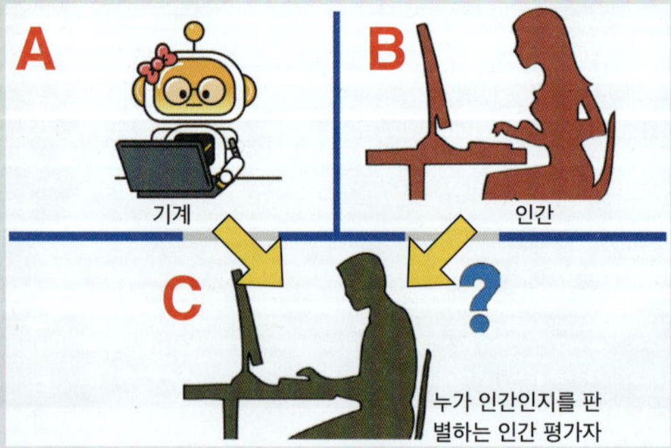

그는 **튜링 테스트**turing test의 고안자로 유명한데, 컴퓨터가 인간과 같은 사고를 한다는 것은 어떻게 보여줄 수 있을까 하는 것이 튜링 테스트의 목적이다. 이 테스트는 인간 평가자 C가 볼 수 없는 벽 건너편에 컴퓨터와 인간이 있고 C는 누가 인간인지를 모르는 상태이다. A와 B가 키보드를 통해서만 인간 평가자와 대화를 하였을 때 인간 평가자가 컴퓨터와 인간을 확실하게 구분할 수 없을 경우 이 컴퓨터 A는 튜링 테스트를 통과했다고 볼 수 있다.

튜링 테스트는 컴퓨터가 인간처럼 생각을 한다고 판정하는 데에 사용할 수 있는 테스트로 여겨졌다. 그러나 기계학습이 발전하고 인공지능 분야의 연구가 심화됨에 따라 다양한 비판이 나타났다. 이 테스트는 지능보다는 인간과의 유사성을 측정하는 것에 가깝다는 비판이 제기되었기 때문이다. 실제로 이 테스트를 통과했다는 논란이 있었던 몇몇 프로그램은 사실 자신이 한 답변을 전혀 이해하지 못한 상태에서 주어진 데이터를 바탕으로 대화를 한 것으로 보여지기 때문이다.

다양한 종류의 기계학습 기법

이 장에서는 다양한 종류의 기계학습 기법을 알아볼 것이다. 기계학습은 일반적으로 가르쳐주는 "교사(또는 정답, 레이블)"의 존재 여부에 따라 크게 **지도 학습**과 **비지도 학습**으로 나누어진다. 그리고 상태와 액션을 입력으로 받아 에이전트가 환경과 상호작용하며 평가와 보상에 따른 학습을 하는 **강화학습**으로 분류할 수 있다. 이들 각각에 대하여 상세하게 알아보도록 하자.

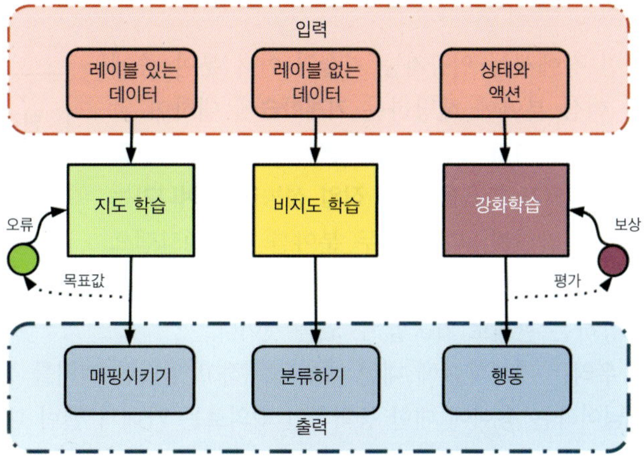

다양한 기계학습 알고리즘과 그 차이점

지도 학습supervised learning: 컴퓨터는 "교사"에 의해 주어진 예제와 정답(혹은 레이블)을 제공받는다. 지도학습의 목표는 입력을 출력에 매핑시키는 일반적인 규칙을 학습하는 것이다. 예를 들어서 그림과 같이 강아지와 고양이를 구분하는 문제라면 강아지와 고양이에 대한 이미지 데이터를 제공한 후에, 교사가 어떤 데이터가 개인지, 어떤 데이터가 고양이인지를 알려주는 방법이다.

데이터와 레이블을 이용한 학습

비지도 학습unsupervised learning: 외부에서 정답(레이블)이 주어지지 않고 학습 알고리즘이 스스로 입력에서 어떤 구조를 발견하는 학습이다. 흔히 **자율 학습**이라고도 부르는 이 학습을 사용하면 데이터에서 숨겨진 패턴을 발견할 수 있다. 자율 학습은 대표적인 것이 오른쪽에 나타난 **클러스터링**clustering이다. 이 데이터의 경우 세 개의 큰 그룹으로 나누어 질 수 있는데, 이 규칙은 컴퓨터가 데이터를 보고 스스로 학습하는 것이다. 예를 들어서 구글 뉴스에서 비슷한 뉴스를 자동으로 그룹핑하는 것을 들 수 있다.

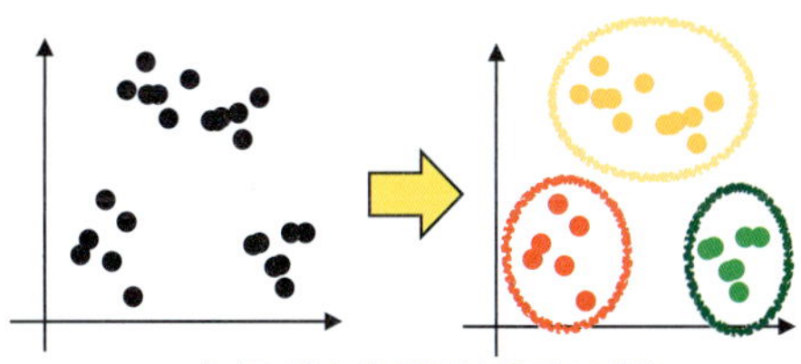
비지도 학습의 일종인 클러스터링

강화학습reinforcement learning: 강화학습은 **평가와 보상을 통해서 학습을 수행하는 방법**이다. 이를 위해서 상태와 액션이라는 데이터가 주어진다. 주로 게임이나 차량 운전과 같은 동적인 환경에서 행위의 주체인 에이전트의 행동에 대한 피드백이 제공되는 경우이다. 예를 들어서 게임과 같은 환경에서 에이전트가 어떤 행동을 통해서 승리를 했을 경우 이에 대한 보상이 주어지는 방식이 될 수 있다. 이 경우 그림과 같이 컴퓨터가 보상에 의한 학습을 통해서 다양한 게임을 놀랄 만큼 빨리 학습한 사례가 있다.

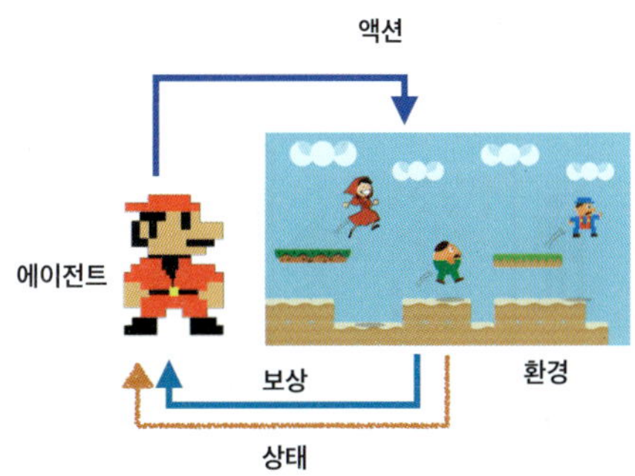

14.2 기계학습을 깊이 알아보자

이번 장에서는 인공지능 기술의 여러 분야 중에서 핵심 분야에 해당하는 **기계학습**에 대하여 알아보도록 하자. **기계학습은 명시적 프로그래밍 없이 컴퓨터가 학습을 통해 작업 성능을 높여나가는 기술**을 말한다. 따라서 두 분야를 다이어그램으로 표기하면 그림과 같이 인공지능이 기계학습을 포함하는 관계로 기술할 수 있을 것이다.

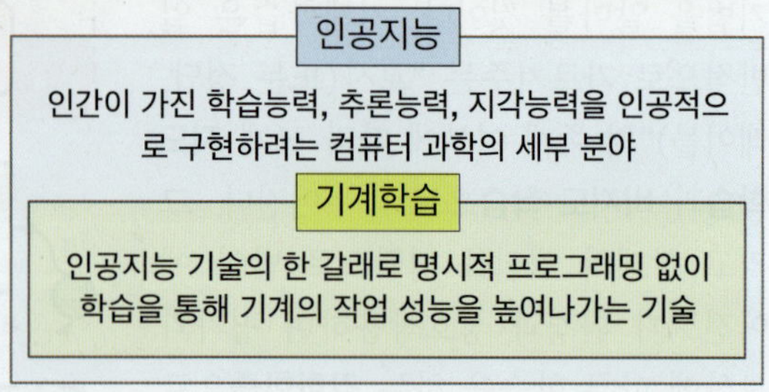

우리는 기계학습에 대한 매우 상세하고 엄밀한 정의를 살펴볼 것이다. 기계학습의 영어 이름인 **머신러닝**이라는 용어에 대한 공학적인 정의로는 카네기 멜런 대학교 교수인 **톰 미첼**Tom Mitchell이 그의 저서 "머신러닝"에서 제시한 것이 흔히 사용된다. 그는 기계학습을 다음과 같이 정의했다.

"컴퓨터 프로그램이 어떤 작업 T에 속한 작업을 수행하면서 경험 E에 따라서 P로 측정하는 성능이 개선된다면, 이 프로그램은 작업 T와 성능 척도 P에 대해 경험 E로부터 학습을 한다고 말할 수 있다."

이 정의에 따라 기계학습을 공학적으로 다루기 위해서는 그림과 같은 세 가지 중요한 요소가 필요한 것을 확인할 수 있다. 우선 해결해야 할 문제(**작업**)가 T이다. 그리고 이 일을 수행하는 동작을 P라는 **성능 척도**를 통해 평가할 수 있어야 한다. 그리고 지속적인 훈련 **경험** E를 통해 이러한 평가의 점수를 더 나은 상태로 바꿀 수 있어야 하는 것이다.

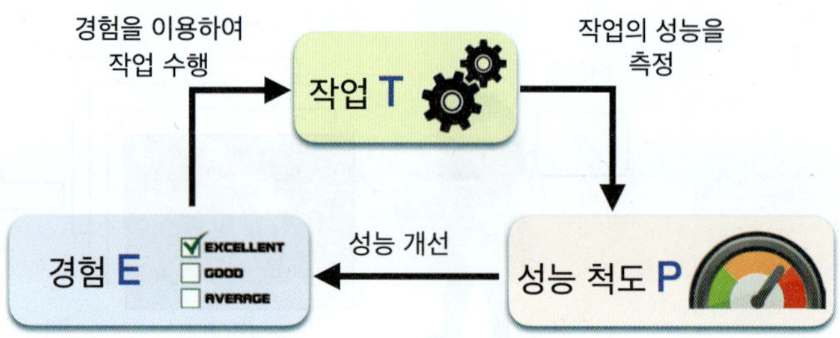

톰 미첼의 정의에 따른 기계학습의 요소

우리가 이전 장에서 다룬 전통적인 프로그래밍은 데이터를 입력으로 받아서 명시적인 규칙을 통해 출력을 내보내는 절차를 가지고 있다. 이 프로그램은 머신러닝 알고리즘이 아니므로 성능 척도를 평가하여 그 성능을 개선할 수 없기 때문에 매우 제한된 일만 할 수밖에 없다.

키가 **160cm 이상인 사람만 이용 가능한 놀이기구가 있다**고 가정하고 명시적 프로그램으로 이 문제를 해결해 보자. 다음 그림과 같이 입력과 출력 그리고 명시적인 규칙(프로그램)이라는 세 가지 구성 요소를 얻을 수 있을 것이다. 입력 데이터는 사람의 키가 될 것이며, 프로그램은 데이터를 입력으로 받아 키가 160cm 이상인지 미만인지를 판단하고 이 판단에 따라 서로 다른 출력을 내는 방식으로 동작할 것이다.

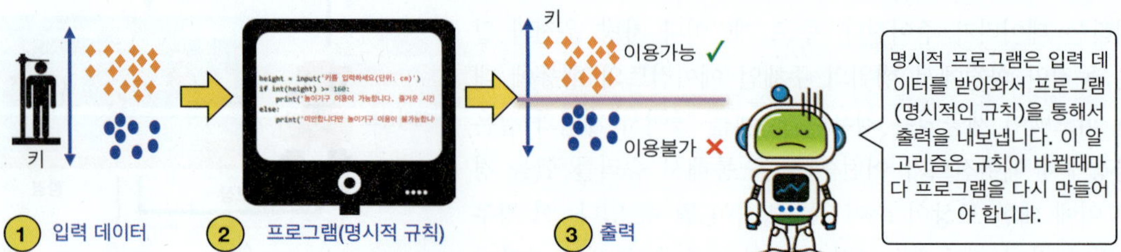

명시적 프로그램의 문제 해결 방식

이 프로그램은 간단한 규칙에 대해서는 잘 동작하지만 손글씨를 인식하거나, 자동차를 운전하는 것과 같이 예외적인 상황이 많이 발생할 경우에는 잘 동작하지 않을 것이다.

반면 머신러닝은 데이터와 출력 결과를 보고 이를 바탕으로 규칙을 학습한 다음 규칙을 생성하는 방식으로 동작한다. 이렇게 만들어진 규칙에 대해 새로운 데이터가 입력되면 이 데이터에 대하여 규칙을 적용하고, 만일 이 규칙이 잘 동작하지 않을 경우 규칙을 갱신하는 방법을 채택한다.

다음 그림과 같은 상황에서 머신러닝 알고리즘은 ① 입장객의 키 데이터와 ② 이용 가능/이용 불가의 결과를 바탕으로 ③ 스스로 학습하여 가장 적절한 규칙인 ④ **"키 160cm 이상 이용 가능"**이라는 규칙을 만들어낸다. 이 규칙은 새로운 데이터에도 적용되어 키가 입력되면 이용 가능/이용 불가의 결과를 반환한다.

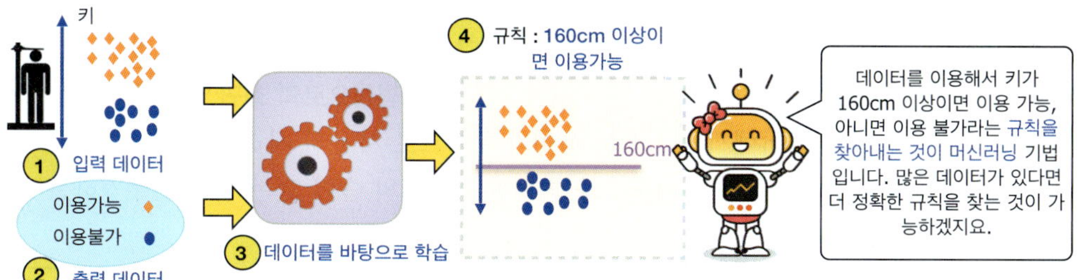

머신러닝 알고리즘의 문제 해결 방식

머신러닝 알고리즘의 경우 동일한 데이터에 대하여 이용 가능/이용 불가의 결과가 다를 경우 **이 데이터를 바탕으로 새로운 규칙을 스스로 생성**한다. 예를 들어 이용 가능/이용 불가의 결과를 나누는 기준이 150cm일 경우 출력값을 바탕으로 주어진 데이터를 학습하여 규칙을 갱신할 수 있다. 도대체 어떤 방법으로 이런 규칙을 만들 수 있을까? 그림을 통해서 그 원리를 살펴보자.

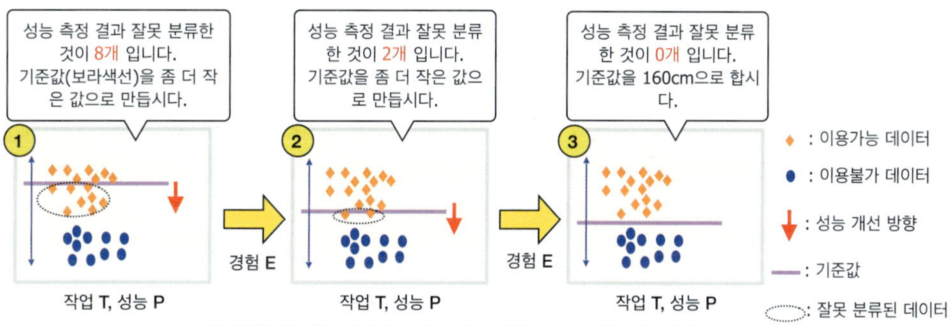

반복적인 작업(T)을 통해 성능(P)을 개선하는 머신러닝의 원리

그림에서 보면 세로 축을 키라고 할 때 사람들의 키 데이터와 **이용 가능/이용 불가**의 정보가 주어져 있다. 주황색 다이아몬드는 이용 가능한 사람의 데이터이고, 파란색 원은 이용 불가능한 사람의 데이터이다. 기준값이 보라색 선으로 그림 ①과 같이 주어져 있다면, 이 기준값은 이용 가능/이용 불가를 판단하는 기준으로는 부적합할 것이다. 적합/부적합의 기준은 잘못 분류된 데이터의 개수가 될 수 있을 것이며 그림 ①에서 이 값은 8이다. 이러한 경험을 바탕으로 기준값을 그림 ②와 같이 성능을 개선시켜본다면 어떻게 될까? 그림 ①보다는 잘못 분류한 데이터의 개수가 줄어들었을 것이다. 이 경험을 바탕으로 기준값을 좀 더 아래로 이동해 그림 ③과 같이 위치시킨다면 잘못 분류한 것이 0개가 된다. 이와 같은 반복적인 작업을 통해서 성능을 개선시키는 것이 머신러닝의 원리이다. 위의 과정을 미첼의 정의에 대입해 보자.

- **작업 T**: 키 데이터를 사용하여 이용 가능/이용 불가 고객의 분류 기준값을 찾는다.
- **성능 척도 P**: 기준값을 적용하여 발생한 오류의 개수이다.
- **경험 E**: 오류의 개수가 적게 나오도록 분류를 위한 기준값을 변경한다.

14.3 회귀문제를 알아보자

지도 학습 알고리즘에는 크게 **회귀**와 **분류**의 두 가지 유형이 있다. 전자는 **연속적인 값을 예측**하고 후자는 **객체를 어떤 카테고리 중의 하나로 예측**한다. 예를 들어, 주택의 면적만을 고려하여 주택 가격을 예측하는 것은 회귀 분석이며, 주어진 이미지가 고양이인지 강아지인지를 판별하는 것은 분류이다.

우리가 알아볼 첫 번째 기계학습 방법은 회귀분석(回歸分析)이다. 일상생활에서는 접하기 힘든 다소 생소한 용어인 **회귀**regression란 어딘가로 돌아간다는 의미이다. 통계 분야에서 회귀라는 용어를 처음으로 사용한 사람은 **프랜시스 골턴**인데 그는 유전을 근거로 키가 큰 아버지의 자식은 키가 큰 경향을 가질 것으로 가정했는데, 데이터를 통해 키가 큰 아버지를 가진 자식들이 아버지만큼은 크지 않은 사실을 발견한다. 그리고 아버지가 키가 작은 경우에도 그 자식들은 아버지와는 달리 평균키에 가까운 경향을 보인다는 사실도 확인하였다. 그는 이러한 현상을 **평범성으로의 회귀**regression to the mediocrity 라고 불렀다. 이것이 통계학 분야에서 회귀라는 용어가 처음으로 사용된 사례로 언급된다.

회귀분석은 관측된 데이터를 통해 독립변수와 종속변수 사이의 숨어 있는 관계를 추정하는 것이다. 회귀분석에서 사용되는 각 용어의 의미는 다음과 같다.

용어	설명
변수	변경될 수 있는 양이나 조건
독립변수	연구자가 임의로 조절할 수 있는 변수로 실험 영역에 있어 다른 변수에 영향을 받지 않는 변수
종속변수	관측이나 측정이 가능한 변수로 독립변수에 영향을 받아서 변화하는 변수

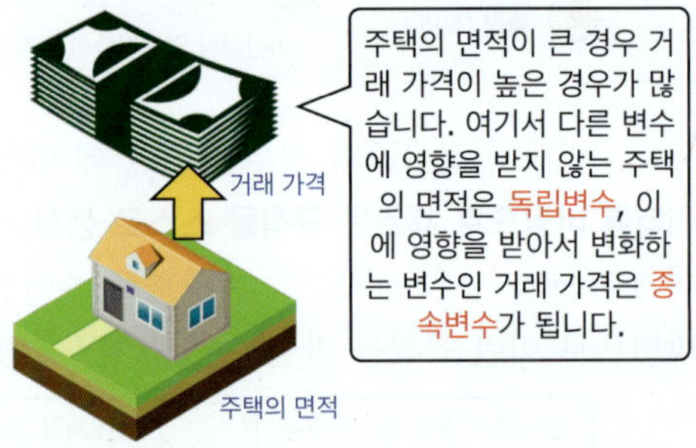

어떤 연구자가 특정 지역의 주택 면적과 최근 2년의 거래 가격의 관계를 조사하는 경우를 생각해보자. 일반적으로 주택의 면적 값이 큰 경우 거래 가격도 높은 경우가 많은데, 여기서 다른 변수에 영향을 덜 받는 변수인 **주택의 면적은 독립변수**가 되며, 이에 영향을 받아서 변화할 수 있는 **거래 가격이 종속변수**가 될 것이다. 종속변수는 연구자가 **독립변수의 변화에 따라 어떻게 변하는가 알고 싶은 변수**가 된다.

주택의 가격은 면적에도 영향을 받지만, 일조량 및 접근성 등에도 영향을 받을 수 있기 때문에, 이렇게 관측된 데이터를 바탕으로 **다차원 공간에 존재하는 데이터들을 가장 잘 설명하는 수학 함수를 찾는 것**이 바로 회귀분석이 해야 할 일이다.

매우 간단한 회귀 문제의 예를 들어보자. (x, y) 형태의 입력 데이터로 점 (1, 2), (2, 4), (3, 6)이 주어져 있다고 하자. 컴퓨터는 x 값에 대하여 y 값이 $y = 2x$의 방정식으로 표현될 수 있는 데이터라는 것을 **아직 모르는 상태**이다. 이 방정식에서 기울기에 대응하는 값은 2인데 이 값을 찾는 것이 선형회귀가 해야 할 일이다. 그림과 같은 경우 주어진 데이터 3개를 학습하여 학습이 끝난 후에 $x = 4$를 입력하면 컴퓨터가 $y = 8$이라는 답을 할 수 있도록 만들고 싶다. 이 경우 입력된 값을 바탕으로 컴퓨터가 스스로 이 입력을 설명할 수 있는 가장 좋은 함수를 찾는 것이 바로 **회귀분석**regression이라 할 수 있다.

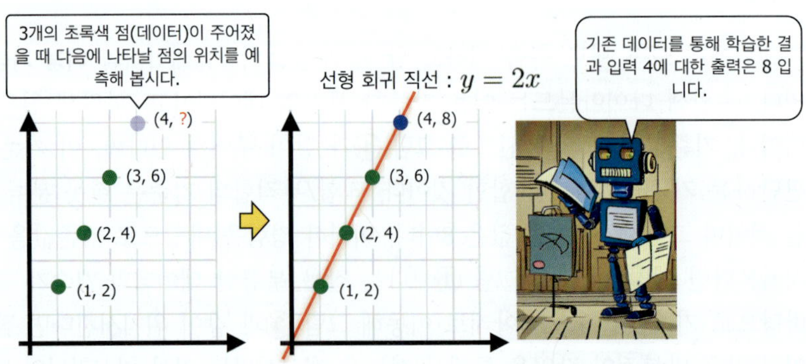

정답과 예측값의 차이를 줄여주는 수학 도구

다음 그림 ①번과 같이 임의의 기울기 파라미터 m을 이용하여 직선을 그려보면 이 직선이 데이터의 분포를 제대로 잘 설명하지 못하는 것을 볼 수 있는데, **"데이터의 분포를 잘 설명한다"**, **"데이터의 분포를 잘 설명하지 못한다"**와 같은 주관적인 표현을 수학자들과 컴퓨터 과학자들은 **정량화를 하는 방법**을 사용한다. 그림을 살펴보면 빨간색 실선이 선형 회귀 직선이며 초록색 점들이 데이터, 그리고 e_i로 표기된 하늘색 직선이 선형 회귀 직선과 실제 데이터 i와의 거리임을 알 수 있다. 이 거리는 **오차**error, **손실**loss 또는 **잔차**residual라고 부르는데, i번째 데이터와의 오차를 표현하기 위하여 영문자 error의 앞글자를 따서 e_i와 같이 표기하도록 한다.

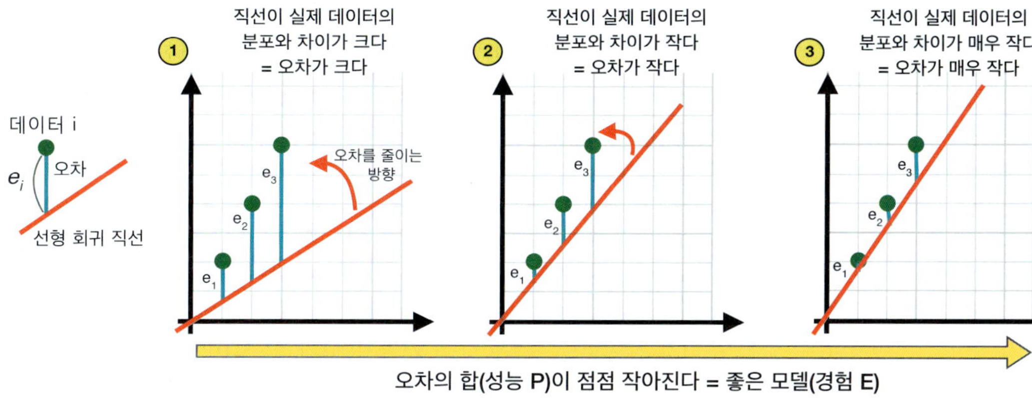

위의 그림을 살펴보면 ①번에 있는 직선보다 ②번의 직선이 더 실제 데이터의 분포를 잘 설명하는 직선이며, ③번에 있는 직선은 ②번의 직선보다 더 나은 직선이다. 이와 같이 ①번 → ②번 → ③번과 같이 직선이 오차를 줄이는 방향으로 스스로 고쳐나가는 것을 수학적으로 이야기하면 **오차의 합이 점점 작아진다**고 할 수 있으며 이는 곧 좋은 모델이 된다는 의미이다.

이러한 일을 하는 기계학습은 회귀 문제의 일종인데 그림과 같이 초록색 점으로 나타난 데이터가 분포할 때 이 데이터의 분포를 가장 잘 설명하는 선을 찾는 문제로 볼 수 있다. 이 과정을 사람이 하는 것이 아니라 기계가 경험을 통해서 스스로 성능을 개선하여 가장 좋은 선을 찾는다면 이것을 머신러닝으로 볼 수 있다. 이와 같은 머신러닝 기술은 회귀 문제에만 적용 가능한 것이 아니라 다양한 분야에도 적용 가능하다.

앞서 살펴본 최적의 기울기를 구하는 과정은 다음 그림과 같이 최적의 기울기보다 기울기가 더 클 때(그림 ③번) 오차가 줄어들도록 기울기를 감소시키는 방향으로 개선되는 것을 포함해야만 한다. 이에 관한 수학적인 모델링과 기법은 이 책의 범위를 벗어나며 우리는 사이킷런을 사용하여 최적 기울기를 구하도록 명령을 내리는 것 위주로 살펴볼 것이다.

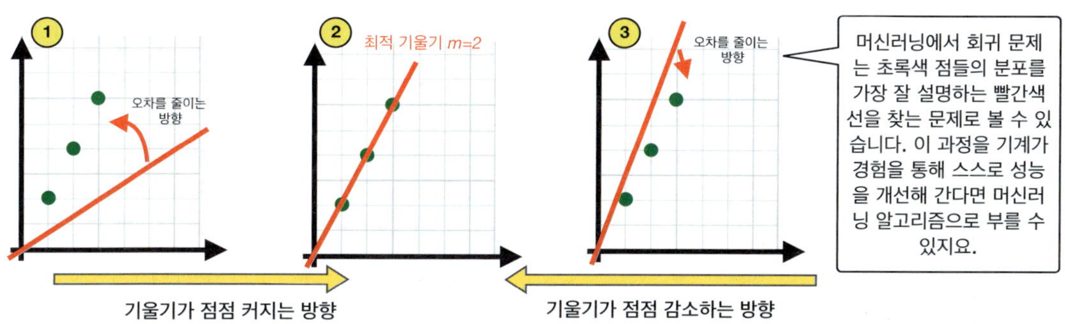

14.4 가장 간단한 회귀 : 선형 회귀 분석

이 절에서는 파이썬에서 가장 많이 사용되는 기계학습 라이브러리 중 하나인 **사이킷런**scikit-learn을 사용하여 선형 회귀 분석에 대하여 간단히 살펴보자. 사이킷런은 파이썬 언어에서 기계학습을 수행하는 라이브러리이다. 이 라이브러리는 선형 회귀, k-NN 알고리즘, 서포트 벡터머신, 랜덤 포레스트, 그래디언트 부스팅, k-means 등의 분류, 회귀, 클러스터링 알고리즘을 포함하고 있어서 기계학습을 처음 접하는 사람들에게 좋은 도구로 인기를 얻고 있다.

선형 회귀는 **변수 x와 이 변수에 따른 또 다른 변수 y와의 상관관계를 모델링하는 기법**이다. 이 방법은 두 변수의 관계를 알아내거나, 이를 이용하여 y가 없는 x값에 대해 y를 예측하는데 사용할 수 있다. 우선 가장 간단한 모델로 이차원 평면상에 있는 직선의 방정식을 생각해 보면, 이 직선의 방정식은 기본적으로 다음과 같다.

$$y = mx + b$$

여기서 m은 직선의 **기울기**이고 입력 변수에 곱해지는 **계수**coefficient이다. b는 **절편**intercept이다. 기본적으로 선형 회귀 알고리즘은 데이터를 설명하는 가장 적절한 기울기와 절편값을 찾는다. x 변수는 데이터 특징이므로 변경할 수 없고 우리가 제어할 수 있는 값은 기울기(m)와 절편(b)이다. 기울기와 절편의 값에 따라 여러 개의 직선이 있을 수 있다. 기본적으로 선형 회귀 알고리즘은 데이터 요소에 여러 직선을 맞추어 본 후에 가장 적은 오류를 발생시키는 직선을 반환한다.

이 개념은 2개 이상의 변수가 있는 경우까지 확장될 수 있다. 이를 다중회귀분석이라고 한다. 예를 들어 주택의 면적, 침실 수, 해당 지역의 사람들의 평균 소득, 주택의 노후화 등을 기준으로 주택 가격을 예측해야 하는 시나리오를 생각해 보자. 이 경우 종속 변수 y는 여러 독립 변수에 종속된다. p개의 변수가 포함된 회귀 모델은 다음과 같이 나타낼 수 있다.

$$\hat{y}(\mathbf{w}, \mathbf{x}) = w_0 + w_1 x_1 + \cdots + w_p x_p$$

여기서 $\mathbf{w}$와 $\mathbf{x}$는 모두 벡터이고 w_0을 제외한 $\mathbf{w} = (w_1, w_2, \cdots, w_p)$를 **계수**coefficient, w_0를 **절편**intercept이라고 한다. 이것은 사실 평면의 방정식이다. 2차원 공간에서 선형 회귀 모형은 직선이고 3차원에서는 평면이고, 3차원 이상에서는 **초평면**hyperplane이다. 아래 그림은 2개의 변수를 가진 입력 데이터와 레이블 값 사이의 관계를 잘 표현하는 평면을 선형회귀로 찾은 결과이다.

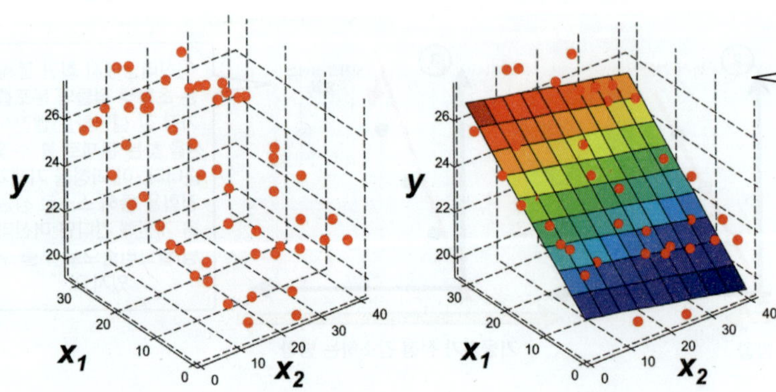

2개의 변수 x_1과 x_2를 가진 입력 데이터와 레이블 값 사이의 관계를 잘 표현하는 평면을 선형회귀로 찾은 결과입니다. 만일 변수가 3개 이상이 될 경우 선형회귀 면은 4차원 이상의 초평면이 됩니다. 이 초평면은 시각적으로 나타내기 어려우며 수학적 도구로 나타낼 수 있습니다.

선형회귀를 사이킷런 라이브러리로 구현해 보자

앞 절에서 배운 선형회귀를 사이킷런 라이브러리로 구현하는 방법을 알아보자. 철수네 반에 있는 4명의 학생을 임의로 추출하여 키와 몸무게를 측정하였더니 키가 164, 179, 162, 170 cm로 나타났으며, 이들의 몸무게는 각각 53, 63, 55, 59 kg으로 나타났다. 일반적으로 키와 몸무게는 상관관계가 있기 때문에 이 상관관계를 선형 방정식으로 만들 수 있다면 측정한 학생이 아닌 **키가 169cm인 학생의 몸무게를 유추**할 수 있을 것이다(이하 cm, kg 단위는 생략한다).

이번 절에서는 사이킷런 라이브러리를 사용하여 회귀 함수를 구현하는 방법을 살펴볼 것이다. 사이킷런을 코드에 가져오기 위해서는 sklearn이라는 이름으로 가져와야 한다. 선형회귀를 위해 가장 먼저 해야 할 작업은 사이킷런 라이브러리와 넘파이를 코드에 import시키는 일이다.

선형회귀를 위해 선형 모델 linear_model을 import한 뒤에 LinearRegression() 함수를 통해 선형회귀 모델을 생성한다. 생성된 모델을 변수 regr로 받아 보자.

```
import numpy as np
from sklearn import linear_model      # scikit-learn 모듈을 가져온다

regr = linear_model.LinearRegression()
```

선형회귀를 위한 입력 데이터 X를 [[164], [179], [162], [170]]와 같은 2차원 리스트에 넣도록 한다. 다음으로 y 변수를 [53, 63, 55, 59]와 같이 초기화 하도록 하자. 이제 이 데이터를 이용하여 선형회귀 학습을 시작해 보자. regr.fit(X, y)와 같이 선형회귀 모델에 입력과 출력을 지정하면 된다.

```
X = [[164], [179], [162], [170]]          # 다중회귀에도 사용하도록 함
y = [53, 63, 55, 59]                      # y = f(X)의 결과
regr.fit(X, y)
```

주의할 점은 학습 데이터는 여러 변수에 대해서 **다중회귀분석을 실시하도록 설계되었기 때문에 반드시 2차원 배열이어야 한다**는 점이다. sklearn은 X의 각 항목을 스칼라 값이 아니고 다수의 독립 변수를 포함하는 벡터로 간주한다. 따라서 입력의 차원이 1차원인 경우에도 164가 아닌 [164]와 같은 배열 형태로 만들어야 한다. 위의 경우 학습에 사용되는 데이터가 여러 개 주어져야 하므로 이 배열이 입력이 되어 2차원 배열 형태가 된다. 이때 y 값은 목표값으로 그림과 같은 1차원 배열 [53, 63, 55, 59]이면 충분할 것이다.

선형 회귀 분석을 적용하려면 fit() 함수에 X와 y를 전달한다. sklearn은 보통 벡터값을 대문자로 표기하므로 X는 대문자를 사용하고 y는 스칼라 값이므로 소문자를 사용한다. 다음 그림을 보면 이 점들의 분포를 표현하는 직선이 (1), (2), (3)의 세 종류가 있는데 sklearn의 LinearRegression 객체는 가능한 모든 직선들 가운데 가장 데이터를 잘 따르는 직선을 계산해낼 수 있다.

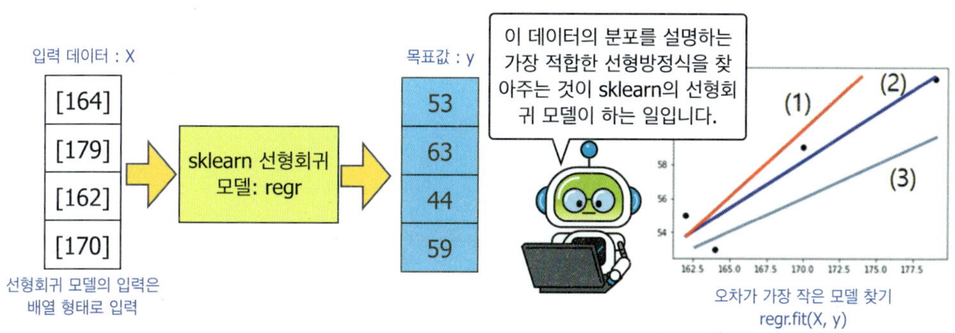

14.5 선형회귀로 예측하기 : 키와 몸무게는 상관관계가 있을까

선형회귀 학습결과를 확인하고 예측하기

앞에서 설명한 선형회귀 방정식을 구하는 기계 학습은 sklearn에서 다음과 같은 코드로 간단히 이루어졌다.

```
regr.fit(X, y)
```

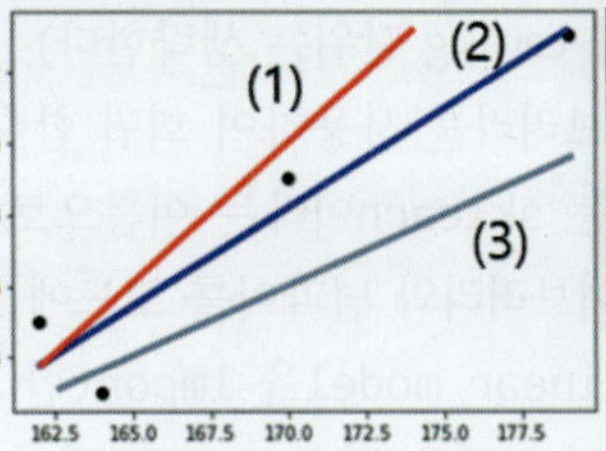

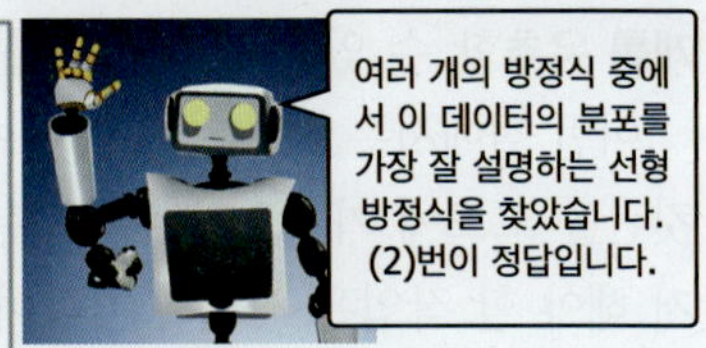

LinearRegression() 모델의 fit()이 하는 일

이번 절에서는 이렇게 학습된 결과를 확인하고 이를 이용하여 데이터 예측을 수행해 보도록 하자. 학습은 절편과 계수를 결정하는 일이라고 하였다. 우리가 사용한 모델은 하나의 입력에 하나의 출력이 존재하는 함수이므로 다음과 같은 식으로 표현될 것이다.

$$y = w_0 + w_1 X_1$$

여기서 직선의 기울기는 (w_1)이고 절편은 w_0이다. 이것들이 이 직선의 방정식을 결정한다. 이 값을 확인하고 싶으면 선형회귀 모델이 가지고 있는 특성값 coef_(기울기)와 intercept_(절편)를 확인하면 된다. 그리고 이 값들이 입력 X에 대해 y를 예측하는 데에 얼마나 적합한지는 score() 함수를 통해 확인할 수 있다. 아래와 같이 확인해 보자. 선형관계에 가까운 데이터를 사용했기 때문에 1에 가까운 0.9 정도의 값을 얻을 수 있다.

```
coef = regr.coef_                    # 직선의 기울기
intercept = regr.intercept_          # 직선의 절편
score = regr.score(X, y)             # 학습된 직선이 데이터를 얼마나 잘 따르나

print("y =", coef, "* X + ", intercept)
print("The score of this line for the data: ", score)
```

```
y = [0.55221745] * X +  -35.686695278969964
The score of this line for the data:  0.903203123105647
```

이제 이렇게 학습한 데이터를 바탕으로 새로운 입력이 주어지면 그에 맞는 결과를 예측할 수 있다. 이 예측은 우리가 학습을 통해 찾아 놓은 직선의 방정식을 통해 이루어질 것이다. 컴퓨터는 학습에 사용된 데이터를 보고 새롭게 들어오는 데이터도 이전 데이터와 같은 방식의 관계를 가질 것이라 예측하는 것이다. 값을 예측하는 함수는 predict()이다. 이 함수의 매개변수는 예측에 필요한 입력 데이터이고, 이 데이터는 선형회귀 학습을 할 때 사용한 입력 X와 같이 2차원 배열이다. 이제 두 건의 입력에 대한 예측을 해 보자. X의 값이 180일 경우와 185일 경우에 y의 값은 어떠할지 예측하는 것이다. 이를 위해 준비해야 하는 입력은 다음과 같다.

```
input_data = [ [180], [185] ]
```

이것을 predict() 함수에 넘겨주면 예측결과를 얻을 수 있다.

```
result = regr.predict(input_data)
print(result)
```

```
[63.71244635 66.47353362]
```

이 선형회귀 모델은 키가 180cm일 경우 63.71kg, 185cm일 경우 66.47kg라는 예측값을 보여주고 있다.

선형회귀 모델로 예측하기

이제 이 선형회귀 모델이 키가 169인 학생의 몸무게를 얼마로 예측하는지를 알아보자. 이를 위하여 다음과 같은 predict() 함수를 사용한다.

```
regr.predict([[169]])
```

```
array([57.63805436])
```

결과에서 보는 바와 같이 이 학생의 몸무게는 57.63가량으로 예측하고 있다. 이제 이 선형회귀를 그래프로 그려보자. 앞에서 다룬 코드와 함께 플로팅을 위한 matplotlib 라이브러리도 함께 사용해 보도록 하자.

```
import matplotlib.pyplot as plt
import numpy as np
from sklearn import linear_model  # scikit-learn 모듈을 가져온다

regr = linear_model.LinearRegression()

X = [[164], [179], [162], [170]]  # 선형회귀의 입력은 2차원으로 만들어야 함
y = [53, 63, 55, 59]              # y = f(X)의 결과값
regr.fit(X, y)

# 학습 데이터와 y 값을 산포도로 그린다.
plt.scatter(X, y, color='black')
# 학습 데이터를 입력으로 하여 예측값을 계산한다.
y_pred = regr.predict(X)
# 학습 데이터와 예측값으로 선그래프로 그린다.
# 계산된 기울기와 y 절편을 가지는 직선이 그려진다
plt.plot(X, y_pred, color='blue', linewidth=3)
plt.show()
```

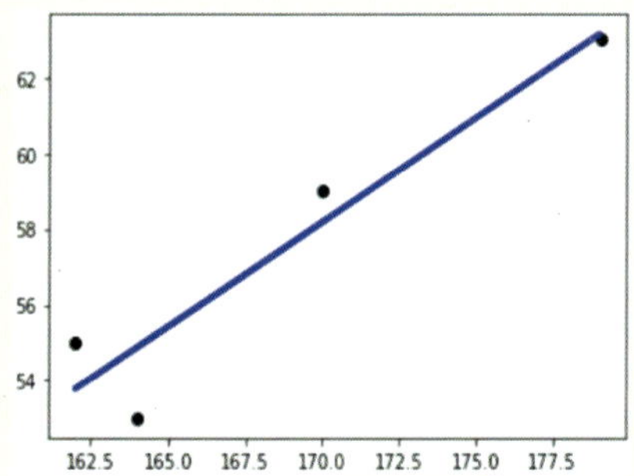

X, y 값을 산포도 플롯을 이용하여 검은색 점으로 화면에 출력한 후 선형회귀 모델을 적용하여 이 직선을 화면에 그려보았다. 화면의 결과와 같이 선형회귀 모델이 적용된 직선이 데이터의 분포를 효과적으로 표현하는 것을 볼 수 있다.

잠깐 – 선형회귀의 원리는 오류를 줄이기 위한 최적화 기법에 있다

사이킷런에서 제공하는 LinearRegression 객체가 입력된 데이터의 분포를 가장 잘 설명하는 선형방정식를 찾아내는 것을 확인하였다. 그렇다면 어떻게 이 선형방정식을 찾은 것일까?

선형회귀를 위한 절편과 계수를 찾는 방법 중에 **정규 방정식**normal equation이라는 닫힌 형태의 계산식을 이용하여 구하는 방법이 있다. 사이킷런이 선형회귀 문제를 풀 때, 이 방법에 근거하여 푼다. 그런데 이 방법은 특징의 개수(입력의 차원)가 많을 경우에 느려지고, 다양한 문제에 최적화 방법에 쓰기 어렵다. 다양한 문제에 널리 이용되는 최적화 방법은 **경사하강법**gradient descent이라는 방법이다. 경사하강법은 임의의 기울기와 절편을 가지는 선형방정식을 생성한 후 이 선형방정식의 예측값 $\hat{y}$와 실제 데이터의 값 y를 비교한다. 임의의 기울기와 절편을 통해 생성된 선형방정식의 예측값 $\hat{y}$은 당연히 실제 데이터의 값과 일치하지 않을 가능성이 크다. 이 예측값과 실제 값의 차이를 **오차**, **잔차**, 또는 **비용**cost이라고 하는데, 경사하강법은 계수와 절편을 어느 방향으로 움직이면 이 비용값이 줄어드는지를 찾는 것이다. 그리고 그 방향을 찾고 나면 실제로 계수와 절편으로 그 쪽으로 옮겨 놓는다. 이를 위해서는 비용함수에 대한 편미분이 필요하며 점진적으로 비용을 줄여나가기 위한 **간격**step 값을 잘 설정해야 한다.

파이썬의 사이킷런은 이러한 **복잡한 과정을 내부적으로 구현**해 두었으며 우리는 입력 데이터를 잘 준비하는 것으로 충분히 기계학습을 이용할 수 있다.

LAB14-1 키가 비슷해도 남, 여의 몸무게는 다를 것 : 다차원 선형회귀

실습 시간

일반적으로 여자의 몸무게는 남자의 몸무게보다 가볍다. 이러한 점을 보완하여 이 모델의 **특징** feature에 키와 성(남, 여)을 추가하면 이 모델은 더욱더 성공적일 것이다. 이제 철수의 반에 있는 8명의 학생들에 대하여 키, 몸무게를 성별까지 함께 표기해보자. 이 데이터에 남자는 0, 여자는 1과 같은 값을 부여하였다. 이들의 키와 몸무게는 다음과 같은 데이터로 주어진다.

	학생1	학생2	학생3	학생4	학생5	학생6	학생7	학생8
키	164	167	165	170	179	163	159	166
성별	1	1	0	0	0	1	0	1
몸무게	43	48	47	66	67	50	52	44

(1) 이제 이 데이터를 바탕으로 선형회귀 모델을 생성하여라. 이 선형회귀 모델의 coef_와 intercept_ 값은 각각 얼마인가? 또한 이 모델의 score 값은 얼마인가?
(2) 다음으로 키가 166cm인 여학생(1) 은지와 같은 키의 남학생(0) 동민이의 몸무게를 선형회귀를 사용하여 추정하여라.

원하는 결과

```
계수 : [ 0.88542825 -8.87235818]
절편 : -90.97330367074522
점수 : 0.7404546306026769
은지와 동민이의 추정 몸무게 : [47.13542825 56.00778643]
```

힌트

선형회귀를 위한 입력 데이터 X를 [[164], [167], [165], ...] 대신, [[164, 1], [167, 1], [165, 0], ...]과 같은 2차원 데이터로 만들도록 하자. 이 입력값을 앞서 호출한 regr.fit(X, y)에 넣어 주도록 하자. 이 regr 모델의 coef_와 intercept_, score를 출력해 보자.

해답 코드

```python
import numpy as np
from sklearn import linear_model

regr = linear_model.LinearRegression()

# 남자는 0, 여자는 1을 넣어 차원을 추가하였음
# 입력데이터를 2차원으로 만들어야 함
X = [[164, 1],[167, 1],[165, 0],[170, 0],[179, 0],[163, 1],[159, 0],[166, 1]]
y = [43, 48, 47, 66, 67, 50, 52, 44]      # y 값은 1차원 데이터
regr.fit(X, y)          # 학습
print('계수 :', regr.coef_ )
print('절편 :', regr.intercept_)
print('점수 :', regr.score(X, y))
print('은지와 동민이의 추정 몸무게 :', regr.predict([[166, 1], [166, 0]]))
```

도전문제 14.1

키와 성 이외에도 몸무게에 영향을 줄 수 있는 요소로는 나이와 신체활동 시간 등의 요소가 있을 것이다. 자신의 주위에 있는 10명 이상의 지인을 대상으로 데이터를 수집하고 가설을 세운 후 선형회귀 모델을 구현하여 자신의 가설을 검증해 보도록 하자.

LAB 14-2 주택의 실면적과 대중교통 접근성 그리고 가격

실습 시간

일반적으로 주택의 실면적이 크고 대중교통과의 접근성이 좋을 경우 거래가격은 높은 편이다. 다음과 같이 비슷한 지역의 10개 주택 샘플이 주어져있을 경우에 대하여 선형회귀 모델을 만들고 주택 거래 가격을 예측해 보도록 하자. 주택의 면적은 제곱미터 단위이며, 버스나 지하철과 같은 대중교통과의 접근성은 1에서 10까지로 표시하였다. 이 때 숫자가 높을수록 접근성이 더 좋은 편이다. 그리고 주택의 거래 가격 단위는 억 단위이다.

	주택1	주택2	주택3	주택4	주택5	주택6	주택7	주택8	주택9	주택10
실면적	85	76	50	44	57	88	78	97	45	76
접근성	6	5	4	3	4	5	7	7	3	6
거래 가격	8.9	7.7	3.1	1.8	6.7	9.5	8.4	12.2	2.3	8.5

(1) 이제 이 데이터를 바탕으로 선형회귀 모델을 생성하여라. 이 선형회귀 모델의 coef_와 intercept_ 값은 각각 얼마인가? 또한 이 모델의 score 값은 얼마인가?

(2) 실면적이 65m^2이고 접근성 점수가 5인 주택의 예상 거래 가격을 선형회귀를 사용하여 추정하여라.

(3) 실면적이 75m^2이고 접근성 점수가 5인 주택의 예상 거래 가격을 선형회귀를 사용하여 추정하여라.

원하는 결과

```
계수 : [0.15613505 0.2656739 ]
절편 : -5.285369201207788
점수 : 0.9455485534480466
실면적 65 m^2, 접근성 점수 5 : [6.19177875]
실면적 75 m^2, 접근성 점수 5 : [7.75312929]
```

힌트

선형회귀를 위한 입력 데이터 X를 [[85, 6], [76.5], ...]과 같은 2차원 데이터로 만들도록 하자. 이 모델의 출력값이 되는 y는 거래 가격인 [8.9, 7.7, 3.1, ...]으로 두도록 하자. 그리고 이 값들을 regr.fit(X, y)에 넣어 주도록 하자. 이 regr 모델의 coef_와 intercept_, score를 출력해 보자. 그리고 실면적과 접근성 점수를 넣어 가격을 예측해보자.

실면적과 거래가격?

해답 코드

```
import numpy as np
from sklearn import linear_model

regr = linear_model.LinearRegression()
# 입력데이터를 다음과 같이 2차원으로 만들어야 함
X = [[85, 6],[76, 5],[50, 4],[44, 3],[57, 4],[88, 5],[78, 7],[97, 7],\
     [45, 3], [76, 6]]
y = [8.9, 7.7, 3.1, 1.8, 6.7, 9.5, 8.4, 12.2, 2.3, 8.5] # y 값은 1차원 데이터
regr.fit(X, y)          # 학습
print('계수 :', regr.coef_ )
print('절편 :', regr.intercept_)
print('점수 :', regr.score(X, y))
print('실면적 65 m^2, 접근성 점수 5 :', regr.predict([[65, 5]]))
print('실면적 75 m^2, 접근성 점수 5 :', regr.predict([[75, 5]]))
```

14.6 사이킷런의 당뇨병 예제와 학습 데이터 생성

앞에서 다룬 선형회귀는 사람의 키를 **추정**하기 위하여 몸무게, 성별 등 소수의 특징들만을 고려하였다. 이제는 조금 더 많은 데이터와 특징을 가지는 복잡한 데이터를 다루어 보도록 하자.

이번 절의 내용을 익히기 위하여 플로팅을 위한 matplotlib와 numpy, sklearn을 다음과 같이 가져오도록 하자. sklearn 라이브러리에는 **당뇨병**diabetes 환자들의 데이터가 기본적으로 포함되어 있다. 이 데이터는 sklearn의 datasets라는 모듈의 load_diabetes() 함수를 통해서 가져올 수 있다.

```
import matplotlib.pyplot as plt
import numpy as np
from sklearn.linear_model import LinearRegression
from sklearn import datasets

# 당뇨병 데이터 세트를 sklearn의 데이터집합으로부터 읽어들인다.
diabetes = datasets.load_diabetes()
```

위의 코드를 통해 읽어들인 당뇨 데이터는 diabetes에 담았다. 이 데이터는 입력으로 사용되는 data, 그리고 학습시 결과값으로 사용되는 target, 그리고 입력이 가진 특징들의 이름을 저장하고 있는 feature_names 등이 담겨 있다.

이제 diabetes 데이터 세트의 data 항목의 shape 속성을 통해서 당뇨병 데이터 세트의 형태를 출력해보자. 그리고 내용도 확인해 보자. 다음과 같이 442×10 형태임을 알 수 있다. 여기서 442는 행의 개수로 모두 442개의 데이터가 있다는 의미이며, 10은 데이터 세트의 특징이 10개가 있다는 의미이다.

```
print('shape of diabetes.data: ', diabetes.data.shape)
print(diabetes.data)
```

```
shape of diabetes.data:  (442, 10)
[[ 0.03807591  0.05068012  0.06169621 ... -0.00259226  0.01990842
  -0.01764613]
 ...
 [-0.04547248 -0.04464164 -0.0730303  ... -0.03949338 -0.00421986
   0.00306441]]
```

다음으로 입력 데이터가 가지는 특징들의 이름을 출력해보자. 특징은 아래와 같이 나이(age), 성(sex), 체질량지수(bmi), 혈압(bp)가 있으며, s1부터 s6은 T-세포, 저밀도 지질 단백질, 고밀도 지질 단백질 등과 같은 당뇨수치에 영향을 줄 수 있는 각종 검사값을 나타낸다. 여기서는 이 데이터에 대한 세밀한 분석은 다루지 않을 것이다. 결과값은 기준일로부터 1년 후의 검사자의 당뇨수치 진행도이다.

```
print('입력데이터의 특성들')
print(diabetes.feature_names)
```

```
입력데이터의 특성들
['age', 'sex', 'bmi', 'bp', 's1', 's2', 's3', 's4', 's5', 's6']
```

입력에 따라 얻어야 하는 출력값을 살펴보자. 이것은 diabetes.target에 저장된다. 총 442개의 데이터를 가지므로 출력은 442의 스칼라 값이 되어야 한다. 따라서 diabetes.target.shape은 (442,)이 표시될 것이다.

```
print('target data y:', diabetes.target.shape)
print(diabetes.target)
```

```
target data y: (442,)
[151.  75. 141. 206. 135.  97. 138.  63. 110. 310. 101.  69. 179. 185.
 118. 171. 166. 144.  97. 168.  68.  49.  68. 245. 184. 202. 137.  85.
...
 146. 212. 233.  91. 111. 152. 120.  67. 310.  94. 183.  66. 173.  72.
  49.  64.  48. 178. 104. 132. 220.  57.]
```

이번에는 데이터의 수도 증가하고 특징도 10개로 증가하였기 때문에 sklearn의 선형회귀 모델은 더 복잡할 것이며 선형회귀 모델 말고도 다른 기계학습 알고리즘을 적용하는 것도 가능할 것이다.

이 데이터의 10가지의 특징들 중에서 당뇨수치와 밀접한 영향을 주는 특징이 있을 것으로 추정할 수 있다. 우리는 다음과 같은 가설을 세워볼 수 있을 것이다.

체질량지수가 높은 사람은 당뇨 수치가 높아질 가능성이 있다.

diabetes.data의 10가지 특징 중에서 체질량지수 BMI에 해당하는 세번째 항목 하나만을 추출하여 입력 데이터로 사용해 보려고 한다. 이를 추출하는 방법은 데이터의 전체 행에 대해 세 번째 열(인덱스는 2)을 가져오는 것이다. 그러나 이 방법은 해당 열을 1차원 배열로 불러올 것이다. 이 때문에 배열의 형태가 (442,) 형태가 되어 **선형회귀의 입력 데이터로 쓸 수 없다**.

```
X = diabetes.data[:, 2]
print(X)      # (442, ) 형태의 행렬이 출력됨 - 선형회귀의 입력데이터로 부적합
```

```
[ 0.06169621 -0.05147406  0.04445121 -0.01159501 -0.03638469 -0.04069594
 -0.04716281 -0.00189471  0.06169621  0.03906215 -0.08380842  0.01750591
...
  0.05522933 -0.06009656  0.00133873 -0.02345095 -0.07410811  0.01966154
 -0.01590626 -0.01590626  0.03906215 -0.0730303 ]
```

이미 설명한 바와 같이 선형회귀를 통해 찾으려고 하는 함수의 입력으로 사용되는 데이터는 2차원 배열이어야 한다. 배열의 차원을 증가시키고 싶을 때는 다음과 같이 넘파이의 newaxis **속성을 이용**한다. 이렇게 하면 이전 데이터와는 달리 (442,1) 형태의 2차원 배열이 된다.

```
X = diabetes.data[:, np.newaxis, 2]  # 배열의 차원을 증가시킴
print(X)     # (442, 1) 형태의 행렬이 되었는가 확인
```

```
[[ 0.06169621]
 [-0.05147406]
 ...
 [ 0.03906215]
 [-0.0730303 ]]
```

잠깐 – newaxis를 이용한 배열의 차원 증가 방법

넘파이의 newaxis 특성은 현재 배열의 차원을 1 증가시키는 역할을 한다. 예를 들어 1차원 배열에 적용하면 2차원 배열이 된다. A = np.array([1, 2, 3])의 배열을 생성하고 형태를 보면 다음과 같다.

```
>>> A = np.array([1, 2, 3])
>>> A.shape
(3,)
>>> B = A[:, np.newaxis]
>>> B.shape
(3, 1)
>>> C = A[np.newaxis, :]
>>> C.shape
(1, 3)
```

```
A = [1, 2, 3]

B = [[1],
     [2],
     [3]]

C = [[1, 2, 3]]
```

14.7 체질량지수와 당뇨수치는 어떤 상관관계가 있을까

입력 데이터에서 특징으로 사용할 것만을 X로 추출하였다. 이를 입력으로 하고 diabetes.target에 담긴 배열을 출력으로 하는 함수를 찾기 위한 선형회귀 학습은 간단히 다음과 같이 진행하면 될 것이다.

```
regr.fit(X, diabetes.target)          # 학습을 통한 선형회귀 모델을 생성
print(regr.coef_, regr.intercept_)
```

```
[949.43526038] 152.1334841628967
```

그런데, 이렇게 학습을 마치고 얻는 계수와 절편을 이용하여 테스트를 해 볼 데이터가 존재하지 않는다. 그래서 원래의 데이터 중에서 일부는 학습에 사용하고, 남은 데이터를 가지고 학습결과가 예측을 잘 하는지 테스트해 보는 것이 좋을 것 같다. 실제로 많은 기계학습에서 이러한 전략을 사용하여 학습의 수준을 평가한다.

학습(또는 훈련)을 위해서 전체 442개 중에서 80%만을 사용해 보자. 이 데이터로 학습하여 선형회귀 모델을 생성한 다음 나머지 20%를 테스트에 사용하려 한다. 이를 위해서 sklearn에서 제공하는 train_test_split()이라는 함수를 사용하면 편리하다. 이 함수의 인자로는 먼저 diabetes.data와 diabetes.target가 주어지는데, 이것은 입력 데이터와 출력 데이터이다. 여기서 얼마의 비율을 훈련에서 제외하고 테스트에 사용할지를 test_size 매개변수에 지정해 준다. 기타 매개변수들은 API를 참고하라.

```
# 학습 데이터와 테스트 데이터를 분리한다.
from sklearn.model_selection import train_test_split
X_train, X_test, y_train, y_test = train_test_split(diabetes.data, diabetes.target,
                                                    test_size = 0.2)
```

이제 X_train과 y_train과 같은 학습용 데이터를 이용하여 선형 회귀 모델로 학습을 수행한다. 만일 BMI 데이터만 사용하고 싶다면 앞 절에서 한 바와 같이 슬라이싱을 통해 데이터를 추출하면 된다.

```
# 학습 데이터와 테스트 데이터를 분리한다.
from sklearn.model_selection import train_test_split
X_train,X_test,y_train,y_test = train_test_split(diabetes.data[:, np.newaxis, 2],
                                                 diabetes.target,
                                                 test_size = 0.2)
regr = LinearRegression()
regr.fit(X_train, y_train)
```

BMI 데이터만으로 학습시키더라도 전체 데이터를 학습시킨 것과 거의 유사한 계수와 절편을 얻을 수 있을 것이다. 이것은 데이터의 80 퍼센트를 이용하여 학습한 결과이다. 이것을 이용하여 테스트용 데이터가 학습을 통해 얻은 선형 함수를 얼마나 잘 따르는지를 확인하기 위해 score() 함수를 사용해 볼 수 있을 것이다.

```
score = regr.score(X_train, y_train)  # 학습용 데이터의 적합 점수
print(score)
score = regr.score(X_test, y_test)    # 테스트용 데이터의 적합 점수
print(score)
```

```
0.35142918496398023
0.31664029149785233
```

선형회귀 학습이 마치고 학습용 데이터는 찾아낸 선형함수를 따르는 정도가 0.351 정도인데, 테스트용 데이터는 0.317 정도가 나오고 있다. 테스트용 데이터는 학습에 사용되지 않았으니 자연스러운 결과이다. 이와 같이 **학습용 데이터**training data와 **테스트 데이터**test data를 나누는 것의 필요성을 살펴보자.

학습 데이터와 테스트 데이터를 나누자

입력의 형태를 "원"과 "사각형"으로 분류하는 기계학습 시스템의 구조를 살펴보자. 이 객체들은 모양도 다르고 색상도 다르다고 가정하자. 우리는 다음과 같이 "원"과 "사각형"이라는 정답 **레이블**label이 붙어 있는 학습용 데이터로 시스템을 학습시킬 수 있으며, 학습 알고리즘은 입력 데이터의 특징에 따라 입력을 "원"과 "사각형"으로 분류할 수 있는 모델을 내부적으로 생성한다. 여기에서는 객체의 곡률과 급회전 구간의 여부를 특징으로 하였다.

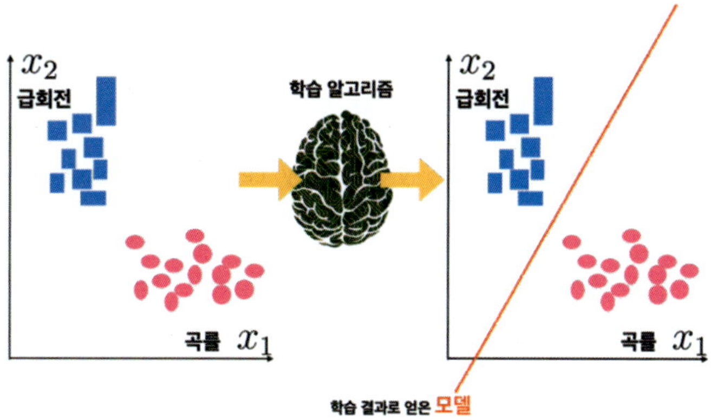

만일 이전에 입력한 데이터가 들어온다면 학습 알고리즘은 이 데이터를 이미 다루었기 때문에 **당연히 좋은 결과를 얻을 것**이므로 이 알고리즘의 성능을 검사하는데는 부적합할 것이다. 따라서 다음과 같이 **한 번도 본 적이 없는 '새로운 데이터'로 시스템을 테스트**하는 것이 바람직 할 것이다.

예를 들어서 딥마인드사의 알파고도 예전에 바둑의 고수들이 두었던 수많은 기보를 입수하여서 학습 데이터로 사용하여서 시스템을 학습하였다. 이렇게 해서 학습된 이전의 기보를 따라할 수 있게 되었다면, 새로운 기보를 흉내낼 수 있는지, 새로운 도전자의 수에 대응할 수 있는지 점검해봐야 할 것이다.

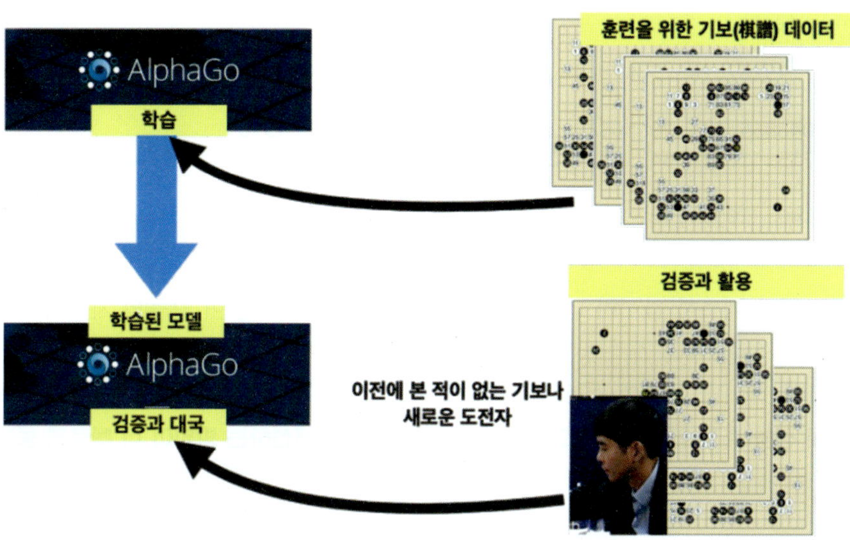

14.8 당뇨병 예제를 학습 데이터와 테스트 데이터로 구분하자

이제 선형회귀 모델을 확보하였으니 **20%의 학습에 사용하지 않은 테스트 데이터를 이용하여서 이 모델이 얼마나 정확한지 알아보도록 하자.** 이번에는 입력 데이터의 모든 특징을 다 사용해 보자.

```
X_train, X_test, y_train, y_test = train_test_split(diabetes.data, diabetes.target,
                                                    test_size = 0.2)
regr.fit(X_train, y_train)
y_pred = regr.predict(X_test)      # 테스트용 데이터로 예측해보자.
```

다시 한번 도표로 이 과정을 정리해 보면 sklearn에서 제공하는 diabetes 데이터 세트를 가져온 후 train_test_split() 함수를 이용하여 학습 데이터와 테스트 데이터를 나눈다. 그리고 학습용 데이터를 사용하여 선형회귀 학습을 진행하면 된다. 다음으로 이 모델을 검증하기 위해 테스트용 데이터에 대하여 모델을 적용해보고 정확도를 계산하면 우리가 얻은 모델이 **일반화**generalization를 얼마나 잘 하는지 알 수 있다.

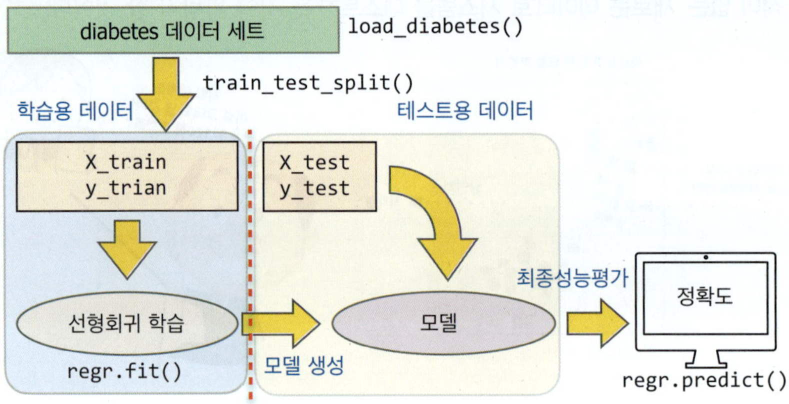

이제 이 결과를 다음과 같이 출력해보자. 출력은 선형회귀 모델이 예측한 당수치와 실제 y_test에 있는 당수치를 출력할 것이다.

```
print(y_pred)
print(y_test)
```

```
[238.47145247 248.93170646 164.05404165 120.30794355 187.42422054
 ...
 94.94046865 145.2955051  194.03776373 132.78534336]
[321. 215. 127.  64. 175. 275. 179. 232. 142.  99. 252. 174. 129.  74.
 ...
 104.  49. 103. 142.  59.]
```

y_pred는 모델이 예측한 값이며 y_test는 실제 데이터의 값이다. 이 값들의 차이가 바로 **오차**error이다. 이 오차를 구하는 여러 가지 방법이 있으나 우리는 각각의 예측과 목표값의 차이를 제곱하여 모두 더한 뒤에 전체 데이터의 개수 n으로 나누는 방법을 사용하려 한다. **오차의 제곱을 사용하는 이유는 오차가 커질수록 성능 측정 함수도 커지고 이를 이용하여 성능을 개선하는 방법이 더 빠르게 동작**하기 때문이다.

LAB 14-3 데이터 80%로 학습하여 예측한 결과와 실제 데이터 비교

실습 시간

사이킷런 모듈에서 제공하는 데이터의 80%를 학습용으로 사용하고, 이를 이용하여 테스트용 입력 20%에 대해 당뇨수치를 예측할 수 있다. 이렇게 예측한 결과와 실제 당뇨 수치를 시각적으로 비교하여 보자.

2차원 공간에 한 축은 예측한 당뇨 수치, 다른 한 축은 실제 당뇨 수치로 하여 (예측값, 실제값)의 점을 아래와 같이 산포도 그래프로 그리면 될 것이다.

원하는 결과

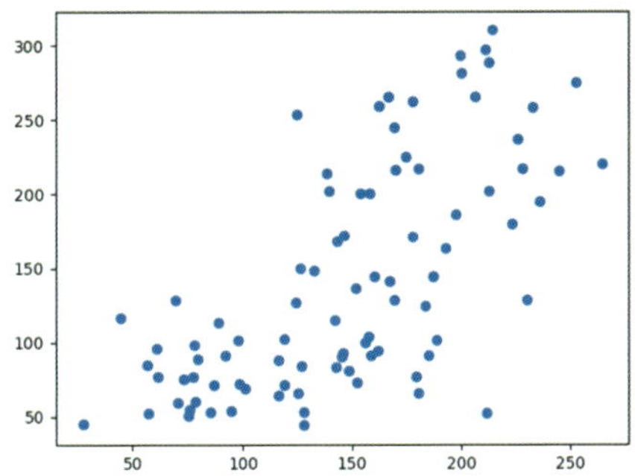

힌트

지금까지 학습한 내용을 바탕으로 예측치를 구한 뒤에 이를 실측치와 쌍을 이뤄 산포도 그래프를 그리면 된다.

학습 데이터와 테스트 데이터를 분리하는 것은 아래와 같다.

```
X_train, X_test, y_train, y_test = train_test_split(...)
```

테스트 입력 데이터를 넣고 이에 해당하는 예측치 배열을 얻는 방법은 다음과 같다.

```
y_pred = regr.predict(X_test)
```

해답 코드

```
import numpy as np
from sklearn import linear_model  # scikit-learn 모듈을 가져온다
from sklearn import datasets
import matplotlib.pyplot as plt

diabetes = datasets.load_diabetes()
regr = linear_model.LinearRegression()
# 학습 데이터와 테스트 데이터를 분리한다.
from sklearn.model_selection import train_test_split
X_train, X_test, y_train, y_test = train_test_split(diabetes.data,
                                                    diabetes.target,
                                                    test_size=0.2)

regr.fit(X_train, y_train)
print(regr.coef_, regr.intercept_)

y_pred = regr.predict(X_test)

plt.scatter(y_pred, y_test)
plt.show()
```

14.9 알고리즘이 가지는 오차

학습 데이터를 이용하여 만든 선형회귀 모델은 어느 정도 정확할까? 즉 테스트용 데이터를 선형회귀 모델에 적용할 경우 얼마나 잘 맞을까? 앞서 살펴본 바와 같이 학습 데이터로부터 생성한 선형회귀 모델을 훈련 데이터에 적용하여 예측값을 구할 경우 예측값과 실제값 사이에 약간의 오차가 있는 것을 알 수 있다. y_pred와 y_test는 어느 정도의 오차가 있을까? 2차원 평면에 y_pred[0]과 y_test[0]을 짝을 지어 각각 x, y 원소를 가지는 점으로 출력해 보면 이 오차를 시각화할 수 있을 것이다. 그리고 비교를 위해 완벽한 예측에 해당하는 y = x 값을 가지는 직선을 함께 출력해 본다.

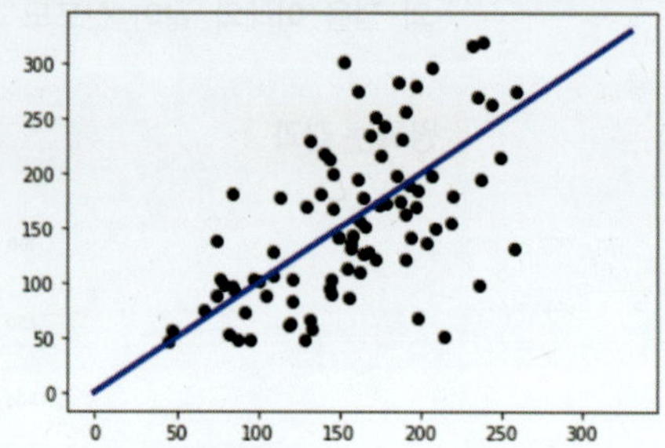

```
plt.scatter(y_pred, y_test,  color='black')

x = np.linspace(0, 330, 100)  # 특정 구간의 점
plt.plot(x, x, linewidth=3, color='blue')
plt.show()
```

이 코드의 수행결과는 그림과 같이 나타날 것이다. y_pred와 y_test가 완벽하게 일치한다면 점들은 파란색 직선과 같은 위치에 표시되겠지만 오차로 인해서 y_pred가 추정한 값이 실제값 y_test와 차이가 발생하게 되는 것이다. 사이킷런에는 이러한 오차값을 구하는 기능을 제공한다. 앞 절에서 설명한 평균 제곱 오차(MSE)와 같은 방식으로 오차를 얻는 척도이다.

이 오차를 얻기 위해서는 다음과 같은 함수를 import 문에 넣어주어야 한다.

```
from sklearn.metrics import mean_squared_error
... # 이전 절에서 구한 선형회귀 모델의 코드를 삽입함
print('Mean squared error:', mean_squared_error(y_test, y_pred))
```

```
Mean squared error: 3424.316688213733
```

그림 ①의 선형회귀 모델을 살펴보면, 녹색 점으로 표시된 실제 값과 선형회귀 직선 사이에 차이가 나는 것을 알 수 있다. 이를 에러라고 하는데, e_1에서 e_3까지 전체 에러의 평균이 최소가 되는 모델이 가장 바람직한 모델이 될 것이다. 이와 같은 오차 측정 방법을 평균 절대값 오차라고 하며 Mean Absolute Error의 약자인 MAE로 표기한다. 한편 그림 ②를 살펴보면 같이 에러 제곱의 평균으로 전체 에러를 측정하였다. 이 방법을 평균 제곱 오차라고 하며 Mean Squared Error의 약자인 MSE로 표기한다. 이렇게 하면 직선을 한 변으로 하는 정사각형을 얻을 수 있다. MSE에서는 **예측을 잘못할 경우 벌칙이 급격하게 커지게 된다.** 따라서 이 방법이 오차를 바탕으로 최적해를 찾아가는 **머신러닝 기법에 더 적합한 방법**이다. sklearn의 metrics 모듈에는 이와 같은 기능을 제공하는 mean_square_error() 함수가 있으며, 위의 코드는 이 함수를 이용하여 평균 제곱값 오차를 계산할 수 있다.

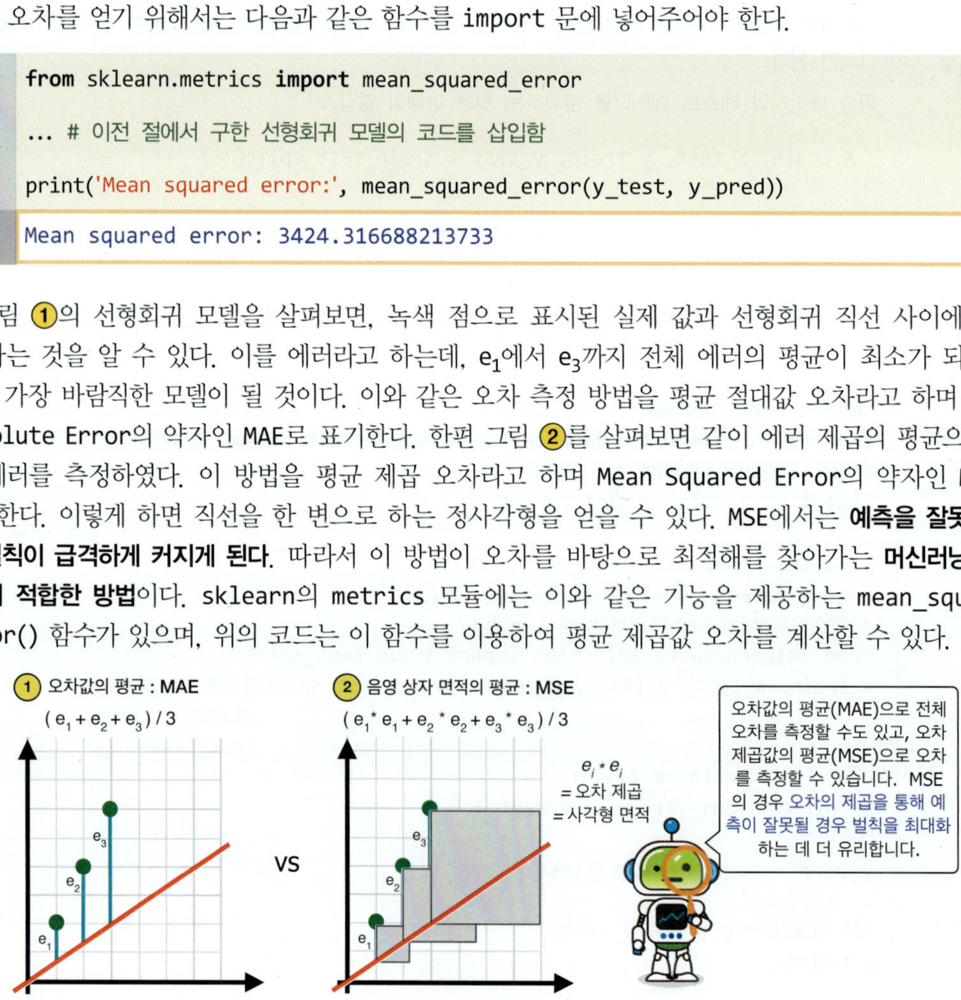

14.10 닥스훈트와 사모예드 개를 분류하는 문제

지금까지 살펴본 문제는 데이터를 바탕으로 이 데이터의 선형적인 분포 특징을 유추하는 선형회귀 문제였다. 이제 또 다른 중요한 문제인 **분류 문제**를 살펴보도록 하자. 아래 그림을 살펴보면 이 데이터의 특징 공간은 x_1과 x_2와 같은 2개로 이루어져 있다. 그리고 이 특징 공간에 항목을 표시할 경우 아래와 같이 나타날 수 있을 것이다. 만일 특징이 3개 이상이라면 다차원 공간에 표시될 것이다.

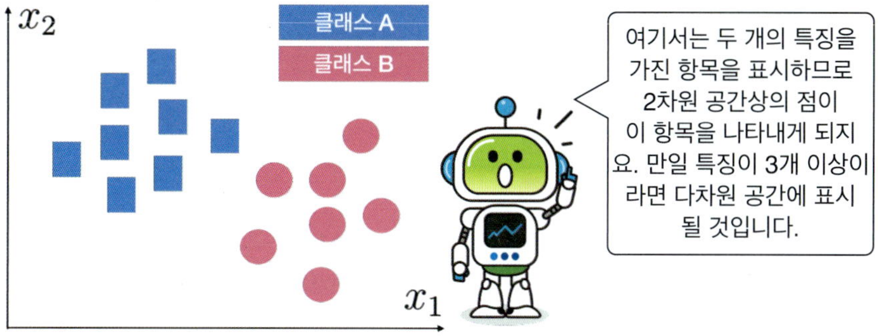

위의 그림은 이해를 돕기 위해 파란색 사각형과 빨간색 원으로 서로 다른 클래스의 객체를 표시하였다. 이 도형들은 학습에 사용된 샘플 데이터를 표시한 것이다. 이와 같이 우리는 서로 다른 종류의 도형들을 **클래스**class라고 부른다. 도형들은 우리가 **특징 공간**feature space이라고 부르는 좌표 상에 나타난다. 여기서는 2개의 특징이 있기 때문에 2차원 공간에 수평 방향과 수직 방향으로 2가지 특징을 표시할 수 있다. 만약 데이터에 3가지 특징이 있다면 3차원 공간이 필요하며, n개의 특징을 나타내려면 n차원 공간이 필요하다. 우리는 시각화를 위해서 두 가지의 특징을 가지는 간단한 사례만 우선적으로 살펴볼 것이다.

위와 같은 분포를 가지는 실제 사례를 살펴보자. 개의 품종 중에는 다음과 같은 **닥스훈트**와 **사모예드**라는 종이 있는데 이 종은 높이와 몸통 길이의 비율이 서로 다르다. 일반적으로 닥스훈트는 몸통 길이에 비해서 높이가 낮은 특징이 있으며 사모예드의 경우 몸통 길이와 높이가 비교적 큰 개에 속한다. 이러한 두 특징을 x_1과 x_2라고 두고 이 개들의 샘플에 대하여 x_1과 x_2를 측정한 다음 이차원 평면에 배치할 경우 오른쪽 그림과 같은 산포도 그래프를 얻을 수 있을 것이다.

산포도 그래프의 위쪽은 **사모예드 데이터로 길이에 비해 높이 값이 큰 특징**을 가지며 아래쪽의 **닥스훈트 데이터는 길이에 비해 높이 값이 낮은 특징**을 가지고 있다. 이러한 특징을 가지는 데이터를 효과적으로 분류하려면 어떤 기법을 적용하는 것이 바람직할까?

14.11 k-NN 알고리즘을 이용한 분류

앞 절에서 다룬 데이터가 있을 때, 새로운 데이터가 입력된 경우를 생각해 보자. 새로운 데이터는 그림과 같이 녹색 별표로 표시되었다고 하자. 별표는 클래스 A와 클래스 B 중 한 곳에 포함되어야 한다. 우리는 그 과정을 **분류**classification라고 부른다. 어떤 방법을 사용해야 할까?

가장 간단한 방법은 별표와 가장 가까운 이웃을 확인하는 것이다. 그림을 살펴보면 녹색 별표와 가장 가까운 이웃은 파란색 사각형이다. 따라서 별표는 파란색 사각형 클래스로 분류할 수 있을 것이다. 이와 같은 분류 방법이 바로 k-NN 방법이다. 이 분류 방법은 가장 가까운 이웃에만 의존하기 때문에 **최근접 이웃**Nearest Neighbour 방법이라고 불린다.

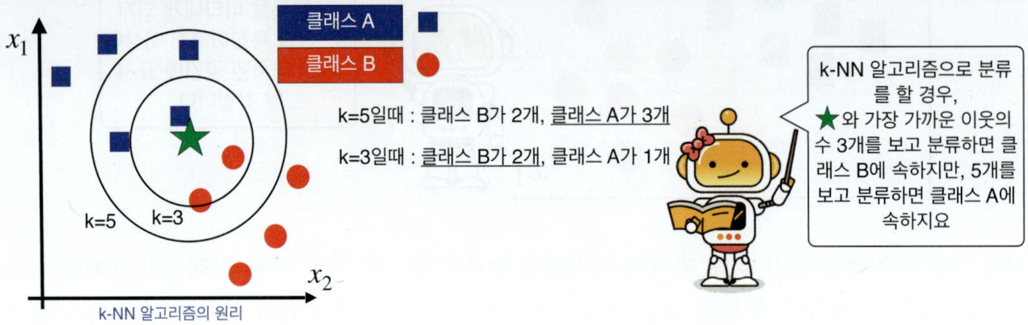

k-NN 알고리즘의 원리

하지만 가장 가까운 이웃 하나만 보고 클래스를 판단하는 것은 문제가 있을 수 있다. 파란색 사각형이 가장 가깝지만 이보다 조금 떨어진 곳에 많은 빨간색 원이 있다면 어떻게 될까? 위의 그림에서 범위를 조금 확대하면 파란색 사각형보다 빨간색 원이 많다. 따라서 가장 가까운 것을 확인하는 것만으로는 충분하지 않다. 대신에 우리는 **가장 가까운 k개의 도형을 확인한다**(이 때문에 이 알고리즘의 이름이 k-NN이다). 그런 다음 그들 중 다수인 쪽으로 새로운 데이터를 속하게 한다.

만약 k=3이라면 가장 가까운 3개의 도형을 취한다. 3개의 도형 중에서 2개는 빨간색 원(클래스 B)이고 1개는 파란색 사각형(클래스 A)이다. 이 경우에 녹색 별은 빨간색 원의 그룹인 클래스 B에 추가되어야 한다. 그러나 만약 k=5라면 3개의 파란색 사각형(클래스 A)과 2개의 빨간색 원(클래스 B)이 속하게 된다. 따라서 새로운 도형은 파란색 사각형 클래스에 추가되어야 한다. 이와 같이 k-NN 알고리즘은 k의 값에 따라 결과가 달라진다. 만약 k=4 이면 2개의 파란색 사각형과 2명의 빨간색 원을 가지고 있게 되어서 동점이 된다. 따라서 판단의 편의를 위해 **k를 홀수로 취하는 것이 좋다.**

다시 한번 k-NN에서 k=4인 경우를 생각해 보자. 위의 경우 클래스 A와 클래스 B의 개수가 같은 동점이라고 판정하였다. 그러나 2개의 빨간색 원은 다른 2개의 파란색 사각형보다 더 가까이 있다. 따라서 별표는 빨간색 원에 추가하는 것이 합리적이다. 이것을 어떻게 수학적으로 추가할 것인가? 우리는 새로운 멤버와의 거리에 따라 각 도형에게 서로 다른 가중치를 주는 모델을 만들 수 있을 것이다. 즉, 새 멤버와 가까운 도형들은 더 높은 가중치를 얻고, 먼 도형들은 더 낮은 가중치를 가지도록 한다. 그런 다음 모든 도형의 가중치를 전부 합한다. 그리고 보다 더 큰 가중치를 얻은 도형이 새로운 멤버의 클래스가 된다.

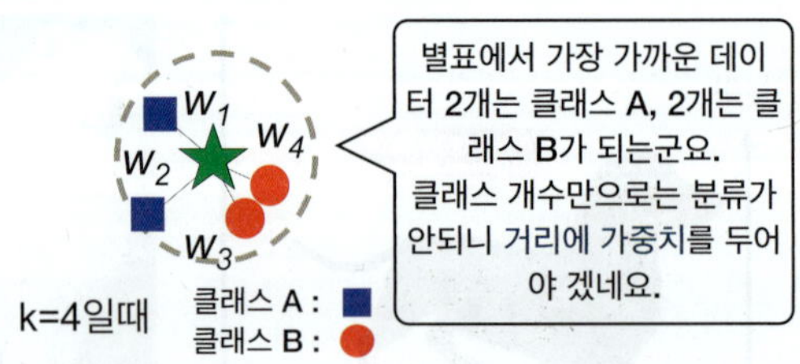

k-NN 방법은 **특징 공간에 있는 모든 데이터에 대한 정보가 사전에 필요**하다. 왜냐하면 가장 가까운 이웃을 찾기 위해 새로운 데이터에서 모든 기존 데이터까지의 거리를 확인해야 하기 때문이다. 따라서 데이터와 클래스가 많이 있다면, 많은 메모리 공간과 계산 시간이 필요하다는 단점이 있다. 반면에 알고리즘이 매우 단순해서 직관적이며, 사전 학습이나 특별한 준비 시간이 필요없는 점이 장점이 될 것이다.

아름다운 붓꽃의 종류를 분류할 준비를 해보자

k-NN 알고리즘을 살펴보았으니 좋은 예제를 이용하여 이 알고리즘을 적용해 보도록 하자. **붓꽃**iris는 관상용으로도 재배되는 아름다운 꽃이며 크기와 색상이 다른 많은 종이 있다. 이 예제에서는 사이킷런 라이브러리에서 제공하는 붓꽃 데이터 세트를 사용해 볼 예정이다. 사이킷런에서 제공하는 붓꽃 데이터 세트는 모두 150개이며 3종의 서로 다른 종이 있다.

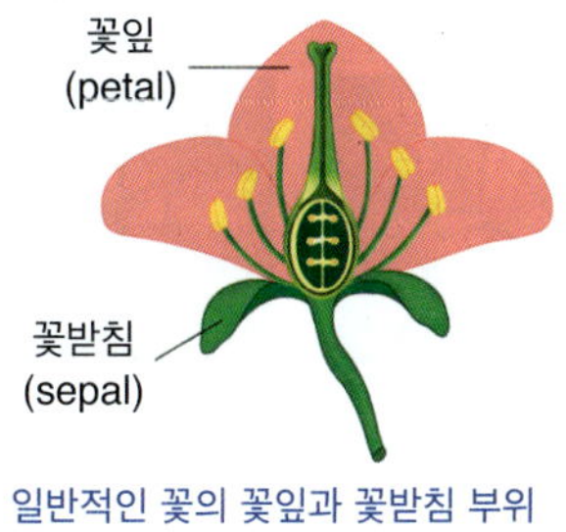

일반적인 꽃의 꽃잎과 꽃받침 부위

붓꽃의 꽃잎과 꽃받침 모양

각 데이터는 꽃받침 길이와 너비 및 꽃잎 길이와 너비에 대한 정보를 가지고 있으며 지도학습을 위하여 이 정보를 가지는 붓꽃 종의 이름(이것을 **레이블**이라고도 한다)을 가지고 있다. 종의 이름은 Setosa, Versicolor, Virginica로 각 종에 따라 꽃받침의 길이와 너비, 꽃잎의 길이와 너비가 약간씩 차이가 난다.

우리의 임무는 꽃받침과 꽃잎의 크기를 측정한 데이터를 기반으로 새로운 종을 분류하는 k-NN 모델을 구축하는 것이다. 붓꽃 데이터 세트는 사이킷런에서 제공하며 load_iris() 함수로 불러온다.

이제 첫 번째 단계로 다음과 같이 sklearn.datasets로부터 붓꽃 데이터를 가져와서 출력을 해 보자.

```
from sklearn.datasets import load_iris
iris = load_iris()
print(iris.data)
```

```
array([[5.1, 3.5, 1.4, 0.2],
[4.9, 3. , 1.4, 0.2],
[4.7, 3.2, 1.3, 0.2],
...
```

iris.data를 출력해 보면 4개의 열을 가지는 150개의 데이터를 볼 수 있는데, 이 배열의 각각의 열은 4개의 측정값(꽃받침 길이와 너비 및 꽃잎 길이와 너비)을 나타낸다. 향후 기계학습의 입력이 될 iris.data의 shape을 다음과 같이 다시 한 번 확인해 보자.

```
iris.data.shape
```

```
(150, 4)
```

잠깐 – 붓꽃의 꽃말

붓꽃은 봄에서 여름으로 가는 시기에 흔히 볼 수 있는 꽃으로 **아이리스**iris라고 부른다. 아이리스는 무지개를 뜻하는 그리스어 **이리스**ιρις에서 유래한 이름이다. 이름처럼 아름다운 꽃으로 **"좋은 소식"**, **"잘 전해주세요"**, **"존경과 기별"** 등의 꽃말이 있다. 이 중에서도 노랑 붓꽃은 학명이 **이리스 코레아나**iris koreana로 우리나라 이름이 들어 있다. 우리말 이름인 붓꽃은 꽃대가 마치 먹을 머금은 붓처럼 생겨서 붙은 이름으로 동서양을 막론하고 사랑받는 꽃이라 하겠다.

14.12 k-NN 알고리즘을 적용할 데이터를 살펴보자

사이킷런에서 제공하는 iris 데이터는 다음과 같은 형태로 이루어져 있으며, 레이블은 0, 1, 2라는 이름으로 저장되어 있다. 이 레이블에서 0은 setosa, 1은 versicolor, 2는 virginica 종을 의미한다.

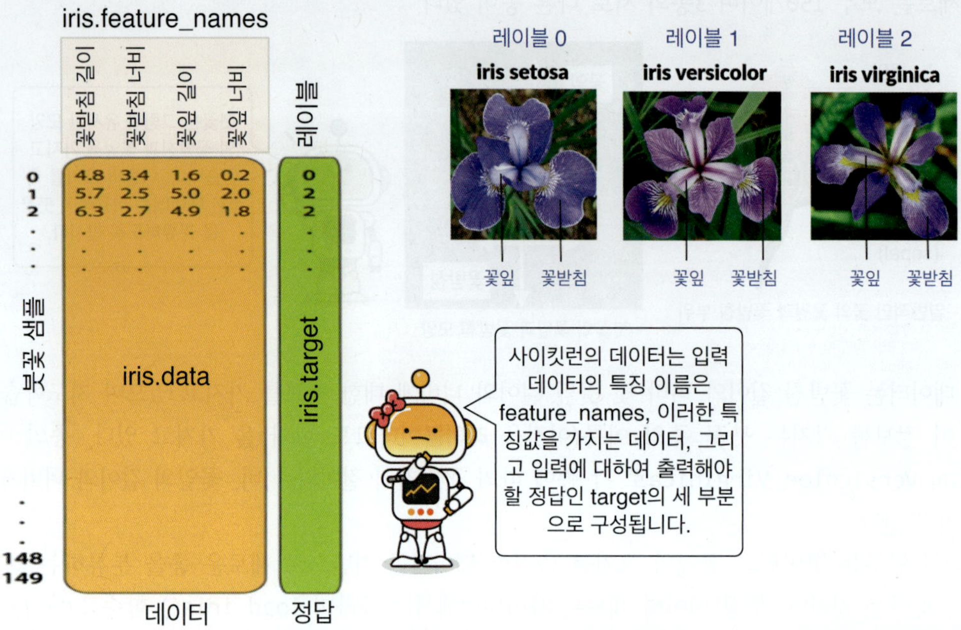

이제 데이터를 살펴보도록 하자. 우선 다음과 같은 방법으로 샘플 데이터가 가지는 4개의 특징 이름을 출력해 보도록 하자.

```
print(iris.feature_names) # 4개의 특징 이름을 출력한다.
```

```
['sepal length (cm)', 'sepal width (cm)', 'petal length (cm)', 'petal width (cm)']
```

특징 이름은 결과와 같이 꽃받침 길이(sepal length)와 너비(sepal width) 및 꽃잎 길이(petal length)와 너비(petal width)이며 단위는 모두 cm이다.

그리고 다음과 같이 iris.target을 출력해보면 레이블이 0, 1, 2로 인코딩되어 있는 것도 확인할 수 있다.

```
# 정수는 꽃의 종류를 나타낸다: 0 = setosa, 1=versicolor, 2=virginica
print(iris.target)
```

```
[0 0 0 0 0 0 0 0 0 0 0 0 0 0 0 0 0 0 0 0 0 0 0 0 0 0 0 0 0 0 0 0 0 0 0 0 0
 0 0 0 0 0 0 0 0 0 0 0 0 0 1 1 1 1 1 1 1 1 1 1 1 1 1 1 1 1 1 1 1 1 1 1 1 1
 1 1 1 1 1 1 1 1 1 1 1 1 1 1 1 1 1 1 1 1 1 1 1 1 1 1 2 2 2 2 2 2 2 2 2 2 2
 2 2 2 2 2 2 2 2 2 2 2 2 2 2 2 2 2 2 2 2 2 2 2 2 2 2 2 2 2 2 2 2 2 2 2 2 2
 2 2]
```

여기서는 iris.data가 입력이며 iris.target이 학습 레이블이 될 것이다. 그리고 150개의 데이터 중에서 setosa, versicolor, virginica 종이 각각 50개임을 확인해 볼 수 있다.

k-NN 알고리즘을 적용해보자

우리는 다음과 같이 `train_test_split()` 함수를 이용하여 전체 데이터의 80%를 학습용 데이터로 사용하여 이 모델이 나머지 20%의 테스트 데이터를 잘 예측하는지 확인해 볼 수 있을 것이다.

```
from sklearn.datasets import load_iris
from sklearn.model_selection import train_test_split

iris = load_iris()
# 학습용 데이터와 테스트 데이터를 (80:20)으로 분할한다.
X_train,X_test,y_train,y_test=train_test_split(iris.data,iris.target,test_size=0.2)
```

이제 다음과 같이 `KNeighborClassifier`를 사용하여 학습과 테스트를 진행해 보자. 그리고 sklearn의 `metrics`를 사용하여 `accuracy_score()` 함수를 불러올 것이며 이 함수를 이용해서 k-NN의 예측치 `y_pred`와 실제값 `y_test`와의 차이를 확인해 볼 것이다.

```
from sklearn.neighbors import KNeighborsClassifier
from sklearn import metrics

num_neigh = 1
knn = KNeighborsClassifier(n_neighbors = num_neigh)
knn.fit(X_train, y_train)
y_pred = knn.predict(X_test)
scores = metrics.accuracy_score(y_test, y_pred)
print('n_neighbors가 {0:d}일때 정확도: {1:.3f}'.format(num_neigh, scores))
```

```
n_neighbors가 1일때 정확도: 0.933
```

위의 코드는 사이킷런 라이브러리에서 'KNeighborsClassifer' 클래스를 가져와서 knn이라는 인스턴스를 먼저 생성한다. 이때 사용되는 매개변수 'n_neighbors'는 k-NN 알고리즘의 k 값을 결정한다. 여기서 k의 최적 값을 선택하는 것은 매우 중요한데, 이 코드에서는 k=6을 사용한다. 일반적으로 k의 값이 증가함에 따라 정확도가 증가하지만 너무 커질 경우 정확도는 다시 감소하는 경향이 있다.

도전문제 14.2

위의 코드를 수정하여 n_neighbors가 `1, 3, 5, 10, 20, 30`일 때의 정확도를 각각 다음과 같이 출력하여라.

```
n_neighbors가 1일때 정확도: 0.967
n_neighbors가 3일때 정확도: 0.967
n_neighbors가 5일때 정확도: 0.967
n_neighbors가 10일때 정확도: 0.967
n_neighbors가 20일때 정확도: 0.933
n_neighbors가 30일때 정확도: 0.933
```

14.13 새로운 꽃에 대해서 모델을 적용하고 분류해 보자

이번에는 학습 데이터와 훈련 데이터를 나누어서 훈련하지 않고 사용 가능한 모든 데이터를 사용해서 모델을 학습해 보자. 그리고 n_neightbors 매개변수 값도 6으로 주도록 하자.

```
from sklearn.datasets import load_iris
from sklearn.model_selection import train_test_split
from sklearn.neighbors import KNeighborsClassifier

iris = load_iris()
knn = KNeighborsClassifier(n_neighbors=6)
knn.fit(iris.data, iris.target)
```

이제 knn.fit()을 통해서 k-NN 분류기 모델을 얻었으며 이 분류기 모델이 전혀 다른 적이 없는 새로운 데이터를 가지고 예측을 해 보자.

```
classes = {0:'setosa', 1:'versicolor', 2:'virginica'}

# 아직 보지 못한 새로운 데이터를 제시해 보자.
X = [[3,4,5,2], [5,4,2,2]]
y = knn.predict(X)

print(classes[y[0]]) # 새로운 특성값을 가지는 데이터에 대한 예측값을 출력
print(classes[y[1]])
```

```
versicolor
setosa
```

결과와 같이 k-NN 분류기는 [3,4,5,2] 특성값을 가지는 데이터는 vericolor 종으로, [5,4,2,2] 특성값을 가지는 setosa 종으로 각각 분류하였음을 볼 수 있다.

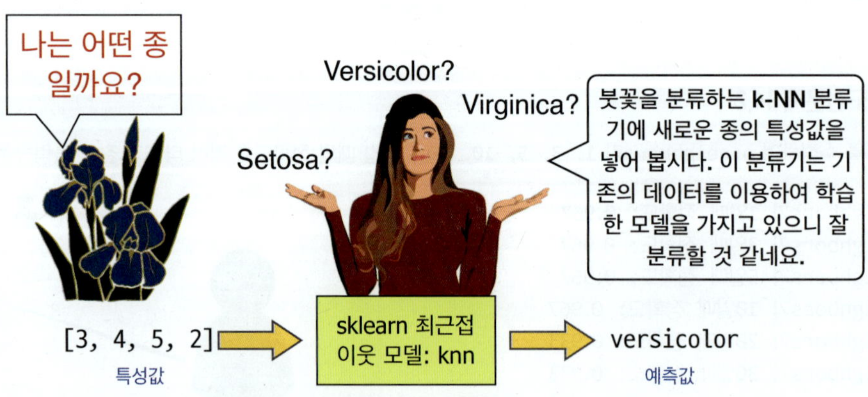

분류기의 정확도를 자세히 알아보자

분류기의 정확도를 파악하기 위해 사용한 accuracy_score() 함수로는 어떤 클래스의 데이터를 어떤 클래스로 오인하는지는 잘 파악할 수 없다. 각각의 클래스에 속한 데이터가 어떤 클래스로 판별되었는지를 세어서 살펴보면 더 좋은 관찰을 할 수 있을 것이다. 우선 테스트 데이터의 규모가 적은 편이므로 전체 데이터에 대해 분류를 실시해 보자. iris.data를 분류기에 넣고, 결과 y_pred_all을 구한 뒤에 정답인 iris.target과 비교할 수 있도록 준비한다.

```
y_pred_all = knn.predict(iris.data)
scores = metrics.accuracy_score(iris.target, y_pred_all)
print('n_neighbors가 {0:d}일때 정확도: {1:.3f}'.format(num_neigh, scores))
```

```
n_neighbors가 5일때 정확도: 0.960
```

위의 정확도 점수를 볼 때, 4%의 오분류가 있음을 확인할 수 있다. (정답, 예측)의 쌍으로 데이터를 만들어 2차원 히스토그램을 그려보자. 아래 코드를 그대로 실행하면 결과의 왼쪽 그림과 같이 나타날 것이며, 코드에서 cmap 매개변수에 인자를 plt.cm.gray로 줄 경우에는 오른쪽과 같이 나타난다.

```
import matplotlib.pyplot as plt
plt.hist2d(iris.target, y_pred_all, bins=(3,3), cmap=plt.cm.jet)
```

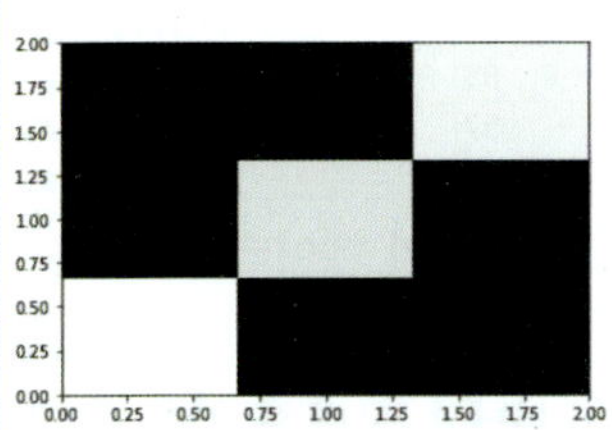

cmap = plt.cm.jet

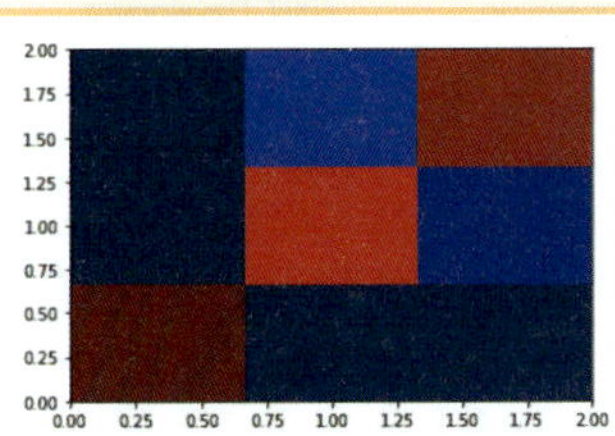

cmap = plt.cm.gray

사이킷런 모듈에서는 이러한 결과를 **오차 행렬** 또는 **혼동 행렬**이라는 이름으로 아래처럼 구할 수 있다. 결과와 같이 클래스 1의 데이터 4개가 2로, 클래스 2의 데이터 2개가 1로 잘못 분류되었다.

```
from sklearn.metrics import confusion_matrix
conf_mat = confusion_matrix(iris.target, y_pred_all)
conf_mat
```

```
array([[50,  0,  0],
       [ 0, 46,  4],
       [ 0,  2, 48]])
```

수치값으로 된 오차 행렬을 이미지로 가시화하는 것은 간단히 matshow()를 사용하면 된다. 2차원 히스토그램과 동일한 결과를 보이지만 상하로 뒤집혀 있다. matshow() 함수를 사용할 때 아래 상자와 같은 여러 종류의 컬러 맵을 지정할 수도 있다.

```
plt.matshow(conf_mat)
```

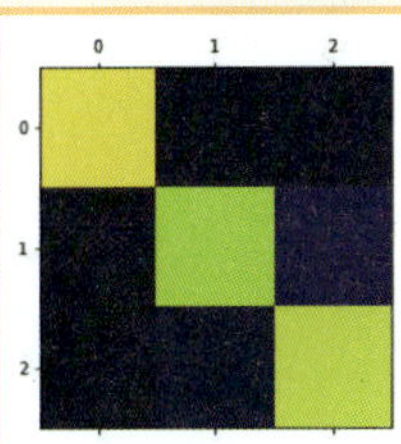

default

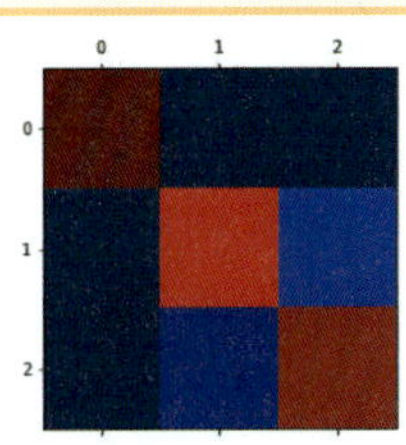

plt.cm.jet

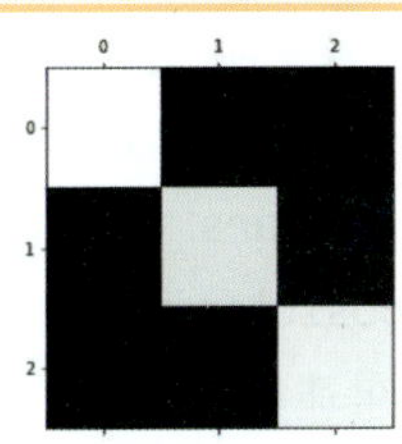

plt.cm.gray

14.14 사례 분석 – 선형회귀 : 기대수명 예측하기

이제 공개된 데이터를 바탕으로 예측을 할 수 있는 모델을 만드는 일을 진행해 보자. 여기서 사용할 데이터는 **캐글**kaggle 사이트에서 가져왔다. 캐글은 2010년 설립된 데이터 분석 플랫폼으로 다양한 데이터를 공개하고 있다. 우리가 사용할 데이터는 **세계보건기구**WHO에서 내어 놓은 각 나라별 기대수명 데이터로 2010년부터 2015년까지 나라별 기대수명과 보건예산, 질병 통계, 비만도 등이 정리되어 있다. 이 데이터 역시 이 책의 GitHub 사이트에서 아래의 주소를 이용하여 다운로드 할 수 있다.

https://github.com/dongupak/DataSciPy/blob/master/data/csv/life_expectancy.csv

데이터를 엑셀 등의 스프레드시트 소프트웨어로 열어 보면 다음과 같은 모양을 확인할 수 있다.

1	Country	Year	Status	Life expectan	Adult Mortali	infant deaths	Alcohol	percenta
2	Afghanistan	2015	Developing	65	263	62	0.01	71.2796
3	Afghanistan	2014	Developing	59.9	271	64	0.01	73.5235
4	Afghanistan	2013	Developing	59.9	268	66	0.01	73.2192
5	Afghanistan	2012	Developing	59.5	272	69	0.01	78.1842
6	Afghanistan	2011	Developing	59.2	275	71	0.01	7.0971
7	Afghanistan	2010	Developing	58.8	279	74	0.01	79.6793
8	Afghanistan	2009	Developing	58.6	281	77	0.01	56.7622
9	Afghanistan	2008	Developing	58.1	287	80	0.03	25.8739
10	Afghanistan	2007	Developing	57.5	295	82	0.02	10.910
11	Afghanistan	2006	Developing	57.3	295	84	0.03	17.1715
12	Afghanistan	2005	Developing	57.3	291	85	0.02	1.38864
13	Afghanistan	2004	Developing	57	293	87	0.02	15.2960

알파벳 순서대로 국가가 나열되어 있고, 연도는 2000년부터 2015년까지의 데이터가 있다. 기대수명은 네 번째 열에 나타나 있으며 나라별로 기대수명을 제외하면 20개의 속성이 있는 것을 확인할 수 있다. 이 데이터는 나라별로 집계되지 않은 데이터도 존재하여 결측 데이터가 상당히 많이 존재한다. 어떤 속성들을 이용할 것인지를 결정하기 위해 각 속성들의 의미를 파악해 보자.

- Adult mortality: 15세에서 60세 사이의 성인 1000명당 사망자 수
- Infant deaths: 유아 1000명당 사망자 수
- Alcohol: 1인당 알콜 소비량
- Percentage expenditure: GDP 대비 보건 예산 지출 비율 (%)
- Hepatitis B: 1세 아동의 B형 간염 예방접종률 (%)
- Measles: 인구 1000명당 홍역 예방접종률 (%)
- BMI: 전인구의 평균 체질량 지수
- Under-five deaths: 5세 이하 아동 1000명당 사망자 수
- Polio: 1세 아동의 소아마비 면역률 (%)
- Total expenditure: 정부 총 예산 대비 보건분야 예산 비율 (%)
- Diphtheria: 1세 아동의 디프테리아 예방접종률 (%)
- HIV/AIDS: HIV/AIDS 감염 상태로 태어난 0-4세 인구 1000명 당 사망자 수
- GDP: 1인당 GDP
- Population: 국가 총 인구
- Thinness 1-19 years: 10세에서 19세 청소년 중 저체중 비율
- Thinness 5-9 years: 5세에서 9세 사이 아동의 저체중 비율
- Income composition of resources: 소득 구성에 따른 인간개발 지수
- Schooling: 학교 재학 연수

기대수명 데이터 읽어오기와 결측 확인하기

이제 기대수명 데이터 d: 드라이브 아래 data라는 폴더에 저장하자. 그리고 이를 읽어서 판다스 데이터 프레임 형태로 저장하자. 다음으로 이 판다스 데이터 프레임의 헤더(앞부분)만을 출력해 보도록 하자.

```
import pandas as pd
import seaborn as sns     # 시각화를 위하여 Seaborn 라이브러리를 이용함

life = pd.read_csv('d:/data/life_expectancy.csv')
print(life.head())
```

```
        Country  Year  ... Income composition of resources  Schooling
0  Afghanistan  2015  ...                           0.479       10.1
1  Afghanistan  2014  ...                           0.476       10.0
...
4  Afghanistan  2011  ...                           0.454        9.5
```

life = pd.read_csv('d:/data/life_expectancy.csv') 코드는 이 코드를 실행하는 컴퓨터의 d: 드라이브 아래의 경로이며 웹환경의 코랩에서 사용할때는 다음과 같은 경로를 사용하면 된다.

```
life = pd.read_csv('https://raw.githubusercontent.com/dongupak/DataSciPy/master/\
data/csv/Life_expectancy.csv')
```

데이터에서 우리가 관심을 가진 데이터만 정리해서 새로 만들고 싶으면 다음과 같이 원하는 열만 지정하여 새롭게 정리할 수 있다.

```
life = life[['Life expectancy', 'Year', 'Alcohol',
             'Percentage expenditure', 'Total expenditure',
             'Hepatitis B', 'Measles', 'Polio', 'BMI', 'GDP',
             'Thinness 1-19 years', 'Thinness 5-9 years']]
print(life)
```

```
    Life expectancy  Year  ...  Thinness 1-19 years  Thinness 5-9 years
0              65.0  2015  ...                 17.2                17.3
...
```

데이터의 크기와 결손값을 살펴보자. 크기는 shape 속성으로 알 수 있고, 결손값은 isnull() 함수를 이용하면 될 것이다.

```
print(life.shape)
print(life.isnull().sum())
```

```
(2938, 12)
Life expectancy            10
Year                        0
Alcohol                   194
...
BMI                        34
GDP                       448
Thinness  1-19 years       34
Thinness 5-9 years         34
```

결손값이 있는 데이터는 간단히 모두 삭제해 버리자. 그리고 얼마나 남는지 살펴보자. 전체 2938개 데이터 행이 1853개로 줄어든 것을 확인할 수 있다. 이것을 이용하여 기대수명 예측기를 만들자.

```
life.dropna(inplace = True)    # 데이터 정제하기
print(life.shape)
```

```
(1853, 12)
```

14.15 각 특징들 사이의 상관관계를 살펴보자

우리는 각 변수 사이의 선형 관계를 조사하기 위하여 **상관행렬**을 생성한다. 상관행렬은 판다스 라이브러리의 corr() 함수를 사용하여 형성할 수 있다. seaborn 라이브러리의 heatmap() 함수를 이용하여 상관행렬을 그려보자(이전 코드의 아래에 다음을 추가하자).

```
import matplotlib.pyplot as plt
import seaborn as sns    # 시각화를 위하여 Seaborn 라이브러리를 이용함

sns.set(rc={'figure.figsize':(12,10)})
correlation_matrix = life.corr().round(2)
sns.heatmap(data=correlation_matrix, annot=True)
plt.show()
```

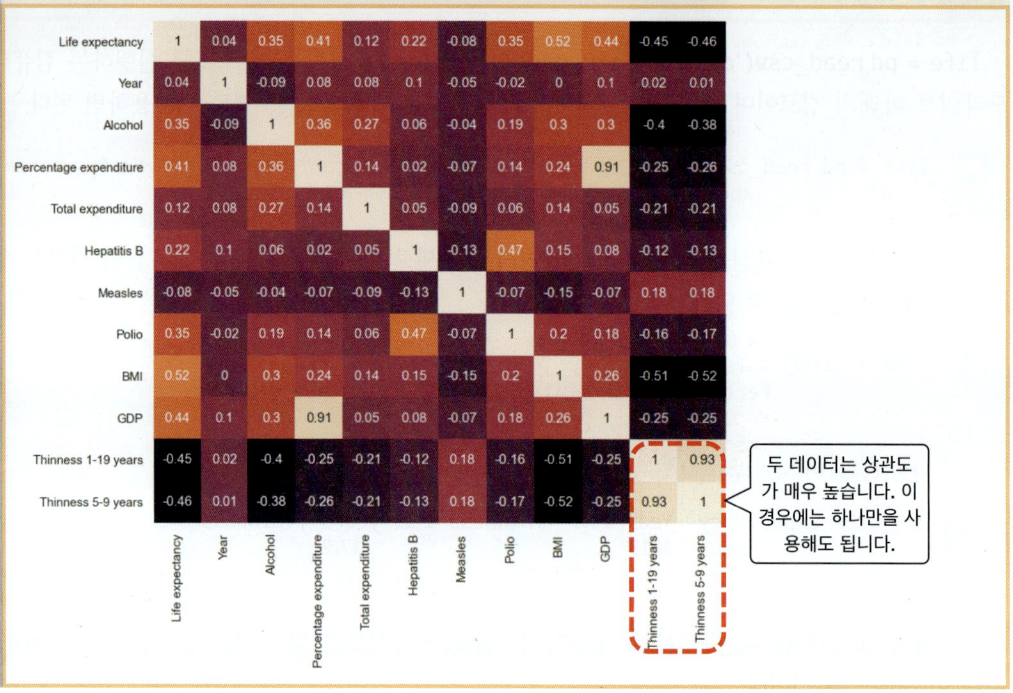

판다스의 데이터프레임에 corr() 함수를 적용할 수 있는데, 열을 구성하는 데이터 요소들 사이의 상관관계를 보여주는 연관행렬 값을 출력한다. 여기에 round(2)를 적용한 것은 소수 둘째 자리에서 반올림하라는 것이다. 그 결과를 히트맵으로 보여주기 위해 seaborn 모듈의 heatmap() 함수를 사용했다. 이 히트맵의 첫번째 행만을 살펴보면 기대수명과 상관관계를 갖는 것이 무엇인지 추측할 수 있다.

첫 번째 행은 기대수명과의 상관도 값을 보여주는데 그림과 같이 연도가 가장 상관도가 낮고 체질량지수가 가장 상관도가 높은 0.52 값을 가지는 것을 볼 수 있다. 이 상관도에서 값이 양수인 경우에는 양의 상관관계, 음수는 음의 상관관계를 보인다. 그리고 0에 가까울수록 상관관계가 떨어지는 것을 알 수 있다. 색상에서 검은 색은 음의 상관관계가 높은 것을 의미한다. 첫 그림 하단의 'Thinness 1-19 years'와 'Thinness 5-9 years'는 상호 연관도가 0.93에 이르러 둘 중에 하나만 사용해도 좋은 중복 데이터임을 보이고 있다.

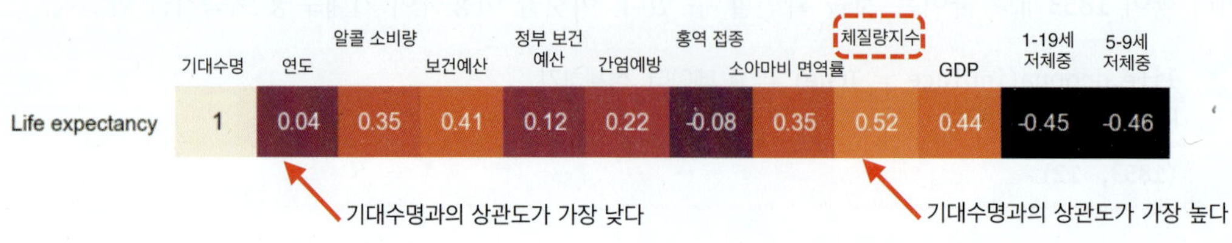

어떤 특징들이 서로 상관관계가 있을까

기대수명에 영향을 주는 요소들이 무엇인지 궁금하다. 다음과 같이 'Life expectancy', 'Alcohol', 'Percentage expenditure', 'Measles', 'Polio', 'BMI', 'GDP', 'Thinness 1-19 years' 데이터를 이용하여 **쌍그림**pair plot을 그려 보도록 하자. 쌍 그림은 주어진 데이터의 열들이 서로 어떠한 상관관계가 있는지 산포도 그래프로 보여준다.

```
sns.pairplot(life[['Life expectancy', 'Alcohol', 'Percentage expenditure', 'Measles',
'Polio', 'BMI', 'GDP', 'Thinness 1-19 years']])
plt.show()
```

그림을 살펴보면 BMI와 GDP 같은 데이터가 다른 데이터에 비해서 상당 관계가 있는 것을 시각적으로 확인할 수 있다.

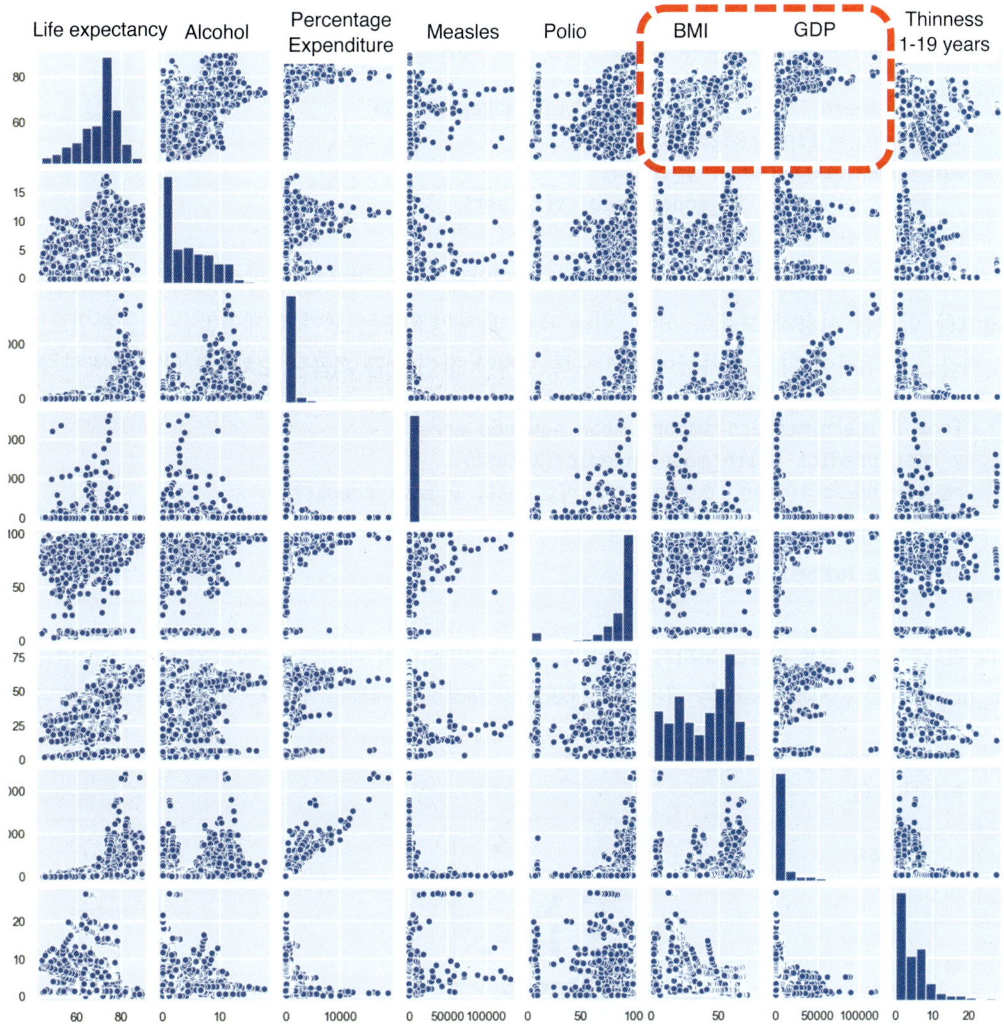

14.16 간단한 회귀모델을 만들자

사망률에 크게 영향을 미치지 않는 특징들을 모두 포함하면 학습이 잘 되지 않거나, 예측의 신뢰도가 오히려 떨어질 수 있다. 우리는 앞 절의 조사를 바탕으로 다음과 같이 알콜 소비, 보건 예산, 소아마비 접종률, BMI, GDP, 저체중 정보만을 추출하여서 데이터 프레임으로 재구성한다.

```
X = life[['Alcohol', 'Percentage expenditure', 'Polio',
          'BMI', 'GDP', 'Thinness 1-19 years']]
y = life['Life expectancy']
```

그리고 train_test_split() 함수를 이용하여 80%의 학습 데이터와 20%의 테스트 데이터로 나눈다.

```
from sklearn.model_selection import train_test_split
X_train, X_test, y_train, y_test = train_test_split(X, y, test_size = 0.2)
```

사이킷런의 LinearRegression 모델을 사용하여 학습을 진행해 보자.

```
from sklearn.linear_model import LinearRegression
lin_model = LinearRegression()
lin_model.fit(X_train, y_train)
y_test_predict = lin_model.predict(X_test)
```

이제 이 선형회귀 모델을 테스트 데이터 세트로 평가해 보자. 평가를 위하여 MSE에 제곱근을 적용한 np.sqrt() 함수를 사용해 보도록 하자. 평균 제곱 오차인 MSE는 오차의 제곱값을 평균하였으므로 이 값에 제곱근을 취하여 평균 오차값에 가깝도록 보정한 값이 **평균 제곱근 오차**Root Mean Squared Error이다.

```
from sklearn.metrics import mean_squared_error
y_test_predict = lin_model.predict(X_test)
rmse = np.sqrt(mean_squared_error(y_test, y_test_predict))
print('RMSE =', rmse)
```

```
RMSE = 6.262795299072799
```

이상의 모델에서 **평균 제곱근 오차**가 6.26으로 계산되었다. 정답 레이블 y_test와 예측하여 얻은 값 y_test_predict를 순서쌍으로하는 데이터의 산포도를 그려보면 예측을 얼마나 잘 하는지 살펴볼 수 있다.

```
plt.scatter(y_test, y_test_predict)
plt.show()
```

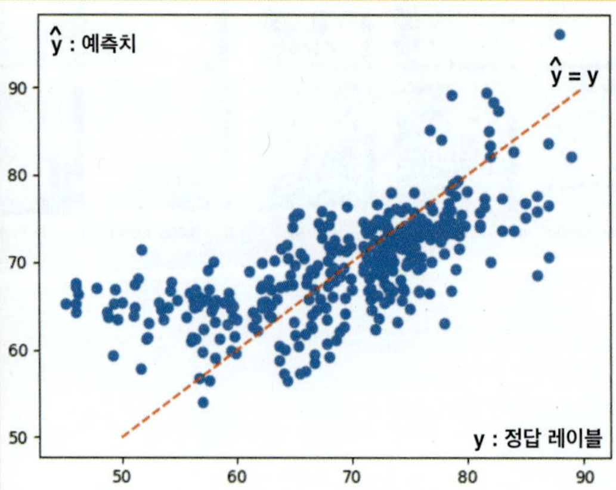

과적합과 과소적합에 유의하자

우리는 이 절에서 기계학습의 개념과 몇 가지 알고리즘에 대하여 살펴보았다. 기계학습을 위한 알고리즘은 매우 많으며 각각의 알고리즘마다 장점과 단점이 있다. 이 장에서는 데이터를 바탕으로 성능을 개선하는 기계학습의 핵심 개념을 다루었는데 이러한 개념을 바탕으로 데이터를 모아서 예측하는 기술의 원리까지도 이해할 수 있을 것이다.

기계학습은 좋은 예측과 분류를 할 수 있으나 때로는 잘못된 예측과 분류를 할 수도 있다. 기계학습에서 흔히 볼 수 있는 문제점 중의 하나는 **과대적합**overfitting이다. 과적합이란 학습하는 데이터에서는 성능이 뛰어나지만 새로운 데이터에 대해 적용했을 때(이를 일반화라 한다), 성능이 잘 나오지 않는 모델을 만들어내는 일이다. 과적합이 나오는 이유는 학습을 수행하기 위하여 너무 많은 파라미터를 사용해서 모델을 복잡하게 만들었기 때문이다. 이와 반대로 데이터에 대한 학습이 지나치게 대충 이루어져 학습 데이터와 다른 데이터 모두에 대해 예측을 제대로 하지 못하는 모델을 만드는 것을 **과소적합**underfitting이라고 한다.

아래의 그림을 살펴보자. 그림 ①은 파란색 점으로 나타난 데이터의 분포와 이 분포를 설명하는 실선이 실제 데이터와 너무 큰 차이를 보이고 있다. 이러한 모델의 경우 너무 단순한 1차 방정식을 사용했기 때문에 기존의 학습용 데이터도 잘 설명하지 못하고 있다. 따라서 새로운 데이터를 잘 예측하지 못할 것이다. 이를 **과소적합**underfitting이라고 한다. 반면 그림 ②는 데이터의 분포와 이를 설명하는 선이 비교적 잘 일반화 되어 **최적적합**Good fit을 보인다고 할 수 있다. 마지막 그림 ③은 데이터의 분포와 이를 설명하는 점선이 지나치게 맞추어져 있어서 새로운 데이터에 대한 예측 성능이 오히려 떨어질 수 있다. 이러한 적합이 **과대적합**overfitting이다. 그림 ③에 나타난 데이터를 설명하는 곡선을 만들기 위하여 아주 높은 차수의 다항식으로 학습시키면 모든 학습 데이터를 정확하게 학습할 것이다. 하지만 새로운 데이터를 제시한다면, 잘못된 예측이 나올 가능성이 높다.

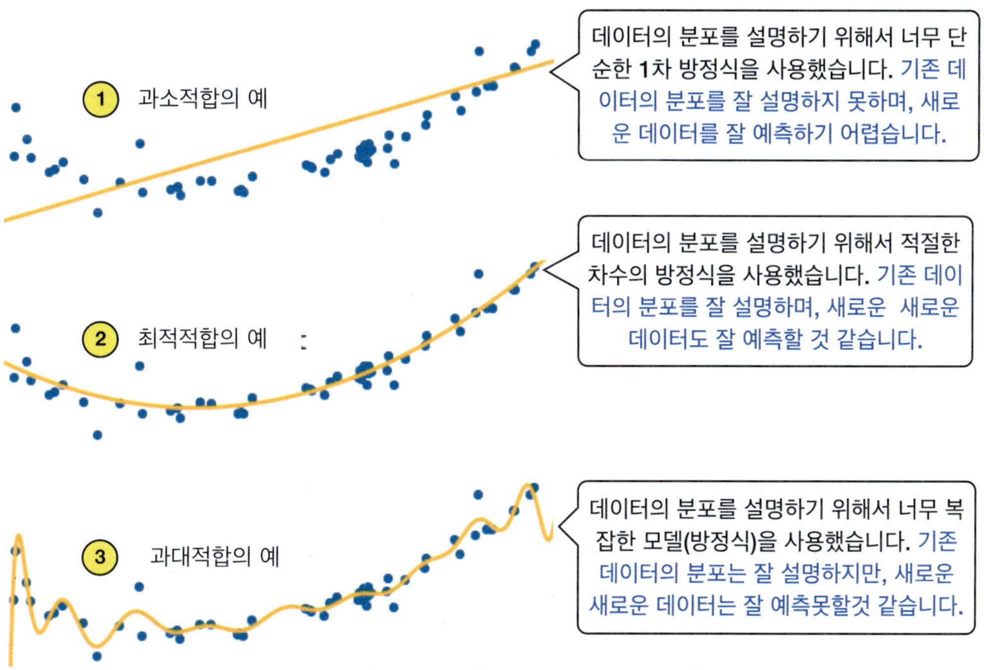

회귀에서 과대적합, 최적적합, 과대적합이 적용된 사례

핵심 정리

SUMMARY

- 기계학습은 인공 지능의 한 분야로 컴퓨터가 데이터를 이용하여 예측 성능을 갖게 하는 것이다.
- 기계학습의 큰 분야는 지도학습, 자율학습, 그리고 강화학습이 있다.
- 선형 회귀 분석은 데이터의 분포와 가장 잘 일치하는 선형 방정식을 찾는 것이다.
- 사이킷런 모듈은 회귀 모형에 기반한 기계학습을 쉽게 구현할 수 있도록 해 준다.
- 사이킷런 회귀 모형에서 입력값은 반드시 벡터 형식으로 입력해야 한다.
- 데이터를 분류하는 알고리즘의 대표적인 예가 k-NN 알고리즘이다.
- 기계학습을 통해 만들어진 모델은 과적합이나 과소적합을 보일 수 있다.

기계가 학습을 한다는 개념에 대해 이해가 되나요?

여기서 배운 내용은 선형회귀와 k-NN 알고리즘을 이용한 분류 두 가지이죠.
선형회귀라는 것은 데이터가 주어지면 이 데이터에 맞는 수학 함수를 찾아 내는 것처럼 보이네요.
k-NN 알고리즘을 이용하여 분류하는 기법은 가까운 이웃이 나와 같은 부류라는 개념이네요.

그래요. 이런 기법들은 훈련용 데이터가 주어지면 이 데이터에 기반하여 새로운 데이터에 입력될 때 어떤 출력을 해야 하는지를 알아가는 것이죠.
이것을 기계학습이라고 표현합니다.

이러한 일들을 할 수 있도록 미리 기능을 구현해 놓은 것이 사이킷런 모듈인 것이죠?

맞아요.
우리가 배운 내용을 직접 구현하는 것도 좋겠지만, 자주 사용되는 기술은 이미 구현된 것이 많아요.
회귀나 k-NN 기반의 분류 같은 것도 사이킷런 모듈을 이용하면 쉽게 구현할 수 있어요.

주관식 문제

다음 괄호 안에 들어갈 알맞은 단어를 적어라.

14.1 (　　　) (은)는 머신러닝이라는 용어로도 널리 사용되는 용어인데, 인공 지능의 한 분야로, 컴퓨터에 학습 기능을 부여하기 위한 연구 분야이다.

14.2 기계학습은 일반적으로 가르쳐주는 "교사(또는 정답, 레이블)"의 존재 여부에 따라 교사가 존재하는 (　　　) (와)과 교사가 존재하지 않는 (　　　)으로 나누어진다. 그리고 상태와 액션을 입력으로 받아 에이전트가 환경과 상호작용하며 평가와 보상에 따른 학습을 하는 (　　　)으로 분류할 수 있다.

14.3 지도 학습 알고리즘에는 크게 (　　　) (와)과 (　　　)의 두 가지 유형이 있다. 전자는 연속적인 값을 예측하고, 후자는 객체를 어떤 카테고리 중의 하나로 예측한다.

14.4 (　　　) (은)는 파이썬 언어에서 기계학습을 수행하는 대표적인 라이브러리이다. 이 라이브러리는 선형 회귀, k-NN 알고리즘, 서포트 벡터머신, 랜덤 포레스트, 그래디언트 부스팅, k-means 등의 분류, 회귀, 클러스터링 알고리즘을 포함하고 있다.

14.5 사이킷런에서는 선형회귀를 위해 선형 모델 linear_model을 import한 뒤에 (　　　) (을)를 통해 선형회귀 모델을 생성한다.

14.6 사이킷런에서 입력 벡터 X와 결과값 y가 있을 경우, 이 값들을 이용하여 선형 회귀 분석을 적용하려면 (　　　) 함수에 X와 y를 전달한다.

14.7 사이킷런의 선형 모델에서 입력 벡터값을 사용하여 출력을 예측하는 함수는 (　　　)이다. 이 함수의 매개변수는 예측에 필요한 입력 데이터이다. 이 입력 데이터의 형태는 선형회귀 학습을 할 때 사용한 입력과 같이 2차원 배열이다.

14.8 (　　　) (은)는 임의의 기울기와 절편을 가지는 선형방정식을 생성한 후 이 선형방정식의 예측값 $\hat{y}$와 실제 데이터의 값 y를 비교한다. 이 예측값과 실제 값의 차이를 오차, 잔차, 또는 (　　　) (이)라고 한다.

14.9 배열의 차원을 증가시키고 싶을 경우, 넘파이의 (　　　) 속성을 이용한다.

14.10 학습 데이터와 테스트 데이터를 분리하기 위해서는 sklearn에서 제공하는 (　　　) (이)라는 함수를 사용한다.

14.11 테스트용 데이터가 학습을 통해 얻은 사이킷런의 선형 함수를 얼마나 잘 따르는지를 확인하기 위해서는 (　　　) 함수를 사용한다.

심화문제

EXERCISE

14.1 다음은 P 자동차 회사의 차종과 마력, 그리고 평균연비(단위: km/l)를 나타내는 표이다.

	A	B	C	D	E	F	G
마력	130	250	190	300	210	220	170
연비	16.3	10.2	11.1	7.1	12.1	13.2	14.2

1) P 자동차 회사의 마력과 연비 사이에는 어떤 상관관계가 있을까? 선형회귀 분석을 통해서 선형회귀 모델의 절편과 계수를 구하여라. 마지막으로 이 선형회귀 모델이 입력 마력 값에 대해 연비를 예측하는 데 얼마나 적합한지 예측 점수를 출력해 보자.

```
계수 : [-0.05027473]
절편 : 22.58626373626374
예측 점수 : 0.8706727649378526
```

2) 위의 선형회귀 모델을 바탕으로 270 마력의 신형엔진을 가진 자동차를 개발하려 한다. 이 자동차의 연비를 선형회귀모델에 적용하여 다음과 같이 구해 보자. 출력은 다음과 같이 소수점 둘째 자리까지 출력해 보자.

```
270 마력 자동차의 예상 연비 : 9.01 km/l
```

14.2 자동차의 연비에 영향을 미치는 요소는 마력뿐만 아니라 총중량도 중요한 요소가 될 것이다. 다음은 P 자동차 회사의 차종과 마력, 뿐만 아니라 자동차의 총중량(단위: kg)을 추가한 표이다.

	A	B	C	D	E	F	G
마력	130	250	190	300	210	220	170
총중량	1900	2600	2200	2900	2400	2300	2100
연비	16.3	10.2	11.1	7.1	12.1	13.2	14.2

1) 위의 자료를 바탕으로 적절한 선형회귀 모델을 구현하여라. 이 모델의 계수와 절편, 예측모델의 점수를 출력하여라.

```
계수 : [-0.00689189 -0.00731081]
절편 : 30.60405405405405
예측 점수 : 0.887125404119239
```

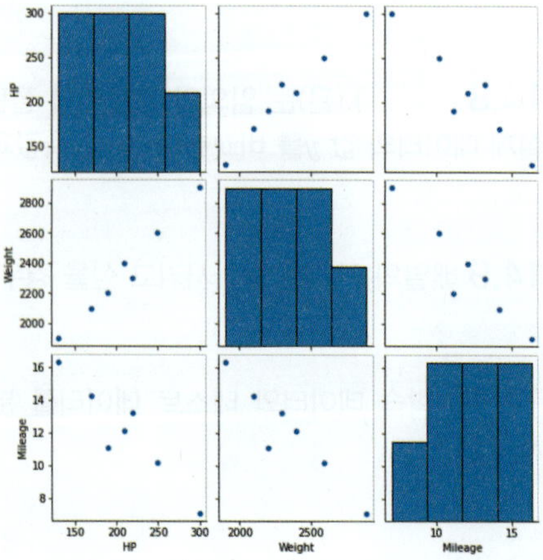

2) 위의 선형회귀 모델을 바탕으로 270마력의 신형엔진을 가진 총중량 2,500kg의 자동차를 개발하려 한다. 이 자동차의 연비를 선형회귀모델에 적용하여 다음과 같이 구해 보자.

```
270 마력 2500kg 자동차의 예상 연비 : 10.47 km/l
```

3) 마력과 총중량, 연비 사이의 상관관계를 다음과 같은 쌍플롯으로 그리도록 하여라(힌트: 위의 표를 참고하여 데이터프레임을 만든 후, seaborn 라이브러리의 pairplot()을 사용하여라).

4) 마력과 총중량, 연비사이의 상관관계를 seaborn의 히트맵으로 구현하여 아래처럼 보여 보라(힌트: 위의 표를 참고하여 데이터프레임을 만든 후, 상관계수를 구하고 이를 heatmap()로 그려라).

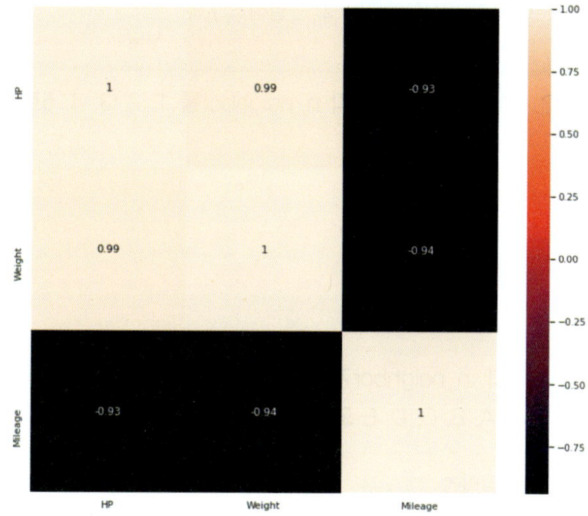

5) 3), 4)의 내용을 바탕으로 마력, 총중량, 연비의 상관관계를 조사하고 이를 3개 이상의 문장으로 요약 정리하여라.

14.3 다음은 철수네 동물병원에 치료를 받은 개의 종류와 그 크기 데이터이다. 이 데이터를 바탕으로 k-NN 알고리즘을 적용해 보자.

• 닥스훈트

길이	77	78	85	83	73	77	73	80
높이	25	28	19	30	21	22	17	35

• 사모예드

길이	75	77	86	86	79	83	83	88
높이	56	57	50	53	60	53	49	61

• 말티즈

길이	34	38	38	41	30	37	41	35
높이	22	25	19	30	21	24	28	18

1) k-NN 알고리즘을 이용하여 분류를 수행하고자 한다. 닥스훈트를 0, 사모예드를 1, 말티즈를 2로 레이블링 하여라. 위의 정보를 바탕으로 dogs 데이터와 label 데이터, dog_classes를 각각 생성하도록 하여라.

```
dogs data = [[77 25], [78 28], …, [35 18] ]
label data = [0 0 0 0 0 0 0 0 1 1 1 1 1 1 1 1 2 2 2 2 2 2 2 2]
dog_classes = {0: '닥스훈트', 1: '사모예드', 2: '말티즈'}
```

2) 다음과 같은 데이터 A, B, C, D, E에 대하여 각각 n_neighbor를 1, 2, 3, 4, 5로 하여 k-NN 알고리즘으로 분류하여라.

A : 길이 56, 높이 44
B : 길이 74, 높이 29
C : 길이 59, 높이 30
D : 길이 70, 높이 43
E : 길이 75, 높이 35

다음은 A 데이터의 분류예시이다. n_neighbor가 1, 2, 3일 때는 말티즈로 분류되다가 4, 5일 때는 사모예드로 분류되는 것을 볼 수 있다. A, B, C, D, E 모두에 대하여 이와 같은 분류결과를 출력해 보자.

```
A : n_neighbors가 1 일때 : 말티즈
A : n_neighbors가 2 일때 : 말티즈
A : n_neighbors가 3 일때 : 말티즈
A : n_neighbors가 4 일때 : 사모예드
A : n_neighbors가 5 일때 : 사모예드
```

3) 2)번 데이터를 산포도 그래프로 그려서 다음과 같이 A, B, C, D, E 데이터를 나타내어 보자.

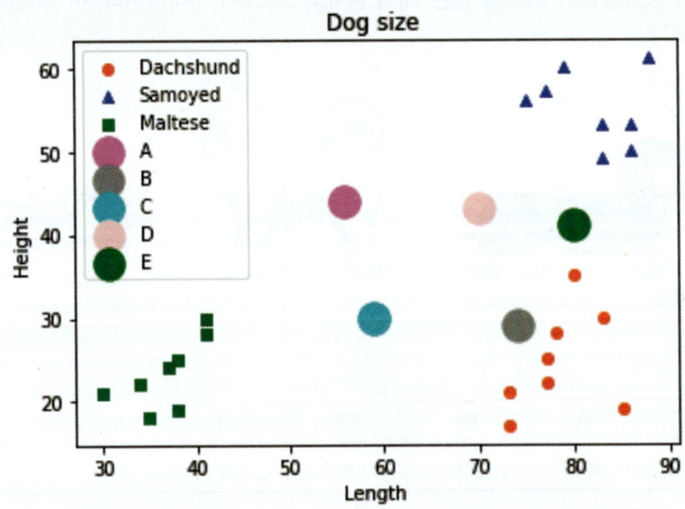

chapter

15 딥러닝의 맛을 보자

이 장에서 배울 것들

- 인간의 신경세포와 유사한 인공적인 신경세포인 퍼셉트론을 살펴봅시다.
- 다양한 머신러닝, 딥러닝 플랫폼에 대해서 알아봅시다.
- 구글 티처블머신을 이용하여 이미지를 분류해 봅시다.
- 텐서플로를 이용하는 구글의 코랩 환경에 대하여 알아봅시다.
- 텐서플로를 이용하여 다층 신경망을 실제로 구축해서 테스트해 봅시다.
- 구축된 다층신경망에서 이미지를 구분하는 기능을 직접 구현해 봅시다.
- 신경망의 쌓아 가는 딥러닝 개념에 대해 이해해 봅시다.

15.1 인간의 신경세포를 흉내내는 퍼셉트론

인간은 어떻게 고등한 사고를 하고 동물과는 다른 창의적인 일을 할 수 있을까? 인간의 뇌는 동물의 뇌와 어떤 점에서 다를까? **아인슈타인**과 같은 천재 물리학자는 어떤 뇌를 가졌기에 사고실험을 통해 시공간의 비밀에 대한 영감을 가질 수 있었을까? 보통사람들은 왜 아인슈타인 같은 천재의 사고를 할 수 없을까? 이 부분은 아직도 풀리지 않은 숙제이다.

하지만 많은 과학자들은 인간의 뇌가 가지는 구조의 개략적인 특징을 이해하고 있다. 그것은 바로 뇌의 많은 부분을 차지하는 **뉴런**neuron**이라는 신경세포가 다른 신경세포와 연결되어 있고**, 나트륨, 칼륨 등의 물질을 이용하여 화학적 신호를 주고받는다는 사실이다. 신경세포는 다음 그림과 같이 세포 핵과 수상돌기, 축삭, 축삭 말단과 같은 구조를 가진다. 이 중에서 수상돌기는 많은 다른 신경세포로부터 신호를 전달받아서 이 신호에 대한 반응을 축삭 말단을 통해서 다른 신경세포로 전달한다. 이와 같은 신경세포가 약 1000억개 가량이나 모여서 인간의 뇌를 이루며 이 신경세포를 연결하는 가지는 무려 100조개 가량이나 되는 것으로 알려져 있다.

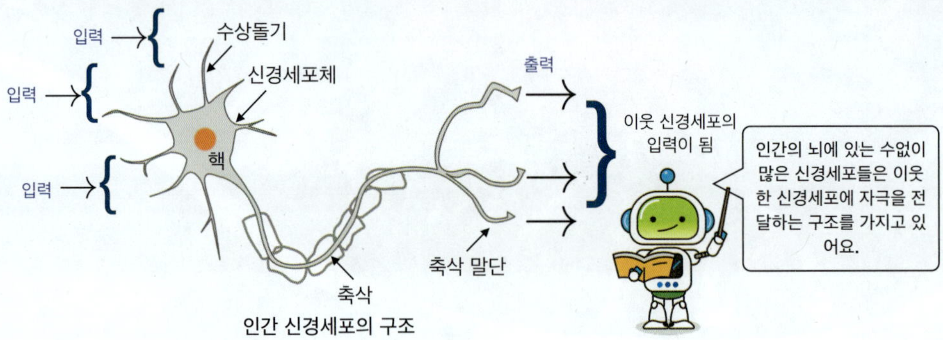

인간 신경세포의 구조

방대한 연결 구조를 가지는 인간과 동물의 신경세포에서 수상돌기는 아래 그림의 ①과 같이 다른 신경세포로부터 신호를 전달받아서(외부의 자극이 입력에 해당한다), 이 외부 자극의 합의 크기를 세포체에서 판단한다(그림 ②). 다음으로 이 신호의 합이 임계값보다 클 경우 신경세포가 반응하여 축삭 말단을 통해서 다른 신경세포로 신호를 전달한다(그림 ③).

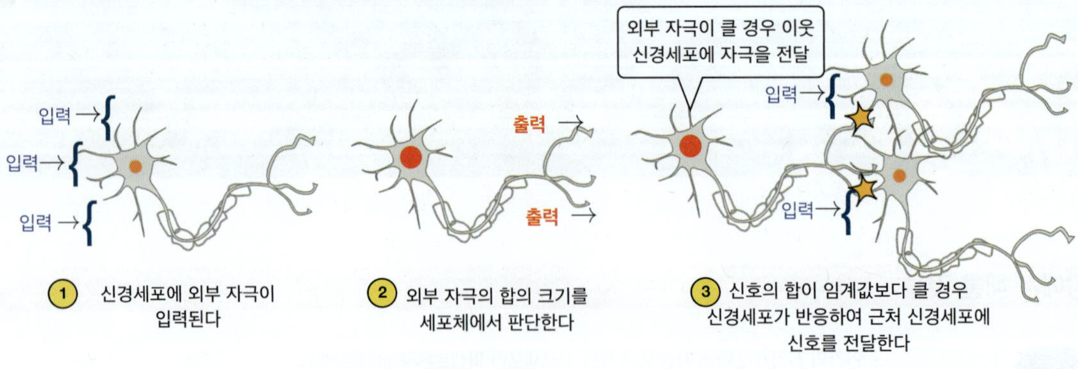

이러한 신경세포와 그 연결구조를 완벽하게 재현할 수 있다면 인간의 뇌와 유사한 **인공뇌**artificial brain를 만들 수 있겠지만 현재의 기술로는 구현이 어려운 실정이다. 하지만 신경세포를 대신하는 인위적인 함수와 신경전달물질을 대신하는 숫자값을 다른 함수의 입력으로 넘겨주는 프로그램은 충분히 구현

할 수 있다. 이와 같이 신경세포를 **흉내내는 프로그램**을 컴퓨터 과학자들은 **인공 신경세포**artificial neuron 또는 **퍼셉트론**perceptron이라고 한다. 퍼셉트론은 그림과 같이 입력값을 받은 후 이 입력값에 대하여 중요도를 결정하는 가중치 값을 곱한다. 그리고 이 신호들의 합을 구한 다음 이 값을 다시 이웃 신경망 노드에 전달하는 방식으로 동작한다.

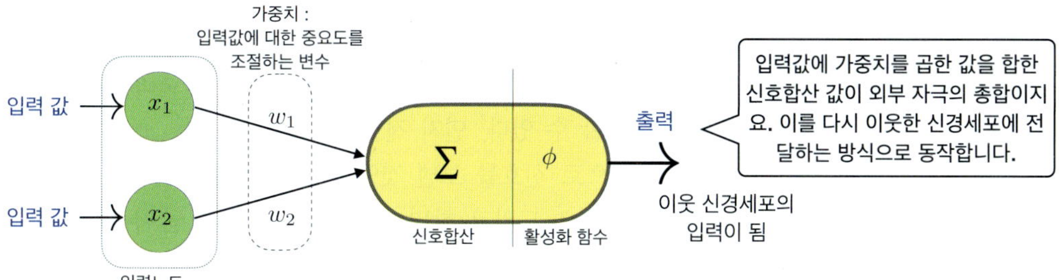

인공 신경세포(퍼셉트론)의 구조

다음 표는 신경세포와 인공 신경세포의 구조를 설명하는 것이다. 표의 설명과 같이 신경세포와 인공 신경세포는 매우 유사하며 이 **인공 신경세포가 바로 딥러닝의 기본적인 구조**를 이루고 있다.

	단위 구조	의미
신경세포의 구조	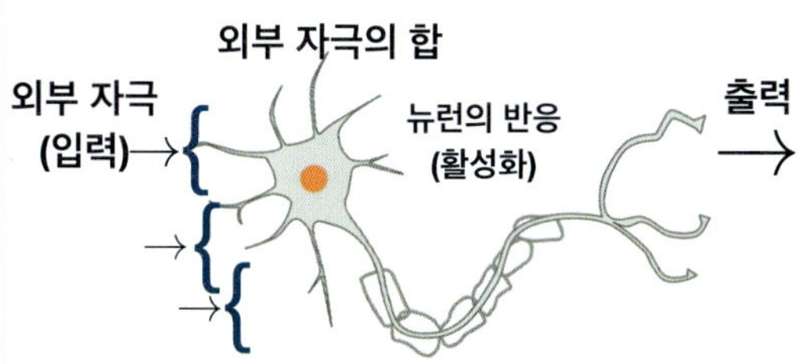	신경세포에 들어온 외부 자극(입력)에 대해 반응한다. 그리고 이 반응 정도를 외부 신경세포에 전달하는(출력) 구조이다.
인공 신경세포의 구조	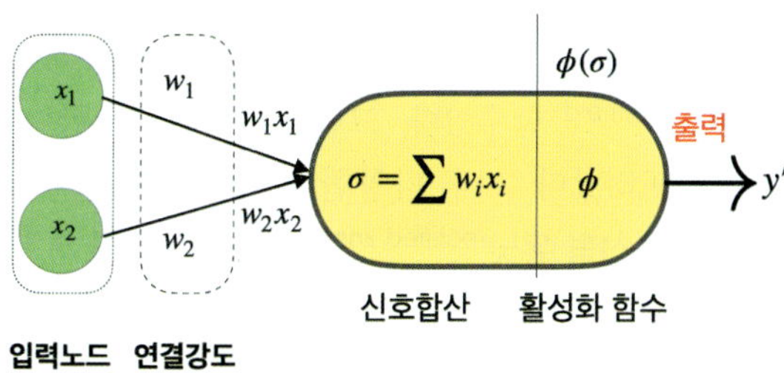 인공 신경망(퍼셉트론)의 구조	입력 노드로 들어온 값을 가중치 값에 곱한다. 이 값을 모두 합한 후 그 값이 일정한 값 이상이 되면 외부 노드에 출력값으로 내보낸다.

퍼셉트론은 표의 그림과 같이 외부 자극을 x_1, x_2와 같은 노드의 수치값으로 할당한 후, 이 수치값을 w_1, w_2의 가중치에 곱한 다음 이 신호의 합을 구한다. 외부 자극에 곱해지는 값은 **파라미터** 혹은 **가중치**로 불리는데 가중치의 영어인 `weight`의 앞문자 `w`에 아래 첨자를 이용하여 w_i와 같이 표기한다.

위의 그림에서와 같은 입력과 가중치가 있을 경우, 가중치와 곱해진 신호의 합은 $w_1x_1 + w_2x_2$로 나타낼 수 있는데, 신호가 여러 개일 수 있으므로 그림에서는 $\sum w_i x_i$로 표기하였다. 이 신호 합산 값 $\sum w_i x_i$는 간단하게 σ로도 표기할 수 있다. σ는 특정한 활성화 함수 $\phi()$의 입력으로 들어가서 이 값이 임계치를 넘을 경우 출력값으로 인접 퍼셉트론의 입력으로 다시 전달되는 구조를 가지고 있다. 복잡한 수식처럼 보이지만 수치값의 곱과 합, 그리고 함수의 호출로 이루어진 구조는 컴퓨터 프로그래밍을 통해서 어렵지 않게 구현할 수 있다.

15.2 딥러닝의 구조를 알아보자

이전 절에서 살펴본 바와 같이 단순한 형태의 인공 신경망은 다음 그림과 같이 표현할 수 있다. 아래에는 두 개의 입력 노드가 하나의 출력 노드에 연결된 인공 신경망을 보이고 있다. 입력 데이터는 입력 노드에 전달된다. 입력 노드는 출력 노드로 연결되어 있다. 이 신경망 연결을 통해 신호가 전달되는 것이다. 신호의 전달은 입력이 그대로 넘겨지는 것이 아니라 연결강도가 곱해져서 출력 노드로 넘어가게 된다. 출력 노드는 두 개의 기능으로 구분할 수 있다. 먼저 전달되어 오는 신호를 모두 합하는 부분이다. 이렇게 합산된 신호에 따라 다음 계층으로 신호를 보낼 것인지 말 것인지는 **활성화 함수**activation function에 의해 결정된다. 만약 이 노드가 최종 노드라고 하면 이 결과가 옳은지 답이 되는 레이블과 비교하여 오차를 구할 수 있다.

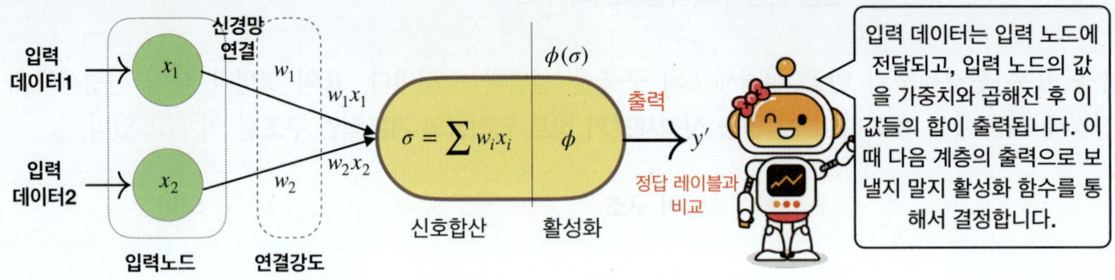

인공 신경망(퍼셉트론)의 구조

활성화 함수

활성화 함수는 **출력 노드에 모인 신호를 다음 노드로 내어보낼 때 얼마나 강하게 보낼지를 결정하는 함수**이다. 가장 단순한 것은 모인 신호값을 그대로 내어보내는 것으로 그림 ①의 형태를 가진다. 하지만 실제 생물의 신경 세포는 모아진 신호가 일정한 수준을 넘어야지 다음으로 신호를 내어보내게 된다. 이러한 동작을 흉내낼 수 있는 가장 단순한 방법은 그림 ②와 같은 **계단 함수**가 될 것이다. 하지만 이 함수는 미분이 되지 않는 지점이 존재하여 최적화를 하기가 어렵다. 그래서 전통적으로 많이 사용되던 활성화 함수가 그림 ③과 같은 **시그모이드**sigmoid 함수였다. 그런데 이 활성화 함수로는 깊은 층을 가진 신경망을 학습시키기가 어렵다는 것이 드러났다. 이후 다양한 활성화 함수들이 사용되었는데, 최근에는 그림 ④와 같은 ReLU라고 불리는 **정류 선형 유닛**rectified linear unit 함수가 좋은 결과를 내는 것으로 알려져 있다.

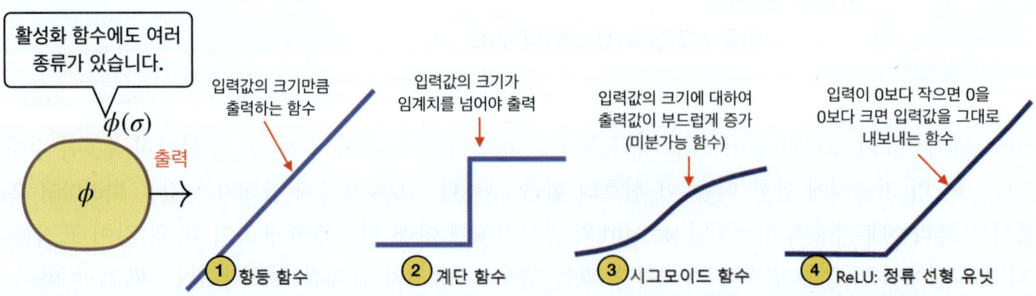

신경망이 동작을 변경하는 방법은 연결강도를 조정하는 것이다. 만일 연결강도가 매번 동일한 값을 가진다면 이 신경망은 동일한 동작만을 할 것이다. 이와는 달리 데이터를 기반으로 연결강도를 변경시키는 과정을 **학습**learning이라고 한다.

퍼셉트론을 그림과 같이 하나의 원으로 표현해 보도록 하자. 이 그림의 **원 하나가 하나의 신경세포를 흉내내는 것**이라면 인간의 뇌와 유사하게 많은 입력신호를 받아서 이를 내부의 노드를 통과시킨 다음

내어보내면 어떻게 될까?

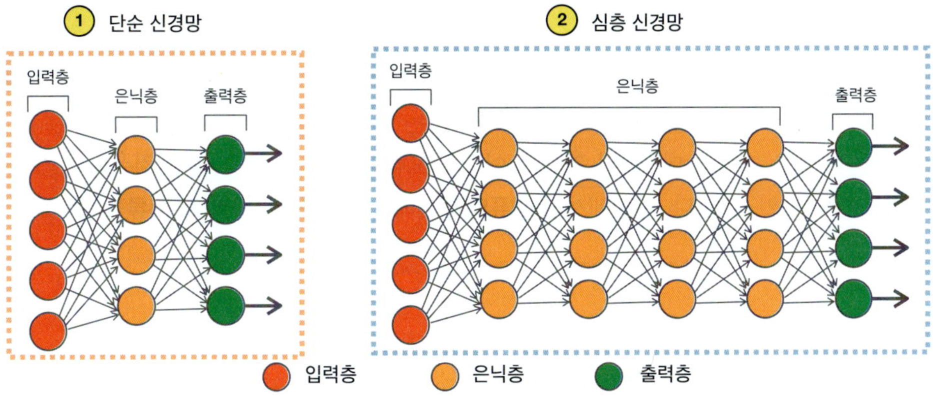

단순 신경망은 입력신호를 바로 출력으로 바꾸지 않고 그림 ①처럼 입력신호를 받아 숨겨진 층을 거친 뒤에 출력신호를 내어 놓는 신경망이다. 이것을 더욱 복잡하게 만들면 그림 ②와 같이 많은 층을 거쳐 가는 깊은 신경망이 될 것이다. 이렇게 복잡한 구조를 가지면 더 복잡한 일을 할 수 있지 않을까? 그것이 **딥러닝**deep learning 개념의 시작이다.

다음 그림과 같이 픽셀 이미지로 제공되는 동물 이미지에 대하여 고양이와 개로 구분하는 심층 신경망을 생각해보자. 이 신경망은 입력으로 픽셀 이미지가 주어지고, 이미지의 개별적인 픽셀이 가진 밝기 값들이 신경망의 입력으로 들어갈 것이다. 첫 번째 단계에서 이 픽셀 값들이 여러 층의 노드를 통과하면서 가중치들과 곱해지고 최종적으로 고양이일 확률이 30%(.3으로 표시), 개일 확률이 70%(.7로 표시)라는 결과를 출력하였다고 가정하자. 그렇게 되면 다음 단계에서 고양이로 예측하는 확률값이 더 높아지도록 알고리즘이 수행될 것이고, 두 번째 단계에서는 고양이일 확률이 55%, 개일 확률이 45%라는 결과를 출력하게 될 것이다. 이러한 단계가 여러 번 반복된다면 결국 이 신경망은 개와 고양이 이미지를 잘 구분하는 신경망이 될 것이다.

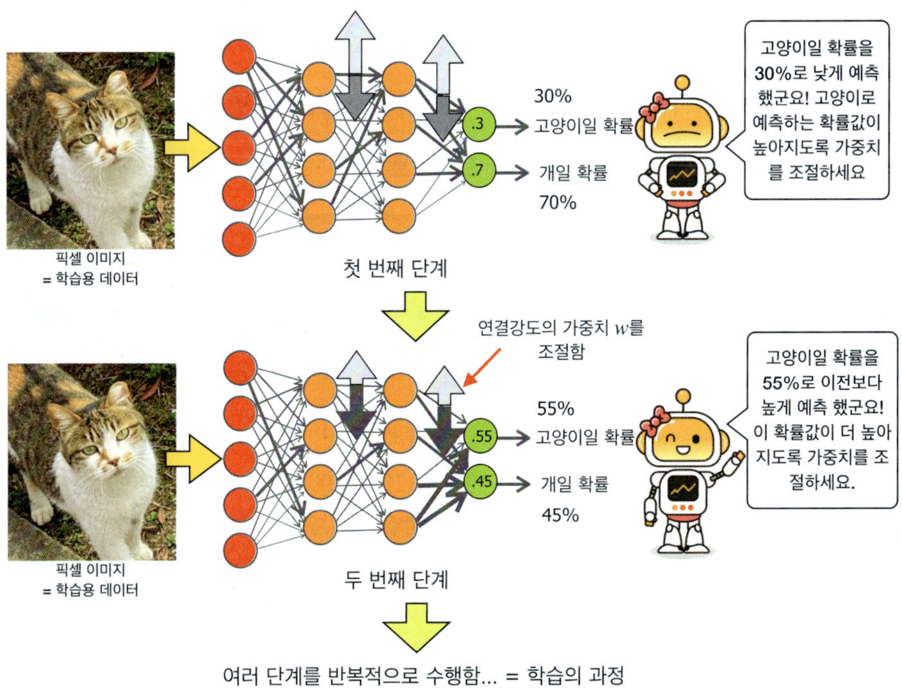

이제 이와 같은 신경망을 구축하고 학습하는 과정을 단순화시킨 티처블 머신에 대하여 알아보자.

15.3 티처블 머신을 알아보자

이 절에서는 구글에서 제공하는 **티처블 머신**teachable machine을 사용하여 **딥러닝 알고리즘이 수행되는 것**을 살펴보도록 할 것이다. 티처블 머신의 공식 홈페이지는 다음과 같다. 이 실습을 위해서는 20장 가량의 동일한 사물을 찍은 이미지 데이터가 2 세트 이상 필요하다. 그렇지 않을 경우 컴퓨터의 카메라를 통해서 이미지를 받아들일 수 있다. 여기에서는 **컴퓨터의 카메라를 이용하여 이미지 분류**를 할 것이다.

https://teachablemachine.withgoogle.com/

티처블 머신의 주요 특징은 다음과 같다.

- 머신러닝 모델을 쉽고 빠르게 만들 수 있도록 제작된 웹 기반 도구이다.
- 다양한 이미지, 사운드, 포즈를 손쉽게 학습할 수 있다.
- 생성한 머신러닝 모델을 웹사이트와 앱에서 쉽게 이용할 수 있다.

다음의 단계에 따라서 진행해보도록 하자.

[단계 1] 티처블 머신 웹사이트에 접속한다.

[단계 2] 파란색 시작하기 버튼을 선택하여 새 프로젝트가 보이도록 한다.

사용할 수 있는 프로젝트는 그림과 같이 ① 이미지 프로젝트 ② 오디오 프로젝트 ③ 포즈 프로젝트 세 가지 종류가 있는데 각각의 프로젝트는 다음과 같은 특징을 가진다.

이미지 프로젝트	사용자의 파일이나 컴퓨터의 카메라로부터 입력된 이미지를 학습하여 분류하는 모델을 생성하고 테스트할 수 있다.
오디오 프로젝트	사용자의 파일이나 컴퓨터의 카메라로부터 입력된 오디오를 학습하여 분류하는 모델을 생성하고 테스트할 수 있다.
포즈 프로젝트	사용자의 자세를 인식하여 분류하는 모델을 생성하고 테스트할 수 있다.

[단계 3] 이 실습에서는 세 가지 프로젝트 중에서 **이미지를 학습하고 분류**하는 첫 번째 프로젝트를 이용해 보도록 하자.

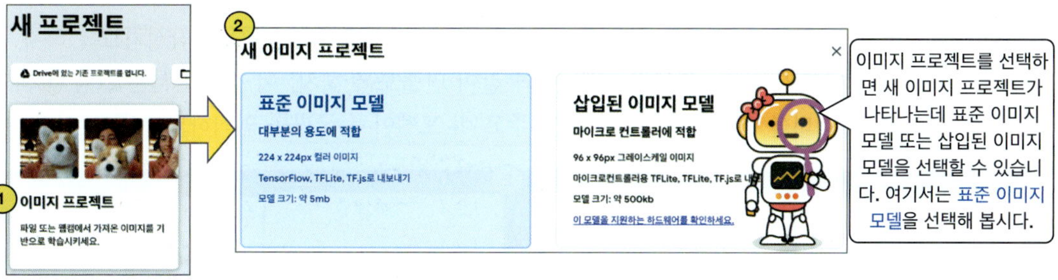

이미지 프로젝트를 선택하면 그림과 같이 **표준 이미지 모델**과 **삽입된 이미지 모델**의 두 가지 모델 중 한 가지를 선택하여 만들 수 있다. 표준 이미지 모델은 지정된 크기의 이미지를 이용하여 비교적 단순한 모델을 만드는 것이며, 삽입된 이미지 모델은 마이크로컨트롤러를 사용하는 기기에서 모델을 이용할 경우에 사용한다. 이번 실습을 위해서는 **표준 이미지 모델**을 사용해 보도록 하자. **모델**model이란 **특정한 패턴이나 형태를 인식하도록 훈련된 파일이나 최적화된 프로세스**를 말한다.

[단계 4] 표준 이미지 모델을 선택할 경우 다음과 같은 화면이 나타난다. Class 1이라는 흰색 상자와 Class 2라는 흰색 상자에는 분류를 위한 레이블과 이미지를 추가할 수 있는 버튼이 각각 존재한다. 여기에서는 두 개의 사물을 분류할 것이지만 세 개 이상의 사물을 분류하기 위해서는 하단의 "클래스 추가" 버튼을 선택하면 된다. 이미지 샘플이 학습용 데이터로 추가되면 가운데에 있는 학습 기능을 사용하여 이를 분류하는 모델을 학습시킬 수 있다.

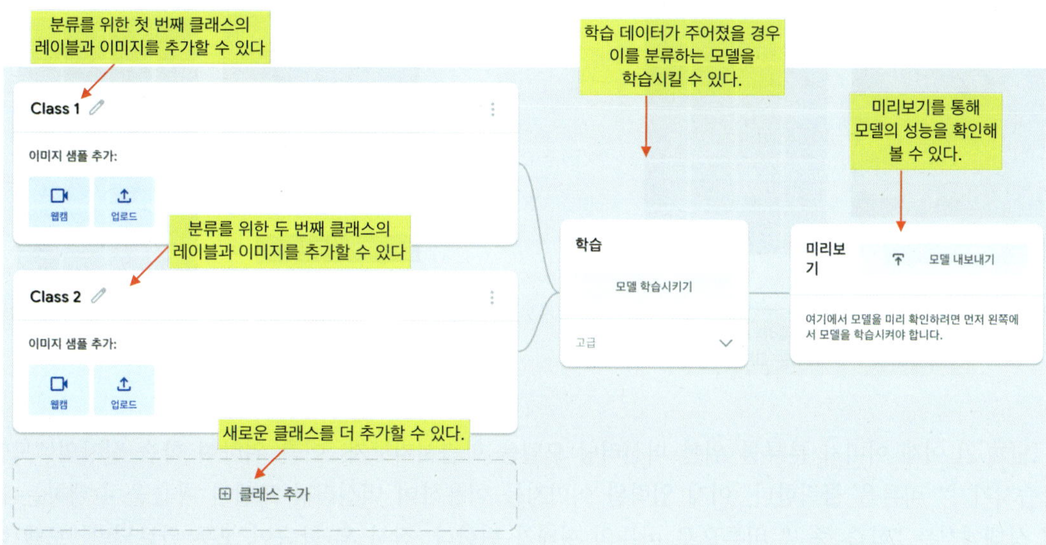

분류를 위한 레이블을 만들고 학습 데이터를 생성하는 과정은 다음 절에서 설명한다.

15.4 티처블 머신으로 코딩없이 이미지 인식하기

다음 단계로 넘어가기 전에 A4 용지에 그림 ①과 같이 숫자 1과 2를 굵은 펜으로 작성하도록 하자. 그리고 테스트를 위한 별도의 숫자 1과 2를 그림 ②와 같이 만들도록 하자. 이 실습에서는 그림 ①의 손글씨를 인식하도록 데이터를 만들어서 모델에 넘겨주고 이 모델이 손글씨를 인식하도록 할 것이다.

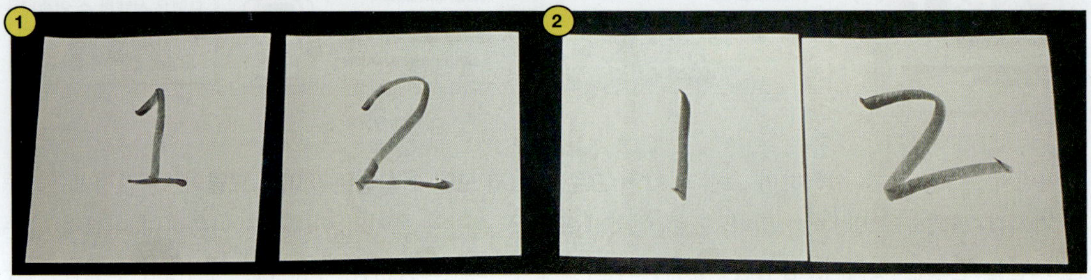

학습을 위한 숫자 이미지 테스트를 위한 숫자 이미지

[단계 1] 분류를 위한 레이블을 만들고 학습 데이터를 생성하는 과정은 아래와 같다. 우선 `Class 1` 대신 "**숫자1**"을 입력한다. 그리고 아래쪽에 있는 "길게 눌러서 녹화하기"를 클릭한다. 이 버튼을 누른 상태에서 종이를 약간 이동하거나 약간 회전하여 20개 이상의 다양한 샘플 이미지를 만들어 주도록 한다. 다음 단계로 `Class 2` 대신 "**숫자2**"을 입력한 후 이전 작업을 반복한다.

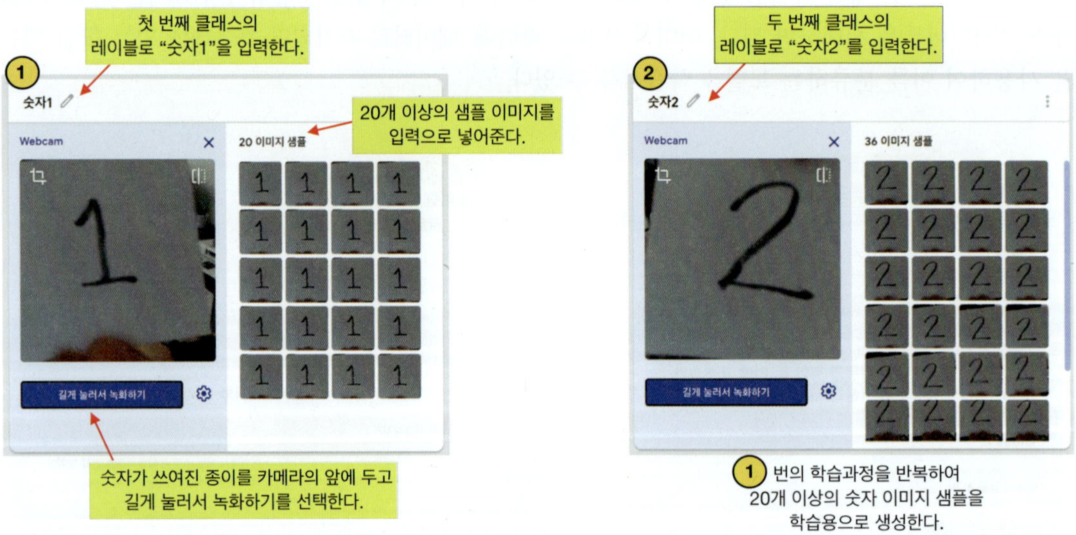

[단계 2] 이제 이미지 분류를 위한 머신러닝 모델을 학습시켜보자. 이를 위하여 학습 상자의 "모델 학습시키기" 버튼을 클릭한다. 이제 입력된 이미지를 이용하여 머신러닝 모델이 학습을 수행하는데, 이 상태에서는 "학습 중..." 버튼으로 버튼의 형태가 변한다. 잠시 후 학습이 모두 완료되면 "모델 학습 완료됨"으로 버튼의 이름이 변경되는 것을 볼 수 있다.

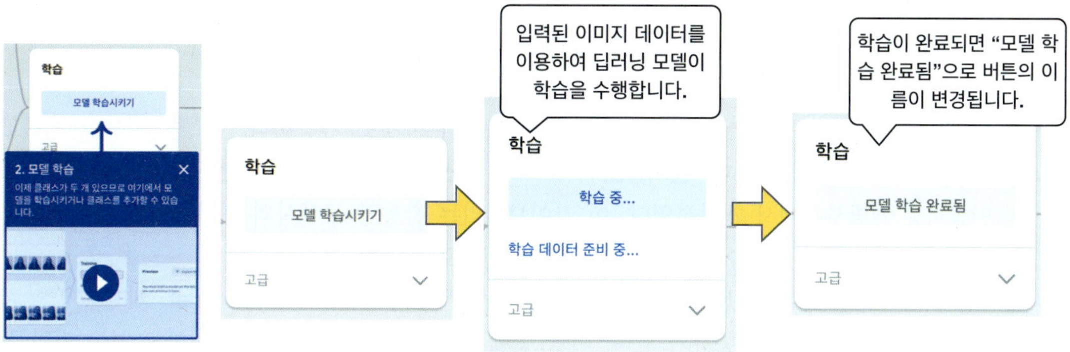

[단계 3] [단계 2]에서 만들어진 모델이 정말로 아라비아 숫자 1과 아라비아 숫자 2를 잘 분류하는지 확인을 해 보도록 하자. 이를 위하여 메모장에 새로운 숫자 1을 적은 후 카메라의 앞으로 가져와 본다. 그림과 같이 아주 높은 정확도로 잘 분류하는 것을 볼 수 있다. 다음으로 새로운 숫자 2를 가져와 본다. 역시 아주 높은 정확도로 잘 분류하는 것을 볼 수 있다.

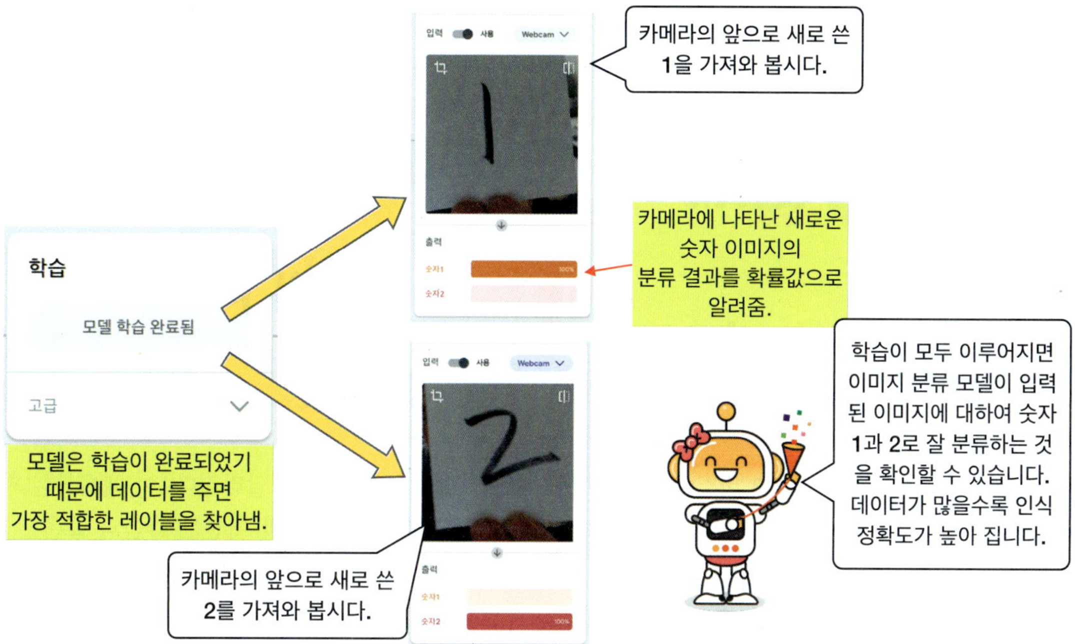

[단계 4] [단계 3]에서 만들어진 모델에 그림과 같이 숫자 2을 인식하도록 해 보자. 사람은 숫자의 형태나 각도가 조금 달라지더라도 잘 인식한다. 하지만 머신러닝 모델은 자신이 학습한 적이 없는 데이터가 입력될 경우 제대로 인식하지 못한다. 따라서 숫자 2를 회전시킨 경우 잘못 인식할 수도 있다. 이 숫자를 잘 인식하도록 하기 위해서는 학습 단계에서 많은 데이터를 주어야 한다.

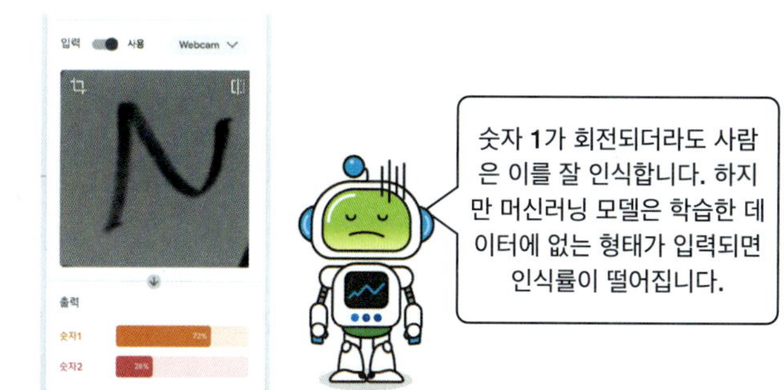

숫자 2를 잘못 인식한 경우

15.5 가장 인기있는 기계학습과 딥러닝 플랫폼 : 텐서플로

티처블머신에서 살펴본 기능을 텐서플로를 이용하여 구현하는 것도 가능하다. 이 절에서는 텐서플로의 사용법에 대하여 익혀볼 것이다. **텐서플로**Tensorflow는 **머신러닝과 딥러닝을 위한 오픈소스 플랫폼**으로 구글의 인공지능 개발부서에서 개발하였다. 이 라이브러리는 한동안 구글사의 내부에서만 사용해오다가 2015년에 오픈소스로 공개되어 현재 텐서플로 2 버전으로 발전하였다.

머신러닝과 딥러닝을 위한 플랫폼은 텐서플로, **테아노**theano, **파이토치**pytorch, **mxnet**, **케라스**keras, **사이킷런**scikit-learn, **NLTK** 등 여러 종류가 있다. 이들 중에서 현재 많은 사용자를 확보하고 있는 인기 플랫폼이 바로 텐서플로이다. 파이토치 역시 빠른 처리속도와 편리한 인터페이스로 인기를 얻고 있으나 이 책에서는 텐서플로를 사용할 것이다. 텐서플로가 인기있는 이유는 우수한 기능과 서비스를 제공하고 있으며, 병렬처리를 잘 지원하며 고급 신경망 네트워크 모델을 쉽게 구현할 수 있기 때문이다. 또한 웹상에서 머신러닝을 적용하기 위한 자바스크립트 라이브러리인 tensorflow.js라는 라이브러리를 제공하고 있으며 모바일과 임베디드 시스템을 위한 머신러닝 기능도 제공하고 있다. 텐서플로는 기능이 강력하고 많은 사용자 층을 확보한 인기 있는 머신러닝과 딥러닝 라이브러리이므로 이 책에서는 그 핵심적인 기능을 소개하는 것을 목표로 하겠다.

텐서플로는 2019년 10월 2.0 버전이 발표되면서 이전 버전과 많은 면에서 달라졌다. 이 책에서는 최신 버전인 텐서플로 2 버전의 기능을 중심으로 살펴볼 예정이다. 텐서플로의 버전은 다음과 같은 __version__ 속성을 통해 확인할 수 있다.

```
import tensorflow as tf          # tensorflow의 별명은 tf로 한다
print(tf.__version__)            # version 앞뒤로 두 개의 밑줄을 사용한다
```

```
2.13.0
```

잠깐 – 유튜브의 추천 서비스는 어떤 알고리즘을 사용할까?

인공지능 기반의 추천 알고리즘

구글의 자회사 유튜브는 세계에서 가장 큰 동영상 서비스 업체로 많은 이용자를 위한 추천 서비스를 제공하는데 초반에는 이용자들이 클릭을 많이 하는 동영상을 위주로 동영상을 추천하였다. 그 후에는 비디오에 대한 실제 시청시간에 높은 우선 순위를 두어 동영상을 추천하였다. 기계학습의 도입이 본격화된 2016년 이후에는 인공지능 시스템이 사용자의 동영상 시청 이력, 시청시간, 구독여부, 상호작용 등의 컨텍스트를 기반으로 우선순위를 부여하여 개인화된 동영상 추천서비스를 제공한다.

유튜브의 집계결과 **전체 시청 시간의 약 70%가 추천 알고리즘의 결과**이며, 알고리즘의 도입으로 인하여 사용자의 비디오 시청 시간이 20배 이상 증가하였다고 한다. 또 다른 온라인 비디오 서비스 업체인 넷플릭스 역시 **매출의 75%가 추천 시스템**에 의해 발생한다고 한다.

마크다운 기능으로 문서화를 하자

텐서플로를 이용하는 여러 가지 방법이 있으나 그 장에서는 구글의 **코래버러토리**Colaboratory 환경에서 텐서플로를 사용할 것이다. 코랩의 사용법은 13장에서 다룬바 있다. 코랩이 쓸모있는 이유 중 하나는 **마크다운**이라는 기능을 통해서 작성된 코드를 설명하는 읽기 쉬운 문서를 작성할 수 있기 때문이다. 마크다운이란 **텍스트에 기반한 마크업 언어**로 매우 간단한 문법을 가지고 있어서 웹상에서 문서를 쉽고 빠르게 생성하고 직관적으로 관리를 할 수 있다.

역시 간단한 예제를 통해서 마크다운에 대해서 알아보도록 하자. 우선 그림과 같이 + 텍스트 메뉴를 선택하여 빈 셀을 하나 만들어보자. 이제 기본 셀인 코드 셀은 텍스트 셀로 변경되었는데 이 때문에 코드 셀의 실행 순서를 나타내는 [ ]가 사라진다.

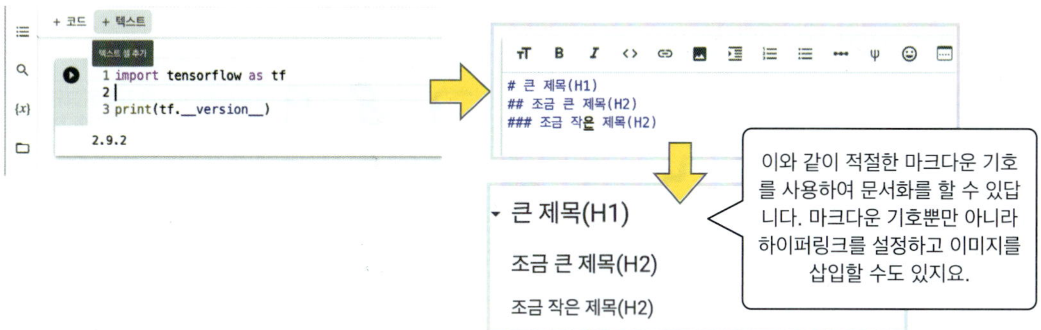

마크다운 셀은 마크다운 기호를 사용하여 문서화를 할 수 있는데 대표적인 기호가 # 기호이다. # 기호는 그림과 같이 글씨의 크기를 나타내는 명령어로 처리되며 #의 개수가 1개에서 6개로 변할 때마다 제목의 크기가 작아지는 것을 볼 수 있다. 마크다운 셀에서 #은 헤더를 나타내는 명령어로 최대 6개까지 사용할 수 있다.

마크다운 기호는 종류도 다양하고 매우 방대하지만 주요한 기호는 아래 표와 같다. 이러한 문서화 기능을 통해서 코드를 이해하기 쉽게 만드는 것도 매우 중요하다.

마크다운 기호	하는 일
1. 2.	1., 2., 3.과 같은 순서 있는 목록을 표시한다.
*	글머리 기호를 표시한다. + 기호 역시 같은 역할을 한다.
<pre> ~ </pre> 혹은 ``` ~ ```	~ 있는 부분을 있는 그대로 화면에 표시한다.
** ~ **	~ 있는 부분을 볼드체 글꼴로 출력한다. 주의: **와 문자 사이에 공백이 있으면 안 된다.
* ~ *	~ 있는 부분을 이탤릭체 글꼴로 출력한다. 주의: *와 문자 사이에 공백이 있으면 안 된다.
---	수평선을 그린다.
$$ ~ $$	~ 있는 부분을 수식으로 표현한다. Latex 표기법과 같다.

15.6 MNIST라는 예시 데이터를 살펴보자

자! 이제 텐서플로의 세계로 한 발 들어가 보도록 하자! 앞 절에서 다룬 코랩을 사용하면 별도의 복잡한 설치과정 없이 텐서플로를 바로 이용할 수 있다.

이전에 살펴본 사이킷런의 경우 붓꽃, 당뇨환자 데이터 등의 예제 데이터를 기본적으로 제공하고 있다. 텐서플로 역시 사용자를 위한 많은 학습 데이터를 제공하고 있는데 이 중 하나가 바로 MNIST이다. MNIST는 Modified National Institute of Standards and Technology의 약어로 **미국 인구 조사국에서 수집한 손글씨 숫자 데이터 집합을 기계학습에 적합하도록 수정한 이미지 집합**이다. 이 데이터 집합의 숫자 하나는 28x28 픽셀 크기의 회색조 이미지이므로 고성능 컴퓨터가 아니라도 충분히 빠른 처리가 가능하다. 또한, 전처리 과정을 통해서 정렬과 크기 균일화가 잘 이루어져 있어서 이미지 처리와 머신러닝에 매우 적합한 데이터이다.

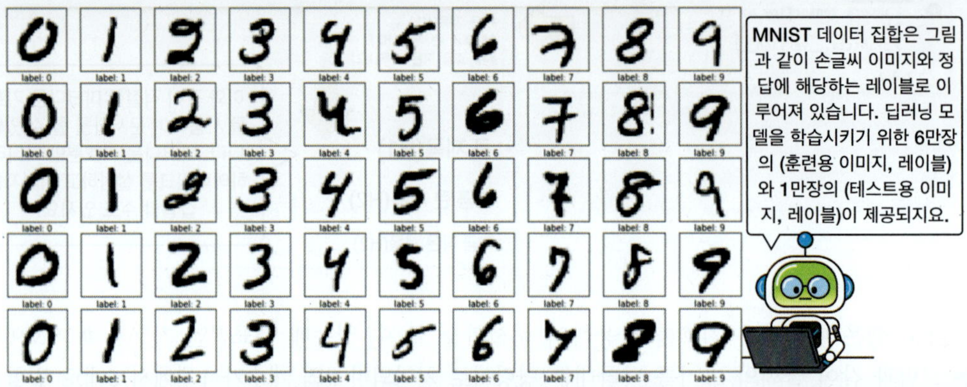

데이터 집합의 크기는 0부터 9까지의 손글씨 이미지가 각각 6,000장으로 모두 6만 장의 이미지이며, 테스트를 위한 데이터로 1만 장의 이미지가 따로 준비되어 있다. 자 이제 이 데이터를 읽어오는 간단한 프로그램을 작성해 보도록 하자. 이전의 파이썬 화면과 달리 파이썬 코딩과 실행은 아래와 같이 코랩 환경의 코드 셀과 실행 결과 화면을 사용할 예정이다.

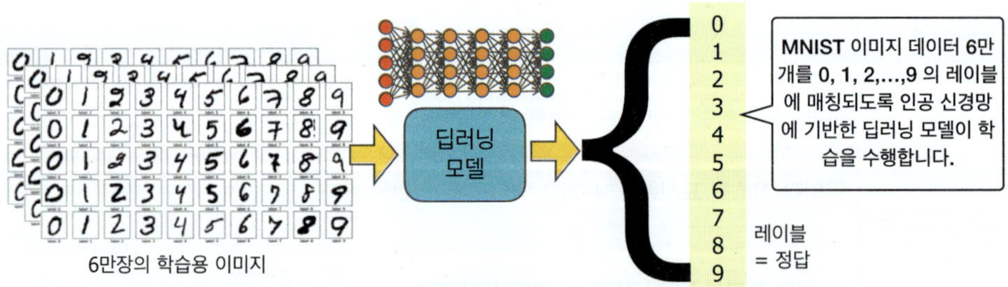

텐서플로에서는 위의 이미지를 제공하는 케라스라는 모듈을 포함하고 있는데 이 이미지 데이터 집합을 keras.datasets.mnist라는 경로를 통해서 읽어올 수 있다. 읽어 들인 데이터는 (이미지, 레이블)의 묶음으로 되어 있으며 학습용 이미지와 레이블, 테스트용 이미지와 레이블로 읽어올 것이다.

```
# tensorflow와 tf.keras를 임포트
import tensorflow as tf
from tensorflow import keras
import numpy as np
import matplotlib.pyplot as plt

# MNIST 데이터를 학습용, 테스트 데이터로 구분하여 읽어옴
mnist = keras.datasets.mnist
(train_images, train_labels), (test_images, test_labels) =\
mnist.load_data()
```

```
Downloading data from
https://storage.googleapis.com/tensorflow/tf-keras-datasets/mnist.npz
11493376/11490434 [==============================] - 0s 0us/step
11501568/11490434 [==============================] - 0s 0us/step
```

mnist.load_data()라는 명령이 수행되면 학습용 이미지는 train_images 변수에, 학습용 레이블은 train_labels라는 변수에, 테스트용 이미지는 test_images 변수에, 테스트용 레이블은 test_labels라는 변수에 각각 저장될 것이다.

이렇게 읽어 들인 데이터가 어떠한 형태인지 다음과 같이 확인해 보자. 각 데이터의 개수와 형태를 알 수 있다.

```python
print('train_images.shape =', train_images.shape)
print('test_images.shape =', test_images.shape)
print('train_labels.shape =', train_labels.shape)
print('test_labels.shape =', test_labels.shape)
```

```
train_images.shape = (60000, 28, 28)
test_images.shape = (10000, 28, 28)
train_labels.shape = (60000,)
test_labels.shape = (10000,)
```

test_images는 그 형상이 (60000, 28, 28)인데 이는 6만 장의 데이터가 제공되고 있다는 의미로 그 각각의 크기가 28x28의 크기를 가지는 것으로 해석할 수 있다. 그리고 테스트 레이블은 (60000,)으로 6만 개의 이미지 모두에 대한 정답을 포함하고 있는 것이다. 테스트용 데이터는 우리의 딥러닝 모델이 어느 정도의 성능을 가지고 있는가를 검증하기 위해서 필요하다.

읽어들인 데이터를 시각화하기 위하여 다음과 같이 train_images[0]를 이용해서 훈련 이미지의 첫 번째 데이터를 가져오도록 하자. 다음으로 이 데이터를 2중 for 루프를 사용하여 내부의 값을 출력하도록 하자. 결과는 다음과 같이 숫자 5의 필기체 글씨와 비슷하게 나타날 것이다.

```python
img = train_images[0]       # 훈련 이미지의 첫 번째 데이터를 가져온다
for i in range(28):         # 훈련 이미지를 살펴보자
    for j in range(28):
        print('{:4d}'.format(img[i][j]), end='')
    print()
```

```
   0   0   0   0   0   0   0   0   0   0   0   0   0   0   0   0   0   0   0   0   0   0   0   0   0   0   0   0
   0   0   0   0   0   0   0   0   0   0   0   0   0   0   0   0   0   0   0   0   0   0   0   0   0   0   0   0
   0   0   0   0   0   0   0   0   0   0   0   0   0   0   0   0   0   0   0   0   0   0   0   0   0   0   0   0
   0   0   0   0   0   0   0   0   0   0   0   0   0   0   0   0   0   0   0   0   0   0   0   0   0   0   0   0
   0   0   0   0   0   0   0   0   0   0   0   0   0   0   0   0   0   0   0   0   0   0   0   0   0   0   0   0
   0   0   0   0   0   0   0   0   0   0   0   0   3  18  18  18 126 136 175  26 166 255 247 127   0   0   0   0
   0   0   0   0   0   0   0   0  30  36  94 154 170 253 253 253 253 253 225 172 253 242 195  64   0   0   0   0
   0   0   0   0   0   0   0  49 238 253 253 253 253 253 253 253 253 251  93  82  82  56  39   0   0   0   0   0
   0   0   0   0   0   0   0  18 219 253 253 253 253 253 198 182 247 241   0   0   0   0   0   0   0   0   0   0
   0   0   0   0   0   0   0   0  80 156 107 253 253 205  11   0  43 154   0   0   0   0   0   0   0   0   0   0
   0   0   0   0   0   0   0   0   0  14   1 154 253  90   0   0   0   0   0   0   0   0   0   0   0   0   0   0
   0   0   0   0   0   0   0   0   0   0   0 139 253 190   2   0   0   0   0   0   0   0   0   0   0   0   0   0
   0   0   0   0   0   0   0   0   0   0   0  11 190 253  70   0   0   0   0   0   0   0   0   0   0   0   0   0
   0   0   0   0   0   0   0   0   0   0   0   0  35 241 225 160 108   1   0   0   0   0   0   0   0   0   0   0
   0   0   0   0   0   0   0   0   0   0   0   0   0  81 240 253 253 119  25   0   0   0   0   0   0   0   0   0
   0   0   0   0   0   0   0   0   0   0   0   0   0   0  45 186 253 253 150  27   0   0   0   0   0   0   0   0
   0   0   0   0   0   0   0   0   0   0   0   0   0   0   0  16  93 252 253 187   0   0   0   0   0   0   0   0
   0   0   0   0   0   0   0   0   0   0   0   0   0   0   0   0   0   0 249 253 249  64   0   0   0   0   0   0
   0   0   0   0   0   0   0   0   0   0   0   0   0   0  46 130 183 253 253 207   2   0   0   0   0   0   0   0
   0   0   0   0   0   0   0   0   0   0   0   0  39 148 229 253 253 253 250 182   0   0   0   0   0   0   0   0
   0   0   0   0   0   0   0   0   0   0  24 114 221 253 253 253 253 201  78   0   0   0   0   0   0   0   0   0
   0   0   0   0   0   0   0   0  23  66 213 253 253 253 253 198  81   2   0   0   0   0   0   0   0   0   0   0
   0   0   0   0   0   0  18 171 219 253 253 253 253 195  80   9   0   0   0   0   0   0   0   0   0   0   0   0
   0   0   0   0  55 172 226 253 253 253 253 244 133  11   0   0   0   0   0   0   0   0   0   0   0   0   0   0
   0   0   0   0 136 253 253 253 212 135 132  16   0   0   0   0   0   0   0   0   0   0   0   0   0   0   0   0
   0   0   0   0   0   0   0   0   0   0   0   0   0   0   0   0   0   0   0   0   0   0   0   0   0   0   0   0
   0   0   0   0   0   0   0   0   0   0   0   0   0   0   0   0   0   0   0   0   0   0   0   0   0   0   0   0
   0   0   0   0   0   0   0   0   0   0   0   0   0   0   0   0   0   0   0   0   0   0   0   0   0   0   0   0
```

15.7 MNIST 데이터와 이미지의 구조

우리는 심층신경망으로 필기체 숫자 이미지를 학습시켜 이 이미지를 해당하는 숫자로 매칭시키도록 할 것이다. 이에 앞서 컴퓨터에서 이미지가 어떻게 저장되고 처리되는가를 먼저 살펴보도록 하자. 컴퓨터 화면에서 우리가 보는 다양한 모습의 이미지는 컴퓨터 내부에서는 모두 숫자 값으로 저장되어 있다. 따라서 다음과 같은 이미지는 밝은 부분과 어두운 부분이 각각 다른 숫자 값으로 저장되어 표현된다. `0`에서 255까지의 회색조 이미지의 경우 `0`에 해당하는 값이 가장 어둡고, 255에 해당하는 값이 가장 밝게 나타난다. 숫자 값이 `0, 50, 100, 150`일 경우 이 값을 회색조 색상으로 표현하면 그림 ①과 같이 나타난다. 즉 색상의 숫자 값이 커질수록 밝게 표현되는 것을 볼 수 있다. 이제 이 숫자 값에 모두 `50`을 더해보자. 그렇게 하면 원래 값에서 각각 `50`이 커진 `50, 100, 150, 200`이 된다. 이 값을 가지는 회색조 색상을 화면에 표시하면 그림 ②와 같이 ①에 비해서 한 단계씩 밝게 표현된 이미지를 볼 수 있다.

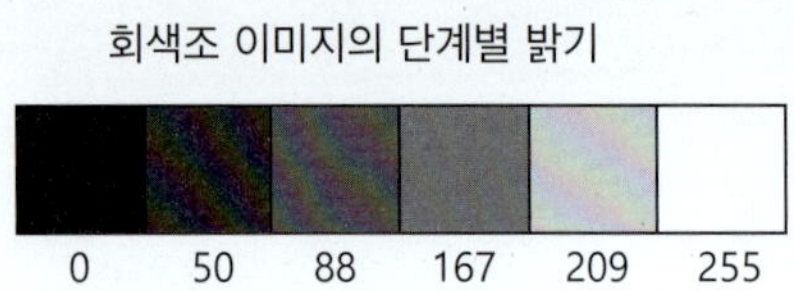

앞서 살펴본 MNIST 이미지는 한 픽셀이 `0`에서 255 사이의 값을 가진 회색조 이미지로 이루어져 있다는 것을 알 수 있다. 이제 우리가 가져온 데이터를 좀 더 상세하게 살펴보자. 앞서 살펴본 `train_images` 배열의 첫 원소인 `train_images[0]`를 회색조 이미지로 시각화하도록 하자. 이를 위하여 파이썬의 `matplotlib`이라는 패키지를 `import` 하도록 하자. 이 패키지의 `pyplot` 서브 패키지에 있는 `imshow()` 함수는 다음과 같이 배열값을 오른쪽과 같은 이미지로 보여주는 함수이다.

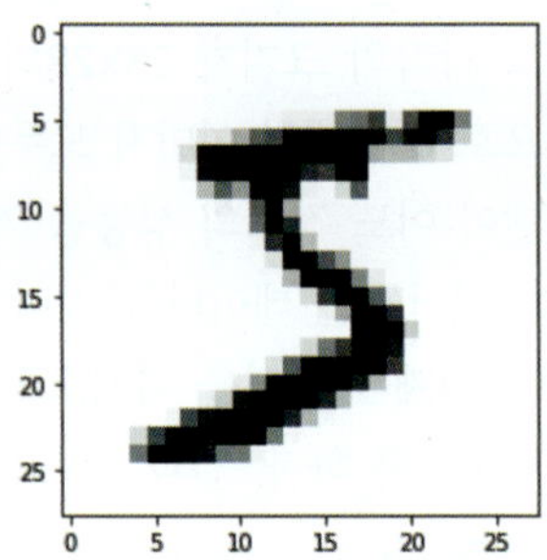


```python
import matplotlib.pyplot as plt

plt.imshow(train_images[0], cmap='Greys')
```

텐서플로의 `keras` 패키지의 MNIST 데이터셋에는 이러한 학습용 데이터가 모두 6만 개나 있다. 이 이미지들을 모두 보여줄 수 없으므로 가장 먼저 나타나는 4개의 이미지를 가져와서 화면에 출력해 볼 것이다. 이 것은 다음과 같은 맷플롯립 라이브러리의 `imshow()`을 이용하면 된다.

```python
fig = plt.figure()
ax1 = fig.add_subplot(1, 4, 1)
ax2 = fig.add_subplot(1, 4, 2)
ax3 = fig.add_subplot(1, 4, 3)
ax4 = fig.add_subplot(1, 4, 4)

ax1.imshow(train_images[0], cmap='Greys') # 첫 번째 훈련용 데이터
ax2.imshow(train_images[1], cmap='Greys') # 두 번째 훈련용 데이터
ax3.imshow(train_images[2], cmap='Greys') # 세 번째 훈련용 데이터
ax4.imshow(train_images[3], cmap='Greys') # 네 번째 훈련용 데이터
```

```
<matplotlib.image.AxesImage at 0x7efe50f08dc0>
```

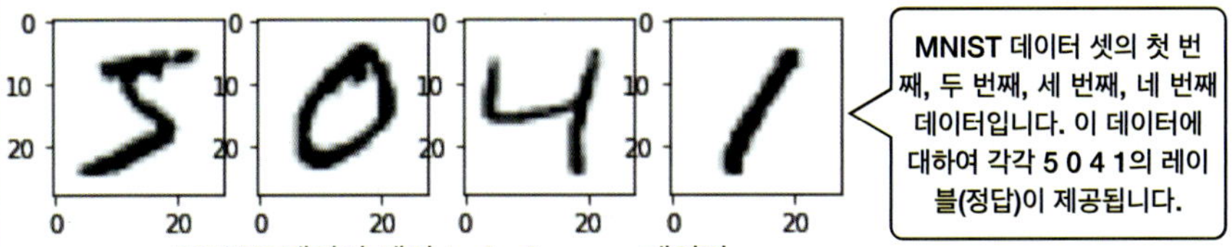

MNIST 데이터 셋의 train_images 데이터

이미지 파일 형태인 학습 데이터의 첫 4개 데이터의 형태가 5, 0, 4, 1의 숫자라는 것을 눈으로 확인할 수 있다. 이제 이 4개 이미지의 정답에 해당하는 train_labels 배열의 값을 출력해 보도록 하자.

```python
print('train_labels[:4] =', train_labels[:4]) # 정답 레이블을 출력해보자
```

```
train_labels[:4] = [5 0 4 1]
```

출력 결과 학습용 이미지의 정답에 해당하는 레이블이 **5 0 4 1**이라는 것을 확인할 수 있었다. 이런 형태의 이미지와 정답이 6만 개 주어져 있는 것이 MNIST 데이터이므로 우리는 이 필기체 이미지를 학습하여 정답을 알아 맞히는 딥러닝 모델을 만들어야 할 것이다. 딥러닝 모델의 정확도는 학습에 사용되지 않은 새로운 데이터인 test_images를 얼마나 정확하게 인식하는 가로 판별할 것이다.

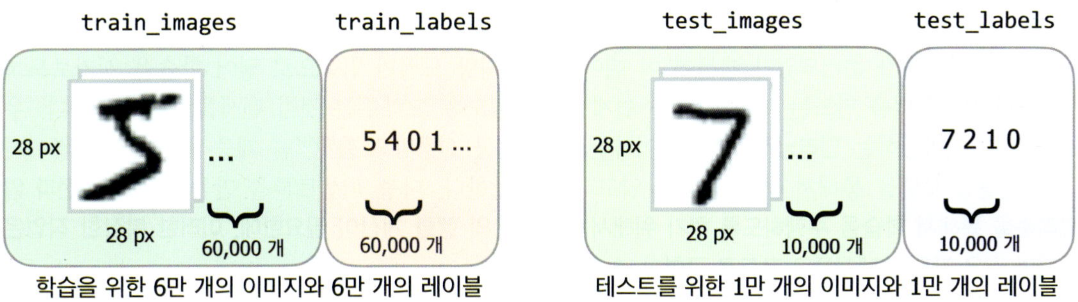

딥러닝을 위한 라이브러리 살펴보기

이전 절에서 살펴본 MNIST 데이터셋 이미지를 구분하는 딥러닝 모델을 만들어 보자. 이 모델을 만들기 위하여 필요한 단계는 다음과 같이 1에서 5단계로 나누어 보았다.

1. 신경망 모델의 입력값으로 사용하기에 적절한 형태로 train_images **데이터를 전처리**하는 일
2. train_images 데이터를 학습시키기 위한 **신경망 모델을 정의**하는 일
3. 신경망 모델의 **활성화 함수, 학습을 위한 최적화 함수, 손실함수, 측정 방법을 정의**하는 일
4. 6만 개의 이미지로 이루어진 train_images 데이터를 심층 신경망 모델에 넣어서 train_labels 데이터의 숫자로 인식하도록 **학습을 시키는 일**
5. 1만 개의 이미지로 이루어진 test_image 데이터를 학습을 마친 모델의 입력으로 넣어서 이 모델의 **정확도를 알아보는 일**

이상의 과정은 언듯 보기에 복잡해 보인다. 하지만 텐서플로에 포함된 keras 서브 모듈의 다양한 기능을 사용한다면 이런 어려운 작업도 손쉽게 할 수 있다. 이러한 작업은 이전 장에서 배운 다층 퍼셉트론을 이용하여 구현할 수 있는데 **텐서플로는 다층 퍼셉트론을 만들고 학습시키는 복잡한 작업을 매우 쉽게 할 수 있다.**

15.8 딥러닝 모델을 만드는 단계

1 단계: 전처리

신경망 모델의 입력값으로 사용하기에 적절하도록 만드는 전처리는 이미 MNIST 데이터 집합을 생성할 적에 수행되었다고 볼 수 있다. 하지만 만일 여러분이 직접 사람의 손글씨 이미지 데이터를 수집한다면, 손글씨 데이터를 스캐닝 하는 과정에서 상당한 잡음 이미지가 들어갈 수가 있을 것이다. 이 경우에 잡음을 제거하거나 크기를 보정하는 작업이 될 수 있을 것이다. 이러한 작업은 현재는 불필요한 것으로 보이지만 실데이터를 다룰 적에는 매우 중요한 작업이 될 것이다. 여기에서는 0에서 255 사이값을 가지는 회색조 이미지의 값의 범위를 0에서 1 사이의 값으로 변환시키는 작업이 필요하다.

이러한 전처리는 train_images / 255, test_images / 255로 간단하게 할 수 있다. 이 전처리 과정의 하나로 원래 픽셀이 가진 값의 범위 0~255를 0에서 1 사이의 값으로 조정하는 **정규화** 작업을 수행해 보자. 딥러닝 모델의 입력으로 0과 1 사이의 실수값을 입력으로 사용하는 이유는 인공 신경망의 전체 수식에서 사용되는 값이 0, 1, 2, 3과 같은 이산적인 값이 아닌 연속적인 값이기 때문이며, 이 때문에 실수값을 입력으로 사용하는 것이 더 나은 결과를 얻을 수 있기 때문이다.

```
# 입력값 전처리 : 0에서 255사이의 값을 0에서 1 사이의 값으로 가공함
train_images, test_images = train_images / 255, test_images / 255
```

2 단계: 신경망 모델 만들기

이제 입력 데이터가 준비되었기 때문에 이 데이터를 신경망 모델의 입력으로 넣어 학습을 시켜보도록 하자. 신경망 모델을 만드는 복잡한 일을 쉽게 할 수 있도록 도와주는 것이 텐서플로의 역할이다. 우리가 흔히 이야기하는 **딥러닝**deep learning이라는 것은 인공 신경망의 **층**layer을 계층적으로 깊이 쌓아서 만든 신경망 모델을 통해서 학습을 하는 알고리즘을 말한다. 다층 퍼셉트론을 만들고 **오차 역전파 알고리즘을 통해서 학습을 수행하도록 하기 위해서는 대규모의 행렬 계산이 필요한데, 이러한 복잡한 작업은 아래와 같은 간단한 텐서플로 코드로 구현**할 수 있다.

```
model = keras.Sequential([
    keras.layers.Flatten(input_shape=(28, 28)),
    keras.layers.Dense(128, activation='relu'),
    keras.layers.Dense(10, activation='softmax')
])
```

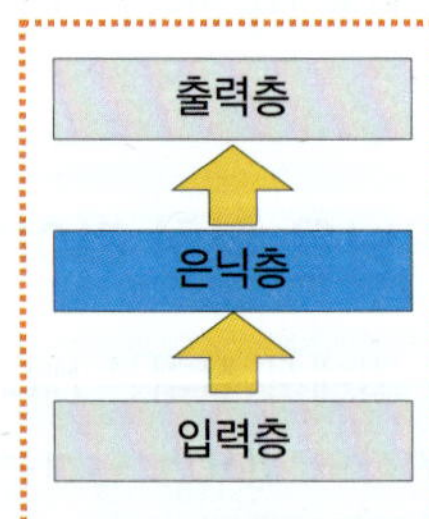

keras의 Sequential 네트워크 구조

위의 코드에서 keras.Sequential() 클래스는 그림과 같이 입력층, 은닉층, 출력층이 존재하는 순차적 연결 구조를 가지는 신경망 모델을 생성한다. 이 순차적 신경망 모델을 생성할 때는 리스트 형식의 인자를 받는데 이 리스트의 첫 항목은 일반적으로 입력층이 된다. 우리가 다룰 순차적 심층 신경망은 입력값으로 1차원 배열을 사용할 것이기 때문에 이를 Flatten() 클래스를 사용하여 1차원 객체로 만든다. Flatten 네트워크에서 2차원 입력을 1차원 값으로 만들었기 때문에 28×28=784가 입력 노드의 수가 된다.

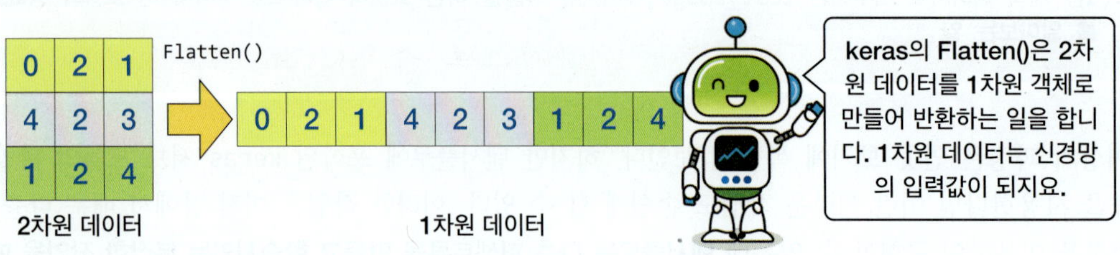

위의 모델은 다음과 같이 단순화시킬 수 있을 것이다.

```
3개의 층을 가진 네트워크 모델을 생성한다
1. Flatten 계층: 입력은 (28, 28)이며 이를 784개 노드로 변환시킴
2. Dense 네트워크: 784개 Flatten 계층의 입력을 받아 128 개의 노드에
   연결함. 활성화 방법: RELU
3. Dense 네트워크: 128개 노드로부터 입력을 받아 출력층 10개 노드에 연결
   함, 10개의 출력값 중에서 가장 높은 확률값으로 변환하는 함수: SoftMax
```

다음으로 두 층에 대한 촘촘한 연결을 구성하는 Dense 네트워크가 나타난다. Dense는 학습을 위한 연결을 **밀집된**dense 구조 혹은 **완전 연결**fully connected층으로 한다는 의미이다. Dense 네트워크의 입력은 앞 층에서 주어지기 때문에 몇 개의 출력으로 연결할지를 정하는 매개변수가 있다. 여기에서는 128개의 노드로 네트워크를 구성하므로 784×128=100,352개의 연결 네트워크가 생성된다**(실제 생성되는 내부의 은닉층은 128개의 노드와 편향 노드가 추가되어 129개의 노드를 가진다)**.

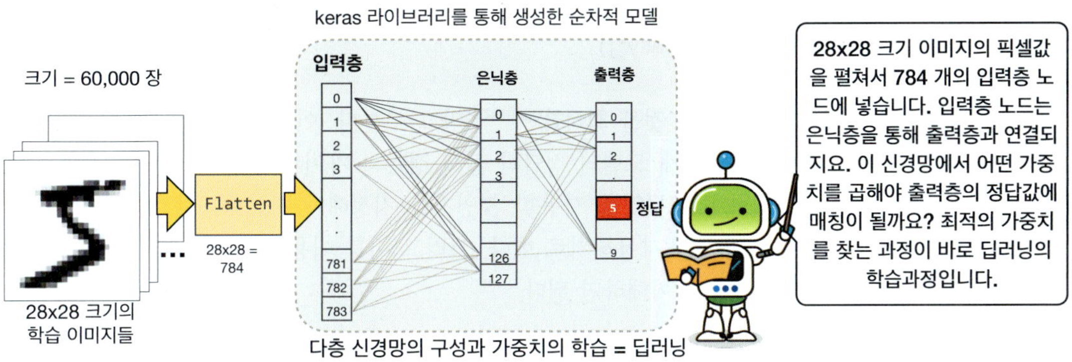

이와 같이 1차원 배열로 변환된 784개의 값은 내부의 인공 신경회로망을 통과하여 10개 중 하나의 **범주**category로 분류된다. 이때 숨어있는 학습층(은닉층)을 만드는 명령이 keras.layers.Dense()이다. 이렇게 생성된 신경망은 1) **경사 하강법을 이용하여 오차를 줄이는 방향으로 학습을 진행**하며, 2) **오차 역전파를 이용하여 가장 좋은 가중치와 편향값**을 찾아 나간다. 경사 하강법은 이전 장에서 설명하였으며 오차 역전파에 대한 자세한 설명은 이 책의 범위를 벗어나는 심화 내용이다.

이제 이 모델의 구조를 model.summary() 메소드를 통해서 살펴보자. 아래 코드와 같이 784개의 입력이 Flatten 타입으로 들어오면, 중간에 128개의 은닉 노드가 출력층에 있는 10개의 노드와 연결된 구조임을 알 수 있다. 이 모델에서 학습시켜야 할 파라미터의 수는 101,770개라는 정보도 함께 보여준다.

```
model.summary()    # 모델의 구조를 요약하여 살펴보자
```

```
Model: "sequential_1"
_________________________________________________________________
 Layer (type)                Output Shape              Param #
=================================================================
 flatten_1 (Flatten)         (None, 784)               0

 dense_2 (Dense)             (None, 128)               100480

 dense_3 (Dense)             (None, 10)                1290

=================================================================
Total params: 101,770
Trainable params: 101,770
Non-trainable params: 0
```

15.9 딥러닝 모델을 학습시켜 보자

다음 단계로는 딥러닝 모델을 학습시키는 단계이다. 학습을 위해서는 좀 더 정밀한 설정이 필요하다.

3 단계: 학습을 위한 활성화 함수, 최적화 함수, 측정방법 정의

앞에서 만든 모델은 아직 데이터를 가지고 학습을 한 상태가 아니다. 신경망의 학습은 기본적으로 추측을 한 뒤에 정답과 비교하여 오차가 얼마인지 확인한 뒤에 이 오차를 줄이는 방법으로 연결의 강도를 조절하는 것이다. 이때 오차를 측정하는 방법과 이 오차를 줄이는 방법을 지정해야 학습이 이루어질 수 있다. **3번 단계**인 활성화 함수, 학습을 위한 최적화 함수, 손실 함수, 측정 방법을 정의하는 절차는 훈련을 하기 전에 필요한데 다음과 같은 설정을 하면 된다.

```
model.compile(optimizer='adam',
              loss='sparse_categorical_crossentropy',
              metrics=['accuracy'])
```

모델을 점점 더 좋은 상태로 만드는 것을 **최적화**optimizer라고 부른다. 이를 위해서는 현재 모델이 얼마나 잘못되었는지를 알아야 한다. 현재 모델의 정답과 실제 정답의 차이가 오차이고 이 오차를 측정하는 것이 손실함수이다. 손실함수로 무엇을 사용할 것인지를 지정해야 하는데, 여기서는 sparse_categorical_crossentropy 함수를 사용하기로 했다. 그리고 이를 이용하여 모델을 개선하는 최적화 기법으로는 adam을 선택한 것으로 이해하면 된다.

4 단계: 학습시키기

모델이 완성되면 **훈련 데이터와 정답 데이터를 주고 학습을 실시**하면 된다. **4번 단계**인 학습을 시작하게 하는 함수는 모델의 fit() 메소드인데, 훈련용 입력과 여기에 대응하는 정답 레이블 데이터 셋을 차례로 주면 된다. 훈련 데이터 6만 장의 모음을 가지고 한 번 학습을 실시하는 것을 **에폭**epoch이라고 부른다. 한 번의 학습만으로는 부족하기 때문에 이것을 반복함으로써 모델은 더 좋은 상태로 바뀌게 된다. 여기서는 5개의 에폭을 지정하였으므로 **전체 데이터에 대한 학습을 5차례 실시**하게 된다.

```
model.fit(train_images, train_labels, epochs=5)
```

```
Epoch 1/5
1875/1875 [======================] - 6s 3ms/step - loss: 0.2579 - accuracy: 0.9257
... 중간 생략 ...
Epoch 5/5
1875/1875 [======================] - 5s 3ms/step - loss: 0.0454 - accuracy: 0.9862
<keras.callbacks.History at 0x7f945f7f7d30>
```

에폭이 진행되면서 매 에폭 단계에서의 손실값 loss와 정확도 accuracy가 화면에 출력된다. 이 값의 변화를 자세하게 살펴보면 학습이 진행됨에 따라 예측의 부정확도를 파악할 수 있는 손실값 loss는 감소하고, 예측의 **정확도**인 accuracy 값은 증가함을 확인할 수 있다. 학습의 진행도를 출력하는 위의 출력 결과가 의미하는 바는 다음과 같다.

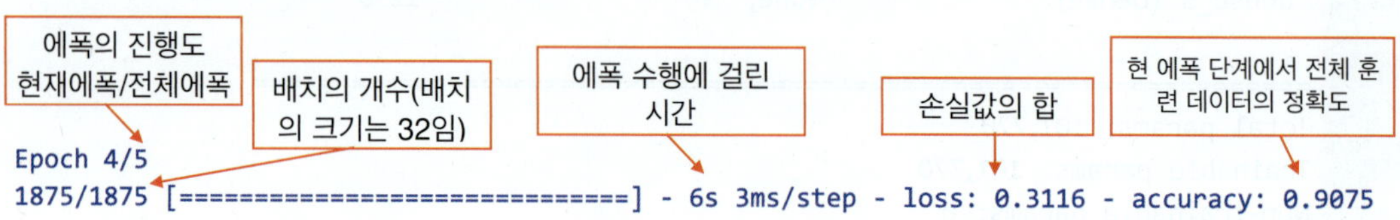

위의 설명에서 나타난 배치의 크기와 에폭은 다음 그림과 같이 이해할 수 있다. 6만개의 이미지를 모두 메모리에 올려두고 학습을 시키면 엄청난 크기의 메모리가 필요하며 이를 학습하기 위한 시간도 많이 소요된다. 따라서 디폴트 값인 32개의 이미지를 묶어서 학습을 진행한다. 이 과정을 1875번 반복할 경우 32×1,875=60,000개의 이미지가 모두 학습된다. 이와 같이 모든 데이터가 학습되는 것이 1 에폭이다. 이 예시에서는 5번에 걸쳐 반복적으로 이미지를 학습시키는 방법을 사용하였다.

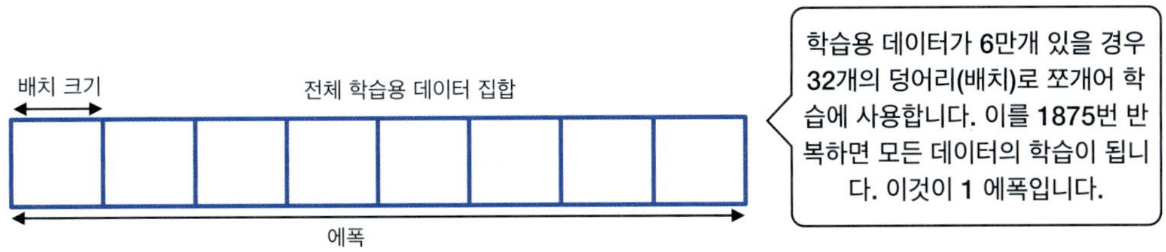

5 단계: 모델의 정확도 알아보기

이제 학습 데이터가 아닌 준비된 테스트 데이터를 이용하여 이 모델이 정답 레이블을 잘 맞히는지 확인해 보자. 1만 개의 이미지로 이루어진 테스트 데이터는 생성한 모델이 처음 보는 데이터이다. 따라서 이것을 적용한 결과는 훈련용 데이터로 훈련한 최종 결과에 비해 정확도가 조금 떨어질 수 있다. 아래의 경우 정확도 값이 0.9763로 나타났는데 97.63%의 정확도로 전체 테스트 데이터를 정답으로 예측하였음을 볼 수 있다.

```
test_loss, test_acc = model.evaluate(test_images,  test_labels, verbose=2)
print('\n테스트 데이터에 대한 모델의 정확도:', test_acc)
```

```
313/313 - 1s - loss: 0.0747 - accuracy: 0.9763 - 972ms/epoch - 3ms/step

테스트 데이터에 대한 모델의 정확도: 0.9763000011444092
```

신경망의 학습 데이터는 동일하지만 학습 때 사용되는 모델의 초기 가중치는 매번 랜덤하게 결정되므로 동일한 모델을 만들더라도 매번 정확도 값은 다르게 나타날 수 있다. 우리가 만든 모델은 테스트 데이터를 약 97.6%의 확률로 매우 정확하게 예측하였다.

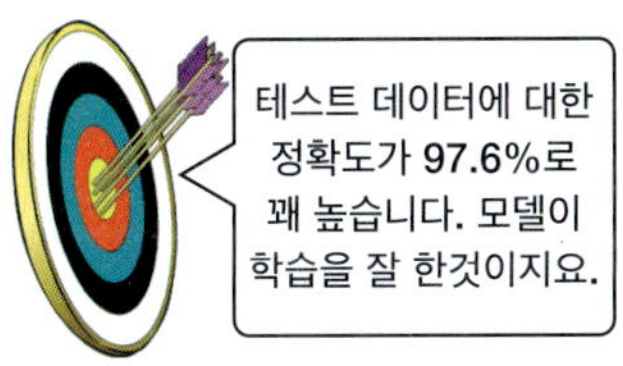

15.10 이미지를 예측해 보자

이제 딥러닝 모델을 만들고 이 모델에 학습용 이미지 데이터를 넘겨주는 단계까지 진행하였다. 다음으로 테스트 데이터를 몇 개 가져와서 우리가 만든 모델이 이 이미지들을 잘 인식하는가 살펴보도록 하자. 우선 test_images 배열에 있는 이미지들을 살펴볼 것이다. 이 배열 데이터의 형태를 출력해 보자. 결과는 다음과 같이 (10000, 28, 28)로 나타나는데, 이것은 28×28 크기의 이미지 10,000개를 가진 3차원 배열이라는 의미이다.

```
test_images.shape
```

```
(10000, 28, 28)
```

이 중에서 처음으로 나타나는 5개의 데이터와 레이블을 화면에 표시하고 출력해보자.

```
fig = plt.figure()

n = 5     # 5개의 테스트 데이터
for i in range(5):
    ax = fig.add_subplot(1, n, i+1)
    ax.imshow(test_images[i], cmap='Greys')  # 테스트용 데이터
    ax.set_title(str(test_labels[i]))          # 테스트용 데이터의 레이블
```

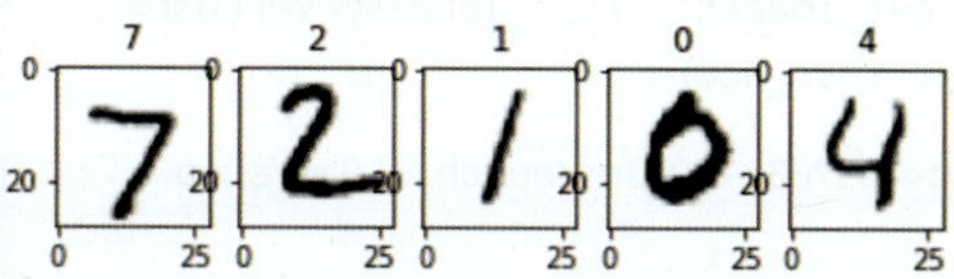

set_title() 명령으로 레이블의 정보를 출력해서 위쪽에는 테스터용 데이터의 레이블, 아래쪽에는 이미지를 나타내었다. 숫자 7의 아래에는 7의 손글씨 이미지가 나타나 있다. 이 이미지의 레이블은 7, 2, 1, 0, 4 순서로 표시되어 있다.

이 데이터를 모델에 집어넣어 결과를 얻는 것은 predict() 메소드이다. 첫번째 이미지를 넣어서 예측값을 출력해 보도록 하자. 그러나 다음과 같이 예측을 하면 오류가 발생할 것이다.

```
yhat = model.predict(test_images[0])  # 첫 번째 데이터의 예측값
```

```
WARNING:tensorflow:Model was constructed with shape (None, 28, 28) for input
Tensor("flatten_1_input:0", shape=(None, 28, 28), dtype=float32), but it was called
on an input with incompatible shape (None, 28).
...
```

오류 메시지의 내용은 다음과 같다. 우리는 이전에 28×28 크기 이미지가 여러 개 담길 수 있는 (None, 28, 28) 구조의 3차원 배열 입력을 처리하는 모델을 만들었는데, 이 모델의 입력으로 (28, 28) 형태의 2차원 배열이 입력으로 들어왔다는 것이다. test_images[0]의 형태는 (28, 28)이고 이것은 너비와 높이가 28×28 픽셀의 데이터이다. 이러한 이유로 입력 데이터가 모델에서 사용하는 데이터의 차원과 일치하지 않는 것이다. 이것을 해결하기 위해서는 (28, 28) 형태의 데이터를 (1, 28, 28)과 같이 고쳐주어야 한다.

```
test_images[0].shape
```

```
(28, 28)
```

넘파이에서 축을 하나 추가하는 **newaxis**를 다룬 적이 있다. 이것을 이용하여 이 데이터를 (1, 28, 28)로 만들면 제대로 된 3차원 데이터가 될 것이다. 이것은 **test_images[0][np.newaxis, :, :]**과 같은 방법으로 하면 된다.

```
test_images[0][np.newaxis, :, :].shape
```

```
(1, 28, 28)
```

이제 다음과 같이 차원을 추가한 **test_images[0]** 데이터를 입력값으로하여 **predict()** 메소드에 넣으면, 각각의 레이블과 일치하는 정도를 출력하는데 이 값을 살펴보면 출력 노드 10개의 값이 나타난다.

```
model.predict( test_images[0][np.newaxis, :, :])
```

```
1/1 [==============================] - 0s 18ms/step
array([[2.4092135e-08, 3.7748560e-09, 5.3403360e-06, 6.1251987e-05,
        3.3557712e-11, 1.3969820e-07, 6.9523410e-12, 9.9992895e-01,
        2.1191904e-06, 2.1425026e-06]], dtype=float32)
```

predict() 메소드가 내보내는 값은 2.4092135e-08, 3.7748560e-09, 5.3403360e-06,... 인데 이는 $2.40*10^{-8}$, $3.77*10^{-9}$, $5.34*10^{-6}$,...을 의미한다. 이 중에서 가장 큰 값은 음영으로 표시된 값인데 8번째의 값으로 $9.9*10^{-1}$이다. 이는 모델이 예측한 값들 중에서 가장 큰 값이다. 우리가 관심이 있는 것은 가장 큰 확률을 가진 클래스이다. 이렇게 최종 출력을 통해 가장 일치도가 높은 클래스를 찾아내기 위해 넘파이의 **argmax()** 함수를 쓸 수 있다. 이것은 배열에서 가장 큰 값을 갖는 인덱스를 반환한다. 위의 경우 9.9992895e-01의 인덱스 값인 7이 반환된다.

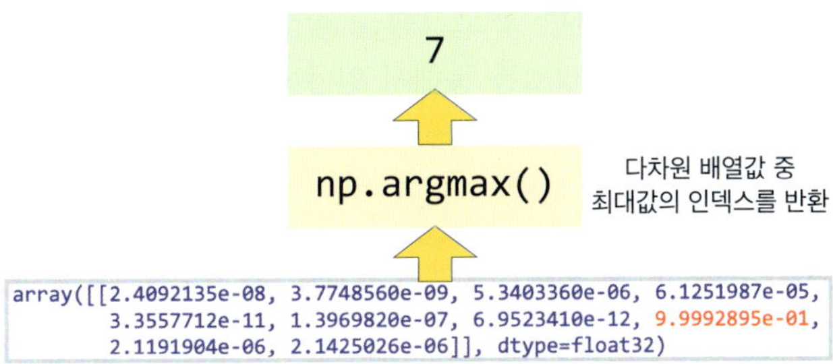

이제 다음과 같이 코드를 수정해서 0번째부터 4번째까지 5개의 테스트 데이터에 대한 모델의 예측값을 출력해 보도록 하자.

```
for idx in range(5):
    y_pred = np.argmax(model.predict(test_images[idx][np.newaxis, :, :]))
    print('{}번째 데이터의 예측값: {}'.format(idx, y_pred))
```

```
1/1 [==============================] - 0s 19ms/step
0번째 데이터의 예측값: 7
1/1 [==============================] - 0s 20ms/step
1번째 데이터의 예측값: 2
1/1 [==============================] - 0s 17ms/step
2번째 데이터의 예측값: 1
1/1 [==============================] - 0s 17ms/step
3번째 데이터의 예측값: 0
1/1 [==============================] - 0s 18ms/step
4번째 데이터의 예측값: 4
```

출력 결과를 살펴보면 모델이 예측한 값이 각각 7 2 1 0 4로 실제 테스트 데이터의 레이블과 일치하는 것을 볼 수 있으며 우리가 만든 모델이 잘 동작하는 것을 확인할 수 있다.

15.11 패션 MNIST라는 예시 데이터 알아보기

자! 이제 숫자 인식보다 다소 까다로운 옷과 신발의 이미지를 보고 인식하는 문제에 도전해 보자. 앞서 살펴본 사이킷런의 경우 붓꽃, 보스턴 집값, 당뇨환자 데이터 등의 예제 데이터를 기본적으로 제공하고 있다. 텐서플로 역시 사용자를 위한 많은 학습 데이터를 제공하고 있는데 이 중 하나가 바로 패션 MNIST이다. MNIST는 다음과 같이 **운동화나 셔츠 같은 옷과 신발의 이미지와 이 이미지에 대한 레이블을 제공**하고 있다. 이 이미지의 개수는 6만장이며 앞서 살펴본 MNIST 이미지 데이터와 같은 크기인 28x28 픽셀 크기로 저장되어 있다. 그리고 테스트를 위한 데이터로 1만장의 이미지가 따로 준비되어 있다.

자 이제 이 데이터를 읽어오는 간단한 프로그램을 작성해 보도록 하자. 이 이미지 데이터셋을 keras.datasets.fashion_mnist라는 경로를 통해서 읽어올 수 있다. 다음을 작성하고 실행해 보라.

```
import tensorflow as tf
from tensorflow import keras
import numpy as np
import matplotlib.pyplot as plt

# 패션 MNIST 데이터는 keras의 데이터셋에 있는데 이를 읽어와서 학습용, 테스트 데이터로 구분
fashion_mnist = keras.datasets.fashion_mnist
(train_images, train_labels), (test_images, test_labels) = \
fashion_mnist.load_data()
```

```
...
Downloading data from
https://storage.googleapis.com/tensorflow/tf-keras-datasets/tra
4423680/4422102 [==============================] - 0s 0us/step
```

앞 절에서 살펴본 것과 같이 읽어 들인 데이터가 어떠한 형태인지 확인하고 싶으면 다음과 같이 확인할 수 있다. 데이터의 형태와 크기는 이전과 동일하다.

```
print(train_images.shape)  # 학습 이미지의 형태와 레이블을 출력한다
print(test_images.shape)   # 테스트용 이미지의 형태를 출력한다.
```

```
(60000, 28, 28)
(10000, 28, 28)
```

패션 MNIST 데이터의 내부구조를 확인하자

이제 우리가 가져온 데이터를 좀 더 상세하게 살펴보자. 학습 데이터 집합에 있는 데이터 중에서 가장 먼저 나타나는 4개의 이미지를 가져와서 화면에 출력하려면 맷플롯립을 이용해 다음과 같이 할 수 있다.

```
fig = plt.figure()
ax1 = fig.add_subplot(1, 4, 1)
ax2 = fig.add_subplot(1, 4, 2)
ax3 = fig.add_subplot(1, 4, 3)
ax4 = fig.add_subplot(1, 4, 4)
ax1.imshow(train_images[0])      # 첫 번째 훈련용 데이터
ax2.imshow(train_images[1])      # 두 번째 훈련용 데이터
ax3.imshow(train_images[2])      # 세 번째 훈련용 데이터
ax4.imshow(train_images[3])      # 네 번째 훈련용 데이터
```

```
<matplotlib.image.AxesImage at 0x7fe3e6d6c320>
```

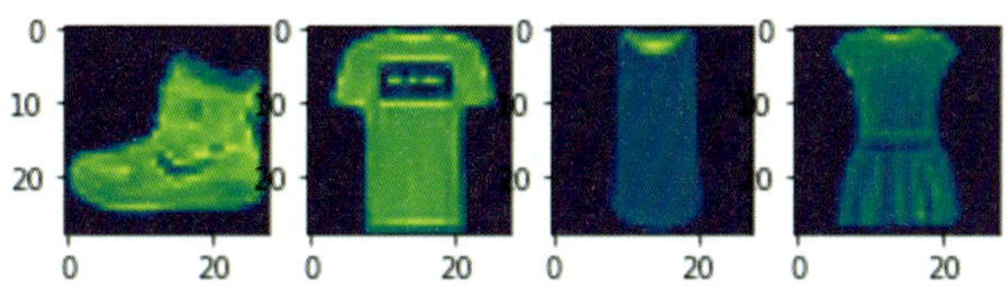

이미지 파일 형태인 학습 데이터의 첫 번째 데이터에서 네 번째 데이터를 가져오니 각각 구두, 티셔츠, 티셔츠, 드레스 모양임을 확인할 수 있다. 이제 이 세 이미지의 레이블을 출력해 보도록 하자.

```
print(train_labels[:4])      # 가장 먼저 나타나는 네 개의 레이블을 출력해본다.
```

```
[9 0 0 3]
```

훈련 이미지의 레이블이 9, 0, 0 3이라는 것은 확인할 수 있으나 이 이미지에 대한 상세한 서술이 없다. 이 서술은 데이터 내에는 없으며 다음과 같은 설명을 케라스 홈페이지에서 얻을 수 있다.

- **0: T-shirt/top**; 티셔츠
- **1: Trouser**; 바지
- **2: Pullover**; 풀오버 상의
- **3: Dress**; 여성용 드레스
- **4: Coat**; 외투
- **5: Sandal**; 샌달
- **6: Shirt**; 셔츠
- **7: Sneaker**; 스니커 운동화
- **8: Bag**; 가방
- **9: Ankle boot**; 발목 부츠

이 정보를 바탕으로 9, 0, 0, 3레이블을 해석하면 각 항목이 발목 부츠(레이블 9), 티셔츠(레이블 0), 티셔츠(레이블 0), 여성용 드레스(레이블 3)임을 알 수 있다.

15.12 다시 한번 인공 신경망을 구축해 보자

이전 절에서 익힌 내용과 동일하게 케라스를 사용해서 간단한 모델을 만들어 보자. 우선 다음과 같은 전처리를 하도록 하자.

```
# 입력값 전처리 : 0에서 255사이의 값을 0에서 1 사이의 값으로 가공함
train_images, test_images = train_images / 255, test_images / 255
```

다음으로 이전 절과 동일한 모델을 만들어 보자. 이제 이 모델의 이름은 model1로 지정하도록 하자.

```
model1 = keras.Sequential([
    keras.layers.Flatten(input_shape=(28, 28)),
    keras.layers.Dense(128, activation='relu'),
    keras.layers.Dense(10, activation='softmax')
])
```

이 모델 역시 이전과 동일한 모델이다. 출력 값을 결정하는 함수가 **활성화**activation 함수 역시 이전과 같이 ReLU와 SoftMax를 사용하도록 하자.

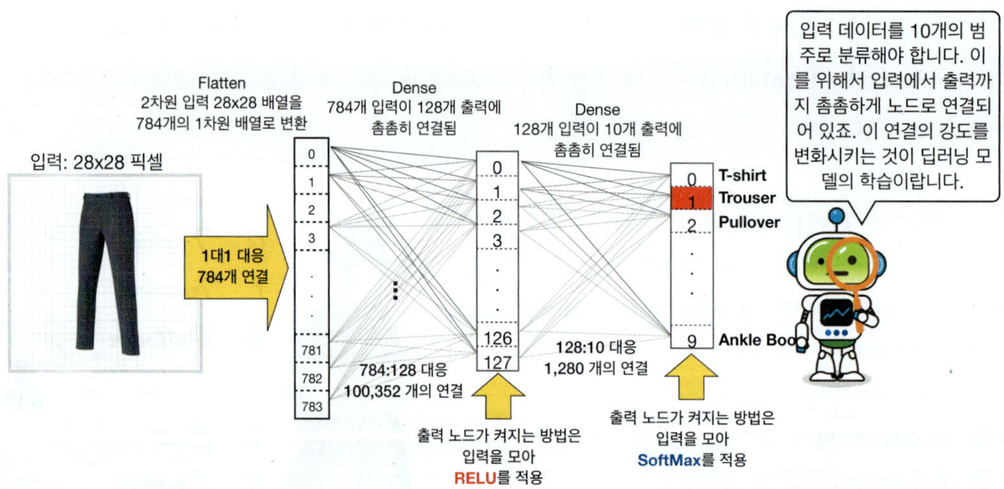

이 모델은 이와 같이 1차원 배열로 변환된 784개의 값은 신경회로망을 통과하여 10개 중 하나의 **범주**category로 분류된다. 이 때 숨어있는 학습층을 만드는 명령이 keras.layers.Dense()이다. Dense는 학습을 위한 연결을 **밀집된**dense 구조 혹은 **완전 연결**Fully connected층으로 한다는 의미이다.

최종적으로 10개의 카테고리에 입력이 연결되도록 하는 케라스 모델을 keras.Sequential()로 생성하였다. 텐서플로와 케라스를 이용하면 위와 같은 복잡한 노드와 그 구조를 이와 같이 손쉽게 생성할 수 있다.

인공 신경망을 학습시켜 보자

이제 오차를 측정하는 방법과 이 오차를 줄이는 방법을 지정하는 설정을 마치고 최적화 학습을 수행시켜보자. 최적화를 위해 현재 모델이 얼마나 잘못되었는지를 알아야 한다. 현재 모델의 정답과 실제 정답의 차이가 오차이고 이 오차를 측정하는 것이 손실함수이다. 손실함수로 무엇을 사용할 것인지를 지정해야 하는데, 여기서는 sparse_categorical_crossentropy 함수를 사용하기로 했다. 그리고 이를 이용하여 모델을 개선하는 최적화 기법은 이전과 같이 adam을 선택하였다. adam이란 Adaptive Moment Estimation의 약자로 딥러닝을 위한 신경망을 빠르게 학습시키도록 하는 다양한 알고리즘 중의 하나이다. 이전 절에서 다룬 경사 하강법은 모든 데이터를 다 검토하여 최적의 기울기를 찾아가는 알고리즘으로 시간이 매우 많이 소요되는 알고리즘이다. 이러한 이유로 **경사 하강법을 개선한 알고리즘이 많이 제시되었는데 이들 중의 하나가 바로 adam 최적화 기법**이다.

모델이 완성되면 **훈련 데이터와 정답 데이터를 주고 학습을 실시**하면 된다. 학습을 시작하게 하는 함수는 모델의 fit() 메소드인데, 훈련용 입력과 여기에 대응하는 정답 레이블 데이터 셋을 차례로 주면 된다. 여기서는 5개의 에폭을 지정하였으므로 이전과 같이 훈련을 5차례 실시하게된다.

```
model1.compile(optimizer='adam',
               loss='sparse_categorical_crossentropy',
               metrics=['accuracy'])
model1.fit(train_images, train_labels, epochs=5)
```

```
...
Epoch 5/5
1875/1875 [==============================] - 3s 2ms/step - loss: 0.5352 - accuracy: 0.8150
```

에폭이 진행되면서 매 에폭 단계에서의 손실값 loss와 정확도 accuracy가 화면에 출력된다. 이 값의 변화를 자세하게 살펴보면 훈련이 진행됨에 따라 예측의 부정확도를 파악할 수 있는 손실값 loss는 감소하고, 예측의 정확성 accuracy 값은 증가함을 확인할 수 있다.

준비된 테스트 데이터를 이용하여 이 모델이 정답 레이블을 잘 맞히는지 확인해 보자. 테스트 데이터를 적용한 결과는 학습용 데이터로 훈련한 최종 결과에 비해 정확도가 조금 떨어질 수 있다.

```
test_loss, test_acc = model1.evaluate(test_images,  test_labels, verbose=2)
print('\nmodel1의 테스트 정확도:', test_acc)
```

```
313/313 - 0s - loss: 0.6141 - accuracy: 0.7907

model1의 테스트 정확도: 0.7907000184059143
```

MNIST 데이터를 이용하여 학습을 수행하는 것에 비하여 패션 MNIST 데이터의 정확도가 떨어지는 이유는 패션 MNIST 데이터가 더 까다로운 데이터이기 때문이며 유사한 형태의 이미지가 그림과 같이 다른 레이블로 되어 있는 경우가 많기 때문이다.

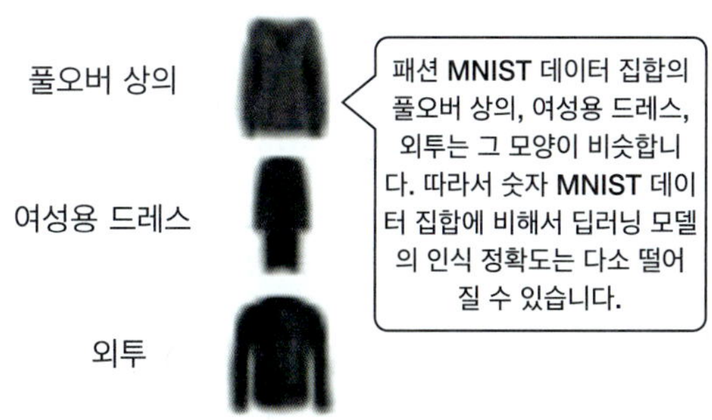

15.13 학습된 신경망을 새 이미지 인식에 적용해 보자

학습을 진행하는 최종적인 이유는 학습을 통해서 얻은 모델을 새로운 데이터에 적용하기 위해서이다. 앞에서 훈련시킨 모델을 사용해 어떤 이미지든 분류해 보고 싶다. 이제 이 작업을 수행해 보자.

우선 대상이 될만한 데이터인 test_images를 잘 인식하는가 검사해 보자. 이를 위하여 하나의 데이터를 무작위로 선택해 보자. 무작위로 임의의 데이터를 선택하기 위해서는 넘파이의 random을 이용하면 될 것이다. randint() 함수로 임의의 인덱스 randIdx를 만들어보자. 그리고 이 인덱스 위치의 이미지를 가져와 화면에 그려 보자. 이 이미지는 랜덤하게 선택되므로 여러분이 실행할 때와 다를 수 있다.

```
import numpy as np
randIdx = np.random.randint(0, 1000)
plt.imshow(test_images[randIdx])
```

```
<matplotlib.image.AxesImage at 0x7fe3d54e6358>
```

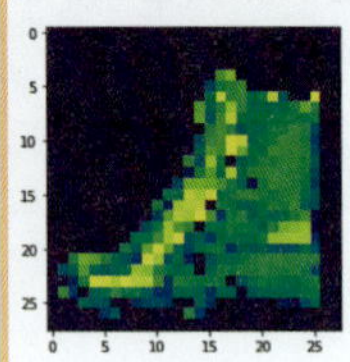

이제 다음과 같이 예측 결과를 출력해 보자. 모델의 predict() 메소드에 입력 이미지를 넣으면, 각각의 레이블과 일치하는 정도를 출력하는데 이 값을 살펴보면 출력 노드 10개 중에서 가장 큰 출력을 갖는 노드는 9번 노드라는 것을 볼 수 있다. 9번은 발목 부츠(Ankle boot)를 의미한다.

```
yhat = model1.predict( test_images[randIdx][np.newaxis, :, :])
yhat
```

```
array([[1.3664163e-12, 4.3830781e-12, 6.8922981e-13, 1.6761546e-13,
        1.4116146e-13, 1.8223371e-07, 3.4820859e-12, 1.3440603e-04,
        2.9705131e-11, 9.9986541e-01]], dtype=float32)
```

앞서 모델을 사용할 때는 모델이 출력하는 최종 결과를 그대로 보여주었다. 그런데, 우리가 관심이 있는 것은 가장 큰 확률을 가진 클래스이다. 이렇게 최종 출력을 통해 가장 일치도가 높은 클래스를 찾아내기 위해 넘파이의 argmax() 함수를 쓸 수 있다. 이것은 배열에서 가장 큰 값을 갖는 인덱스를 반환한다. 클래스의 이름을 다음과 같이 class_names라는 리스트로 만들어 놓으면 쉽게 알아볼 수 있도록 출력할 수 있을 것이다. 데이터의 클래스 이름을 출력하면 그 출력값이 Ankle boot로 나타나는 것을 볼 수 있다.

```
class_names = ['T-shirt/top', 'Trouser', 'Pullover', 'Dress', 'Coat',
               'Sandal', 'Shirt', 'Sneaker', 'Bag', 'Ankle boot']
yhat = np.argmax( model1.predict( test_images[randIdx][np.newaxis, :, :]) )
print('데이터의 클래스 이름:', class_names[yhat])
```

```
1/1 [==============================] - 0s 31ms/step
데이터의 클래스 이름: Ankle boot
```

최적화 기법은 입력이 들어올 때마다 출력과 목표값의 차이를 보고 신경망의 연결 강도를 조정한다. 이렇게 조정을 하는 과정을 학습이라고 한다. 앞에서 한 작업은 학습이 끝난 모델에 특정 이미지 입력을 제공한 것이다. 그리고 이 이미지의 신호는 연결망을 따라 계산되어 가장 오른쪽에 있는 노드 10개 가운데 발목 부츠를 의미하는 9번 노드를 활성화시키게 된 것이다. 각 노드의 이름은 class_name이라는 리스트에 있기 때문에 이 리스트에 인덱스 값 9를 넣게 되면 출력은 Ankle boot가 나타나게 된다.

딥러닝이라는 것은 무엇인가

인공지능artificial intelligence이라는 용어가 시대적 화두이다. 인공지능은 오래 전에 등장한 용어이며, 사용하는 사람에 따라 그 뜻도 조금씩 다르다. 그런데 현재의 인공지능 열풍은 **딥러닝**deep learning의 성공에 힘입은 바가 크다. 그래서 현재는 인공지능을 적용한다고 하면 심층 신경망 기반의 딥러닝을 적용한다는 말처럼 사용되고 있다.

딥러닝은 인공 신경망을 활용한 기계학습의 일종이다. 용어에 나타난 바와 같이 인공 신경망을 깊이 구축하는 것이다. 앞에서 우리가 연습해본 신경망은 입력을 그대로 대응시켜 1차원 배열을 만드는 층이 입력층을 만들고, 첫 번째 Dense 네트워크가 중간 **은닉층**hidden layer으로 연결이 된다. 그리고 이 은닉층의 신호가 최종적으로 물체를 분류하는 출력층에 연결되도록 다시 Dense 네트워크를 적용하였다. 이것은 아래 그림의 왼쪽과 같은 구조이다. 이것을 오른쪽처럼 은닉층을 추가할 수 있을 것이다.

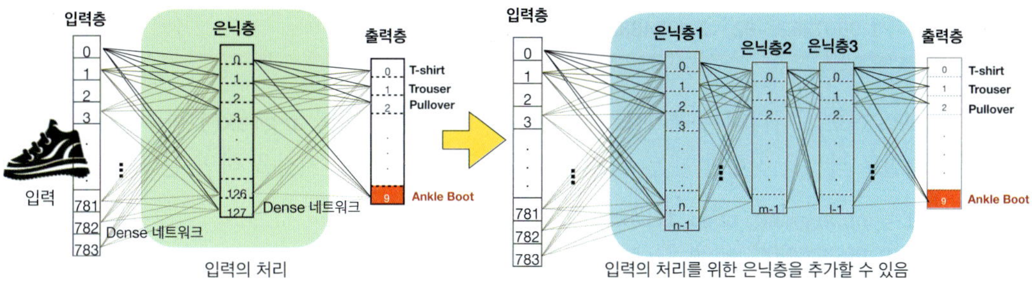

이렇게 층을 쌓아 나가면 은닉층이 여러 개인 신경망을 얻을 수 있고, 이것을 **심층 신경망**deep neural network이라고 한다. 이러한 심층 신경망에서 학습을 진행하는 것이 딥러닝의 기본적인 개념이다. 위 그림의 오른쪽과 같이 층을 더 쌓아 볼 수 있다. 그리고 이것을 만드는 것은 앞에서 사용한 방식과 크게 다르지 않다. 아래와 같이 층을 더 써 주기만 하면 된다.

```
model2 = keras.Sequential([
    keras.layers.Flatten(input_shape=(28, 28)),
    keras.layers.Dense(128, activation='relu'),
    keras.layers.Dense(64, activation='relu'),
    keras.layers.Dense(32, activation='relu'),
    keras.layers.Dense(10, activation='softmax')
])
model2.compile(optimizer='adam',
               loss='sparse_categorical_crossentropy',
               metrics=['accuracy'])

model2.fit(train_images, train_labels, epochs = 5)
```

```
Epoch 1/5
1875/1875 [==============================] - 4s 2ms/step - loss: 1.4544 - accuracy: 0.7539
Epoch 2/5
1875/1875 [==============================] - 4s 2ms/step - loss: 0.4992 - accuracy: 0.8255
Epoch 3/5
1875/1875 [==============================] - 3s 2ms/step - loss: 0.4591 - accuracy: 0.8367
Epoch 4/5
1875/1875 [==============================] - 3s 2ms/step - loss: 0.4292 - accuracy: 0.8457
Epoch 5/5
1875/1875 [==============================] - 3s 2ms/step - loss: 0.4070 - accuracy: 0.8537
<tensorflow.python.keras.callbacks.History at 0x7fc3be62a128>
```

이전과 달리 층이 2개 더 증가하였으므로 에폭당 몇 초의 시간이 더 걸릴 수 있다. 그리고 5개 에폭을 진행하는 동안 정확도가 85.3%에 도달한 것을 볼 수 있다. 은닉층이 하나인 것은 81.5% 정도였으므로, 이 모델이 더 분류를 잘 하는 모델이라는 것을 확인할 수 있다.

15.14 층을 쌓아 얼마나 좋아졌는지 눈으로 확인해 보자

앞 장의 사이킷런을 다루면서 혼동행렬을 사용해 보았다. 이 장에서 학습을 시킨 신경망 모델에도 이 혼동행렬을 그대로 적용할 수 있다.

우선 두 모델 model과 model2를 이용하여 검증용 이미지들의 신경망 통과 후 출력을 생성해 보자.

```
pred_1 = model.predict(test_images)
pred_2 = model2.predict(test_images)
pred_1, pred_2
```

```
(array([[1.6262177e-19, 5.1215619e-17, 3.0656353e-36, ..., 9.2351176e-02,
         8.8927592e-15, 8.6167538e-01],
         …
         1.9907262e-02, 2.4314881e-03]], dtype=float32),
```

이것을 클래스 번호를 나타내는 레이블로 바꾸기 위해서는 넘파이의 argmax() 함수를 사용하면 된다. 이때 각 행별로 작업을 진행할 때는 axis = 1의 키워드 매개변수 지정을 하면 된다.

```
y_hat1 = np.argmax( pred_1, axis = 1)
y_hat2 = np.argmax( pred_2, axis = 1)
y_hat1, y_hat2
```

```
(array([9, 4, 1, ..., 8, 1, 5]), array([9, 2, 1, ..., 8, 1, 5]))
```

이제 사이킷런의 confusion_matrix()를 이용하여 **오차행렬**을 만들자. 각각의 모델이 생성한 레이블과 정답 레이블 test_labels를 비교하여 오차행렬로 시각화해 보자.

```
from sklearn.metrics import confusion_matrix
conf_mat1 = confusion_matrix(test_labels, y_hat1)
conf_mat2 = confusion_matrix(test_labels, y_hat2)
plt.matshow(conf_mat1)
plt.matshow(conf_mat2)
```

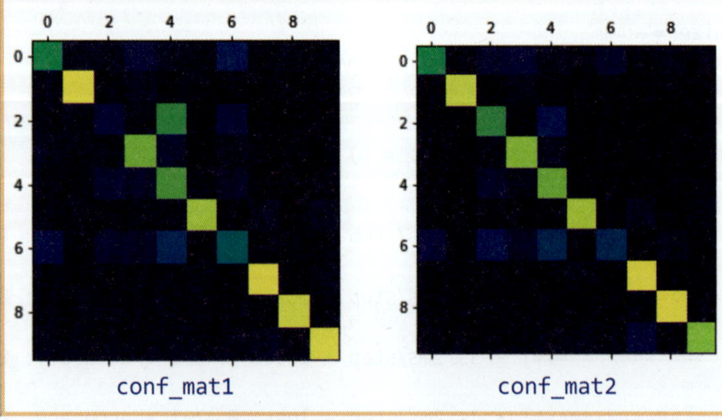

층을 더 쌓아 학습을 시켰을 때에 눈에 띄는 변화는 클래스 2의 인식을 제대로 하는 경우가 대폭 늘어난 것이다. 또 클래스 6을 나타내는 열을 살펴보면, 새로운 모델에서는 클래스 6에 속하지 않는 이미지를 6으로 잘못 분류한 경우가 줄었다. 층을 쌓음으로써 모델의 학습이 더 잘 된 것을 확인할 수 있다.

은닉층을 쌓기만 하면 좋은 모델이 될까

딥러닝을 위해서는 은닉층을 쌓아 심층 신경망을 만들어 학습에 적용하면 된다고 간략히 설명했다. 그러나 이러한 시도는 여러 가지 좌절을 겪게 된다. 층을 쌓아나감으로써 단순한 모델에 비해 더 좋은 학습 능력을 갖추기도 했지만, 동시에 여러 문제가 발생하게 된다.

대표적인 문제는 모델이 복잡해서 계산 시간이 많이 소요된다는 것이다. 그리고 더 중요한 문제는 단순한 구조로 **층만 깊이 쌓을 경우 출력 부분의 잘못에 근거한 학습의 내용이 입력에 가까운 네트워크 층까지 전파가 잘 되지 않는다는 것**이다. 따라서 층이 깊어질수록 입력에 따라 다른 동작을 내도록 조정하기 어려워진다는 문제도 발견되었다. 이것은 층을 높이 쌓을수록 학습이 제대로 되지 않는다는 것이다. 이러한 이유로 심층 구조는 학습이 이루어진다 해도 과적합이 되는 특성을 갖는다.

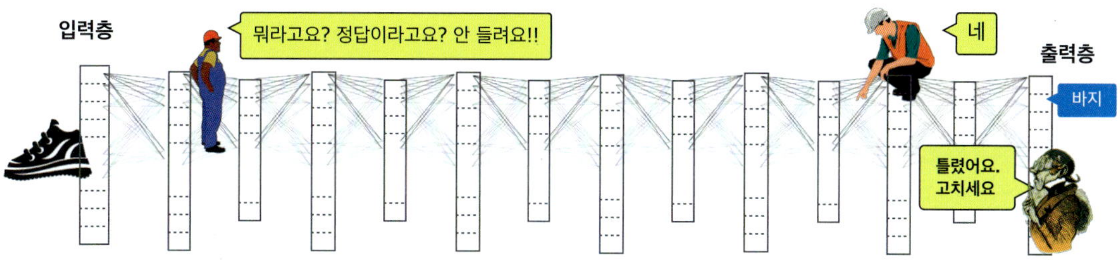

심층 네트워크의 이러한 문제 때문에, 신경망의 층을 깊이 쌓아 복잡한 문제를 해결하려던 노력은 번번히 좌절하게 된다. 그리고 서서히 신경망 자체가 인공지능 분야에서 주목을 받지 못한 이유가 되기도 하였다. 그런데 다양한 방법으로 깊은 구조를 가진 신경망을 학습시키는 방법을 오랫동안 연구한 사람들이 있었다. 그 대표적인 연구자가 제프리 힌튼 교수이다. **제프리 힌튼**Geoffrey Hinton, **요수아 벤지오**Yoshua Bengio, **얀 르쿤**Yann LeCun 등이 **오차 역전파** 기술을 발전시키고 성능 좋은 **합성곱 신경망**convolutional neural network 모델을 만들어냄으로써 심층 신경망을 효과적으로 학습시킬 수 있는 돌파구를 보여주었다.

이후에는 다양한 연구를 통해 딥러닝 분야가 폭발적으로 발전하게 되었고, 이 세 사람은 인공지능의 대부로 불리며 컴퓨터 과학자에게 최고 영예인 **튜링상**Turing award을 수상하게 된다.

구글에서 만들어 배포하는 텐서플로를 이용하면 이러한 연구를 바탕으로 제안된 다양한 모델들을 쉽게 구현하거나 가져다 쓸 수 있다. **이러한 모델이 어떻게 동작하고, 왜 좋은 결과를 내는지를 깊이 이해하는 것은 이 분야 이론에 대한 체계적이고 전문적인 학습이 필요하다.** 이것은 이 책의 범위를 넘어서는 일이므로, 관심있는 이들은 딥러닝과 관련된 다양한 자료를 참고하여 학습을 이어나가기 바란다.

잠깐 – 딥러닝의 아버지 제프리 힌튼 교수와 부울 대수의 관계

2018년 튜링상을 받은 **제프리 힌튼** 교수는 컴퓨터 회로 동작의 수학적 배경이 되는 **부울 대수**Boolean algebra를 만들어낸 **조지 부울**George Boole의 4대손, 즉 고손자이다. 조지 부울의 딸 메리 부울이 수학자이며 작가인 찰스 H. 힌튼과 결혼했다. 메리 부울이 제프리 힌튼의 증조모이다. 증조부 찰스 힌튼은 4차원 **초입방체**hypercube의 이름으로 널리 사용되고 있는 **테서랙트**tesseract라는 말을 처음 만들었다.

영국 태생으로 미국에서 연구를 했던 힌튼 교수는 현재 캐나다에서 연구를 하고 있는데, 로널드 레이건 시절 미국 정책에 환멸을 느꼈고, 인공지능이 군사적 용도로 사용되는 것이 싫어서 캐나다로 이주하였다.

제프리 힌튼 교수

핵심 정리

SUMMARY

- 생물체의 신경세포는 다른 신경세포와 연결되어 있고 화학적 신호를 주고받으며 동작한다.
- 이러한 생물체의 신경세포 구조를 흉내낸 인공적인 프로그램이 퍼셉트론이다.
- 딥러닝 시스템은 데이터를 기반으로 퍼셉트론의 가중치를 스스로 조절하며 다양한 작업을 수행한다.
- 티처블머신은 머신러닝 모델을 쉽고 빠르게 만들 수 있도록 제작된 웹기반 도구이다.
- 텐서플로는 머신러닝과 딥러닝을 위한 오픈소스 플랫폼으로 구글의 인공지능 개발부서에서 개발하였다
- 텐서플로를 사용하면 딥러닝을 위한 심층 신경망을 쉽게 구축할 수 있다.
- 텐서플로는 딥러닝을 위한 예제 데이터까지 제공하고 있으며 다양한 신경망을 빠르게 구축할 수 있다.

딥러닝의 개념을 잘 이해했나요?

딥러닝은 인간의 신경세포가 동작하는 원리를 응용한 인공적인 프로그램이군요.
데이터를 기반으로 학습을 수행한다는 것은 잘 이해했어요.
하지만 여전히 학습의 원리가 궁금합니다.

딥러닝은 기본적으로 퍼셉트론이라는 작은 단위로 구성됩니다.
이러한 퍼셉트론을 여러 층으로 쌓아서 복잡한 기능을 구현하지요.
딥러닝 시스템에 존재하는 여러 층의 퍼셉트론 가중치는 학습을 통해 목표값에
도달하게 되는데, 이러한 기능은 오차 역전파와 같은 최적화 기법으로 구현됩니다.

데이터가 주어지면 이 데이터의 목표값과 퍼셉트론의 출력 오차가 가장 적도록 하는 기법이 최적화 기법인가요?
그리고 이를 도와주는 파이썬 라이브러리가 바로 텐서플로인가요?

맞아요. 딥러닝은 많은 퍼셉트론이 최적의 목표에 도달하도록 다양한
최적화 기법을 사용하지요.
이 부분에 대해서는 다른 자료를 잘 찾아서 깊이 있게 익혀보도록 해요.

주관식 문제

다음 괄호 안에 들어갈 알맞은 단어를 적어라.

15.1 인간의 뇌에 있는 많은 신경세포인 (   ) (은)는 다른 이웃 신경세포와 연결되어 있고, 나트륨, 칼륨 등의 물질을 이용하여 화학적 신호를 주고받는 기능을 한다.

15.2 인간의 뇌에 있는 신경세포를 모방한 (   ) (은)는 입력값을 받은 후 이 입력값에 대하여 중요도를 결정하는 가중치 값을 곱한다. 그리고 이 신호들의 합을 구한 다음 이 값을 다시 이웃 신경망 노드에 전달하는 방식으로 동작한다.

15.3 퍼셉트론의 (   ) (은)는 출력 노드에 모아진 신호를 다음 노드로 내어보낼 때 얼마나 강하게 보낼지를 결정하는 함수이다.

15.4 활성화 함수 중에서 함수인 (   ) 함수는 입력값의 크기가 임계치를 넘을 경우, 출력을 내보내는 매우 단순한 구조를 가지고 있다.

15.5 활성화 함수 중에서 전통적으로 많이 사용되던 활성화 함수는 (   ) 함수이다. 하지만 이 활성화 함수로는 깊은 층을 가진 신경망을 학습시키기가 어렵다는 것이 드러났다.

15.6 활성화 함수 중에서 최근에 널리 사용되는 ReLU 함수는 (   ) 함수라고도 한다.

15.7 퍼셉트론은 외부 자극을 x_1, x_2와 같은 노드의 수치값으로 할당한 후, 이 수치값을 w_1, w_2의 가중치에 곱한 다음 이 신호의 합을 구한다. 외부 자극에 곱해지는 값은 (   ) 혹은 가중치로 부른다.

15.8 (   )이란 특정한 패턴이나 형태를 인식하도록 훈련된 파일이나 최적화된 프로세스를 말한다.

15.9 (   ) (은)는 머신러닝과 딥러닝을 위한 오픈소스 플랫폼으로 구글의 인공지능 개발부에서 개발하였다.

15.10 파이썬을 이용하는 방법 중 (   ) (은)는 클라우드 환경에서 주피터 노트북 기반의 파이썬 개발을 위한 환경을 제공한다.

15.11 데이터 전처리 과정 중 값의 범위를 0에서 1 사이의 값으로 조정하는 것을 (   ) 작업이라 한다.

15.12 (   ) (은)는 인공 신경망의 층을 계층적으로 깊이 쌓아서 만든 신경망 모델을 통해서 학습하는 알고리즘을 말한다.

15.13 인공적인 신경망 모델을 점점 더 좋은 상태로 만드는 것을 (   ) (이)라고 부른다.

심화문제

EXERCISE

15.1 앞 장에서 선형 회귀 모델로 다루었던 기대수명 문제를 인공신경망으로 해결해 보자.

1) 이번에는 데이터를 저자의 github 저장소에서 바로 읽어 보도록 하자. 아래와 같이 읽고 내용을 확인해 보자(역슬래시 \는 한 줄의 구문이 길어질 때, 다음 줄까지 구문을 잇겠다는 표시이다).

```
import pandas as pd

life = pd.read_csv('https://raw.githubusercontent.com/dongupak/DataSciPy\
/master/data/csv/life_expectancy.csv')
print(life.head())
```

```
      Country  Year  ... Income composition of resources  Schooling
0  Afghanistan  2015  ...                           0.479       10.1
...
```

2) 앞 장에서 우리는 모든 데이터 항목이 기대수명과 큰 상관관계를 갖는 것은 아니라는 것을 확인한 바가 있다. 원하는 열만 추출한 뒤에 결손값이 있는 데이터는 dropna()를 이용해 삭제하자.

```
life = life[['Life expectancy', 'Alcohol', 'Percentage expenditure', 'Measles',
             'Polio', 'BMI', 'GDP', 'Thinness 1-19 years']]
life.dropna(inplace = True)
print(life)
```

```
     Life expectancy  Alcohol  ...         GDP  Thinness 1-19 years
0               65.0     0.01  ...  584.259210                 17.2
...              ...      ...  ...         ...                  ...
2937            46.0     1.68  ...  547.358879                 11.0
```

3) 데이터를 훈련용과 테스트용으로 나누는 일은 sklearn 모듈을 이용하여 다음과 같이 한다. 입력의 개수와 레이블의 개수가 훈련용과 테스트용 데이터 모두 일치하는지 확인해 보라.

```
from sklearn.model_selection import train_test_split
X = life[['Alcohol', 'Percentage expenditure', 'Measles', 'Polio', 'BMI', 'GDP',
          'Thinness 1-19 years']]
y = life[['Life expectancy']]
X_train, X_test, y_train, y_test = train_test_split(X, y, test_size = 0.2)
print(X_train.shape, y_train.shape, X_test.shape, y_test.shape)
```

```
(1482, 4) (1482, 1) (371, 4) (371, 1)
```

4) 주의할 점은 입력 요소별로 값의 범위가 너무 다르다는 것이다. 모든 데이터를 평균 0, 표준편차 1이 되도록 변경하는 일은 Scikit-learn의 StandardScaler를 활용하여 다음과 같이 할 수 있다.

```
from sklearn import preprocessing
scaler = preprocessing.StandardScaler().fit(X_train)
X_train = scaler.transform(X_train)
X_test = scaler.transform(X_test)
X_train, X_test
```

```
(array([[ 0.50652753,  0.40893532, -0.21826636, ...,  0.93993264,
         ...
          0.14123473,  0.290725  ]]),
 array([[ 0.48183252, -0.40526107, -0.21826636, ..., -0.0991715 ,
         ...
         -0.46023609,  0.48794835]]))
```

5) 회귀 문제에 적합한 형태로 모델을 만든다. 입력이 2차원 이미지가 아니기 때문에 Flatten이 필요 없다. 그리고 분류하는 문제가 아니고 하나의 값을 예측하는 회귀 문제이므로 마지막 네트워크는 출력이 1이 되도록 한다.

```
import tensorflow as tf
from tensorflow import keras

model = keras.Sequential([
    keras.layers.Dense(8, activation='relu'),
    keras.layers.Dense(8, activation='relu'),
    keras.layers.Dense(1, activation='relu')
])
```

6) 이 모델은 학습을 위해 우리가 사용해 본 것과 동일한 adam이라는 최적화 방법을 사용하기로 하자. 그런데 회귀 문제에서는 손실값을 계산할 때 분류와 다른 것을 사용해야 한다. 선형 회귀에서 우리는 **평균 제곱근 오차**RMSE를 사용해 보았다. 여기서는 그 제곱 값인 **평균 제곱 오차**MSE를 사용해 보자. loss에 'mse'로 지정하면 되고, 매 단계 'mse'를 계산해 출력하게 해 본다.

```
model.compile(optimizer='adam',
              loss='mse',
              metrics=['mse'])
```

7) 모델을 학습시켜 보고, MSE가 어떻게 변화하는지 확인해 보라. 앞 장에서 선형회귀로 구현한 결과와 비슷한 예측력을 가질 것이다. 아래 예에서는 MSE가 49 정도이므로 RMSE는 7 정도이다.

```
model.fit(X_train, y_train, epochs=50)
```

```
Epoch 1/50
58/58 [==================] - 0s 1ms/step - loss: 4819.2407 - mse: 4819.2407
...
Epoch 50/50
58/58 [==================] - 0s 829us/step - loss: 48.6256 - mse: 48.6256
```

8) 이 모델을 이용하여 x_test 데이터를 입력으로 사용하여 기대수명을 예측하자. 그리고 아래와 같이 그 예측값을 목표값 y_test와 비교하여 일치하는지를 다음과 같이 산포도 그래프로 확인하라.

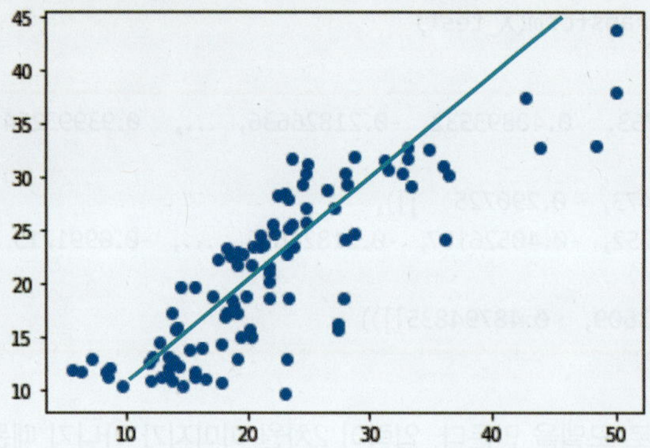

15.2 앞에서 사용한 모델의 학습을 진행하면서 에폭의 수를 대폭 늘려서 학습이 얼마나 더 좋아지는지 확인해 보라.

1) 아래의 예시는 에폭을 500으로 설정했을 때 MSE 20을 얻은 결과의 예시이다.

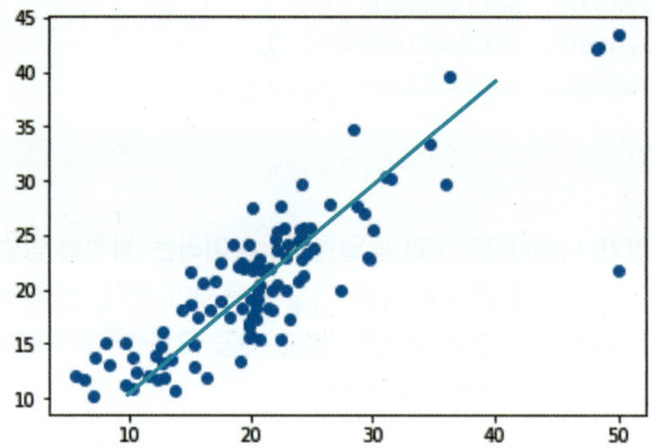

2) 500개의 에폭을 사용해도 계속 MSE가 줄어들지는 않는다. 본인의 모델에서 더 이상 모델의 성능이 좋아지지 않는 지점은 에폭이 얼마나 지났을 때인지 확인해 보라.

15.3 앞에서 사용한 모델의 학습 에폭의 수를 대폭 늘리는 것이 아니라, 모델 자체의 층을 늘려서 예측 능력이 얼마나 좋아지는지 확인해 보라.

1) 아래의 예시는 6개의 층을 쌓고, 각 층의 출력을 8, 6, 4, 3, 2, 1로 설정한 어떤 모델에 대해 100번의 에폭만에 MSE가 20으로 줄어든 경우를 보이고 있다. 자신의 모델과 비교해 보라.

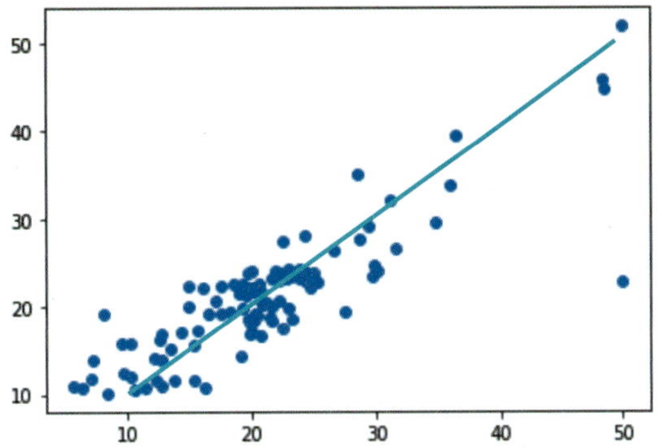

2) 다음과 같이 훈련용 데이터에 대한 예측과 목표치 쌍의 산포도는 붉은색으로, 테스트용 데이터에 대한 예측과 목표치 쌍의 산포도 그래프는 파란색으로 그려 모델의 과적합 여부를 판단해 보라.

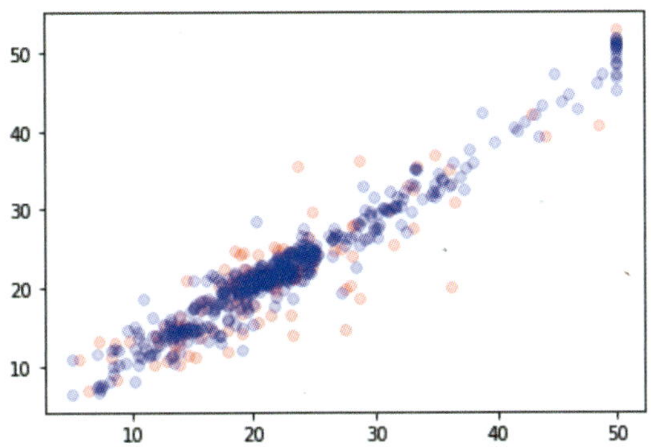

찾아보기

한글

저자소개

천인국

1983年 서울대학교 전자공학과 공학사
1985年 한국과학기술원 전기및전자공학과 공학석사
1993年 한국과학기술원 전기및전자공학과 공학박사
1985年~1988年 삼성전자 종합연구소 주임 연구원
1993年~현재 순천향대학교 컴퓨터 공학과 교수
2005年 캐나다 UBC 방문 교수
e-mail : chunik@sch.ac.kr

박동규

1993年 부산대학교 전자계산학과 이학사
1996年 부산대학교 전자계산학과 이학석사
1999年 부산대학교 전자계산학과 이학박사
2002年~현재 창원대학교 정보통신공학과 교수
2007年 미국 카네기멜론대학교(CMU) 방문교수
2012年 미국 텍사스A&M대학교 방문교수
창원대학교 정보전산원장, 창원시 스마트모바일 앱센터장 역임
"널널한 교수" 유튜브 채널 운영중
e-mail : dongupak@gmail.com
github : https://github.com/dongupak

강영민

1996年 부산대학교 전자계산학과 이학사
1999年 부산대학교 전자계산학과 이학석사
2002年 스위스 제네바대학 미라랩 Virtual Clothing 프로젝트 참여
2003年 부산대학교 전자계산학과 이학박사
2003年~2005年 한국전자통신연구원 디지털콘텐츠연구단
2005年~현재 동명대학교 게임공학과 교수
동명대학교 산학협력단장, 정보전산센터장, ACE 사업 단장 등 역임
2020年 한국전자통신연구원 인공지능연구소 스마트데이터연구실 파견연구원
e-mail: ymkang@tu.ac.kr